# 한국민주화운동사 1

제1공화국부터 제3공화국까지

민주화운동기념사업회 연구소 엮음

돌베개

# 한국민주화운동사 1
— 제1공화국부터 제3공화국까지

민주화운동기념사업회 연구소 엮음

2008년 12월  3일 초판 1쇄 발행
2023년  1월 31일 초판 6쇄 발행

펴낸이 한철희 | 펴낸곳 주식회사 돌베개 | 등록 1979년 8월 25일 제406-2003-000018호
주소 (10881) 경기도 파주시 회동길 77-20 (문발동)
전화 (031) 955-5020 | 팩스 (031) 955-5050
홈페이지 www.dolbegae.co.kr | 전자우편 book@dolbegae.co.kr

책임편집 김희진 | 편집 한계영·이경아·조성웅·고경원·신귀영 | 교정·교열 일일공삼
표지디자인 박대성 | 본문디자인 박정영·이은정
마케팅 심찬식·고운성 | 제작·관리 윤국중·이수민 | 인쇄·제본 상지사P&B

ISBN  978-89-7199-323-1 (세트)
ISBN  978-89-7199-324-8 (93910)

책값은 뒤표지에 있습니다.

이 도서의 국립중앙도서관 출판시도서목록(CIP)은 e-CIP 홈페이지
(http://www.nl.go.kr/ecip)에서 이용하실 수 있습니다.(CIP제어번호: CIP2008003531)

한국민주화운동사 **1**

# 발간사

분단과 전쟁, 그리고 독재. 해방 이후 한국 사회는 온갖 격변의 소용돌이가 휘몰아쳤던 혼돈과 모색의 시기를 거쳤다. 이 같은 시기에 정치·경제·사회 등 각 분야에서 세계적으로 주목할 만한 성과를 이룩할 수 있었던 것은 반세기에 걸쳐 치열한 투쟁을 전개해온 민주화운동이 있었기 때문이다. 한국 민주화운동의 역사는 혼돈의 한가운데에서 끊임없이 도전하고 극복하면서 새로운 역사를 만들어온 치열한 모색의 과정이었으며, 거의 반세기에 걸쳐 수백 명이 독재 정권에 의해 희생당하고 수백, 수천만 명이 참여했던, 국민의 피와 땀으로 이루어낸 거대한 드라마였다.

그러나 한국 사회에서는 여전히 과거를 어떻게 기억하고 표상할 것인가를 둘러싼 논쟁이 계속되고 있다. 분단체제하에서 국가권력은 과거사를 자신들의 정치적 목적에 맞게 정의하였다. 따라서 민주화운동의 역사를 올바로 정립하는 것은 국가가 왜곡한 기억에 도전하는 것이며 현재진행형인 민주화운동으로서 기억투쟁의 의의를 갖는다.

민주화운동의 역사를 정리하고 기록하는 것은 무엇보다 민주화운동을 경험하지 못한 새로운 세대를 향한 것이며, 또 동시대인이면서도 민주화운동의 밖에 있던 이들을 향한 것이기도 하다. 정당한 기억의 공동체를 확산해가는 것은 곧, 민주주의의 가치를 공유한 공동체가 확대되는 길이기 때문이다. 아울러 민주화운동의 역사 정리는 밖을 향해서만이 아니라 민주화운동에 직간접으로 참여했던 안에 있는 이들을 향한 것이기도 하다. 민주화운동 참여자의 자기학습 과정인 동시에 내적 성찰의 근거를 마련하기 때문이다.

민주화운동기념사업회가 『한국민주화운동사』를 발간하기로 결정한 것은 바로 이런 이유 때문이다. 한국의 민주화운동에 대해서는 많은 연구들이 진행되었으며, 그 연구성과 또한 상당 정도 축적되어 있다. 그럼에도 『한국민주화운동사』를 발간하는 것은 분산되어 있는 한국의 민주화운동에 대한 연구성과들을 종합하고, 이를 통해 민주화운동사를 체계적이고 종합적으로 정리해보고자 하는 목적에서이다.

『한국민주화운동사』는 총 3권으로 구성되어 있다. 제1권은 이승만 정권 시기로부터 유신 이전의 제3공화국 시기까지 전개되었던 민주화운동을 다루었다. 향후 연차적으로 발간될 『한국민주화운동사』 제2권은 유신독재 시기의 민주화운동을, 그리고 제3권은 광주민중항쟁으로부터 6월민주항쟁을 거쳐 이루어진 민주화 이행 과정을 다룰 예정이다.

이번에 발간되는 『한국민주화운동사』 제1권은 제1부 '이승만 정권과 4월혁명'에서 이승만 정권의 민주주의 유린과 4월혁명의 전개과정을, 제2부 '4월혁명 직후의 민주화운동'에서 이승만 정권의 몰락 이후 5·16쿠데타가 발생하기까지 전개된 대중운동과 통일운동 그리고 진보적 사회운동 등을, 그리고 제3부 '박정희 정권과 유신 이전의 민주화운동'에서 한일협정반대투쟁, 6·8부정선거규탄투쟁과 3선개헌반대투쟁, 학원병영화반대투쟁과 민주수호투쟁 등을 살펴보고자 했다.

『한국민주화운동사』 제1권의 발간에는 많은 분들이 협조와 수고를 아끼지 않았다. 우선 필자로 서중석(총론, 제2부 제1장), 오유석(제1부 제1·2장), 홍석률(제2부 제2·3장), 오제연(제3부 제1·2장), 이기훈(제3부 제3장), 허은(제3부 제4장), 장세훈(제3부 제5장) 등이 참여했다. 또 서중석 편찬위원장의 주도 아래 임대식, 오유석, 홍석률, 정해구, 이호룡 등이 편찬위원으로 참여했고, 특히 서중석, 임대식, 홍석률, 이호룡 등은 감수의 책임까지 맡아주었다. 물론 각 장의 집필은 필자들이 맡았지만 그 과정에서 여러 번에 걸친 토론과 수정이 있었다. 그런 점에서 이 책은 공동작업의 결과라 할 수도 있다. 쉽지 않은 과정이었음에도 불구하고 『한국민주화운동사』 제1권 집필에 참여해준 분들과, 이 책의 출판을 맡아준 도서출판 돌베개에도 감사의 마음을 전한다.

"만일 한 사람이 꿈을 꾸면 한 사람의 꿈으로 남을 뿐이지만, 모든 사람이 같은 꿈을 꾸면 그것은 현실이 된다." 브라질의 운동가였던 카마라 대주교의 말이다. 아직 충분치 않지만 민주주의를 향한 꿈을 현실로 만들어낸 모든 분들께 이 조그마한 성과를 바치고자 한다.

2008년 12월
민주화운동기념사업회 이사장 함세웅

# 차례

# 제2부 4월혁명 직후의 민주화운동

# 제3부 박정희 정권과 유신 이전의 민주화운동

## 표 차례

## 사진 출처

ⓒ 경향신문  37, 49, 73, 91, 111, 125, 140, 143, 211, 233, 255, 275, 357, 380, 428, 447, 485, 511, 537, 545,
565, 576, 591, 612, 650쪽*
ⓒ 조선일보  169, 175, 330, 377쪽
ⓒ 동아일보  191, 342쪽
ⓒ 돌베개  626쪽

* 이 사진들은 민주화운동기념사업회 소장 자료입니다.

# 총론

## 민주화운동의 시기와 범위

2005년, 해방 60년을 맞아 정부는 한국이 세계에서 유례가 드물게 민주화와 경제발전을 동시에 달성했다는 점을 높이 평가했다. 2008년 정부 수립 60주년을 맞아서도 그 점이 강조되고 있다. 근래에 민주주의가 상당한 수준에 와 있고, 한국 사회가 역동적이라는 점은 국내외에서 자주 거론되었다. 그렇지만 민주화를 위해 얼마나 많은 투쟁이 있었고, 얼마나 많은 희생을 치렀는가는 대개의 경우 간과하고 있다. 이승만의 부정선거와 독재에 항거하여 싸운 4월혁명 이래, 한일협정반대투쟁, 3선개헌반대투쟁, 학원병영화반대투쟁, 유신독재반대투쟁, 광주항쟁, 1980년대의 민주화·자주화 운동, 6월민주항쟁 등 투쟁이 끊이지 않았고, 그러한 투쟁에는 젊은 피를 흘리는 등 수많은 희생이 따랐다. 민주주의 사회, 역동적인 사회가 된 것은 수십 년에 걸친 민주화운동과 고귀한 희생이 있었기 때문이다.

한국처럼 장기간 민주화운동이 지속된 경우는 세계에서 유례를 찾기 어렵다. 짧게 잡으면 1960년 3·4월의 학생 데모로부터 1987년 6월민주항쟁에 이르는 27년 정도를 생각할 수 있으나, 1991년 '5월투쟁'까지를 포함하면 31년이 된다. 길게 잡을 경우 이승만 독재에 대항하여 싸운 활동을 모두 민주화운동에 포함시킬 수 있는데, 그 경우 1952년 부산정치파동으로까지 거슬러 올라갈 수 있다. 그렇지만 1960년 3·4월 데모를 유발시킨 3·15정부통령부정선거 획책으로부터 시작할 경우, 정부통령 선거를 앞두고 언론과 비판세력에게 재갈을 물리려고 한 국가보안법 개정안과, 공무원을 동원해 부정선거를 저지르기 위하여 지방자치단체장을 임명제로 바꾼 지방자치법 개정안을 무술경찰을 동원해 야당 의원들을 끌어내고 통과시켰던 1958년 12월 24일을 전후해서부터 민주화운동을 서술할 수 있다. 민주화운동이 일단락되는 시기에 대해서 1991년 5월투쟁 외에도 1995년 '전국민주노동조합총연맹'이 결성될 때까지로 잡을 수도 있고, 2000년 6·15 정상회담으로 더 길게 잡을 수도 있다. 『한국민주화운동사』 1은 1952년 부산정치파동에서부터 1971년 학원병영화반대투쟁·광주대단지 생존권투쟁까지를 다루었다.

민주화운동 하면 반독재투쟁이 쉽게 떠오른다. 민주화라는 말이 주로 1970~1980년대에 사용된 것도 이 시기에 반유신투쟁, 반신군부투쟁 등 반독재투쟁이 치열하게 전개되었기 때문이다. 부정선거반대투쟁과 3선개헌반대투쟁, 교련반대시위 곧 학원병영화반대투쟁도 민주화운동의 중요한 한 부분을 차지한다. 부정선거나 3선개헌, 학원병영화 모두 영구 집권을 목표로 하여 획책한 것이고, 그것은 독재를 강화하기 위한 것이거나 독재로 가기 위한 수순이었기 때문이다.

통일운동이나 한일협정반대투쟁도 민주화운동의 일환으로 볼 수 있다. 한일협정반대투쟁의 경우 1964년 5월 20일의 '민족적 민주주의 장례식 및 성토대회'가 말해주듯 자주성·민족주의와 민주주의는 상호 연결되어 있다. 또 권위주의 정권은 냉전체제·진영논리에 기반 한 외세 의존적 정권이었기 때문에 냉전체제·진영논리를 넘어서려는 민족자주운동·통일운동과 반독재투쟁은 표리의 관계에 있는 경우가 많다. 그 점은 권위주의 정권이 통일운동을 탄압했고(이승만 정권) 용납하지 않았던 것에서도(박정희 정권) 확인된다.

노동·농민·빈민 운동도 역대 독재 정권이 그러한 운동을 탄압했다는 점에서도 민주화운동과 연결되지만, 인권을 신장시키고 민주주의를 진전시킴과 동시에 인간의 해방과 긴밀한 관계에 있는 생존권을 위한 투쟁이라는 점에서 민주화운동으로 볼 수 있다.

사카린밀수규탄투쟁과 같은 부정부패, 비리에 대한 항의투쟁도 권위주의 정권의 민주화나 사회의 민주화와 연결되어 있다는 점에서 민주화운동의 일환으로 간주된다. 그 점은 학내의 비리와 부정에 대한 학생들의 시위에 대해서도 적용할 수 있다.

제주4·3사건이나 한국전쟁을 전후한 시기에 있었던 주민 집단학살사건 등의 진상규명을 요구하는 과거사청산운동이나 이승만 정권의 반민주행위와 부정축재자에 대해 단죄를 요구한 운동도 인권을 지키고 민주주의를 한 단계 더 나아가게 하기 위한 활동이라는 점에서 민주화운동으로 볼 수 있다.

요컨대 억압으로부터 자유와 자율을 확대시키고, 인간의 기본적 권리를 수호하고, 민주주의를 진전시키는 운동, 냉전체제·진영논리를 벗어나 민족의 자주성을 확보하려는 운동이나 통일운동, 민중의 생존권과 더 나은 삶을 위한 투쟁은 어느 것이나 민주화운동으로 볼 수 있다.

# 각 시기 민주화운동의 성격

**4월혁명**  이승만은 전쟁이 한창이었던 시기부터 권력을 강화하고 영구 집권을 하기 위해 심혈을 기울였다. 그와 함께 이승만은 극단적인 냉전의식의 소유자로서 모든 것에 우선해서 반공주의 강화에 힘을 쏟았다. 반공주의는 전쟁을 통해 강고한 기반을 가질 수 있었다. 피난과 강제노역 등 전쟁의 고통이나 전쟁으로 인한 각종 피해, 부역자의 대량 산출도 반공주의를 강화시켰지만, 전쟁기에 각처에서 일어난 대규모 주민 집단학살은 반공주의를 강화시키는 데 특히 위력이 컸다. 반공주의 강화에 경찰은 첨병의 역할을 맡았다.

이승만 권력과 반공체제를 강화하는 데 반공주의의 또 다른 표현인 휴전반대운동과 같은 북진통일운동은 신비의 묘약 같았다. 북진통일운동은 전시체제와 같은 위기 분위기를 조성해 카리스마적 영도자 이승만을 중심으로 뭉칠 것을 요구했고, 단정운동을 펼친 이승만을 통일의 사도로 비치게 했다. 반일운동 또한 이승만의 권력을 강화시켰다. 1950년대에 계속되었던 반공·반일운동은 동원국가의 모습을 잘 보여준다.

이승만은 1952년 발췌개헌에 이어 1954년 4사5입개헌을 강행해 영구 집권이 가능하게 되었다. 그렇지만 이승만의 권력 강화는 도시민의 비판에 직면했다. 몹시 어려운 생활에서 이승만 정권의 부정부패와 비리, 4사5입개헌을 목도한 유권자들은 이승만 정권에 대해 반감을 가졌고, 그것은 1956년 정부통령 선거에서 야당의 신익희 후보와 조봉암 후보에 대한 지지로 표출되었다. 서울에서 이승만 표는 사거한 신익희 추모 표보다 훨씬 적었다. 국부로 행세했던 이승만은 이 선거에서 자존심에 큰 상처를 입었다. 또 부통령에 야당의 장면이 당선됨으로써 자유당은 초상집 같았다. 그리하여 1958년 5월 2일 총선에서 경찰이 더욱 폭력적으로 나오는 등 그 이전의 어떠한 선거보다도 심한 부정선거를 저질렀는데도 불구하고, 대도시에서 야당 의원들이 크게 진출하고 개헌을 저지할 수 있는 충분한 의석을 확보하자 이승만과 자유당은 더욱 초조할 수밖에 없었다.

이승만과 자유당은 1960년에 치러질 선거에 특별한 대책을 세우지 않을 수 없었다. 1958년 연말에 국가보안법 개정안과 지방자치법 개정안을 통과시킨 것은 그러한 대책의 한 부분이었다. 1959년 4월에는 『경향신문』이 폐간처분을 받았다. 이승만은 1959년 3월 최인규를 내무부장관에 임명했고, 국무위원 내부에 '6인위원회'가 가동되었다. 이어서 이승만은 자유당 정부통령 후보를 조기에 지명토록 했고, 조기 선거를 강행했다. 조기 선거는 중요한 의미를 지니고 있었다. 1960년 2월 야당 대통령 후보 조병옥이 병사하자 조기 선거로 인해 야당은 대통령 후보를 낼 수 없게 되어 이승만은 단독 대통령 후보가 되었다. 이승만 정권은 4할 사전투표, 3인조·9인조 공개투표 등의 부정선거 계획을 세워 각지에서 예행연습까지 했다. 이와 같이 상상하기조차 어려운 부정선거였는데도 불구하고, 장·차관, 자유당 간부는 물론이고, 하급 공무원이나 경찰도 저항하지 않았다. 1960년 3·15정부통령선거 당시 이승만은 85세로 언제 사망할지 알 수 없었다. 부통령 후보 이기붕은 선거 기간에 한 번도 유세를 하지 못한 병든 환자였다. 그런데도 큰 권력이든 작은 권력이든 권력을 쥔 자들은 그것을 영속시키기 위해 무슨 짓이든지 해서 두 사람을 정부통령에 당선시키려 했다.

이승만 정권은 후기로 갈수록 부정부패·비리와 경찰 관공리의 횡포가 심했다. 이승만은 자유민주주의의 형식은 남겨놓았지만, 경찰국가라는 말을 들을 정도로 경찰을 도구로 하여 억압 통치를 자행했다. 그런데 학생이건 지식인이건 일반 시민이건 1959년까지 항거하지 않은 이유는 무엇일까. 기성세대의 경우 해방 이후 특히 전쟁기에 권력으로부터 피해를 입은 것이 중요하게 작용했다. 그와 연결된 것이지만, 극단적인 반공주의 냉전의식의 위협 아래 놓여 있었다는 점도 있었다. 학생, 노동자, 주민들은 끊임없이 반공·반일 데모에 동원되었다. 가치관의 혼란과 퇴행적 분위기로 사회 전체가 활기를 잃고 무력감에 빠져 있었던 것도 주요 요인이었다. 그러나 학생들은 1960년 정부통령 선거를 보면서 학교에서 배운 자유민주주의와 정의를 외면할 수 없었고, 이미 익숙해진 데모로 이승만 정권에 저항했다.

학생시위는 1960년 2월 28일부터 시작되었지만, 3월 15일 선거일까지 큰 시위는 없었다. 도저히 있을 수 없는 극심한 부정선거로 이승만과 이기붕이 압도적 득표로 정부통령에 당선되었는데도, 3·15마산시위(제1차 마산시위)를 제외하면 거의 무풍지대나 다름없었다. 4월 11일부터 13일까지 계속된 제2차 마산시위가 없었더라면, 이승만 정권 붕괴는 늦추어졌을 것이다. 4월 18일의 고려대생 데모에 이어, 4월 19일 서울과 광주, 부산 등지에서 기다렸다는 듯이 학생들이 쏟아져 나왔다. 서울에서 학생들은 국회의사당에 집결했으며, 이어서 중앙청 쪽으로 몰려갔고, 경무대로 진출했다. 오후에 서울 중요 거리는 인파로 뒤덮였다. 오후 1시 40분경 경무대 어귀에서 경찰의 발사로 21명이 사망하는 등 이날 서울에서 104명이 사망했다. 부산에서도 13명이, 광주에서도 6명이 사망했다. 사태는 수습하기 어려운 단계로 접어들고 있었다. 이날 서울 등 주요 도시에 계엄령이 선포되었다. 4월 25일 대학교수단 데모는 이승만 정권을 붕괴시키는 데 중대한 계기로 작용하였다. 다음날 새벽부터 데모가 더욱 치열해져 이승만은 하야성명을 발표했다. 이승만 정권이 붕괴된 것이다.

3·4월 시위는 학생 중심으로 전개되었다. 처음에는 순수한 정의감을 지닌 고등학생들이 대부분이었고, 규모가 큰 대학생 시위는 4월 18일부터 있었다. 침묵을 지키던 지식인들이 늦기는 했지만 4월 25일에 시위에 참여한 것은 참으로 다행한 일이었다. 이들 시위는 자연발생적인 성격이 강해

서 비조직적이었고 지도부가 따로 있지 않았다. 시위구호도 통일되어 있지 않아 처음에는 학원의 자유 수호가 주로 등장했고, 부정선거 규탄이 뒤를 이었으며, 4월 19일 오후에 부분적으로 나온 "이승만 정권 물러가라"는 외침이 4월 25~26일에는 주된 구호로 등장했다. 시위의 확산에는 언론이 영향을 미쳤다. 4월 19일 이후 미국은 이승만에 대해 변화를 요구했고, 군이 중립을 지키는 데에도 영향을 미쳤다.

4월혁명은 민권의 위대한 승리였다. 그간 훼손되었던 민주주의, 인권이 다시 궤도에 올랐고, 반공주의·냉전의식은 균열되었다. 학생, 지식인, 언론인, 종교인 등은 1950년대와 달라졌다. 그들은 5·16쿠데타, 유신쿠데타, 12·12쿠데타 등을 제외하고는 정권이 크게 잘못된 방향으로 가고 있다고 판단되면 시위 등의 방식으로 항의했고, 권력의 퇴진을 요구했다. 4월혁명은 민주화운동을 수십 년간 추동했다. 4월혁명은 정신혁명이었다. 젊은이나 지식인 및 문화인들은 낡은 것, 썩은 것, 사대주의 등을 몰아내는 새로운 정신을 진작시켜나갔다. 4월혁명을 계기로 사회가 여러 면에서 그 이전의 모습과 달라져 갔다.


**4월혁명기와 허정 과도정권·장면 정권 시기**　이승만 정권이 붕괴된 1960년 4월 26일은 4월혁명의 도달점이라기보다 시작이었다. 또한 1960년 4월 26일부터 1961년 5월 16일에 이르는 시기는 정부 수립 이후, 6월민주항쟁 이전의 30년간에 가장 자유가 많았던 시기다. 이 시기에 1987년 6월항쟁 이후 수년간 전개되었던 것과 비슷하게 민주화를 위한 여러 활동이 전개되었고, 민주화가 진전되었다. 차이가 있다면, 6월항쟁 이후의 민주화는 4월혁명 이후 축적된 것이 결실을 맺는다는 점, 그리고 시민사회가 일정하게 성숙된 면을 반영해 정치민주화, 노동자·농민·빈민과 연결된 사회민주화, 언론·교육·문화·예술·학술 부문의 민주화 및 통일운동이나 시민운동이 상당히 광범위하게 전개되었지만, 4월혁명 이후의 민주화는 폭이나 두께가 제한되어 있었다는 점 정도이다. 그러나 12·12쿠데타, 5·17쿠데타, 광주 학살 등에 대해 책임을 묻는 전두환·노태우 등에 대한 구속과 재판은 1995년이 되어서야 가능했던 데 반해, 이승만 정권이 무너졌기 때문에 3·15부정선거 원흉 등 반민주행위자에 대한 구속과 재판은 4월혁명 직후부터 행해졌다.

4월혁명기에 '4월혁명 과업'을 '완수'하는 데는 애초부터 어려움이 있었다. 3·4월 시위는 고등학생들이 먼저 일으켰고, 한참 뒤에 대학생이 합류했는데, 고등학생은 물론이고 대학생도 4월혁명 과업 수행의 주체가 되기 어려웠다. 또 이들은 전쟁 이후 반공 캠페인에 동원되었기 때문에 1980년대의 학생들과는 사뭇 달라 대개가 사고가 단순했고 폭넓은 사회의식을 지니지 못했다. 그래서 학원모리배축출투쟁, 어용교수 규탄 등의 활동에 머물렀고, 대학생층에서 신생활운동과 함께 농촌계몽운동 공명선거운동에 가담하는 정도였으며, 소수의 '의식분자'가 통일운동, 반미자주화운동 등에 뛰어들었다.

4월혁명 과업 수행은 허정 과도정권과 장면 정권에 떠맡겨졌다. 그런데 허정 과도정권은 갑자기 이승만 정권이 붕괴되었기 때문에 생각지도 않게 생겨났고, 장면 정권도 4월혁명으로 저절로 굴러들어온 권력을 잡은 것이었다. 뿐만 아니라 장면과 민주당 간부들은 3·4월 시위에 소극적이었고, 특히 4·19, 4·26 시위 현장에서 찾아볼 수 없었다. 이들은 4월혁명 부상자나 유가족 앞에서 기를 펴기 어려웠다. 더 중요한 것은 허정은 이승만의 측근이었고 장면과 민주당 간부들은 해방 직후 이승만을 추종했으며, 이들 모두 반공 성향이나 냉전의식에서 자유당 간부들과 별 차이가 없었다는 점이다. 이 때문에 허정 과도정권은 이승만 정권 청산에 소극적이었고, 경찰 간부에 대해서조차 별다른 조치를 취하지 않았다. 그 점은 장면 정권도 마찬가지여서 혁명입법에 소극적이었고, 혁명입법이 이루어진 후에도 그것을 실천하려는 의지가 약했다. 언론도 반공·냉전 의식이 강했기 때문에 허정 과도정권이나 장면 정권이 혁명과업을 소홀히 한다고 질타하면서도 애매한 태도를 취할 때가 많았다.

이승만 정권이 붕괴되자 일각에서 자유당 국회를 해산하고 새 국회에서 개헌 등이 이루어져야 한다고 주장했지만, 소수인 민주당 의원들이 다수인 자유당 의원들의 덜미를 잡고 개헌 등 민주화 작업을 벌인 것이 실상이었다. 내각책임제로 개헌이 이루어지고, 국가보안법이 개정되었고, 언론·출판·집회·결사의 자유를 보장하는 조치가 취해졌다. 그러나 이승만 정권을 단죄하는 특별법은 만들어지지 못했다.

시민·언론의 부정선거 원흉 처단 요구에 4월 26일 직후부터 한희석 자유당 정부통령 선거대책위원장, 최인규 전 내무부장관 등 자유당 기획위원과 장관들이 거의 다 구속되었다. 10월 8일 반민주행위자들에 대해 경형이나 무죄가 선고되어 여론이 비등해지자 그때서야 국회는 서둘러 헌법을 개정하고 '반민주행위자 공민권제한법안' '부정선거관련자 처벌법안' '특별재판소 및 특별검찰부 조직법안'을 통과시키고, 맨 마지막에 '부정축재처리 특별법안'을 통과시켰다. 1961년에 들어서야 특별검찰부와 특별재판부가 활동에 들어갔으나 지지부진했고, 5·16쿠데타가 발생해 활동이 정지되었다. 그렇지만 장면 정권은 경찰, 특히 박정희 정권의 중앙정보부와 비슷한 임무를 맡았던 사찰경찰은 상당 부분 숙정했다.

이승만 정권이 무너지자 해방 직후 한국전쟁 시기에 발생했던 주민 집단학살사건과 각종 의혹사건 진상규명운동이 벌어졌다. 김구 암살범 안두희가 쫓기기 시작했고, 김성주 고문치사와 관련해 원용덕 전 헌병사령관 등이 재판을 받았다. 4·26 직후 국회는 양민학살 진상조사 활동을 벌였고,

경상남북도를 중심으로 각지에 '피학살자유족회'가 생겨났다.

4월혁명으로 노동운동도 활성화되었다. 1950년대에 가장 규모가 큰 지식인 집단이었지만 권력에 동원되었던 교원들이 앞장서서 노동조합 결성을 위한 활동에 들어가 7월에는 '한국교원노동조합총연합회'를 조직하기에 이르렀다. 새로 많은 노동조합이 신설되었고 노동쟁의도 부쩍 늘었으며 노동자들의 가두투쟁도 많았다.

4월혁명기 하면 통일운동이 떠오를 정도로 이 시기에는 통일운동이 주목을 받았다. 통일논의는 중립화통일론이 소개되면서 점차 활발해졌다. 11월 서울대 '민족통일연맹발기모임' 주장은 냉전논리를 거부하는 것이어서 장면 정권과 국회, 기성세대에게 충격을 주었다. 1961년 2월에는 통일운동의 구심체로 자주·평화·민주를 통일의 3대 원칙으로 밝힌 '민족자주통일협의회'가 결성되었다. 1961년 5월 초 서울대 '민족통일연맹' 등은 남북학생회담을 제의했고, 쿠데타 발생 3일 전인 5월 13일에 '남북학생회담 환영 및 통일촉진 궐기대회'가 열렸다. 학생·청년들과 혁신계의 통일운동은 장면 정권과 충돌하지 않을 수 없었고, 반공·냉전 세력은 강한 거부감을 보였다.

4월혁명기에는 정권 교체가 여러 차례 있었고, 선거도 많았으며, 경제난이 가중될 수밖에 없었지만, 4월혁명이 불러일으킨 민주주의 바람은 사회 각계를 활성화하고 각 부문에 동태성을 부여해 신선한 변화를 초래했다. 예컨대 무능하고 파벌 싸움이 심하다는 평을 들었던 반공·보수적인 장면 정권하에서 공무원과 경찰의 공채는 신선한 바람을 일으켰고, '성취형' 관료가 나타났으며, 경제개발계획, 국토건설사업, 기간산업 중시라는 새로운 경제 건설 풍토가 출현한 것은 결코 4월혁명과 무관한 것이 아니었다. 이러한 것들은 다음 정권으로 인계되었다.

**한일협정반대투쟁**　　　1961년 5월 16일 쿠데타를 일으킨 박정희, 김종
　　　　　　　　　　　　필 등이 혁명공약에서 "첫째, 반공을 국시의 제일
의로 삼고 지금까지 형식적이고 구호에만 그친 반공체제를 재정비 강화할
것입니다"라고 밝힌 바와 같이, 그들이 내세운 첫번째 명분은 4월혁명으로
이완된 반공체제를 강화하는 것이었다. 그들은 '용공분자'를 일제히 체포
했고, 통일운동 등 민족주의적 진보적 활동을 한 혁신계와 학생, 피학살자
유족회 관계자들을 '특수반국가행위'로 단죄했다. 또한 '반공법'을 제정하
고 중앙정보부라는 막강한 권부를 만들어 국민을 감시하는 한편, 정보정
치를 하고 행정부 독주의 행정 독재를 펴나갔다.

　　학생들은 미군의 한국인 린치 사건에 대해 항의하였을 뿐 계엄령하의
군사 정권에 대해 시위를 벌일 수 없었다. 하지만 1964년 박정희 정권이
한일회담 타결을 서두르자 학생 데모가 격렬히 전개되었다. 학생들은 한
일회담이 1962년 김종필·오히라 메모처럼 국민에게 공개되지 않고 밀실
에서 흥정으로 처리되는 일은 있을 수 없다고 생각했다. 또 청구권 회담 등
이 보여주듯 굴욕적이고 저자세라고 판단했고, 평화선 '양보'는 생존권을
넘겨주는 것으로 이해했다. 학생들은 특히 일본에 경제적으로 예속되는
것을 두려워했고, 한·미·일의 수직적 안보체제에 대해서도 비판적이었다.

　　1964년 3월 24일의 대학생 데모는 1960년 4·26 데모 이후 최대 규모
의 학생시위였다. 그 이후 데모가 계속되었고, 5월 20일에는 박정희 정권
이 주창한 민족적 민주주의에 대한 성토대회와 장례식이 열렸다. 5월 30일
부터 서울대 문리대생들이 단식에 들어갔고, 6월 3일에는 4·19를 연상시
키는 큰 시위가 서울에서 벌어졌다. 이날 박정희는 미국의 강력한 지지를
받으며 계엄령을 선포했고, 학원과 언론을 대대적으로 탄압했다.

　　3월 24일에서 6월 3일에 이르는 학생들의 한일회담반대투쟁은 1960
년의 3·4월 시위와 비교해 조직적이었고 목적의식이 뚜렷했다. '민족적

민주주의 장례식'만 해도 일부 대학 학생회 간부 등은 그것에 못마땅해했고, 박정희와 김종필의 영도자론 중심의 민족적 민주주의에 공감하기도 했으나, 그 이후에는 박 정권을 반민족적 비민주적 권력 또는 미·일에 추종하는 사대매판세력으로 규정하는 운동권이 때로는 학생회와 결합하고 때로는 분리되어 학생운동을 주도했다. 이 시기 학생운동은 전개 양상도 다양해 화형식과 단식농성 외에도 풍자극 등 시위문화가 개발되었다.

1965년 2월 한일기본조약이 가조인되고 3월에 청구권자금 규모에 양국이 합의를 보자, 학생들은 다시 데모에 들어갔다. 6월 22일 한일협정이 조인되자 투쟁의 양상이 달라졌다. 한일회담반대투쟁의 경우 야당과 일부 재야인사들도 참여했으나 학생들이 주력이었는데, 협정 체결 이후의 비준 반대투쟁에는 학생과 야당 외에도 대학교수, 개신교 목사, 예비역 장성, 법조인, 여성계 인사들이 참여했다. 8월 14일 비준동의안이 야당의 반대를 무릅쓰고 여당 단독국회에서 통과되었다.

여름방학이 끝나자 학원가는 다시 소용돌이쳤다. 박정희 정권은 어느 때보다도 강도 높게 대응했다. 무장군인이 고려대, 연세대에 들어가더니 위수령이 서울 일원에 발동되었다. 김홍일 등 예비역 장성들이 구속되었고, 교수 21명이 '정치교수'로 학원에서 추방되었다. 정치인, 언론인 집에 괴벽보가 붙고 폭파 사고와 테러가 발생했다. 학생 서클인 서울대 '민족주의비교연구회'가 해체되었고, 이 서클 관계자들이 1964년에 이어 다시 체포되어 재판에 회부되었다.


**영구 집권 및 학원병영화반대투쟁**  1967년 5월 대통령 선거에서 야당의 윤보선 후보를 누르고 대통령에 당선된 박정희는 6월 8일 치러지는 총선에서 앞장서서 선거운동을 했다.

그 자신은 '지방 순회'라는 명목으로 각지에서 개발 공약을 했고, 국무위원들이 '지방 출장'을 가 지역사업을 약속하는 등 1960년 3·15정부통령 선거에서처럼 고위 공무원들이 대거 동원되었다. 이 시기에는 청구권자금 외에도 차관이 꽤 많이 들어와 리베이트 등으로 거둬들인 거대한 자금을 선거 사상 가장 풍성하게 뿌릴 수 있었고, 각지에서 선심공약을 마구 남발했다.

박정희가 이처럼 6·8 선거에 적극 나선 것은 영구 집권을 위한 개헌선을 확보하기 위해서였다. 박정희는 일찍부터 영구 집권을 염두에 두고 있었다. 그는 1963년 민정이양을 할 때에도 군정을 4년 연장한다고 발표했다가 국내외의 반대에 부딪혀 취소한 바 있었다. 박정희의 영도자론은 영구 집권과 맥을 같이하는 면이 있었다. 이승만은 집권 6년째가 되는 해인 1954년 5·20 선거에서 개헌선 확보를 위해 경찰을 대거 투입했는데, 박정희도 쿠데타를 일으킨 지 6년이 되는 1967년 6·8 선거에서 개헌선 확보를 위해 미리부터 정치자금을 마련하는 등 치밀히 계획을 세웠다. 유권자들도 경제성장, 돈과 선심공약의 유혹에 빨려 들어갔다. 그리하여 개헌선 이상의 의석을 확보하였으나, '6·8망국선거규탄데모' 등에 직면하여 일부 당선자를 당에서 제명했다. 국회는 1958년 24파동(국가보안법파동)과 비슷하게 공전을 거듭하다가 연말에 가서야 정상화되었다.

박정희는 6·8 선거 다음해인 1968년에 민주공화당 주류인 김종필계의 중간보스를 제거하고, 1969년에 구체적으로 3선개헌 추진에 들어갔다. 6월부터 학생들은 3선개헌반대데모를 벌였다. 3선개헌은 미국의 지원을 받았고, 한일회담 때보다 저항이 약했다. 중앙정보부에 의해 언론은 위축되어 있었고, 야당은 투지가 미약했다. 학생들은 휴교 조치 등에 적극 대응하지 못했다. 9월에 여당은 야당 몰래 새벽에 국회 제3별관에 들어가 개헌안을 날치기로 통과시켰다.

근대 이후 한국은 대략 10년을 주기로 커다란 역사적 변화가 일어났는데, 1971년도 그러한 변화가 일어난 해였다. 경제도 한편으로 심각한 문제를 안고 있었고 사회도 요동쳤다. 빈민들을 집단적으로 이주시킨 경기도 광주지역(지금의 성남)에서 대규모 생존권투쟁이 발생했고, 파월 노동자 미지불임금과 관련해 대한항공빌딩방화사건이 일어났다. 실미도 특수요원 탈출사건과 인턴·레지던트 파업도 주목을 받았다.

민주화 요구도 거셌다. 이미 1970년 11월에 있었던 전태일 분신사건은 노동운동이 새롭게 펼쳐지고 노학연대가 이루어질 것이라는 것을 예감케 했다. 1971년 사법부파동이나 대학교수의 자율 선언은 사법부와 대학의 민주화 요구에 다름 아니었다. 이 해에 학생들은 개학 초부터 학원병영화반대투쟁을 벌였고, 대선에서 공명선거운동을 벌였다. 야당의 김대중 후보가 반공·냉전의 벽을 뛰어넘는 선거공약으로 신선한 바람을 일으킨 것은 박정희를 당혹케 했다.

1971년은 유신체제로 가는 길목이었다는 점에서도 각별히 의미가 있다. 박정희는 이미 1971년 대선 이전에 히틀러나 장개석 식의 총통제를 구상한 바가 있었는데, 1971년의 대선과, 사상 최초로 균형 국회를 출현시킨 총선은 그로 하여금 이승만과도 다르게 아예 자유민주주의의 외피조차 팽개쳐버리게 만들었다. 더구나 공화당은 박정희 친정체제였고, 언론은 재갈이 물려져 있었으며, 사법부는 무력한 존재였다. 대학은 그해 10월 위수령 발동, 학생들의 대량 제적과 군 강제 입대, 서울대 내란예비음모사건 재판 등으로 침묵에 잠겼다. 정치 후진국에서 무한 권력으로 질주할 수 있는 조건이 갖춰져 있었다. 이제 민주화운동세력은 어느 때보다도 막강한 유신독재권력에 맞서게 되었다.

## 민주화운동의 주체와 의의

민주화운동에서 중심적 역할을 한 것은 시기나 사건마다 차이는 있지만 학생이었다. 1960년 3·4월 시위의 경우 처음에는 고등학생들이 주로 시위를 벌였고, 대학생은 나중에 참여했다. 그렇지만 중고생들은 4월혁명 이후에는 한일협정반대투쟁, 3선개헌반대투쟁 등에 부분적으로 참여했고, 대부분은 대학생이 학생운동을 이끌었다.

학생이 민주화운동에서 중심적 역할을 한 것은 기성세대에 비해 순수성이 강하기 때문이었다. 그와 함께 학생은 군대를 제외하고는 한국과 같은 상황에서 가장 응집력이 강한 집단이라는 점도 작용했다. 이러한 점 못지않게 권력으로부터 독립되고 권력을 견제할 수 있는 시민세력이 형성되지 못했다는 점, 야당이 불만을 가진 유권자들에게 표를 얻기 위해 야당성을 보이기는 하지만 기본적으로 여당과 성향이 비슷하고 기회주의적·정상배적 성향이 강했다는 점, 혁신세력으로 불렸던 진보세력이 미약하거나 부재했다는 점 등도 중요 요인이었다.

민중 지향적이고 반외세 민족주의적인 진보세력은 조봉암·진보당 사건, 근민당재건사건 등으로 타격을 받고 활동하기 어려웠던 상황에서 4월혁명을 맞았고, 5·16쿠데타 권력의 혹독한 탄압으로 박정희 정권 시기에는 없는 것이나 다름없었다. 근현대는 기성세대와 학생·청년 세대 간의 세대 갈등이라는 틀을 보여주고 있는데, 일제강점기의 학생운동·사회운동과 비슷하게 3·4월 시위 이후의 학생운동도 이러한 세대 갈등을 반영하였다.

그런데 학교에서 공부해야 하고 사회활동에 본격적으로 나서기가 어려운 학생의 신분을 고려할 때 학생운동은 명백히 한계를 지닐 수밖에 없다. 또 1980년대 이후에는 학업을 마치거나 대학 생활 중에 노학연대, 청년운동의 형태로 활동이 이어졌지만, 1960년대에는 졸업 이후에는 민주화운동과 직접 연결되기가 어려웠다.

언론계의 경우 4월혁명과 한일회담반대투쟁에서 중요한 역할을 했지만, 유신쿠데타 이후처럼 '사실 보도'의 차원을 넘어서서 직접 민주화운동에 나서지는 않았다. 지식인은 다행히도 1960년 4월 25일 대학교수단 데모를 벌였으며, 한일협정비준반대투쟁에서도 적지 않은 교수들이 목소리를 냈고, 1971년에는 '대학자율선언'에 나섰으나, 그때그때 사안에 따라 활동하는 수준을 넘지 못했다. 장준하 등『사상계』관계자들이 한일협정반대투쟁 등에 참여한 것이 주목된다. 이 시기에는 종교·문화·예술인 및 여성계의 활동은 개별적 활동을 제외하면 더욱 미약했다. 유신쿠데타 이후 적극적 활동을 하는 천주교 등 종교계의 경우 한일협정비준반대투쟁에 한경직 목사 등 개신교의 참여가 눈에 띈다. 그러나 그 이전에도 이후에도 조직적 활동은 미약했고, '3선개헌반대 범국민투쟁위원회'(범투위)나 1971년의 '민주수호국민협의회'에 김재준 목사 등이 개인적으로 참여했고, 천주교는 거의 참여하지 않았다. 법조계도 이병린 변호사 등이 개별적으로 활동했을 뿐이다. 한일협정비준반대투쟁에는 김홍일, 박병권, 김재춘 등 퇴역 장성들이 참여했다. 그렇지만 3선개헌 이후에 퇴역 군인들은 거의 참여하지 않았다.

1960년대에 민주화운동은 큰 족적을 남겼다. '피의 화요일' 4·19 투쟁과 '승리의 화요일' 4·26 투쟁으로 이승만 정권을 붕괴시킨 것은, 이승만 정권이 독재와 부정선거, 부패·비리·무능만 상징하는 것이 아니라, 반공주의와 냉전논리를 극단적으로 강요했다는 점에서 큰 의미를 갖는다. 4월혁명으로 짧은 기간이었지만 자유를 누릴 수 있었다. 진취적인 사회의식이나 건전한 가치관이 확대되었고, 진보적인 사회운동이 활발해지는 등 사회 전체가 새로운 활력과 진취성을 가졌다. 주민 집단학살사건, 의혹사건 등의 진상규명이 가능해졌고, 통일운동이 일어나고 자주성 문제가 제기되었다. 정부의 자세나 의지도 이승만 정권과는 크게 달랐다. 민주주의와 역동성, 창조적 사상·의식을 골자로 한 4월혁명 정신은 박정희 등 군사쿠데타세력도 어쩔 수 없는 큰 흐름으로 상당 부분 따르지 않을 수 없었다.

한일협정반대투쟁이 한일협정 내용에 직접적으로 준 영향에 대해서는 더 연구해봐야겠지만, 사회에 미친 영향은 대단히 의미심장했다. 송건호는 1967년에 쓴 「한국지식인론」에서 '우리의 입장'에서 현실을 바라보아야 한다고 지적하고, 냉전진영논리인 '승만이즘'을 넘어선 민족자주적인 '백범이즘'의 부활을 갈구했는데, 한국의 현실을 주체성을 가지고 민족적으로 보게 된 데에는 매판문화, 사대주의, 신식민주의를 배격하고 민족의 각성을 주창한 한일협정반대투쟁이 중요한 역할을 했다. 그런 점에서 한일협정반대투쟁은 4월혁명의 계승이라고 말할 수 있다.

3선개헌반대투쟁과 1971년의 민주화운동은 정보정치에 의한 장기 집권, 독재 정권을 용납하지 않겠다는 민주의식의 발로였다. 그것은 1967년 6·8 선거에서 금전공세와 선심공약에 눈이 어두워 3선개헌의 길을 열어놓은 유권자들을 각성시켜 1971년 대선과 총선에서 놀랍게도 민주의식을 발휘하게 했다. 박정희에게 두려움을 안겨준 1971년의 대선은 야당과 민주화운동이 어느 정도 결합되었다는 점에서 1985년 2·12 총선, 1987년 6월 항쟁과 닮은 점이 있다.

한 문화 평론가는 4월혁명으로 한국인은 다시 태어났다고 했는데, 주민 집단학살, 3·15부정선거를 자행하고 극단적인 반공주의와 냉전논리를 강요한 이승만 정권을 수수방관했다면 한국인은 과연 떳떳하다고 할 수 있었을까. 민주화운동은 독재와 외세 추종에 대한 경고일 뿐 아니라, 인권 유린, 권력의 남용과 횡포, 불의와 부정, 잘못된 가치관에 대한 경종이었다. 민주화운동은 양식과 양심, 정의가 살아 있는 사회로 가는 데 기축적인 역할을 했다.

**1948**

이승만 정권과 4월혁명·부산정치파동과 4·5직개헌파동·조봉암의 진보당·진보당사건·인혁당과 국가보안법과 토지·3·15부정선거·마산시위·4·19봉기·6·18 고려대생 시위·이승만 정권의 통치·4·25 '대학교수단' 대모·최인규와 곽영주·검거 한일 건강부흥운동·<전국투쟁위·서막리우·6·18 고려대생 시위·이승만 정권의 통치·4·25 '대학교수단' 대모·4·3사건 진상규명운동·검거 한일 건강부흥운동·<전국투쟁위·서북리우·6·18 고려대생 시위·이승만 정권의 통치·4·25 '대학교수단' 대모·최인규와 곽영주·검거 한일 건강부흥운동·민주수호운동·4월혁명과 노동운동·한미경제원조협정 반대투쟁·5·16군사쿠데타·1963년 대통령 선거·한일협정반대운동·한일협정반대운동·1967년의 경제 공황과 6·8부정선거·3선개헌·고·6·3사19의 친간기만 저항·한일협정반대투쟁·베트남파병반대·개헌 구한·학원자유화투쟁·1967년의 경제 공황과 6·8부정선거·3선개헌·고 민족주의·박정희 경권과 기정 저항·하일협정반대투쟁·베트남파병반대·개헌 구한·학원자유화투쟁·1967년의 경제 공황과 6·8부정선거·3선개헌·고 민중운동·박정희 경권과 기정 저항·미군정반대투쟁·교원노조운동·사업주의 이승만·사업주의 이승만·노동인건의의 론·노동자 전태일의 분신·1960년대 국가주의·민주화운동·노동자·1960년대 노동운동의 전개 과정·하나 노동자 전태일의 분신·1960년대 국가주의·민주화운동·주주·대민공화국

# 1

---

## 이승만 정권과 4월혁명

**1971**

# 제**1**장
# 이승만 정권의 민주주의 유린

# 1
# 민주 헌정질서 파괴와 혁신정당의 등장

## 부산정치파동과 4사5입개헌파동

**부산정치파동**　　　　1948년 8월 15일 대한민국 정부가 수립되었다.
　　　　　　　　　　대한민국은 이 땅에 최초로 세워진 민주공화국으
로서 자유민주주의 헌법과 제도를 갖고 있었다. 제헌 국회의원 대다수는
내각책임제를 선호했으나 이승만의 강력한 주장으로 대통령중심제가 채
택되었고, 초대 대통령에 73세의 이승만이 선출되었다.

　　1948년에 수립된 이승만 정권은 1950년 한국전쟁이 발발하기 전에 그
정치적 기반이 훼손된 상태에 있었다. 그것은 소수의 동의만으로 세워진
남한만의 단독정부였기 때문에 단정의 정당성을 인정하지 않으려는 정치
세력들로부터 끊임없는 도전에 직면해야 했다. 1950년 5월 30일에 실시된
제2대 국회의원 선거의 결과는 그것의 단적인 표현이었다. 이승만이 유권
자들에게 누차 경고했음에도 불구하고 조소앙, 안재홍, 조봉암, 윤기섭, 원
세훈 등 중도파 정치인들이 여러 명 당선되었다. 반대로 한민당 후신인 민

주국민당(24석, 당선자 비율 11.4%)과 이승만을 지지한 대한국민당(24석, 당선자 비율 11.4%)은 우수수 떨어지고 무소속이 126명(당선자 비율 60%)이나 당선되었다. 이 선거는 국민들이 친일·단정 세력들보다 독립운동을 한 애국자들을 존경하고 있다는 것을 보여주었다.

이렇게 5·30 선거는 이승만에게는 시련을, 민주주의를 소망하는 사람들에게는 희망을 안겨주었다. 이승만에게 비판적이었던 중도파 민족주의자들이 다수 당선됨으로써 이승만 독주를 견제하고 극우반공정치만이 아닌 다원주의정치를 실현할 수 있을 것으로 기대되었기 때문이다. 그러나 한국전쟁을 계기로 이승만 정권의 독주가 다시 회생의 기회를 맞았다. 전쟁 통에 이승만을 반대하는 진보적 좌파들은 물론 김규식, 조소앙, 원세훈, 윤기섭 등 중도파 민족주의자들이 다수 납북되었다. 또 전쟁 수행을 명분으로 무소불위의 강제력을 행사할 수 있는 억압적 국가기구가 팽창되었다. 이러한 억압적 국가기구의 양적·질적 팽창은 상대적으로 입법부의 역할을 대폭 위축시키고 행정부의 강화를 초래했다. 가장 크게 변한 것은 경찰과 군이었다.

한국전쟁 발발 직후 경찰은 비상경비사령부에 의해 즉시 재편성되어 군의 지연작전에 참가했다. 경찰에게는 검문검색 및 후방 치안 확보의 임무가 주어졌다. 전쟁기간과 전쟁 후 경찰력은 잔존공비 소탕, 군경합동 토벌작전, 부역자 처리 및 검거 활동을 위하여 대폭 증원되어 1953년에는 총 6만 3,000명이 되었다. 1955년경부터 경찰이 전투 임무에서 벗어남에 따라 점차 인원이 감축하여 1959년 3만 3,000여 명으로 줄어들었지만 경찰력 그 자체와 경찰의 역할이 약화된 것은 아니었다. 무엇보다도 중요하게 지적되어야 할 것은 이승만 정권 전 기간을 통해 일본 경찰 관리 출신들이 경찰을 지속적으로 지배했다는 것이다. 1960년까지 경찰의 인적 구성을 볼 때 고위 간부의 70%, 검찰관의 40%, 부관의 15% 그리고 사복형사의 약

20%와 정복경찰의 10%가 일본 경찰에 복무한 경력을 갖고 있었다.(『동아일보』1960년 5월 7일자) 변혁적 운동 방어 및 치안 유지에 대한 역할이 감소하면서 경찰의 주된 임무가 이승만 정권을 지탱하는 것이 되어 이승만 반대자들을 탄압하는 수단이 되었던 것도 이러한 인적 구성과 무관하지 않았다. 1960년 3·15부정선거에서 경찰의 부정적인 역할은 극에 달하였다.

다음으로 군의 경우 종전 후 약 72만 명이라는 거대한 숫자로 증가되었다.(홍석률, 1994, 167쪽) 이러한 군의 비대화는 곧 군의 위상을 강화시켰다. 그런데 한국군은 1954년 「한미합의의사록」Agreed Minute에 의해 유엔군사령관 휘하에 두어졌기 때문에 상대적으로 이승만 권력과 거리를 갖고 있었다. 군의 유지 비용은 대부분 원조물자로부터 주어졌다. 그러나 이승만은 군 고위 장교들 간에 파벌을 형성시킴으로써 군을 통제하고 자신의 정치적 목적으로 이용하였다. 이 과정에서 군의 정치 개입 경향이 강화되었다.

관료의 성장과 변화도 이에 못지않았다. 특히 전쟁 중의 징병·징세 사무 및 국내 치안 유지라는 새로운 행정 수요가 요구되었고, 이를 충족시키기 위해 상대적으로 실무 행정에 밝은 과거 총독부 관리들이 대거 충원되어 고위 관료로 승진하였다. 이들 실무 관료들이 일제 식민지 지배의 도구였다는 사실은 전쟁 수행 중이라는 이유로 문제가 되지 않았다. 이러한 경향은 전후 복구 및 경제 재편을 위한 실질적인 행정 수요가 증가하면서 더욱 심화되었다. 이들의 일부는 1954년 치러진 국회의원 선거에 출마하여 당선됨으로써 친이승만 정치가로 변신했다.

마지막으로 가장 커다란 변화는 정당의 창설과 그 역할이었다. 1952년 정부통령 선거가 치러질 때 이승만은 77세의 고령이었다. 그런데도 권력에 대한 집착이 조금도 줄어들지 않았다. 그는 자신만이 국가를 이끌어 갈 수 있다고 믿었다. 정부통령을 국회에서 선출하도록 되어 있는 제헌헌법에 따르면 당시 이승만이 국회에서 대통령에 재선될 가능성은 희박했다. 국회는 이미 여러 차례 이승만 대통령과 충돌했다. 1950년 9월 17일 국회는 '부역행위특별처리법'과 '사형금지법'을 제안했는데, 정부는 이 두 법률 모두에 대해 거부권을 행사했다. 그러자 국회는 1950년 11월 13일 이 두 법을 재적 144명, '사형금지법' 찬성 134명, 반대 1명, '부역행위특별처리법' 찬성 128명, 반대 2명으로 다시 통과시켜 법률로서 확정지음으로써 (서중석, 1999, 671쪽), 전쟁 중 국가에 의한 인권유린에 제동을 걸었다. 또 국회는 1950년 11월 23일 충분한 법 절차 없이 극형을 선고하게 되어 있던 '비상사태하의 범죄처벌에 관한 특별조치령'에 대한 개정법률안을 심의하여 통과시켰다. 이승만은 이번에도 역시 거부권을 행사했다. 그러나 국회에서는 1951년 1월 18일 재적 124명, 가 115표, 부 1표로 원안대로 통과시켰다. 그리고 1952년 6월 5일 부산정치파동의 와중에서 국회는 아예 '비상사태하의 범죄처벌에 관한 특별조치령 폐지법률안'을 통과시켰다.(국회사무처, 1971, 347~348·350~355쪽) 급기야 1951년 2월 11사단에 의해 저질러진 거창양민학살사건 및 국민방위군사건을 둘러싸고 국회와 이승만의 대결이 격화되었다.

거창양민학살사건은 국군 제11사단 9연대 병력이 공비와 내통했다고 하여 수백 명의 주민을 집단학살한 사건으로, 거창 출신 신중목 의원과 헌병사령관 최경록 준장 등에게 알려지고, 조병옥 내무부장관과 서민호 의원 등 다른 국회의원들에게도 알려지면서 문제가 되었다. 국회는 내무부, 법무부, 국방부의 합동조사단을 구성하여 현지조사를 보냈는데, 당시 계엄사령부 민사부장이자 헌병 부사령관인 김종원 대령이 매복시켜놓은 조작된 '공비'가 출현하여 조사 자체가 불가능해지는 일이 발생하였다.

국민방위군사건은 의용군의 경우처럼 우리 청년들이 공산군 측의 징집에 끌려가는 것을 막기 위하여 만 17세 이상 40세 이하의 장정을 예비군

1948년 8월 15일 대한민국 정부 수립 축하 행사

으로 편성하여 후송하는 과정에서 발생하였다. 방위군 간부들이 예산편성도 하지 않고 후송 체계나 수용 체계도 세우지 않은 채 추운 겨울에 제2국민병들을 강제로 이동시켰기 때문에 5만 명 이상 또는 수만 명의 장정들이 추위와 굶주림으로 사망하였다.(부산일보사 기획연구실, 1983, 149쪽) 국회에서는 국민방위군사건의 참상을 맹렬히 공박하였다. 곧이어 방위군 간부들이 군수물자와 군량미를 착복하는 등 예산을 엄청나게 횡령하여 일부를 친여 정치세력에게 상납한 사실이 드러났다. 국회는 곧 조사활동에 들어갔다. 의원들은 관련자 처벌과 신성모 국방부장관 해임을 요구했다. 그러나 이승만은 계속 신성모 국방부장관을 두둔하다가 여론이 비등해짐에 따라 할 수 없이 사임시켰다.(부산일보사 기획연구실, 1983, 111~114쪽) 정부에서는 이 사건의 미봉책으로 방위군 간부들을 재판에 회부하였으나 재판은 요식행위로 끝났다. 이들에게 경형을 선고하였을 뿐이있다. 그러나 이 사건은 거창양민학살사건과 맞물려 확대되어 국회에서 조사 내용을 발표하고, 급기야 1951년 5월 9일에는 이시영 부통령이 "국민에게 고함"이라는 글을 통해 이 대통령을 비판하고 사임함에 따라 더 이상 미봉책으로 넘어갈 수만은 없게 되었다. 신임 이기붕 국방부장관은 방위군해체 작업을 끝내고 새로 재판부를 구성하여 방위군사령관 김윤근을 비롯하여 간부 윤익헌 등 5명에게 사형을 선고하고 곧바로 집행하였다.

이시영 부통령 후임으로 국회에서는 반이승만 성향이 강한 김성수를 제2대 부통령으로 선임했다. 국회 주도세력은 더 이상 이승만을 지지하지 않았고, 민의가 반영될 수 있는 내각책임제로의 개헌을 통해 책임정치를 구현할 수 있기를 원했다. 이를 위해 새로운 정당 조직에 착수했는데, 여기에는 유력한 두 정치세력의 움직임이 있었다.

하나는 국회부의장 조봉암의 신당 조직 준비였다. 조봉암은 1951년 6월 이영근을 책임자로 한 '신당준비사무국'을 개설하고 여러 세력을 규합

했다. 또 조봉암은 농림부장관 때부터 긴밀히 농민 조직에 관여하였으며, 1951년 10월 22일 전국 180개 군 대표 340명이 참여한 농민회의에서는 의장으로 선출되었다. 농민회의는 자유당 창당에 참여한 '대한농민총동맹'과 경합관계에 있었다. 그러므로 이승만과 측근 세력들에게는 달갑지 않은 조직이었다. 따라서 곧바로 당국의 탄압이 시작되었고 농민회의는 무력해졌다. 12월에는 대남간첩사건을 조작해 이영근 등 조봉암 신당 관계자 여러 명이 체포되었다. 이로써 조봉암의 신당 조직은 좌절되었다.

또 하나는 '공화민정회'를 중심으로 한 신당 준비였다. 공화민정회는 제2대 국회의원 선거에서 대거 당선된 무소속을 중심으로 만들어진 '무소속구락부'가 그해 11월에 '공화구락부'가 되었다가, 김성수가 부통령으로 선출되면서 1951년 5월 '신정동지회'와 통합하여 만든 거대 원내단체였다. 국회의원 수는 공화구락부가 39명, 신정동지회가 69명으로 신정동지회 측이 훨씬 많았다. 그러나 신당 작업은 오위영 등 공화구락부 측이 주도했다.

이미 유력한 두 정치세력이 신당 작업을 벌이자 이승만도 자신에게 충성하는 정당 결성을 서둘렀다. 자유당 창당이 그것이다. 1945년 8월 15일 이후 귀국한 이승만은 국내에 조직적인 지지기반이 없었기 때문에 특정한 정당의 당수가 되기보다는 '범국민적' 지도자의 이미지를 지키는 것이 정치적으로 유리하다고 판단했었다. 그러나 사실상 정부 수립 직후부터는 이미 여러 차례 정당을 만들도록 지시했었다. 그럼에도 불구하고 간혹 '정당무용론'을 주장하는 것처럼 보였던 이유는 그의 비뚤어진 정당관 때문이었다. 이승만이 말하는 정당은 서로 경쟁하며 자신의 정치이념과 정책을 실현하기 위해 정권을 잡는 것을 목적으로 하는 공당이 아니었다. 그는 정당을 오직 '자신만'을 위한 사당私黨으로 생각하였다. 이승만은 국회에서 뽑게 되어 있는 1952년 8월 5일의 정부통령 선거에서 자신이 선출되기 어렵다는 것이 분명해지자 이제 자신의 정권을 지키기 위해 공공연히 정당을 만들겠다고 나섰다. 1951년 8월 15일 임시수도 부산에서 광복절 기념사를 할 때 그는 "신당 조직에 관한 담화"를 발표했다.

그해 12월 23일 부산에서 공화민정회 소속 국회의원들을 중심으로 한 (원내)자유당과 이승만을 지지하는 사회세력들 중심의 (원외)자유당이 발당되었다. 같은 날 2개의 자유당이 탄생한 것이다. 원내, 원외의 두 당은 추진세력이 달랐고 그 성격도 다른 별개의 신당조직이었음에도 불구하고 이렇게 두 당의 명칭이 똑같아진 것은 한쪽에서 다른 쪽의 당명을 훔쳤기 때문이었다. 국회의원들을 중심으로 만들어진 (원내)자유당이 이미 '당명'을 '자유당'으로 정했다는 것을 알았음에도 불구하고, 이승만의 지시로 만들어진 (원외)자유당에서 당의 명칭까지도 도용했던 것이다.(서중석, 2007b, 101쪽) 이렇게 하여 (원외)자유낭이 후에 이승만 정권이 붕괴될 때까지 집권여당이었던 자유당이 된 것인데, 이 (원외)자유당은 관권을 업고 조직을 확대한 관제정당이었다. 원외에는 국민회, 대한노동총연맹, 대한농민총연맹, 대한부인회, 대한청년단 등 이른바 5개 핵심적 사회단체의 대표들이 망라되어 있었지만, 사실상 창당의 주도세력은 이범석의 '민족청년단계'(족청계)였다. 이들은 오로지 이승만의 명령에 복종하는, 이승만을 유일한 절대 지도자로 모신 정당이라는 점에서 일반 정당과 차이가 있었다. (원외)자유당은 한마디로 이승만의 사당이었다.

1952년 1월 18일 대통령직선제에 양원제를 덧붙인 정부개헌안이 국회에서 무기명으로 표결에 붙여졌다. 재적 175명 중 163명이 참석했는데 찬성 19표, 반대 143표, 기권 1표라는 압도적인 반대로 부결되었다. 이승만이 이토록 참패를 당한 것은 국회의원들이 대통령을 선출하는 권한을 포기하지 않으려는 이유도 있었겠지만, 다른 무엇보다도 100여 명의 (원내)자유당 의원들조차 내각책임제를 주장했기 때문이었다. (원내)자유당과 민국당은 내각책임제를 해야만 민주주의가 가능하다고 생각했다. 그리고 전쟁 중에 대통령 선거를 치르기 어렵다는 것도 중요한 반대논리였다. 그러나 이승만은 이에 굴하지 않고 그해 5월 두번째 개헌안을 국회에 제출하였다. 그는 이미 다른 대책을 세워두고 있었다. 즉 수단과 방법을 가리지 않고 권력을 유지하는 것, 이것이 이승만의 통치 방법이었다. 이승만은 자신의 개헌안을 통과시키기 위해서 가능한 모든 정치적 탄압을 동원했다.

방법은 간단했다. 민의는 국회만 대변하는 것이 아니라는 것이 이승만의 논리였다. 이승만은 (원외)자유당과 대한청년단을 동원하여 '정부개헌안부결반대 민중대회'를 개최하고 민의를 배반한 국회의원 소환운동을 전개하도록 지시했다. 이른바 '이승만식 민의'를 업고 개헌을 하고자 한 것이다. 얼마 후 "국민의 분노"니 "국민의 분노는 이렇다"는 제목이 붙은 괴벽보가 부산 중심가 곳곳에 나붙기 시작했다. 또 "군주국가에서 임금님의 말을 거역하면 반역이 되듯이, 민주국가에서 국민을 배반한 국회는 국민들의 역적이니 소환해야 한다"라는 내용의 '삐라'가 뿌려지며 관제 민의운동이 시작되었다. 이때 주도적으로 활약한 조직이 바로 대한청년단이었다. 대한청년단은 (원외)자유당, 경찰 등과 긴밀히 협력하는 가운데, 민중대회 개최와 국회의원 소환운동 전개에 대한 '지령문'을 각 지방조직에 보내어 그 활동에 대해 면밀히 지시하였다. 연일 임시수도 부산에 위치한 국회의사당 주변에 괴청년들이 모여 법적 근거도 없는 국회의원소환 데모를 벌였다. 지방 군민대회도 각처에서 열렸다.

이때 등장한 것이 '백골단' '땃벌떼' 등과 같은 정치상패들이었다. 백골단은 '서북청년회' 부회장이었던 문봉제와 '재일본 대한청년단 본부' 부단장 조영주, 그리고 이승만의 양아들로 불리던 양우정([원외]자유당에서 이범석 다음의 실력자) 3명이 기획팀이 되어 조직하였다. 김창민, 이곤석 등 대한청년단 단원 7명이 행동대원이었는데, 이들은 주로 통금시간을 이용하여 활약한 것으로 알려져 있다.(부산일보사 기획연구실, 1983, 282~303쪽) 땃벌떼는 '민중자결단'의 일선 행동대였지만, 그중 가장 사납게 설쳐댔고 벌 중에서도 가장 사납기로 유명한 땃벌이 주는 이미지가 강해 국회를 협박하는 데 아주 잘 먹혀들었다.

또 이승만은 자신을 지지하는 민의를 동원하기 위해, 이 핑계 저 핑계를 대면서 미루어왔던 최초의 지방의회 의원 선거를 1952년 4월과 5월에 강행하였다. 이 선거에서 갓 창당된 (원외)자유당과 국민회·대한청년단 등이 전국의 경찰과 통반장까지 동원한 행정조직을 이용하여 대승을 거두었다. 관권은 지방의회 선거일수록 위력이 컸다. 선거가 이루어지는 정치 지형의 폐쇄성, 왜곡성, 강압성은 문제시되지 않고, 선거를 민주주의 그 자체와 동일시한 민주주의=절차적 민주주의=선거주의=관권선거라는 식으로 민주주의의 제도화가 이루어졌다.

정국은 숨 가쁘게 돌아갔다. 1952년 4월 17일 (원내)자유당과 민국당이 주축이 되어 개헌안 통과 정족수보다 1명 많은, 국회의원 곽상훈 외 122명의 연서*로 대통령은 상징적 존재이고 국무총리가 행정수반이 되는 것을 내용으로 하는 내각책임제 개헌안이 국회에 제출되었다. 5월 14일에는 이미 부결된 바 있는 정부의 개헌안을 약간 수정한 개헌안이 국회에 제출되었다. 5월 24일 경찰 총수인 내무부장관에 (원외)자유당 창당의 핵심인 전 '민족청년단' 단장 이범석이 임명되었고, 5월 25일 0시를 기해 잔존공비 소탕이라는 명분으로 부산 일원과 전라남북도에 비상계엄령이 선포되었고 계엄사령관에 원용덕이 임명되었다.

1952년 5월 26일 본격적인 부산정치파동의 막이 올랐다. 이날 약 40

---

* 곽상훈 외 122명 연서는 123명으로도 나와 있어 자료마다 차이가 난다. 여기에서는 국회사무처에서 발행한 『의정자료집』(1994), 237쪽에 의거하여 122명으로 한다.

명의 국회의원을 태운 통근버스가 통째로 헌병대에 끌려가는 사태가 발생했다. 이 사건은 한국 군부가 국내 정치 움직임에 민감하게 반응하여 개입함으로써 정권 연장에 동조한 첫번째 사례가 되었다. 이날 통근버스에 탄 의원 중 이용설·임흥순·서범석·김의준 등이 체포되었고, 다른 곳에서 정헌주·이석기 등도 체포되어 모두 10명의 반대파 국회의원들이 체포되었다. 이들은 대개 대통령으로 장면을 추대하고자 한 국회의원들이었다. 한편 장면을 지지하던 가톨릭계 경향신문사도 괴한들의 습격을 받아 활자들이 파손당했다.

5월 27일 공보처에서는 구속된 의원들이 국제공산당의 비밀정치공작에 관련되었다고 발표했다. 대남간첩단사건을 조작하여 조봉암의 신당 조직을 탄압했던 그 방식 그대로 이번에는 장면 지지자들이 급조된 국제공산당 관계자로 몰려 탄압을 받았다.

5월 28일 국회는 부산지구 계엄령 해제를 결의했다. 5월 29일에는 김성수 부통령이 이승만의 헌정유린 사태에 항의하며 초대 부통령 이시영에 이어 두번째로 부통령직을 사임했다. 부통령이 된 지 1년 만이었다. 국회의 기능은 마비되었고 6월 한 달 내내 많은 국회의원들이 피신했다. 그동안에도 계속 지방의회 의원, 청년단체 등 이승만 지지자들의 관제 민의돌격대가 국회를 압박했다. 요컨대 이승만은 국회의 결정 과정을 무시하고 관제단체를 통해 국민들을 동원하고, 이것을 민의라고 조작함으로써 국회라는 대의제 민주주의 정치제도를 무시해버린 것이다.

이러한 상황에서 6월 21일 발췌개헌안이 제출되었다. 장택상 국무총리가 이끄는 국회 내 소수 그룹 '신라회'에서 준비했다는 발췌개헌안은 이름 그대로 대통령직선제와 내각책임제 개헌안을 절충하여 만든 급조된 개헌안이었다. 그러나 그것은 전쟁 수행 중 헌정 중단이라는 정치 혼란을 더 이상 원하지 않았던 미국의 압력이 작용한 결과였다. 개헌안 통과에 필요한 의원 정족수를 채우기 위해 경찰은 피신 의원을 붙잡아 강제로 등원시켰고, 그래도 정족수가 채워지지 않자 7월 3일 국제공산당 음모사건으로 체포하였던 국회의원들을 석방했다. 이런 식으로 부산정치파동은 막바지에 이르렀다.

7월 4일 헌법에 명시된 30일간의 공고기간이 만료되기도 전에 국회에서 발췌개헌안이 기립 표결에 붙여졌다. 대통령과 부통령을 직선제로 선출하고, 국무총리 요청에 의해 국무위원을 임명·면직하고, 국회가 국무위원에 대해 불신임결의를 할 수 있으며, 양원제로 국회를 운영한다는 것이 주요 내용이었다. 그렇지만 양원제는 이승만 정권이 붕괴될 때까지 실시되지 않았다. 재적 의원 183명 중 166명이 참석하였고 3명만이 일어나지 않은 채 기립 표결로 통과되었다.

이 같은 과정을 통해서 의회민주주의를 유린하고 직선제 개헌에 성공한 이승만은 1952년 8월 5일 정부통령 선거에서 압도적인 지지로 당선되었다.(총 투표수의 72%, 유효 투표수의 74.6%인 523만 8,769표 득표) 그러나 이 선거는 이승만 '대통령'을 위한 요식행위였다. 7월 18일 선거일 공고, 7월 26일 후보 등록 마감, 8월 5일 투표로 선거운동기간이 불과 10일이었다. 아마 이것은 세계 민주국가 역사상 유례를 찾아보기 어려운 선거일정일 것이다. 정치파동의 공포분위기가 그대로 지속되는 가운데 야당의 전의는 땅에 떨어졌고, 이승만의 무한 권력 행사 앞에 위축될 대로 위축된 선거 분위기는 거의 이승만의 독무대가 될 판이었다. 이런 상황에서 감히 누가 이승만과 겨누겠다고 도전장을 내밀겠는가? 이승만은 유일한 후보가 되기를 기대했을 것이다. 그러나 대통령에 이승만 혼자 나오게 해서는 안 된다고 생각했던 국회부의장 조봉암이 대통령 후보로 나섰고, 오히려 조봉암을 견제하기 위해 야당인 민국당에서 이시영으로 하여금 후보 등록을 하게 했다. 조봉암은 전시 중에 치러지는 선거였고 선거운동기간도 짧았으며 경찰의 노골적인 개입과 탄압에도 불구하고 79만 7,504표를 얻어 민국당의 이시영 후보(76만 4,715표)를 누르고 2위에 당선됨으로써 이승만의 최대 경쟁자로 부상했다.

부통령에는 예상을 뒤엎고 자유당 부당수였던 이범석(181만여 표)을 누르고 국민들이 이름조차 몰랐던 함태영(294만여 표)이 당선되었다. 113만여 표라는 차이로 함태영이 자유당의 공천을 받은 이범석 후보를 누르고 부통령에 당선된 것은 이승만의 지시에 절대적으로 따른 경찰의 힘이었다. 장택상 국무총리와 신임 김태선 내무부장관은 이승만의 의중에 따라 경찰을 동원해 이범석을 떨어뜨리고 함태영을 당선시키기 위해 노력했다. 그 어떤 강한 2인자도 원하지 않았던 이승만이었기에 이른바 자유당 창당의 핵심 세력이었던 이범석을 따돌리고 순종하는 인물로 부통령을 세웠던 것이다. 그리고 서서히 이승만은 아예 자유당에서 이범석과 족청계를 제거해버렸다.

이승만의 영구 집권을 위한 헌정유린은 여기에서 그치지 않았다. 발췌개헌안에 의하면 대통령은 1차에 한하여 중임할 수 있었기 때문에 1956년에 임기가 만료되면 이승만은 더 이상 대통령이 될 수 없었다. 따라서 이승만은 종신 집권을 가능케 하기 위해 또다시 개헌을 하고자 하였고, 이를 위해 1954년 제3대 국회의원 선거(5·20 민의원 선거)에서부터 자유당 의원을 대거 당선시키기 위한 사전 공작을 시작했다.


**4사5입개헌파동**　　　　1954년 5월 20일, 제3대 민의원 선거에서는 처음으로 정당공천제가 실시되었는데, 이승만은 이를 악용하여 "초대 대통령에 한해 대통령을 계속할 수 있다는 헌법 개정안에 찬성한다"는 각서를 쓰는 사람에 한해 자유당 공천을 주었다. 정당공천제는 이런 식으로 한국 정당정치사에 등장했다. 그것뿐이 아니었다. 1954년 4월 6일 이승만은 일제강점기에 친일행위를 한 자일지라도 일을 잘하면 애국자라는 내용의 담화를 발표해 자신에게 충실한 친일파를 등용할 의사를 밝혔다. 그것은 제3대 민의원 선거에 출마하는 자유당 후보들 중 상당수가 자신에게 충성하는 친일행위자였기 때문이었다.

투표 결과 자유당은 전체 당선자 203명 중 과반수가 넘는 114석(득표율 36.8%)을 확보하는 압승을 거두었다. 반대로 유력한 야당 민주국민당(민국당)은 원내교섭단체 구성에도 미치지 못하는 15석(득표율 7.9%)을 확보하는 데 그쳤다. 이 선거에서는 3선인 이재학 외에도 한희석(변호사)·장경근(판사), 임철호(변호사), 김의준(판사) 등이 당선되어 자유당 핵심 간부가 되었는데 모두 친일행위자였다. 이들은 이후 이승만 정권 후기체제를 유지하는 데 크게 기여하였다. 반대로 반이승만 정치인들은 출마조차못 하거나 대거 낙선하였다. 예를 들면 제2대 대통령 선거에서 2위를 차지한 조봉암은 제3대 국회의원 선거에 출마조차 하지 못했다. 그는 자신의지역구인 인천 을구에서 등록 서류를 탈취당했으며, 부산으로 옮겨 다시출마를 시도해보았지만 역시 마찬가지였다. 마지막으로 꾀를 내어 이기붕의 출마지역인 서대문구에 마감 날 등록 서류를 냈으나 서류 미비라는 통고를 받음으로써 제도권 정치에서 강제로 추방당했다. (원내)자유당을 이끌었던 오위영은 심한 탄압으로 중도에 포기하였고, 이승만 정권 초기에실세였던 허정—그는 미국 유학 시절 이기붕과 함께 이승만을 보필했으며 1952년 국무총리 서리였고 4월혁명으로 이승만에 이어 과도정부의 수반이 되었다—도 경찰의 노골적인 선거운동 방해로 인해 포기하지 않을 수없었다. 역시 최대 공로자는 경찰이었다. 경찰의 몽둥이가 당락을 결정했다고 해서 "몽둥이 선거"라고 불릴 만큼 이승만은 자신의 종신 집권을 위한 개헌을 추진하기 위해 경찰력을 총동원하여 탄압선거를 감행했던 것이

**표1** 제3대 민의원 선거 당선 현황

| 정당 | 당선자 수(명) | 득표율(%) |
|------|------|------|
| 자유당 | 114 | 36.8 |
| 민주국민당 | 15 | 7.9 |
| 대한국민당 | 3 | 1.0 |
| 국민회 | 3 | 2.6 |
| 무소속 | 68 | 47.9 |
| 기타 | | 3.8 |
| 합계 | 203 | 100.0 |

출처: 국회사무처, 1994 『의정자료집』, 48쪽

다. 이승만에게는 더 이상 입법부(의회)와의 마찰도 문제가 되지 않았다. 이제 모든 국가기구는 이승만의 통제하에 편제되었고 이승만이 곧 '국가' 였다.

불과 2년 전 부산에서 정치파동을 불러일으키면서 발췌개헌안으로 겨우 제2대 대통령에 당선된 이승만은 종신 대통령을 꿈꾸면서, 1954년 9월 6일 자유당의 선거공약을 실천한다는 명분으로 이기붕 의원 외 135명의 서명으로 개헌안을 제출케 했고 9월 8일 공고했다. 제2차 개헌파동이 시작된 것이다. 개헌안의 내용은 국민투표제 채택, 국무총리제 및 국무위원 연대책임제를 폐지하고 국무위원에 대한 개별적 불신임권을 민의원에 부여하는 것, 현 대통령에 한하여 중임 제한을 폐지하는 것, 부통령의 대통령 승계 등 8개 항의 개정 사항을 포함한 광범위한 내용을 담고 있었다. 그러나 이 개헌안의 핵심은 대통령의 중임을 1차에 한하여 인정한 것을 이 헌법 개정 당시의 대통령에 한해 중임 제한 규정을 적용하지 않도록 하자는 것이었다. 또 기존의 헌법에 내포되어 있던 각종 의원내각제 내용을 전면 제한하고, 대통령에게 모든 권력을 집중시키도록 하는 것이었다. 한마디로 이승만에게 종신 대통령이 될 수 있는 길을 트자는 것이었다.

이를 위해 자유당은 이미 무소속 의원을 끌어들여 개헌선인 국회의원 3분의 2(136명)를 확보해놓은 상태였지만, 내부 반란표가 두려워 국회 상정을 미루고 있었다. 그런데 뜻밖에도 구원의 손길이 다른 곳도 아닌 야당인 민국당으로부터 왔다. 민국당 대표 신익희가 납북된 조소앙을 뉴델리에서 만났다는 뉴델리 밀회사건이 민국당 내에서 발설되었다. 뉴델리 밀회사건은 발표되자마자 곧 전혀 근거 없음이 밝혀졌지만, 자유당은 즉각 뉴델리 밀회사건을 이용했다. 반공 분위기가 고조되어 연일 국회 밖에서는 관제 민의부대가 또다시 동원되었다. 이 틈에 자유당은 11월 20일 개헌안을 국회에 상정하고 11월 27일 표결에 부쳤다. 그런데 결과는 재적 203명 중 가 135표, 부 60표, 기권 7표, 결석 1표로 개헌 정족수인 136표에서 1표가 미달, 부결이 선포되었다. 이날 사회를 맡은 최순주 국회부의장은 개헌안이 1표 차로 부결되었다고 선언했다. 개헌안이 부결된 다음날인 11월 28일은 일요일이었다. 그럼에도 불구하고 자유당은 긴급 의원총회를 소집하여 공보처장 갈홍기의 이름으로 203명의 3분의 2는 135명이라도 무방하다는 내용의 특별담화를 내는 등 개헌안 부결 번복을 위해 총력전에 나섰다. 27일 저녁 자유당 수뇌부는 서울대 수학과 교수 최윤식 등을 동원해서 203의 3분의 2가 135라는 희한한 방식을 착안하고 이 내용을 이승만에게 보고하여 개헌안이 통과된 것으로 처리하기로 결정하였다.

자유당 의총은 성명을 통해 "어제 최 부의장이 본회의에서 개헌안 투표가 부결임을 선포한 것은 의사 과장의 잘못된 산출 방법 보고에 의하여 착오 선포된 것"이라고 지적하고, "재적 의원 203명의 3분의 2는 정확하게 135.333……인데, 자연인을 정수가 아닌 소수점 이하까지 나눌 수 없으므로 4사5입의 수학적 원리에 의해 가장 근사치의 정수인 135명임이 의심할 바 없으므로 개헌안은 가결된 것"이라고 발표하였다. 11월 29일 최 부의장

4사5입사건 당시 국회 주변에 모인 시민들

이 11월 27일 부결이라고 선포한 것은 계산 착오에 의한 것이므로 이를 취소하며 개헌안은 가결된 것으로 한다고 선포하자, 야당 의원들이 단상으로 뛰어 올라가 최 부의장을 끌어내는 등 난장판이 벌어졌지만 권력을 앞세운 영구 집권욕 앞에는 역부족이었다. 헌법학자 유진오는 "각국의 전례는 이런 경우 찬성표 수는 적어도 반대의 3분의 1을 기준으로 하여 그 배수 즉 68의 배수인 136이라고 하며, 부결을 선포한 만큼 사실의 착오가 아닌 이상 개헌안은 부결된 것으로밖에 볼 수 없다"라고 주장하였고, 대법원장 김병로는 "4사5입이란 본래 남은 4를 버리는 것이지 모자라는 데 쓰는 것이 아니다"라고 밝혀 개헌안 번복의 부당성을 지적하였다.

역사상 4사5입개헌은 절차상으로도 정족수에 미달한 위헌적인 개헌이었을 뿐 아니라 1인의 종신 집권을 보장한 개헌이라는 점에서 헌정질서를 파괴하는 치욕적인 사건이었다. 이는 사실상 불법적인 쿠데타였다. 이처럼 구차스러운 이론을 내세워 통과되지도 못한 것을 통과된 것으로 만들면서 이승만의 종신 대통령의 길이 열리게 되었다. 이승만과 자유당은 이제 더욱 반민주·독재의 길로 나아갔다.

그러나 이 사건은 이승만을 반대하는 세력들을 결집시키는 중요한 계기가 되었다. 자유당 소장파 의원조차 무더기로 당을 이탈하였고, 민국당은 무소속 의원들을 규합할 수 있는 힘을 얻어 야당 연합전선에 가까운 '호헌동지회'를 구성함으로써, 민주당과 진보당 창당의 기틀을 마련할 수 있었다. 민심도 이때부터 돌이킬 수 없을 만큼 이승만과 자유당을 떠나기 시작했다.

## 호헌동지회 결성과 야당의 분화

**호헌동지회와 민주당**　　　4사5입개헌으로 이승만의 종신 집권제의 기반이 마련되자 1954년 12월 1일 민국당과 야당계 무소속 국회의원들은 이승만 독재에 맞설 범야 연합전선을 구축하고 대여투쟁을 강화하기 위하여 '민의원 위헌 대책위원회'를 구성했다. 그 같은 대항세력 구축은 이승만이 자유민주주의를 내세우면서도 최소한의 절차적 민주주의 규범마저 스스로 앞장서서 파괴하는 독재정치를 자행함으로써 필연적으로 제기될 수밖에 없는 것이었다.

　　'민의원 위헌 대책위원회'는 후에 호헌동지회로 그 이름이 바뀌고 원내교섭단체로 등록되었다. 여기에는 민국당, 자유당 탈당 의원, '무소속동지회', 무소속 등 61명의 의원이 가담했다. 호헌동지회는 12월 2일 '야당연합신당' 결성을 결의하고, 12월 3일 7명의 지도층 의원으로 '신당촉진위원회'를 구성하였다. 12월 24일에는 집결된 민주세력으로 자유 인권을 신장하고 대의정치와 책임정치의 제도를 확립하며 사회정의에 입각한 수탈 없는 국민경제체제를 발전시키겠다고 다짐했다. 신당촉진위원회는 11명이 보강되어 '18인위원회'가 되었다. 18인위원회는 문호개방 원칙을 세워 조봉암·이범석을 포함해 '반독재반공 원칙'에 동의하는 인사라면 무조건 신당에 참여시키기로 합의했다. 1955년 1월 초 이범석·족청계는 신당에 참여하지 않겠다는 의사를 밝혔다. 그러나 일제하 조선공산당의 핵심인물이었고 해방 후에는 이념적으로 비미비소非美非蘇의 중도적 길을 선택했던 국회부의장 출신 조봉암은 참여했다.

　　그런데 신당 결성은 1955년 1월 중순부터 삐걱거렸다. 조봉암의 참여 문제를 놓고 갈등이 불거졌고, 결국 조봉암 영입을 찬성하는 서상일·신도성·장택상 등의 민주대동파(혁신파)와, 반대하는 민국당 보수계열인 조병옥·김준연, 그리고 장면 등의 자유민주파(보수파)로 갈라졌다. 조봉암 참여에 대한 자유민주파의 반대는 완강하였다. 그들은 "조봉암이 지금도 공산주의자"라는 주장을 폈다가 반론이 제기되자 "좌익 전향자를 제외하자"라고 말을 바꾸면서까지 조봉암 영입을 막았다. 이러한 거부는 신당의 주도권 싸움이나 다름없었다. 보수우익 중심의 민국당은 조봉암을 무시 못할 커다란 도전세력으로 보고 있었다.

결국 자유민주파에서는 조병옥, 장면, 김도연, 김준연, 정일형, 이철승 등이 중심이 되어 가칭 '자유민주당'을 추진할 뜻을 비쳤다. 반대로 민주대동파에서는 서상일, 곽상훈, 송방용, 김수선, 신도성을 중심으로 일부 반대세력을 제외하고라도 기존 방침대로 신당을 건설하고자 했다. 우여곡절 끝에 4월 1일 열린 호헌동지회 총회는 61명 중 42명이 출석, 25표 대 17표로 조봉암 참여를 받아들이지 않기로 결정했다. 그러나 이에 반대했던 17명의 의원이 절대로 표결에 승복할 수 없음을 공언함으로써 양파의 결렬은 결정적인 것이 되었다.

이제 호헌동지회 중심의 신당 운동은 자유민주파의 신당 운동으로 변질되고 말았다. 자유민주파 신당 운동 측은 1955년 7월 17일 167명의 신당 준비 위원으로 '신당발기준비위원회'를 구성하였고, 마침내 1955년 9월 19일 '반공 이데올로기와 자유자본주의 신념'을 재천명하며 '민주당'을 결성하였다. 민주당은 스스로를 한민당—민국당의 법통을 계승한다고 규정하였듯이, 태생적으로나 이념적으로나 철저히 반공 이념에 기반 한 보수 정당이었고 끝까지 이 한계를 벗어나지 못했다. 이러한 민주당 측의 '조봉암 참여 거부'는 한국 민주주의 발전에 심대한 부정적 영향을 미쳤다. 만약 민주당과 조봉암 세력의 연대가 이때 가능했다면 한국적 보수자유주의와 사회민주주의의 정권 형성 연합이 가능했을 것이고 민주당의 이념적 스펙트럼도 훨씬 넓어졌을 것이다.(박명림, 1999, 148~149쪽)

## 혁신정당의 태동: 진보당 추진위원회

범야 신당이 보수세력만을 중심으로 민주당을 창당하자, 이를 계기로 진보적 민족주의 계열의 혁신세력은 한국전쟁 이후 처음으로 결집하기 시작했다. 반공보수세력들에 의해 반이승만 연합전선에의 진입을 거부당한 조봉암을 비롯하여 민주당에 참여하지 않은 혁신세력들은 1955년 9월 광릉에서 집회를 열고 혁신세력의 대동단결을 다짐하고 새로운 혁신정당 창당을 결의했다. 여기에는 조봉암, 서상일, 장건상, 정화암 등의 원로들과 윤길중, 신도성, 김기철, 이명하, 조향록 등 소장세력들 40여 명이 참여했다. 이후 몇 차례 회합을 거듭하면서 신당의 성격은 사회민주주의 내지 민주사회주의로 집약되어갔다. 장건상은 사회민주주의를, 정화암은 민주사회주의를 제시했는데, 민주적 사회주의 성격의 정당이 제시된 것은 한국 정치사에서 이것이 최초의 일이었다.

진보적 신당 추진은 11월경부터 표면화되었다. 12월 22일 진보당 발기취지문과 강령 초안이 발표되었다. 진보당(가칭)은 발기취지문에서 "진정한 혁신은 오로지 피해를 받고 있는 대중 자신의 자각과 단결 위에서만 실현될 수 있다"라고 주장했다. 이때 나온 '피해 대중'이라는 낱말은 이승만 정권의 극우반공체제에서 억압받는 서민을 가리킨다고 볼 수 있는 것으로, 소리 없는 대중의 갈채를 받기에 충분하였고, 보수의 그늘에 숨어 안일한 정책으로 궁핍한 국민들을 돌보지 않는 자유당·민주당 양당에 정면으로 도전하는 것이었다.

그러나 진보당(가칭)은 5·15 정부통령 선거에 들어갈 때까지 창당되지 못했다. 탄압을 받지 않을까 하는 두려움 등으로 인해 창당 작업은 계속 지지부진했다. 1956년 3월 8일에 발표된 추진준비위원 208명의 명단을 보면 명망가는 많았지만 원내 의원은 신도성 한 사람뿐이었다. 민주대동파에 속했던 대다수 무소속 국회의원들에게는 제3대 국회의원 선거에서 출마조차 봉쇄당했던 조봉암과 행동을 함께한다는 것은 엄청난 모험이 아닐 수 없었다.

# 2

# 이승만 정권의 반대세력 탄압

## 야당탄압

### 5·15 정부통령 선거: 반이승만세력의 부상

민주당과 진보당(가칭)의 태동을 출발로 이승만 체제에 반대하는 세력들의 도전은 1956년 5월 제3대 대통령 선거에서 본격적으로 표출되었다. 1956년 3월 5일 자유당은 대통령 후보에 이승만, 부통령 후보에 이기붕을 추대했다. 이때 81세의 고령이었던 이승만은 대통령에 입후보하는 데 순수한 태도를 취하지 않았다. 이승만은 먼저 "출마 않기로 작정했다"라는 유시를 내렸다. 하지만 불출마의사 표명은 "민의에 의해 어쩔 수 없이 다시 출마할 수밖에 없었다"라는 결론을 도출해내기 위한 정치적 제스처에 불과했다. 즉 불출마선언 후 번의翻意 요청, 그리고 결국 마지못한 번의라고 하는 과정을 이끌어내기 위한 이승만 식 정략이었던 것이다. 전국 각지에서 강제로 동원된 민의가 발동되었다. 심지어 우마차조합에서는 우마차 800대를 동원하여 "소와 말까지 출마를 원한다"라고 외치면서 서울 거리를 '똥바다'로 만들었다. 그래서 '우의마의'牛意馬意라는 신조어가 생겼다. 3월 23일 이승만은 "할 수 없이 민의에 양보하기로 했다"는 내용의 담화를 발표하였고, 곧이어 정부는 선거 일자를 5월 15일로 공고했다.

민주당은 3월 29일 '정부통령 후보 지명 전국대회'를 개최하여 대통령 후보에 신익희, 부통령 후보에 장면을 지명했다.

'진보당 추진위원회'에서는 1956년 3월 31일 '전국 진보당 추진 대표자대회'를 개최하고, 당 결성에 앞서 대통령 후보에 조봉암, 부통령 후보에 서상일을 지명했다. 그러나 서상일은 "평생 정치교육자로 여생을 봉사하겠다"라는 자신의 신조를 역설하고 끝내 사양했다. 후에 박기출이 지명되었다. 이승만 정권은 이 대회 참석자들에게 협박·공갈·회유를 했으며, 대회장에는 폭력단이 난입해 테러를 자행하기도 했다.

선거는 자유당의 이승만, 민주당의 신익희, 진보당의 조봉암의 대결로 압축되었다. 민주당은 "못 살겠다 갈아보자"라는 선거구호를 내걸고, 이승만과 자유당의 독재성과 부정부패를 공격했다. 이 구호는 선풍적으로 유권자들에게 파고들었다. 자유당은 이에 "갈아봤자 별수 없다" "구관이 명관이다"라는 구호로 맞섰지만 백약이 무효였다. 이승만에 대한 민심을 되돌리기 어려웠다. 소수파이기는 했지만 혁신정당 진보당은 "이것저것 다 보았다. 혁신밖에 살길 없다"라고 목소리를 높였다. 무엇보다도 진보당 대통령 후보 조봉암은 구호보다는 정책으로 유권자들에게 다가섰다. 이른바 평화통일을 주장하고, "피해 대중을 위한 정치를 펴겠다"고 주장하여 큰 파문을 불러일으켰다. 기회가 있을 때마다 '북진통일'을 부르짖는 이승만 통치하에서 '평화통일'은 온 국민의 귀를 번쩍이게 하는 정책이었다.

선거의 열기는 뜨거웠다. 극단적인 선거 부정이 예상되었지만 선거 과정 자체를 중단할 수는 없었다. 선거를 통해 한국 민주주의의 새로운 활력이 생겨나고 있었다. 시간이 지나면서 신익희와 조봉암의 단일화 압력이 거세졌다. 야당 단일후보가 나와야 이승만을 이길 수 있다는 국민의 여론 때문이었다. 누구보다도 먼저 4월 3일 조봉암이 "정부통령 후보 지명의 백지화는 물론 나 자신의 입후보를 취소할 용의가 있다"고 발표함으로써 야당 연합전선 형성 가능성을 시사했다. 그러나 민주당은 '진보당 추진위' 측의 일방적인 양보만을 요구할 뿐 연합전선 형성에는 그다지 적극적으로 응하지 않았다. 문제는 신익희가 당을 대표하는 대통령 후보이면서도 당권을 잡지 못하고 있었다는 것과, 신당 추진 운동 때부터 공산주의로 몰아 조봉암을 배척해온 민주당 내 반공극우파들의 반대였다.

그러나 4월 6~7일경부터 야권 연합전선 운동이 구체화되었고, 4월 20일부터는 '헌정동우회'를 중심으로 신익희·조봉암의 '정상회담' 논의가 제기되는 등 5월 초까지 야권 연합전선 형성에 의견 일치를 보이는 듯하였다. 민심으로 보아 단일화에 성공한다면 신익희의 당선 가능성이 커 보였다. 진보당의 조봉암 후보의 인기도 대단했지만(어디에서나 그의 연설장에는 사람들이 몰려들었다) 대도시 특히 서울에서 민주당의 인기도 대단했다. 1956년 5월 3일 한강 백사장에서 있었던 신익희의 선거유세가 그것을 확인해주고 있었다. 거기에는 『동아일보』『경향신문』『한국일보』『조선일보』 등 당시 4대 주요 일간지의 역할이 컸다. 이 신문들은 야당지로서 반이승만·자유당, 친민주당의 논조를 갖고 있었다. 당시 신문들은 서울 시내 상가가 거의 문을 닫았으며, 200만 서울 시민 중 20만 또는 30만 명이 유세장에 모였다고 보도했다. 민주당의 선거구호인 "못 살겠다 갈아보자!"가 도시민들에게 폭발적인 호소력을 발휘한 것이다.

선거 날이 임박한 5월 6일 신익희와 조봉암 사이에는 서로 회동하기로 약속되어 있었다. 그러나 5월 5일 새벽 호남선 열차 안에서 신익희가 급서하는 돌발사태가 발생했다. 신익희의 운구가 서울역에서 효자동 자택에 이르자 운집한 군중들은 "사인을 규명하라"고 외치며 데모대로 변했다. 그들은 신익희의 유해를 경무대로 끌고 가려고 하면서 경찰과 충돌했고, 그 과정에서 경찰의 발포로 10명의 사상자가 났다. 그리고 700여 명이 피검되었다. 이승만 정권하에서 거의 볼 수 없었던 반정부시위였다. 이승만은 이를 "반역적 행동"이라고 비난했다.

신익희의 급서로 야당 대통령 후보는 자연히 조봉암으로 단일화되었다. 반이승만 전선을 주창했던 민주당의 선택이 주목되었다. 그러나 민주당 최고위원들은 "야당 연합은 이것으로 끝난 것"이라고 밝힘으로써, 민주당이 조봉암을 단일후보로 지지하지 않을 것임을 분명히 했다. 민주당은 신익희 후보를 추모하는 추모표를 유도하거나, 심지어 김준연은 "조봉암에게 투표하느니 차라리 이승만에게 투표하라"고 노골적인 반조봉암 친이승만 성향을 드러냈다. 한마디로 말해서 민주당은 과거 공산주의자였으며 지금은 사회적 민주주의를 대안으로 내걸고 나선 조봉암과의 연합을 거부하고 오히려 이승만을 지지하는 입장을 분명히 함으로써, 자유당과 별로 다를 바 없는 극우반공 보수정당임을 다시 한 번 확인해주었다. 그러나 진보당은 박기출 부통령 후보의 사퇴를 발표하였고, 따라서 부통령 선거는 자연히 이기붕과 장면의 대결장이 되었다. 민주당은 냉담한 반응을 보였지만, 그것은 장면 후보가 부통령이 되는 데 결정적으로 기여했다.

전국에서 폭력이 난무하고 개표가 중단되는 등 험악한 분위기에서 진행된 정부통령 선거 결과 이승만이 대통령에, 장면이 부통령에 당선되었다. 그러나 이 선거는 이승만 정권에 심각한 위협을 안겨주었다. 무엇보다도 주목할 것은 조봉암의 괄목할 만한 성장이었다. 자유당 대통령 후보 이승만은 504만여 표를 얻었지만, 정식으로 당을 결성하지도 못 한 채 대통령 선거에 임한 진보당 대통령 후보 조봉암이 216만여 표라는 지지를 얻었다. 그러나 그것은 어디까지나 '공식' 발표일 뿐 실제 투표 결과는 알 수 없었다. 뒤에 조봉암은 이 선거를 두고 "투표에 이기고 개표에 진 선거"라고 표현했다. 진보당은 투개표 참관인을 거의 낼 수 없었고, 민주당 참관인은 진보당 표를 지켜주지 않았다. 여러 증언에 따르면 개표가 공정했을 경우 이승만과 조봉암 중 누구 표가 더 많은지 알 수 없는 선거였다고 했다. 김 준연과 함께 조봉암의 부상을 가장 두려워했던 민주당의 조병옥조차 "3대 대통령 선거에 있어서 내 판단에는 만일 자유 분위기의 선거가 행해졌더 라면, 이 대통령이 얻은 표는 200만 표 내외에 지나지 못하리라고 나는 판 단합니다"라고 말했다.(『대한민국국회속기록』 8, 4쪽) 이제 조봉암은 명실 상부한 이승만의 최대 정적으로 떠올랐다. 여기에 신익희에 대한 추모표 가 대부분이라 할 수 있는 무효표가 무려 185만여 표나 무더기로 나왔다. 서울의 경우 이승만은 20만 5,000여 표를 얻는 데 그쳤고, 무효표가 무려 28만 4,000여 표나 되었다. "죽은 신익희가 살아 있는 이승만을 이겼다"라 는 이야기가 공공연하게 돌았다. 이것은 조봉암의 표와 신익희의 표를 합 친다면 야당으로의 정권 교체가 시간문제로 인식되기에 충분한 결과였다. "국부"니 "민족의 태양"이니 하면서 떠받들어져 온 자존심 강한 지도자 이 승만의 위신이 여지없이 무너졌다.

부통령 선거 결과도 놀라웠다. 민주당 후보 장면(401만여 표)이 자유 당 후보 이기붕(380만여 표)을 21만여 표 차이로 누르며 부통령에 당선되 었다. 자유당으로서는 엄청난 타격이었다. 당시 이승만 대통령의 나이는 81세였고(1875년생), 4사5입개헌으로 대통령이 궐위될 경우 권력이 부통 령에게 승계되도록 헌법에 못을 박았기 때문이었다.

이러한 선거 결과에 대해서 주한 미국대사관은 국무부에 보낸 전문에 서 선거 결과는 한국인들의 민주주의에 내한 열망을 보여준 것으로 "아시 아에서 야당이 선거에서 승리하는 나라는 한국밖에 없다"라고 할 정도로 높이 평가했다. 그리하여 1956년 정부통령 선거 이후 여야의 정치적 대결 과 이에 대한 이승만의 노골적 탄압은 더욱 심해졌다.

## 1956년 지방선거: 등록 방해 및 선거부정

5·15 정부통령 선거에서 이승만 정권에 대해 민심이 이반되었다는 사실이 분명해졌다. 민의는 이미 선거정치를 통한 민주주의를 수용할 수 있는 단계에 도달해 있었다. 선거에서 표는 여야의 구분을 서서히 드러내고 있었다. 민주당 신익희의 급서로 자유당은 겨우 정권을 연장할 수 있었다. 이제 모든 것은 단지 시간문제로 보였다. 그러나 자유당은 이러한 냉엄한 민심의 흐름을 정확히 받아들여 민의에 순응하려 하지 않았다. 오히려 그 반대로 탄압정치를 강화했다.

이승만은 5·15 정부통령 선거 직후인 5월 21일 일제 때 경찰서장을 지냈던 이익흥을 내무부장관에 임명했다. 5월 26일에는 김종원을 경찰 총수인 치안국장에 임명했다. 김종원은 일본군 지원병 출신으로 여순사건 때 일본도를 휘둘러 수많은 사람을 죽였고 보도연맹원 학살에도 관여한 것으로 알려진 인물이었다. 특히 그는 1951년 거창양민학살사건 당시 계엄사령부 민사부장(당시 대령)으로 이 사건을 조사하기 위해 국회조사단이 현지에 가까이 갔을 때 가짜 공비를 매복시켜 의원들을 되돌아가게 만든 장본인이었다. 그래서 그의 별명은 '호랑이 김종원'이었다. 이 사건으로 징역 3년이 선고되었지만 이승만의 배려로 3개월 만에 사면 복권되었다. 이승만은 이익흥-김종원 체제로 다가올 8월 지방선거에 대비케 하였고, 이들은 이승만의 기대에 한 치의 어긋남 없이 그 진가를 유감없이 발휘했다.

1956년 2월에 있었던 지방자치법 개정안은 도지사와 서울특별시장은 종전대로 임명제로 하되, 시·읍·면장과 동·이장은 주민이 직접 선출하도록 하는 하급단체장 직선제를 실시하는 것으로 그 자체로는 진일보한 것이었다. 또 임기가 만료되지 않은 자들도 선거 전일에 그 임기가 만료된 것으로 보고 일괄적으로 재선거를 하도록 했었다. 2월만 하더라도 자유당이 압도적으로 당선될 수 있을 것으로 보았기 때문이었다. 그러나 불과 몇 달도 안 되어 정부는 다시 기득권을 인정하는 개정안을 제출했다. 이 개정안은 7월 8일 야당 측이 모두 퇴장한 가운데 통과되었다. 개정안 덕분에 기득권을 인정받은 지방의회 의원은 전체 1%에 불과했지만, 시·읍·면장의 경우는 60%나 혜택을 누릴 수 있어 자유당으로서는 친여당단체장을 그대로 유지할 수 있게 된 것이다.

정부 수립 후 두번째인 지방선거는 1956년 8월 8일에 시·읍·면의 단체장과 의회 의원 선거를, 8월 13일에 서울특별시·도의원 선거를 나누어 치르게 되어 있었다. 지방선거일이 결정되자 야당계 입후보 예정자들에 대한 경찰의 노골적인 탄압이 시작되었다. 경찰은 '경범죄처벌법'을 최대한 활용했다. 경범죄로 11~25일 구류처분을 받으면 자동적으로 후보자 등록을 할 수가 없었다. 청소·문패·병역·야간통금 위반 등의 갖가지 경범죄로 검거된 인원이 선거 초반전인 7월 1일부터 20일까지 3,558명으로 집계되었는데, 이 중 다수가 선거와 관계있는 것으로 추측되었다. 한 국회의원은 자유당에는 무법과 불법과 유시법諭示法의 3법밖에 없다고 비꼬았고 국회에서 다음과 같이 말했다.

경범죄처벌법이 요렇게도 대단한 법인 줄은 미처 알지 못했습니다. 야밤에 집 앞에다 쓰레기를 버려놓고 새벽같이 찾아와서는 청소 불결이라는 죄목으로 구류처분하지 않나, 밤사이에 단단히 붙여놓은 문패를 떼어버리고는 문패가 없으니 구류처분이라고 집어넣지를 않나, 형사들이 술을 사달라고 졸라서 술을 사주었더니 밤 12시가 되도록 나가지를 못하게 해놓고 12시가 지나 집으로 가려고 한즉 통금위반이라고 집어넣지를 않나…….(『한국일보』 1956년 7월 17일자)

등록 마감이 가까워지자 사복경찰이 출마 예정자 집을 방문하여 조사를 빙자해 등록 서류를 압수하고, 백주에 노상에서 등록 서류를 강탈하기도 했다. 할 수 없이 야당 측이 비상수단으로 집단 등록을 하려고 하자, 수백 명의 괴한들이 나타나 위협하며 서류를 강탈했다. 특히 입후보 사퇴도 많아 각급 지방선거에서 3,800여 명이 사퇴한 것으로 집계되었다.

사태가 이에 이르자 7월 23일 야당계 의원들이 모여 법적 조치를 강구했다. 입후보 절차를 취하지 못한 자에게 투표일 7일 전까지 등록의 기회를 주자는 '지방의회 의원 및 시·읍·면장 선거 임시조치법안'을 제출했다. 그러나 자유당은 본회의 상정마저 봉쇄했다. 7월 26일 야당 각파는 '국민주권옹호 투쟁위원회'(위원장 장택상)를 조직하고, 다음날(7월 27일) 62명의 야당 국회의원들이 "민권 없이 주권 없다"는 플래카드를 앞세우고 관권 간섭을 규탄하는 가두연좌시위를 벌였다. 헌정 사상 초유의 국회의원 데모였다.(한국혁명재판사편찬위원회 편, 1962[1], 83~84쪽)

8월 8일에 치러진 지방선거에서 자유당은 엄청난 부정선거로 압승했다. 천하의 이목을 조금도 꺼려함이 없이 생각될 수 있는 모든 부정이 공공연히 대담하게 자행되었다. 이에 대해 『한국일보』 1956년 8월 10일자 사설은 "우리는 8·8 선거의 경과가 장차 시행될 여러 가지 선거에 응용될 것을 두려워한다"라고 썼다.

그러나 8월 13일 서울시의회 선거에서는 민주당이 압승했다. 서울시의원 47명 중 민주당 40명, 농민회 1명, 무소속 5명에 자유당은 1명만 당선되었다. 도의회 의원 선거에서도 민주당은 꽤 약진했다. 야당세가 강한 경북과 경남은 각각 7명과 6명이었고(자유당은 각각 40명, 21명), 충남과 전남북 또한 이와 비슷했다. 그런데 경기도에서는 자유당이 14명인데 민주당은 22명이었다. 대도시지역일수록 야당세가 강하다는 것이 점차 분명해지기 시작했다.

8·13 선거에서는 말로만 떠돌던 투표함 바꿔치기가 사실이라는 것이

드러났다. 정읍군의 박재표 순경은 투표함 이송 중 봉함지를 뜯어 투표용지를 다른 형사에게 넘기고 그 대신 다른 투표지가 든 보자기를 받아 투표함에 넣었다는 환표 사실을 『동아일보』에 알려 '허위사실유포죄'로 구속되어 10개월간 옥살이를 했다. 김의택 의원은 함평군에서도 환표 사실이 있었음을 폭로했다. 이 사건들은 대법원 판결로 진실임이 밝혀졌다.

『한국일보』는 정부통령 취임식이 있던 8월 15일 "들어라 국민의 절규를―정치의 부패와 민심의 동향"이라는 사설을 통해 "8월 지방선거는 주권재민의 말살이며, 민주주의의 매장"이며 "기회가 있기만 하면 국민의 울분은 폭발할 것"이라고 주장했다.

이승만 정권은 2년 후 1958년 24파동(국가보안법파동) 때 다시 지방자치법을 개정했다. 말할 것도 없이 그 핵심은 1960년 정부통령 선거를 대비하여 자치단체장을 임명제로 바꾸는 것이었다.


**장면 부통령 저격사건**　　민주당 전당대회가 열리고 있던 1956년 9월 28일 오후 2시 30분 명동 시공관에서 한 방의 총성이 울려 퍼졌다. 총알은 다행히 장면 부통령의 왼손을 스쳤을 뿐 생명에는 지장이 없어 '살인미수'에 그쳤다.

자유당의 이기붕을 누르고 당선된 민주당의 장면 부통령이 제4대 부통령으로 취임한 지 한 달 남짓 만인 이날, 민주당은 전당대회를 열어 새 지도부를 선출하고자 했다. 전당대회는 조병옥을 대표최고위원으로 선출하고, 장면, 곽상훈, 박순천, 백남훈을 최고위원으로 뽑았다. 이날 대회는 신익희 후보의 급서로 비록 정권 교체를 이루지 못했지만 엄청난 부정선거에도 불구하고 장면 후보를 부통령으로 당선시킨 민주당으로서는 축제의 전당대회 자리였다. 그런데 장면 부통령이 연설을 마치고 단상에서 내려와 만세를 부르며 열광하는 당원들을 헤치고 시공관 동쪽 문으로 빠져 나가려는 순간에 저격사건이 발생했다. 범인 김상붕은 명중 여부조차 확인하지 못하고 당황해하며 도망치다 체포되었다.(김삼웅, 1994, 95~96쪽)

김상붕은 민주당 당원들에게 붙잡혀 금방 사건 현장에 나타난 김종원 치안국장에게 인도되었다. 김상붕의 배후는 민주당원인 최훈이었다. 따라서 경찰은 이 사건을 민주당의 내분으로 몰아가려고 했다. 그러나 최훈의 배후도 얼마 후 탄로 났다. 성동경찰서 사찰계 주임 이덕신 경위였다. 경찰은 최훈의 배후를 밝히는 데 성의가 없었고, 자금 수수 과정을 추적하는 과정에서 이덕신이 배후임이 드러났음에도 사건이 더 이상 확대되는 것을 막고자 했다. 그러나 이 사건을 일개 경찰서의 사찰주임이 꾸몄다고 믿는 사람은 아무도 없었다. 재판이 진행됨에 따라 이덕신 배후에 경찰 고위 간부가 있다는 것이 알려졌다. 치안국장 김종원도 거론되었다. 일이 커지면서 이익흥 내무부장관도 입에 오르내렸고, 국회에서는 책임을 물어 해임 건의안을 냈으나 부결되었다. 서울시경 사찰과장, 치안국 특수정보과장, 치안국 중앙사찰분실장 등에게서 자금이 흘러나온 것까지는 파악되었으나 그 위의 선이 누구인지는 밝혀지지 않다가, 4월혁명으로 이 사건의 배후가 새롭게 조명되었다. 재수사가 이루어졌고, 그 결과 사건 당시 자유당 총무부장이었던 임흥순이 총책을 맡아 저격사건을 음모했다는 것이 밝혀졌다. 이기붕이 최고 지시자라는 증언도 나왔다. 당시 임흥순은 자유당 고위 간부 2명과 이 음모를 계획하고 이익흥 내무부장관에게 지시했고, 이익흥은 김종원 치안국장에게, 김종원은 특수정보과장이던 장영복과 중앙사찰분실장이던 박사일에게 지시를 내렸고, 이들이 또다시 시경 사찰과장 오충환에게 구체적인 지시를 내렸다는 것이다. 그때부터 이덕신이 직접 준비를 갖추어 시공관에서 열린 민주당 전당대회장을 이용하여 장면 부통령을 저격했던 것이다. 말하자면 이 사건은 81세의 고령으로 대통령에 당선된 이승만의 '유고' 시 자동적으로 대통령직을 계승하도록 되어 있는 장면 부통령을 제거하기 위해 이기붕의 측근들이 저지른 음모였던 것이다. 4월혁명 후 이들은 모두 살인미수 혐의로 구속 기소되어 2심 재판에서 이익흥·임흥순은 무기징역 형, 김종원은 15년 형을 받았다.(학민사 편집부 편, 1985, 304~341쪽) 그러나 5·16 군사 정권에 의해 관계자들 전원이 석방되었다.

**진보당 창당 방해사건**　　조봉암은 대통령 선거의 여세를 몰아 8월 지방선거에 임하기 위해 6월 안으로 진보당을 결당하고자 했다. 지방선거를 계기로 당 조직을 지역으로 확장하고, 그 조직으로 1958년 제4대 민의원 선거에 대비해야 한다는 생각이었다. 그러나 서상일·장건상·정화암 등은 좀더 광범위한 민주혁신세력을 결집시키기 위해 진보당 결당을 늦춰야 한다고 주장했다. 뿐만 아니라 제3대 대통령 선거에서 국민에게 강한 이미지를 심어준 '진보당'이라는 당명을 '민주혁신당'으로 바꾸고 조봉암은 제2선으로 물러나야 한다고까지 주장했다.(정태영, 2006, 197~200쪽) 새로운 혁신정당의 창당을 두고 조봉암과 그 지지세력, 그리고 서상일과 그 지지세력 사이의 부조화는 해결되지 않고, 시간이 흐를수록 양자 사이의 골은 깊어져만 갔다.

결국 조봉암세력만의 '진보당'이 1956년 11월 10일 서울시립극장에서 전국 대의원 900명 중 853명이 참가한 가운데 창당되었다.(『조선일보』 1956년 11월 11일자) 진보당은 수탈 없는 계획경제체제 확립과 책임 있는 혁신정치 단행을 내걸고 한국 최초의 사회민주주의 정당을 표방했다. 서상일계는 1957년 10월 15일 '민주혁신당'을 창당하였다.

그러나 진보당은 사무실 간판을 걸기도 힘들었고, 1957년 서울·경기,

부산, 경남, 전남, 전북 등의 각도 지부당 결성대회는 어느 것이나 방해와 테러로 제대로 대회를 치르지 못했다. 흉악한 악성 테러에 희생자가 나오기도 했다. 진보당 지부당 결성 과정을 구체적으로 살펴보면 다음과 같다.(이기하, 1960, 281~288쪽; 정태영, 2006, 221~233쪽)

'진보당 중앙당 결성대회'에 이어 동년 12월 9일 '경남도당 결성대회'가 부산시 초량동 소재 새한중학 교정에서 개최되었다. 개최 시간이 임박하자 몇 대의 트럭에 나누어 타고 온 우익에서 동원한 부두노조 조합원들과 다수의 사복경찰들이 장내에 침입, 난동을 부리고 소란을 피움으로써 대회가 유회되었다. 주최 측은 어쩔 수 없이 대회 장소를 도당 임시 사무실(박기출 개인 사무실)로 옮겨 결당하였다.

1957년 4월 15일의 '서울·경기도당부 결성대회' 때에는 자유당 측이 유지광 등 정치폭력 집단을 투입하여 장내 혼란을 일으켰고, 서울시경 경관대가 동원되어 장내 혼란을 이유로 대회를 강제해산시켰다. 동시에 결성식에 참가하려고 상경하는 사람들을 막아 대회가 유회되었다. 따라서 이튿날 중앙 당사에서 결당대회를 마칠 수밖에 없었다.

1957년 7월 20일 '전남도당 결성대회'가 광주 충장로에 위치한 당사에서 개최하기로 되어 있었다.(『한국일보』1957년 7월 17일자) 그러나 이곳에도 폭력배가 조직적으로 동원되었다. 7월 17일 전남도당 추진위원회 부위원장 조중환의 집에 단도와 총을 소지한 복면의 괴한이 난입하여 조중환을 칼로 찔러 자상을 입혔고, 전남도당 추진위원회 조직부장 임춘호 집을 습격한 괴한들이 임신 7개월인 부인의 복부를 칼로 찔러 중상을 입히고, 또한 임춘호에게도 자상을 입혔다. 이들은 전남도당 결성을 연기하라는 협박과 함께 당 문서를 탈취하여 도주하였다. 또한 당일 대회장에 나온 많은 당원들도 경찰에 연행되는 등 노골적인 탄압을 받았다. 그러나 전남도당은 예정대로 당사에서 결성되었다.

1957년 10월에 있을 예정이던 전북도당 결성에서도 조직적인 방해사건이 일어났다. 중앙당에서 파견된 윤길중이 전주 시내 경기여관에 투숙하여 도당 간부들과 결성 절차를 협의하던 중 상이용사를 자칭하는 괴한에게 강제로 납치되어 장시간 시달림을 당했다. 완산병원 원장이던 도당 추진위원장 양해룡은 왕진을 요청하는 괴한에게 유인되어 밖으로 나갔다가 테러를 당했다. 완산여관에 투숙했던 전세룡도 괴한의 침입을 받아 피했는데, 동석한 사람 중에는 중상을 입은 사람도 발생했다. 이러한 탄압과 테러 속에 '전북도당 결성대회'가 며칠 후 중앙당 부위원장 김달호가 참석한 가운데 고사동 도당 사무실에서 개최되었다. 이렇게 결당을 마친 전북도당은 11월 30일 이리시당 결성을 추진하고자 했다. 그러나 시당 결당대회는 백골단과 경찰의 노골적인 탄압 그리고 테러로 유회되어 시당 사무실에서 요식만 갖춘 결당을 마쳤다.

이러한 야만적인 탄압과 테러에 대해 진보당이 항의하였지만 민주당과 당시 일간신문은 이를 묵살했다. 신문들은 연이은 진보당에 대한 테러를 아예 언급하지 않거나 짧게 다루었고, 이는 진보당의 김달호 의원의 발언에 대해서도 마찬가지였다. 김달호 의원이 국회에서 '진보당 도당 결성대회'에 대한 테러사건을 보고하자, 김준연 등 민주당 의원들과 자유당 의원들은 그것은 무시한 채 김 의원의 평화통일 발언이 대한민국 국시를 도끼로 찍는 것과 같다는 등 평화통일론을 공격했고, 오히려 김 의원을 조치해줄 것을 의장에게 요구할 정도였다. 국회 내무위원회는 테러사건을 조사한다고 했으나 그해 12월까지 별다른 활동을 하시 않았다.

진보당 테러에 대한 민주당과 언론의 반응은 같은 시기에 발생한 1957년 5월 27일 장충단공원강연회 방해사건(한국정치사연구소 편, 1987, 183~189쪽)과 좋은 대조를 이룬다. 야당의 '국민주권옹호 투쟁위원회'가 주최한 이 강연회에서 조병옥이 연설을 시작한 지 몇 분도 안 되어, 정체불명의 괴한들이 나타나 돌과 빈 병 등을 던지고 연단 책상을 뒤집어엎는 등 폭력을 휘두르고는 어느 누구의 방해도 받지 않고 유유히 사라진 사건이 발생했다. 이들은 정치깡패 이정재의 동대문 사단 휘하에 있던 유지광의 '화랑동지회'였다. 이재학 국회부의장은 이 사건이 야당의 분열로 일어난 것처럼 말했다. 그러나 민주당은 국회에서 여러 차례 대대적인 공세를 폈고 언론도 여기에 가세했다. 민주당은 "집회와 비판의 자유가 심각하게 훼손되었다"라고 정부와 여당을 비판했다. 언론들도 "왜 깡패를 잡지 않느냐"라고 추궁하면서 수개월 동안 머리기사와 사설로 정부와 여당을 신랄히 비판했다.

## 진보당사건

조봉암은 진보당이 민주당, 자유당과 어깨를 나란히 하면서 캐스팅보트를 쥘 만한 세력을 의회에 구축할 가능성을 예상했다. 이는 5·15 정부통령 선거에서 조봉암이 얻은 공식 득표에 대한 단순한 산술적 계산으로 보아도 타당성이 있었다. 이에 진보당의 약진을 사전에 차단하기 위한 이승만과 자유당의 행보는 더욱 바빠졌다. 민주당도 예외는 아니었다. 민주당은 이념적으로 조봉암보다는 이승만에 가까웠다. 따라서 이들은 모두 진보당의 평화통일 주장이 현실 정치에서 공공연히 제기되고 상당수의 국민으로부터 지지를 확대해가는 것을 '무력통일'을 국시로 하는 대한민국체제 자체에 대한 심각한 위협으로 받아들였다. 더구나 이승만으로서는 1960년 정부통령 선거에서 다시 조봉암의 도전을 받아야 한다는 것이 매우 불안스러웠다. 이러한 위기감은 조병옥과 민주당도 가지고 있었다. 조봉암과 진보당의 부상은 민주당이 그토록 원하는 이승만 '이후' 집권 가능성을 위태롭게 만드는 것이었다. 왜냐하면 민주당이 자유당에 맞서 동원할 수 있는 유일한 정치적 명분은 독재에 반대하는 '민주 수호'라고 할 수 있는데, 진보당 역시 민주 수호를 주장하는 세력이었기 때문이다. 즉 민주당은, 민주당과 자유당이라는 보수 양당체제하의 경쟁에서만 상대적인 우위를 점할 수 있었다. 민주당이 주장하는 민주주의가 친미반공주의를 전제로 한 것이라는 점이 명백한 상태에서 자유당과의 차별성을 부각하고 '국민의 지지'를 받아 정권을 획득할 수 있는 길은 오직 민주당보다 폭넓은 민주주의를 주장하는 세력이 없을 때에만 가능한 것이었다. 친미와 반공에 의문을 제기하고 평화통일과 폭넓은 '피해 대중'의 민주주의를 주장하는 진보당과 같은 세력이 존재하면 그러한 상대적 우위는 곧 흔들리고 말 것이었다.

조봉암과 진보당에 대한 이러한 정치적 이해관계로 인하여 이승만과 자유당 그리고 민주당은 1958년 5월에 실시 예정인 제4대 민의원 선거에 진보당이 참가하지 못하도록 '어떤 조치를 강구할 필요'가 있다는 데 의견을 같이했다. 이는 결국 '진보당사건'으로 이어졌다. 진보당이 제도 정치권에서 별 저항 없이 제거된 이유는 바로 '반공분단정치'에 동조하는 민주당의 묵시적인 동의와 협조가 있었기 때문이었다.

조봉암은 이승만 정권으로부터 줄곧 같은 방식으로 견제와 탄압을 받았다. 즉 이승만 정권은 조봉암의 좌익 전력을 이용하여 그를 각종 간첩사건과 연계함으로써 국민적 레드콤플렉스를 불러일으키고, 이를 통해 조봉암의 지지세력들과 국민들과의 연결고리를 단절하고자 하였다.

조봉암이 제2대 국회의원 시절인 1951년 6월 농민회의 등을 통해 신당을 조직할 때는 그의 오른팔인 이영근이 대남간첩단사건으로 구속되었다. 특무대(대장 김창룡)에 의해 50여 명이 연행되고 9명이 구속 기소되었으며, 3명에게 사형, 3명에게 무기, 나머지 사람들에게는 5~10년이 구형되었다. 그러나 이들은 모두 나중에 무죄 언도를 받았다.(정태영, 2006, 141

~146쪽)

　1953년에는 제2대 대통령 선거에서 그의 선거 사무차장이었던 김성주가 고문 살해되었다.(「김성주사건 조사보고서」〔제21회 국회 임시회의 속기록〕) 김성주는 해방 정국에서 좌익투쟁에 앞장섰던 '서북청년회'를 이끌고 반공전선에서 혁혁한 공을 세웠을 뿐 아니라, 한국전쟁 때에는 유엔군이 북진하면서 미군 당국에 의해 평안남도 지사로 임명되기도 했던 인물이었다. 그런 김성주가 조봉암을 지원할 뿐 아니라 그와 정당을 함께 하려고 하자, 이승만 정권이 그를 제거하기로 한 것이었다. 그는 '국가변란'이라는 죄목으로 헌병 총사령부에 연행되어 1953년 9월 군법회의에 회부되었고, 고문으로 불법적인 죽음을 당했으나 사형집행인 양 꾸며졌다.

　1957년 9월 검찰은 조봉암이 조총련계 간첩 정우갑(정우갑 간첩사건)과 관련된 혐의가 있다고 주장하면서 그를 소환하였다.(『동아일보』 1957년 9월 19일자) 그다음에는 김정제 간첩사건에 이름이 오르내렸다. 그해 10월에는 혁신세력과 밀접한 관계를 맺고 있던 박정호, 김경태 등이 간첩 혐의로 긴급체포되었는데('남반부 정치변혁공작대 사건' 일명 '간첩 박정호 사건') 이때도 장건상(근로인민당) 등과 함께 거론되었다. 하지만 조봉암에 대한 직접적인 수사는 착수되지 않았다.

　조봉암에 대한 견제와 탄압은 '진보당사건'으로 이어졌다. 5·2 제4대 민의원 선거를 앞둔 1958년 1월 12일 박정호 사건을 담당하고 있던 조인구 부장검사가 갑자기 기자간담회를 자청했다. 그는 여기에서 박정호 등 10여 명에 대한 공소 내용을 설명하였는데, 이 발표에서 주목되는 부분이 진보당의 중요 정책이었던 '평화통일론'에 대한 언급이었다. 조인구 검사는 "평화통일이란 구호는 남한의 적화통일을 위한 방편으로서 대한민국의 존립을 부인하는 것이다. '북진 없는 정강정책을 갖는 정당을 조직하라'는 김일성의 지령 내용은 바로 진보당의 확대 공작에 귀착된다"라고 발표하였다. "그럼 진보당이 박정호 사건에 관련되어 수사 대상에 오르는 것 아니냐"라는 기자들의 질문에, "문제는 진보당이 내건 평화통일의 진의가 무엇인가를 규명한 후 그것이 북괴의 지령과 동일할 때 수사 대상이 될 것"이라고 하여, 박정호 관련 부분보다는 진보당의 '평화통일론'에 수사의 중점이 있음을 시사했다.(박태균, 1995, 326쪽)

서울시경은 1958년 1월 11일 서울지방법원으로부터 조봉암에 대한 구속영장을 발부받아, 1월 12일 박기출, 윤길중, 조규희, 조규택, 이동화를, 1월 13일 조봉암, 김달호를 각각 구속하였다. 은신 중이던 조봉암은 13일 오전 전화를 걸어 자진 출두하겠다고 말했다. 같은 날 검찰총장은 "평화통일을 주장하는 진보당은 불법 결사단체"라고 발표했고, 서정학 치안국장은 진보당 간부 구속에 대해 "이들 구속된 진보당 간부는 이미 송청한 박정호·정우갑·허봉희 등 간첩사건 수사 중 진보당 간부의 국가보안법 위반 혐의가 뚜렷해져 구속한 것"이라고 설명했다.(박태균, 1995, 326~327쪽; 임흥빈, 1983, 111~114쪽) 신문들은 이러한 수사 당국의 성명을 여과 없이 그대로 보도했다. 매일같이 조봉암이 북괴 지령문을 보고 불태웠다느니, 아무개 간첩과 접선했다느니, 조봉암 집에서 김일성에게 보내는 편지가 발견되었다느니 하고 대서특필했다. 동양통신사 정태영 기자가 쓴 강평서가 북에서 내려온 비밀지령문으로 둔갑되어 보도되었고, 정태영 기자는 북의 연락담당관임이 확인되었다고 보도되기도 했다. 어느 것이나 사실이 아니었다.

조봉암을 비롯한 진보당 관계자들은 1958년 2월 8일에 검사 조인구에 의해 기소되었고, 2월 25일 공보실장(오재경)의 다음과 같은 발표 하나로 해산되었다. "진보당이 유엔 결의에 위반되는 통일방안을 주장했고, 진보당 간부들이 북의 간첩·밀사·파괴공작조들과 항상 접선했다는 것을 이유로 진보당 등록을 취소한다." (권대복, 1985, 64쪽; 김춘봉, 1958) 물론 이는 사실과 다르다. 당시 등록취소 이유로 들었던 평화통일론·간첩관련 등은 이후 대법원 확정판결에서 모두 무죄로 판명되었던 것이다. 결국 진보당은 5·2 총선에 후보를 내지 못하게 되었다.

진보당사건 재판 과정에서 검찰이 발표한 기소 이유 중 가장 문제가 되었던 것은 진보당의 평화통일론이었다. 진보당의 평화통일론이 북한의 통일론과 사실상 동일한 것이라는 혐의였다. 즉 남북한총선거를 통한 평화적 통일과 근로대중의 단결을 요청하는 진보당의 정책과 강령은, 북한이 선전공세로 주장하는 평화통일 노선과 매우 유사하기 때문에 결국 대한민국의 국가원리─북한을 국가로 인정하지 않는 국시─를 손상시키고, 나아가 남한 정부를 전복하기 위한 주장이라는 것이었다. 조봉암 및 진보당 관계자들이 박정호 등의 간첩과 접촉하였다는 사실은 재판 과정에서 철저하게 부인되었고, 이 부분으로 공소를 유지할 수는 없었다. 조봉암이 북한에 밀사를 파견했다는 검찰의 주장 또한 증명할 수 없는 부분이었다. 결국 공판의 횟수가 거듭되면서, 처음에 혐의로 내건 평화통일론의 위헌성이나 여러 간첩사건과의 관련은 점차 증거능력을 상실해갔다.

이렇게 되자 검찰은 조봉암을 확실한 간첩으로 몰기 위해 더 결정적인 증거를 제시하지 않으면 안 되었는데, 그 시도가 바로 양이섭(양명산)을 등장시키는 것이었다. 육군특무대는 1958년 2월 8일 대북첩보기관인 HID 공작요원으로 남북교역을 하던 양이섭을 연행하여 여관 등에 불법 감금한 상태에서 북한의 지령 및 자금을 조봉암에게 전달하였다는 혐의에 대해 조사를 벌였다. 조봉암은 혐의를 완강히 부인하였음에도 특무대는 양이섭으로부터 자백을 받아 양이섭과 조봉암을 간첩죄로 검찰에 송치하였다. 그러나 이 사실은 갑자기 수사권도 없는 특무대가 담당하고 나섰다는 것에서부터 이승만 정권의 조작 의도가 짙게 깔린 것이었다. 검찰은 조봉암 등 진보당 간부들에 대하여 국가변란 혐의로 2월 8일과 2월 17일 두 차례

1958년 법정에 선 진보당사건 관련 피고인들

에 걸쳐 기소하였고, 양이섭과 조봉암에 대해서는 간첩 혐의로 4월 3일과 4월 8일 두 차례에 걸쳐 기소를 하였다.

　1심인 서울형사지방법원은 양 사건을 병합·심리한 다음, 1958년 7월 2일 조봉암 등 진보당 간부들의 국가변란 혐의에 대해 무죄를 선고하였고, 조봉암과 양이섭의 간첩 혐의에 대해서는 간첩죄가 아니라 국가보안법 제3조를 적용, 각각 징역 5년을 선고하였다. 그런데 판결 후인 7월 5일 , '반공 청년'이라고 자칭하는 200~300명의 정치깡패들이 법원으로 난입하여 "친공親共 판사 유병진을 타도하자" "조봉암을 간첩죄로 처단하자"고 외치면서 난동을 부리는 재판 사상 초유의 사건이 발생했다.(임홍빈, 1983, 117~118쪽) 사법부는 이러한 데모 사건으로 위축되었다. 때마침 정계는 야당 탄압의 도구로 등장한 24파동의 징조가 서서히 감돌기 시작하여 정국이 극도의 긴장과 불안에 휘말려가고 있었다.

2심인 서울고등법원은 1심에서 조봉암의 유죄를 성립시키는 데 열쇠를 쥐고 있던 양이섭이 자신의 1심 자백을 특무대의 강요에 의한 허위진술이었다고 밝혔음에도 불구하고, 1958년 10월 25일 양 사건에 대하여 모두 유죄를 인정, 조봉암과 양이섭에게 각각 사형을 선고하고, 진보당 간부들에게는 징역 2년 내지 3년을 선고하였다.

3심인 대법원은 1959년 2월 27일 조봉암의 간첩 및 국가변란 혐의, 양이섭의 간첩 혐의에 대해 모두 유죄로 인정하여 각각 사형을 확정하였다. 다만, 진보당 간부들에게는 국가변란의 인식이 없었다는 이유로 무죄를 선고하였다. 조봉암은 재심을 청구하였으나, 대법원은 1959년 7월 30일 기각하였다. 이승만 정권은 재심 결정을 하기 전날 양이섭에 대한 사형을, 재심청구를 기각한 다음날 조봉암에 대한 사형을 각각 집행하였다. 4월혁명을 8·9개월 앞둔 시점이었다.

미국도 이 사건에 주목했다. 진보당사건 재판 때 미국대사관 직원은 입추의 여지가 없이 꽉 들어찬 방청석에 앉아 있었다. 미국 국무부의 1958년 1월 13일자 및 2월 3일자 문서에 의하면, 이 사건은 5월로 예정된 선거에 진보당이 활동할 수 없도록 하려는 당국의 계획에 의해 발생한 것이었다. 그리고 이 문서들은 신뢰할 만한 정보원의 보고를 토대로 "1월 초에 이승만 대통령이 조봉암과 4, 5명의 동료들을 체포하고, 진보당을 금지하고 해산하는 내용의 계획을 승인했다"라고 언급하면서, 이 사건은 이승만 정권의 다른 상투적인 사건과 같은 류의 것이라고 보고하였다.(1958년 1월 13일 서울〔Weil〕발 국무부 수신 전문, no. 520; 진실·화해를 위한 과거사정리위원회, 「진보당조봉암사건 결정 요지」〔2000. 9. 27〕, 9쪽에서 재인용) 또 진보당을 불법화하기 위해 당국이 제시한 "추정되는 증거들이 빈약"하며, 그 혐의에 대해 믿을 수 없다는 한국 국민들의 여론을 직접 수집·보고하면서,

만일 한국 정부가 재판 중 평화통일 지지가 반역적일 수 있다고 주장한다면, 그것은 이 범법행위에 대해 유엔과 미국이 지원하는 것이 되고, 더 나아가 유엔총회에서 한국 문제에 관한 미국의 위치에 대한 국제적 지지를 위태롭게 할 것이라고 전하였다.(1958년 2월 3일 211. Parson〔Director of the Office of Northeast Asian Affairs〕가 Johnes〔Deputy Assistant Secretary of State for Far Eastern Affairs〕에게 보낸 문서, 워싱턴; 진실·화해를 위한 과거사정리위원회, 「진보당조봉암사건 결정 요지」〔2000. 9. 27〕, 10쪽에서 재인용) 그러나 미국은 조봉암의 처형을 거의 방관했다. 다른 제3세계의 친미 독재체제가 국민의 지지를 받고 있는 정치인사에 대해 정치적 살인을 가했을 때 하는 의례적인 항의 표시조차 하지 않았다.

이로써 1년여를 끈 진보당사건 관련 재판은 '조봉암 사형, 진보당 해산'을 끝으로 종결되었다. 1958년 2월 25일 공보실에 의해 등록취소 결정이 내려진 진보당은 이미 불법화되어 있었다. 조봉암은 대법원 판결로 무죄 석방되는 간부들에게 "내 일은 걱정 말고 당을 재건하여 투쟁하시오"라는 마지막 말을 남겼지만, '조봉암'이라는 하나의 핵을 중심으로 모였던 진보당은 그 핵을 잃고 분산된 채 다시는 재건되지 못했다. 이승만 정권의 혹독한 탄압과 감시 속에 잔존세력들은 숨을 죽이고 은퇴를 강요당했다. 그 뒤 1년이 못 된 1960년 4월 26일, 4월혁명으로 이승만 정권은 무너졌지만, 그 자유로운 정국에서도 '진보당'은 재건되지 못했다.

# 언론탄압과 24파동

**언론탄압: 각종 필화사건들** 『동아일보』『경향신문』『조선일보』『한국일보』 등 1950년대 주요 일간지들은 한국 신문 역사상 그 어느 때보다도 정치 문제를 다루는 데 있어서 비교적 높은 민주적 정향을 표출하고 있었다. 반공 이데올로기의 한계 내에서이긴 했어도 주요 일간지들은 이승만 정권의 비민주적 행태에 대해 매우 비판적이었다.(백영철, 1995, 237쪽) 그나마 언론의 자유가 살아 있었다는 것, 바로 이 점이 이승만 시대와 훗날에 나타난 독재 정권 시대의 결정적인 차이점이었다. 이것은 당시 언론인들이 일반 국민보다 높은 수준의 교육을 받았고, 민주적 이상을 강력히 신봉하고 있었으며, 언론사 발행인과의 관계에서도 상내적인 자율성을 누리고 있었기 때문에 가능하였다. 특히 두 주요 일간신문은 야당과 친화성이 많았다. 『동아일보』는 김성수에 의해 창간되었는데, 그는 민주당의 전신인 한민당의 창당 지도자였다. 그리고 『경향신문』은 가톨릭 재단의 후원을 받고 있었고, 민주당의 지도자이자 가톨릭 신자인 장면과 긴밀한 관계를 유지하고 있었다. 이승만의 3선 연임을 획책하는 1954년의 개헌안이 강제적으로 통과되기 전후에 주요 신문들은 이승만에 대해 신랄하게 비판하는 한편, 기사와 사설, 그리고 해설기사 등을 통해서는 민주주의의 장점과 미덕을 열정적으로 옹호하였다. 뿐만 아니라 각 신문들은 이승만 정권이 매우 권위주의적 움직임을 보여주고 있다는 점을 대중에게 알리기 위해 개헌안 공청회를 공동으로 열기도 하였다.(『동아일보』1954년 9월 9일자)

그러므로 이승만 정권은 정부와 자유당을 사정없이 비판하는 친야성향의 언론 때문에 민심이 이반하여 5·15, 5·2 선거 같은 사태가 발생했다고 생각했다. 이 때문에 여러 차례 언론을 규제하려고 했다. 그러한 가운데

1955년 『동아일보』 오식사건'과 '대구매일신문사 습격사건'이 발생했다. 그리고 1957년 '류근일 필화사건'과 『동아일보』 만화 〈고바우 영감〉 사건', 1958년 '함석헌 필화사건' 등이 연이어 발생했다.

## 『동아일보』 오식사건

1955년 3월 15일자 『동아일보』 1면 기사 가운데 한국과 미국의 석유협정 관계를 다룬 기사의 제목에 엉뚱하게 '괴뢰'라는 글자가 잘못 끼워 넣어졌다. 1면의 2단짜리 "고위층 재가 대기 중 한·미 석유협정 초안"이라는 제목 위에다가 다른 기사 제목에 쓰기 위해 준비해두었던 '괴뢰'라는 두 자를 착오로 첨가한 것이었다. "괴뢰 고위층 재가 대기 중"이라는 엉뚱한 제목이 찍히는 바람에 대통령이 괴뢰가 되어버린 상황이 전개된 것이다. 당시 신문들이 썼던 '고위층'이라는 말은 보통 대통령을 의미하는 것이 통례였다. 동아일보사에서는 실수를 발견한 즉시 연판鉛版을 수정하여 재인쇄하는 한편, 잘못 인쇄된 신문을 폐기처분했다. 그리고 즉각 수정 인쇄된 신문에 사고社告를 통해 오식으로 인한 실수를 정중히 사과하고, 이미 가판架板에 나간 신문 회수에 나섰다. 그 결과 200부 상당이 독자의 수중에 들어가고 나머지는 전량 회수되었다.

　그러나 평소 『동아일보』의 친 야당 논조를 불쾌하게 여겨오던 이승만 정권은, 공보실을 통해 3월 17일 『동아일보』를 무기정간처분하였다. 이어 3월 22일에는 정리부장 권오철과 공무국 직원 2명을 구속하고(국가보안법 및 형법상 명예훼손), 발행인 국태일과 주필 겸 편집국장 고재욱을 불구속 송치했다. 『동아일보』 정간해제 조치는 4월 16일 법무부와 공보실의 공동담화를 통해 발표되었다.(민주화운동기념사업회 편, 2004a, 23쪽)

## 대구매일신문사 습격사건

이승만은 철저한 반공주의자로서 북진통일을 주장하였다. 나아가 북진·멸공통일 시위와 궐기대회를 기회만 있으면 개최하였다. 시위와 궐기대회에는 노동자, 농민, 직장인, 공무원 할 것 없이 온 국민이 동원되었는데, 특히 중고생들이 가장 많이 동원되었다. 이들은 수업 시간에도 자주 동원되었다. 대구매일신문사 습격사건은 이러한 대규모 학생 동원 궐기대회에서 비롯되었다.

1955년 8월부터 12월까지 중립국감시위원단 철수를 요구하는 대규모 궐기대회와 시위가 전국적으로 전개되었다. 이러한 상황에서 1955년 9월 13일 『대구매일신문』에 "학도를 도구로 이용하지 말라"는 제목의 사설이 실렸다. 이 사설은 당시 최석채 주필이 집필하였다. 사설에서 최석채는 고관高官 출영出迎과 각종 행사에 학생을 강제 동원하는 것은 부당한 처사라고 주장하였다. 그런데 엉뚱하게도 이것이 유엔 중립국감시위원단 축출운동을 비난하는 이적행위로 몰렸다. 사설이 나간 다음날인 14일 오후, 국민회 경상북도 총무차장 김민과 자유당 경북도당부 감찰부장 홍영섭 등 약 20명의 청년들이 곤봉과 해머로 무장하고 대구매일신문사를 습격했다. 문선 케이스를 비롯하여 인쇄기와 통신 시설을 부수고 직원들을 구타하는 한편, 신문을 탈취하고 사장실 등을 돌아다니며 기물을 부수는 난동을 벌였다. 대구매일신문사에서는 사전에 습격 정보를 입수하고 남대구경찰서에 경호를 부탁했으나, 경찰은 형사 2명을 파견했을 뿐 별다른 대비를 하지 않았다. 이 습격 사태에 대해 경북도경 경찰 간부(사찰과장 신상수)는 "백주의 폭행은 테러가 아니다"라는 망언을 해 두고두고 사람들로부터 비난을 받았다.(『대구매일신문』 1955년 9월 18일자) 그리고 경찰은 사설을 쓴 최석채 주필을 국가보안법 위반 혐의로 17일 구속했다. 테러범들은 소재 불명이란 구실로 체포하지 않고, 엉뚱하게 최석채 주필만 구속한 것이다. 그는 1개월 만인 10월 14일 불구속 기소로 석방되었으나, 국가보안법 제4

조 위반 혐의로 기소되었다. 하지만 1956년 5월 8일 대법관 전원 합의로 무죄판결을 받았다. 테러의 주역 김민은 1956년 1월 23일 서울에서, 홍영섭은 2월 6일 밀양에서 체포되어, 1956년 3월 29일 언도 공판에서 각각 실형 2년을 받았다.(민주화운동기념사업회 편, 2006a, 28쪽)

가톨릭 재단이 운영하고 있던 『경향신문』과 『대구매일신문』은 『동아일보』와 함께 정부 정책에 비판적이었다. 특히 대구매일신문사가 위치해 있던 대구는 이승만 독재와 부정부패에 비판적이었으며, 1950년대의 대표적인 야당 도시였다. 그러므로 대구매일신문사 습격사건은 지방에 있는 반정부성향의 언론사에 대한 단순한 습격사건이라기보다는, 1956년 대통령 선거를 앞두고 반정부성향의 야당 도시에 위치한 언론사를 표적으로 하여 정권 비판의 기능을 봉쇄하고자 한 시도라고 볼 수 있다.

## 류근일 필화사건

1957년 12월 14일 서울대 문리대생 동인지 『우리의 구상』에 「무산대중을 위한 체제로의 지향」이라는 제목의 글이 실렸다. 글은 "우리는 부르주아 민주주의도 체험하고 공산주의도 체험했으나 모두가 틀려먹었다. 우리는 신형 조국을 갈망한다"라는 등의 내용을 담고 있었다. 이 글의 요지는 "이념적으로 민주사회주의가 바람직하지 않느냐"라는 제언적인 내용이었지만, '무산대중' '단결' 등의 용어를 사용하여 교수들을 당황하게 하였고, 법조인들을 긴장시켰으며, 동료 학생들을 놀라게 했다.

1957년 12월 14일 밤 동대문경찰서는 이 글을 발표한 서울대 문리대 2년 류근일을 국가보안법 위반 혐의로 전격 구속, 수사에 착수했다. "새로운 형의 조국……"이라는 내용이 반공을 국시로 하는 대한민국의 정체성을 건드렸다는 것이었다.(『경향신문』 1957년 12월 15일자) 필자 류근일은 1958년 2월 27일 사건 첫 공판 법정에서 "자본주의와 공산주의를 아울러 배격하고 민주사회주의에 공명하게 되었다"라는 점과, 아무런 배후의 사주도 없다는 점을 밝혔다.(박태순·김동춘, 1991, 53~54쪽; 『조선일보』 1958년 2월 28일자) 그러나 대학 당국은 글의 내용이 "국제공산당의 노선과 일치"한다고 판단하고, 류근일을 퇴학처분했다. 그리고 문교부 당국자는 "문리대에 좌익 교수가 있을지도 모른다"라는 내용의 기사를 신문지상에 발표하고, 당시 서울대 내에 조직되었던 학생 서클에 대해 불온·좌익·용공 등의 혐의를 덧씌우기 시작했다.(민주화운동기념사업회 편, 2004a, 46쪽) 이러한 과정에서 류근일이 활동하던 서울대 내 학생조직인 '신진회'가 드러났고, 신진회는 와해 위기에 처했다.(권영기, 1984, 256~257쪽)

결국 1심 판결에서 재판부(유병진 판사)는 "다소 생경스런 표현이 있으나 논문의 내용은 민주사회주의에 기조를 두고 있"으며, "민주사회주의는 합헌적"인 것이라는 점을 근거로 무죄를 선고하였다. 2심 재판부(김홍섭 판사) 역시 같은 이유로 검찰의 항소를 기각했다. 하지만 5·16쿠데타 이후 필자 류근일은 동일 죄목으로 대법원에서 2년 형을 선고받았다.(민주화운동기념사업회 편, 2004a, 46쪽)

## 『동아일보』 만화 〈고바우 영감〉 필화사건

1957년 늦여름 이른바 '가짜 이강석' 사건이 발생했다. 타고난 연극적 소질과 피난민들로부터 배운 서울말 솜씨를 갖고 있던 강성병이란 청년이 이승만 대통령의 양자인 이강석 행세를 하며 경북 일원의 고관들로부터 향응과 금품을 제공받았는데, 평소 이강석을 알던 경북 지사 자제에 의해 가짜 행각이 탄로나 9월 18일 대구지검에 구속되었다. 그런데 당시 세인을 웃겼던 이 '가짜 이강석 사건'을 배경으로 한 『동아일보』의 연재만화 〈고바우 영감〉이 문제가 된 필화사건이 1958년 1월 23일에 발생했다. 그 내용은 일반 가정의 변소를 치는 인부들이 대통령 관저인 경무대의 변소를 치는 인부를 만나자, 꼼짝없이 엎드려 절하는 모습을 그린 풍자만화였다. 서울 시경은 1월 27일 만화작가 김성환을 "경무대를 모욕"했다는 이유로, 신문에 허위사실을 게재했다는 혐의를 씌워 즉결심판에 회부해 과태료 450환에 처했다. 『동아일보』는 1월 31일자 사설 "만화를 허위보도라니"를 통해 이 사건을 신랄하게 비판했다.(민주화운동기념사업회 편, 2004a, 47쪽)

## 함석헌 필화사건

이승만 정권은 『사상계』 1958년 8월호에 실린 「생각하는 백성이라야 산다」(부제는 '6·25 싸움이 주는 역사적 교훈'이다)라는 논설의 내용을 문제 삼아 필자 함석헌과 장준하 사장을 반국가 이적행위를 했다는 혐의로 구속했다. 이 글의 내용은 "냉전에 편승하여 정신적 방향을 상실하고 방황"하는 이승만 체제를 비판하고, "주어진 상황 속에서 다만 물질에만 집착해 민족과 윤리를 잃고 살아가는 국민들에게 생각하는 생활"을 하자고 촉구하는 것이었다. 그런데 글 가운데 "남한은 북한을 소련·중공의 꼭두각시라 하고, 북한은 남한을 미국의 꼭두각시라 하니, 남이 볼 때 있는 것은 꼭두각시뿐이지 나라가 아니다. 우리는 나라 없는 백성이다. 6·25는 꼭두각시의 놀음이었다. 민중의 시대에 민중이 살았어야 할 터인데, 민중이 죽었으니 남의 꼭두각시밖에 될 것이 없지 않은가"라는 구절이 남한을 '북괴'와 똑같이 꼭두각시로 표현하여 국체를 위반했다는 것이었다.

이 한편의 논설은 사회의 관심을 불러일으켜 장안의 화제가 되었다. 곳곳에서 찬반 시비가 벌어졌다. 20일 만에 감옥에서 풀려난 함석헌은 다시 『사상계』 9월호에 「생각하는 백성이라야 산다」를 풀어 밝히는 내용의 글을 발표했다. 즉 "그 글에서 가장 심히 받은 비난은 국체를 부인하는 것 아니냐, 혁명을 꾀하는 것 아니냐 하는 것이었지만 그것은 오해였"다고 밝히고, "나는 죽어도 사상의 강제를 당하고 싶지는 않다. 타협도 아니요, 내한 몸의 편리를 위해서도 아니다. 될수록 참을 하기 위해 하는 일이다. 참은 스스로 하는 것이요, 참 그것을 위해 하는 것이다. 참은 완전한 맘의 자유에서만 될 수 있다"라고 하였다.

## 24파동과 『경향신문』 폐간

### 24파동

이승만과 자유당은 비판적 언론이 영향력을 행사하는 한 국민적 지지율을 높이는 것은 어렵다고 판단하고, 언론에 재갈을 물리고자 했다. 그래서 민주당의 이해에 부합하는 조항(선거위원회 위원 참가 및 참관인의 권한 확대)을 넣는 대신 자유당의 요구사항(선거공영제와 언론조항)을 삽입시킨 '협상선거법'을 1958년 1월 1일 통과시켰다. 그러나 그 결과는 애당초 이승만이 의도했던 것과는 달리 언론의 비판적 논조를 꺾는 데 실패했다. 특히 선거 중 특정인의 당락에 영향을 미치는 언론 보도를 규제한다는, 이른바 '언론조항'은 오히려 언론의 격렬한 반대와 비판적 논조를 이전보다 더 강화시키는 결과를 가져왔으며, 수많은 언론 관련 조직들이 '언론자유 수호를 위한 회의'를 공동으로 개최하는 등 정부에 반대하는 다양한 참여 행위를 증진시키는 사태를 초래했다.(『동아일보』 1958년 1월 12일자) 이 회의에는 '대한변호사협회' '한국문인협회' '국제펜클럽 한국본부' 등과 같이 사실상 신문과 연관된 모든 주요 사회언론단체들이 참여했다. 이렇게 점차 확산되는 사회적 반대에 직면하여, 이승만은 건국 초기의 언론자유에 대한 그의 신념을 완전히 포기하고 더 권위주의적인 입장으로 나아갔다.

　　이승만과 자유당은 1960년 정부통령 선거를 앞두고 좀더 원천적으로 야당의 공세와 언론의 비판에 쐐기를 박고자 했다. 그러던 중 당시 검찰 일

각에서 1948년에 제정된 국가보안법이 북한의 대남공작에 대응하는 데 미비한 점이 많으므로 새로운 보안법을 제정해야 한다는 주장이 대두되었다. 자유당은 기존의 국가보안법보다 독소 조항이 더 많이 포함된 '국가보안법 개정안'을 1958년 8월 5일 국회에 제출하였다. 이때 제출된 '신국가보안법 개정안'의 골자는 1차적으로 이적행위 방지에 주목적을 두고 있었다. 개정안에는 피의자 구류기간을 30일에서 10일 더 연장할 수 있었고, 사법경찰 조서를 증거로 채택할 수 있는 등 죄형법정주의에 위배되는 심각한 문제 조항이 있었다. 국가기밀의 범위를 확대했고, 특히 예비·음모를 기수범과 같이 중벌에 처하도록 함으로써, 심각한 국가보안법 남용을 초래하였다. 수많은 1970~1980년대 민주화운동가들은 대개 이 조항의 적용을 받아 국가보안법 위반자가 되었다.

그럼에도 불구하고 신국가보안법에 대해 11월 초까지도 언론이나 야당에서는 크게 문제 삼지 않았다. 그 주 대상이 진보세력일 것이라고 보았기 때문에, 보수야당이나 보수계 신문들은 이렇다 할 비판도 가하지 않고 국가보안법 개정을 묵인했던 것이다. 그렇지만 새 개정안이 11월 18일 국회에 제출되자 언론이 벌 떼같이 일어났다. 이 개정안에 "공연히 허위의 사실을 허위인 줄 알면서 적시 또는 유포하거나, 사실을 고의로 왜곡하여 적시 또는 유포함으로써, 인심을 혹란케 하여 적을 이롭게 한 자는 5년 이하의 징역에 처한다"라는 조항(제17조 5항)이 들어간 것이다. 대통령·국회의장 등 헌법상 기관에 대해 명예를 훼손하는 자를 처벌한다는 조항도 비판의 표적이 되었다. 1958년 11월 21일 '한국신문편집인협회'는 이 법안의 언론 관계 조항이 언론자유와 인권을 침해하는 것이라고 지적하고 분명하게 반대를 표명했다. 주요 일간신문들과 언론단체들의 반대성명이 줄을 이었다. 언론이 강하게 나오니까 야당도 투쟁 강도를 높였다. 이른바 24파동 즉 국가보안법파동의 막이 오른 것이다.

민주당은 1958년 11월 23일 반대성명을 발표하여 "정부가 제출한 국가보안법은 공산분자를 더 잡을 수 있는 이점利點보다는 언론자유를 말살하고 야당을 질식시키며 일반 국민의 공사公私생활을 위협할 맹점盲點이 심대하다"라고 지적하였다.(한국혁명재판사편찬위원회 편, 1962[1], 94쪽) 그리고 법안 반대를 위해 투쟁할 것임을 천명했다. 1958년 11월 27일에는 민주당과 무소속의 범야 단일세력으로 '국가보안법개악 투쟁위원회'가 구성되었다.

그런데도 정부와 여당은 국가보안법 통과에 총력을 기울였다. 치안국장은 모든 옥외집회를 금지한다고 발표했다. 그리고 정부와 여당은 12월 2일 '반공투쟁위원회'를 구성(위원장 장택상, 간사 박세경·이원장·이은태)하여 '반공투쟁의 태세를 가일층 강화하여 일체의 용공·회색적 정치세력을 타도한다'라고 맞섬으로써, '국가보안법개악 투쟁위원회' 등의 개정반대 투쟁에 '반공'이란 이름으로 위협을 가했다.

국가보안법의 연내 통과를 강행하기로 당론을 모은 자유당은 이 법안에 대한 질의 토론이 있을 예정이던 12월 19일, 야당 의원들이 점심 식사를 하기 위해 자리를 비운 사이 자유당 의원만이 참석한 가운데 국회 법사위원회를 열었다. 김의준 위원장이 개회를 선언하고, 각본대로 최규옥 의원의 동의, 임철호(자유당 강경파) 의원의 재청과 위원장의 통과 선포가 이어졌다. '3분' 만에 국가보안법 개정안이 날치기통과된 것이다. 자유당의 날치기통과에 격분한 민주당과 일부 무소속 의원 80여 명은 이날 오후부터 국회 본회의장에서 무기한 철야농성에 들어갔다. 12월 20일 경위들과 야당 의원들 간에 난투극이 벌어지고 한 의원이 병원에 실려 간 것은 일종의 전초전이었다. 국회 밖에서는 범야 각 정당, 사회단체, 재야인사 들이 1958년 12월 23일 '국가보안법개악반대 국민대회 준비위원회'를 구성하고 규탄대회, 가두시위 등을 벌였다.

1958년 12월 24일 자유당 의원들이 의사당에 들어온 직후, 한희석 국회부의장이 경호권을 발동하여, 유도·검도 등 무술에 능한 300여 명의 경위들로 하여금 6일째의 철야농성으로 지칠 대로 지친 농성 의원 80여 명을 무자비하게 구타하고, 국회 본회의장에서 개 끌듯 끌어낸 후 지하실에 감금했다. 8명의 의원은 병원으로 실려 갔다. 그러고는 자유당 의원들만으로 30여 분 만에 국가보안법 개정안을 통과시키고, 이어 시·읍·면장 임명제를 골자로 한 지방자치법 개정안, 예산안, 각종 세법 등을 무더기로 통과시켰다.

이에 대해 민주당은 12월 27일에 "국가보안법 통과는 무효"라는 내용의 성명을 냈으며, 30일에도 규탄성명을 발표하고 1959년 초 전국적으로 반대데모를 기도했다.(민주화운동기념사업회 편, 2004a, 54쪽) 부산과 대구 등 지방 도시에서도 산발적이나마 국가보안법개정 반대시위가 있었다. 12월 24일 이후 국회는 계속 공전을 거듭했고, 1959년 5월 20일 민주당이 투쟁 방향을 전환한다는 성명을 낼 때까지 단 한 건의 법안도 상정되지 못했다. 김창숙 등 재야인사들도 1959년 초 전국적인 국민대회 등을 열려고 했으나 경찰의 저지로 실패했다. 전국적 가두시위의 뜻을 이루지 못한 야당은 원내에 '민주구국 원내투쟁위원회'를 결성하고, 원외에서는 범야세력이 '민권수호국민총연맹'을 결성하여, 원내외에서의 반독재투쟁으로 전환했다. 하지만 신국가보안법은 1959년 1월 15일자로 발효되었다.

자유당은 이 무렵 시작된 재일교포북송반대운동을 계기로 1959년 2월 24일부터 전국적으로 '국난 타개 시국강연회'를 개최하여 민주당과 재야의 반정부 활동에 맞섰다. 또 '국가보안법개악반대 국민대회 준비위원회'에 대항하여 '애국단체총연합회'라는 이름으로 전국적인 '민주당폭거규탄 총궐기대회' '국권수호 전국민 총궐기대회' 등을 열었다. 이에 반해 민주당의 공세는 둔화되었다. 민주당은 24파동에 소극적이었던 미국의 눈치를 보면서 적당히 해결하고자 했다. 민주당이 슬며시 초당 외교라는 것을 내세워 북송반대운동에 합류하면서 신국가보안법투쟁 역시 흐지부지되었다.

12월 24일에 통과된 법들 중 다가오는 1960년 정부통령 선거와 관련해서 볼 때 보다 중요한 것은 지방자치법 개정안이었다. 24파동 당시 국무위원 특히 내무부 고위 간부들은 두 법 가운데 지방자치법 개정에 더 주목했다. 그것은 1956년 2월 지방자치법 개정을 통해 하급 지방자치단체장 선거를 직선제로 바꾸었던 것을 다시 임명제로 되돌려놓는 것이었다. 이렇게 자유당이 선거제로 되어 있던 시·읍·면장을 다시 임명제로 하고 동·이장까지 임명제로 한 것은 민심이 정부나 여당으로부터 너무 심각하게 떠났고 행정력도 약화된 데 대한 대비책이었다. 정부통령 선거에서 지방공무원을 장악하기 위해서는 여당계 인물로 교체하는 것이 중요하다고 판단했던 것이다.(서중석, 2007b, 192쪽)

### 『경향신문』 폐간

신국가보안법과 관련한 첫번째 중대 사건은 장면 부통령을 지지하는 『경향신문』 폐간이었다. 이 사건은 해방 후 최대의 언론탄압이었다.

1959년 4월 30일 이승만 정권은 당시 야당지였고 가톨릭의 후원을 받는 『경향신문』에 대해 군정법령 제88호를 적용하여 폐간명령을 내렸다. 1월 11일 사설 "정부와 여당의 지리멸렬상"을 통하여 허위사실을 보도했고, 2월 5일 조간의 고정칼럼 "여적"餘滴란을 통해 폭동을 선동했으며, 2월 16일 모 사단의 유류부정사건에 대해 허위보도했다는 것 등이 그 이유였다. 이와 동시에 사직 당국은 편집국을 압수 수색하고, 한창우 사장과 강영수 편집국장, "여적"란의 필자 주요한 논설위원을 연행하여 조사한 뒤, 주요한을 내란선동 혐의로 구속 기소했다.

그러나 이승만 정권이 폐간명령을 내린 이유가 무엇이든 그 실제 이유가 『경향신문』의 정권 비판적 논조에 있었음은 분명했다. 1946년 천주교 서울교구가 창간한 『경향신문』은 기본적으로 보수신문이었음에도 불구하고, 부산정치파동 전후부터 이승만 정권의 독재와 장기 집권 기도를 강경하게 비판하는 논지 때문에 이승만 정권에게는 눈엣가시와 같은 존재였다.

『경향신문』 폐간은 국내외에 큰 반향을 일으켰다. 문화인 33명은 "『경향신문』 폐간을 군정법령 제88호에 준거하는 것은 독립국가의 위신을 손상하는 수치스런 일"이라고 성토했고, '민권수호국민총연맹'이 주최한 '언론자유수호 국민대회'는 "『경향신문』에 대한 정부의 폐간 조처를 즉각 철회하라" "우리는 군정법령 제88호의 무효를 주장한다"라고 선언했다.(김삼웅, 1987, 148쪽) 주한 미국대사 월터 다울링도 5월 1일 이례적으로 성명을 발표, "언론탄압이 언론 과오를 교정하는 방책이 되지 않는다는 것을 말하고 싶다"라고 밝혔다. 5월 9일 한국신문편집인협회에서도 임시총회를 개최하여, 미군정법령 제88호는 언론자유를 보장한 우리 헌법에 저촉되므로 이를 즉시 폐지할 것과, 『경향신문』에 대한 폐간처분을 취소할 것을 강력히 주장하는 내용의 성명서를 발표함과 동시에, 국회에 군정법령 폐기 청원을 제출하였다.(김삼웅, 1987, 82쪽)

경향신문사는 폐간명령이 떨어지자 행정처분의 취소소송 본안 및 가처분 신청을 냈고, 서울고등법원은 6월 26일 가처분 신청을 받아들여 발행이 가능하게 됐다. 그러자 이승만 정권은 즉시 폐간처분을 철회하고 무기발행정지처분을 내림으로써 발행을 불가능하게 했다. 6월 28일 경향신문사는 즉각 다시 고등법원에 행정소송을 냈으나 패소했다. 그러나 굴하지 않고 이번에는 대법원에 항소했다. 대법원은 1960년 2월 헌법위원회에 넘겨 책임 회피의 구실을 만들었다. 헌법위원회는 위원회를 한동안 구성조차 못하다가 3월 23일 활동에 들어갔다. 결국 이승만이 대통령 하야성명을 낸 직후인 4월 26일 오후 3시 대법원이 발행허가 정지의 행정처분 집행을 정지한다는 결정을 내려, 『경향신문』은 4월 27일자로 복간되었다.

제**2**장

# 4월혁명

# 1
# 4월혁명의 배경

## 사회경제적 상황과 5·2 총선

**도시의 성장과 반이승만 정서**　1948년 대한민국 정부가 수립되었을 당시에 민주적 가치와 실행에 대한 믿음이 한국 사회 내 모든 사람들에게 널리 퍼져 있지는 않았다. 그러나 이승만 정권의 통치행위가 점점 더 비민주적인 쪽으로 흘러가면서 점점 더 많은 국민들이 '민주적이고 공정한' 정치를 요구했고, 그것은 주기적으로 치러지는 선거에 대한 높은 관심과 참여로 나타났다. 이러한 일반 국민들의 민주주의적 가치 지향의 성장은 대체로 광범위한 민주주의교육과 한국전쟁 후의 급속한 도시화의 결과였다.

　1945년 해방 이후로 한국 사회는 교육을 통한 인적 자본 형성에 막대한 투자를 해오고 있었다. 1948년부터 1960년 사이에 총예산 중 연평균 10.5%의 예산이 교육 부문에 사용되었다. 이것은 같은 기간 동안에 총예산의 약 3분의 1이 국방비로 할당되었다는 점에 비추어볼 때 결코 적은 액수가 아니었다. 국민학교(초등학교) 의무교육제가 공식적으로 채택되었고,

**표2** 학생 수의 증가(1945~1960)  (단위: 천 명)

| 교육 수준 | 1945 | 1955 | 1960 |
|---|---|---|---|
| 초등교육 | 1,366 | 2,948 | 3,621 |
| 중등교육 | 83 | 748 | 802 |
| 고등교육 | 8 | 85 | 101 |
| 총 학교 인구 | 1,457 | 3,781 | 4,524 |

출처: 문교부, 1963 『연간교육조사』, 336~337쪽 ●

초등교육에서 고등교육에 이르기까지 학교 시설들이 대부분 정부 지출에 의해 크게 확대되었다. 교육기관의 확대만큼 교육의 기회도 확대되었다. 과거 가난과 신분에 찌들어 살았던 사람들에게 교육은 새로운 신분 상승의 기회로 여겨졌다. 학교교육을 적게 받은 사람들일수록 자녀에 대한 교육 기대가 더 높게 나타났다.

확대된 교육 기회와 국민들의 교육 열기의 결합으로 상대적으로 짧은 기간 동안 전 국민의 교육 수준이 급격히 상승했다. 예를 들어 〈표2〉에서 볼 수 있듯이 학생 수는 1945년 약 150여 만 명에서 1960년 450여 만 명으로 증가하였다. 정부 수립 이후 확대된 교육의 기회와 이른바 '성인 교육 프로그램'으로 인해 12년 동안 전체 인구의 문자 해득률은 1945년의 22%에서 1952년 75%로, 그리고 1959년 78%로 증가하였다. 10년 남짓한 기간에 한국 국민 거의 대부분이 문자 해득이 가능한 수준에 이르게 된 것이다. 무엇보다도 중등교육 이상의 학생 수가 1945년과 비교하여볼 때 1960년에 이르러 거의 10배 가까이 증가하였다. 특히 대학생 수가 두드러지게 증가하여, 1945년 7,819명에서 1960년에는 약 10만 명(9만 7,819명)에 이르

---

● 1950년대 교육 통계는 출처마다 조금씩 차이가 난다. 『해방 20년』(기록편)에 의하면 총 학생 수는 1945년에 147만 1,949명, 1955년에는 379만 3,416명, 1964년에는 595만 2,356명으로 되어 있다.(오소백, 1965 『해방 20년』(기록편) 세문사)

2부제 수업을 위해 복도에서 대기중인 학생들

렸다. 1945년 이래로 민주주의교육은 초등학교부터 중등학교까지 지속적으로 실시되었고, 교과 내용은 자유민주주의의 정신과 이상을 중심으로 구성되어 있었다.

교육의 확대와 더불어 일반 국민들의 민주적 가치 지향에 영향을 미친 또 다른 요소는 도시화였다. 한국전쟁으로 집단 이주한 월남민이나 피난 갔던 사람들이 그대로 도시지역에 정착했고, 연속된 이승만 정권의 실정으로 피폐해진 농어촌의 실업군이 대거 이촌하는 사회적 현상이 가세한 결과 도시가 급성장했다. 그 결과 전국 인구에 대한 도시인구 비율은 1949년 17.2%에서 1955년 24.5%, 1960년에는 국세조사 결과 28%에 달하였다. 이를 5만 명 이상의 인구를 가진 도시의 비율로 측정하는 도시화의 정도로 본다면 1940년에 11.2%였던 것이 1955년에는 25.3%(약 530만)로, 1960년에는 28.5%(약 700만)로 증가한 것이었다.(경제기획원, 1965, 17쪽) 1945년 해방 이후 1960년까지 15년간 인구 증가 비율이 높은 지역으로는 서울(147.5%), 부산(252.8%), 대구(253.6%), 광주(282.3%), 대전(199.2%), 전주(181.0%), 마산(189.3%) 등을 지적할 수 있다. 서울의 경우는 그 으뜸으로 1949에서 1955년 사이 인구 증가의 81.2%가 사회적 증가로 서울 이외 지역 특히 농촌지역으로부터 서울로 유입된 인구였다.(홍경희, 1979, 57쪽)

교육 확대와 도시화 진전은 교육받은 인구 층이 도시지역으로 집중되는 결과를 가져왔다. 이미 1955년 당시 전국 85개 초급대학 이상 대학 교육기관이 도시 및 도시 근교에 있었고, 그중 29개가 서울에 있었다. 1960년 전국적으로 약 10만 명 수준의 대학생 가운데 50%에 해당하는 4만 2,266명의 대학생이 서울에서 대학교를 다니고 있었다.

특히 도시 또는 준도시 사람들은 대중매체(매스미디어)를 더 많이 접함으로써 민주주의와 가치를 습득하고 수용할 수 있었다. 일간신문 보급은 전국적으로 볼 때 1,000명당 29.6부에 불과하였지만, 도시지역의 경우

**표3** 1961년 당시 신문 보급률

| 총 발행부수 | 738,976 |
|---|---|
| 서울 대 지방 구독부수 | 551,697 : 187,278 (2.9 : 1) |
| 1,000명당 신문 보급률(서울 대 지방) | 255.5 : 7.3 (전국평균 29.6) |

출처: 한국신문협회, 1968 『한국신문연감』

비도시지역에 비해 보급률이 월등히 높았다. 특히 서울의 경우에는 1961년에 1,000명당 보급률이 255부였다는 사실은 주목할 만하다(〈표3〉 참조). 이러한 수치는 당시 유네스코가 정하고 있는 근대화 기준 중 하나인 인구 100명당 10부보다도 높은 수치였다. 또한 당시 일간신문들은 강한 당파성을 갖고 있었고, 높은 민주적 가치와 신념을 표출하였으며, 이승만 정권에 대해 매우 비판적이었다는 것을 지적할 필요가 있다.

이렇듯 1950년대 도시지역은 교육받은 인구, 당파적이고 비판적인 일간신문의 보급, 인구의 사회적 유동성, 고등교육기관과 학생 수 등에서 우위에 있었다. 그런데 문제는 학교를 나와도 취직이 되지 않는다는 것이었다. 교육받은 인구는 해마다 늘었지만, 일자리는 그만큼 늘어나지 않았던 것이다. 일자리를 창출할 사회경제적 상황은 조금도 나아지지 않고 있었다. 정확한 통계는 아니지만 1958년 취업자 수가 대학졸업생 1만 5,899명 중 3,836명으로 집계될 정도로 실업 문제가 심각했다. 이 때문에 혹자는 대학을 '실업 양성소'라고 비웃기까지 했다. 이러한 도시적 상황에서 젊은이들이 미래에 대한 좌표나 전망을 가지는 것은 쉬운 일이 아니었다. 그것은 기성세대들에게도 마찬가지였다. 이러한 시대적 상황에서 이승만 정권에 대한 분명한 정치적 지지 철회가 1958년 총선에서 도시를 중심으로 나타났다.

## 협상선거법과 1958년 5·2 총선

자유당은 이제 다가오는 1960년 정부통령 선거에서, 지난 선거 때 이승만의 득표를 위협할 정도로 표를 얻은 진보당을 견제하고 부통령 계승권을 없애기 위한 개헌선을 확보해야 할 처지에 놓였다. 이를 위해서는 무엇보다 1958년의 제4대 민의원 선거를 잘 치르는 것이 중요했다. 자유당은 여러 가지로 대비책을 모색했는데, 특히 언론 규제를 담은 새로운 선거법 개정에 힘을 쏟았다. 선거운동과 언론 보도 제한이 초점이었다. 민주당으로서는 참관인 문제를 해결하여 투개표 부정을 막는 것이 중요했다. 그러나 진보당 창당 방해사건, 장면 부통령 저격사건, 장충단공원강연회 방해사건 등 거듭된 충돌사건으로 격동이 끊이지 않았다.

1957년 9월 선거법 협상을 위한 여야 회담이 열렸다. 협상은 예상외로 순조롭게 진행되어, 국회정상화에 노력하며 현안 문제인 선거법을 선거부정 요소를 제거하는 방향으로 단일안을 마련한다는 데 합의가 이루어졌다. 소위 '언론조항'에 대해 언론사들이 크게 반발했다.(한국혁명재판사편찬위원회 편, 1962〔1〕, 89쪽; 『동아일보』 1957년 12월 10일자) 국회출입기자단은 24시간 동안 국회 활동에 대한 취재를 거부했고, 한국신문편집인협회도 언론조항 철회 요청서를 국회에 제출하는 등(『동아일보』 1957년 12월 10일자) 언론계에서는 적극적으로 '협상선거법'을 반대하고 나섰다. 언론계의 공격은 자유당보다도 민주당에 더 강하게 가해졌다. 민주당 내 장면(신파)을 중심으로 한 강경파들은 언론계의 반발에 호응하여 협상선거법 백지화를 들고 나왔다. 여야 간, 그리고 당 내 각 분파 간 갈등이 불거졌고 협상은 결렬 상태에 놓이게 되었다.

그러나 경색된 정국은 12월 20일에 있은 자유당의 이기붕 의장, 민주당의 조병옥 대표, 국민주권옹호 투쟁위원회의 장택상 위원장 간 3자 수뇌회담에서 돌파구가 열렸다. 3자 수뇌회담에서 새해 예산안과 선거법을 함께 통과시킨다는 안이 구체화되었다. 이 자리에서 이기붕과 조병옥은 진보당 등 혁신세력의 의회 진출을 봉쇄한다는 데 의견을 같이했다. 12월 31일에 예산안이, 다음날 1월 1일에 언론조항을 삭제하지 않은 채 이른바 '협상선거법'이 전격 통과되었다. 조봉암·진보당 사건이 발생하기 10여 일 전이었다. 이 협상선거법은 언론규제조항 외에도 선거공영제라는 미명 아래 선거운동에 많은 제한을 두었고, 특히 입후보 난립 방지를 위해 '50만 환 기탁금 제도'를 두었다. 이것은 혁신계나 무소속의 출마를 어렵게 했으나, 자유당과 민주당에는 유리하게 작용했다.

1958년 5월 2일 제4대 민의원 선거가 치러졌다. 등록이 취소된 진보당은 물론 혁신계는 거의 선거에 참여할 수 없었다. 협상선거법 때문에 민주당에 대한 공공연한 선거 방해는 어려웠지만, 무소속과 야당 후보자에 대한 테러와 불법적 방해, 경찰과 공무원 그리고 투개표 송사자들의 부정행위는 그대로 자행되었다. 무더기 표, 표 바꿔치기, 부정 개표 등 투개표 부정도 갖가지여서 선거 후 당선무효 소송이 105건이나 되었고, 대법원에서 당선자가 바뀐 경우가 3개 선거구, 선거무효 판결로 재선이 이루어진 선거구가 8개나 됐다.

결과는 자유당과 민주당의 계산대로 양당이 압도적인 우세를 보였고, 무소속과 군소정당은 큰 타격을 받았다.(총 233석 중 자유당 126석, 민주당 79석, 무소속 27석, 통일당 1석) 제헌의회 이래로 무시 못 할 세력을 점하고 있던 무소속은 현격하게(68석에서 27석으로) 감소하였다. 그러나 자유당은 개헌선 3분의 2를 확보하는 데 실패했고, 민주당은 호헌신인 78석에서 1명을 초과했다. 협상선거법 덕분에 제3대 국회의원 선거에서 7.3%의 의석(15석)을 점유하였던 민국당이 민주당으로 재창당한 후 치러진 제4대 국회의원 선거에서는 34%(79석)의 의석 확보로 세력이 급격히 확장되었다. 이때부터 한국 정치사에서 진보세력이 배제된 가운데 보수양당제가 자리 잡

**표4** 제4대 국회의원 선거에서의 여촌야도 현상

| 구분 | 자유당 | 민주당 | 기타 | 계 |
|---|---|---|---|---|
| 서울특별시 | 1 | 14 | 1 | 16 |
| 26개 도시 | 12 | 29 | 5 | 46 |
| 소계 | 13(21%) | 43(69%) | 6(10%) | 62(100%) |
| 읍이 있는 농촌지역 | 43 | 20 | 10 | 73 |
| 읍이 없는 농촌지역 | 70 | 16 | 12 | 98 |
| 소계 | 113(66%) | 36(21%) | 22(13%) | 171(100%) |
| 총계 | 126(54%) | 79(34%) | 28(12%) | 233(100%) |

출처: 윤천주, 1987 『한국정치체계』, 198쪽

기 시작했다.

야당의 세력 확상은 도시지역에서의 강력한 지지와 연관이 있었다. 민주당은 농촌지역의 171석 중 36석만을 획득한 반면에, 도시지역에서는 62석 중 43석을 확보하였다. 또 민주당은 10만 명 이상의 인구를 가진 대도시에서는 한 도시를 제외하고는 모든 도시에서 자유당보다 많이 득표하였다. 따라서 전체 득표 차는 67만 표밖에 안 되었다. 특히 민주당은 서울 16개 선거구에서 14석을 확보하는 압승을 거두었다.(자유당은 겨우 1석 획득) 1956년 8월에 있었던 지방선거에서 나타난 대도시 야당 우세가 이번에는 중소도시에서도 나타난 것이다. 야당은 17개 중소도시에서 10 대 4의 비율로 자유당인 여당보다 우세했다. 반대로 자유당은 농촌지역에서 많은 지지를 받았다. 이 선거부터 주로 여당 후보는 경찰과 공무원의 위력이 큰 농촌에서 당선되고, 야당 후보는 여당에 비판적인 도시에서 당선되는 '여촌야도' 현상이 나타났다. 이른바 여촌야도 현상은 이후 아주 오랫동안 한국 선거 정치에서 지배적인 경향이 되었다.

# 3·15부정선거 획책

이승만 대통령은 1959년 3월부터 구체적인 정부통령 선거대책을 세워나갔다. 3월에 5부 장관을 경질하고 이승만의 수족으로 바꾸었는데, 특히 선거 주무장관인 내무부장관에 최인규를 임명했다. 같은 달인 3월, 내무부·외무부·재무부·법무부·교통부·체신부 장관으로 구성된 6인위원회를 조직하였는데, 이 기구는 대통령 특명 사항과 공무원 선거대책 등을 처리하는 '내각 속의 내각'이었다.

1954년 민의원 선거에서 국회의장과 민주당 대표를 지낸 신익희와 의도적으로 맞섰던 42세의 최인규는 1958년 5월 민의원 선거에 당선된 이후, 예산결산위원장, 교통부장관 등의 요직을 맡았는데, 불과 몇 달 만에 다시 내무부장관으로 특별 기용되었다. 자유당 내에서 1960년 정부통령 선거에서 이기기 위해 '최후로 써먹을 총알'이라는 말이 오갈 만큼 최인규는 3·15정부통령선거에서의 역할이 기대되던 인물이었다. 또 『동아일보』가 "자유당 내의 어느 파에도 가담하지 않고, 다만 경무대와 이 의장에게만 충성을 바쳤다"라고 입각 평을 할 만큼 이승만에게는 더없는 충복이었다.

최인규는 이승만의 기대에 조금도 어긋나지 않게 행동했다. 그는 취임사에서부터 "공무원은 누구나 국가원수인 이 대통령에게 충성을 다할 것이며, 차기 선거에서는 이 박사, 이 의장을 정부통령으로 꼭 당선시키기 위해 선거운동"을 하라고 말함으로써(학민사 편집부 편, 1985, 27쪽) 공무원의 선거 개입을 공개적으로 독려하였다. 곧이어 그는 35세의 서울시경 국장 이강학을 치안국장에 임명하고, 각 도 경찰국장도 바꾸었으며, 이어서 총경급 대규모 인사를 대폭적으로 단행했다. 5월에는 7개 도지사를 바꿔 선거체제에 돌입했다.

1959년 6월에 최인규는 일종의 3·15부정선거 예행연습이라 할 수 있는 기회를 가졌다. 대법원 판결로 6월 5일 경북 영덕과 강원 인제에서, 6월 23일 경남 울산 을구와 경북 월성군에서 재선거 또는 일부 재선거가 있었는데, 특히 울산 을구와 월성군에서는 경찰이 공공연하게 선거를 지휘했다. 어느 지역에서나 자유당이 압승했다.

이승만과 이기붕은 최인규 등을 독려하면서 조기 후보 지명으로 야당을 제압하고자 했다. 그리하여 자유당은 일찌감치 1959년 6월 29일 전당대회에서 대통령 후보에 이승만을, 부통령 후보에 이기붕을 지명했다.

이제 최인규는 1959년 11월부터 공공연히 각 시·도 경찰국장, 사찰과장 및 경찰서장, 시장, 군수, 구청장 등을 지역별로 10~20명씩 내무부로 수시로 불러, 자유당 입후보자가 기필코 당선되도록 선거운동을 하라고 강력히 촉구하였다. 그는 이들에게서 미리 사표를 받아놓고 "선거운동을 한 공무원의 신분은 내가 보장하겠다. 가가호호 방문해서라도 정부의 시책을 계몽 선전하라. 이것이 위법일지 모르나 고발당하면 내가 목을 자르지 않고 신분보장을 책임지겠다"라고 확언하면서 불법행위를 독려하였다.

자유당 후보 득표율을 80% 이상으로 끌어올리는 구체적인 방법으로 4할 사전투표*와 3인조·9인조 공개투표**가 사전 계획되었다. 동시에 자유당 완장 착용을 통한 심리적 압박, 그리고 이 같은 사전투표·공개투표를 방해하지 못하도록 민주당 선거위원이나 참관인들을 매수나 테러 혹은 투표소 안에서의 고의적인 시비 등으로 퇴장시키고, 그것이 여의치 않으면 그들의 직계가족이 사망했다는 허위 전보 내지 전화로 이들을 밖으로 끌어낸다는 계획도 준비되었다. 이뿐 아니라 투표함 바꿔치기, 표 바꿔치기

---

* 4할 사전투표란 총 유권자의 40%에 해당하는 자유당 표를 투표 개시(오전 7시) 전에 투표함에 넣어두는 것을 말한다.
** 3인조·9인조 공개투표란 세 사람 혹은 아홉 사람씩 짝을 지어 기표하고, 조장이 조원의 기표 상황을 확인한 후 자유당 선거위원의 검사를 거쳐 투표함에 투표용지를 넣는 것을 말한다.

등의 수법도 제시되었다.(학민사 편집부 편, 1985, 11~13쪽)

이처럼 최인규·이강학 등 경찰이 앞장서서 사전 계획한 이러한 부정
선거 방법은 다시 1960년 1월 23일에 치러진 경북 영주·영일 을구 재선거
에서 그대로 실행되었다. 3·15정부통령선거를 코앞에 두고 실시된 확실한
예행연습이었다. 이 선거에서 무더기투표, 3인조 공개투표, 대리투표, 사
전투표, 민주당 측 참관인 축출 등의 방법을 사용해 자유당 후보가 1959년
6월 재선거에 이어 또다시 압도적으로 당선되었다.

하지만 자유당은 이러한 부정·불법투표 득표 작전으로도 안심할 수
없었다. 자유당은 엄청난 선거자금을 유권자를 매수하거나 동원하는 비용
으로 사용하였다. 자유당은 반도호텔 809호에 선거운동 본부를 두었으며,
한희석(당시 자유당 중앙위 부위원장), 박용익(자유당 총무위원장), 최인규
(내무부장관)가 총괄하였다. 4월혁명 이후 밝혀진 바에 의하면, 공식적으
로 조달된 돈만 해도 62억 9,000만 환에 달하였다. 그러나 실제로는 그보
다 훨씬 상회할 것이다. 혁명재판 기록에 따르면, 당시 선거자금의 분배는
전국 경찰 11억(경찰국 500만 환, 경찰서 250만 환, 지서 및 파출소 8만 환 그
리고 8,108명의 투표구 담당 경찰에게 각 6만 환씩), 서울시장 및 도지사 200
만 환, 26개 시장에 70만 환, 15개 구청장에 100만 환, 군수 70만 환 내지
100만 환, 읍·면장 2만 환, 교육감 30만 환 등으로 이루어졌다. 이 선거자
금은 당연히 정부와 결탁하여 혜택을 본 재벌기업들로부터 나왔다. 즉 선
거자금은 송인상 재무부장관과 협의하여 한국은행 총재 김진형, 산업은행
총재 김영찬을 통해 거액의 은행 돈을 대기업(관료독점자본)에게 융자해주
고(산업금융채권 및 농업금융채권 사건), 이 중 막대한 금액을 선거자금으로
염출하는 방식으로 조성되었다.(한국혁명재판사편찬위원회 편, 1962〔1〕, 140
~142쪽)

이러한 이승만 정권과 자유당의 계획적인 부정선거 방법이 3월 3일 민

주당에 의해 상세히 폭로되었다. 민주당이 폭로한 자료는 자유당의 경찰·공무원 선거대책 비밀공문이었는데, 그 내용은 최인규 내무부장관과 이강학 치안국장이 경찰 간부들에게 말한 방법 거의 그대로였다. 그러나 신문에 부정선거 계획이 적나라하게 보도되었다고 해서 놀라거나 그만둘 자유당 정권이 아니었다. 이성우 내무부차관과 이강학 치안국장은 3월 7일 대전 모 부대에서 비밀리에 열린 전국 경찰국장회의에서 4할 사전투표 등을 기존 방침대로 하라고 지시하고, 경찰국장의 '모가지'는 장관과 대통령이 책임진다고 재차 강조했다.

자유당은 경찰뿐 아니라 외곽단체들과 여러 비공식적인 폭력조직도 동원했다. 그중에서도 대표적이었던 것은 '대한반공청년단'이었다. 대한반공청년단은 1958년 1월 22일 발족했다. 그 모체는 소위 자유당 기간단체인 '국민회청년건설대'로서 총재에 이승만, 부총재에 이기붕, 초대 단장에 전 국방부장관 김용우가 추대되었다. 그러나 3·15정부통령선거가 임박하자 1959년 8월 12일 단장을 제4대 민의원인 신도환으로 바꾸고, '대한멸공단'과 '반공청년회' 등 9개의 반공 청년단체를 흡수 통합하였다. 이후 전국 89개 시·군·단부를 조직하여 세칭 회원 수가 131만여 명에 이르는 거대한 조직이 되었다. 여기에는 유명한 정치주먹이며 전 '동대문시장 상인연합회' 회장이었던 이정재의 부하로 있던 '종로구단' 단장 임화수, 종로구단 동부특별단부 단장 유지광 등 정치깡패들이 요직을 차지했는데, 이들은 정부와 자유당의 비호를 받으며 반정부 인사들에 대한 공포분위기 조성과 야당 집회에 대한 폭력파괴 활동을 벌였다. 1959년 8월경부터는 말단 자유당의 기본 조직인 9인조 세포조직을 전국적으로 만들었다.

문화예술계도 동원되었다. 1959년 3월 정치깡패 임화수가 '반공예술인단'을 만들어 선거운동에 나섰는데, 배우와 대중음악가들을 끌어들여 만든 이 단체가 〈독립협회와 청년 이승만〉이라는 선거용 이승만 홍보영화를 제작하여 전국적으로 돌렸다. 명백한 사전 선거운동이었다. 이렇듯 문화예술계의 정치적 일탈은 이름 있는 문인들(박종화, 김광섭, 김말봉, 모윤숙, 김동리 등)이 이승만 찬양 고무뿐 아니라 자유당의 2인자 이기붕을 찬양하는 "인간 만송"('만송'은 이기붕의 호)이란 글을 써 이른바 '만송족'晩松族을 형성하는 데까지 나아갔다.

이처럼 정부와 자유당은 일찍부터 앞뒤좌우 돌아보지 않고 상상도 못할 부정선거를 통한 1960년 3·15정부통령선거 압승을 향해 돌진해가고 있었지만, 유일 야당 민주당은 아무런 대책도 수립하지 못하였다. 민주당은 정부통령 후보 선출 문제를 둘러싸고, 조병옥을 지지하는 구파와 장면을 지지하는 신파 간에 심각한 갈등이 계속되어 결국 갈등 해소를 위한 '당분규수습 10인위원회'까지 만들어졌다. 이러한 신·구파의 갈등은 자유당과의 갈등보다 더 날카로울 정도였다. 그 후 1개월이나 지난 1959년 11월 26일, 민주당은 비로소 '후보지명대회'를 가졌다. 표 대결 끝에 484표를 얻은 조병옥을 대통령 후보에, 481표를 얻은 장면을 부통령 후보에 각각 지명했지만 당의 내분은 쉽게 가라앉지 않았다.

이러한 상황에서 1959년 12월에 가진 기자회견을 통해 이승만 대통령은 다음해에 치를 정부통령 선거를 농번기를 피해 조기에 하겠다고 언명했다. 그때까지 선거는 발췌개헌으로 늦춰진 1952년의 정부통령 선거를 제외하고는 모두 5월에 치러졌다. 후보 지명의 휴유증으로 인한 민주당 내 불신과 갈등이 채 가라앉기도 전에 선거를 앞당겨 실시하려는 이승만의 분명한 속내가 있었다. 그것은 조병옥의 병세와도 관련이 있었다. 1960년 1월 29일 민주당 대통령 후보 조병옥이 병세가 악화되어 치료를 위해 미국으로 떠났다. 미국 월터리드 육군병원에 있던 조병옥은, 3월 조기 선거는 등 뒤에다 총을 쏘는 격이라고 비난하면서 반대했다. 민주당도 두 차례나 서울 장충단공원에서 '조기선거반대집회'를 열고 자유당의 부정선거 획책을 규탄했다.

그러나 이승만과 자유당은 2월 1일에 3월 실시를 확정했다. 2월 3일 정부는 3월 15일에 선거를 치른다고 공고했다. 2월 5일 이승만과 이기붕이 각각 자유당의 대통령 후보, 부통령 후보로 등록했다. 민주당의 정부통령 후보는 2월 7일 등록했다. 이제 민주당으로서는 선거대책을 서두르지 않을 수 없었다. 하지만 민주당으로서는 지방유세를 통해 "썩은 정치는 몰아내자"는 선거구호를 내걸고, 자유당의 부정선거 음모를 분쇄할 것을 다짐하며 호소하는 것이 고작이었다. 1960년 2월 2일 서상일, 박기출, 장택상, 이훈구, 김성숙, 정화암 등 재야에서도 회합을 갖고 '반독재민주수호연맹'을 결성했다. 그리고 2월 8일에는 대통령 후보에 장택상, 부통령 후보에 박기출을 지명했다.

선거전이 본격화되자 경찰과 '반공청년단' 단원에 의한 야당 및 반독재세력에 대한 테러가 빈번히 발생했다. 경찰은 각종 집회의 사전신고·사전허가제를 악용하여 야당이 주최하는 선거집회를 전면 봉쇄했다. 이러한 상황에서 치료 중이던 민주당 대통령 후보 조병옥이 2월 15일 사망했다. 이미 정부통령 후보 등록을 마친 민주당으로서는 정부통령 후보를 새로 낼 수 있도록 기회를 요청했지만 정부는 듣지 않았다. 민주당은 전의를 상실했다. 자연히 대통령 후보는 이승만 한 사람으로 좁혀졌다. 이승만의 당선은 확실해졌다. 그런데도 자유당과 경찰은 이기붕의 확실한 부통령 당선을 위해 부정선거의 고삐를 늦추지 않았다.

이승만 정권의 대대적인 부정선거 획책에 맞서 1960년 2월 28일 재야 각계 인사를 망라하여 '공명선거추진위원회'(위원장 장리욱)도 발족되었다. 이날 선언문에는 "일체의 반민주세력을 제외한 초당파적 전 국민세력을 총집결하여, 부정선거를 철저히 분쇄하고 공명선거 실현을 위한 투쟁을 전개해야 한다. 우리는 최후의 일각, 최후의 1인까지 한사限死 투쟁할 것이다"라고 각오를 밝히고 전 국민에게 공명선거를 쟁취하자고 호소하였다(한국혁명재판사편찬위원회 편, 1962[1], 152쪽) 그러나 자유당의 공개적인 부정선거를 원천적으로 막을 수는 없었다.

# 2

# 2·28의거에서 마산시위까지

## 2·28의거의 발발과 부정선거항의투쟁의 전국적 확산

**2·28의거**　　　1960년 2월 28일은 일요일이었다. 그런데 대구 시내의 고등학생들은 일요일임에도 불구하고 등교해야 했다. 이날 민주당의 장면 부통령 후보가 대구에서 유세를 하게 되어 있었다. 이승만 정권은 민주당 집회에 민중과 학생들이 참가하는 것을 저지하기 위해 제일모직, 대한방직 등 공장노동자들을 전원 출근시켜 작업케 하였고 학생들을 억지로 등교시켰다. 이들이 집회 장소로 향하는 것을 원천적으로 막으려 한 것이다.

자유당의 요구에 따라 대구 시내 각급 학교에 각기 급조된 명목으로 등교 지시가 내려갔다. 경북고는 3월 3일에 치르게 되어 있는 학기말시험을, 대구고는 토끼사냥을, 경북대사대부고는 임시수업을, 대구상고와 대구여고는 졸업생 송별회를 한다는 것이 일요일 등교의 이유였다. 그런데 다른 학교들은 대부분 27일에 일요 등교 지시가 내려졌지만, 경북고만 25일에 지시가 내려져 '3일'간의 작은 '소요'가 조성되었다. 학생들은 일요

등교가 무엇을 위한 것인지 금방 눈치 챘다. 26일 아침 대부분의 학생들이 불평하기 시작했다. 각 학년 학생위원을 중심으로 열띤 논쟁이 벌어졌다. "일요일에 등교할 이유가 뭐냐?" "무엇 때문에 우리들이 정치적 이용물이 되어야 하느냐?" "아니다. 학교의 지시에 따르자" 등 의견 대립이 발생하여 시끄러웠다. 2월 27일 밤 경북고, 대구고, 경북대사대부고의 학도호국단 간부 10명이 회합을 갖고, 일요 등교에 항의하는 데모를 하기로 결의하였다.

2월 28일 낮 12시 50분, 경북고 학생위원회 부위원장 이대우가 운동장 조회단에서 결의문을 읽은 뒤, 등교 조치에 항거한 경북고생 800여 명이 교사의 제지를 박차고 "횃불을 밝혀라, 동방의 별들아" "학원의 자유를 달라" "학원을 정치 도구화하지 말라" 등의 구호를 외치며 대구 시내 중심가로 쏟아져 나갔다.(이재오, 1984, 160쪽) 뒤이어 대구고·경북여고·경북대사대부고 학생들이 데모를 감행했다. 대구 시내 1,200명의 고등학생들이 불법선거에 항거하는 봉화를 든 것이다. 이들은 경찰과 충돌해가며 경북도청에 이르렀고, 여기에서 선언문을 낭독했다. 바로 이 순간 정·사복경찰이 출동했고 학생들은 일시적으로 밀려났다. 그러나 학생들은 다시 대열을 지어 3시경까지 데모를 벌였으며 120여 명이 연행되었다. 경찰은 민심이 자극될 것을 우려하여 중앙의 지시에 따라 이날 밤으로 학생들을 모두 석방 조치했다. 그러나 주모자들에 대해서는 미행을 붙이고 교사들로 하여금 매일 가정방문을 하게 하는 등 감시의 손길을 늦추지 않았다.

학생들은 다음날 학교로 등교했고 사태는 비교적 평온을 찾는 듯했다. 그러나 이때부터 고등학생들 사이에 '학원의 자유' 문세가 주요한 이슈로 제기되었고, "부정선거를 규탄하자"는 말이 번져나갔다. 29일에도 경북여고, 대구여고, 대구상고의 일부 학생들이 데모를 했다.

1960년 2월 28일 대구 시내 남녀 고등학생들이 벌인 시위는 역사적으로 의의가 큰 사건이었다. 그것은 이제까지와 같이 동원되는 강제시위가 아니라 학생들이 자발적으로 독재에 맞서 벌인 최초의 반정부시위였다. 이후 한국의 학생들은 30여 년 동안 불의와 부정, 독재에 맞서 시위 등을 통해 발언을 하기 시작했다. 2·28의거의 직접적 계기는 일요 등교에 있었지만, 그 밑바닥에는 오랫동안 누적된 학원의 비민주성 특히 자유당 정권에 대한 불신과 불만이 잠자고 있었다. 2·28의거를 주도한 학생들은 밤새워 토론을 벌였다. "민주주의가 살아 있느냐?" "관치행정이 민주주의냐?" "왜 대학생들은 침묵하는가? 그들은 우리보다 더 많이 알 텐데 왜 그럴까?" 등 어디에서인가 새로운 세대 논쟁이 일어나고 있었다.(오유석, 2006, 5쪽) 당시 고등학생들은 정부 수립 이후 민주교육에 기초한 의무교육을 받은 최초의 연령층으로서 공명선거를 통해 학생 대표를 선출해보는 경험도 가졌으며, 민주주의 생활화에도 강한 의욕을 갖고 있었다. 따라서 기성세대가 벌이고 있는 각종 불법적인 부정선거행위와 학원탄압, 그리고 악취나는 부조리와 모순 등은 이들의 정의감에 불을 댕겨 행동으로 나서게 하는 데 필요충분조건을 제공했다. 3월 2일 이강학 치안국장이 "학생들이 북한에 이용당하고 있다"라고 주장하며, 학생들의 저항을 무마하려고 했으나, 그것으로는 학생들의 투쟁을 잠재우지 못하였다. 이미 2월 28일 대구 고등학생들의 외침은 전국적으로 메아리치기 시작했고, 결과적으로 4월혁명의 중요한 도화선이 되었다.

**부정선거항의투쟁의 전국적 확산**　　　2·28의거 이후 부정선거에 반대하는 학생들의 투쟁은 전국적으로 확산되어갔다. 부정선거항의투쟁을 지역별로 살펴보면 다음과 같다.(안동일·홍기범, 1960, 69~134쪽; 김정남, 2004, 35~40쪽; 서중석, 2007b, 221~223쪽) 우선 서울에서는 3월 1일 "공명선거를 실시하라"는 내용의 '삐라'

가 뿌려졌다. 3·1절 41주년 경축식장에서 '전국대학생 투쟁위원회'와 '공명선거추진 전국학생위원회'의 이름으로 뿌려진 이 '삐라'는 전국 학도에게 보내는 결의문을 발표하여, "부정선거 협잡선거를 쳐부수고 공명선거를 실시하도록 하는 운동에 총궐기"할 것을 호소했다. 그리고 이 '삐라'는 서울운동장에서만 뿌려진 것이 아니고, 서울의 요소요소에서 근 40명의 대학생에 의해 3,000여 장이 뿌려졌다. 3월 5일에는 서울 한복판에서 학생 시위가 일어났다. 이날 서울운동장에서 민주당 장면 부통령 후보의 선거 연설회가 있었다. 오후 4시 45분경 연설회가 끝나고 퍼레이드를 벌일 때 학생 1,000여 명이 장면 부통령 후보 차의 뒤를 따라 비를 맞으며 종로 거리를 걷기 시작했다. 종로 4가에서 장면 부통령 후보의 차가 빠져나간 뒤에도 학생들의 행진은 멈추지 않았다. 그런데 인사동 부근에서 경찰이 저지하자 "썩은 정치 갈아보자" "부정선거 배격하자" 등의 구호를 외치며 계속해서 광화문까지 시위를 벌였다. 행진은 광화문에서 증원된 경찰과 기마대에 의해 제지되었다. 학생들에 둘러싸였던 민주당원들과 학생 수 명이 종로경찰서로 연행되었다. 연행된 사람들 중 6~7명은 정식으로 취조를 받고서야 풀려났다. 이날의 경찰 진압은 매우 강경했고 시위가 끝난 뒤에도 삼엄한 경계를 폈다. 투표일을 이틀 앞둔 3월 13일에는 다시 서울 도심 곳곳에서 공명선거를 외치는 남녀 고등학생들의 산발적 시위가 일어났다. 미리 배치된 경찰과 교직원들의 제압으로 데모의 규모는 크지 않았다.(안동일·홍기범, 1960, 87쪽)

부정선거항의시위가 확산되자 이승만 정권은 관제데모를 사주해 맞불을 놓았다. '전국대학생구국총연맹'과 '국정연구회'의 선전막을 두른 지프차(가두선전차)가 마이크로 "학생은 학원으로 돌아가라"는 내용의 선전문을 낭독하고 '삐라'를 뿌리며, 학생들이 시청 앞, 미도파백화점 앞, 미국대사관 앞 등 도심에서 시위할 때 그 사이를 헤치고 다녔다. 또 그들은 "자유당의 이 박사와 이기붕 의장을 지지한다"라는 플래카드를 두른 가두선전차를 타고 다니면서 "학생들은 자중하라"고 소리 질렀지만, 학생들은 전혀 호응하지 않았다.(안동일·홍기범, 1960, 88쪽)

부산에서는 3월 7일 동아고(경남고라는 보도도 있음) 2학년생 2명을 중심으로 하여 시내 몇몇 학생 대표 16명이 데모를 계획했으나 발각되어 좌절되었다. 한편 부산 영도 모처에서는 학생 2명이 '공명선거호소 학생위원회' 명의의 전단을 인쇄하는 도중 3,000장을 경찰에 압수당했다. 그리고 10일 밤 부산시 동구청 지하 곳곳에는 '민권수호 학생투쟁위원회' 이름으로 "학원의 자유를 달라, 학도들이여 피로써 민주주의를 사수하자, 민주주의 수호의 선봉이 되자, 우리 세대의 민주주의를 위하여 부정과 항쟁하자"는 등의 내용을 담은 '삐라'가 많이 뿌려졌다.(민주화운동기념사업회 편, 2006b, 11~12쪽) 3월 12일에는 해동고생 130여 명이 광복동에서 학도호국단가를 부르며 시위를 벌였다.

경기도에서는 3월 10일 수원에서 수원농고 학생 약 300명이 시위를 벌였다. 그리고 3월 13일 오산고 학생 100여 명이 때마침 열린 장날을 이용하여 장터 근처에서 "학원의 자유를 달라"는 구호를 외치면서 데모를 감행하였다.(안동일·홍기범, 1960, 83·91쪽)

충청도 대전에서도 3월 8일 격렬한 시위가 발생했는데, 여기에서 경찰과 유혈사태가 일어났다. 대전고 학생들은 그동안 『서울신문』 강제 구독 등 이승만 정권의 횡포에 불만이 많았는데, 7일 교장이 학생들에게 다음날 있을 민주당 선거유세에 참가하지 말라고 지시하자 거사를 계획했다. 8일 오후 4시경 대전고 학생 1,000여 명이 스크럼을 짜고 장면 후보 강연회가 열리는 대전 공설운동장으로 향하였다. 이들은 "학원을 정치 도구화하지 말라" "『서울신문』 강제 구독을 반대한다" 등의 구호를 외치며 시위를 벌였다. 경찰의 삼엄한 경계를 뚫고 벌 떼처럼 일어선 학생들의 '데모'는 경찰 기마대, 소방차, 백차와 수많은 정·사복 무장경찰들에 의하여 강제로 제지·해산되었는데, 이 과정에서 무장경찰이 곤봉 등으로 난타하면서 난투극이 벌어졌다. 이 시위로 1명의 교사와 40여 명의 학생들이 경찰에 연행되었다.(『동아일보』1960년 3월 9일자) 10일에는 대전상고 학생 약 300명이 시위를 벌였다. 충주에서는 3월 10일 충주고 1·2학년생 약 500여 명이, 청주에서는 3월 12일 청주고 학생 100여 명이 시위에 나섰다.

전라도에서는 3월 2일 전주 민주당 강연회장에서 한 고등학생이 학교에서 유세장에 못 가게 했다는 사실을 폭로하면서, "민주주의 만세"라는 혈서를 썼다.(김정남, 2004, 36쪽) 그리고 3월 4일에는 광주 공설운동장에서 민주당 부통령 후보 장면의 유세 강연 직후 대학생 10여 명이 혈서를 썼다.

이 밖에 경북 문경에서도 3월 13일 문경고 학생 33명의 발기로 시위를 계획하다가 사전에 발각, 전원이 연행되는 사건이 발생했다.

3·15정부통령선거가 다가오면서 고등학생 시위는 한층 더 확대되었다. 선거 하루 전날인 14일에는 공명선거를 촉구하는 시위가 전국적으로 일어났다. 부산에서는 오후 6시부터 부산진구 구름다리에서 시위가 시작되어 밤늦게까지 계속되었다. 동래고·부산상고·동성고·혜화여고·데레사여고·항도고·영남상고·북부산고 학생 등 7,800여 명이 "우리 선배는 썩었다" "우리가 민주제단을 지키자" 등의 구호를 외치며 부정선거규탄데모를 벌이다가, 경찰로부터 수많은 학생들이 구타를 당했다.(안동일·홍기범, 1960, 94~95쪽)

인천, 원주, 포항에서도 시위의 불길이 타올랐다. 인천에서는 송도고 학생 50여 명이 "학도여 일어나라" "학원에 자유를 달라" "공명선거 실시하라" 등의 구호를 외치며 시위를 감행하였다. 이 시위에 시민들이 금방 합세하여 200여 명으로 불어났다. 군사도시인 강원도 원주에서도 원주농고 1·2학년 학생 100여 명이 어깨동무를 하고 "수호하자 인권" "취소하자

3인조" "실시하자 공명선거" 등의 구호를 외치며 '삐라'를 뿌리고 시위를 벌였다. 포항에서도 포항고 학생 200여 명이 "학원의 자유를 달라"는 구호를 외치며 시위를 벌였다.(김정남, 2004, 39쪽)

무장 헌병들이 교통순경을 대체해 교통정리를 했던 서울에서도 3월 14일 밤늦게 시위가 일어났다. 이날 밤 9시 종로 화신백화점 앞 거리에서 대동상고 학생 300여 명이 책가방을 옆구리에 낀 채 "대한민국은 민주공화국이다"라는 헌법 제1조문을 연필로 쓴 '삐라'를 뿌리면서 데모를 벌였다.(안동일·홍기범, 1960, 92~93쪽) 불과 두어 시간 사이에 시위 참가 학생들이 약 1,000여 명을 헤아리게 되었다. 이날 시위에 참가한 학교는 균명고, 강문고, 중동고, 대동상고, 배재고, 수송고, 선린상고, 경기고, 보인고, 조양고, 중앙고, 대신고, 경동고 등 10여 개 학교가 되었다. 그런데 이것은 계획적으로 보인 것이 아니라 우연히 모여 이룬 대대적인 연합시위였다. 이날의 학생시위와 관련해서 서울시경은 각 처에서 고등학생 180여 명을 연행했다.

이렇게 2월 28일 대구에서 시작된 고등학생들의 민주주의 함성은 삽시간에 전국적으로 퍼져나갔다. 누가 주동을 하지도 않았고, 누가 나오라고 강요하지도 않았다. 불꽃처럼 일어난 고등학생들의 시위는 젊음을 민주제단에 기꺼이 바치려는 비정치적·자발적 항거였다. 그때까지는 "학원의 자유"와 "공명선거를 통한 민주주의 사수"가 최대의 요구였다.


## 3·15부정선거

3·15정부통령선거는 이승만 정권이 국가권력을 총동원하여 기획한, 유례없는 폭력과 부정으로 얼룩진 선거였다. 국가권력은 직접 선거운동기간

1960년 3월 부정선거를 은폐하기 위해 투표용지를 불태우는 공무원들

내내 노골적으로 야당을 탄압하고, 후보자 및 유권자에 대한 백주 대낮의 테러를 공공연하게 묵인했다. 폭력과 테러는 주로 반공청년단을 위시한 정치깡패들이 담당하였지만, 경찰이 직접 폭력행위에 가담하기도 했다.

신변에 위협을 느낀 많은 후보자들이 유세장 연단에 서서 "경찰이 수사는커녕 오히려 폭력을 조종하고 있다"라고 호소했지만, 오히려 수십 명의 깡패들이 연단에 몰려들어 "사실을 해명하라"고 소동을 일으켰다. 급기야 선거가 막바지에 접어든 3월 9일과 10일에는 전남 여수와 광산에서 민주당 간부가 구타 살해당하는 사건이 발생했다.(한국혁명재판사편찬위원회 편, 1962〔1〕, 121쪽) 민주당은 즉각 확대간부회의를 소집하고, 전 국민에게 부정선거거부운동에 참여해줄 것을 호소하는 내용의 성명서를 발표했다. 3월 13일 전북 김제에서는 참관인이 흉기로 얻어맞아 중상을 입는 사건이 발생했다.(이기택, 1987, 107쪽)

폭력은 투표 당일인 3월 15일과 개표 때까지도 계속되었다. 모두가 반공청년단과 정치깡패들의 소행이었다. 이들은 서울 시내만 하더라도 수백 명에 달하였고, 전국적으로는 그 숫자가 이루 말할 수 없었다. 정치깡패들 배후에는 이승만 대통령의 경호 책임을 맡고 있던 곽영주 경무관과 이기붕 자유당 부총재가 있었다. 폭력배를 배후에서 조종하던 곽영주는 정치깡패들이 법망에 걸려 잡혀가면 권력을 내세운 압력으로 그들을 석방시켰다. 실로 "주먹은 가깝고 법은 멀다"라는 폭압정치가 난무했다. 그래서 사람들은 종래의 6법에 무법無法과 불법不法이 가세하였다고 하여 8법이 세상을 지배하는 사회라고 말했다.

한편에서는 폭력이 난무하고 다른 한편에서는 공명선거를 외치는 학생과 시민들의 함성이 울려 퍼지는 가운데, 운명의 3월 15일 정부통령 선거일이 나가왔다. 이날 투표는 최인규가 기획한 대로 진행되었다. 전국적으로 대리투표, 사전투표, 3인조 투표가 저질러졌다. 자유당 완장부대가 경찰·반공청년단 등과 함께 공포분위기를 조성했다. 민주당 참관인은 곳곳에서 내쫓겼다. 민주당은 전남과 경남에서 일찌감치 참관인을 철수시키고 선거 포기를 선언했다. 민주당 광주시당은 이미 3월 15일 오전 12시 50분경에 "민주주의는 죽었다"라고 외치며 부정선거에 항거했다.(민주화운동기념사업회 편, 2005, 11~12쪽) 민주당 진주시당에서도 오후 1시경 "공개투표는 선거가 아니다"라는 플래카드를 들고 무언의 시위를 감행했다. 선거무효를 선언하는 주장도 제기되었다. 민주당 마산시당이 오전 10시 30분에, 민주당 경남도당이 오후 1시 30분에 선거무효를 선언했다. 급기야 투표가 끝나기도 전인 오후 4시 30분에 서울의 민주당 중앙당이 "3·15 선거는 불법 무효임을 선언한다"라는 내용의 성명서를 발표했다. 이 성명서에서 민주당은 "3·15 선거는 선거의 이름 아래 이루어진 국민주권에 대한 포악한 강도행위이며, 따라서 자유당 후보자의 당선이 발표될지라도 이는 당선이 아니라 주권 강탈에 불과한 것이다"라고 선언하고, 민주주의 사수를 위해 계속 투쟁할 것임을 천명했다.(이기택, 1987, 107~108쪽)

선거 결과 이승만은 유효투표 수의 88.7%에 해당하는 966만 3,376표를 얻은 것으로 발표되었다. 이기붕은 유효투표 수의 79%에 해당하는 833만 7,059표, 장면은 184만 3,758표로 발표되었다. 그러나 이 선거 결과를 액면 그대로 믿는 국민들은 아무도 없었다. 선거 결과는 경찰 지휘부와 내무부에 의해 완전히 날조되었다. 한희석 선거대책위원장 겸 기획위원장 등 자유당 간부들은 1960년 3월 15일 기획위원회 사무실에서 개표 상황을 지켜보다가 대표적 야당 도시인 대구에서 이기붕 5,000표, 장면 32표라는 비공식 보고를 받고 놀랐다. 국무위원들도 일부 지역의 개표 상황을 지켜보면서 자유당 후보가 95% 또는 97%를 넘지 않을까 '걱정'을 할 정도였다. 최인규·이강학 등은 한밤중에 경비전화로 이승만은 80%, 이기붕은 70~75% 선으로 조정하라고 지시했다.(학민사 편집부 편, 1985, 70~71쪽) 각지에서는 부랴부랴 감표에 들어갔는데, 일부 지방에서는 최병환 내무부 지방국장이 50% 선 조정을 지시해 혼란을 빚기도 했다.

이러한 선거 폭력과 부정선거의 결과에 저항하는 움직임이 전국에 걸쳐 광범위하게 일어났다. 그때 선거 사상 최초의 유혈사태가 선거 당일인 3월 15일 마산에서 발생했다.

## 제1·2차 마산시위

**제1차 마산시위와 시위의 전국적 확산**　　　3월 15일 선거 당일 마산에서 시민과 학생 들이 합세하여 부정선거를 규탄하고 나섰다. 민주당 마산시당 간부들은 자유당의 '4할 사전투표'에 항의하여 일찌감치 오전 10시 30분에 선거무효를 선언하고 부정선거를 폭로하며 시위에 나섰다. 시위는 자연발생적인 행동으로 나타났다. 3월 15일 오후 3시경 민주당 당사에 모여 있던 수천 명의 민중들이 민주당 경남도의원 정남규를 선두로 "협잡선거 물리치자"라고 외치면서 시위를 하다 마산시 남성동파출소 앞에서 경찰과 충돌했다. 이때는 경찰의 별다른 강제진압은 없었고 단지 경찰의 제지가 강화되었을 뿐이다. 시위대는 "7시 개표 시각에 시청 개표장 앞에서 모이자"라고 하면서 오후 6시경 자진 해산하였다.(김정남, 2004, 44쪽)

시청에서 개표가 진행된 오후 7시 30분경 시민과 학생 1만여 명이 "부정선거 다시 하라"는 구호를 외치며 다시 시위를 벌이기 시작했다. 이때까지도 '선거무효'를 부르짖었을 뿐 그 이상의 극렬한 구호는 사용되지 않았다. 그런데도 경찰은 사태의 긴박성을 예측했음인지 전원 실탄을 장전한 소총으로 무장하고, 시청 입구는 물론 파출소마다 엄중한 경계를 폈다. 이때 정전이 되면서 시위대를 향해 경찰의 발포가 시작되었다. 국민의 안전을 위해 치안을 담당하도록 되어 있는 경찰이 무장도 하고 있지 않은 민간인에 대한 발포를 명령받고 사격과 최루탄을 무차별 발사한 것이다. 총격을 피한 시위대는 변절 의원 허윤수(5·2 총선에서 민주당으로 당선되어 자유당으로 당적으로 옮김)의 집과 자유당 당사, 서울신문사(친이승만계로 정부기관지 역할) 마산총국, 국민회 마산지부, 남성동파출소 등을 부수었다. 평화적 시위가 경찰의 발포와 폭력적 진압으로 격화되었고, 시위는 민중봉기로 발전하였다.

이 과정에서 시위대는 독재 정권의 하수인과 말단 통치기구인 자유당 사와 자유당 의원, 경찰서, 각종 관제 어용단체를 공격했다. 이날의 시위는 경찰의 발포로 사망자 8명(9명이라는 설도 있음), 80여 명의 중상자를 내고 밤 11시 30분경 완전히 진압되었다. 경찰의 발포로 민간인 사상자가 발생한 것은 건국 이래 최대의 불상사였다. 경찰에 연행된 사람은 모두 253명으로 이들은 예외 없이 경찰로부터 무자비한 보복성 폭행을 당했다. 이 중 주모자로 구속된 26명이 공산주의자로 취급되어 혹독한 고문을 받았다.

이 사건은 국내외에 큰 파문을 던졌다. 3월 16일 즉각적으로 외신 및 서울·부산·대구의 신문기자가 달려왔다. 이날 내무부차관 이성유가 정부 조사단으로 파견되었으며, 자유당과 민주당 조사단이 내려왔고, 23일에는 여야 6 대 5의 비율로 구성된 국회조사단이 현지에 파견되었다. 대한변호사협회도 조사단을 보내 진상을 조사하여 공표했다. 그러나 조사단의 조사 보고는 이승만 정권에 영향을 미치지 못했다. 이승만은 마산사태의 책임을 물어 내무부장관과 현지 경찰 책임자를 교체하고 구속되었던 시민 일부를 석방하는 선에서 사태를 마무리 지으려 했다. 사망자의 가족에 대한 정부의 시책도 무성의하게 진행되었다. 그 와중에 자유당 부통령 당선자로 발표된 이기붕이 기자회견에서 마산시위 당시의 발포에 대해 "총은 쏘라고(일부는 '쓰라'고 들었다 함) 준 것이지 가지고 놀라고 준 것은 아니다"라고 말한 사실이 알려져 정치 문제로 비화되었을 뿐 아니라 마산 시민의 분노를 가중시켰다.(안동일·홍기범, 1960, 139쪽; 이기택, 1987, 112쪽)

시위는 전국적으로 확산되어나갔다. 3월 16일 오전 11시 30분, 서울 안국동에 있는 민주당 중앙당사 앞에서 고등학생을 주축으로 한 500여 명이 자연발생적인 시위를 벌였다. 이때 이들이 외친 시위구호는 "독재정치 배격한다" "마산 동포 구출하자"였다.(안동일·홍기범, 1960, 142쪽) 청주에서는 12시 30분경 청주공고 학생 약 300명이 수업을 마치고 청주역으로 집결하여 데모를 거행하고자 하였다. 그러나 학생들이 모이기 전에 경찰에 발각되어 경찰 백차와 각 학교 교사들의 완강한 제지로 뜻을 이루지 못하였다. 학생들은 경찰 백차가 밀어대는 바람에 청주역으로부터 쫓겨나서 북문로 2가를 행진하던 중 계속되는 경찰의 제지로 인하여 골목으로 쫓겨

갔다. 경찰과 교사들은 학생들의 모자와 책가방을 빼앗아가며 약 40명의 학생을 경찰서로 연행하였다.

17일 오후 1시 10분경에는 서울 영등포로터리에서 성남고 학생 200여 명이 "경찰은 자숙하라" "정의를 위해 싸우는 학생을 구타하지 말라" "체포된 학생들을 즉시 석방하라" 등을 내용으로 하는 '삐라'를 자필로 써서 뿌리면서 영등포구청까지 데모를 감행하였으나, 급거 출동한 경찰에 의해 수 명이 경찰에 연행되었다. 이날 밤 서울 시내에는 학생의 명의로 된 "마산 학생의 뒤를 따르자" "국민의 주권은 땅에 떨어졌다" "자유당의 무더기 덕분으로 국민주권 잃어버렸다" "다시 찾자 국민주권" "국민이여 궐기합시다" 등의 구호가 적힌 벽보가 도처에 나붙었다. 진해에서도 3월 17일에 학생 데모가 발생하였다. 이날 상오 12시 40분부터 진해고 학생 약 300명은 각각 가방을 손에 든 채, 동교 정문으로부터 소방서 앞까지 약 1킬로미터를 달리면서 데모를 감행하였다. 이들 데모 학생들은 학도호국단의 노래를 부르는 한편, "협잡선거 물리치자" 등의 구호를 외쳤다.(안동일·홍기범, 1960, 144쪽) 하지만 급거 출동한 경찰과 헌병들에 의하여 20분 만에 해산되었다. 경찰에서는 이들을 제지하기 위하여 공포 두 발을 발사하였으며, 해산에 불응하고 반항하던 7~8명의 학생은 경찰에 연행되었다.

3월 24일과 25일에는 부산에서 잇달아 데모가 일어났다. 부산고 1·2학년생 약 900명은 3월 24일 아침 9시경 조회 시간을 이용하여 '삐라'를 뿌리고, 정문으로 또는 울타리를 넘어 밖으로 나와 시위를 벌였다. 3월 25일 상오 9시 20분 동성고 학생 250여 명이 약 1시간 20분에 걸쳐 데모를 감행했다. 이들은 학교 정문을 나와 간선도로를 따라 범천동 구름다리를 넘고 교통부 앞을 지나 좌천동 입구로 진출하였다. 하지만 경찰의 출동으로 해산하였다. 같은 날 상오 9시 40분경 동성중 학생 150여 명이 스크럼을 짜고 범천동 광무교에서 시내 방향으로 전진하다가 경찰에 의해 좌절되었다. 이날 저녁에는 전포동 일대에서 경남공고, 혜화여고 학생들의 시위도 있었다. 여기에서 주목할 점은 고등학생의 시위가 중학생들에게까지 확대되었다는 점이다. 그들의 구호나 전단은 24일 부산고의 '삐라'나 구호와 같은 내용을 담고 있었다. 중·고교 사이에 상호 연계가 일어나고 있었던 것이다.

4월 6일에는 부산여상 학생들이 개학을 기하여 동교 교사를 집단 해직한 학교의 처사에 항의하여 동맹휴학에 들어갔다. 그리고 이례적으로 민주당 간부들이 주동이 되어 시위를 벌이기도 하였다.

이처럼 언제 어디서 학생들의 시위가 발생할지 모르는 상황에서 이승만 정권은 학생을 학교에 나오지 못하게 하는 등교중지령을 내렸다. 학교 교사들을 통해 학생들이 오후 5시 이후에는 거리에 나오지 못하도록 하는 명령도 시달하였다. 부정선거에 항의하는 시위는 3·15부정선거가 끝나고 제2차 마산시위가 있기까지 간헐적이지만 끊임없이 이어져 갔다.


**제2차 마산시위와 항쟁의 격화**　　　4월 11일 오전 11시 30분경 마산시 신포동 중앙부두에서 낚시꾼에 의해 1구의 시체가 인양되었다. 3월 15일 제1차 마산시위 때 행방불명되었던 김주열이 당시 경찰이 발사한 최루탄에 눈에서 뒤통수까지 관통당한 채 27일 만에 바다 위에 떠오른 것이다. 김주열을 사망에 이르게 한 최루탄은 당시 마산경찰서 경비주임 박종표에 의해 지급된, 탄피가 알루미늄으로 된 미제 고성능 원거리 최루탄이었다. 직경 5센티미터, 길이 20센티미터 크기의 이 최루탄은 꼬리 부분에 프로펠러가 달려 있었으며, 건물 벽을 뚫고 들어가 폭발하는 무장폭도 진압용 무기였다. 김주열이 참혹한 모습으로 죽었다는 소문은 삽시간에 마산 시민들에게 전해졌다.

시민들을 향해 총을 겨누고, 사랑하는 아들, 딸 들을 죽게 만든 장본인 들이 버젓이 거리를 활개치고 다니는 것을 분노의 눈으로 지켜보던 마산 의 시민들과 학생들은 김주열의 시신이 '오른쪽 눈에 최루탄이 박힌 처참 한 모습'으로 발견되자 격렬한 시위로 경찰의 만행을 규탄했다. 이렇게 시 작된 4월 11일의 제2차 마산시위는 일단 모든 혁명의 출발이 그러하듯 가 열된 솥뚜껑이 솟구치듯 갑작스레 그리고 걷잡을 수 없이 터져 나오는 예 고되지 않은 봉기였다. 이날 시위에는 특히 부인들이 많이 참가하였다. 그 들은 "죽은 자식을 내놓아라" "나도 죽여달라"라고 하면서, 그동안 보복이 무서워 참았던 분노와 울분을 한꺼번에 터뜨렸다.(서중석, 2007b, 231쪽)

김주열의 시체가 옮겨진 도립병원에 몰려든 시민들은 참혹한 주검을 확인하고 시위 대열을 형성하였다. 시위대는 1960년 4월 11일 오후 6시경 3만여 명으로 불어나 "시체를 내놓아라" "살인선거 물리치자" 등의 구호를 외치며 자유당과 관련이 있는 건물이나 인사의 집을 부숴나갔다.(안동일· 홍기범, 1960, 164쪽) 남성동파출소에 이어 마산시청, 마산경찰서, 자유당 허윤수 의원의 집, 북마산·오동동·중앙동·신마산 파출소를 휩쓴 성난 군 중들은 다시 창원군청, 허윤수가 경영하는 동양주정과 무학주조 공장을 부수고 재차 마산경찰서 앞으로 밀려갔다. 〈애국가〉〈전우가〉〈해방가〉를 부르며 다시 마산경찰서 앞에 모인 시위대는 경찰서 마당에 세워놓은 서 장 지프차를 불 지른 후, 경찰서 무기고를 부수고 수류탄 13개를 들고 나 와 그중 1개를 경찰서 건물에 던졌다.

시위대의 기세에 눌린 경찰은 밤 9시까지는 마산경찰서를 중심으로 경비하면서 시위를 방관했다. 그러나 그 시간은 길지 않았다. 밤 9시 30분 경 경찰들에게 카빈총이 지급되었고 발포가 개시되었다. 이때부터 경찰과 시위대의 공방이 계속되었다. 쫓기던 시위대는 자유당 시당부, 서울신문 지사, 국민회 사무실, 마산경찰서장 관서, 마산소방서, 마산시장 박영수의 집 등을 부수고 12시경 해산했다. 이날 시위로 2명이 죽었다.

11일 밤중에 해산된 시위는 12일로 이어졌다. 날이 밝자 또다시 시민들이 들고 일어났다. 골목에서 웅성대던 시민들이 대로변으로 몰려들기 시작하여 도립병원 및 경찰서를 중심으로 한 지대에 집결하였다. 경찰은 경찰서를 중심으로 한 지대에서만 강력한 저지선을 3·4중으로 치고 시민들을 접근하지 못하게 하였지만, 도립병원만은 완전히 개방했다. 아침 10시부터는 조직적인 마산공고 데모대가 "민주정치 도로찾자"라는 플래카드를 선두로 전 마산 시내를 휩쓸기 시작하였다. 창신농고 학생 300여 명, 마산여고 400여명, 마산고 500여 명의 학생도 이 대열에 합세하였으며, 이 데모대 뒤에는 수천 명의 군중들이 따랐다. 이날은 노인들까지 시위 행렬에 가담하였다. 총탄이 날고 소방차의 호스가 사정없이 물을 끼얹어도 학생과 시민 들은 굴하지 않았다.

시위는 3일째로 접어들었다. 13일 부슬비가 아침부터 그칠 줄 모르고 내리는 가운데 해인대생 5,000~6,000명이 시위를 하였다.

4월 11~13일의 제2차 마산시위에는 부산에서 모여든 시위대의 일부가 합류하기도 하였는데, 경찰에 연행된 자는 1,000명이 넘었다. 그들의 죄목은 오후 7시 통금위반 혐의였다. 이 중 구속 입건이 32명, 불구속 입건이 35명으로 도합 67명이 소요죄 혐의를 받았다. 제1·2차 마산시위 과정에서 사망한 13명(2차 시위 3명)은 중학생 1명, 중졸 3명, 고등학생 4명, 고졸 3명 그리고 구두닦이 1명(국교 중퇴, 21세), 40대 상인 1명이었다. 그리고 2차 시위 때의 소요죄 입건자 67명을 직업별로 보면, 무직 18명, 노동자 15명, 학생 14명, 공업 4명, 행상 3명, 창녀 3명, 회사원 2명, 이발사 2명 그리고 간호사, 요리사, 식모, 상업, 세탁업 각 1명으로 주로 생활이 어려운 사람들이었다. 연령별로는 10대 26명, 30대 8명, 40대 7명이었다.(박태순·김동춘, 1991, 70쪽) 2차 시위는 1차 시위보다 격렬하였으며 그 규모도 컸다. 그리고 시민의 참여도도 매우 높았다. 이러한 점에서 제2차 마산시위는 민중(혹은 시민)항쟁의 성격을 띠었다고 할 수 있다.

당시 마산시위에 대해 이승만 정권은 경찰의 처사가 잘못되었다고 인정하면서도, 사건 진상조사와 해당 경찰 구속을 미룬 채 법과 질서의 신속한 회복을 통한 수습책만을 내놓았다. 4월 12일 내무부장관 홍진기는 "마산 소요에 5열 개재의 혐의가 있다"는 내용의 담화를 발표했고, 13일 오전 국무회의에서는 내무·법무·국방 등 3부로 된 '대공 3부 합동수사위원회'를 구성하여 "적색분자들의 준동 혐의를 과학적으로 수사할 방침"이라고 발표했다.(김정남, 2004, 65쪽) 15일에는 이승만이 직접 나서서 특별담화문을 발표했는데, 그 내용은 마산시위가 "공산주의자들에 의해 고무되고 조종된 것"이라는(조화영 편, 1960, 63~65쪽) 것으로, 이승만 특유의 상투적인 수법을 동원한 것이었다. 이승만의 이러한 견해는 강제진압과 폭력행사를 그만두지 않겠다는 것을 분명히 한 것으로 학생들을 더욱 격노케 했다. 그만큼 이승만은 상황의 급박성을 이해하려 들지도 않았고, 또 그럴 수 있는 능력도 결여하고 있었다. 제1차 마산시위가 있은 뒤 한동안 학생시위가 소강상태에 있자, 이승만 정권은 적당히 밀고 나가면 되겠다고 생각했던 것이다.(홍중조, 1992, 197~199쪽)

그러나 제2차 마산시위는 사태를 새로운 단계로 몰고 갔다. 서서히 폭풍우가 몰아치기 시작했으며, 마산 시민들의 항쟁은 전국적으로 파급되고 확산되었다.

4월 12일에서 17일에 걸쳐 민주당원들은 각처에서 여러 차례 시위를 감행했다. 12일 대구에서 강행된 민주당 데모는 경찰과 난투극을 연출하면서 진행되다가 경찰의 결사적인 제지로 뜻을 이루지 못하고 해산되었다. 17일 인천에서도 민주당원들이 불법선거규탄데모를 시도했으나, 두 차례에 걸친 경찰의 제지로 좌절되고 민주당원 21명이 연행되었다. 이 외에 경남 창령군과 하동군에서도 민주당 측의 데모가 시도되었고, 진주에서는 민주당원들이 데모 선언을 하고 나서 경찰에 의해 완전 포위를 당하여 좌절되자 그 자리에서 농성에 들어가기도 했다.

한동안 소강상태에 있던 고등학생 시위도 들불처럼 퍼져나갔다. 4월 15일에는 마산고와 마산상고생의 시위가 있었으며, 17일에는 청주공고생이 시위했다. 18일부터 데모 규모가 커지고 격렬해졌다. 부산, 진해, 진주 등 마산 주위 도시가 동요하는 가운데, 동래고 학생 1,000여 명이 거리로 뛰쳐나왔다. 청주에서도 청주공고, 청주상고, 청주고 등 2,000여 명의 학생들이 합세하여 혼성 데모를 편성하고, "정당한 데모를 방해하지 말라" "경찰은 학원에 간섭 말라" "3인조 부정선거는 불법이다"라고 외치면서 시위를 벌였다.(안동일·홍기범, 1960, 203~207쪽)

# 3
## 4·19봉기•

## 4·18 고려대생 시위

1·2차에 걸친 마산시위는 지금까지 사태의 진전을 바라보고 있었던 전국 각지의 시민들과 대학생들의 궐기를 재촉했다. 마산에서의 해인대생 시위를 제외하면 그때그때의 시위에 개별적으로 참가하는 것에 그쳤던 대학생들도 18일부터는 데모에 적극적으로 나섰다.

4월 18일 고려대생 3,000여 명은 신입생 환영회를 빙자해 교내에서 집회를 열고, 집회가 끝난 뒤 일제히 가두로 진출했다. 4월 1일 개학할 때부터 고려대생들은 시위를 벌이는 문제에 대해 의견을 주고받았다. 마산에서 제2차 시위가 전개되자 학생들은 더 이상 늦출 수 없다고 생각했다. 학생들은 신입생 환영회가 열릴 예정이었던 4월 16일에 시위를 하기로 계획을 세웠다. 그렇지만 눈치를 챈 경찰이 연일 감시망을 강화했고, 학교는 신

---

• 1960년 4월 시위 상황에 대해서는 김정남의 『4·19혁명』, 서중석의 『이승만과 제1공화국』, 안동일·홍기범의 『기적과 환상』에 많은 도움을 받았다.

입생 환영회를 18일로 연기했다.

18일 12시 50분경 "인촌(김성수의 호) 동상 앞으로"라는 소리와 함께 집결한 학생들 앞에서 선언문이 낭독되었다. "이제 질식할 듯한 기성 독재의 최후의 발악은 바야흐로 전체 국민의 생명과 자유를 위협하고 있다. (중략) 만약 이 같은 극단의 악덕과 패륜을 포용하고 있는 이 탁류의 역사를 정화시키지 못한다면, 우리는 후세의 영원한 저주를 면치 못하리라. (중략) 우리 고대는 과거 일제하에는 항일투쟁의 총본산이었으며, 해방 후에는 인간의 자유와 존엄을 사수하기 위하여 멸공전선의 전위적 대열에 섰으나, 오늘은 진정한 민주이념의 쟁취를 위한 반항의 봉화를 높이 들어야겠다"라는 내용의 선언문을 낭독한 데 이어, "기성세대는 자성하라" "마산 사건의 책임자를 즉시 처단하라" "경찰의 학원 출입을 엄금하라" 등의 5개 항을 낭독한 후, 1시 20분경 스크럼을 짜고 시위에 나섰다. "민주 역적 몰아내자" "자유 정의 진리 드높이자"라는 플래카드를 들고 경찰의 저지선을 뚫으려다 실패한 뒤, 끼리끼리 빠져나와 1,000여 명이 국회의사당 앞에 집결했다. 이곳에서 농성을 벌이며 학생들은 연행학생을 석방하고, 대통령이나 내무부장관이 나와 부정선거에 대해 해명할 것을 요구했다. 학생들은 "대학의 자유를 보장하라"는 등 4개 항의 대정부 건의문을 결의하고 연좌시위를 계속했다. 유진오 총장이 달려와 해산을 종용했다. 학생들은 총장과 내무부장관의 약속대로 6시경 연행학생들이 석방되고, 고려대 출신인 이철승 의원이 "싸움은 아직도 남아 있다. 내일을 위하여 오늘은 학교로 돌아가라"고 설득하자, 오후 6시 40분경 귀교 길에 올랐다. 그 뒤를 시민들과 고등학생들이 뒤따랐다.(사월혁명청사편찬회, 1960, 482쪽)

4월 19일 더 많은 학생·시민을 쏟아져 나오게 한 사건은 그 직후에 발생했다. 학생들이 시위를 마치고 귀교하는 도중, 을지로에서 종로 4가 쪽으로 빠지기 위해 천일백화점 앞에 이르렀을 때, 쇠갈고리와 곡괭이 및 쇠

사슬 등으로 무장한 100여 명의 정치깡패들이 고려대생들을 습격했다. 오후 7시 20분경이었다. 이 습격으로 선두에 섰던 학생과 그들을 따르던 기자 등 50여 명이 다쳤다. 따라오던 학생들이 "깡패들의 습격이다. 흩어지지 말고 집결하자"라고 외치며 대항하려 하자 깡패들은 골목으로 달아났다. 불과 10분밖에 안 되는 사이에 일어난 일이었다.

괴한들은 반공청년단(단장 신도환) 종로구단(단장 임화수) 특별단부와 화랑동지회(회장 유지광) 소속 깡패였다. 이들은 경무대 경무관 곽영주와 연결되어 있었다.

규모가 큰 최초의 대학생 시위였던 4·18 고려대생 시위와 정치깡패들의 고려대생 습격은 4·19봉기의 기폭제가 됨과 동시에 혁명의 방향을 선회시켰다. 우선 시위의 목적이 더 이상 부정선거 규탄에 머물지 않고 더 나아가 독재 정권 규탄으로 발전되었으며, 시위의 주역이 지방의 고등학생이 아닌 서울의 대학생으로 전환되었다. 그리고 이 사건에 분노한 시민들과 학생들이 이튿날 일제히 궐기하였다.


## 피의 화요일

**서울에서의 4·19 시위**    4월 19일 조간신문을 펼쳐 본 학생과 시민 들은 경악과 분노를 참을 수 없었다. 1면 머리기사로 고려대생 데모에 대한 상세한 내용이 실려 있었고, 깡패들의 데모대 습격 전말이 사회면을 가득 메우고 있었다. 더구나 고려대생 1명은 깡패에게 맞아 절명한 것 같다는 미확인 보도(후일 오보로 확인됨)까지 게재되어 있었다. 이미 여러 날 전부터 학교별로 은밀히 데모를 준비해온 서울대, 연세대, 건국대, 중앙대, 경희대, 동국대, 성균관대 등 10여 개 대학생들은 물론

4월 19일의 시위 현장

이었고, 데모 계획이 아직 없었던 학교의 학생들마저 깡패의 습격 보도를 접하고 분노하였다. 그리하여 19일 서울 시내 대학생들이 일제히 데모에 나섰다.

원래 데모는 4월 21일에 거행하는 것으로 계획이 세워졌었다. 그 계획의 중심은 서울대 문리대 정치학과 학생들이었다. 3·15정부통령선거 때부터 데모를 해야 한다는 말들이 오가기는 했지만, 본격적인 거론은 4월 15일경부터 있었다. 4월 15일 오후 서울내 정치학과의 "정당론" 강의가 휴강됨으로써, 이 시간을 이용하여 논의가 이루어진 것이다. 정치학과 회장 윤식(당시 3학년)이 중심이 되어 논의한 결과, 거사일을 4월 21일로 잡기로 하였다. 그리고 경찰력을 분산시키기 위해 다른 대학과 연락하여 서울 시내 전 대학이 일시에 궐기하기로 하였다. 그리고 격문, 선언문 등은 몇 사람이 초안을 준비하여 잘된 것을 채택할 것 등을 정하였다. 하지만 18일 낮 고려대에서 먼저 데모가 터졌다는 소식을 듣고 19일 아침으로 거사 날짜를 앞당긴 것이다.

　1960년 4월 19일 오전 8시 50분, 서울대 문리대 게시판에 격문이 나붙었다. 문리대와 이웃한 법대, 미대, 교양과정부, 의대, 약대, 치대, 수의대 등 각 단과대학 게시판에도 똑같은 격문이 일제히 나붙었다. 교정에 있던 학생들이 격문에 시선을 쏟고 있을 때, 종로 5가 쪽에서 한 무리의 고등학생 데모대가 함성을 지르며 동숭동 쪽으로 몰려왔다. 오전 8시 40분경 교문을 박차고 나온 신설동의 대광고생 1,000여 명이 경찰 저지선에 부딪혀 종로 5가에서 혜화동 쪽으로 방향을 바꾼 것이다. 고등학생들의 함성이 신호이기라도 한 듯 문리대생들은 마로니에광장으로 우르르 모여들었다. 미리 준비된 선언문, 격문, 구호 등의 유인물이 배부되었다.

　"상아의 진리탑을 박차고 거리에 나선 우리는 질풍과 같은 역사의 조류에 자신을 참여시킴으로써, 이성과 진리 그리고 자유의 대학정신을 현실의 참담한 박토에 뿌리려 하는 바이다"로 시작되는 이 선언문에서는 "한국의 일천한 대학사가 적색전제에의 과감한 투쟁에 거획巨劃을 장掌하고 있는 데 크나큰 자부를 느끼는 것과 똑같은 논리의 영역에서, 민주주의를 위장한 백색전제에의 항의를 가장 높은 영광으로 우리는 자부한다"라고 투쟁에 나서게 된 대의를 밝혔다. 고려대생의 "4·18선언문"과 대조를 이루는 대목이다. 이 선언문은 "민주주의와 민중의 공복이며 중립적 권력체인 관료와 경찰은 민주를 위장한 가부장적 전제권력의 하수인으로 발 벗었다. 민주주의 이념의 최저의 공리인 선거권마저 권력의 마수 앞에 농단되었다. 언론·출판·집회·결사 및 사상의 자유의 불빛은 무식한 전제권력의 악랄한 발악으로 하여 깜박이던 빛조차 사라졌다. 긴 칠흑 같은 밤의 계속이다. 나이 어린 학생 김주열의 참시慘屍를 보라! 그것은 가식 없는 전제주의 전횡의 발가벗은 나상裸像에 아무것도 아니다"라고 당시의 정치 상황을 명료히 지적했다.(홍중조, 1992, 181~182쪽)

9시 20분경 서울대 문리대생 200여 명이 "데모가 이적이냐, 폭정이 이적이냐" "민주주의 바로잡아 공산주의 타도하자" "대한민국 생명선이 대법원에 달려 있다" 등이 쓰여 있는 플래카드를 들고 교문을 나서자, 바로 뒤이어 법대, 미대, 약대, 수의대, 치대생과 나머지 문리대생들이 데모에 나섰다. 모두 3,000여 명의 서울대 데모대는 경찰의 저지선을 돌파하고 태평로 국회의사당을 목표로 달리기 시작하였다. 거의 같은 시각 동성고생 1,000여 명이 데모에 나섰다. 9시 30분 서울대 사대생 1,000여 명과 상대생 2,000여 명, 10시 고려대생 4,000명, 10시 20분 건국대생 2,000여 명이 각각 교문을 나섰다. 10시 30분, 서울대 문리대·법대·미대 등의 데모대가 먼저 국회 앞에 도착하고, 20분 뒤 서울대 사대·상대, 건국대 학생들이 뒤따라 국회 앞에 도착하였다. 오전 11시, 동국대생 2,000여 명, 성균관대생 3,000여 명이 교문을 나섰다. 동국대 데모대는 11시 40분 국회의사당 앞에 이르러 서울대생이 그곳을 점거하여 토론을 벌이는 것을 보고, "동국대는 경무대로 가자"라고 외치면서 중앙청·경무대 쪽을 향해 나아갔다. 그 바로 뒤를 서울대 사대와 동성고생, 성균관대생 데모대가 합류하였다. 이들이 세종로를 지나면서 새로운 구호가 데모 대열 속에서 터져 나왔다. "이승만 물러가라" "독재 정권 물러가라" 등의 구호였다. 당초 국회의사당 앞에서 부정선거에 항의하려던 데모의 대열이 어느새 경무대를 표적으로 하는 혁명의 대열로 바뀌었다. 낮 12시, 연세대생이 데모에 나섰다. 연세대생들은 교문을 나설 때에는 몇백 명에 불과하던 학생들이 신촌로터리에 이르렀을 때에는 3,000명으로 늘어났다. 그러나 이승만 정권에 협력하던 김활란이 총장이고 부총장이 이기붕 부인인 박마리아였던 이화여대생들은 끝내 연세대생의 시위 물결에 합류하지 못하고 개별적으로 참여했다. 12시경 홍익대생들도 시위에 나섰고, 같은 시각 중앙대생 4,000여 명은 한강 인도교를 건넜다. 이즈음 경기대, 외국어대, 단국대, 국학대, 국민대, 서라벌예술대 학생들이 데모에 나섰고, 서울대 의대, 세브란스의대, 가톨릭의대 학생들은 흰 가운 차림으로 데모에 나섰다. 이들은 의대생답게 "의학도여! 메스를 들라! 썩은 정치 수술하자"라는 구호를 외쳤다. 이날 의대생들의 활약은 눈부셨다. 숙명여대생들도 데모 대열에 뛰어들었다.

한꺼번에 곳곳에서 시위가 전개되자 경찰의 저지선은 맥없이 무너져 내렸다. 경찰 수뇌부는 경무대만이라도 지키기 위해 동원할 수 있는 경찰 병력을 속속 효자동 방면으로 투입하였다. 내무부장관 홍진기를 비롯한 각료들은 오전 10시경부터 경무대에 모여 경무대 경호책임자 곽영주, 치안국장 조인구 등 고위 경찰 간부들과 함께 대책을 숙의하였다. 낮 12시 20분, 경무대를 목표로 삼은 동국대 데모대가 중앙청 앞의 1차 저지선과 해무청(해양수산부의 전신) 앞의 2차 저지선을 뚫고 국민대(당시 경복궁 옆에 위치) 앞의 3차 저지선까지 진출했다. 이때 무장 헌병 100여 명을 실은 군 트럭 4대가 데모대를 뚫고 효자동 쪽으로 사라졌다.

오후 1시경 시내 대부분의 중·고교에서는 학생들이 집단으로 데모에 나설 것을 우려하여 오전 수업을 마치고는 서둘러 하교 조치를 취하였다. 그러나 강문고, 경기고, 경성전기공고, 양정고, 중앙고, 홍국고, 휘문고 학생들은 교사들의 만류를 뿌리치고 전교생이 데모에 뛰어들었다. 다른 고등학생과 일부 중학생들도 떼를 지어 데모에 합류하였다. 이때쯤 서울 시내 데모 군중의 숫자는 10만 명을 훨씬 넘어서 있었다. 오후 1시 5분, 선두는 효자동 전차 종점까지 진출했고, 중앙청 쪽에서는 후속 데모대가 계속 밀려들었다. 1시 30분, 데모대 선두의 몇몇 학생이 데모 저지용으로 세워 둔 소방차 3대에 올라탔다. 그중 한 학생이 소방차 1대를 운전, 경무대 언덕길로 천천히 차를 몰았다. 1,000여 명이 소방차 뒤를 바싹 따라갔다. 경찰은 경무대 정문에서 얼마 떨어지지 않은 언덕길 중간 지점에서 최후 저지선을 펴놓고 있었다. 오후 1시 40분, 소방차를 앞세운 데모대와 경찰의 간격이 10여 미터로 좁혀졌을 때 경찰의 총구가 일제히 불을 뿜었다. 삽시간에 경무대 어귀는 수라장이 되고, 길에는 7∼8구의 시체가 나뒹굴었다. 경찰의 무차별 총격에 쫓긴 데모대는 잠시 후 동국대생을 선두로 대열을 정비하고 다시 경무대 어귀로 육박하였다. 쫓기던 데모대 가운데 동성고생 등 고등학생들은 교모의 가죽 끈을 턱에 걸고는 경무대를 향해 다시 돌진하였다. 죽음을 각오한 이들 고등학생들의 대열에 새로 도착한 연세대 데모대가 합류하였다. 경찰은 계속 총격을 퍼부었다. 이처럼 경무대를 향한 죽음의 행렬은 오후 5시 경찰이 시내 일원에 걸쳐 소탕전을 개시할 때까지 계속되었다. 경무대 앞 데모 희생자는 노희두(22, 동국대), 김치호(21, 서울대 문리대) 등으로 사망 21명, 부상 172명이었다.

오후 2시경, 데모대가 완전히 지배하고 있던 세종로 네거리에는 중앙청 쪽에서 시체와 부상자를 실은 구급차들이 연이어 요란한 사이렌을 울리며 오가고 있었다. 오후 2시 50분, 중앙청 옆 경찰 무기고 앞길에서 연좌시위를 하던 데모대가 무기고를 향해 육박하려 하자, 경찰이 무차별 사격을 감행하였다. 이로 인해 최정규(20, 연세대) 등 8명이 그 자리에서 숨졌다.

이 무렵 데모대 일부는 대법원 구내에 몰려가 있었고, 일부는 서대문 이기붕의 집 앞에서 데모를 벌이고 있었다. 이기붕 집은 성난 시위대의 표적이 되었다. 성균관대생들이 앞장선 시위대는 이기붕 집 정문에 부정선거를 규탄하는 플래카드를 걸고 "이 의장은 사퇴하라!" 등의 구호를 외치며 시위를 벌였다. 병든 이기붕은 부인 박마리아와 함께 6군단 사령부로 피신했다. 시위대와 대치하고 있던 경찰은 4시 30분경 최루탄을 발사하다가 실탄을 쏘기 시작했다. 이 사격으로 윤광현(20, 배문고 3년) 등 2명이 숨졌다. 이곳에서 데모하던 최기태(20, 경성전기공고 3년)는 데모대를 배후에서 습격한 정치깡패들에게 동양극장 안으로 끌려가 매를 맞고 숨졌다.

시위대 주력은 세종로 일대에 집결해 있었다. 이미 데모대와 시민들은 완전히 하나가 되어 있었다. 길가에서 박수를 보내는 정도로 소극적이었던 시민들은 희생자들을 보자 흥분하여 데모에 뛰어들었다. 어떤 여학생들은 물을 퍼 날라 데모대원들의 목을 축이게 했고, 부녀자들은 치마폭에 돌을 주워 담아 데모대에 갖다주었다. 곳곳에서 총성이 요란한 가운데 20만 명으로 불어난 데모대는 도심 거리에 넘실거렸다.

사태가 걷잡을 수 없이 번지자 이승만은 오후 3시 서울시 일원에 계엄령을 선포하고, 군대를 동원하여 시위를 진압하였다. 국무원 공고 제82호로써 홍진기 내무부장관 주장으로 오후 1시로 소급하여 서울 일원에 경비계엄을 선포하고, 육군참모총장 송요찬 중장을 계엄사령관에 임명하였다. 송요찬은 일본식과 미국식으로 교육받았는데, 주한미군사령부로부터 각별한 신임을 받고 있었다. 홍진기가 1시로 소급해 계엄령을 선포하도록 한 것은 경무대 앞 발포사건과 관련해 두고두고 논란의 대상이 되었다.

계엄령에도 불구하고 시위는 더욱 확산되고 격화되었다. 일부 시위대는 무장을 갖추고 경찰과 군대에 대항하였으며, 서울 동북지역을 일시 제압하기도 했다. 평화적 시위로 출발했던 항쟁은 경찰의 유혈적 탄압과 맞부딪치면서 급속히 혁명으로 전환되었다.

오후 3시경 서울신문사가 요란한 폭음과 함께 불길에 휩싸였다. 소방차 3대가 긴급 출동해 진화작업을 벌이려 하자, 시위군중이 돌을 던지고 소방차를 탈취해 불 질러버렸다. 악명을 떨치던 서울신문사는 완전히 불타고 말았다. 오후 3시 30분경 반공청년단이 들어 있는 반공회관도 불길이 솟구쳤다. 데모대가 태평로파출소에서 총격을 가하고 달아나던 경찰을 뒤쫓아 소공동 특무대 건물을 에워쌌다. 이때 건물 안으로부터 총격이 가해져 이종량(17, 경기고 2년) 등이 희생되었다. 각 병원에서는 수혈할 피가 모자라 피를 구한다는 벽보를 병원 입구에 내걸었다. 병원 앞은 헌혈을 하려는 사람들로 장사진을 이루었다. 병원마다 의사와 간호사 들이 총동원되어 잇달아 실려 오는 부상자 구호 작업에 정신없이 매달렸다.

오후 4시 30분, 정부는 서울과 마찬가지로 유혈사태가 벌어진 부산, 대구, 광주, 대전에도 경비계엄을 선포하였다. 오후 5시, 정부는 서울 등 5개 도시의 경비계엄을 비상계엄으로 바꾸고, 통금시간 연장(오후 7시~익일 오전 5시) 등을 내용으로 하는 포고문을 발표하였다.

오후 5시경, 그동안 산발적으로 발포를 하던 경찰은 흩어진 병력을 경무대 앞에 집결시켰다. 뒤이어 소총, 기관총 등으로 무장한 경찰 300여 명은 장갑차 2대를 앞세우고 일렬횡대를 지어 중앙청 앞에서부터 일제 사격을 퍼부으며 데모대 소탕을 시작했다. 태평로 아카데미극장 앞에서 데모대에 박수를 보내던 전한승(12, 수송국교 6년)이 경찰의 일제 사격으로 목숨을 잃었고, 을지로 입구 내무부에서도 데모대에 총격을 가해 서현무(22, 중앙대) 등 7명이 숨졌다. 오후 6시 40분경에는 소방차와 트럭에 분승한 시위대가 동대문경찰서 앞을 지나자 경찰서 안에서 일제히 사격을 가해 10여 명의 사상자를 냈다. 시위대가 성북경찰서 앞을 지날 때도 발포로 사상자가 나왔다.

저녁 8시경, 40여 대의 차량에 분승한 데모대는 동대문에서 청량리에 이르는 연도의 파출소를 모조리 불 질렀으며, 파출소에서 탈취한 카빈소총 27정으로 무장한 뒤 경찰과 총격전을 벌였다. 같은 무렵, 다른 데모대는 돈암동과 미아리 일대를 누비다가 성북경찰서 앞에서 6명이 희생되었으며, 진영숙(14, 한성여중 2년)은 데모대 버스를 타고 차창 밖으로 구호를 외치다가 경찰의 총격에 희생되었다. 이날의 시위로 서울에서 사망한 사람은 부상자 사망을 포함해 21일까지의 집계에 따르면 104명(경찰 3명 포함)이었다.

밤 10시, 중랑교 앞에 집결해 있던 계엄군이 탱크를 앞세우고 서울 시내로 진주하였다. 다행히 군대는 유혈사태 방지와 파괴 방지에 전념하면서 어느 정도 중립적인 태도를 견지했다. 서울에 진주한 계엄군은 15사단(사단장 조재미 준장)으로, 이들은 작전에 앞서 "① 상관의 명령 없이 절대로 총을 쏘지 말 것 ② 민간인의 집에 들어가지 말 것 ③ 민간인으로부터 음식 등 기타를 제공받지 말 것" 등을 지시받았다. 계엄군은 서울 외곽에서부터 3개 코스로 진입하여 이튿날 새벽 무렵 데모를 진압하였다. 군대의 투입과 함께 대량 검거가 시작되었고, 20일 자정부터 시위는 차츰 수그러들기 시작했다.

그렇지만 고려대 부근에서는 계엄군과 시위대가 대치한 상태에서 큰 사고가 벌어질 뻔하기도 했다. 일부 시위대가 경찰과 총격전을 벌이다가 20일 새벽 1시경 고려대 구내에 들어온 것이다. 이들은 희생자 시체 1구를 둘러메고 이곳저곳 이동하다가 막바지까지 몰리게 된 데다가 일부는 무장까지 하고 있었기 때문에, 무슨 일이 일어날지도 모르는 상황이었다. 이때 고려대 구내를 완전히 포위한 계엄군의 조재미 사단장이 장교 2명만 대동하고 학교에 들어가 강당 안에 태극기로 덮인 희생자 앞에서 정중히 조의를 표했다. 착잡한 표정으로 지켜보고 있던 시위대는 그 자리에서 무기를 버리고 해산했다. 계엄군은 약 30명을 연행하고 모두 집에 돌아가게 했다. 이 가운데 10대 소년 200여 명이 철조망을 뚫고 뛰쳐나가 아침 6시 40분경부터 시위를 벌이다가 40분 만에 해산했다.(김정남, 2004, 93~94쪽) 역사적인 4월 19일의 봉기는 이렇게 가라앉았다.

**지방에서의 4·19 시위**　　　4월 19일의 데모는 서울에서만이 아니라 거의 전국에서 일어났다. 부산에서는 경남공고, 데레사여고, 부산상고 등의 학생들이 데모를 하였다. 이 학생들은 시민들과 합세하여 격렬한 데모를 벌였다. 무장경찰이 사정없이 학생들을 구타해 부상자가 속출했다. 오후 비가 내리는 가운데 시위대는 소방차와 경찰 지프차를 뒤엎고 불을 질렀다. 3시경 경찰이 시위대를 향해 정면에서 사격을 가했다. 7~8명의 젊은이가 쓰러졌다. 시위대는 더욱 분노했다. 학생들은 〈전우의 시체를 넘고 넘어〉를 부르며 싸웠다. 군중들이 동부산경찰서로 몰려들었을 때 기관총이 불을 뿜었다. 오후 5시경 계엄령이 선포되었다는 방송이 나왔다. 7시경 시내 관공서에 무장군인들이 탱크를 앞세우고 경비를 섰다. 이날 희생자는 13명(부상자 사망 포함 22일 현재) 부상자 60여 명이었다.

　광주에서는 19일 오전 10시 40분경 광주고생들이 "협잡선거 다시 하자" 등의 구호를 외치며 시위에 들어갔다. 광주고생 데모에 호응해 광주여고생도 거리에 나왔다. 광주공고생, 전남대사대부고생, 광주상고생도 합류했다. 시위대는 금남로 일대에서 경찰과 치열한 몸싸움을 벌였다. 이 와중에 경찰 백차가 부서졌다. 시위대는 조선대부고생과 숭일고생까지 가세해 5,000명으로 불어났다. 시민들은 물을 나르는 등 시위대를 성원했다. 오후 5시경 자유당 전남도당 사무실이 박살났고, 서울신문사 지국 등에 돌이 날아왔다. 계엄령이 선포된 이후에도 시위는 계속되어 밤 8시 20분경 시위대는 1만 명 정도가 되었다. 9시 20분경 경찰이 총을 마구 쏘아 6명이 사망하고(경찰도 1명 사망) 70여 명이 부상을 입었다.(민주화운동기념사업회 편, 2006c, 13~15쪽)

　대구에서도 경북대생들을 중심으로 시위가 전개되었다. 19일 경북대 각 단과대학 학생들이 오후 2시 30분을 기해 산발적으로 운동장에 집결하여 결의문을 채택하고, 〈애국가〉와 교가를 고창하였다. 이후 경대로터리를 출발하여 데모에 돌입했다. 신암교 입구 신암파출소 앞에서 경찰과 충돌하였지만 서로 협약하에 질서 있는 데모를 진행했다. 그러다가 경찰이 협약을 깨고 증원된 경찰을 동원하여 데모대를 막았다. 하지만 노도와 같은 데모대를 막을 수는 없었다. 3,000여 명의 데모대원들은 최후의 목표인 도청 앞 광장으로 몰려가는 데 성공하였다. 거기서 결의문과 구호를 외치고, 6시 30분경 "대한민국 만세"와 "경북대학교 만세"를 삼창한 후 해산하였다.

청주농고 학생 500여 명은 19일 오전 9시경 조회 도중 시위에 나섰다. 이들 학생은 일제히 괭이, 삽, 쇠스랑 등 농기구를 휴대하고 내덕지서 앞을 통과하여 대성중 옆길에 도착하였다. 이때 경찰과 정면충돌하여 유혈사태가 일어났다. 인천공고 학생 300여 명도 오전 11시경 교문을 박차고 수봉산을 넘어서 데모를 감행하다가 인천 시내 승의동에서 경찰과 충돌했다.

대전, 대구, 전주, 청주, 인천 등에서는 경찰이 발포를 하지 않아 희생자가 생기지 않았다. 전국적으로 4월 19일 이날 쓰러진 피해자는 서울에서만 104명, 부산에서 13명, 광주에서 6명 등이었다. 역사는 이날을 '피의 화요일'로 기록했다.

# 4

# 이승만 정권의 붕괴

## 4·25 대학교수단 데모

수많은 학생들과 시민들의 피가 거리를 적시고 이들의 아우성이 천지를 뒤흔드는 지경에 이르러서도, 독선적이고 집념이 강한 이승만은 상황을 이해하려고 하지 않았다. 이승만은 여전히 일부 불만을 품은 불순분자들의 난동에 대한 경찰의 과잉대응 정도로 인식하고 엄청난 유혈사태를 인정하지 않았다.

4월 20일 오후 5시가 되어서야 이승만은 '4·19봉기'에 대한 담화를 발표했다. 그는 "어제 일어난 난동으로 본인과 정부 각료들은 심대한 충격을 받았다. 나의 전 생애를 바쳐온 애국적인 한국민으로서 어느 누구든지 그러한 행동을 취할 수 있었다고는 거의 믿지 못할 일이다"라고 적빈하장 격으로 주장하고, 불평의 주요 원인이 있으면 다 시정될 것이라고 말했다. 4·19봉기를 그저 불평 때문에 일어난 것으로 치부하고 있었다.

자유당 또한 이승만과 조금도 다르지 않았다. 어떠한 반성 또는 죄책의 담화를 발표하는 대신 자유당 이름으로 4월 20일 "본당은 선량하고 순진한 학도를 선동하여 폭력사건을 자행하게 한 장본인 및 그 도당의 악랄한 비국민적 만행에 대하여 실로 통탄하여 마지않는 바입니다"라고 피력했다. 그들은 이승만의 입만 바라보고 있었다. 김병로 등 재야인사 13명은 계엄 해제와 구속자 석방을 요구했다.

4·19봉기로 가장 큰 변화를 보인 것은 미국이었다. 그 전까지 3·15부정선거에 대해 애매한 태도를 보이고 있던 미국 국무부는 4월 20일 기자들에게 "국무부는 금일 하오 한국에서 더욱더 퍼지고 있는 국민의 심각한 불안과 폭력행위에 대해서 미국 정부가 더욱더 심각한 우려를 품고 있음을 강조하기 위해서 대한민국 대사를 초치招致했었다. (중략) 양유찬 대사는 미국 정부가 한국에서의 시위운동이 최근 실시된 선거와 자유민주주의에 합당치 않은 강압적인 방법에 대해서 품고 있는 국민의 불만을 반영하는 깃으로 보고 있다는 사실을 통고받았다"라고 지적하고, 국무장관은 민주적인 제 권리를 보호하기 위한 필요하고 효과적인 조치를 취하도록 요구하였다고 밝혔다.

비상계엄령에 따라 서울 등에 진주한 장교·장성 들의 태도도 3·15정부통령선거 때와는 다르게 이승만의 기대에 부합하지 않았다. 이승만은 국무위원 전원과 자유당 당무위원 전원이 사표를 제출하는 선에서 사태를 마무리 지으려고 했다. 국무위원들은 4월 21일 "이번 서울을 비롯한 수 개 도시에서 소요사건이 발생하여 귀중한 생명과 국가 재산에 많은 피해가 생겼음은 전 국민과 더불어 슬퍼하는 바"이라고 밝히고 일괄사표를 대통령에게 제출했다. 자유당 당무위원들 또한 일괄사표를 냈다. 당시 이승만은 사태의 원인과 책임을 물을 때가 아니라는 입장을 가지고 있었다. 시위과정에서 2명의 미국인이 부상한 데 대해 유감을 표시할 뿐이었다. 이승만과 지배세력들은 권력을 유지하기 위해 최후까지 추악한 노력과 집념을 버리지 않았다. 다만 장면 부통령이 4월 21일 10개 방안을 발표하였던바,

그중 열번째가 "3·15부정선거를 취소하고 정부통령 선거를 다시 할 것"이었다. 야당인 민주당은 사태에 즉각적으로 대응하고 나서지 않았다. 즉 유일한 야당 정치세력이었던 민주당은 역사적 민중시위의 현장에는 나타나지도 않고, 두려운 눈으로 사태의 발전을 지켜볼 뿐이었다.

시위는 계속되었다. 4월 21일 인천에서 인하공대생이, 22일 군산에서 10개 교 남녀 중고생이 데모를 벌였고, 인천, 익산, 포항에서도 시위가 있었다. 23일 인천에서 일어난 데모는 3,000여 명의 중고생이 나왔고 초등학생들도 나서는 등 규모가 컸다. 이날 군산여상 학생들도 데모를 했다.

4월 23일 이기붕은 "당선 사퇴를 고려"한다는 묘한 내용의 사퇴서를 제출했지만 오히려 역효과를 냈다. 이날 장면도 부통령직을 사임하였는데, 이것은 오랫동안 논란이 되었다. 이승만이 대통령직에서 물러나면 자신이 승계하여야 하는 것인데 용기가 없어 미리 사임했다는 주장도 나왔지만, 장면의 사퇴는 이승만의 사퇴를 촉구하고 유인하는 효과가 컸다는 지적도 나왔다.

어찌 보면 1960년 4월 19일 이후 숨 가쁘게 움직이던 정국은 이렇게 이승만의 자유당 총재직 사퇴와 이기붕의 공직 사퇴, 계엄사령부의 민심 수습 노력 등으로 인해 그런대로 어떤 해결점에 접근하는 듯 보였다. 자유당 정권은 이기붕을 퇴진시키는 선에서 사태를 수습함으로써 이승만을 정점으로 하는 통치체제만은 그대로 유지하고자 하였다. 격앙되었던 분위기도 표면적으로는 제법 가라앉는 듯싶었다.

그러나 4월 24일부터 데모는 차츰 거세어져 갔다. 전주에서 약 3,000명의 학생들과 시민이 도청에 들어가 도지사보고 사표를 내라고 윽박질렀고, 서울신문사 지국과 자유당 지부 사무실을 부쉈다. 마산과 인천에서도 시위가 벌어졌다. 이날 이기붕은 부통령 당선 사퇴는 물론이고 국회의장 등 모든 공직에서 사퇴하겠다고 발표했다. 그렇지만 이승만은 물러날 생각이 전혀 없었다.

　정국은 4월 25일 대학교수들이 데모에 나서면서 급속히 변하였다. 대학교수들의 움직임은 4월 20일경부터 조용히 일기 시작하였다. 4월 19일 학생들의 엄청난 희생을 지켜본 교수들은 죄 없는 학생들만 희생시켰다는 자책감 때문에 크게 괴로워했다. 그래서 평소 뜻이 통하던 교수들끼리 20일 밤부터 은밀히 만나 행동 방향을 협의하였다. 22일 정석해, 이종우, 이상은 등이 모여 상의를 거듭했다. 처음에는 시국을 지켜보기로 했지만, 여러 가지 논의 끝에 각 대학의 교수들이 한자리에 모여 강력한 내용의 시국수습안을 제시하는 것만이 학생들의 피에 보답하는 길이라는 데 의견을 모았다. 이종우(고려대), 이희승(서울대), 정석해(연세대), 조윤제(성균관대) 등 주동 교수들은 4월 25일 오후 3시 서울대 의대 구내에 있는 서울대 교수회관에서 전체 대학의 교수회의를 열되, 비밀리에 연락하여 허가 없이 회의를 강행하기로 하였다.

　이들이 4월 25일로 날짜를 택한 것은 이날이 서울대의 봉급 지급일이어서 많은 교수들이 학교에 나오리라는 예측과, 여러 사람이 함께 모여도 봉급날이기 때문에 별달리 당국의 의혹을 사지 않을 것이라고 판단하였기 때문이었다. 예정된 시각, 50~60명이 모일 것이라는 주동 교수들의 예상과는 달리 250여 명(258명으로 알려져 있음)에 달하는 교수들이 모였다. 오후 3시 30분 회의가 시작되어 임시의장에 정석해를 선출했다. 정석해의 주재로 회의는 순조롭게 진행되었다. 이희승 등 9명(정석해, 이종우, 이정규, 이종극, 조윤제, 한태수, 김영달, 김증환)이 시국선언문 기초위원으로 선출되어 잠시 회의를 정회하고 별실에서 선언문을 작성하였다. 오후 5시 30분, 이승만의 대통령직 하야 요구를 골자로 하는 내용의 시국선언문이 만장일치로 채택되고 참석자 258명 전원이 서명하였다.(안동일·홍기범, 1960, 276~279쪽)

시국선언문 채택이 끝나 회의장 안이 잠시 웅성거릴 무렵, 동국대 교수 김영달이 자리에서 일어나 "폐회하는 대로 데모합시다"라고 긴급동의를 냈다. 이 긴급동의가 박수로 채택되자 교수들은 바로 데모 준비에 들어갔다. 1960년 4월 25일 오후 5시 50분, 교수들은 "학생의 피에 보답하라"는 플래카드를 앞세우고 거리로 나섰다. 교수들이 "3·15 선거를 규탄한다" "이 대통령은 즉시 물러가라" 등의 구호를 외치며 데모를 하자, 도서관과 연구실에 있던 학생들이 하나 둘 달려 나와 스승들의 행렬 뒤를 말없이 따랐다. 질서정연한 데모 행렬이 종로 4가를 지날 무렵, 뒤따르는 학생과 시민 들은 7,000~8,000명을 넘어섰고, 종로 화신백화점 앞에 이르렀을 때는 1만 명을 헤아렸다. 하지만 계엄군이나 경찰의 제지는 없었다. 국회의사당 앞에 도착했을 때에 시위대는 4~5만 명으로 불어났다. 오후 6시 50분경, 교수단은 이날의 목표 지점인 국회의사당 앞에 도착하여 시국선언문을 다시 한 번 낭독하고 만세삼창과 〈애국가〉를 부른 뒤 해산하였다.

교수단의 데모는 끝났다. 그러나 군중들은 통금 직전인데도 흩어지려하지 않았다. 이때 중앙청 쪽에서 탱크 2대가 군중을 해산시키고자 다가왔다. 군인들이 착검을 하고 강제해산의 태세를 취하자 군중들은 오히려 칼끝 앞으로 바싹 다가갔다. 한 학생이 혈서로 쓴 플래카드를 펼쳐 보이며 앞으로 나섰다. 군중 속에서 "국군 만세"라는 외침이 들렸다. 군인들이 주춤하고 있는 동안 화신 쪽과 시청 쪽에서 또 다른 데모대가 몰려왔다. 데모대의 숫자가 불어나자 계엄군은 8시경부터 최루탄을 쏘기 시작했다. 그러나 군중들은 물러서려 하지 않고 눈물을 흘리면서 〈애국가〉 등을 불렀다. 방독마스크를 쓰고 있는 사병들 일부가 끝내 함께 울어버렸다. 어느 틈에 소년들이 탱크 위로 올라가 "국군 만세"를 외쳤다. 자연스럽게 데모대와 계엄군이 하나가 되었다.

데모대의 일부는 서대문 이기붕의 집으로 몰려갔다. 이기붕은 이때도

1960년 4월 25일 시위에 나선 서울 시내 각 대학 교수들

6군단으로 피신했다. 데모대가 정문 옆의 경비실을 부수고 있을 때 계엄군이 진압하러 달려왔다. 데모대가 계엄군을 환호와 박수로 맞이하자 군인들은 어찌할 바를 몰라 그냥 서 있었다. 데모대가 기세를 올리며 이기붕의 집으로 쳐들어가려 하자 집 안으로부터 총격이 가해져 몇 명이 다시 희생되었다. 다른 데모대는 임화수의 집(낙원동)과 임화수 소유의 평화극장(종로 5가), 이정재의 집(연지동) 등을 파괴하였다. 이정재의 집은 전소되었다. 데모대의 함성과 군인들이 쏘아대는 공포 소리로 서울은 밤이 이슥하도록 시끄러웠다. 이날의 데모는 밤 11시 40분경 거의 가라앉았고, 4월 26일 새벽 2시경에는 약 100명 정도의 인원이 연좌농성을 벌이고 있었다. 이날 마산, 춘천, 진주에서도 데모가 있었다.

4월 25일 민주당은 이승만 하야 및 정부통령 재선거 실시안을 긴급동의로 국회에 제출했다. 정국은 막바지로 치닫고 있었다. 이날 이승만은 국무총리 서리였던 허정이 정국 수습안으로 제시했던 대로 외무부장관에 허정, 내무부장관에 이호, 법무부장관에 권승열을 임명했다.


## 승리의 화요일

26일 동틀 무렵이자 통금해제 시간인 오전 5시경부터 데모대가 형성되기 시작했다. 서울은 모든 차량의 통행이 금지되었고, 계엄군은 중앙청, 시청, 남대문 일대에 바리케이드를 치고 삼엄한 경계를 폈지만, 누가 모이리고 하지 않았는데도 학생들과 시민들이 세종로나 국회 쪽으로 모여들고 있었다.

아침 6시 가까이 되었을 때 군중은 "선거 다시 하라" "이승만 정권 물러가라" 등의 구호를 외쳐댔다. 오전 8시경에는 종로 입구에서 동대문 일대에 군중들이 가득 차 있었다. 서울지역 계엄사령관 조재미 준장은 군대를 동원해 군중을 밀어내려 했으나, 오히려 자신이 탑골공원 부근에서 포위되었고, 병사들도 어디로 갔는지 알 수 없는 상태였다.

9시경 세종로 일대에 들어찬 군중은 3만 명을 넘었는데도 군중은 계속 몰려들고 있었다. 비상계엄에도 아랑곳하지 않는 태도였다. 몇 대의 트럭에 분승한 소년 시위대가 세종로로 질주해왔다. 소년들은 "국군은 우리 편이다"라고 소리를 지르며 탱크 위로 올라가기 시작했다. 세종로에 배치된 3대의 탱크는 소년들로 뒤덮여 있었다. 군인들은 몸이 굳어져 있었고 어쩔 줄 몰라 했다. 소년 데모대 등 약 5,000명의 군중이 "경무대로 가자!"면서 중앙청 쪽으로 향하자 광화문 바리케이드에서 최루탄이 발사되었다. 그렇지만 시위군중은 콩 볶듯 하는 최루탄 발사에도 흩어질 생각을 하지 않고 모여들었다. 10시경 군중은 10만 명을 넘는 것 같았다.

새로 외무부장관이 된 허정과 김정렬 국방부장관은 이승만과 하야 문제를 숙의했다. 매카나기 주한 미국대사는 송요찬이 요구하는 학생 면담을 이승만이 받아들이고, 정부통령 재선거 문제와 함께 이승만의 장래 역할에 대해 숙고할 것을 권고했다. 이승만의 권력은 아무도 지켜주려 하지 않았다. 떨리는 가슴으로 이승만은 "그럼 내가 물러나지"라고 뜻을 밝혔다. 박찬일 비서가 받아쓰기 시작했다.

이승만은 하야성명을 내기 전에 매카나기 대사와 매그루더 주한미군 사령관을 만나려고 했으나, 송요찬 계엄사령관이 시민·학생 대표 5명을 데리고 들어왔다. 이들은 이승만에게 사임을 요구했다. 이승만은 떨리는 목소리로 망명을 원하느냐고 물었다. 대표들은 이 나라를 구하기 위해서는 '그 길'(사임을 뜻하는 듯하다)이 유일한 길이라고 답변했다. 시민·학생 대표와의 면담이 끝난 후 이승만은 매카나기와 매그루더를 만났다. 매카나기는 이승만의 얘기를 듣고 이승만은 한국의 조지 워싱턴이라고 찬양했다. 10시 20분경 계엄사의 선무용 스피커가 이승만의 사임을 알렸고, 10시

1960년 8월 남산의 이승만 동상 철거 장면

30분, 조금 전부터 중대 발표를 예고하던 라디오에서는 이승만의 하야성명을 발표했다.

하지만 이승만이 발표한 다음과 같은 결심 4개 항은 여러 가지로 말썽이 되었다.

1) 국민이 원한다면 대통령직을 사임하겠다.
2) 3·15정부통령선거에 많은 부정이 있었다 하니 선거를 다시 하도록 지시하였다.
3) 선거로 인연한 모든 불미스러운 것을 없게 하기 위하여 이미 이기붕 의장에게 공직에서 완전히 물러나도록 하였다.
4) 내가 이미 합의를 한 것이지만 만일 국민이 원한다면 내각책임제 개헌을 하겠다.

이승만은 3항에서 이기붕의 공직 사퇴를 언급하면서 마치 자신의 공로인 양 생색을 내고 있지만, 이기붕은 이미 스스로 공직을 사퇴한다고 발표하였다. 2항은 3·15부정선거를 인정하지 않으려 하는 듯한 인상을 주고 있다. 4항의 "국민이 원한다면"이라는 표현은 적절하지만, 가장 중요한 1항에 그 말이 들어갔다는 것은 문제가 많다. 논란이 심해지자 허정 수석 국무위원은 그 말은 자구상 문제이지 하야는 확정적이라고 못을 박았다.

이승만의 하야성명에 세종로 인파는 말할 것도 없고, 이날 도심에 모여든 군중들은 너나 할 것 없이 뛸 듯이 기뻐했고, 환호성을 올렸다. 국회의사당 앞에서는 군중대회가 열렸고, 시위대가 탄 차량들은 연도의 시민들로부터 박수갈채를 받았다. 10대 소년들은 탑골공원으로 달려가 이승만의 동상을 무너뜨려 새끼줄에 묶어 길거리로 끌고 다녔다. 중앙청 앞 광화문 일대에 10여 만 명이 가득 차 있던 11시 45분경, 군중들 함성으로 온 거리가 들끓고 있는데, 4월 19일 총탄에 급우를 잃은 수송국교 어린이 100여 명이 "국군 아저씨들, 부모형제한테 총부리를 대지 마세요!"라는 플래카드를 앞세우고 시위를 하는 것이 유난히 시선을 끌었다.

이날 오전 시위를 벌이기 위해 한양대에 모였던 27개 대학 대표들은 이승만의 하야 소식을 듣고 질서 수습이 급무라는 데 의견을 같이했다. 이들은 "민권은 승리했다" "질서를 지킵시다" 등의 플래카드를 만들어 앞세우고 행진을 하면서 군중들의 흥분을 가라앉히려고 노력했다. 학생들은 빗자루를 들고 나와 거리를 청소하기도 했다.

'승리의 화요일'인 26일 부산, 인천, 대구, 김천, 대전, 목포, 포항, 여수, 임실, 밀양, 안동, 상주, 경주, 울산, 제천, 묵호(지금의 동해), 원주에서도 시위가 일어났다. 부산에서도 수십만 인파가 부산시청 경남도청 일대를 가득 메웠다. 초등학생들도 나와서 선두에 섰다. 시내 교통은 마비되었다. 도청, 자유당 사무실, 반공청년단 건물, 부산시장 배상갑 집 등이 파손되었다.

그렇지만 인명의 희생도 계속되었다. 11시 15분경 18일에 고려대생들을 습격했던 깡패들이 유치되어 있는 동대문경찰서에 군중들이 몰려들자 경찰이 무차별적으로 사격을 가해 4명이 즉사하고 30여 명이 부상당했다. 군중들은 경찰서를 불 질렀다. 신당동 최인규의 양옥집도 어느 사이에 불길이 솟아오르고 있었다.

계엄사령부는 이날 전국적으로 24명이 사망하고 113명이 부상했다고 발표했다. 자료에 따라 차이가 있지만(부상자 중에서 후일 사망한 사람이 늘었기 때문이다), 1960년 3·4월 항쟁의 전 기간을 통해서 보면 전국적으로 186명이 사망하고(〈표5〉 참조), 6,026명이 부상을 당했으며, 수만 명이 경찰에 연행됐다. 이 시기 항쟁은 주로 학생들에 의해 주도되었지만, 〈표5〉에서 알 수 있듯이 하층 노동자와 무직자들의 참여와 희생도 두드러졌다.

**표5** 4월혁명 희생자의 직업 분포

| 직업 | 희생자 수 | 비율(%) |
|------|-----------|---------|
| 국민학생·중학생 | 19 | 10.2 |
| 고등학생 | 36 | 19.4 |
| 대학생 | 22 | 11.8 |
| 회사원 및 학원 | 10 | 5.4 |
| 하층 노동자 | 61 | 32.8 |
| 무직자 | 33 | 17.7 |
| 미상 | 5 | 2.7 |
| 계 | 186 | 100.0 |

출처: 한국역사연구회 현대사연구반 편, 1991 『한국현대사』 2, 풀빛; 김운태, 1976 『해방30년사』 제2권, 성문각 참조

이들은 거의 도시빈민층인 실업자, 피구호자 및 3차산업의 불완전한 취업자 등으로 일정한 계층으로서의 유대감이 존재하는 것은 아니지만 생존 그 자체의 극한적 상황과 존재의 부동성 등으로 인해 4월혁명 전 과정에서 가장 격렬하게 그리고 능동적으로 참여했다.(정기영, 1990, 127쪽)

26일 오후 2시부터 열린 국회 본회의에서는 2시간에 걸쳐 격론이 오간 끝에 이승만의 즉시 하야 등 4개 항으로 되어 있는 '시국수습결의안'을 만장일치로 통과시켰다. 이 결의안은 "① 이 대통령은 즉시 하야할 것 ② 3·15정부통령선거는 이를 무효로 하고 재선거를 실시한다 ③ 과도내각하에 완전 내각책임제 개헌을 단행한다 ④ 개헌안 통과 후 민의원을 해산하고 총선거를 즉시 실시한다"로 되어 있다. 이로써 이승만의 사임은 확정적인 것으로 되었다. 그렇지만 이승만은 27일 사임하는 것에 다시금 주저하였으나, 허정 등의 만류로 굴복해 "나 이승만은 국회 결의를 존중하여 대통령직을 사임하고 물러앉아서, 국민의 한 사람으로서 나의 여생을 국가

와 민족을 위하여 바치고자 하는 바이다"라는 내용의 사임서를 제출하였다. 이승만이 사임한 것은 최종적으로 국회 결의에 의한 것임이 그의 사임서에 드러나 있다는 것은 중요하다. 이로써 제1공화국은 11년 8개월 만에 막을 내렸다. 수석 국무위원인 허정이 대통령 권한대행이 되었다.

4월 28일 새벽 경무대 관사에서 이기붕 일가가 자살했다. 그날 이승만은 경무대를 떠나 이화장으로 갔다. 29일 최인규 전 내무부장관 구속을 시작으로 국무위원·자유당 간부 들에 대한 대대적인 체포가 벌어졌다. 5월 29일 이승만이 허정의 전송을 받으며 김포공항을 통해 미국으로 떠났다. 이승만의 하와이행은 주한 미국대사 매카나기가 주선한 것이었다. 이승만은 1965년 85세로 하와이에서 쓸쓸히 세상을 하직했다.

# 5
# 4월혁명의 성격과 의의

## 4월혁명의 성격

**4월혁명의 명칭: 의거, 항쟁, 혁명**　　　우리가 '4월혁명'의 성격을 역사적으로 이해하고자 할 때 부딪히는 문제가 한두 가지가 아닌데 그중에서도 특히 '용어'의 문제가 논란이 되고있다. 1960년 4월 19일 또는 그해 3~4월에 있었던 일련의 시위와 그로 말미암은 사태의 진전이나 변화에 대해서 '4월혁명' 또는 '4·19혁명'이라고 부르는 사람이 많다. 그렇지만 다른 말로도 많이 불려졌다. 4·19 당시에는 '4·19사건'이라고도 불렀다. 특히 의거란 호칭은 꽤 많이 사용되었다. '4·19의거'란 호칭은 5·16군사쿠데타 이전에도 사용되었지만 주로 그 이후에 사용되었다. 박정희 등 5·16쿠데타 주동자들은 쿠데타 초기에는 '4·19혁명'이라는 말을 즐겨 썼다. 그러나 얼마 안 있어 그들은 자신들의 쿠데타를 혁명이라고 부르고, 4·19를 의거로 낮춰 불렀다.(김정남, 2004, 125쪽) 뿐만 아니라 언론에서나 교과서에서도 그렇게 사용하도록 함으로써 '4·19혁명'이라는 개념을 사용하기를 회피했다.(김동춘, 1990, 328쪽)

'의거'라는 말 속에는 민족사적으로 중대한 의미가 있는 역사적 대사건이라는 인식이 결여되어 있고, 일순간 자연발생적으로 일어났다는 인식이 깔려 있다. 박태순이 적절히 지적한 바와 같이, '4·19의거'라는 말은, 독재를 한 이승만 정권이 붕괴됨으로써 그 이전의 행위가 원인 무효가 되어, 그 이후의 문제들은 '정치인'이 잘 알아서 하면 되고, 학생들은 학원으로 돌아가 본연의 업무인 수업에 충실하면 된다는 논리로 이어질 수 있는 여지를 남겨놓고 있다.(박태순, 1983) 4·19 이후에도 그랬지만, 군사쿠데타 이후 학생운동이 전개될 때 언론에서는 4·19를 '의거' 또는 '학생 의거'라고 부르면서 학생들은 본연의 자세로 돌아가야 한다고 주장했다.

'4·19민족운동·민중운동'이라는 용례도 보인다. 강만길의 지적에 의하면 독립운동 시대 이래의 통일민족국가의 수립 운동을 저지하는 과정에서 세워진 이승만 정권을 붕괴시켰다는 의미에서 그러한 용어가 사용되었다.(강만길, 1984)

의거라는 말도 부적당한 것 같고, 혁명도 적절하지 않은 것 같아 뒤에다 어떠한 말도 사용하지 않고 그냥 '4·19'라고만 쓰는 경우도 자주 눈에 띈다.(서중석, 1997b) 그 시대를 명료하게 정의하기 어려워서 막연하게 그와 같이 부르거나, 지난날에 소외되었던 국민이 3·15부정선거를 계기로 해서 군중으로 등장하여 행위를 주도했기 때문에 그렇게 부른 경우이다.

항쟁으로 부르는 사람으로는 4월혁명기 진보세력의 대표적 이론가의 한 사람으로 손꼽히던 이종률이 있다. 그는 1960년 3~4월에 있었던 데모 또는 4·19는 결코 혁명이라고 할 수 없다고 역설한다. 혁명이란 방법과 모습이 어떠하든 생산수단의 소유관계를 주된 안목으로 한 사회적 경제의 영유권이 갑의 사회적 성원成員세력으로부터 을의 세력으로 이동하는 작용을 말하는 것이라고 정의하였다. 그는 '3·4월 민족항쟁'은 이 땅의 혁명 전도를 거룩하게 한 단계 높인 것이지만, 위와 같은 혁명을 성취하지는 못했다고 설명했다. 여기서 '민주항쟁'이라는 말을 쓰지 않고 '민족항쟁'이라는 말을 쓴 것이 주목된다. 민주항쟁이라면 반反전제투쟁이 주된 내용으로 되고, 민족항쟁이라면 반전제는 물론이요, 그중에서도 반제국주의 등 민족자주를 더욱 강조하는 의미가 있다. 이종률이 '항쟁'이라는 말을 쓴 것은 '4·19'로 이승만의 '근본적 체제'가 바뀌지 않았기 때문이다.(이일구, 1960)

1960년대부터 한동안은 '4·19혁명'이라는 말이 널리 시용되었지만, 근래에 들어와 '4월혁명'이라는 말이 더 자주 사용되고 있다. 연구자이건 정치가이건 언론인이건 대부분 3·4월 시위 또는 4·19를 '4·19혁명' 또는 '4월혁명'으로 부른다. 혁명이라고 부르는 일반적 이유는 한국에서 있었던 대규모 시위나 항쟁 중 이것만이 정권을 무너뜨렸기 때문이다.

전문 연구자들이 '4월혁명' 또는 '4·19혁명'이라는 용어를 쓰는 경우에는 두 가지 이유를 상정할 수 있다. 하나는 그것이 이승만 정권이나 이승만 체제를 부정하였기 때문이다. 따라서 이승만 정권이나 이승만 체제를 어떻게 인식하느냐에 따라 혁명의 개념이 차이가 날 수 있다. 다른 하나는 4·19 또는 4·26은 혁명의 일단락을 의미하는 것이 아니라는 전제를 펴면서 사용하는 경우이다. 신상초는 일찍이 『사상계』 1960년 6월호에 "4·26은 혁명의 종말이 아니라 시발점이다"라는 부제가 붙은 글을 쓴 바가 있다. 박태순은 혁명으로서의 4·19는 4·19가 일어난 순간에 끝난 것이 아니라, 바로 그 순간부터 시작이 된 것이라고 보아야 그 성격을 살펴볼 수 있다고 지적했다. 그 점을 박태순은 의거로서의 4·19는 역사적 소임을 완수한 것이 되고, 혁명으로서의 4·19는 그로부터 새롭게 그리고 끈질기게 진행되어나가야 했던 하나의 원점 역할을 하게 한 것이라고 표현했다.(박태순, 1983) 백낙청이 4·19의 현재성을 강조하는 뜻에서 "미완의 혁명"이라는 호칭을 택하고 싶다고 말한 것도 넓게 보면 같은 의미를 함축한 것으로

이해된다.(백낙청, 1984)

차기벽은 4월혁명을 보다 더 적극적으로 평가했다. 그는 4·19를 학생층을 비롯한 지식층이 취약한 중산계급을 대신해서 궐기하여 신新절대주의를 타도한 시민·민주 혁명으로 인식했다. 신절대주의라는 용어가 눈길을 끄는데, 차기벽은 신절대주의를, 지주층 출신의 관료 및 자본가와 결탁한 보수적인 정치세력, 행정부 강화 형태를 취한 국가권력의 강화, 이승만의 1인 지배, 독재정치라기보다는 부패한 전제정치 내지 동맥경화증에 걸린 정치 등과 연결시켜 설명했다.(차기벽, 1983)

혁명의 외연을 부정축재로 넓혀서 4월혁명을 평가하는 주장도 주목된다. 이기백은『한국사신론』맨 끝 부분의 절 제목을 "4월혁명"으로 붙이고, 그것의 맨 끝 서술에서 "4월혁명은 맨주먹밖에 가지지 못한 민중이 강압적인 정권을 타도하는 데 성공한 한국 최초의 혁명이었다. 그 주동적 역할을 담당한 것은 학생이었다. 기성세대나 기성 권위에 대하여 불만을 품고 있던 학생들이 4월혁명의 선두에 나섰던 것이다. 그러나 이 혁명은 국민의 전폭적인 지지 속에서 이루어진 것이었다"라고 기술했다. 이러한 서술은 4월혁명에 대한 일반적인 인식과 그다지 차이가 없다. 그런데 이기백은 그것에 이어 "4월혁명은 독재정치와 부정축재에 반항하는 국민의 힘이 학생들의 젊은 의기意氣를 통하여 발현된 것이었다. 그리고 이것은 한국 민주주의의 발전에 밝은 전망을 던져주었다"라고 기술해 부정축재에 대한 반항을 아주 높이 평가했다. 그리고 민석홍도「현대사와 자유민주주의」(『사상계』 1960년 6월호)와「4월혁명의 사관」(『세계』 1960년 6월호)에서 '4월혁명'을 혁명으로 볼 수 있는 것은 독재 정권 타도와 함께 그것과 결합되어 있던 특권적인 재벌이나 기업가층 몰락의 바탕을 마련하였기 때문이라고 설파하였다. 이러한 사실들은 건전한 민족자립경제 확립이 한국에서 중요한 과제였다는 것을 알려준다.

**4월혁명의 주체와 성격**　　　이미 앞에서 '용어'를 통해 살폈듯이 '4월
　　　　　　　　　　　　　혁명'의 규정이 다의적이라고 할 때, '4월
혁명'의 성격도 다각적으로 접근할 수 있다.

　　우선 4월혁명 주체의 성격에 대한 김성태의 분석을 보자. 김성태는
1960년 『성대논문집』에 게재한 「4·19학생봉기의 동인」에서 4·19시위의
주체를 학생으로 파악하고, 이날 시위의 주체는 비조직적 집합체라고 단
정했다. 비록 각 학교마다 개별적인 사전계획이 있었음은 의심할 수 없는
사실이고, 이들 사전계획자 내지 주모자들이 데모 거사에 불을 질러 시발
을 선동하고 진행을 촉진하여 선두에서 진두지휘는 했을지 모르나, 전 데
모대에 층계적 조직이 있어 이 조직을 통해 활동한 집합체였다는 증거가
없다는 것을 그 이유로 제시했다.

　　나아가 김성태는 4월 19일 학생들이 일제히 봉기하여 데모에 나서서
이룩한 집합체는 층계적 조직이 없이 다만 공통된 대상에 공통된 분노로
하여금 일시적으로 단합된 집합체로서, 그 반응한 바가 각자 기능의 분화
없이 평행적으로 나타났기 때문에, 확실히 이 집합체는 군중이라 할 수 있
으며, 이들 군중이 활동적인 것이 많았던 것으로 보아 활동군중이라고 단
정 지었다. 그리고 그는 활동군중이 나타내는 외현적 행동을 공격적 행동,
도피적 행동, 획득적 행동, 표출적 행동의 네 종류로 나누고, 4월 19일 데
모대의 행동은 공격적 행동과 표출적 행동 위주였던 것으로 이해했다. 이
기적 타산에서 어떤 대상을 얻으려고 타인의 이익을 희생시켜가면서 쇄도
하는 획득적 행동은 거의 찾아볼 수 없고, 또 도피를 목적으로 새로운 군중
을 형성하고 활동한 것이 아니기 때문에 도피적 활동군중이라고 볼 만한
현상은 특수한 경우를 제외하고는 없지만, 공격적 행동과 표출적 행동은
많이 나타났다는 것이다.

　　김성태는 2월 28일부터 4월 19일까지 『동아일보』 『한국일보』 『조선일

보』『서울신문』『연합신문』등 5개 신문에 보도된 것을 종합하여 각각의 사건에서 나타난 구호, 호소문, '삐라', 벽보 등을 몇몇 유형으로 나누어 분석하였다. 김성태의 분석에 의하면, 학원의 자유와 학원의 정치 도구화 반대가 22%로 가장 빈도수가 높은 것으로 나타났다. 그다음은 3·15부정선거를 미리 규탄하거나 반대하는 것이고(17%), 정치의 부패와 독재를 규탄하고 있는 것이 그다음을 차지하였다(15%). 또한 이러한 반대에 전 국민 특히 학생이 동참하여 궐기하여야 한다는 주장(11%), 평화적 시위의 권리를 극력 주장하는 것(8%), 정부 공직자의 인책사퇴(5%)도 적지 않다. 정권사퇴는 3월 15일 이전에는 나오지 않았지만, 3월 15일 이후에는 8%(전체로는 5%)를 차지하였다. 요컨대 4월 19일까지 나타난 경향 각지에서 발생한 학생운동에서 직접 표시된 주장에 입각하여 4·19 일제봉기의 동기를 살펴보면, 누적된 부패정치와 3·15부정선거, 학원의 정치 도구화에 분격한 것이 뿌리 깊은 동기가 되었고, 3·15부정선거, 마산시위 이후의 이 정권의 탄압과 횡포가 직접적인 계기로 작용한 것으로 결론을 내릴 수 있다고 김성태는 주장했다.(김성태, 1983)

　4월혁명에 참가한 학생의 계층적 성격에 대해서 4·19 직후 김성식은 과거의 한국 학생운동이나 외국의 학생운동에 비하여 중산계급 이하의 학생들이 대부분 가담하였다는 데 특색이 있다고 파악했다.(김성식, 1960) 그러나 김성태는 도시출신이나 농촌출신을 막론하고 또 상류계급이나 하류계급의 차이 없이 학생 일반이 궐기한 것으로 보는 것이 타당하다고 주장했다. 그는 이 시기에 학생들은 특권층에 농단된 부패사회를 광정하기 위하여 나설 사람은 학생밖에 없다는 생각을 가지고 있었고, 그러한 생각을 가진 학생들을 신문의 '선동', 투쟁적 소수당의 호소가 크게 자극한 것으로 보았다.

　진덕규는 4월혁명은 유산流産혁명의 성격을 가지고 있다고 설명했다.

그는 4월혁명을 헌법정신과 민주주의의 원칙까지도 위반하면서 그들이 지배한 정치권력을 영속화하려 했던 당시의 지배계층에 대한 저항이었다는 식으로만 설명하는 것으로는 부족하다고 지적하면서, 4월혁명은 단순한 정변만도 아니고, 권력구조의 변동만인 것도 아니고, 4월혁명은 보다 더 심층적인 민족사회를 재창조하고자 한 시도였다는 점에 그 본질이 있으나, 현실적으로는 한낱 권력구조의 부분적인 변동에 그쳤다고 피력했다. 그래서 4월혁명의 이념적인 가치가 민족적이고 민주적인 사회발전이며, 그리고 국민을 위한 민권 확립이었고, 그것을 추진했던 세력이 피지배계층으로서의 전체 국민들이었음에도 불구하고, 4월혁명은 유산혁명이 되고 말았다는 것이다.

4월혁명이 표면적으로는 유산된 혁명으로 종식하게 된 요인은 무엇인가? 진덕규는 성치지도계층의 미분화 때문이며, 강대국의 영향 때문이며, 조직적 지도체계의 결여 때문이라고 설명했다. 정치지도계층의 미분화라 함은 4·19가 일어날 때까지 민족우파세력과 이승만 단정 지지세력이라는 공통된 기반에서 출발한 단일세력권만이 존재했다는 점을 가리킨다. 이 때문에 4월혁명을 구체적으로 변혁이나 개혁의 실질적인 정치화의 방향으로 추진시킬 수 있었던 정치세력이 존재하지 못하게 되었다는 것이다. 강대국의 영향과 관련해서 진덕규는 미국은 이승만 독재 정권이 종식되기는 바랐지만, 그렇다고 해서 이승만 정권의 붕괴가 한국 사회의 급격한 변화를 유발시키는 것을 바라지 않았고, 오히려 그것을 적극적으로 막으려 했다는 점을 중시했다.(진덕규, 1983)

진덕규와 약간 관점을 달리하여 박현채는 4월혁명을 미완의 혁명으로 규정했다. 곧 4·19는 민주주의와 진정한 민족해방을 실현하기 위한 미완의 민중혁명이었으며, 민중 자신이 아닌 학생에 의한 대리 혁명으로, 민중적 요구에 기초했지만 민중 자신에 의해 이루어진 혁명은 아니라는 것이다. 민중이 역사의 주체로서 전면에 나서지 못한 것은 해방 후 연속적으로 좌절을 맛보았기 때문인데, 좌절이 연속됨으로써 민족사의 정통으로 되어야 할 반일·반제의 주체인 민중이 민족해방이 귀결한 성과에 참여하는 것은 배제되었으며, 이것은 민중 소외를 더욱 확대시켰고, 결국 민중은 4월혁명에도 주체로서 참여하지 못하게 되었다는 것이 박현채의 지적이었다. 다시 말해서 민중은 3·15부정선거에 의해 부패와 부정 및 빈곤 해결 가능성이 상실됨에 따라 분노가 한층 고조되었지만, 민중의 분노가 바로 변혁을 위한 힘으로 될 수 없는 상황에서 ① 민족의 장래에 대한 사명의식에 불타고 ② 민중의 요구를 상대적인 것이기는 하나 자기의 지적 능력 때문에 인식할 수 있으며 ③ 이것 또한 상대적이기는 하나 조직된 유일한 집단인 학생들에 의해 4월혁명이 일어났다는 것이다.

박현채는 4·19가 미완의 대리 혁명이 된 것은 학생층이 갖는 한계 때문이기도 하지만, 5·16에 의해 민중혁명이 좌절되었기 때문이라는 점도 중요시했다. 4·19 이후 '민중운동=민중혁명'의 지속을 위한 민중의 정치참여가 5·16으로 다시 추운 겨울을 만나 그 성장이 중단된 채 긴 20년이 지남으로써, 4·19를 또한 다른 뜻에서 미완의 것으로 되게 하였다는 것이다. 그렇지만 그는 4월민주혁명은, 우리 민중의 역사에서 최초로 피지배자로서의 민중이 시한적이기는 하지만 자기의 힘으로 정권 교체를 실현하고, 광범한 민중 참여에 대한 요구로서의 민주주의, 종속에 대한 거부로서의 민족자주, 분단시대 극복을 위한 의지로서의 민족자주적 통일, 자립경제 확립과 자주적 국민경제 운영에 대한 제약 서부, 사회적 불균형의 원인으로 된 매판적 부정축재 환수 등을 자신들의 정치적·경제적 요구로 제시하고, 이를 부분적으로나마 실현시켰다는 점에서 중요한 민족사적 의의를 지닌다고 평가했다.(박현채, 1983)

# 4월혁명의 의의

김성식은 1960년 4월혁명 직후 『사상계』 6월호에 기고한 글에서 4월혁명의 의의로 기성인들은 정신적으로 분열되어 있으나 학생들은 내적 통일을 가지고 있었고 이번 선거에 대하여 사전에 계획과 연락이 없었어도 통일적인 행동을 취할 수가 있었다는 점, 자유와 민권은 투쟁에서 얻어지는 것이고 그것만이 가치 있는 것이라는 것을 이번에 실제로 경험하였다는 점, 이번 학생운동의 성공은 외국으로 하여금 우리 민족을 높이 평가하게 하였다는 점, 이번 학생운동은 부정선거가 직접 원인이나 근본정신은 20년 동안 누적되어온 부패정치와 사회악에 대한 항거운동이었다는 점, 이번 혁명으로 과거의 정치체제는 근본적으로 무너지고 새로운 체제가 성립하게 되었다는 점, 이번 혁명으로 반공·반일의 교육 정신이 변화를 받게 되었다는 점, 이번 학생운동으로 우리는 비로소 세계 학생운동의 본류 즉 자유와 민권 운동에 참여하게 되었다는 점, 이번 학생 혁명으로 인하여 우리 국민의 전체적인 개혁이 시작되는 동시에 이 혁명은 특히 한국 학생들의 도덕적 갱신의 계기가 될 것이라는 점 등 여덟 가지를 제시했다.(김성식, 1960)

　　김정남은 『4·19혁명』에서 4·19 전후의 맥락과 4·19혁명의 전개 과정을 통찰해볼 때, 4월혁명의 이념은 '반독재 민주, 반외세 민족자주, 반분열 통일, 반부패특권 민중'으로 요약할 수 있는데, 4월혁명의 이념과 정신은 이승만 정권에 대한 반대와 부정을 뛰어넘는 것으로, 제1공화국의 잘못된 출발에 대한 거부뿐 아니라, 처음부터 바로 세워졌어야 할 공동체의 이상을 지향하고 있었다고 설명했다. 그래서 4·19혁명은 우리 공동체가 반드시 거기서부터 시작해야 할 고향이요 시원으로, 반드시 이루어야 할 이상이요 목표라고 설파했다. 한마디로 4·19는 이 민족의 정기요 생명이라는 것이다. 김정남은 4·19는 역사 속의 시간이 아니라, 아직도 타오르고 있는 숨결이요 정신이라고 이해했다.(김정남, 2004)

지금까지 살펴본 대로 4월혁명은 낡은 것, 썩은 것을 몰아내고, 4월의 봄과 같이 새싹이 돋아나는 세상을 만들자는 운동이었다. 80대의 이승만, 자유당 간부와 국무위원의 대다수를 차지하는 친일파가 바로 낡은 것, 썩은 것을 상징했지만, 한국 사회는 1950년대만 해도 관존민비, 남존여비 등 봉건적인 낡은 인습이 강하게 잔존해 있었다. 4월혁명은 그러한 모든 퇴영적인 것, 또 침체하고 암울했던 1950년대로부터 벗어나려는 운동이었다. 4월혁명으로 한국인은, 특히 학생과 지식인이 그랬지만, 일종의 정신혁명을 겪었다.(서중석, 2007b)

# 1948

이승만 정권과 4월혁명 • 부산정치파동과 6·15정치개헌파동 • 순민운동과 산정산파동의 자유당운동 • 호언정쟁의 국가보안산 • 동·3 15부정선거 • 미산사위 • 4 19봉기 • 4 25 대학교수단 대모 • 최결 카드관의 양심수 강 • 정치 • 근표의 토요일 반미반제 • 7·29 총선 • 장면 내각 탄생과 민주당 산 • 역명입법과 노동군동 • 특별급상위의 활동 • 4·3사건 진상규병운동 • 한산민주화독운동 • 국민개동제론 • 지방자치 정부 • 전국대교수의 조직과 활동 • 4월혁명과 노동군동 • 교원노동의 활동 • 전부 4 사회운동 • 신국가운동 • 연주화독운동 조직학단의 활동 • 시군노동 • 한산연정민내독운운 • 교원산군동 • 제주 주일혁명기 • 민정이양과 박정희 정권의 수산 • 1963년 대통령 선거와 산거운동 • 한산혁정민내동일 • 5·16군사반도의 김조고 • 6·3 대일의 과거 • 한산협정조인반대투쟁 • 제부 근독 • 한산연정민내독운 • 박정희 정권의 강조 고 민대전산 • 박정희 정권의 산진 산 • 독산업비주독독운독등 • 기강과진 김교 • 1970년대 민주화운동세력의 대응 • 박정희 정권의 장기집권 산도 • 산민공화국독독독 • 1971년 산거와 민주화운동세력의 대응 • 장면 조산의 반민산 • 민주산당의 분동 • 신인회와 이동의 운동 • 노독민군동의 운도 • 학기 • 장부의 노 동산군조산녀 • 1960년대 노동독돌의 산재 과정 • 정치 노동자 권력입의 산거산터국과정 • 광주대단지산건

# 2

4월혁명 직후의 민주화운동

# 1971

제**1**장

# 4월혁명 직후 민주화 이행

# 1
# 허정 과도정권의 성격과 내각책임제 개헌

## 허정 과도정권의 기본 정책과 이승만·자유당 체제 청산 문제

1960년 4월 26일부터 1961년 5월 16일에 이르는 시기는 해방 직후를 제외한다면 1987년 6월민주항쟁 이전의 한국 역사 전체를 통틀어 가장 자유가 많았던 시기였다. 1년밖에 안 되는 이 시기에 이승만 정권, 허정 과도정권, 장면 정권, 그리고 군사쿠데타 정권에 이르기까지 무려 4개의 정권이 바뀌었다. 또한 1960년에는 3·15정부통령선거, 7·29 민의원·참의원 총선거, 12월 네 차례에 걸친 지방자치 선거 등이 치러졌다.

4월 26일 이승만 대통령이 사임함에 따라 외무부장관 허정이 대통령 권한대행이 되었다. 1954년 4사5입개헌에 의해 대통령이 궐위闕位되면 부통령이 승계하게 되어 있었는데, 장면 부통령이 4월 23일 부통령직을 사임하여 부통령도 궐위 상태였다. 따라서 외무부장관이 수석 국무위원으로 과도정부의 수반이 된 것이다.

허정은 이승만 측근으로 교통부장관, 사회부장관, 국무총리 서리, 서울특별시장 등을 역임했다. 그러나 자유당 간부들과 달리 이승만에게 맹

목적으로 충성하지 않았고 행정 능력도 있었다. 허정은 이승만 사임 하루 전인 4월 25일 외무부장관에 임명되었으나, 하야성명이 발표된 26일 국회 부의장 이재학에게 외무부장관을 사임하겠다고 통고했다. 이에 국회는 여야가 함께 허정을 설득하여 그로 하여금 과도정부 수반이 되게 하였다. 6월 15일 내각책임제 개헌이 이루어짐에 따라 헌법 부칙에 의해 허정은 국무총리로 간주되고 대통령 권한대행은 국회의장이 되게 되어 있었지만, 국회의장이 권한대행을 사임함에 따라 허정이 대통령 직권을 계속 행사할 수 있게 되었다.

국회의장도 새로이 선출되었다. 3·15부정선거에 의해 부통령에 당선된 국회의장 이기붕은 4월 28일 그와 일가족이 자살을 하지 않았더라도, 3·15부정선거와 신병 때문에 국회의장직을 수행할 수 없었다. 국회는 5월 2일 1954년에 야당 의원으로 민의원 부의장이었던 민주당 신파 곽상훈을 국회의장으로 선출했다. 그는 자유당 서열 3위인 이재학을 국회부의장에 유임시켰다.

4월 28일 조용순 대법원장이 사표를 냈다. 3·15부정선거 직후 이승만과 이기붕을 찾아가 축하인사를 올린 바 있는 조용순의 사표는 수리될 것으로 보도되었다. 하지만 그는 허정의 번의 요청으로 여론의 따가운 눈총을 받으며 유임했다.

허정은 조각에 착수했다. 이미 내무부장관 이호, 법무부장관 권승열은 4월 25일 허정과 함께 이승만에 의해 임명된 바 있었다. 한민당 8총무의 한 사람으로 민주당 구파와 가까웠던 허정은 민주당의 입각을 권유했으나 민주당이 거부해 혼자 조각을 했다. 4월 28일 재무부장관에 윤호병, 문교부장관에 이병도 등 6명의 장관을 임명했다. 새 장관은 허정과 교분이 있는 사람들로 정치적 경험은 부족했다. 5월 2일에는 국방부장관에 이종찬 등 3명의 장관이 임명되어 조각이 완료되었다. 이종찬은 부산정치파동 때 육군참모총장으로 있으면서 군의 정치적 중립을 지키려고 애썼고, 이로 인해 군에서 존경받고 있었다. 따라서 4월혁명 이후 조성된 군 내부의 불안한 공기를 누그러뜨리는 데 적임자라 할 수 있었다.

이제 허정이 어떠한 정치를 할 것인가가 주목을 받았다. 그는 조각의 와중에서 내각책임제 개헌, 3·15부정선거 책임 규명, 정치로부터 경찰의 중립화 등을 천명했고, 3개월 내에 정권을 물려줄 것을 피력한 바 있었다. 그의 정책은 5월 3일에 발표된 다음과 같은 5개의 시정방침에 집약되어 있었다.

① 반공정책을 한층 강화한다.

② 부정선거 처리는 부정을 강요한 고위 책임자와 국민에게 잔학행위를 한 자에 국한한다. 강압과 폭력으로 제정된 법률들을 포기하고 또 불법적인 일체 행위를 봉쇄하는 혁명적 정치개혁을 비혁명적 방법으로 단행하려는 것이다.

③ 오열의 적발과 치안 회복을 위해 노력하겠다.

④ 한미관계 및 미국의 경제원조를 집권자에게 유리하게 악용하지 않고 긴밀 성실히 협조하겠다.

⑤ 비공산 인방隣邦과의 관계를 시급히 조정하고, 특히 한일관계정상화는 가장 중요한 외교 현안인바, 양국 이해 증진을 위해 일본 신문기자 입국을 허용하겠다.

허정의 5개 시정방침 중 제5항은 미국의 반대를 무릅쓰고 배일·반일운동을 펴왔던 이승만의 반일정책을 폐기할 것임을 명백히 한 것이다. 허정은 한국전쟁 10주년을 맞아 이승만의 북진통일정책은 이미 사라진 것이며, 우리는 합리성과 신의를 외교의 방책으로 삼아야 한다고 역설했다. 제

2항은 5개 시정방침 중 가장 크게 관심을 끌었다. "혁명적 정치개혁을 비혁명적 방법으로 단행하겠다"라는 널리 인용된 문구는 이승만 정권 관계자와 자유당 간부의 3·15부정선거 책임을 최대한 축소시키겠다는 의중을 드러낸 것에 다름 아니었다.

허정 과도정권의 인사정책은 쏟아져 나오는 비판에 직면했다. 국무원 구성에 자유당 당적을 가진 자를 기용한 것이나, 각부 차관급 및 지방장관, 경찰국장, 정부 산하 관서장에 아부파들이 상당수 발탁되고 승진한 것이 비판의 대상이었다. 특히 제2차 마산시위와 4·19봉기 유혈진압에 대해 책임이 있는 이동환 내무부차관과 조인구 치안국장이 유임된 것이 비판의 표적이 되었다. 4월혁명 후 처음 있은 5월 3일 경찰 인사도 문제였다. 경찰은 이승만 정권의 악정과 3·15부정선거 등 여러 선거 부정의 하수인이어서 신중히 인사를 했어야 했는데, 각도 경찰국장과 경무관 급 인사에서 발포명령자 등 악질적인 행위를 한 경찰을 기용한 것이다. 이는 민심에 정면으로 역행하는 처사로서 악감을 샀다. 다음날 이호 내무부장관은 전날의 인사를 취소했지만, 5월 6일 내무부는 서울시경국장을 유임시켰고, 취소된 경무관 인사 중 3명을 그대로 재임용했다. 여론이 비등하자 김창숙, 이강, 김병로, 신숙 등으로 구성된 '국민각계 비상대책위원회' 지도위원은 5월 6일, 시국수습책으로 ① 과도정부 개편 ② 현 경찰 간부와 모든 공무원의 승진을 중지하고 일제 잔재 경찰을 재등용하지 말 것 ③ 친일파 및 이승만 정권 아부파를 과도정부의 모든 기구에서 제거, 숙정할 것 ④ 공명선거를 방해한 법령을 즉시 철폐할 것 ⑤ 자유당 및 자유당 산하 사이비 애국단체를 불법화하여 즉시 해체할 것 등 5개 항을 제시했다.

비리공무원 숙정에 소극적인 것은 국회도 비슷했다. 민주당의 김선태 의원이 비리를 저질렀고, 부정선거에 개입했으며, 마산시위 뒤처리에서도 악명이 높았던 신언한 법무부차관, 오제도·김윤수 검사 등 비위 검찰 간부 등을 파면 입건하자는 긴급동의를 냈으나, 곽상훈 국회의장이 묵살해 소란이 벌어졌다. 이에 5월 9일 표결에 부쳤는데 가 52표, 부 76표로 부결되었다. 자유당이 다수였기 때문이지만, 민주당 의원도 상당수가 소극적이었다.

이승만 정권이 붕괴되자 시민들은 부정선거 원흉 처단을 요구했다. 어용신문으로 3·4월 항쟁에서 분노의 표적이었던 『서울신문』은 4월 28일 자진 무기휴간했다. 이날 한희석 '자유당 정부통령 선거대책위원회' 위원장, 최인규 전 내무부장관, 이강학 전 치안국장 등에 대해 체포령이 내려졌다. 4월 29일 서울지검에 자진 출두한 최인규와 서울신문사 사장 손도심이 의원직 사임서를 제출했다. 5월 3일 최인규가 정식 구속되었고, 다음날에는 이강학이 구속되었다. 5월 7일에는 한희석이 자수해 모든 부정은 자유당 당무회의에서 결정했다고 진술했다. 그러자 자유당 당무위원들은 한희석을 물귀신 같은 사람이라고 비난했다. 5월 8일 한 신문은 부정선거 음모의 본산은 당무위원 전원과 박만원, 이중재 등 13인으로 구성된 '자유당 정부통령 선거대책기획위원회'라고 보도했다. 정부 내에서 부정선거를 지도한 것은 최인규, 홍진기(당시 법무부장관), 김정렬(당시 국방부장관) 등 6명의 국무위원으로 구성된 6인위원회인 것으로 밝혀졌다. 자유당 기획위원 등이 구속될 것으로 예상되자 자유당은 수사에 반발해 5월 13일 의원총회를 열어 의원 총사퇴 불사 결의를 했다. 5월 18일을 전후해 송인상(당시 재무부장관), 홍진기, 자유당 간부 이중재와 정기섭 등이 구속되었다. 5월 23일 자유당 강경파인 장경근, 박만원과 유각경이 구속되었고, 이재학, 임철호 등 6명의 자유당 간부에 대한 구속동의안이 국회에 제출되었다. 이때 국회에서 파란이 일어났다. 이재학을 구제하려는 민주당 구파의 주장으로 24일 개별 표결에 부친 결과 자유당 원내총무였던 박용익 의원 구속동의안만이 통과된 것이다. 이에 여론이 들끓었고, 6의원이 의원직을 사퇴함으로써 사태가 수습되었다. 이로써 5월 28일까지 자유당 기획위원 전원이 구속되기에 이르렀다.

사태가 이렇게 되자 1959년 3월에 국무위원들로 6인위원회를 구성하고 최인규를 내무부장관에 임명하는 등 사실상 3·15부정선거를 총지휘한 (서중석, 2007a, 57~73쪽; 서중석, 2007b, 210~263쪽) 이승만을 어떻게 처리할 것인가 하는 문제가 등장하지 않을 수 없었다. 허정의 권유로(이정식, 1976, 50쪽) 4월 28일 경무대에서 이화장으로 옮긴 이승만은 부정선거 원흉들이 구속되자 좌불안석이었다. 그는 한국전쟁이 일어났을 때에도 제일 먼저 피신한 바 있었다. 미국대사관도 허정도 이승만 문제에 신경을 쓰지 않을 수 없었다. 5월 18일 이승만 부부가 미국대사관을 방문했고, 그 뒤 프란체스카가 다시 미국대사관을 방문했다.(『동아일보』 1960년 5월 28일자) 미국대사관의 주선으로 이승만은 5월 29일 부인을 대동하고 하와이로 망명했다. 5월 30일부터 대구, 서울 등지에서 학생들이 이승만 망명에 항의해 시위를 벌였다.

6월 2일 허정은 부정선거 원흉 처벌을 관대히 하겠으며, 더 이상 검거가 없을 것이라고 언명했다. 이에 대해 한 신문은 불과 기십 명의 원흉이 검거되고 100여 명이 도태되었을 뿐, 부정선거를 감행한 일선 책임자들은 거의 승진되거나 영전했다고 비꼬았다.

민중들은 부정선거 원흉 처단 못지않게 부정축재자 처벌을 요구했다. 관권과 결탁하지 않고 축재를 할 수가 없다는 것이 상식으로 여겨졌던 만큼, 기업가나 재산가에 대한 이미지가 좋지 않았다. 부유층을 특수층이라고 불렀던 것에서 짐작할 수 있듯이, 대중들은 몹시 가난했고 수탈까지 당했기 때문에 부정축재자에 대한 원성이 높았다. 5월 10일 파고다공원에서 "부정축재자의 재산을 몰수하는 조항을 새 헌법에 규정하라"고 요구하는 데모가 있었다. 이를 계기로 과도정부는 '부정축재 처리안'을 의결했다. 그리하여 6월 1일부터 20일까지 부정축재 자수기간을 두었던바, 16개 업체에서 36억여 환이 자진 탈세신고되었다. 그 뒤 검찰은 부정축재자의 탈세 상황을 수사했고, 재무부는 8월 31일 이승만 정권하에서 부정축재한 24명 46개 업체에 대해 5년간의 탈세액 109억 환과 그중 최근 2년간의 탈세액에 대한 벌과금 87억 환 등 총 196억 환을 국가에 환원하도록 통고했다. 이 중 7개의 기업을 가진 이병철이 추징금 32억여 환, 벌과금 28억여 환으로 가장 많았고, 다음이 5개의 기업을 가진 정재호로 추징금 13억여 환, 벌과금 8억여 환이었다. 부정선거 원흉 처단과 마찬가지로 부정축재자 처리는 다음 정부로 이월되었다.

허정 과도정권이 이승만·자유당 체제를 청산한다는 것은 어려운 일이었다. 허정은 이승만이 가장 신뢰한 측근의 한 사람이었고, 과도정부의 관리나 경찰, 판검사는 거의 다 이승만 정권하에서 복무했던 자들이었다. 허정은 부정축재자와 부정선거 원흉을 미온적으로 처리해 그들로 하여금 증거를 인멸하고 재산을 도피할 기회를 주었을 뿐 아니라 시민들의 혁명정신을 냉각시켰다. 그는 부패한 군 고위 지휘관을 숙정하지 않았고, 경관은 자리바꿈만 했으며, 부정공무원을 그대로 눌러앉혔다. 그렇지만 권력에 대한 미련을 갖지 않고 3개월여 동안 관리내각을 지키고 별 무리 없이 평화적으로 정권을 이양한 것은 평가할 만하다.

## 내각책임제 개헌과 기본권 확대

이승만 정권이 붕괴되자 자유당이 다수파인 국회에서 개헌을 한 뒤 총선거를 할 것인가, 자유당 국회를 해산하고 총선거를 한 후 구성된 국회에서 개헌을 할 것인가가 중요한 문제로 떠올랐다. 『조선일보』를 중심으로 한

일부 언론과 일부 지식인, 일부 학생들은 후자를 주장했다. 이미 4월 27일 자유당 국회를 해체할 것을 요구하는 신문 사설이 실렸고, 5월 1일 부산에서는 "4대 국회 물러나라"고 요구하는 대학생 시위에 부산 각 대학교 교수 약 300명이 합류했다. 다음날 부산에서의 시위는 더욱 커져 수만 명의 대학생과 남녀 고등학생들이 "개헌은 새 국회에 맡겨라" 등의 플래카드를 들고 시가행진을 했다. 부산에서의 시위는 5월 3일에도 계속되었다. 이날은 서울에서도 국회해산을 요구하는 데모가 일어났다.

자유당 국회를 해산할 것을 요구하는 주장은 새 국가 창설은 새 사회를 요구하는 민의에 의한 제헌 행위로부터 시작해야 하고, 비민주적인 관료조직을 파쇄하고 새 법질서에 의해 반혁명분자를 처단해야 한다는 점을 강조했다. 개헌을 하려면 정당별로 개헌안을 마련해 주권자의 의견을 묻고, 거기서 지지받은 의원들에 의해 새 헌법이 만들어져야 한다는 점도 제기되었다. 하지만 이승만이 사임한 4월 26일에 열린 긴급국회에서는 개헌 후 해산할 것을 결의했다. 곧 이어 국회는 '내각책임제 개헌안 기초위원회'를 구성했다. 민주당 신파의 영수 장면은 4월 28일 '선개헌 후선거'에 원칙적으로 동의한다고 밝혔다. 자유당은 국회해산에 반대했고, 그 점은 민주당 구파도 비슷했다. 이 때문에 자유당 국회에서 개헌을 하는 것은 막기가 어렵게 되었다. 제헌국회 이래 의원들 다수가 주장했고 민주당이 창당 이래 내세웠던 내각책임제로 가는 것도 명약관화했다. 다만 자유당은 결정적으로 약점이 있었기 때문에 소수파인 민주당에게 덜미를 잡혀 끌려가면서 개헌을 하지 않을 수 없게 되었다는 점이 색다르다면 색달랐다.

'내각책임제 기초위원회'는 4월 29일부터 모임을 갖고 작업에 들어가 5월 11일 개헌안을 국회에 상정했다. 한편 5월 13일 자유당은 앞에서 언급한 대로 자유당에 대한 보복이 시정되지 않으면 144명의 소속 의원이 총사퇴를 불사한다고 결의했으나, 개헌안이 통과될 때까지 사퇴하지 않기로

1960년 6월 15일 내각책임제 개헌안 통과

했다. 5월 31일 자유당 원내교섭단체로부터 104명이 탈퇴해 33명의 의원밖에 남지 않았다. 1951년 12월 세칭 원외자유당으로 창당되어 10년도 안되어 사실상 붕괴된 것이다. 6월 15일 국회는 표결에 들어가 찬성 208명(민주당 70명, 헌정동지회 41명, 자유당 이탈파 59명, 자유당 잔류파 30명, 무소속 8명), 반대 3표로 내각책임제 개헌안을 통과시켰고, 정부는 당일로 공포했다.

대체로 내각책임제의 특징을 잘 살린 새 헌법에 의하면, 국무총리는 행정수반으로 국무위원을 임명하거나 물러나게 하고, 국무회의 의장으로 국무회의를 주재하고, 국무회의 의결을 거쳐 국무원령을 발發할 수 있고, 국무원을 대표해 의안議案을 국회에 제출하고, 행정 각부를 지휘 감독하는 권한을 가지게 되었다. 또한 국무원은 민의원 해산권을, 민의원은 국무원 불신임권을 갖고, 국무총리와 국무위원의 과반수를 국회의원으로 하도록 한 것도 내각책임제의 성격을 살린 것이었다. 그와 함께 내각책임제이면서도 대통령의 권한을 약간 두어 국무총리 지명권 외에도 계엄 선포 거부권, 정부의 정당 소추에 대한 동의권, 헌법재판소의 심판관 임명권 등을 부여해 행정부를 견제하게 했다. 나아가 대통령은 헌법과 법률이 정하는 바에 의해 국군을 통수한다고 하여, 국방부장관과 각 군 참모총장 임명권을 가진 국무총리와 국군통수권 문제로 갈등을 빚을 수 있게 했다. 새 헌법은 법원의 독립성을 크게 제고시켜 대법원장과 대법관은 법관의 자격이 있는 자로서 조직되는 선거인단이 선거하고 대통령이 이를 확인하도록 했고, 법관은 대법관회의의 결의에 따라 대법원장이 임명토록 했다.

새 헌법은 구헌법의 기본권에 대한 유보조항을 삭제하여 언론·출판·집회·결사의 자유를 보장하고, 언론·출판·집회·결사에 대한 검열이나 허가를 인정하지 않음으로써 국민의 권리를 신장시켰다. 그리고 정당과 헌법재판소 및 중앙선거관리위원회의 위상을 높였다. 이승만 정권이 1958년 2월 25일 진보당 등록을 취소해 활동을 봉쇄했던 바와 같이, 구헌법하에서는 행정부가 행정조치로 정당을 무력화시킬 수 있었지만, 새 헌법은 정당의 목적이나 활동이 민주적 질서에 위배될 때에 한해서 정부가 대통령의 승인을 얻어 소추하고, 헌법재판소가 판결로써 그 정당의 해산을 명할 수 있게 했다. 또 구헌법에서는 헌법위원회가 필요에 따라 구성될 수 있도록 하였지만 사실상 1960년 3월 15일까지는 구성된 바가 없었다. 하지만 새 헌법은 헌법재판소를 상설기구로 신설하여 법률의 위헌 여부 심사, 헌법에 관한 최종적 해석, 국가기관 간의 권한쟁의, 정당해산, 탄핵재판, 대통령·대법원장·대법관 선거에 관한 소송을 관장하도록 해 막중한 권한을 가지게 하였다. 또한 중앙선거관리위원회를 헌법기관으로 하여, 대법관 중에서 호선한 3인과 정당에서 추천한 6인의 위원으로 구성하되, 위원장은 대법관 위원 중에서 호선하도록 해 독립성을 한층 강화했다. 이승만 정권 하에서 선거관리위원회와 함께 부정선거에 노골적으로 개입했던 공무원과 경찰에 대해서도 각각 "공무원의 정치적 중립성과 신분은 법률의 정하는 바에 의하여 보장된다" "경찰의 중립을 보장하기 위하여 필요한 기구에 관하여 규정을 두어야 한다"라는 조항을 신설하여 공무원과 경찰의 정치적 중립성을 보장하였다.

24파동을 불러일으켰던 국가보안법 등 각종 비민주적 악법도 개정하였다. 국가보안법 개정안은 1960년 5월 9일 기초위원회가 구성되었고, 5월 13일 법사위에 상정되어 5월 30일 민의원 본회의에서 만장일치로 통과되었다. 개정된 국가보안법은 정보수집죄나 언론조항 등 비난받았던 조항이 많이 사라졌다. 그렇지만 '불법지역왕래조항'이나 특히 1970년대 이후 악용된 '예비음모조항'은 그대로 살아 있는 데다 '불고지죄'가 신설되어 많은 문제를 야기했다. 개정된 국가보안법이 공포된 지 1개월도 안 되어 여간첩을 감춰준 형부가 '간첩은닉죄'로 기소되었고, 영문학자 오화섭은 찾아온 매부 간첩에게 집을 나가지 않으면 고발하겠다고 했는데, 매부가 곧 체포됨으로써 자신도 몰랐던 불고지죄로 재판을 받아 관심을 모았다.

민의원은 정부가 신문을 정간·폐간시키거나 정당탄압에 악용했던 군정법령 제88호와 제55호를 폐기하고, 출판물허가제를 없애고, 정당 등 정치단체 등록을 간단히 할 수 있는 '신문·정당 등의 등록에 관한 법률안'을 6월 24일 통과시켰다. 그와 함께 같은 날 '집회에 관한 법률안'을 통과시켜 집회신고서를 24시간 전에 소관 경찰서장에게 제출하면 허가하도록 했고, 평화적 시위도 24시간 이전에 신고하면 되도록 했다.

# 2
# 7·29 총선과 장면 정권의 출범

## 7·29 총선

선개헌 후선거 원칙에 따른 5월 2일의 민의원 본회의 결의에 따라 '국회의원선거법안 기초위원회'가 구성되었다. 그리고 6월 7일 선거법안이 상정되었고, 6월 22일 통과되어 다음날 공포되었다. 새 '국회의원선거법'은 이승만 정권이 자행했던 입후보 등록 방해를 방지하기 위해 주민 추천 없는 신고제를 채택했고, 처음으로 부재자투표제를 두었으며, 릴레이식 부정투표 방지조항을 넣었고, 기탁금제를 민의원 30만 환, 참의원 50만 환으로 했다. 국회의원선거법안이 통과되기 전인 6월 17일에 이미 선거위원회법이 통과되었고, 21일에는 중앙선거관리위원회(위원장 고재호 대법관)가 구성된 바 있었다.

국회의원선거법이 통과되자 민의원 선거와 참의원 선거를 동시에 치를 것인가, 다른 날에 치를 것인가가 쟁점이 되었다. 새 헌법 부칙에는 민의원 선거는 헌법시행일로부터 45일 이내에, 참의원 선거는 6월 이내에 선거하도록 되어 있었다. 동시선거론자들은 내각제 첫번째 대통령을 양원합동회의에서 선출할 수 있고, 유권자 편의와 국가경비 절감을 도모할 수 있으며, 정국의 불안정을 조속히 해결할 수 있다고 주장했다. 허정도 동시선거를 고집했는데, 동시선거를 요구하는 대정부 건의안이 민의원에서 채택되자, 6월 27일 제5대 민의원, 초대 참의원 선거를 7월 29일에 함께 실시한다고 공고했다.

양원제는 1952년 7월 4일 발췌개헌에서 대통령직선제에 '끼워 넣기' 식으로 들어간 것으로 이승만 정권하에서는 참의원 선거는 실행에 옮겨지지 않았다. 참의원은 직능제로 구성해야 한다는 등 논의만 있다가 4월혁명 이후에야 비로소 첫 선거를 하게 되었다. 이 경우 인구비례에 기준해서 서울특별시와 각 도에 인원이 배정되었다.(총 58석) 유권자들은 각 지역에 배정된 인원의 절반을 투표하게 되어 있었다. 서울의 경우 6명이어서 한 유권자가 3표를 찍을 수 있었다. 또 3년마다 절반씩 뽑게 되어 있어 1부로 나온 사람은 임기가 6년이고, 2부로 나온 사람은 임기가 3년이었다. 이처럼 복잡하고 수십 명이 1·2부로 나뉘어 입후보했기 때문에, 이승만 정권에서 악명을 떨쳤다 하더라도 유명한 사람이면 당선되기 쉬웠고, 기호 1번이 아주 유리했다.

후보 등록은 7월 2일 마감되었다. 민의원의 경우 233명을 선출하는데, 민주당 후보가 305명, 사회대중당(사대당) 후보가 129명으로, 무소속 후보 1,009명을 제외하면 가장 많았다. 자유당 후보도 55명이나 되었다. 참의원의 경우 무소속 후보가 역시 가장 많아서 129명이었고, 민주당 후보가 61명, 자유당 후보가 13명, 사대당 후보가 6명이 있다. 민주당 후보의 경우 민의원이든 참의원이든 정원보다 더 많은 것이 눈에 띈다.

민주당은 선거운동 과정에서 거의 분당되다시피 했다. 신파와 구파 양파는 따로 선거센터를 차렸다. 신파는 구파가 자유당과 야합해 정국을 이끌어가려 한다고 비난했고, 구파는 신파에 친일행위자가 많은 것을 들추어냈다. 또 당에서 공천을 받지 못한 자파 낙천자 후보들을 은밀히 후원했다. 나아가 신파의 유력자나 구파의 유력자가 나오는 지역에 낙천한 자파 후보자를 나오게 한 것은 더욱 비열한 짓이었다. 장면의 용산갑구, 윤보선의 종로갑구, 김도연의 서대문갑구가 그러했다. 이들의 타 지역 선거 지원을 막기 위해서였다. 7월 5일 민주당은 당 공천을 받지 않은 입후보자 115명을 제명했지만, 신·구파의 이전구투는 약화되지 않았다.

7·29 총선에 혁신계가 몇 명이나 진출할 수 있을지는 상당히 관심을 모았다. 입후보 등록을 하기 전인 6월에만 해도 민의원에 20명 정도가 당선될 것이라는 전망도 나왔다. 그렇지만 7월 초 언론은 민주당이 혁신계와 대결하는 것이 아니라 낙천자 무소속과 대결하리라고 보도했다. 진보당사건 이후 심한 감시를 받아 활동 공백이 너무 컸던 혁신계는 대구와 부산을 중심으로 한 경상남북도와 원주 등 일부 지역에 유력한 후보를 내놓았을 뿐이었다. 혁신계 주류는 대체로 사대당에 모여 있었다. 사대당은 5월 13일 발기해 6월 17일 '창당준비위원 대표자대회'를 가졌지만, 진보당 계열과 타 계열과의 갈등이 심했다. 사대당도 당원끼리 맞붙기도 했고, 당내 반대파를 낙선시키기 위해 자파를 입후보시키기도 했다.

대구와 부산에서는 사대당 후보가 인기가 있었다. 대구의 경우 서상일, 이동화, 최석채, 양호민, 김수한 등이 후보로 나섰다. 특히 대구정구丁區에서 민주당의 '입'(대변인) 조재천과 양호민은 신랄한 설전을 벌여 관심을 모았다. 서울의 경우 7월 20일 민주당 효창공원 연설장에 3만여 명이 모였는데, 사대당의 교동국교 연설장은 500여 명에 불과했다. 그런데 7월 22일 대구 수성천 변 사대당 연설장에는 4~5만 명의 인파가 몰려들어 민주당 공격에 귀를 기울였다.

민주당 후보에게 자유당 후보는 두려울 것이 없었으나 자유당 간부 중 무소속으로 나온 자들은 조직과 금력이 있어 두려울 만했다. 자유당 당무

7·29 총선 당시 투표함의 이동

위원 이재학, 한희석, 이존화는 옥중 출마를 했다. 각지에서 반혁명세력이 입후보하자 학생들은 이들 입후보자의 사퇴 및 당선 방지를 주장하는 시위를 벌이고 전국적으로 공명선거계몽운동을 폈다.

민주당과 사대당은 선거공약이 비슷한 것이 적지 않았다. 북진통일 내지 전력戰力통일을 한결같이 배척하고 국제연합 감시하의 자유총선거를 주장했으며, 특혜와 독점 배제, 경제에 대한 관권 간섭 배제, 계획경제 등을 주장한 것도 비슷했다. 장면은 장기적 연차계획을 세우고, 병력을 40만 명으로 감축하고, 부정축재를 국고에 환원하고, 금융을 대중화하겠으며, 무산대중·농어민 및 근로자들과 공생공사 하겠다고 다짐해 어디서 혁신계와 차이가 나는지 알 수 없게 했다. 민주당은 실현되기 어려운 공상적인 선거공약을 남발해 정권만 잡으면 잘살게 해줄 것 같은 환상을 심어주었다. 사대당은 부정선거 원흉을 내란죄로 처단하고 정치적 살해사건의 흑막을 파헤치겠다는 공약을 내세웠지만, 실제는 민주당 구악 폭로에 초점을 맞추었다. 사대당 후보들은 대구 합동강연회에서 민주당을 집중 공격하면서, 전쟁 당시 양민학살사건에 대한 책임을 추궁했다. 민주당은 선거 중반전에 사대당의 서상일이 남북 간 문화·경제 인사 교류를 주장하고, 혁신동지총연맹의 장건상이 중국의 국제연합 가입을 거론하자, 혁신계를 용공세력으로 몰아쳤다.

7·29 선거는 1954·1958년의 민의원 선거와는 비교가 안 될 정도로 공명선거였지만, 막걸리와 고무신 등이 오가고 금품을 수수하는 등 혼탁한 면도 있었다. 종반전에 들어와 자유당계 후보가 많은 경남지역에서는 데모와 폭력으로 어수선하였다. 창녕, 고성, 김천, 대전갑, 남원갑 등의 선거구에서 반혁명세력 대두 규탄이 투표함 파괴 등 난동으로 화하기도 했다. 특히 창녕에서는 7월 29일 투·개표를 전후해 어느 입후보자가 납치당해 '군민재판'에 부쳐졌다. 그리하여 13개 구에서 8월에 일부 재선거가 있

었다.

국회의원 선거에서 유권자의 연령이 과거의 21세에서 20세로 낮추어졌던바, 민의원의 경우 1,159만 3,432명의 선거권자 중 84.3%에 해당하는 977만 8,921명이 투표에 참가했다. 개표 결과 예상보다 민주당이 압승했다. 민주당은 41.7%를 득표해 233석 중 175석이나 차지했다. 개헌선인 3분의 2를 훨씬 넘어 전체 의석의 75%나 되었다. 무소속은 득표율은 46.8%였으나 49명이 당선되었을 뿐이었다. 혁신계로는 사대당이 4석(득표율 6.0%), 한국사회당이 1석(득표율 0.6%)을 차지해 5석에 머물렀다. 자유당 후보도 2명이 당선되었는데(득표율 2.7%), 무소속으로 옥중 당선된 이재학 등을 포함해 구자유당계에서 10명 내외가 당선되었다.

참의원 선거는 득표 상황이 약간 달랐다. 민주당이 득표율 39.0%로 58석 중 31석(53%)을 차지했고, 무소속이 20석(득표율 49.3%)이나 되었다. 자유당 후보로 당선된 자도 4명이었다. 서울특별시에서 최다 득표를 한 백낙준처럼 자유당 3·15정부통령선거대책위원회 지도위원을 했던 사람까지 포함시키면 구자유당계가 20명 정도였다. 혁신계는 사대당이 1석, 한국사회당이 1석이었다. 이러한 의석 분포는 장면 정권하에서 부정선거 원흉, 부정축재자 처리 등 과거사 청산이 험난할 것임을 예고해주었다. 앞에서 언급한 참의원 의원 투표 방식의 맹점이 그대로 드러난 것이다.

민주당은 금력이나 조직에서 다른 후보보다 우세했고, 유권자에게 잘 알려진 인물이 많았다. 하지만 민주당이 예상보다 압승한 것은 이승만 정권하에서 몹시 핍박을 받았다는 점이 크게 작용했다. 민주당은 "독재와 싸운 사람 마음 놓고 찍어주자"는 선거구호를 내세웠다. 선거구역에서 강고한 지반이 있었던 구자유당계는 학생들의 반혁명세력 당선저지투쟁 및 공명선거운동으로 인해 민의원 선거에서는 패배했다. 하지만 그러한 운동의 영향력이 적고 유명도가 크게 작용했던 참의원 선거에서는 크게 진출했다. 혁신계의 경우 유권자 인지도가 낮았고, 금력과 조직도 대단히 빈곤했다. 또 민주당의 구악만 들추어냈지 참신한 인상을 주지 못했다. 혁신계 참패의 주요한 원인은 무엇보다 극단적인 반공주의가 주민들 속에 침투해 있었다는 점이었다. 경기도에서 출마한 여운형의 친동생 여운홍이 43만 9,755표를 얻어 참의원 최다 득표를 한 것은 여운형의 인기에 힘입은 바가 컸다. 서상일이나 윤길중이 사대당으로 나오지 않고 무소속으로 출마했더라면 아슬아슬하게 당선되는 일은 없었을 것이다. 혁신계에서 김성숙, 박권희, 박환생이 민의원 의원으로 당선된 것은 지역에 튼튼한 기반을 가지고 있었기 때문이다.

## 장면 내각 탄생과 민주당 내분

민주당 신·구파는 7·29 총선을 치를 때 분당 상태나 다름없었다. 이미 1957~1958년경부터 갈등이 심했고, 1959년 정부통령 후보 지명전에서 한층 더 심했었다. 지주·부르주아 세력을 대변한 한민당-민국당의 후신인 구파는 체질적으로나 인간관계로나 이재학 등 자유당 온건파와 가까운 사이였고, 그들과 제휴 내지 합당도 몇 차례 모색한 바 있었다. 신파는 일제 말에 군수 등을 지낸 자들과 1950년 5·30 선거에서 의원이 되어 (원내) 자유당을 만든 세력이 주축이었으며, 흥사단 등 서북세력과 이철승 등 소장파가 가담하였다. 신파는 경제에 밝았고, 상대적으로 진취적이었으며, 이승만 정권에 대해 공격적이었다. 양 파는 7·29 선거 직후인 8월 6일 각각 자파 회합을 가졌던바, 구파가 약간 우세한 것으로 나타났다. 이미 8월 3일자 석간에 구파가 대통령과 국무총리, 민의원·참의원 의장단을 자파 중심으로 채우고 실력대결에서 실패하면 분당하겠다고 선언했다는 보도가 나왔고, 8월 5일자 조간에 "민주당 사실상 분당" "구파 단독집권 선언" 등을 내용으로 하는 기사가 보도되었다. 신파와 구파 사이에는 타협의 여지가 거의 없었다.

민주당 신파와 구파의 첫 대결은 민·참의원 의장단 선거에서 벌어졌다. 양 파는 민의원 의장에 곽상훈을 선출한다는 것에는 의견을 같이했으나, 부의장의 경우 신파는 구파인 이영준과 무소속인 이재형을, 구파는 이영준과 무소속이지만 구파에 가까운 서민호를 밀었다. 이재형과 서민호의 대결에서 99표 대 114표로 후자가 선출된 것은 구파로 하여금 자신을 갖게 했다. 그렇지만 참의원 의장 선거에서 구파의 소선규는 신파가 민 무소속의 백낙준에게 패배해 부의장으로 밀렸다.

대통령이 누가 되는가에 대해서는 큰 관심이 없었다. 7·29 총선이 거의 끝나갈 무렵 김병로, 윤보선, 허정 등이 대통령 물망에 올랐다. 선거가 끝났을 때 민주당 신파는 대통령 자리는 구파에게 주고 국무총리를 차지하리라는 의사를 분명히 했다. 구파는 대통령 문제로 골머리를 앓았다. 김도연과 윤보선 모두 다 국무총리가 되려고 했기 때문이다. 구파 내부에서 표 대결까지 하여 대통령에 윤보선, 국무총리에 김도연을 내세우기로 했다. 8월 12일 민·참의원 양원합동회의에서 재석 263명 중 윤보선이 208표로 선출되었다. 차점자는 29표를 얻은 김창숙이었다. 무소속이 제2공화국 대통령에 한민당원으로 골수 보수세력인 윤보선을 지지할 수는 없다고 해서 원로 김창숙을 민 것이었다.

윤보선은 같은 구파인 김도연을 국무총리로 지명했다. 8월 17일 민의원은 국무총리 인준을 찬성 111, 반대 112, 무효 1표로 부결시켰다. 불과 3표차로 인준을 받지 못한 것이다. 두번째로 지명을 받은 장면은 8월 19일 표결에서 찬성 117, 반대 107, 기권 1표로 국무총리가 되었다. 인준 통과선을 아슬아슬하게 넘어 신파가 승리했다. 국무총리 지명에서 신파가 승리한 것은 구파가 자만심을 가지고 임한 반면, 신파는 무소속을 적극적으로 포섭하였기 때문이다. 허정이 정국 불안을 걱정해 장면을 지원한 것도 작용했다.

장면 국무총리는 조각에 착수했다. 장면은 구파를 끌어들이고자 했지만, 구파가 자신들이 추천한 인사를 쓰고 소환권도 구파 의원총회에 줄 것을 요구하자, 그것은 독자적인 원내교섭단체를 가진 구파와 연립내각의 형태를 취하는 것이므로 받아들일 수 없다고 맞섰다. 그는 민주당이 사실상 분당 상태라는 것을 인정하려 하지 않았다. 장면 총리는 8월 23일 각료 명단을 발표해 정부를 출범시켰다. 외무부장관 정일형, 내무부장관 홍익표, 재무부장관 김영선, 국방부장관 현석호 등 거의 다 신파였고, 구파는 정헌주(교통부장관) 한 사람이었다. 무소속에서는 박제환을 영입해 농림부장관을 맡겼다. 문교부장관에는 비정치인인 이화여대 대학원장 오천석을 임명하였다. 국방부장관에는 허정이 사무를 인계하면서 이종찬이 사심 없이 군을 통솔할 수 있는 사람이니 유임시키는 것이 좋겠다고 말했지만, 당내 지지기반이 없다는 이유로 군을 잘 모르는 측근을 임명했다.

장면의 제1차 내각은 단명으로 그칠 수밖에 없었다. 구파와의 관계가 한층 악화된 데다가, 구파가 8월 31일 구파동지회로, 또 무소속 주류가 민정구락부로 각각 원내교섭단체 등록을 한 것이다. 구파동지회는 86명, 민정구락부는 41명인데, 나중에 등록한 신파는 95명밖에 되지 않아 과반수에서 무려 22석이나 모자랐다. 거기에다가 처음 개각할 때 3명 정도를 입각시켜달라고 요구했던 신파 소장층은 노장층 일색에 반발해 소장동지회라는 별도의 모임을 가졌다. 여론도 나빴다. 그리하여 내각 출범 보름 만인 9월 7일 내무, 국방, 상공, 국무원 사무처장 등 4명의 장관이 사표를 냈고, 구파 실력자 유진산이 거중 조정해 9월 12일 국방부장관에 권중돈이 임명되는 등 구파 5명이 장관에 임명되었다. 20일밖에 안 되어 제2차 내각이 탄생한 것이다. 이 시기는 정국의 혼란으로 행정이 마비 상태에 이를 지경이었다.

장면은 정국의 안정을 기하기 위해 정권 안정에 협조한 유진산을 자주 만났고, 한때 유진산은 부총리 격의 역할을 맡을 것이라고 보도되었지만, 성사되지 못했다. 9월 22일 김도연은 분당을 선언했고, 10월 13일부터 신당발기준비위원 서명공작에 착수했다. 신당은 11월 8일 신당발기주비대회를 개최하고 선언, 강령, 정책 등을 채택했다. 당명은 12월 12일 신민당으로 정했다.

하지만 구파 일부 의원은 김도연이 분당을 선언할 때부터 민주당 잔류를 주장했다. 10월 14일 원내외의 도각倒閣공세가 일단락되었을 때 언론은 구파에서 30명 정도가 이탈해 민주당에 가담하고(합작파), 구파가 일부 민정구락부 의원을 끌어들여 60석 내외를 확보할 것으로 보도했다. 11월 26일 민주당과 신당(신민당)이 원내교섭단체 등록을 마쳤을 때 민의원의 경우 민주당 126명, 신민당 65명, 민정구락부 34명이었다.

1961년 1월 30일 제3차 내각 명단이 발표되었다. 국방부장관에 현석호, 부흥부장관에 태완선, 무임소장관에 오위영 등이 임명되었는데, 노장층 중심이었다. 합작파도 반발하였는데, 특히 1961년 1월 소장동지회에서 신풍회로 이름을 바꾼 이철승 등 소장파 반발이 거셌다. 2월 중순경부터 출처가 다양한 3·4월 위기설이 떠돌았다. 또 장면이 데모규제법과 반공법을 제정하려다가 오히려 혁신계의 2대악법반대투쟁을 불러와 어려움을 겪었다. 하지만 4·19 1주년의 기간에는 학생들이 자제하는 등 별다른 사건이 발생하지 않았다.

쿠데타가 발생하기 12일 전인 5월 4일 내무부장관에 조재천이 임명되는 등 제4차 개각이 있었다. 이때쯤 신풍회는 현저히 약화되어 있었다. 장면 정권은 1961년에 들어와 조금씩 안정되어가고 있었고, 제4차 조각에 대해서는 조직적인 큰 반발이 없었다.

장면 정권은 8월 23일 출범할 때 경제제일주의를 전면에 내세웠다. 1961년도 새해 예산을 편성할 때 전력 등 인프라산업에 역점을 두었고, 1961년 3월 1일을 기해 국토개발사업이 개시되었다. 장면 정권은 이 사업에 투입했다가 일반 공무원으로 쓰기 위해 사무직 1,614명, 기술직 452명을 대학생 중에서 공채로 선발했다. 이승만 정권하에서 공채가 미미했던 것을 생각하면 놀라운 진전이었다. 1961년 4월 말에는 제1차 5개년 경제개발계획이 성안되었다.

신민당은 1961년 2월 20일 결당대회를 가졌다(위원장 김도연, 간사장 유진산). 신민당 내에는 민주당의 신풍회처럼 박준규, 김영삼 등이 중심이 된 청조회가 있었다. 신민당은 결당을 하기 전부터 심한 내분을 겪었다. 청조회 핵심 의원들이 국민의 통일 열망에 부응하여야 한다고 하면서 남북교류를 주장했고, 서민호 민의원 부의장과 양일동 의원 등도 계속 그와 같은 주장을 펴 한민당계와 대립했다.

## 지방자치 선거

장면 정권은 사상 처음으로 지방자치 선거를 전면 실시했다. 지방자치법은 1949년에 제정되었지만 이승만 정권은 지방자치제를 실시하지 않았다. 그러다가 1952년 부산정치파동 때 '민의'를 동원하기 위해 부분적으로 실시했다. 1958년 12월 24일 무술경찰을 동원해 야당 의원을 끌어내고 통과시킨 것은 국가보안법 개정안만이 아니었다. 시장과 읍·면장을 선거제에서 임명제로 바꾼 지방자치법 개정안도 통과시켰다. 이승만 정권은 1960년 정부통령 선거에서 공무원을 대대적으로 동원해 행정선거를 치르려고 기획하고 있었기 때문에 후자를 더 중시했다.

1960년 6월 15일 통과된 내각책임제 개헌안에는 시·읍·면장은 주민이 직접 선출하도록 못을 박아놓았다. 문제는 서울특별시장과 도지사였다. 장면 정권은 서울특별시장은 선거로 선출하더라도 도지사만은 경제발전이나 행정의 효율을 위해 임명제로 하여야 한다고 주장했다. 그렇지만 9월 27일 민의원 본회의에서 도지사, 서울특별시장, 시·읍·면장을 당해 지방자치단체 주민이 직접 선거한다는 안이 통과되었다. 11월 1일 공포된 지방자치법은 서울특별시장의 경우 유권자가 지지하는 후보 이름을 투표용지에 써넣는 기명투표제를 채택했다. 선거 연령은 민·참의원 선거와 마찬가지로 21세에서 20세로 낮아졌다.

지방자치 선거는 추운 12월에 실시되었다. 12월 12일에는 서울특별시·도의원 선거가, 19일에는 시·읍·면의회 의원 선거가, 26일에는 시·읍·면장 선거가, 29일에는 서울특별시장·도지사 선거가 치러졌다. 이 선거에서 12월 12일의 선거는 투표율이 67.1%, 19일의 선거는 62.6%, 26일의 선거는 54.6%였으며, 29일의 선거는 더욱 낮아 38.8%밖에 되지 않았고, 서울의 경우 36.4%로 더욱 낮았다. 투표율이 낮아진 데에는 날씨도 한몫했다. 12월 29일 서울은 영하 12.7도의 추운 날씨에다 눈도 쌓여 있었다. 서울은 기명식 투표여서 문맹자가 대부분 불참했을 것이다. 날씨 외에도 관권 개입이 없었고 동원이 적었던 것도 투표율 저조의 한 원인이었다. 정치인들의 심한 정쟁과 분열도 무관심을 조장했다.

서울특별시장·도지사 및 서울특별시·도의원 선거의 경우 정당 영향력이 컸고, 읍·면 의원, 읍·면장의 경우 무소속이 대거 당선되었다. 또 광역자치단체장과 의원들은 7·29 총선과는 다르게 민주당이 신민당보다 당선자를 월등히 많이 냈다. 10개의 광역자치단체장의 경우 민주당은 서울특별시 등 6개 지역을 차지했는데, 신민당은 3개 지역이었다. 1개 지역은 무소속이었다. 서울시·도의회 의원은 민주당이 195명, 신민당이 70명, 무소속이 216명의 당선자를 냈고, 시의회 의원의 경우 민주당과 신민당의 격차는 더욱 컸다(시장의 경우 12 대 5). 신민당이 관료 출신이 많은 민주당보다 기동력이나 활력에서 밀린 것도 한 요인이었지만, 집권정당의 프리미엄이 컸기 때문이었다. 무소속은 시장의 경우 9명으로 민주당보다 적었지만, 시의원은 238명 대 129명, 읍장은 56명 대 23명, 면장은 1,045명 대 297명, 읍 의원은 872명 대 142명, 면 의원은 12,578명 대 2,510명으로 무소속이 우세했다. 무소속은 대개가 자유당세력이었는데, 이것은 민주당 정부에 호의적이기 어려운 자유당세력이 군 이하의 지역에서는 민주당보다 발언권이 강했다는 것을 말해준다. 경찰을 포함해 군 이하의 공무원들 역시 민주당 정부에 그다지 순응적이지 않았다. 혁신계는 심한 내분으로 지방자치 선거를 거의 포기하다시피 했다. 서울시·도의원 선거에서 겨우 3명이 당선되었을 뿐이었다. 하지만 혁신계는 1960년 말부터 자체 정비에 들어갔고, 통일운동과 2대악법반대투쟁으로 차츰 지지도가 높아졌다.

# 3
## 혁명입법 추진

### 1960년 10월 8일 6대사건 판결

4월 26일 이승만 정권이 붕괴되자 한국전쟁을 전후해 집단학살당한 유족들의 진상규명 요구, 김구암살사건과 같은 각종 의혹사건의 진상규명 요구 등이 잇달아 제기되었지만, 허정 과도정권이나 민의원, 그리고 장면 정권이 떠안은 긴급한 과거사 청산 문제는 3·15부정선거 원흉 등의 처단이었다. 장면 정권은 존속기간 내내 혁명입법 문제로 곤경에 처했는데, 그것은 여론의 빗발치는 요구와 자신의 보수적 입장 사이에 발생한 균열 때문이었다. 4월 26일 직후부터 최인규 등 3·15정부통령선거 당시 장관이나 자유당 기획위원들이 거의 다 구속되었으나, 과연 이들이 민중들이 원하는 바대로 철저히 처리될 것인가 하는 의문이 처음부터 제기되었다. '이승만 체제'가 바뀌지 않았기 때문이었다. 한 신문은 사설에서 혁명 완수를 위해 특별처벌법을 신속히 제정할 것을 역설하면서, 현직 검사들의 대다수는 정치적으로 보아 홍진기·장경근·임철호 등의 계열이라고 해도 과언이 아니고, 판사들이란 최고 수뇌인 대법관을 위시해서 모두 다 이승만 정권의 압력에 눌리어 양심과 지조를 팔고 재판의 독립을 스스로 포기한 사람들이 많았다고 지적하고 다음과 같이 썼다.

현재 검찰이 3·15부정선거의 원흉들에 대해 선거법으로만 다스리려고 하고 국헌문란죄를 적용코자 하지 않으려는 태도를 보이고 있는 것은 언어도단이라 할 것이다. 이들에게 중형을 가하지 않는다면 민심은 조금도 가라앉지 않을 것이요, 또 4·19대학살사건에 대해서 살인죄를 적용치 않는다면 4·19에 희생된 청춘의 영령들이 위로되지 않을 것이요.(『동아일보』 1960년 5월 11일자)

문제는 개헌을 하지 않으면 특별처벌법을 제정하기 어렵다는 점에 있있다. 일부 지식인과 언론, 학생, 민의원 의원이 자유당 국회를 해산하고 새 국회에서 개헌을 하라고 요구한 이유의 하나는 자유당 국회는 자유당 의원들을 처단할 헌법 근거 마련에 대해 반대할 것이라는 점에 있었다. 헌법 개정안에 민주주의 반역자와 부당불법하게 축재한 자들을 다스리기 위한 조항이 삽입되어야 한다는 주장은 자유당과 민주당의 야합에 의해 묵살되었다. 적어도 부정축재 회수는 특별법 없이 불가능하다는 점이 자주 지적되었지만, 민의원은 마이동풍이었다.

부정선거 원흉 등의 처단 문제는 7·29 총선에서 쟁점이 되지 못했다. 민주당은 부정축재를 환원해 활용한다는 막연한 공약만 내걸었다. 사대당은 4월혁명을 완수하기 위해 3·15부정선거 범행자들을 국헌전복 내란범죄로 처단하겠다고 공약하였으나, 부각시키려고 노력하지 않았고, 선거운동 과정에서 주목받지도 못했다.

6월 15일 내각책임제 개헌안이 통과되면서 새로운 사태가 발생했다. 부정선거 원흉으로 구속된 자들의 담당 변호사들─이들은 법조계의 거물급이 많았다—이 부정선거 원흉 처벌법규인 정부통령선거법 등이 개헌으로 실효되었기 때문에 법원은 면소 판결을 내려야 하고 살인, 횡령 등의 범죄를 제외하고는 모두 석방해야 한다는 논리를 편 것이다. 이와 함께 형벌 불소급원칙이 부정선거 원흉에게도 타당한가 하는 문제가 제기되었다. 사태가 이렇게 되자 초대 대법원장이었던 김병로는 하루 속히 특별법을 제정함으로써 혁명과업을 완수해야 한다고 강조하고 이미 죽은 법으로는 처벌이 불가능하다고 지적했다. 9월에 들어와 4월혁명 유족들은 원흉들을 엄단할 것을 요구하는 데모를 법원 변호실에서 벌이며, 부정선거 원흉·발포 경찰에게 무죄 변론을 한 변호인은 혁명정신을 모독했다고 규탄했다. 9월 7일 서울변호사회는 혁명 유족뿐 아니라 국민감정에 어긋나게 무죄 변론한 변호사들을 징계위원회에 회부하고 변호를 사임시키기로 결정했다. 다음날 담당 변호사들이 총사퇴했다. 서울변호사회는 관선변호사 선임도 거부하겠다고 밝혔다. 9월 13일 열린 재판은 변호사 없이 재판을 할 수 없다고 하여 10분 만에 폐정을 했다.

9월 9일 서울변호사회는 '특별법제정 추진위원회'를 구성해 비민주행위자 및 부정축재자 특별처벌법안을 작성해 국회에 건의키로 했다. 민의원에서는 9월 15일 김준태 의원 외 10인이 민주반역자처벌 임시조치법안, 부정축재 특별조치법안, 부정선거관여자 공민권정지에 관한 법률안을 제출했다. 그 밖에도 여러 관계 법안이 제출되었고, 4월혁명 완수를 위한 개헌안 기초에 관한 결의안까지 제출되기에 이르렀다. 9월 말 사태가 심상치 않자 민의원은 부정선거 원흉 재판을 특별법이 제정될 때까지 정지하도록 하는 임시조치법안 마련에 들어갔다. 언론과 한국교수협회에서도 특별법 제정을 촉구하였다.

이승만을 옹호하는 등 갖가지 이유를 대면서 변호사들이 무죄를 주장하는 가운데, 9월 26일 검찰은 내무부와 경찰 책임자인 최인규·이성우·이강학·최병환 등에게 사형을, 자유당 기획위원들에게는 4년 6개월에서 15년을, 국무위원이었던 송인상·신현확 등에게는 12년 등을 구형했다. 언뜻 보면 검사가 중형을 선고한 것 같았지만, 내무부 관련자를 제외하고는 언론에서 주장한 국가변란죄, 국가보안법 등을 적용하지 않고 허위공문서 작성, 횡령, 직무유기 등을 적용하였는데, 그것은 이 사건의 결말을 시사했다. 장면은 9월 21일 부정선거 원흉 처단 문제는 현행법으로 되는 것을 보고서 결정하겠다고 말했지만, 실제는 특별법 제정을 반대하고 있었다. 이승만 정권 관계자들과 성향이 비슷했기 때문인데, 정국의 불안은 특별법을 제정하지 않으려고 했기 때문에 더 커지고 있다는 점을 그는 간과했다.

9월 28일, 설마 하던 사태가 벌어졌다. 장택상에 대한 판결에서 정부통령선거법 위반에 대해 면소 판결을 내린 것이다. 조재천 법무부장관은 수긍 안 되는 판결이라면서 원흉은 다른 재판부가 맡고 있어 면소 판결이 나리라고 생각하지 않는다고 밝혔다. 10월 8일 장준택 판사는 정부통령선거법은 실효되지 않았다고 밝혔다. 이날 최인규 등의 부정선거 혐의에 대한 판결은 하지 않았다. 그리고 발포명령사건과 관련해서는 서울시경 국장이었던 유충렬과 서울시경 경비과장이었던 백남규에게만 검사의 구형대로 사형과 무기징역을 선고하고, 홍진기(전 내무부장관), 조인구(전 치안국장) 및 곽영주(전 경무대 비서관)에게 각각 무죄를 선고했다. 장부통령저격 배후조종사건과 관련해 임흥순(전 서울특별시장)·이익흥(전 내무부장관)·김종원(전 치안국장)·장영복(전 치안국 특정과장) 등에게 경형 내지 무죄를 선고했고, 소위 정치깡패사건의 경우 신도환(전 반공청년단장)·임화수(전 반공예술인단장)·유지광(전 화랑동지회 대표) 등에게 무죄 또는 경형을 선고했다. 서울특별시·경기도 선거사범에 관해 최헌길(전 경기도지사)·최응복(전 서울특별시 부시장) 등에 대해 무죄 또는 공소기각의 판결을 내렸다. 1954년 자유당 감찰부장 이정재가 신익희 등에게 제3세력이라는 굴레를 씌워 심복 부하 김동진에게 암살을 지령했으나 거절당하자 먼저 김동진을 제거하려다 미수에 그친 제3세력제거 음모사건, 전 법무부차관 신언한 등이 민주당이 이 대통령을 저격하려고 음모했다고 무고 교사했다는 이대통령저격음모 조작사건에 대해서도 형 면제 또는 유죄를 선고했다. 6대사건에 대한 10월 8일의 판결이었다.

## 혁명입법

10월 8일의 판결에 대해 백낙준 참의원 의장은 "형이 경하다고 생각하는 사람도 있을 것이며 오히려 중하다고 생각하는 사람들도 있을 것"이라고 이상야릇하게 말했지만, 여론은 들끓었다. 10월 8일 마산에서 1,000여 명이 철야데모에 들어갔고, 서울의 모든 경찰은 돌발사태에 대비해 완전무장을 했다. 장준택 판사와 나항연 서울지법원장, 관계 판사 및 무죄로 석방된 자들은 피신했다. 10월 9일 장면 총리는 정부로서는 현행법으로도 처단이 충분하다고 믿는다고 하면서도, 혁명입법을 위한 개헌을 하겠다고 말하지 않을 수 없었다. 이날 '4월혁명 부상자동지회'에서는 "국회 해산하라"는 '삐라'를 돌리며 시위를 하다가 윤보선 대통령을 면접한 후 해산했다. 윤 대통령은 10월 10일 국회에서 하루속히 특별법 제정을 하기 바란다는 내용의 담화를 냈다.

민의원은 10월 11일, 이달 15일까지 '4월의거 완수를 위한' 헌법 개정안을 제출하고, 31일까지 '4월의거 완수를 위한' 민주반역자 처벌 및 부정축재처리 특별법안의 기초를 완료하여 제출토록 하자는 내용의 결의안을 만장일치로 채택했다. 민의원은 11월 중순까지 혁명입법을 완수하겠다고 다짐했다. 그런데 이날 큰 불상사가 벌어지고 말았다. 민의원 의사당 앞에서 원흉처벌특별법 제정을 요구하며 시위하던 4월혁명 부상자들이 목발에 수륜차를 굴리며 의사당에 난입하여 의사당이 수라장이 되었다. 민주당의 신·구파 민의원들은 데모대가 지켜보는 앞에서 정쟁을 지양하겠다고 약속까지 했다.

　이날 오후 4·19 과업 완수를 촉진시키고 이미 석방된 자들을 재수감하기 위한 민주반역자에 대한 '형사사건임시처리법안'이 민의원에서 통과되어 참의원을 거쳐 13일 공포되었다. 민의원은 10월 17일 헌법 부칙에 3·15정부통령선거에서 부정행위를 한 자, 부정행위 항의에 살상 등의 행위를 한 자를 처벌하고, 1960년 4월 26일 이전 현저히 반민주행위를 한 자의 공민권을 제한하기 위한 특별법을 제정할 수 있고, 1960년 4월 26일 이전에 부정축재를 한 자에 대한 행정상 또는 형사상 처리를 하기 위한 특별법을 둘 수 있으며, 이들 형사사건을 처리하기 위해 특별재판소와 특별검찰부를 둘 수 있다는 것을 신설한 헌법 개정안을 제안해 11월 23일 재석 200명 중 191명 찬성으로 통과시켰다. 이 개정안은 참의원에서 11월 28일 재석 52명 중 가 44표로 무수정 통과되어 다음날 공포되었다. 또한 11월 5일 민의원은 '반민주행위자 공민권제한법안' '부정선거관련자 처벌법안' '부정축재처리 특별법안' '특별재판소 및 특별검찰부 조직법안'을 마련했다. 민의원과 참의원을 통과해 제일 먼저 12월 23일자로 정부에 의해 공포된 것은 '특별재판소 및 특별검찰부 조직법안'이었다. '부정선거관련자 처벌법안'은 민의원에서 통과된 것을 참의원에서 수정한 뒤, 다시 12월 29일 민·참의원을 통과해 12월 31일 공포되었다.

　'반민주행위자 공민권제한법안'은 대상자 문제 때문에 우여곡절이 많았다. 민의원에서도 논란이 있었지만, 참의원에는 의장인 백낙준을 위시해 대상자가 많았다. 연세대 총장으로 '자유당 정부통령 중앙선거대책위원회' 지도위원이었던 백낙준은 10월 8일 판결 전날에 국회 내 자유당계를

민의원 단상을 점령한 4월혁명 부상자들

반혁명세력으로 규정하려고 하는 것에 "7·29 선거에서 당선된 자유당 인
사는 당당히 국민의 신임을 받은 것으로 안다"라고 말한 바 있었다. 11월 1
일 민의원 법사위원회에서 채택한 이 법안으로 최소한 1,200~1,300명이
공직에서 추방되는데, 이 가운데에는 백낙준과 민정구락부 핵심인물인 이
재형 의원 등 민·참의원 약 20명이 해당되는 것으로 보도되었다. 공민권
제한 대상자로 의원들만 문제가 된 것이 아니었다. 제1공화국 정부 수립
직후 '반민족행위처벌법'이 시행되었을 때에도 군인만은 예외 취급을 받
았는데, 공민권 제한 대상자에서도 군인은 제외시켜야 한다는 것이었다.
심지어 군부 내에 오열이 침투했다고 하면서, 군부 지도자를 포함한 전직
고관들의 공민권을 박탈하려는 조치는 대공투쟁을 비난하고 공산주의를

지지하는 것이 아니냐는 논리까지 동원되었다.(『동아일보』 1960년 11월 17일자) 그런가 하면 자유당 선거대책위원회 지도위원으로 대학 총·학장 대부분이 들어갔는데도 물러난 총·학장이 1명밖에 안 되는 것은 있을 수 없다고 분노를 터뜨리기도 했다.

장면이나 민주당은 공민권 제한 대상자를 대폭 축소하려 했으나, 그 뉴스가 나온 11월 15일에 자유당 강경파 보스로 구속되었다가 보석 중이었던 장경근이 서울대학병원에서 부인과 함께 일본으로 도주한 것이 크게 문제가 되어 역풍을 만났다. 그 대상이 축소된다고 했다가 여론의 뭇매를 맞고 다시 늘어났던 이 법안은 12월 5일 현역 의원은 국회 심의위원회에서 결정토록 한다는 전제하에 민의원을 통과했다. 참의원은 심리를 기피하다가 12월 하순에 가서야 대상자 범위를 대폭 축소해 통과시켰다. 다시 우여곡절을 겪다가 1960년 12월 31일 민의원은 자동적으로 공민권이 제한되는 자동케이스를 폐지한 참의원 수정안을 161 대 6이라는 압도적인 표차로 부결시키고, 민의원 안을 확정 통과시켜 당일로 공포하였다. 법무부는 1961년 2월 25일 7년 동안 공민권이 제한될 공민권 제한 자동케이스 제1차 해당자로 이승만과 자살한 이기붕 등 609명을 공고했다.

'부정축재처리 특별법안'은 특히 오래 끌었다. '반민주행위자 공민권 제한법안'과 비슷한 이유 때문이었지만, 경제단체에서 맹렬히 반대운동을 한 것도 한 요인이었다. 장면은 허정처럼 부정축재자 처리에 대단히 소극적이었다. 재무부가 1960년 8월 31일 기업인 24명에게 조세사범처벌법에 의한 벌과금 및 추징금 196억 환을 통고한 얼마 후, 장면은 국회 답변에서 부정축재자 처단은 현재의 처분 통고가 집행되지 않으면 특별법을 제정해서까지 회수하겠으나 소급하여 처단하는 특별법은 유엔헌장에 위배된다고 말했다. 허정처럼 탈세 문제만 처리하겠다는 것이었다. 그렇지만 여론은 그렇지 않았다. 1960년 11월 정부가 실시한 여론조사를 보면 부정축재자를 엄벌에 처해야 한다는 답변이 37.3%로 부정선거 원흉을 엄벌에 처해야 한다는 답변 33.1%보다 높았다. 부정축재자 처벌을 반대한 사람은 4.3%밖에 안 되었는데, 다른 여론조사에서도 비슷한 응답이었다.(이정식, 1976, 259쪽 참조) 장면 정권이 부정축재자 처리에 반대한 것은, 여러 번 정치적 쟁점이 된 것처럼 7·29 총선 등에서 정치자금을 받은 것도 작용했지만, 경제 위축을 초래한다는 데 있었다. 그 반면 찬성 쪽은 부패한 관료자본주의를 청산해야 제대로 경제가 발전할 수 있다고 주장했다. 부정축재 기업들은 주로 제당, 모직 등의 공장인데, 그 기업들은 지금 생산과잉이라면서 경제 위축을 부정축재자 처벌에 반대하는 명분으로 삼는 자들을 반박하는 주장도 나왔다.

민의원은 언론 등의 압력을 받으며 많은 논란 끝에 1961년 2월 9일에야 '부정축재처리 특별법안'을 통과시켰다. 그러자 한국경제협의회, 대한상공회의소, 대한건설협회, 한국무역협회, 대한방직협회 등은 3월 초 도하 각 신문에 광고를 내, 이 법안은 북한괴뢰가 원하는 바대로 산업을 혼란시켜 공산화로의 길을 닦아준다고 주장했다. 민의원에서 통과된 법을 참의원에서 대폭 수정해 부정축재자를 "3·15부정선거를 위하여 '자진'(따옴표는 필자) 3,000만 환 이상을 조달한 자"로 국한했다. 이로 인해 '부정축재처리 특별법안'은 유명무실한 법이 되고 말았다. 민의원은 4월 10일 이 법안을 확정시켰고, 정부는 4월 14일 공포했다. 그러나 시행령은 5월 10일에나 공포되어 쿠데타로 시행조차 되지 못했다.


## 특별검찰부와 특별재판소의 활동

특별검찰부는 그 구성에서부터 난관에 부딪혔다. 특별검찰부장 물망에 오른 사람들이 기피한 탓이었다. 민의원은 1961년 1월 12일에야 특검부장으로 대구고검 검사장인 김용식을 선임했다. 그는 원래 대구고법원장이었으나 이승만의 법관 연임 거부로 물러났다가 4월혁명으로 특별히 검사장에 임명되었다. 상경한 김용식 특검부장은 먼저 30명의 검찰관과 각 도마다 15명씩으로 구성된 조사위원 인선에 들어갔다. 1월 17일 특별검찰부(특검)는 육군 헌병감실 건물에서 정식 출범했다. 그렇지만 정부로부터 예산 영달이 늦어져 집기도 제대로 갖추지 못해 "흡사 해방 후의 반민특위가 천대받던 그대로군"(『동아일보』 1961년 1월 17일자)이라는 말을 들을 정도였다. 특검은 발족 6일 동안 수사는커녕 뚜렷한 운영방침마저 세우지 못하다가 25일경부터 본격적인 활동에 들어갔다. 공소시효 만료일이 2월 28일이어서 활동기간이 25일부터 계산하면 34일 정도였다. 이 짧은 기간에 정부의 홀대를 받으며 피의자를 체포해 심문하고 관계 증거를 확보해 기소를 해야 했다. 처음부터 특검활동은 비관적일 수밖에 없었다.

특검은 중요 사건 중심으로 수사를 하겠다고 천명했지만, 수사는 제대로 이루어지지 않았다. 경무대 앞 발포명령사건의 경우 홍진기, 조인구, 곽영주 등이 상호 모의를 했는가가 핵심이었는데, 당시 국방부장관이었던 김정렬이 입을 열지 않아 수사는 겉돌았다. 2월 1일 군부의 부정선거 수사에 들어갔으나 장면 정권과 매그루더 미8군사령관이 반대해 3일째밖에 안된 2월 4일 벌써 수사보류 결정을 내렸다. 정치자금 조달 관계의 경우 이기붕 친척인 이기호 제일은행장을 구속했을 뿐, 담당 검찰관을 교체하고 '산업 위축'이라는 이유로 자금조달 재벌들에 대해 일절 손을 대지 않기로 결정해 4월혁명 관련단체들의 항의를 받았다. 이승만 측근으로 동국대 총장이었던 백성욱도 부정선거 관련 혐의로 구속영장까지 발부했다가 영장 집행을 보류하고, 담당 검찰관을 교체시킨 다음 무혐의 불기소처분을 해 특검 자체 내에서 심각한 분란이 일어났다. 반민주행위자 공민권 제한과 관련한 수사도 비난을 받았다. 윤보선 대통령이 2월 초 이들에 대해서 처벌의 범위를 좁히라고 말하는 등 다른 사건과 마찬가지로 권력층의 압력이 들어오는 등 여러 가지 이유로 '공민권 조사위원회'에서 공민권 제한 여부를 심사하는 심사위원회에 회부한 케이스가 너무 적었던 것이다. 그런가 하면 특검은 2월 13일부터 공민권제한 조사위원들이 심사 대상자들과 금품거래를 했다고 해서 특검관 10명을 각지로 파견해 내사하는 사태가 벌어지기도 했다.

2월 28일 공소시효 종료일까지 특검은 250여 건을 입건해 전 법무부 차관 신언한, 전 민의원 김철안, 정대천, 전 성균관대 총장 이선근, 이기호, 전도관 박태선 장로와 전 서울시장 임흥순, 전 자유당 기획위원 이중재 등 검찰관 수보다 적은 26명을 구속 기소하고, 참의원 한광석, 민의원 이재현, 유도회 간부 이명세, 이홍세, 최찬익 등 13명을 불구속 기소했다. 그리고 불기소 석방이 10여 건, 기소 중지가 180여 건이었다.[•] 이재현 의원은 구속 동의가 가결되자 피신했고, 한광석 의원은 참의원에서 동의를 해주지 않아 불구속 기소되었다.

거물급의 다수는 이미 일반 검찰청에서 일반 법원에 기소했다고 하지만, 특검은 송사리만 잡고 용두사미 격으로 끝내고 말았다. 그렇게 된 데에는 공소시효기간이 너무 짧았고, 정부·국회·법원이 비협조적인 데다가 정치적인 압력이 적지 않았으며, 부정선거를 저지르는 데 앞장섰던 일반 경찰이 태업 상태에 있었다는 점이 중요하게 작용했다. 그와 함께 특검의 내부 불화가 끊이지 않았고, 특검이 검사와 변호사로 구성되는 바람에 양자

---

[•] 이것은 『동아일보』 1961년 3월 1일자 사설과 이정식, 1976 『해방30년사』 제3권(제2공화국), 성문각, 276쪽에 의한 것이고, 김용식 특검부장은 입건 820건 중 구속 기소 21건, 불구속 기소 10건, 불기소 결정 789건, 도망으로 인하여 공소시효를 중단시킨 건수 104건이라고 말했다.(같은 책, 282쪽) 수치가 신문 보도마다 다르지만 비슷한데, 김용식의 발표와 큰 차이가 나는 것은 집계 방식 때문일 것이다. 『경향신문』은 1961년 2월 27일, 거물급 포함 181명이 기소 중지되었다고 보도했다.

의 성격 차이로 혼선을 불러일으켰다.

특별재판소장에는 전주지방법원장으로 있을 때 민주당 이철승 의원에게 무죄판결을 내려 법복을 벗었던 문기선 변호사가 선임되었다. 1월 25일 5부 재판부가 모두 구성되어 2월 4일부터 본격적인 재판에 들어갔다. 특별법 제정 이전에 일반 법원 소관이었던 부정선거 관련자들 재판까지 맡아, 쿠데타 전날인 5월 15일까지 103건에 263명을 접수했지만, 4월 17일 내무부사건에 대해 최인규 사형, 이강학 징역 15년 등의 판결을 한 것이 고작이었다. 내무부사건도 연합심판부의 확정판결까지 가지 않아서 1건도 처리하지 못한 셈이 되었다. 공민권 심사위원회는 621명에게 7년, 661명에게 5년간 공민권 제한 판정을 내렸는데, 의원들의 저항에도 불구하고 이재학 의원 등 16명의 민·참의원이 포함되었다. 이 위원회에 회부된 청구 건수의 약 절반에 대해 공민권이 제한되었다.


## 경찰 숙정

장면 정권은 이승만 정권의 상급 관리들을 상당수 해임시켰으며, 과거사 청산을 위한 경찰 숙정에서도 어느 정도 성과를 냈다. 경찰은 3·15부정선거뿐 아니라 1952년 정부통령 선거에서부터 부정선거에 깊숙이 개입했다. 이승만 정권을 경찰 정권이라고도 불렀던 것에서 짐작되듯이, 경찰은 부패하고 비리가 많았던 이승만 정권 수호의 첨병이었다. 지방경찰이 더욱 심했다. 그들은 주민 위에 군림했고, 많은 비리를 저지르고 때로는 행패도 부려 원성이 심했다. 3·15마산시위의 뒤처리와 그 이후의 시위진압에서 보여준 경찰의 잔인성이나 포학함은 여러 자료에서 흔히 볼 수 있다. 민주당은 야당 시절 말단 당원일수록 또 선거철일수록 경찰의 압제나 포학함,

행패에 시달렸기 때문에 경찰의 비민주적인 행태나 무능을 잘 알고 있었다. 특히 사찰경찰은 공포와 원성의 표적이었다. 3·15정부통령선거 당시 서울시와 각도의 경찰국장 전원과 경찰서장의 다수가 친일행위자였고, 1960년 5월 현재 경무관 이사관 중 약 70%, 총경 중 약 40%, 경감 중 약 30%, 경위 중 약 15%, 정복경찰의 약 10%, 사복경찰의 약 20%가 친일행위자였는데(『동아일보』 1960년 5월 7일자), 인적인 면에서나 활동 면에서 일제의 것을 이어받아 일제강점기, 그중에서도 일제 말의 근성이나 체질이 해방 후 그대로 전승되었다.

장면 정권은 1960년 9월 중순에 3·15정부통령선거 당시의 경찰서장을 모두 해임했으며, 곧 총경급을 대폭 이동시키겠다고 밝혔다. 장면 정권의 '공무원정리요강'에 의하면, 10월 말까지 전원 해임시킬 예정인 3·15정부통령선거 당시의 군수, 경찰서장, 교육감 등 자동케이스가 1,500명 정도 되었다. 10월 10일 현석호 내무부장관은 24파동 때 무술경찰이었던 자, 경무대 경찰관서에서 부당진급된 자, 민원 대상자 1,500명을 퇴직시키고, 경찰전문학교 학생 550명과 특채로 500여 명을 뽑아 임용하겠다고 말했다. 장면 정권에서 9월 1일에서 11월 사이에 물러난 경찰은 중앙경찰 책임자 20명 중 18명(90%), 총경 160명 중 115명(70%), 경위 500명 중 265명(54%), 경장 4,000명 중 678명(17%), 경사 6,200명 중 1,276명(20%), 순경 2만 2,000명 중 2,169명이었다. 그리고 대학생 430명을 포함해 2,000명의 경찰을 신규채용했다. 11월 하순 20명의 신임 총경이 경찰 외부에서 임명되었고, 36명의 경감이 승진되었다. 1960년에 경장과 그 이상 직위로 승진한 사람은 540명이었다.(한승주, 1983, 152~157쪽)

'반민주행위자 공민권제한법안'은 경찰의 경우에도 많은 논란이 있었다. 12월 초 시점에서 자동케이스가 경찰에서 100명 정도 되는 것으로 알려졌다. 그 법이 통과된 직후인 1961년 1월 말 3,700명의 사찰요원 중

2,524명이 심사케이스에 해당되었다. 여론은 경찰서장이나 사찰계장까지는 자동케이스에 포함시켜야 한다고 주장했다. 그렇지만 대공망 등 경찰 업무에 큰 지장이 생긴다는 주장도 만만치 않았다. 1961년 2월 25일 법무부가 공고한 공민권 제한 자동케이스 해당자에는 3·15정부통령선거 당시 경찰국장, 경찰서장은 물론이고 사찰계, 분실장, 과장, 계장, 주임과 선거 주임 등이 다수 포함되었다.

# 4
# 장면 정권의 통일정책과 대미·대일 관계

## 통일정책

1955년 민주당은 창당될 때 국력 신장과 보수우방과의 제휴로써 국토통일을 기한다는 막연한 정책을 내세웠다. 그러다가 1957년경부터 평화통일도 고려하지만 민주·공산 양 진영이 무력으로 대결할 때에는 북진통일을 한다는 소위 화전양양和戰兩樣을 슬로건으로 내세웠다. 1957년 10월 전당대회에서는 유엔 감시하의 남북 자유총선거에 의하여 통일국회를 구성하고 헌법을 제정하여 통일정부를 수립한다는 한 걸음 나아간 정책을 제시했다. 다만 헌법을 '제정'한다는 문구 때문에 자유당으로부터 호되게 공격을 당하자 '제정'을 '개정'으로 바꾸었다. 7·29 총선에서 집권을 눈앞에 둔 민주당은 유엔 감시하 남북 자유선거로써 평화통일을 도모하는 것을 원칙으로 하되, 남북연합위원회 구성이나 남북교류에는 반대했다. 집권을 하자 민주당은 더 구체적으로 통일방안을 설명했다. 정일형 외무부장관은 9월 국회에서 민주당이 선거공약에서 언급한 유엔 감시하에 자유선거를 실시해 반공통일을 완수하겠다고 천명했다. 그리고 미 하원의 맨스필드 의원이 10월 22일 1955년 오스트리아 방식의 중립화통일을 제시하자, 당일로 장면 총리는 위험한 주장이라고 말했고, 정일형도 그러한 통일은 공산화의 제1보에 불과하다고 말했다. 민주당은 1957년경부터 겉으로는 통일정책을 변경한 것 같았지만, 그것은 대내·대외적 수사였고, 기본적으로는 한민당-민국당 입장이나 이승만 주장과 비슷했다. 그것은 그 뒤의 정책에서 확연히 드러났다.

여름방학이 끝날 무렵부터 학생들은 통일문제에 관심을 보이기 시작했다. 11월 1일에는 '서울대학교 민족통일연맹(민통련) 발기대회'가 개최되었다. 이 대회가 개최된 데에는 맨스필드 발언의 영향도 일정 부분 작용하였는데, 이 대회에서 학생들이 제기한 주장은 보수정치세력에게 큰 파장을 불러일으켰다. 이날 채택한 "대정부 및 사회 건의문"에서 학생들은 남북 양단의 책임이 있는 기성세대는 젊은 세대의 통일 발언을 묵살 또는 억압할 자격이 없다고 지적하고, 남한의 모든 정당과 사회단체는 남북총선거에 대비해 공산당에 대항하기 위해 연합할 기틀을 마련하고, 정부는 적극외교로 전환해 장면이 미국과 소련을 특별 방문하라고 요구했다. 반공·냉전 세력에게는 깜짝 놀랄 주장이었다. 다음날 정부 대변인은 북한의 남파간첩에 대한 지령 내용이 학생들 동태와 거의 합치하므로 민통련을 주시하겠다고 말했다. 이날 야간국회는 만장일치로 "대한민국헌법 절차에 의하여 유엔 감시하에 인구비례에 따라 자유선거를 한다"라고 결의했다. 이승만의 주장과 똑같은 결의였다. 이날 국회에서 김준연 의원은 "유엔 감시하에 남북총선거를 하면 이길 자신 있습니까?"라고 말해 민주당 신·구파 의원들의 속마음을 대변했다. 국회 결의는 민주당이 7·29 총선에서 제시한 공약인 유엔 감시하의 통일방안과 명백히 다른 것이었지만, 장면 총리는 3일 국회 결의안은 정부 측 안과 표현 방법의 차이가 있을 뿐이라고 피력했다. 이승만의 극우반공체제에서 안주해온 반공·냉전 세력은 4월혁명으로 전반적으로 위축되어 있었다. 이승만을 대신해 반공체제를 수호할 임무를 맡은 집권세력은 통일논의의 물꼬가 트이자 우려했던 사태가 일어난다고 두려워했는데, 학생들이 '돌출적' 발언을 하자 과민한 반응을 보인 것이다.

집권세력은 자유민주주의체제에서 통일논의를 억압해야 한다는 모순에 직면했던바, 대안이 없었던 것은 아니었다. 서울대 민통련 발기대회 다음날인 11월 2일, 서울대 강당에서는 입추의 여지없이 가득 찬 청중 앞에서 학생 대표와 사회 대표가 토론을 벌였다. 이 자리에서 학생들은 피해망상과 패배주의에서 벗어나 통일추진세력체를 형성해야 한다고 역설했지만, 민주당 정책위원회 의장이며 상공부장관인 주요한은 "우리의 모든 분야의 실력이 북한을 끌어당기는 그날까진 평화적 통일론은 무의미할 것"이라고 주장했다. 주요한의 선先건설론은 집권세력의 의중을 잘 드러낸 것이었다.

통일논의는 1961년 2월에 '민족자주통일 중앙협의회'(민자통)가 결성되면서 더욱 활기를 띠었다. 민자통 주류와 사회당은 남북협상론을 제의했다. 그렇지만 혁신계의 주력이 모인 통일사회당은 통일문제가 극우세력을 자극할 수 있다고 판단해 신중한 태도를 보였다. 한편 3월 8일 외무부에 통일국을 신설하기로 하였는데, 기이하게도 그때까지 한국 정부는 통일문제를 다루는 부서가 없었다.

1961년 4월에 장면 정권은 유엔 결의로 홍역을 치렀다. 정일형 장관이 1960년 9월 참의원에서 설명했듯이 유엔은 1950년대의 유엔이 아니었다. 아프리카와 아시아에서 신생국이 대거 생겨나 아·아블록세력이 무시 못할 만큼 커졌다. 유엔총회 제1위원회에서 인도네시아가 남북동시초청안을 제기하자, 주유엔 미국 대사 스티븐슨은 자신의 결의안을 거두고, "북이 먼저 유엔의 권능과 권위를 수락하고 대한민국이 유엔에 대해서 취해온 것과 똑같은 행동을 취한다"라는 조건을 단 남북대표동시초청 수정결의안을 제출했다. 북이 받아들이지 않을 것이라는 판단하에서 나온 안이었지만, 한국 정부로서는 받아들이기 어려운 '2개의 한국'을 인정한 폭탄적 제의였다. 4월 12일 유엔 정치위원회에서 스티븐슨 안이 통과되자 장면 총리는 특별담화로 유엔 결의를 전폭 지지한다고 밝혔고, 정일형 장관은 대한민국의 커다란 승리라고 주장했다. 그렇지만 장면 총리는 며칠 후 "비록 유엔의 결의라 하더라도 민주주의선거가 아니면 이를 수락하지 않을 것이다" "용공통일이라면 차라리 남북한의 분단 상태를 이대로 두는 편이 낫다" "유엔 정치위원회에서 북한 측 대표와의 동석을 거부하겠다" 등의 발언을 통해 정부 입장을 명료하게 정리했다. 5월 3일 서울대 민통련에서 남북학생회담을 제의하자, 장면은 남북교류 및 남북학생회담 불허 방침을 명확히 했다.

장면 정권은 유엔 감시하의 남북총선거를 내세웠지만, 반공통일이 아니면 받아들일 의향이 없었고, 중립화통일과 남북교류에는 반대했다. 장면 정권은 내심으로 모든 면에서 북한보다 우세할 때까지 통일을 보류해야 한다는 선건설론에 기울어져 있었다.


## 군부의 동요와 한미관계

한국전쟁이 발발할 무렵 군 병력은 10만 명이 채 안 되었으나, 정전停戰 직후에는 60만 대군으로 성장했고, 한때 72만 명 정도까지 되었다가 다시 60만 명 선을 유지했다. 이승만은 군 최고 수뇌부로 하여금 상호 경쟁적으로 자신에게 충성을 바치게 함으로써 군을 장악했다. 그렇지만 군의 비대화는, 1959년 11월 미 상원 외교분과위원회에 제출된 「콜론보고서」가 한국에 타국의 예를 따라 군사 지배가 정당을 대체하는 사태가 올 수 있다고 지적한 바와 같은 우려가 현실화될 수 있는 소지를 안고 있었다. 미국은 이승만을 제외한다면 한국의 어느 집단보다도 군의 친미 성향과 반공의지를 신뢰하고 있었다.

1960년 4월 26일 이승만 정권이 붕괴되었을 때 군부는 동요했다. 군의 수뇌부와 고위 장성들은 대개가 이기붕 국회의장과 각별한 관계를 가지려고 했고, 3·15부정선거에 개입되어 있었다. 허정 과도정부 수반이 군의 신망을 받는 이종찬을 국방부장관에 임명한 것은 군의 동요를 막는 데 기여했다. 그렇지만 불만에 차 있는 정치 지향적 장교들이 군의 숙정을 들고 나오는 것은 막을 수 없는 추세였다.

1960년 5월 8일 육군사관학교를 먼저 나온 군인들보다 나이 차이가 별반 없는데도 승진이 지체되었고 숫자도 많았던 육사 8기의 김종필, 김형욱 등 중령 8명은 부패한 장성들을 군에서 추방할 것을 주요 골자로 한 정군整軍운동을 시작했다. 이들은 국가반란음모죄로 체포되었다가, 송요찬이 육군참모총장 사퇴 성명을 발표하면서 석방되었다. 5월 말 4성장군으로 유일하게 현역에 남아 있었던 백선엽 연합참모총장이 예편했다. 허정은 백선엽을 주중 대사로, 1군사령관이었던 유재흥을 예편시켜 주태국 대사로 내보냈다. 해병대사령관도 예편되었고 해군참모총장도 교체되었다. 제헌절인 7월 17일, 새로 임명된 3군 참모총장과 해병대사령관이 군의 정치적 중립을 서약했다.

장면 내각이 발족한 8월 23일로부터 불과 3주도 안 된 9월 10일 김종필, 김형욱 등 11명의 중령은 정군을 지지하는 장면 정권의 현석호 국방부장관을 일정 때문에 만나지 못하자 그날 저녁 충무장에 모여 쿠데타를 결행하기로 하고 부서를 정했다. 정군을 앞에 내세운 장교들의 정치행로였다. 그런데 며칠 후 미 국방부 군원국장인 파머 대장이 내한하면서 정군 문제가 정치적 문제로 불거졌다. 9월 20일 파머가 군 수뇌부가 강제퇴역을 당한 것에 현역 장성들이 불안과 초조를 느끼고 있다는 나쁜 인상을 받았다는 내용의 성명을 발표한 것에 대해, 다음날 장면 정권에 의해 육군참모총장이 된 최경록 중장이 명백한 주권 침해라고 반박하고 나선 것이다. 당시 한미관계로 볼 때 파격적인 '사건'이었다. 최경록의 민족주의적 발언은 많은 지지를 받았지만 친미세력으로부터는 비판을 받았다. 이어 육사 7, 9, 10기 대표 16명은 파머를 초청한 최영희의 연합참모총장 사임을 요구했다. 16명은 군법회의에 회부되었고, 최영희는 총장직을 사임하고 전역했다. 이 전역식에서 매그루더 미8군사령관은 '정군' 중지를 요구했다. 11월 중순 장면 정권은 각 군 주요지휘관회의에서 정군 완료를 선언했다.

60만 명 선의 군대를 40만 명으로 줄이겠다는 감군계획은 7·29 총선에서 민주당 핵심 공약의 하나였다. 8월 23일 내각이 발족하면서 들고 나온 경제제일주의는 재원 확보가 가장 중요했는데, 감군은 재원 확보의 확실한 방안이었다. 이 때문에 민주당 정부는 내각 발족 2일째인 25일 미국 측에 10만 감군을 제의했다. 미국은 즉각 이에 반대했고, 군부에서도 반대 의사를 표명했다. 자신이 없어진 현석호 국방부장관은 9월도 되기 전에 신중한 자세를 보였다. 파머도 반대했다. 9월 14일 열린 군 수뇌회의에서 5만 명 감군이 건의되자 장면 정권은 이를 받아들였으나, 곧 3만 명으로 줄었고, 11월 초 권중돈 국방부장관은 일부 감군이 있지만 60만 명 선을 유지할 것임을 발표했다. 12월 하순 소수의 감군이 있었으나 그것에도 해당자들은 반발했다. 작전권을 다시 찾아와야 한다는 주장도 있었으나 흐지부지되었다.

1961년 2월에 육군참모총장직에서 최경록을 해임하고 장도영을 그 자리에 임명한 것은 장면 총리의 최대 실책이었다. 취임 초부터 미군 장성과 충돌하고 군 개혁을 지지함으로써 최경록은 반년도 못 되어 물러났다. 장도영은 평판이 좋았던 최경록과는 대조적이었다. 그는 이기붕 집을 뻔질나게 드나들어 그의 양자라는 말을 들을 정도로 부패와 부정의 상징적 인물이어서 4월혁명 직후 스스로 예편원을 낸 바 있었다. 최경록은 참모총장 이임 인사에서 군의 정치적 중립을 강조했지만 장도영은 정치적인 군인이었다. 장도영이 임명된 것은 매그루더의 추천이 작용했다. 남로당 군프락치사건 이후 위기에 처한 박정희를 여러 차례 구해준 바 있는 장도영은 박정희가 쿠데타를 일으키자 양다리를 걸쳤다.

장면 정권은 정군에서나 감군에서나 미국을 설득하려는 노력을 별반하지 않았다. 미군이 반대하면 쉽게 그것에 따랐다. 사실은 시민들도 미국에 호의적이었다. 1960년 4월 격렬한 시위에서도 미국에 대해서는 호감을 표시했고, 6월 아이젠하워 대통령이 내방했을 때는 그야말로 열렬히 환영했다. 이처럼 전반적인 분위기가 친미적이었지만, 장면 정권의 미국·미군에 대한 태도는 도가 지나쳐서 저자세라는 인상을 주지 않을 수 없었다. 1961년 2월 8일 한국과 미국이 3개의 한미경제관계협정을 단일화한 한미경제협정에 조인하자 일부 학생들이 이전과 달리 반미 성향이 강한 반대투쟁을 벌였는데, 이 투쟁이 전개된 데에는 장면 정권의 대미 자세도 한몫했다. 이승만 정권 시기에도 정부의 한미경제합동위원회에서 미국 측 경제원조사절단의 주도하에 상공부·재무부·부흥부 등의 각 부서 정책을 심의 결정하여 정부의 경제주권이 심한 제약을 받았다. 이 때문에 허정 과도 정부 수반은 한국 정부의 예산편성이 국내 재원과 미국 원조가 절반씩 차지하는 상황에서 미국 측의 관여를 배세하면 종합경제계획 수립과 수행에 큰 차질을 빚으므로, 미국 측의 예산편성 간여가 내정간섭이라는 오해를 사지 않도록 해야 한다고 설명한 바 있었다. 그런데 2월 8일의 한미경제협정은 재정, 예산, 금융 통화, 무역 외환, 경제계획과 경제개발에 이르기까지 미국에 대해 일체 정보 제공의 의무가 부여되는 등 미국의 감독권을 강화하였고, 미국의 원조사업에 고용된 미국인들에 대한 특혜 조치의 범위를 확대하였으며, 원조 중지도 일방적으로 미국이 할 수 있도록 했다.

통일사회당이나 16개의 혁신계 정당·사회단체로 구성된 '2·8 한미경제협정반대 공동투쟁위원회'는 한미경제협정반대투쟁이 반미투쟁이라는 인상을 주지 않으려고 노력했다. 그러나 학생들은 달랐다. 서울 시내 7개 대학의 민족통일연맹과 국민계몽대 등이 제휴하여 만든 '전국학생 한미경제원조협정반대 투쟁위원회'는 한미경제협정을 "예속적 식민지적 불평등 조약"으로 규정하였다. 뿐만 아니라 분단과 관련해서도 "일본제국주의자들의 뒤를 이어 우리 조국의 절반에 진주한 미국이 매족적, 반민족적 일부 분자들과 결탁하여 우리의 조국을 분할했다"라고 표명해 반미적 민족해방론적 관점을 보여주었다.

주권 제약은 국방·안보나 예산 및 경제정책에만 있었던 것은 아니었다. 인천항의 제1독dock과 부산항의 제3부두는 미군 전용이거나 한미 공동사용 항구로서 임대료는 고사하고 행정권, 사법권도 미치지 않는 '조계'였다. 여의도와 김포, 부산공항 등도 관리권이 정부에 인계되었다고 하지만, 미군 영향력이 컸다. 김포공항은 항공기 이착륙, 관제경비, 치안 등을 미 공군이 쥐고 있었다. 미군기관 노무자는 노동법 적용을 받지 못했다.

학생들은 이러한 한미관계에 대해 비판적이었다. 학생들은 미군이 한국인에게 총을 쏘거나 린치를 가하는 데 대해서 이승만과 장면 정권이 수수방관하는 것에 분노했고, 주한미군 면세품이 시중에 범람해 특수층을 상대로 하는 거대 시장이 형성된 것에 불만이 많았다. 미국과 미국인에 대한 상류층의 과도한 저자세와 사대주의 근성도 못마땅해했다.

장면 총리는 한미경제협정반대투쟁에는 반미사상을 조장하려는 북한 흉계가 편승되어 있다고 밝혔는데, 그는 미국에 대한 자신의 저자세를 조금도 부자연스럽게 생각지 않았다. 그는 국방과 군은 미군 통제하에 있기 때문에 정부의 역할은 한계가 있다고 판단했다. 그런데 미국은 그가 미국을 신뢰하는 만큼 그를 신뢰하지 않았다. 미국 정부는 그의 지도력을 높게 평가하지 않았고, 진보세력이 한국을 위협하면 그를 대체할 수 있다고 보았다.

장면 정권은 이승만 정권, 박정희 정권에 비해서는 한미행정협정SOFA 문제에 상대적으로 적극적이었다. 이 문제는 1960년 9월 김용식 외무부차관과 그린 미국대사관 참사관 사이에 거론되었으나 한동안 실무자회의가 열리지 않았다. 다만 '전국미군종업원노조'의 '한미행정협정을 촉구하는 백만인 서명운동'이 세인의 관심을 끌었다. 1961년 4월 장면 총리와 매카나기 미국대사는 주한미군의 재판권 문제를 포함한 포괄적인 주둔군지위협정을 체결하기 위한 교섭을 개시한다는 공동성명을 발표했다. 그리하여 역사적인 제1차 한미행정협정 실무위원회가 두 차례에 걸쳐 열렸으나, 5·16쿠데타로 중단되었다.


## 한일관계

허정 과도정권은 이승만의 극단적인 반일정책을 폐기하고 일본과의 국교 정상화에 적극적 의지를 내보였지만, 일본이 북과의 재일교포북송협정을 연장하려 하고, 일본 어선들의 평화선 침범이 급증함에 따라 양국 관계는 순탄하지 못했다. 강한 반대를 무릅쓰고 미일신안보조약을 맺은 기시岸信介 내각이 물러서고 7월에 이케다 내각이 들어섬으로써 한일관계는 새로운 국면에 들어섰다.

일본을 중심으로 하는 반공을 위한 동북아지역 통합정책을 추진했던 미국은 미일신안보조약 성립을 계기로 장면 정권과 일본 정부에 대해 양국의 관계정상화를 위해 노력해줄 것을 촉구했다. 정부 구성 당시 장면에게 자문을 했던, '내부 조직'으로 불린 김영선·오위영·현석호·조재천·이상철 등이 일제강점하에서 군수를 지내는 등 친일행위를 했고, 역시 장면 정권 발족 때 중요한 역할을 한 13인위원회 위원들도 거의 다 친일행위를 하였기 때문에 장면 정권은 친일내각이라는 평을 들었다. 장면 총리가 한일관계 개선에 적극적이었던 데에는, 이러한 점들도 작용했지만, 취임 제1성으로 경제제일주의를 내걸고 한일회담 재개 및 재일교포자본 국내 반입의 길을 여는 것이 급선무라고 말한 바가 시사하듯, 경제발전이 핵심적으로 작용했다. 장면 정권은 국교정상화 이전이라도 통상 형식 등을 통해 일본으로부터 자본을 도입하고자 했다.

일본은 장면 내각이 들어서자마자 '지일知日내각'이라고 반겼고, 내각이 출범하기도 전에 고사카 외상의 방한을 제의했다. 9월 6일 일제 패망 후 고위 관리로는 처음으로 한국을 방문한 일본 외상은 곧장 미국을 방문해 더욱 주목을 받았다. 정일형 외무부장관은 고사카 외상 방한 기념으로 부산에 억류 중인 일본인 어부 전원을 특사할 방침이라고 발표했다. 10월 25일에는 1961년 5월 쿠데타로 중지될 때까지 계속된 제5차 한일예비회담이 전례가 없는 기대와 우호적 분위기에서 도쿄에서 열렸다. 이틀 후인 27일 일본 측이 중단 상태였던 북송회담을 재개해 북송협정을 1년간 연장하기로 합의했는데도, 북송 문제는 별도로 대책을 강구하면서 한일회담은 그대로 진행시켰다. 11월에는 미쓰이물산, 미쓰비시상사, 스미토모상사 등 일본의 유력한 기업체 책임자들로 구성된 제1차 민간경제시찰단이 방한했다. 12월 1일에는 해방 후 처음으로 부산과 하카다를 왕래하는 정기 해상항로가 열렸다. 장면은 친일파인 김대우, 박흥식 등으로 하여금 이면裏面에서 대일 교섭을 하도록 했다.

1961년 새해를 맞으며 장면 정권은 한일국교정상화가 가능하다고 발표했지만, 신민당이 정부의 대일 외교에 반발하는 등 한일국교정상화 문제가 쟁점이 되었다. 이에 민의원은 2월 3일 한일관계 개선이 극동의 자유 진영 결속에 이바지한다는 것은 절실히 인식하지만, 민족정기 앙양과 자주정신 견지, 호혜평등 원칙이 관철되어야 한다는 내용의 결의문을 통과시켰다. 이 결의문에서 민의원은 "① 대일 국교는 '제한국교'로부터 점진적으로 '전면국교'로 진전시켜야 하며 ② 평화선은 수호되어야 하고 ③ 정식 국교는 일본의 강점으로 인한 손해와 고통의 청산이 있은 후에 이루어져야 하고 ④ 경제 협조는 국내 산업이 침식당하지 않는 범위 내에서 실시되어야 한다"라는 4개 원칙을 내세웠다. 이 결의에 정부도 대체로 동의했다.

한일관계는 봄철이 되면서 난항을 면치 못했는데, 4월 미국 정부가 적극적으로 조정하면서 변화가 있는 듯했다. 5월 6일에는 8명으로 구성된 일본 의원단과 외무성 아세아국장 등이 방한했던바, 아세아국장은 한일회담 타결을 낙관하는 발언을 했다. 그러나 일본의 일각에서는 장면 정권을 불안스러운 눈으로 보고 있었다.


## 장면 정권에 대한 평가

허정 과도정권·장면 정권 시기는 한국사에서 보기 드물게 자유가 많았고 민주주의가 정치, 사회 전반에 걸쳐 폭넓게 실행되었다. 1950년대의 경우, 사회 영역이 관권에 의해 지배받아 각종 사회단체 또는 이익단체는 자율성이 미약했고 관권선거에 동원되었지만, 이승만 정권 붕괴 이후 쿠데타에 의해 저지될 때까지 사회 전반에 걸쳐 자율성이 확대되었다. 상급에서부터 하급에 걸쳐 자행되던 공권력 남용도 크게 약화되었다. 공공성이 그만큼 제고되고 법치주의가 영역을 넓힌 것이다. 4월혁명의 충격과 4월혁명이 열어놓은 공간에 의해 침체의 늪을 벗어나지 못했던 정신적·지적·사상적 영역이 활기를 찾고 확대된 것은 특기할 만하다. 그것은 쿠데타세력조차도 일방적으로 봉쇄하기 어려웠고, 해방 직후 우익과 좌익 어느 한쪽편을 들어야 했던 상황과도 차이가 있었다.

그렇지만 장면 정권은 새로운 시대를 적극적으로 맞이하려는 태세가 되어 있지 않았다. 보수반공적이고 냉전적 사고에 찌들어 있다는 점에서 이승만 정권과 별다른 차이가 없었다. 민주당 내부의 통합력이 미약한 상태에서 장면 정권은 새로운 사태와 구세력 사이에서 샌드위치가 되어 있었고, 장면에게는 난국을 헤쳐나갈 만한 리더십이 부족했다.

장면 정권은 정쟁에 휩쓸렸다. 민주당은 창당되었을 때부터 신파와 구파가 대립했는데, 구파는 1960년 7·29 총선에서 압승하자 분당을 선언했고, 장면 새 내각이 20일 만에 개각하지 않을 수 없을 정도로 두 파의 갈등은 심했다. 결국 구파는 분당했다. 민주당은 11월에 신민당의 거의 배가 되는 의석수를 확보했지만, 소장층 반발에 직면했다. 장면은 1961년 3~4월경에야 가까스로 정부와 당을 안정적으로 이끌어갈 수 있었다. 장면 총리는 구파인 윤보선 대통령과의 갈등 때문에도 몹시 골머리를 앓았다. 윤보선은 1961년 3월 22일 장면 총리 및 여야 정치인을 초빙한 자리에서 "시국을 수습할 수 없다면 정권을 내놓으라"고 극언을 했고(송원영, 1990, 181~182쪽), 쿠데타가 나자 "올 것이 왔다"라고 말했다.

민주당은 불만에 찬 도시 유권자와 비판적인 언론 덕택으로 야당 역할을 할 수 있었다. 역사가 극적으로 바뀌는 4월 19·25·26일 어디에서도 민주당 간부는 찾아볼 수 없었다. 4월혁명에 소극적이었던 민주당은 4월혁명세력 앞에서 무력할 수밖에 없었다. 4월혁명 관련단체와 여론은 이승만 정권과 부정축재자를 단죄할 혁명입법을 요구했지만, 장면 정권은 보수·반공·냉전세력을 제거하는 혁명입법에 주저했다. 이 때문에도 장면 정권

장면 정권 내각 수립 후 기념촬영. 왼쪽에서부터 장면 총리 부인, 장면 총리, 윤보선 대통령 부인, 윤보선 대통령, 백낙준 참의원 의장, 곽상훈 민의원 의장

은 집권 초기 몇 개월 동안 갈피를 잡지 못했다. 장면 정권은 경찰을 비롯해 공무원, 검찰, 군을 대량으로 숙정해야 할 임무를 맡았고, 그것을 부분적으로는 수행했다. 하지만 그것은 보수적인 장면 정권의 집행력을 약화시킬 수도 있었다.

그런데 장면 정권에 대해서 잘못 알려진 것도 많다. 박정희 정권은 집권기간 내내 장면 정권 집권기는 혼란이 심했고 치안이 부재했다고 선전했는데, 그것은 일면의 진실일 뿐이다. 이승만 정권이나 박정희 정권처럼 억압 일변도의 통치를 할 수 없었던 시기에 이전 정권하에서 쌓였던 불만이 터지고, 학원마다 학원모리배를 규탄하고, 주민 집단학살과 각종 의혹사건의 진상규명을 요구하는 움직임이 일어나는 것은 자연스러운 일로서, '정상적인 사회'로 가기 위해 어차피 겪어야 할 전반적인 사회 재조정 과정이었다. 또 시위는 박 정권 주장과 달리 주로 과도정부 시기인 4월 26일에서부터 6월 말까지 일어났고, 장면 정권의 경우 잡권 초기가 후기보다 많았다.(『조선일보』 1961년 4월 16일자) 1961년에 들어오면서 시위는 현저히 줄어들었고, 주목받았던 그해 4월 19일에도 예상과 달리 평온해 쿠데타 모의자들이 쿠데타를 연기하지 않을 수 없었다. 경찰의 시위 대처 '능력'도 1961년 2~3월경에는 크게 향상되었다.

통일관에서 이승만 정권과 큰 차이가 없었던 장면 정권은 통일운동이나 진보적 사회운동, 학생운동을 '북괴'의 '흉계'와 연결시켰다. 그리고 이러한 세력을 탄압하기 위해 4월혁명정신에 모순되게 반공법(또는 국가보안법 개정)과 데모규제법을 제정하고자 함으로써 혁신계의 2대악법반대투쟁을 불러왔다. 그리고 이것은 아이러니하게도 오히려 혁신계를 강화시켰다. 이승만 정권으로부터 심한 탄압을 받았던 혁신세력은 이승만·자유당이나 민주당이나 비슷비슷한 극우반동으로 간주했고, 장면 정권은 혁신세력을 사갈시했다. 이 때문에 장면 정권은 한편으로는 혁명입법 등으로 자유당계 등 극우반공세력으로부터 반발을 샀고, 다른 한편으로는 4월혁명단체, 혁신세력, 학생운동세력과 대립했다.

언론의 자유는 언론의 범람과 횡포를 낳았다. 이승만 정권은 언론에 재갈을 물리기 위해 국가보안법 개정안에 악명 높은 '언론조항'을 삽입한 바 있었는데, 장면 정권은 혁신계 신문인 『민족일보』에 약간 손댄 것을 제외하고는 언론 규제에 대해서는 감히 생각조차 못 했다. 1961년 2월 초 현재 등록된 정기간행물은 일간 114건, 일간통신 270건 등 1,466건으로 보도되었다.(『경향신문』 1961년 2월 4일자) 이들은 과장·왜곡 보도하기 일쑤였고, 특히 정쟁을 부추겼다. 언론은 장면 정권의 실정과 무능을 쉬지 않고 보도했다. 장면을 지지하는 가톨릭계 신문인 『경향신문』과 정부 기관지라 할 수 있는 『서울신문』과 KBS조차 비판했다.

4월혁명기에는 여론의 향배가 중요했다. 장면이 혁명입법을 완화시키려고 해도 적지 않은 민주당 의원들이 당수 주장이나 당론보다 여론에 따랐다. 반공법·데모규제법 제정을 장면 정권이 쉽게 포기한 것도 비슷한 이유 때문이었다. 이러한 상황이어서 상당 기간 장면의 리더십은 도전받게 되어 있었다.

너나없이 실업자였던 시기여서 대중은 생활이나 경제 면에서 장면 정권에 대해 기대가 컸다. 허정 과도정권이 들어설 때부터 대중들은 기대 상승 의식을 보여주었는데, 장면은 7·29 총선에서 혁신계를 제압하기 위해 사회복지 공약을 제시하는 등 민주당이 집권하면 잘살 수 있을 것 같은 약속을 남발했다. 대중들의 기대는 불만으로 돌아서게 되어 있었다.

이와 같이 4월혁명으로 여러 변화가 일어났고, 과도기였기 때문에 장면 정권은 여러 면에서 어려움에 부딪혔지만, 짧은 존속기간에 비하면 과도기답게 의미 있는 변화와 성취가 적지 않았다는 점에서 부정적인 평가만 해서는 안 될 것이다. 4월혁명으로 민주주의와 법치주의 및 인권 확대, 사회단체·이익단체의 자율성 확대, 혁명입법, 통일논의 활성화, 학생들의 민족자주성 강조와 신생활운동, 노동운동 등 사회운동 활성화, 집단학살 의혹사건 등에 대한 진상규명운동, 지방자치제 선거 확대 등이 이루어졌다. 그리고 장면 정권하에서 공무원 사회와 교육계에도 변화가 일어났고, 일정하게 동태성이 부여됨에 따라 '성취형' 관료도 생겨났다. 공무원·경찰 공채도 신선한 바람을 일으켰다. 경찰의 태도도 많이 달라졌다. 경제제일주의 기치 아래 경제 건설이라는 구도가 형성되었다. 그것과 테크노크라트, 경제개발계획, 국토건설사업, 기간산업 중시 등은 다음 정권으로 인계되었다.

제**2**장
# 4월혁명 직후 대중운동의 성장

---

# 1

# 학원민주화운동과 계몽운동

## 학원민주화운동

**학도호국단 해체와 자치학생회 건설**　4월혁명의 주역이었던 학생들은 이
승만 정권의 붕괴 직후 학도호국단
을 해체하고, 자치학생회를 건설하는 일에 착수하였다. 학도호국단은 조
직 자체가 학생들의 자치조직이라기보다는 국가가 학생을 통제하고 동원
하기 위해 만든 조직이었다.* 이승만 정권은 학도호국단 조직을 통해 반공
주의를 고취하고, 나아가 각종 관제시위에 학생들을 동원하였다. 학생 동
원은 1953년 휴전반대 총궐기데모, 1954년 미군철수반대데모, 1955년 적

---

*　학도호국단은 대한민국 정부 수립 직후 초대 문교부장관으로 취임한 안호상이 "공산당의 준동으로 야
기된 학원의 혼란을 제거하고, 학도층의 사상 통일을 기하기 위하여" 조직하였다. 중·고교는 1949년 2
월부터, 대학은 같은 해 3~4월경에 조직되었다. 학도호국단은 중앙에 총본부를 두었고, 총재는 대통
령, 부총재는 국무총리, 단장은 문교부장관이 맡았다. 그 하부조직으로 시장 또는 도지사가 단장이 되
는 시·도 학도호국단이 존재했고, 그 밑의 각급 학교 학도호국단이 조직되었다. 학교별 호국단도 단장
은 해당 학교의 총장, 학장 또는 교장 등 학교 운영 책임자가 맡았고, 그 휘하에 학생 대표가 있었다.(정
계정, 1995, 5~7쪽)

성중립국감시위원단축출데모, 1957년 감군반대데모, 1959년 재일교포북송반대데모 등으로 거의 매년 이어졌다.

학도호국단의 문제점을 지적하는 비판여론이 일찍부터 존재했다. 이미 1953년부터 일부 학도호국단 간부들은 비민주적이고 관료주의적인 운영을 문제 삼아 학도호국단 해체를 주장할 정도였다. 학도호국단은 기본적으로 국가가 주도하는 학생조직이었지만, 그 하부 단위의 실제 활동에서는 일정 부분 학생들의 자율적인 의사를 반영하기도 했다. 1950년대에도 각 학교 단위 학도호국단의 상급생 간부들을 중심으로 학교 당국의 각종 비리에 저항하는 투쟁이 벌어지기도 했다. 이러한 양상은 1950년대 후반으로 갈수록 더욱 많아졌다. 1958년 풍문여중·고에서 호국단 간부들이 주축이 되어 무능한 교장을 배척하기 위해 동맹휴학에 돌입한 것 등이 대표적인 사례였다. 대학에서도 마찬가지였다. 이 밖에도 1956년 성균관대 유도회 재단 비리에 대한 학생들의 저항, 1957년 서울대 법대에서 벌어진 대통령 양자 이강석의 부정입학에 대한 동맹휴학, 1958년 숙명여대총장사퇴투쟁 등에도 호국단 간부들이 역할을 했다.(연정은, 2007, 274~278쪽) 이러한 상황이었기에 4월혁명 때에도 일부 학교에서는 호국단 간부가 시위를 주도하기도 했다.

4월혁명 직후 허정 과도정권은 1960년 5월 3일 국무회의에서 학도호국단 해체를 결의하였다. 5월 초부터 각 학교에서 호국단을 해체하고 자치학생회를 구성하는 작업이 진행되었다. 자치학생회는 정부조직과 학교 당국이 개입하지 않는 순수한 학생조직으로 출범하였다. 임원선거 방식도 간접선거제에서 직접선거제로 바뀌었고, 학생회 전체운영위원회를 견제하기 위해 대의원회를 강화하는 등 조직 과정과 운영 모든 면에서 변화가 있었다.

성균관대, 외국어대, 고려대 등 상당수의 학교에서는 자치학생회를 구성한 인물들이 과거 학도호국단 간부로 일했던 사람과 겹치는 경우가 많았다. 반면 경북대와 제주대 같은 곳에서는 과거 자유당 및 그 외곽조직과 직접 관련을 가진 것이 문제가 되어 호국단 간부들이 학생들로부터 배척받아 전부 사표를 냈다. 호국단이 자치학생회로 개편되는 새로운 틀은 만들어졌지만, 학생자치 활동이 인적 구성 면에서나 실제 활동 내용 면에서 완전히 새롭게 탈바꿈한 것은 아니었다.(정계정, 1995)

자치학생회는 4월혁명 이후 어용교수 축출 및 재단 비리 청산 등 학원 민주화운동과 국민계몽운동, 신생활운동에서는 중요한 역할을 했다. 1960년 11월 이후 시작된 학생 통일운동에도 일부 학교에서는 자치학생회 간부들이 참여하였다. 그러나 학생들의 통일운동은 민족통일연맹 등 별도의 학생 통일운동단체가 주도했으며, 자치학생회가 이를 주도하거나 비중 있는 역할을 한 것은 아니었다. 일부 학생회 간부들은 통일운동에 반대하여 반공시위를 벌이기도 하였다.

각 학교 자치학생회 간부를 중심으로 전국적인 학생조직을 만들려는 시도도 진행되었다. 1960년 7월 7일 준비위원회 구성을 거쳐 9월 14일 서울에서 '대한민국대학생총연합회'(대총련)가 만들어졌다. 여기에는 16개 서울 소재 대학과 17개의 지방대학이 참여했다. 대총련은 1960년 11월 23일 경희대에서 '제2차 전국대의원대회'를 열고 경희대의 김동성을 중앙위원회 의장으로 선출하는 등 임원을 선출하였다. 그러나 이날 경북대 등 지방 17개 대학 대표들은 임원 선출이 너무 서울 중심적이고, 선출된 임원들 중에는 과거 호국단 간부들이 너무 많다고 비난하면서 대회 중간에 퇴장하였다. 이때부터 내총련은 서울조직과 시방조직이 실실적으로 따로 존재하고 활동하였다.

서울 대총련은 일부 학생들이 통일운동에 나설 무렵인 1960년 12월 3일 서울운동장에서 '전국학생 반공궐기대회'를 개최하였다. 또한 1961년 2월 성균관대에 모여 신생활계몽운동, 국토 개발, 치산치수 작업에 대해 논의하기도 했다. 이러한 차원의 학생운동은 당시 통일운동으로 가고 있었던 전반적인 사회운동의 분위기와는 상당한 괴리를 보여준 것이었다.

한편 고려대를 중심으로 한 일부 대학 학생회 간부들은 대총련을 학도호국단의 재판이라고 비판하면서 1961년 2월 '대한민국학생자치연합회'를 조직했다. 이 조직은 서울 중심적이었다. 1961년 4월 4일 서울 시내 18개 대학교 및 고등학교 대표 60여 명이 모인 가운데 '서울지구결성대회'를 했다. 그러나 이 조직도 신생활운동, 학생복검소화운동 같은 계몽운동 차원의 학생운동을 표명하는 데 그쳤다.

이처럼 자치학생회를 바탕으로 한 연합체적인 학생조직은 서울 대총련, 지방 대총련, '대한민국학생자치연합회'로 삼분되어 있었다. 이에 지방대총련의 주도로 1961년 5월 2일과 3일 경북대에서 집회를 열고 3개의 학생단체를 통합하여 '대한민국학생자치연합회'를 만들려는 시도가 있었다. 그러나 다시 분란이 일어났다. 이 모임에서 부산대 대표들은 '남북학생회담'을 제안하였는데, 이 안건은 부결되었다. 부산대 대표가 퇴장하고 장내에는 폭력이 난무하는 소동이 일어났다.

**어용·무능 교원 배척투쟁**　　4월혁명 직후 학생들은 독재 정권에 노골적으로 협조해왔던 이른바 '어용교원'을 배척하는 투쟁을 전개하였다. 어용교원배척투쟁은 수업과 학생 지도에서 무능하거나, 학생들에게 편파적인 행동을 했거나, 교육자로서 품위 없는 처신을 한 무능 교원을 배척하는 투쟁과 자연스럽게 연결되는 양상을 보였다. 어용·무능 교원 배척투쟁은 주로 공립학교 또는 국립대학에서 전개되었다.

4월혁명 과정에서 실질적으로 더 먼저, 더 오랫동안 시위를 전개했던 것은 중고생들이었다. 4월혁명으로 이승만 정권이 붕괴되자 일부 중·고교에서는 3월과 4월에 걸친 학생시위 과정에서 이를 직접 방해하거나 탄압했던 교사들을 배척하는 투쟁이 전개되었다. 대학의 어용교원배척투쟁이 지식인으로서의 양심과 책임을 묻는 차원이었다면, 중·고교의 어용교원배척투쟁은 훨씬 직접적이고 현실적인 문제와 결부되어 있었다.

1960년 4월 30일 부산공고 학생들은 "독재 정권에 아부하는 자의 밑에서 민주교육을 받을 수 없다"는 내용의 결의문을 채택하고, 3~4월 민주항쟁 때 시위주동학생들을 등교하지 못하도록 한 교사 5명은 사퇴하라고 요구하였다. 5월 2일 경남고 학생들은 시위에 참여한 호국단 간부들에게 사표를 강요한 데 불만을 품고 등교를 거부하면서 교장배척투쟁을 하였다. 이듬해인 1961년 3월 문교 당국은 지탄받았던 경남고 교장을 부산고 교장과 서로 교체하는 인사 조치를 취하고, 이를 통해 사태를 무마하려고 하였다. 그러자 부산고 학생들은 1961년 5월 1일 여기에 항의하여 문제가 있는 새로운 교장의 취임을 반대하면서 동맹휴학에 돌입하였다.

한편 1960년 5월 2일 경주공고 학생들은 3·15부정선거에 관여한 교원과, 학생들을 사적인 일에 동원했던 교원을 퇴출시킬 것을 결의하고, 동맹휴학에 돌입하였다. 같은 날 천안농고에서도 학도호국단 간부를 매수해서 시위를 좌절시킨 교장을 배척하는 동맹휴학이 발생하였다. 5월 3일에는 부산중·고, 동래중·고, 혜화여중, 대신중 학생들이 합동으로 시내에 나와 "학원의 자유를 보장하라" "아부 교사 물러가라" 등의 구호를 외치며 시위를 전개하였다. 한편 4월혁명의 기폭제가 되었던 도시 마산에서는 마산고 학생들이 5월 6일 동맹휴학에 돌입하며, 부정선거에 협조한 교장 등 5명의 교사들이 퇴진할 것을 요구했다. 5월 12일 서울 배화여중 학생들은 부정선거와 정실인사에 책임을 지라며 교장과 교감의 사퇴를 요구하였다.

대부분 중·고교의 어용교원퇴진투쟁은 4월혁명의 여파가 가시지 않은 1960년 5월 초에 발생한 것이 특징이었다. 그런데 이와 같은 운동의 파고가 한참 지난 1961년 3월 25일 대구사범학교에서는 학생 400여 명이 이승만 정권을 이용하여 자리를 차지했다는 이유로 교장의 퇴진을 요구하며 단식투쟁을 결의하였다. 일반 중등학교가 아닌 사범학교에서 이러한 일이 발생한 것은 특별한 일이었다.

어용교사퇴진투쟁과 함께 무능·무자격 교원에 대한 퇴진투쟁도 전개되었다. 역시 이것도 주로 4월혁명 직후인 1960년 5월과 6월에 발생하였다. 1960년 5월 5일 목포 해양고 학생들은 실력 없는 교사는 물러가라며 동맹휴학에 돌입하였다. 5월 11일 서울 영등포여중·고 학생들은 무능 교사 물러가라며 3일간 동맹휴학을 했고, 이에 8명의 교사가 사직하였다. 5월 23일 전주 신흥중, 6월 1일과 2일 동명중, 동래 장안중에서도 무능 교원 퇴출을 주장하는 동맹휴학이 발생하였다.

대학 사회에서도 어용·무능 교수 퇴신투쟁이 발생하였는데, 중·고교와는 달리 사태가 장기화되고, 교원 내부의 분란과 결합되면서 대단히 복잡하게 얽혀가는 양상을 보였다. 대표적인 것이 서울대 상대와 경북대 의대 분규였다.

1960년 5월 4일 서울대 상대생들은 학생총회를 개최하고, "곡학아세하여 학자적 양심을 상실한 사이비 교수를 배척한다" "학문적으로 무능한 교수의 퇴진을 촉구한다"라고 하면서 수업거부를 결의하였다. 처음에 학생들은 3명의 교수를 지목하여 사퇴 압력을 가했다. 사태는 장기화되고, 교수들 사이의 파벌 갈등 및 내분과 겹쳐지면서 투서가 오가는 등 사태가 복잡해졌다. 학생들은 어용·무능 교수로 3명의 교수를 추가적으로 더 지목하고, 그들의 사퇴를 촉구하였다. 1960년 9월 19일 교수총회에서 상대 교수들은 사태 해결을 논의하였지만, 결론을 내지 못하고 도의적 책임을 지고 일괄사표를 제출하였다. 그러나 학생들이 지목하여 퇴진을 요구했던 교수들은 사표를 내지 않았다. 학생들은 이들 교수들의 자택을 찾아다니며 사퇴 압박을 하였다. 이 사건은 교수들 사이의 소송으로 번지면서, 사태가 마무리될 때까지 근 2년의 세월이 흘렀다.

1960년 5월 6일 경북대 의대생들도 2명의 교수를 지목하여 퇴진할 것을 요구하며 수업을 거부하였다. 학생 교육에 무성의했고, 시험문제를 사전 유출했으며, 학점 평가를 불공평하게 하고, 임용 과정에서도 문제가 있었다는 것이었다. 사태는 계속 악화되어 1960년 7월 1일 새벽 학생들은 무능 교수로 지목된 사람의 집을 급습하였다. 나아가 교수를 납치하여 총장실에 감금하였다. 같은 날 경북대 의대에는 휴교 조치가 내려졌다. 당시 문교부장관이던 이병도는 학생들로부터 퇴진 압력을 받고 있는 두 교수와 학생 대표, 총장이 서울로 올라와 사태를 직접 보고할 것을 지시하였다. 경북대 의대 교수들은 전원 사표를 제출하였고, 이에 병원 업무가 마비되는 등 분란이 있었다. 결국 일부 교수들이 해임되고, 교수 납치, 감금에 관련된 학생 17명이 구속되면서 8월 16일에야 휴교 조치가 해제되었다.

당시 중요 대학의 총장 중에는 이른바 '만송족'이라 불리는, 자유당 정권에 노골적으로 아부하고 협력하던 지식인들이 많았다.(태윤기, 1960) 이에 이승만 정권 붕괴 직후 대학가는 큰 진통을 겪지 않을 수 없었다. 성균관대 총장 이선근은 '한글파동' 당시 문교부장관을 했던 사람으로 일찍부터 어용지식인으로 지탄을 받아왔다. 그는 이승만 정권 붕괴 직후인 4월 29일 성균관대생들이 교내에서 '어용학자성토대회'를 열자 총장직을 사퇴하였다.(『동아일보』 1960년 5월 2일자) 숙명여대에서도 학생들이 부정선거와 관련되었다며 김두헌 총장의 퇴진을 요구하였고, 마침내 총장이 사표를 제출하였다. 전북대와 청구대에서도 자유당과 재단에 아부하였다며 학생들이 퇴진을 요구하여 총장이 사표를 제출하였다. 단국대에서도 무능교수배척투쟁이 발생하여 학장과 교수 1명이 사임하였다. 서울대 미대에서도 학생들의 인격과 자주성을 무시하였다는 이유로 학장이, 충남대에서는 학장과 총장이 퇴진하였다.

어용학자 문제로 대학가에서 진통이 일자 문교부도 여기에 대응하지 않을 수 없었다. 문교부는 1960년 5월 26일 '학원정상화를 위한 긴급조치 요항'을 발표하여 3·15부정선거에 관련 있는 공립학교의 교원들은 면직 또는 징계에 처하고, 사립학교 총장과 학장의 경우도 문교부의 취임 승인을 취소하겠다고 공표하였다.(『동아일보』 1960년 5월 27일자)

**학원의 비리와 비민주적 운영 청산**　　　1950년대 한국의 교육은 양적으로는 급팽창하였다. 그러나 학교 시설과 운영은 많은 문제점을 가지고 있었다. 학교는 학생들을 위한 기초적인 시설조차 갖추지 못했다. 한국의 중·고교와 대학교 들은 사립학교들이 압도적으로 많았고, 정부의 지원은 미미했다. 많은 사립학교들이 설립자의 친인척 또는 소수 유력자에 의해 독단적으로 운영되는 경우가 많았다. 한 인물이 학교 이사장과 교장 또는 총장을 겸임하는 경우도 많았다.

이러한 상황을 반영하여 1960년 5월부터 전국 각지의 중·고교에서는 어용··무능 교원 퇴진투쟁과 함께 학원의 비리와 독단적 운영을 청산하기 위한 학생들의 동맹휴학과 시위가 잇달아 전개되었다. 이러한 운동은 주로 사립학교에서 나타났으며, 학원 비리, 독단적이고 불투명한 학교 운영, 기성회비·등록금 문제 등 그 쟁점도 다양했다.

1960년 5월 7일 서울 한양공고생들은 교장과 이사장을 겸직하며 학교를 독단적으로 운영한 김연준을 추방하라는 구호를 외치면서 시청 앞 광장에서 시위를 벌였다. 5월 12일 서울 성북고생들은 학교 시설 확충을 주장하며 동맹휴교에 들어갔다. 1960년 6월 9일 서울 화광고에서는 학교 공금을 횡령했다는 이유로 학생들이 교장퇴진투쟁을 벌이며 학교 안에서 농성하였다. 이때 일부 재단이사들이 장부를 가지러 교사 안에 진입하자 학생들은 이를 제지했고, 이 과정에서 괴한 10여 명이 학생들을 구타하여 3명이 부상당하는 사태가 발생하였다. 당시 학내분규 과정에서 폭력배들이 동원되거나 학생들 사이에 내분이 발생하여 극단적인 폭력사태가 발생되는 경우도 종종 있었다.

반면 학생들의 직접투표 등 보다 합리적인 방식으로 문제를 처리한 사례도 있다. 1960년 6월 11일 마산 창신고 학생들은 교직원 해임을 임의로 하는 등 정실인사를 한 독재적 교장은 물러가라고 요구하며 동맹휴교를 했다. 이때 학생들은 교장 불신임 투표를 하였는데, 불신임 93표, 유임 46표, 기권 7표의 결과가 나왔다. 불신임 표가 전체 투표 인원의 3분의 2를 넘지 못했으므로 불신임안은 부결되었고, 동맹휴교 사태는 진정되었다.

잡부금, 기성회비, 등록금 등도 쟁점이 되었다. 1960년 5월 5일 강원도 속초여중생들은 학교 측이 과중한 잡부금을 징수하고, 교사 신축을 빙자하여 전교생에게 기성회비 5,000환을 부여한 것에 반발하여 동맹휴교를 하였다. 6월 29일 서울 배문중·고 학생 300명은 납부금 인하를 요구하며 동맹휴교를 전개하였다. 11월 14일 서울 강문중·고 학생들은 지난 5년 동안 징수한 기성회비 1억 환의 용도를 밝힐 것을 요구하며 동맹휴교에 돌입했다.

대학가에서도 주로 사립대학을 중심으로 학원 비리와 비민주적 운영을 청산하기 위한 투쟁이 전개되었다. 조선대의 경우 원래 광주지역 인사와 주민 들의 힘으로 만들어진 학교였지만, 총장 박철웅이 학교를 독단적으로 장악하며 실질적으로 사유화하였다. 박 총장은 자유당 소속 민의원을 지내면서 부정선거에도 관여했다고 지탄을 받았다. 4월혁명 직후 1960년 5월 14일 조선대생들은 박 총장의 사퇴와 학처장급 간부진 개편을 내걸고 동맹휴학을 결의하였다. 같은 달 18일에는 300여 명의 학생들이 총장 사퇴와 이사진 개편을 요구하는 시위를 벌였다. 교수들도 '조선대학교 학원민주화투쟁 교수단'을 만들고 박 총장의 비리를 고발하였다. 박철웅은 이사장과 총장을 겸임하며 일가족으로 이사진을 구성하였고, 학교 자금을 유용하여 전남 각지의 기업을 소유하였으며, 이 때문에 정작 학교의 재정 자체는 고갈시켰다는 것이 이유였다. 이 과정에서 박철웅이 사퇴를 표명함으로써 표면적으로는 분규가 종식되었다.*

학교 운영을 독단적으로 하면서 비리를 저지른 총장들이 4월혁명 직후 학생과 교수 들의 저항 및 고발에 의해 사퇴하는 일은 빈번하게 발생하였다. 동국대에서는 백성욱 총장이 학생 등록금 10억 환을 횡령하였다는 이유로 학생들에 의해 고발되어 피소되었다. 국학대 학장도 공금횡령으로 구속되었고, 효성여대에서는 불법적인 경리와 정실인사가 문제가 되어 학장이 퇴출되었다. 진주농대와 경상대, 충북대, 춘천농대에서도 같은 이유로 총(학)장축출투쟁이 있었다. 한편 한양대에서는 이승만 하야 직후 학생들과 학교 당국이 등록금 인하에 합의하였지만, 김연준 총장이 이를 이행하지 않았다. 이에 1960년 10월, 학생들이 총장실점거농성에 들어갔고, 그 과정에서 총장 지지파 학생들과 농성 학생들 사이에 난투극이 발생하기도 하였다.

1960년 5월부터 12월까지 이어진 연세대분규는 학원 민주화를 둘러싼 갈등을 가장 대표적으로 보여주는 사례였다. 연세대는 백낙준이 이사장과 총장을 겸임하며 학교를 운영해왔다. 1960년 5월 연세대생들은 학생 총회에서 무능 교수의 사퇴, 중앙집권적 행정체제 지양, 총장과 이사장의 겸직 금지 등을 결의하였다. 일부 교수들도 단과대학 중심의 학교 행정의 분권화와 총장 추천에 교수들이 참여할 것 등을 요구했다. 학교 당국이 이러한 요구를 수용하지 않자, 학생들은 동맹휴학을 했고 일부 교수단은 수업을 거부하였다. 그러는 사이 대학을 독단적으로 운영하고 이승만 정권

* 박철웅 총장은 1980년대까지 조선대를 계속 장악하였는데, 각종 비리를 저질러 지탄의 대상이 되었다.

에 협력하여 지탄을 받았던 백낙준은 7·29 총선 때 참의원에 출마하여 당
선되었고, 참의원 의장이 되었다. 백낙준은 이사장과 총장직은 사퇴했지
만, 재단이사 신분은 유지하고 있었다. 1960년 5월 말 사우어가 새로운 이
사장이 되었고, 7월에는 최현배가 총장 서리로 임명되었다.

　여름방학 중인 1960년 8월 24일, 이사회는 설립자의 손자 원일한(언더
우드 3세)을 총장에 임명하고, 8월 26일에는 이사회에 대항하였던 교수 3
인(박두진, 장덕순, 정경학)을 해임시키는 등 강경책을 취하였다. 연세대 당
국의 이러한 조치는 사태를 악화시켰다. 개학이 되자 9월 16일부터 일부
교수들은 이러한 조치에 항의하여 수업을 거부하고 철야농성에 돌입하였
다. 학생들은 '연세대학교 학원민주화투쟁위원회'를 결성하고, 연세대분
규를 "전국 사학의 부패점을 해부하는 모델케이스"로 규정하고 민주학원
건설을 위해 사명을 다할 것을 천명하였다.(고영복, 1983, 111쪽)

　연세대생들은 9월 23일 백낙준의 자택 앞에서 농성을 전개하면서 그
의 이사직 사임을 요구하였고, 백낙준은 학생들에게 사표를 주었다.(『동아
일보』 1960년 9월 24일자) 9월 24일, 사태의 진원지였던 문과대학은 휴교에
들어갔고, 문과대학 교수 7명이 학생들의 행동에 불만을 피력하며 사표를
제출하였다. 이에 사태는 교수들 사이의 내분과 얽혀가면서 더욱 복잡해
졌다. 10월 28일 이사회는 학교 당국에 항의하다가 해임된 교수 3인의 해
임 조치를 재확인하고, 분규에 반대했던 7인 교수의 사표는 반려하는 조치
를 취하였다. 그리고 11월 15일에는 교수에 이어 주동학생 3명도 퇴학시
켰다. 그러나 연세대생들은 바로 다음날인 11월 16일, 총장 원일한의 자택
을 부수고 미국대사관 앞으로 달려갔다. 학생들은 대사관 직원에게 두 미
국인(이사장 사우어와 총장 원일한)을 소환해달라고 요청하였다. 미국대사
관은 사설 학교 분규에 개입할 이유가 없다고 했다. 학생들은 대사관 앞에
서 시위를 벌인 뒤 다시 학교 근처로 돌아가 이번에는 이사장 사우어의 집

을 파괴하였다. 이날 51명의 학생이 구속되었다. 연세대분규는 문교부가 개입해서 12월 9일 새로운 총장으로 전 경북대 총장이었던 고병간이 임명되면서 일단락되었고, 구속된 학생들도 대부분 석방되었다. 그러나 해임되었던 3명의 교수는 복직하지 못하였다.

1960년 11월은 서울대에서 민족통일연맹이 발기되고, 학생들 사이에서 통일운동이 분출되는 시점이었다. 이러한 추세와 맞물려 연세대분규는 종속적인 한미관계에 대한 학생들의 비판적 시각과 정서를 표출한 사건으로 주목받았다.(서중석, 1991b, 131쪽) 연세대분규는 학생들의 반미감정이 표출된 것이 아니냐는 의구심을 받기도 했다. 학생들이 1960년 11월에 발표한 성명서에는 다음과 같은 내용이 있었다.

1. 미국인 선교사 사우어 이사장과 원일한 총장 서리는 현직을 사임하라. 외국인에 의하여 한국 대학의 참다운 민족교육이 성취될 수 없다.
2. 일제 시 민족적 양심을 수치로 여기고 일인日人의 식민지정책에 앞장섰던 이사와 교수는 학원에서 떠나라. 제2공화국의 주인공은 그대들이 쓴 양의 가죽을 용납지 않으리라.
3. 달러와 권력에 아부하는 비학자적 양심을 가진 교수와, 독재에 아부하여 성직을 저버렸던 종교인은 침묵으로 자숙하라. 이 나라와 학원의 민주화는 달러가 보증해주지 않는다. 민족적 양심과 바른 인격으로 달러가 가져오는 노예근성과 부패와 부정을 막아야 한다.(고영복, 1983, 115쪽)

4월혁명 직후 벌어진 학내분규는 한국 사회에 만연했던 부패와 부조리를 청산하려는 노력의 맥락 속에 놓여 있었다. 이는 일부 학교나 특정 집단의 문제라기보다는 사회 전체적인 문제였다. 그렇기 때문에 대단히 특수한 학교라고 할 수 있었던 해군사관학교에서도 학원 비리와 비민주적인 운영을 개선하려는 집단행동이 나타났다. 1960년 7월 15일 해군사관학교 생도들은 교장 민영구의 학교 운영상의 비리를 폭로·규탄하기 위해 집단행동에 나섰다. 이날 해사 생도 100여 명은 교장과 일부 학교 간부들이 배임·횡령 등의 비리를 저질렀다는 진정서를 들고, 학교를 나와 열차 편으로 집단 상경을 시도하였다. 이들은 진해역에서 열차에 무임승차하여 삼랑진역에 도달했고, 거기서 열차를 갈아타고 서울로 가다가 대구에서 헌병대에 의해 제지되었다. 해사 생도 60명은 무단이탈과 명령불복종으로 체포되었고, 교장은 다음날인 16일 사표를 제출했다. 이 사건으로 부교장을 비롯한 학교 간부 5명과 집단행동 주모학생 6명이 군사재판에 회부되었다. 한편 이용운 해군참모총장도 비리 혐의로 고발을 받아 1960년 9월 26일 사표를 냈다.

　4월혁명 직후 분출된 학원분규에 대해 문교부는 나름대로 사태를 진정시키기 위해 노력했다. 허정 과도정권기간인 1960년 6월 8일 문교부는 차관 이항령과 고등교육국장, 정근영(대한변협), 홍종인(언론계), 이선교(국회 문교위원회) 등 5인으로 '학원분규수습 중앙대책위원회'를 구성하였다. 대학을 비롯한 각급 학교가 밀집된 서울시에도 비슷한 조직이 만들어졌다. 6월 10일 '서울시 학원수습대책위원회'는 이사장과 교장을 한 사람이 겸직하고 있는 한양공고와 한양중, 성신여중, 성남중·고, 한성여중·고에 겸직 분리를 단행할 것을 지시하였다. 민주당 정부가 수립된 이후인 8월 31일 문교부는 학원분규의 원인이 되었던 교육감, 교장 등 19명에 대해 징계위원회를 개최하였다. 이에 학원분규가 차츰 진정되는 양상을 보였다. 그러나 학원 비리를 방지하고, 학원의 민주적 운영을 확보하기 위한 법적, 제도적 장치를 마련하는 작업은 제대로 이루어지지 않았다. 이때 일어난 학원분규 때문에, 민주당 정부하에서 '사립학교법' 제정이 논의되기는 했지만,* 학생과 교사, 주무 부서인 문교부 어느 누구도 여기에 큰 관심을 보이지는 않았다.

## 국민계몽대의 활동

**농촌지역의 선거 계몽**　　학생들이 주로 방학을 이용하여 농촌지역으로 들
　　　　　　　　　　　　어가 계몽운동을 전개하는 것은 일제강점기부터
있어왔던 전통이었다. 1950년대에도 대학생들은 학도호국단의 주관으로
방학 동안 농촌지역에서 문맹 퇴치와 계몽 강좌 등 농촌계몽운동을 하였
다. 4월혁명 직후에도 이와 같은 차원의 계몽운동이 이어졌다. 그러나 이
때의 계몽운동은 7·29 총선과 관련하여 선거 계몽에 초점을 두었으며, 4
월혁명의 이념을 선전·전파하는 것이 특색이었다.

　　1960년 6월 10일 서울대에 자치학생회가 만들어지자 학생회에서 계
몽대 결성 문제가 최초로 논의되었다. 문리대를 중심으로 각 단과대학별
로 국민계몽대가 조직되었다. 7월 6일 서울대 분리대 운동장에서 국민계
몽대 결단식이 있었다. 문리대 학생회 대표로 선출된 안병규가 국민계몽
대 대장을 맡았다. 이날 결단식에서 발표된 "국민계몽대선언문"은 다음과
같았다.

　　4월혁명은 압제받던 정치적 자유의 양적 확대와 경제적 독점의 배제, 그리고
　　학원의 절대적 자유를 미래의 조국에 약속하면서 아직도 진행 도상에 있다.
　　(중략) 조국과 민족의 복지 달성의 근본은 신생활, 신도덕에 있음을 망각하지
　　않고 (중략) 조국과 민족의 장래가 영원히 빈곤과 무지의 심해 속에 버림받지
　　않으려면 그 근본적 방책이 4월혁명정신의 완수와 국민 계몽에 있음을 확인

---

● 1960년 9월 민주당 정부하의 문교부는 사립학교의 공정한 운영을 위해 사립학교법안을 전문가들의 자
　문을 거쳐 작성하겠다고 했다.(『동아일보』 1960년 9월 17일자) 그러나 5·16쿠데타가 발생할 때까지 실
　제 법률의 제정은 이루어지지 않았다. 사립학교법은 군부통치기간인 1963년 6월에 제정되었다. 이때
　는 물론 국회의 활동이 정지되고, 국가재건최고회의가 법률을 만들었던 시기였다. 제대로 된 사회적 논
　의와 합의를 기대하는 것은 애초부터 불가능했다.

하고 여기에 국민계몽대를 조직한다.(『대학신문』 1960년 7월 11일자)

이처럼 국민계몽대 활동은 '4월혁명정신'을 계몽하는 데 있었으며, 이것이 실제 이루어지는 공간은 신정부 수립을 위한 7·29 총선이었다. 서울대 국민계몽대는 7월 22일부터 전국 각지로 흩어져 주로 '선거 계몽' 등의 활동을 하였다.

다른 대학에서도 비슷한 조직이 결성되어 활동하였다. 성균관대에서도 1960년 5월 15일 '민주사상고취계몽대'가 조직되었다. 주로 경상도·충청도 지역에서 활동하였다. 중앙대에서는 '농촌사회연구회'가 발족되었다. 이 연구회는 6월 22일 주석균 등 농업 전문가를 초청하여 "4·19봉기와 신농정新農政의 방향"이라는 연제로 강연회를 개최하였고, 전국 각지에서 농촌계몽 활동을 했다. 연세대에서도 '지역사회개발대'라는 이름의 계몽조직이 만들어졌다. 지방에서는 경북대에서 6월 '민주선거촉진학생연맹'과 '대학선거계몽단'이 만들어져 선거계몽운동을 전개하였다. 각 대학의 계몽대원들이 활동을 할 때마다 그 지역의 중고생들이 또한 여기에 가담하였다.

학생 계몽대원들은 주로 시골의 장터나 학교 운동장, 정견발표회장을 이용하여 4월혁명의 의의와 체험담, 7·29 총선의 중요성과 투표 방식, 반혁명세력 퇴출 등을 내용으로 하는 연설 등의 활동을 하였다. 물론 이 과정에서 과거 자유당 독재에 책임 있는 인물들이 당선되어서는 안 된다는 것 등도 강조하였다. 7·29 총선 공식 선거운동 과정에서 마련된 정견발표회장에서는 각 후보들이 연설하기 전에 국민계몽대원이 나와 먼저 연설을 하는 경우도 있었다. 이들은 4월혁명 때 학생시위 모습을 담은 화보를 작성하여 마을 어귀나 장터에 전시했고, 국민계몽대선언문과 강령을 부착하는 등의 활동을 하였다.(고명균, 1990)

학생들의 계몽 활동은 도시 중심으로 이루어진 4월혁명의 실상과 이

넘을 농촌에도 파급시킨다는 의미를 갖고 있기는 했다. 하지만 그 활동은 계몽운동의 속성상 추상적인 정신적·도덕적 각성을 촉구하는 차원을 넘지는 못했다. '4월혁명' 이후 '혁명'이라는 이름에 걸맞은 정치·사회적 변화의 전망과 구체적 실천지침을 제시한 것은 아니었다. 학생들의 주장은 정서적 호소력은 있었겠지만, 구체적으로 무엇을 하자는 것인지는 명확하게 제시하지 못했다.(이재오, 1984, 187~188쪽)

국민계몽대는 물론 특정 후보를 지지하지는 않았지만, 때로는 구자유당 출신 후보자에 대해서는 직접적으로 규탄운동을 하였다. 천안에서는 3·15부정선거 원흉으로 옥중에 있는 한희석이 입후보하자 600여 명의 학생들이 사퇴를 요구하며 데모를 했고, 전북 완주군에서도 전북대생과 주변 중고생이 옥중에서 출마한 자유당 인사 이존화의 사퇴를 요구하는 시위를 벌였다. 삼천포에서는 전 자유당 소속 민의원 이재현이 출마하자 이 지역 출신 대학 재학생과 지역 청년회 소속 학생 회원들이 단식시위를 하였고, 이재현의 집에 침입하여 기물을 파손하기도 했다.(정계정, 1995, 57쪽) 자유당출신후보규탄운동은 7·29 총선 이후에도 계속되었다. 충남 음성과 경남 창녕 등지에서는 당선된 자유당 출신 후보를 사퇴시키기 위한 운동이 벌어지기도 했다.


**도시지역의 신생활운동**　　　학생들의 계몽운동은 농촌지역에만 국한된 것이 아니라 도시지역에서도 이른바 '신생활운동'의 형태로 전개되었다. 1960년 7월 7일 서울대 문리대 운동장에서 560여 명의 남녀 학생들이 모여 '국민계몽대 신생활운동반 결대식'을 가졌다. 이들은 "전 국민에게 보내는 호소문"을 발표하고, 8일부터 시가행진을 벌였다. 한편 서울대 여학생회도 "현재 요구되고 있는 국내 자립경제의 내외 혁신에 일익을 담당키 위한 방도"로 일체의 사치를 근절한다는 내용의 신생활운동을 전개할 것을 결의하였다.

신생활운동의 주장은 도시인들의 허영과 사치, 향락과 안일을 몰아내고, 독재 정권에 의해 불법적으로 기생한 모든 사회악을 척결하며, 외래 사치품 소비를 억제하여 '자립경제' 달성에 이바지한다는 것이었다. 이들은 "망국 사치품 건국 국산품" "한 가치 양담배에 불타는 우리 조국" "사치와 향락 속에 시드는 국민정신" "농민의 흘린 피땀 사치로써 낭비 말라" "오늘의 커피는 내일의 독배毒杯" 등의 구호를 내걸었다. 이러한 운동은 일제강점기의 '토산품' 애용을 주장한 물산장려운동의 맥락을 연상시키는 것이었다.

1960년 7월 16일, 서울대 신생활운동반 학생들은 서울 시내 다방, 극장가, 유흥가를 돌며 2,000여 갑의 양담배를 회수하여 광화문 네거리에서 소각하였다. 나아가 시내 다방을 돌며 커피 안 마시기 운동도 하고, 리어카에 확성기를 달고 유흥가를 다니며 건전한 생활을 하자고 외쳤다. 7월 19일 서울대 농대생들은 국민계몽대를 결성하고, 850여 명의 대원이 "농민이 흘린 피땀 사치로써 낭비 말라" 등의 구호를 외치면서 수원부터 서울까지 도보행진을 하여 관심을 끌었다. 이와 같은 운동은 부산·대구·마산 지역에서도 이루어졌다. 부산대에서도 7월 22일 "새로운 국민생활의 질적 향상과 도의생활 실천 부활"을 표방하며 '신생활연구회'가 창립되어 활동했다.

신생활운동반은 특히 부패와 사치 풍조를 척결한다는 의미에서 관용차 부정사용척결운동을 전개하였다. 학생들은 시내 유흥가와 유원지 등에 세워진 관용차를 적발하여 고발하였다. 공적 업무가 아니라 사적인 목적으로 관용차를 사용하는 것은 위법이라는 것이었다. 1960년 8월 29일, 부산지역의 학생들은 유흥가와 유원지에 세워둔 18대의 관용차를 적발하고, 부산지검에 업무상 배임 혐의로 고발하였다. 1960년 9월 22일, 서울대 신생활계몽대원 500여 명은 국회의사당에 모여 "부당한 압력으로 불법 운행되고 있는 가假넘버 차량을 즉시 폐차처분"할 것을 요구하며 시위를 전개하였다.* 이날 학생들은 실력행사에 들어갔다. 가넘버를 단 지프차 59대를 밀어 움직여 시청 앞 광장에 놓고, 가넘버 차 운행을 허락하지 말 것을 국무총리 장면에게 요구하였다. 한편 이날 학생들은 "한미행정협정을 조속히 체결하라"는 구호를 외치기도 했다. 이와 같은 소동은 1960년 10월 8일 장면 총리가 국민계몽대장 안병규를 비롯한 전국 학생 대표 4명을 만나 신생활운동 입법화를 서두르겠다고 약속하자 수그러들었다.

신생활운동은 외래품 소비와 사치풍조를 배격하는 운동이었는데, 그것의 궁극적인 목표는 '자립경제 확립'이었다. 이때 이야기된 '자립경제'는 미국의 원조에 더 이상 의존하지 않는다는 차원에 초점을 둔 것이었다. 이에 일부 논자는 신생활운동을 "대외 의존을 배격하는 국산품사용운동이며, 부패 관리들에 대한 정화운동이었고, 독점재벌에 대한 경제적 민주화운동이었다"라고 평가했다.(이우재, 1983, 147쪽)

정치적 민주화를 넘어 경제문제를 쟁점화했다는 것은 그 자체가 나름대로 의미가 있었다. 그러나 과연 '자립경제' 달성이 양담배와 커피를 배격하는 운동 같은 것으로 달성될 수 있는지에 대해서는 의문의 여지가 많았다. 당시 한국의 종속적 경제질서는 한국인들이 외래품을 애용해서 만들어진 것은 아니었다. 학생들이 신생활운동에서 보여준 의식과 행동은 사회문제에 대한 이들의 인식적 한계를 보여주고 있었다. 당시 여학생 신생활운동반이 여론조사를 한 결과에 따르면, 일반 시민들 중 신생활운동에 대해 더 과격해지기를 원하는 사람이 운동이 너무 지나쳤다고 보는 사람보다 월등히 많았다고 한다.(고명균, 1990, 78쪽) 신생활운동이 대중운동을

---

* 이승만 정권은 유류 절약을 위해 가급적 신규 차량의 등록과 이용을 억제하고, 동결하는 조치를 취하였다. 그러자 많은 국회의원들이 차량을 정식 등록하지 못하고 '가넘버'를 달고 다녔으며, 그러다 보니 세금도 내지 않았던 것이다.

피켓을 들고 신생활운동 캠페인 중인 학생들

선도한다기보다는 오히려 거기에 미치지 못하는 바가 있었던 것이다.

한편 신생활운동 과정에서 크게 쟁점화되지는 못했지만, 여기서 처음 표출된 '한미행정협정' 체결 주장은 주목할 만한 것이었다. 한국전쟁이 휴전으로 종결된 지 7년여의 세월이 흘렀지만, 당시 한미 간에는 주한미군의 지위를 규정하는 어떠한 공식적인 협정도 없는 상태였다. 물론 한국전쟁 직후 맺어진 대전협정이 있기는 하지만, 이는 전쟁 상황 속에서 급하게 만들어진 것으로 외국 군대로부터 자국 국민의 생명과 재산을 보호할 수 있는 내용을 담지 못했다. 미군종업원노조도 학생들과 마찬가지로 1960년 9월부터 한미경제협정 체결을 요구하는 운동을 전개하였다. 특히 미군 범죄 문제는 1950년대부터 사회적 쟁점이 되어오던 바였다. 학생들의 한미행정협정 체결 요구는 이와 같은 맥락에서 볼 때 나름대로 이 문제를 쟁점화시키는 데 선도적인 역할을 했다고 평가할 수 있다.

# 2
# 노동운동의 분출


## 4월혁명과 노동운동

### 1950년대 노동운동의 양상 : 대한노총과 전국노협

제헌헌법은 노동자의 기본 권리를 보장한다고 명시하였지만, 이를 제도화할 수 있는 노동 관련 법령의 제정은 정부 수립 후에도 오랫동안 지체되었다. 마침내 1953년 초 노동조합법(1월 23일), 노동위원회법(1월 27일), 노동쟁의조정법(1월 30일), 근로기준법(4월 15일) 등 노동 관련 법률이 제정되었다. 이는 노동자가 합법적으로 자신의 권익을 위해 노동운동을 할 수 있는 기본적인 법률적 토대가 마련되었음을 의미하였다.

새로 제정된 노동 관련 법률에 따라 기존 노동조합은 모두 재조직되었다. 노동조합의 전국연맹체조직도 마찬가지였다. 해방 직후 좌파 노동단체인 '조선노동조합전국평의회'(전평)에 대항하여 만들어진 우익 노동단체 '대한독립촉성노동총연맹'은 정부 수립 후 '대한노동총연맹'으로 개칭되었다. 그러다가 노동 관련 법안이 통과되자 1954년 4월 '대한노동조합총연합회'로 재조직되었다. 그러나 이들 전국연맹체 조직은 모두 '대한노총'이라는 약칭으로 불렸으며, 실질적으로 계승 관계를 갖고 있었다.(한국노총, 1979)

대한노총 핵심간부 집단의 면면은 내부의 파벌 대립과 정치권과의 관계에 따라 바뀌었지만, 집단의 성격과 이념에는 거의 변화가 없었다. 한국전쟁기 대한노총이 북진통일운동을 위한 대중동원기구로서의 역할을 했고,• 그 후로도 1956년 이승만 대통령 재출마촉구시위 등에 노동자를 동원하는 등 국가권력에 종속된 모습을 보였다. 대한노총의 일부 간부들은 자유당 간부와 국회의원이 되기도 하였다.

1950년대 대한노총은 그 산하에 산업별·지역별 노동조합연합체가 있고, 다시 그 밑에 각 사업장별로 단위노조가 있는 형식으로 편재되었다. 대한노총 산하 노동조합 중에 일부는 노동자의 생존권을 확보하기 위한 노동쟁의를 수행하는 등 노동자의 일상적인 이해관계를 대변하기도 했다. 때문에 1950년대에도 〈표1〉에서 보이는 바처럼 그다지 활발하지는 못했지만 임금인상 등 노동자의 생존권 문제를 중심으로 각종 쟁의가 계속해서 발생하였다.

1950년대의 대표적인 노동쟁의는 1952년 부산 조선방직쟁의, 1954년 대구 내외방직쟁의, 1956년의 대구 대한방직쟁의 등 주로 섬유 부문에서 발생하였다. 이승만 정권기 섬유산업은 원조경제 운영과 관련하여 국가권력과 대단히 밀접하게 유착되어 있었다. 1951년에서 1952년에 발생한 부산 조선방직쟁의는 정부의 노조탄압으로 많은 희생자를 냈지만, 한국에 노동 관련 법령을 제정하는 데 크게 기여하였다. 대구 내외방직쟁의와 대

---

• 1954년 4월에 형식적으로 재조직된 대한노총도 결의문에서 "대한민국 주권 밑에 남북통일" "이 대통령 각하의 외교정책을 절대 지지" 등을 표명하였다.(김낙중, 1982, 228쪽)

**표1** 1950년대 노동쟁의

| 연도 | 발생 상황 | | 쟁의 원인 | | | | | | | | | 쟁의 종별 | | | | |
|---|---|---|---|---|---|---|---|---|---|---|---|---|---|---|---|---|
| | 발생건수 | 참가인원 | 총수 | 임금 | 노동시간 | 보건후생 | 감독자배척 | 조합에의요구 | 해고반대 | 공장폐쇄반대 | 기타 | 총수 | 동맹파업 | 직장폐쇄 | 태업 | 기타 |
| 1953 | 9 | 2,271 | 9 | 9 | - | - | - | - | - | - | - | 9 | 2 | - | 1 | 6 |
| 1954 | 26 | 26,896 | 27 | 18 | - | - | - | 1 | 7 | - | 1 | 26 | 10 | - | 1 | 15 |
| 1956 | 32 | - | - | - | - | - | - | - | - | - | - | - | - | - | - | - |
| 1957 | 45 | 9,394 | 77 | 38 | 28 | - | 1 | 1 | 3 | 2 | 4 | 45 | - | 1 | - | 44 |
| 1958 | 41 | 10,031 | 41 | 21 | - | - | - | 1 | 13 | - | 6 | 41 | 2 | - | - | 39 |
| 1959 | 95 | 49,813 | 113 | 76 | 8 | 4 | 4 | 3 | 11 | 1 | 6 | 91 | 1 | - | - | 94 |

출처: 보건사회부, 1962 『보건사회통계연보』, 470~471쪽(김낙중, 1982, 189쪽에서 재인용)

한방직쟁의에서는 노동자들과 노조 지도자들이 헌신적으로 투쟁하였지만, 이승만 정권의 비호와 일부 모리배적인 노동운동 지도자의 발호로 기존의 파업 지도부가 와해되고 어용노조가 설립되어 실패로 돌아갔다. 특히 대구 대한방직쟁의의 경우 대한노총 상급조직이 어용노조를 노골적으로 인정하는 조치를 취하기도 했다.

대한노총 중앙과 그 산하의 노동조합연합체는 노동자의 권익을 대변하여 적극적인 역할을 하기보다는, 조직 내부의 정치적 주도권 경쟁에 더 몰두하는 형편이었다. 특히 1950년대 후반에는 김주홍, 정대천, 김기옥 등 거물급 지도자들이 각기 파벌을 형성하고, 대한노총의 주도권을 놓고 합종연횡을 거듭하며 극심한 파벌 대립을 벌였다. 1958년 10월 29일 부산에서 개최된 '대한노총 제11차 전국대의원대회'는 파벌 대립을 격화시키는 중요한 계기가 되었다. 이 대회에서 김기옥 일파는 대한노총의 확실한 주도권을 확보하기 위해 집단지도체제를 1인지도체제로 개정하는 규약 개정안을 제출하였고, 정대천파가 여기에 강력히 반발하였지만 표결 끝에 개정안을 통과시키는 데 성공하였다. 김기옥은 부두노동조합을 토대로 대한 노총을 장악하였다. 그는 부산부두노조의 위원장이었고, 이를 토대로 전 국적인 부두노동조합의 연합체인 '전국자유노동조합연맹'(자유노련)의 위 원장이 되었으며, 마침내 대한노총의 위원장이 되는 데 성공하였다. 김기 옥은 세 가지 직책 모두를 겸직하였다.

김기옥이 1958년 일방적으로 대한노총을 1인지도체제로 바꾸고, 위원 장에 취임하자 여기에 불만을 품은 세력들은 크게 반발하여 대한노총과 대비되는 새로운 노동조합 전국연맹체를 결성하려고 시도하였다. 1959년 8월 11일 전국 37개 노동조합연합체 중 24개 연합체 대표 32명이 모임을 갖고 '전국노동조합협의회(전국노협) 설립준비위원회'를 구성하였다. 이들 은 선언문에서 "노동 브로커들과의 가차 없는 투쟁"을 강조하였으며, 강령 에서 "자유롭고 민주적인 노동운동"을 표방하였다. 이승만 정권의 정치 도 구화된 대한노총을 비판하고, 새로운 노동조합의 전국연맹체를 결성하겠 다는 것이었다. '전국노협 설립준비위원회'가 발족한 직후, 한 언론은 전국 541개 단위노조 중 311개, 즉 약 57%에 달하는 단위노조가 대한노총을 탈 퇴하고 전국노협에 가입할 것이라고 했다.(『조선일보』 1959년 8월 23일자) 전국노협이 발족한 1959년은 〈표1〉에서 보이는 바처럼 노동운동이 이전에 비해 훨씬 고양되던 시점이었다. 대한노총의 분열과 전국노협의 발족은 이와 같은 밑으로부터의 압력을 배경으로 하고 있었다.

그런데 전국노협 결성에 참여한 노동조합 지도자들은 크게 두 부류로 구분되었다. 하나는 정대천으로 대표되는 세력으로 과거 대한노총의 주류 세력으로서 전국노협에 참여한 부류이다. 이들은 김기옥 독주체제에 대해 반발하여 대한노총에서 나왔지만, 여전히 친이승만, 친자유당적 경향을 갖고 있었다.

또 하나는 김말룡으로 대표되는 개혁적 집단이었다. 김말룡은 대구 대한방직쟁의 때 대한노총 경북지구연맹이 쟁의에 미온적 태도로 일관하고, 나아가 어용노조를 지지하는 행태에 불만을 품고 '대구지역연맹'을 별도로 구성하여 여기에 저항하였던 인물이었다. 김말룡과 개혁세력은 과거 노동운동 내부의 파벌 대립에서 완전히 자유롭지는 않았지만, 단지 김기옥 독주체제에 반발한다는 차원에서 전국노협 결성을 추진한 것은 아니었다.

두 집단의 차이가 드러나는 데에는 오랜 시간이 걸리지 않았다. 자유당은 1960년 대통령 선거를 앞두고 대한노총의 분열을 원치 않았다. 자유당 간부들과 보건사회부 당국자들의 노력으로 1959년 9월 3일 김기옥, 김주홍, 정대천 3인이 대한노총의 분규를 종식시키고 다가올 정부통령 선거에 함께 협력할 것을 다짐했다. 10월 6일 정대천은 "현 정세에 비추어 행정 당국의 종용으로 대동단결을 원칙으로 합의를 보고 전협(전국노협)에 대하여는 향후 일체 관세를 끊는 바이다"라는 내용의 성명서를 발표하였다.(임송자, 2007, 347쪽) 이에 정대천 일파 등 자유당의 압력에 굴복한 세력들은 전국노협 결성 과정에서 탈락하고, 김말룡 등 개혁적 인사들만으로 전국노협이 결성되었다.

1959년 10월 26일, 서울에서 '전국노동조합협의회 결성대회'가 있었다. 이때는 선거를 앞두고 이승만 정권의 억압 통치가 기승을 부릴 때였다. 결성대회도 공개적으로 하지 못하고, 비밀회합의 형태로 이루어졌다. 개혁파만 남은 결성대회에는 14개 단위노조의 21명의 대표가 참여했다. 1959년 말 집계된 전국 단위노조의 수는 모두 558개였다. 이 중 2.5%에 해당하는 노조만이 여기에 참여한 것이었다.(고려대학교 노동문제연구소 편, 2004, 441쪽) 전국노협은 극히 소수의 노동조합만을 결집했고, 이승만 정권의 탄압 때문에 활발한 활동을 하지 못했다. 그러다가 4월혁명이 발생하였다.

**4월혁명과 한국노련 결성**　　　4월혁명으로 이승만 정권에 예속되어 있던 대한노동조합총연합회(대한노총)는 조직 마비 상태에 빠졌다. 1960년 4월 23일 민주항쟁의 파고 속에서 김기옥 위원장은 대한노총은 향후 모든 정당과의 관계를 끊을 것이라는 내용의 특별성명서를 발표하였다. 이승만 정권이라는 난파선에서 대한노총이 홀로 탈출해보려는 무의미한 시도였다. 반면 전국노협의 의장 김말룡은 1960년 5월 1일 관권과 기업주의 앞잡이 노릇을 한 대한노총 간부들은 책임지고 물러날 것과 노동조합을 민주적 총의에 의해 즉각 개편하자는 내용의 성명서를 발표하였다.

1960년 5월 3일 김기옥은 대한노총 위원장직을 사퇴하였다. 김기옥과 마찬가지로 이승만 정권에 협력했던 정대천, 김주홍 등 대한노총의 최고 유력 지도자들도 모두 자신의 근거지가 되었던 경전京電노조, 철도노조에서 위원장직을 사퇴하였다. 대한노총 간부진들은 위원장 김기옥이 사퇴하는 정도로 사태를 마무리하며 대한노총의 골격을 그대로 유지하려 하였다. 1960년 7월 과거 대한노총 부위원장이었던 성주갑에 의해 조직 개편을 위한 '대한노총 임시전국대의원대회 소집준비위원회'가 구성되었다. 7월 27일 소집 공고문이 나갔지만, 하부 노조들의 반응은 냉담했다. 반면 전국노협은 4월혁명 직후 조직을 확대해갔다. 전국노협은 1960년 5월 한 달 동안 170개 단위노조를 개편 포섭하여 16만 명의 조합원을 흡수하였다고 발표하였다.(김낙중, 1982, 271쪽)

그러나 당시 상황은 대한노총과 전국노협 어느 한쪽이 일방적으로 노동조합 전국연맹체의 재편을 추진할 수 있는 상태가 아니었다. 대한노총은 아직도 가장 많은 노동조합을 산하단체로 포괄하고 있었지만, 과거 행태에 대한 비판적 여론 때문에 실질적으로 중앙조직이 마비되어 있었다. 반면 전국노협은 4월혁명 직후 세력을 확장하기는 했지만, 전체 노동계의 재편을 혼자 힘으로 추진할 수 있는 역량을 아직 갖추지 못했다. 당시 하부 노동조합에서는 4월혁명 직후 기존 간부들이 퇴진하고 새로운 지도부가 들어서는 등 재편 작업이 활발하게 전개되었다. 그러나 후술하겠지만 노동조합 재편은 과거 노조 지도부와 그 운영 관행을 획기적으로 청산하는 방향으로 가지 못하였다. 대한노총, 전국노협 양 단체 모두 단독으로는 전국연맹체 재편을 할 수 없는 상황에서 결국 양자 사이에 타협이 이루어졌다. 대한노총의 대표 성주갑과 전국노협의 대표 김말룡은 양 단체를 통합하여 전국연맹체를 결성하는 문제를 논의하였다.

마침내 1960년 11월 25일과 26일 서울에서 전국 대의원 723명이 참석한 가운데 통합대회가 개최되었다. 이때 참석한 대의원의 분포를 보면 대한노총계가 439명이었고, 전국노협계가 36명이었으며, 무소속이 198명이었다.(『동아일보』 1960년 11월 26일자) 이 대회에서 대한노총과 전국노협은 통합을 결의했고, 통합된 새로운 전국연맹체의 명칭을 '한국노동조합총연합회'(한국노련)으로 정하였다. 통합대회에서 집단지도체제인 운영위원회 제도를 채택한 규약은 통과되었지만, 운영위원회 위원을 인선하는 과정에서 분란이 발생하여 폭력사태가 발생하였다. 그러나 11월 30일 한국노련 제1차 운영위원회에서 의장 김말룡, 부의장 이규철, 성주갑, 김정원 등 3명의 간부를 선출하여 일단 조직을 결성하였다.*

새로 발족한 한국노련은 집권 정치세력에 종속된 일부 어용적이고 부패한 노조 지도자들에 의해 과두적으로 장악되어 운영되었던 대한노총의 관행을 탈피하고, 노동운동의 민주화를 위해 노력할 것을 적극적으로 표방하였다. 그렇기 때문에 조직적으로 현저히 열세였음에도 불구하고, 전

---

* 한국노련 결성 과정에서 전진한을 중심으로 한 일부 세력은 김말룡계 중심의 임원 선출에 불만을 품고 따로 한국노동조합총연맹을 발족시켰다. 1961년 5월 양 단체 사이에 통합 논의가 있었지만 쿠데타 발발로 무산되었다.(임송자, 2007, 368~369쪽)

국노협을 이끌었던 김말룡이 의장에 취임할 수 있었다. 한국노련이 과연 얼마만큼 과거 노동운동의 관행을 극복하고 진정한 민주적 노동운동으로 성장할 수 있을지는 미지수였다. 한국노련이 결성되고 반년 만에 쿠데타가 발생했고, 군사 정권에 의해 한국노련은 해체되었다. 1961년 8월 노동조합의 전국적 연맹체로서 '한국노동조합총연맹'(한국노총)이 재조직되었다. 그 과정에서 김말룡을 비롯한 한국노련의 개혁적 성향의 인물들은 철저히 배제되었다.

**노동조합 개편과 신설**　　　4월혁명 직후 기존 어용노조 지도자를 규탄하고, 노동조합의 민주적 개편을 촉구하는 운동이 밑으로부터 분출되었다. 또한 김말룡의 전국노련은 4월혁명 직후부터 어용노조 지도자를 규탄하고, 노동운동의 민주화를 내세워 노조민주화운동을 확산시키는 데 기여했다.

　4월혁명 직후 노조민주화운동의 대표적인 사례는 부산부두노조였다. 이 노조는 대한노총 위원장 김기옥의 근거지로 당시 부두노동조합 중에서 최대 규모였다. 부산부두노조 조합원들의 노조민주화운동은 이승만 정권 붕괴 직전에 발생하였다. 1960년 4월 24일, 부산부두 노동자들은 "어용간부 축출하라"는 플래카드를 들고, 부두노조 본부였던 노동회관을 점거하며 김기옥 위원장을 비롯한 간부들의 총사퇴를 주장하였다. 이승만 하야 당일인 4월 26일 마침내 노조 간부들이 총사퇴하였고, 전병민 등이 '부산부두노조 수습위원회'를 구성하였다.(고려대학교 노동문제연구소 편, 2004, 466~467쪽)

　1960년 5월 18일 수습위원회는 하역 작업의 기본단위가 되는 작업반의 반장을 소속 반원들이 직접선거를 통해 선출하고, 종래 반장들이 2인

몫의 임금을 받는 관행을 폐지하고 반원들과 동등한 임금을 받도록 하였다. 이로써 일제강점기부터 내려오던 십장제의 잔재를 청산하려고 했다. 그리고 노조를 1인지도체제에서 집단지도체제로 바꾸고 새로운 노조의 위원장으로 전병민 등 간부를 인선하였다.

그러나 과거 노동운동의 잔재와 관행청산 작업은 많은 장벽에 부딪혔고, 우여곡절을 겪어야 했다. 반원들이 민주적으로 반장을 선출하는 선거가 실행되었지만, 대부분 과거 반장들이 그대로 선출되었고, 일부만 새롭게 교체되었다. 쫓겨난 위원장 김기옥과 그 추종세력의 발호도 계속되었다. 이들은 별도로 '부산부두노조 정화위원회'를 구성하고 집단지도체제에 대항하였다.

1960년 5월 31일 부산부두노조 조합원 300여 명은 다시 들고 일어나 "노동 반역자 김기옥을 처단하라" "정화위원회란 불법단체를 해체하라" 등의 플래카드를 들고 부산 시내에 있는 정화위원회 사무실 앞까지 행진하여 연좌농성을 벌였다. 이들은 근처 다방에서 김기옥을 연행하여 지난날의 과오를 인정하고 앞으로는 노조민주화운동에 장애가 되지 않겠다는 내용의 성명서를 발표하게 만들었다. 그러나 정화위원회를 중심으로 한 김기옥 추종세력의 발호는 집요했다.

1960년 10월 22일, 경남노조연합회 및 부산부두노조는 500여 명의 노동자의 참여 속에 부산역 광장에서 '민주노동운동 반역도배규탄성토대회'를 개최하였다. 집회 후 "노동조합은 노동자의 것이다" "노동귀족 꿈꾸는 노동모리배를 타도하자" 등의 플래카드를 들고 시내에서 시위를 벌였다.(『동아일보』 1960년 10월 20일자) 그러나 정화위원회 잔여세력은 11월 15일 노조가 있는 노동회관을 기습하고, 새로운 집행부를 폭행하는 등 반격을 가했다.

정화위원회 인사들은 새로운 노조를 결성했던 5월 18일 대회가 소집권자인 김기옥의 명의로 소집되지 않았다는 이유를 들어 새로운 노조 간부들의 직무 가처분 신청을 법원에 제출하였다. 그런데 1960년 12월 15일 부산지법 김윤행 부장판사는 이러한 가처분 신청을 수용하여 전병민 등 새로 개편된 부산부두노조 간부 5인의 직무를 정지하고, 제소자 측 변호사 최성인이 위원장을 대행하도록 결정하였다.

부두 노동자들은 즉각 반발하였다. 1960년 12월 21일 부산역 광장에서 '노동조합활동 자주권수호 및 총파업 선언대회'를 개최하고, 하루 동안 시한부 파업을 전개하였다. 5,000명의 노동자가 여기에 참여하였다. 이에 최성인 등 임시집행부는 전병민 집행부와 협의 끝에 임시대의원회의를 소집하여 새로운 집행부를 선출하기로 하였다. 마침내 1960년 12월 30일 임시대의원회의에서 전병민 집행부가 재신임을 획득하였고, 정화위원회는 소멸되었다. 이로써 부두 노동자들의 열정적인 참여와 헌신으로 노동조합의 민주적 개편이 지난한 과정을 거쳐 승리하였다. 부산부두노조 조합원들의 노조민주화운동은 4월혁명 직후 노조민주화운동의 대표적 성공 사례임과 동시에 그것이 얼마나 어렵게 긴 시간 동안 난관을 돌파해야 했는지를 잘 보여주는 사례였다.

역시 부두노동조합이었던 인천자유노조에서도 노조민주화운동이 발생하였다. 1960년 5월 3일 인천부두 노동자들이 어용간부축출시위를 벌이자 5월 6일 기존 간부들이 총사퇴했다. 그러나 실제 노조를 개편하는 과정에서 각 분회별 파벌의식의 발호로 말미암아 조직이 분열되었다. 결국 각 분회별로 별도의 단위노조를 결성하였다.

4월혁명 이후 노동운동에 변화가 나타나기는 했지만 대한노총 산하 대부분의 노조들에서 과거 모순의 청산이라는 의미를 명백하게 갖는 조직 개편이 실제 이루어진 경우는 드물었다. 자유당 국회의원을 지냈던 정대천이 경전노조 위원장직을 사퇴하고, 역시 자유당과 밀접한 관련을 가졌던 김주홍이 철도노련 위원장에서 사퇴했지만, 새로 위원장으로 들어선 사람들은 과거 자유당 집권기 대한노총 간부로 있던 사람들이었다. 간부들의 면면은 달라졌지만 과거 대한노총 간부 집단의 기득권은 그대로 유지되었다. 미군종업원노조의 경우 1960년 7월 14일 임시대의원대회에서 기존 지도부가 재신임을 받았다. 공무원노조인 전매노조, 체신노조 등에도 민주적 조직 개편은 일어나지 않았다. 특히 관권과 노골적으로 결탁했던 대한노총 중앙 간부들이 아니라 다만 하부에서 기업주들과 결탁해서 일해온 어용노조의 경우 민주적 개편은 거의 이루어지지 않았다. 구체제를 획기적으로 청산하지 못했던 4월혁명의 한계는 노동운동에서도 그대로 나타났다.

4월혁명 직후 기존 노동조합 개편과 함께 신규 노동조합 결성도 활발하게 진행되었다. 1960년 한 해에만 388개의 노동조합이 새로 만들어졌다. 1959년 노동조합의 평균 조합원 수는 503명인 데 반해, 1960년에 신설된 노조의 평균 조합원 수는 216명에 불과하였다.(김낙중, 1982, 277쪽) 이러한 통계는 정확한 것은 아니라 하더라도 4월혁명 직후 노동조합의 신설이 중소기업 부문에서 두드러졌음을 보여준다. 대체로 중소기업일수록 노동자의 수도 적고, 노동운동을 이끌 만한 역량도 약하기 때문에 노조 결성이 어려웠다. 하지만 4월혁명으로 민주화가 진전되고, 노동운동이 활성화되자 중소기업 부문에서도 노동조합 결성이 확산되었던 것이다.

4월혁명 이후 노동조합의 결성 과정에서 두드러진 또 하나의 특징은 이른바 사무직노조의 활성화이다. 이는 특히 금융 부문에서 두드러졌다. 1960년 6월 1일 조흥은행노동조합 설립을 필두로 한국산업은행(6월 8일), 제일은행과 한일은행(6월 11일), 서울은행(6월 18일), 한국무진(6월 18일, 현 국민은행 전신), 제일생명보험(6월 18일) 등 금융기관의 노조 결성이 연이어 이루어졌다.

신규 금융기관 단위노조들은 곧바로 노조연합체를 만들기 위한 작업에 들어갔다. 대한노총이 전국연맹체를 먼저 결성하고, 그다음에 지역연맹체를 결성하며, 마지막으로 단위노조를 결성하는 하향식으로 이루어진 데 반해, 금융노조연합체 조직은 상향식으로 이루어졌다. 1960년 6월 29일 각 은행 노조 위원장과 부위원장은 은행노조연합회 결성에 합의하였다. 이들은 각 노조별로 대의원대회를 열어 조합원의 동의 여부를 확인하였다. 이러한 작업을 거쳐 마침내 1960년 7월 23일 '전국은행노동조합연합회'(전은노련) 결성대회가 개최되었다.

해방 당시 한국의 은행들은 대부분 일본인 소유이거나 그들의 지배하에 있었다. 일본인 소유 은행들은 미군정의 귀속재산으로 편입되었고, 대부분 대한민국 정부에 인계되었다. 정부는 1956년부터 본격적으로 은행들을 민영화하였는데, 대부분 정권과 밀접한 관련이 있는 자본가들에게 불하되었다. 조흥은행과 한일은행은 삼성재벌에, 제일은행은 삼호재벌에 각각 불하되었다. 이승만 정권기 시중은행들은 관권과 결탁했고, 정치자금 조달 창구로서의 역할을 하기도 했다.

은행노조 설립은 그 산하 노동자들의 권익을 보호함과 아울러, 관치금융을 타파하고 금융민주화를 이루려는 노력의 일환이기도 했다. '전은노련'은 창립대회에서 발표한 선언문에서 "금융질서의 정화를 위하여 공헌"할 것임을 다짐하였고, 강령에서도 "금융민주화"를 강조했다.

금융 관련 노조의 설립과 활동이 모두 순조로웠던 것은 아니었다. 농업은행의 노조 설립 시도는 4월혁명 이후 노동운동의 최악의 실패 사례를 보여주었다. 농업은행은 1956년 농업금융 일원화를 위해 설립되었고, 1958년 제정된 특별법에 의해 출자자를 농민, 농협 및 기타 농민단체로 하여 재출발한 은행이었다.

1960년 9월 25일 농업은행 경남지구노조가 처음으로 발족하였고, 전

**표2** 노동쟁의의 동향

| 구분 / 연도 | 노동쟁의 | | | |
|---|---|---|---|---|
| | 발생 건수 | 지수 | 참가 인원(명) | 지수 |
| 1957 | 45 | 100 | 9,394 | 100 |
| 1958 | 41 | 91 | 10,031 | 107 |
| 1959 | 95 | 211 | 49,813 | 530 |
| 1960 | 227 | 504 | 64,335 | 685 |

출처: 보건사회부, 1962 『보건사회통계연보』; 경제기획원, 1961 『한국통계연감』 등 참조(김낙중, 1982, 294 쪽에서 재인용)

은노련은 1960년 12월부터 농업은행의 노조 설립운동을 적극 지원하였다. 그 결과 1960년 12월 20일 농업은행 서울지구노조도 결성되었다. 그런데 서울지구노조가 1961년 2월 17일 임시대의원대회를 열고, 단체협약 체결을 추진하려고 하자, 농업은행 총재 한윤경은 그 전날인 2월 16일 전격적으로 조합 간부 33명을 전근시키는 인사 조치를 단행했다. 여기에 반발하여 노조가 단식농성을 전개하자 회사 측은 노조 간부 3명을 징계하여 해직시켰다.

농업은행 경남지구노조도 서울의 단식농성투쟁을 지원하기 위해 1961년 3월 3일 찬반투표를 거쳐 곧바로 파업에 돌입하였다. 그러나 사무직노조 활동에서 항상 제기되는 형편 좋은 사람들이 파업까지 한다는 비난여론이 조성되고 회사 측이 강경하게 나오자, 노조는 이를 감당하지 못했다. 서울 및 경남 지구노조 모두 파업투쟁을 접고, 노조 해산을 선언하고 말았다. 회사로부터 해직·정직 처분을 받은 사람들은 모두 희생되었다.

4월혁명 직후에는 일부 신문사에서도 노조를 결성하려는 시도가 나타났다. 1960년 5월 15일 『대구일보』 기자들과 기술직 노동자들이 노동조합을 결성했다. 그 밖에 『연합신문』(6월 17일), 『평화신문』(6월 22일)에서도 노조가 결성되었다. 그러나 신문사의 노조 결성은 은행노조와 달리 빨리 확산되지 못했고, 전국적 노조연합체를 만들려는 노력도 나타나지 않았다.


**노동쟁의 고양**　　　　　노동쟁의는 이미 1959년부터 전에 비해 크게 증가하는 양상을 보이고 있었다. 〈표2〉에서 보이는 바처럼 1959년에는 1958년에 비해 쟁의 발생 건수는 약 2배 정도, 참가 인원은 5배 정도 증가하였다. 1960년에는 1959년에 비해 쟁의 발생 건수는 2배 이상 증가하였다. 4월혁명 직후 노동자들은 쟁의 과정에서 빈번하게 가두에 진출하여 시위를 전개하기도 했다. 4월혁명부터 그해 6월까지 485회의 노동자 가두시위가 있었고, 시위 참가 인원이 12만여 명이나 되었다.(박현채, 1988, 166쪽) 또한 1960년에 발생한 쟁의 중 19% 정도에 해당되는 44건의 쟁의는 동맹파업의 형태로 진행되었다. 이는 노동자들의 연대도 강화되고 있음을 보여준다.(전기호, 1990, 86쪽) 그런데 쟁의 참가 인원은 1959년에는 4만 9,813명인 데 반해 1960년은 6만 4,335명으로 발생 건수에 비해 그리 크게 늘지 않았다. 이것은 중소기업 부문에서 노동조합의 결성과 쟁의가 활성화되었기 때문에 쟁의 발생 건수는 많이 증가했지만, 참가 인원의 증가 폭은 그리 높지 않았다는 것을 말해준다.

　　노동쟁의의 원인은 정부 통계 방식으로 하면, 임금인상이 가장 많았고, 다음이 해고 반대였다. 그러나 4월혁명 직후 노동쟁의는 어용노조를 규탄하며 노조 개편을 추구하거나, 새로운 노조를 결성하는 과정에서 회사 측의 방해활동을 분쇄하기 위하여 나타나는 경우가 많았다. 즉 이 무렵의 노동쟁의는 노조 활동의 자유를 확보하려는 움직임과의 밀접한 연관 속에 진행되었다. 특히 해고 반대를 위한 쟁의는 대부분 노조 활동과 관련하여 진행된 해고 조치를 시정하기 위한 것이었다.

노조 활동의 자유와 관련된 쟁의가 두드러진 부분은 1950년대와 마찬가지로 섬유 부문이었다. 이 부문에서 전개된 노동쟁의는 주로 1950년대 노동쟁의 연장선상에서 어용노조와, 노조 활동을 탄압하기 위해 회사 측이 취한 해고 및 폐업 조치에 대한 저항이었다.

제일모직 대구공장쟁의가 대표적인 사례라 할 수 있다. 이병철이 소유하고 있던 제일모직 대구공장에는 이른바 '사원파노조'라 하여 회사 측이 사주한 어용노조가 존재하고 있었다. 4월혁명 직후 전국노협이 노조민주화운동을 지원하자, 회사 측은 어용노조의 유지가 어렵다고 판단하고 공장을 폐업하였다. 1960년 6월 14일 제일모직 대구공장 여공 400여 명은 단식투쟁을 전개하며 불법 폐업에 항의했다. 노동자들이 대거 농성에 참여하자, 회사 측은 6월 20일 조업을 재개하겠다고 약속했으나 실제로는 아무런 조치도 취하지 않았다. 그러자 노동자들을 대변하던 '공원파노조'는 6월 22일 경상북도 도 당국에 정식으로 쟁의신고를 하였다.

제일모직 노동자들은 회사 측이 반응을 보이지 않자 법적 냉각기간 3주일을 기다리지 못하고, 1960년 7월 4일 공장 사무실을 점거해서 농성에 돌입했다. 곧바로 200여 명의 경찰이 동원되어 농성 중인 노동자의 강제해산을 시도하였다. 이 소식을 듣고 대구 시내 다른 공장노동자 1,500명이 제일모직 공장으로 몰려와 농성 노동자를 지원하였다. 경찰은 후퇴했고, 이번에는 계엄군 헌병들이 투입되었다. 헌병들은 회사 경비만 하고 농성 중인 노동자를 강제해산시키지는 않았다. 농성은 평화롭게 진행되었다. 8월 10일 회사 측과 사원파·공원파 두 노조가 보건사회부 당국의 조정안을 수용함으로써 사태는 마무리되었다. 회사 측은 직장폐쇄를 해제하고 조업을 재개하며, 2개의 노조는 일단 모두 해산을 하고 40일 내에 새로운 단일노조를 결성하기로 합의하였다.

부당해고반대투쟁은 대한방직 노동자들 사이에서도 전개되었다. 과거 대구 대한방직쟁의 때 부당해고된 노동자 30여 명은 1960년 5월 28일 공로금 및 퇴직금과 부당해고자 복직을 요구하며 공장 앞에서 시위를 전개하였다. 5월 29일 대한방직 현직 노동자 1,000여 명은 여기에 호응하여 임금인상을 요구하며 시위를 벌였다. 부당해고된 노동자 100여 명은 9월 8일 서울로 상경하여 퇴직금을 요구하는 시위를 전개하였다.

경성방직 노동자들은 어용노조에 대한 반대투쟁을 전개했다. 1960년 9월 13일 야간부 노동자 700여 명이 노조 위원장 이기철의 사임을 요구하며 회사 앞에서 연좌시위를 전개하였다. 연좌시위 과정에서 노동자들은 회사 정문과 수위실을 파괴하여, 7명이 업무방해죄로 연행되었다.

노동조합 결성을 둘러싸고 쟁의가 발생한 경우도 있었다. 1960년 6월 4일 한국타이어 노동자들은 회사 측이 노조 결성을 방해하자, 영등포 소재 다른 공장의 30개 노조 간부들과 연대하여 400여 명이 트럭에 분승해서 영등포 일대를 일주한 다음 공장 앞에서 시위를 전개하였다. 이 사건은 회사 측이 노조 결성을 방해하기 위해 노동자들을 구타한 것이 발단이 되었다.

4월혁명 직후 미군종업원노조의 활동은 여러 특수성이 있지만 기본적으로 노조 활동의 자유 문제와 밀접한 관련이 있었다. 특히 미군종업원노조의 쟁의는 한미관계, 한미행정협정 체결 문제와 관련하여 사회의 주목을 받았다. 미군종업원노조는 1953년부터 결성되었고, 대한노총 산하에 있었다. 그런데 미군 당국은 한국의 노동법을 산하 한국인 노동자에게 적용하는 것을 거부했다. 노조 설립을 용인함으로써 단결권은 인정했지만, 단체교섭권과 단체행동권은 금지시켰다. 미군 당국은 한인 종업원의 신규채용 때 "비파업 서약서" 제출을 강요했으며, 영내에서의 노조 활동을 금지시켰다.

4월혁명이 발생하자 미군종업원노조는 주한미군을 위해 일하는 노동자들에게도 한국 노동법을 똑같이 적용할 것을 미군 당국에 요구하였다.

그러나 당시에는 '한미행정협정'이 체결되어 있지 않은 상태였다. 미군종업원노조는 1960년 9월 20일부터 10월 20일까지 한미행정협정 체결을 위한 백만인 서명운동에 돌입하였다. 앞서 언급했지만 일부 대학생들도 이무렵 신생활운동 과정에서 한미행정협정 체결을 요구했다. 그럼에도 불구하고 미군 당국이 반응을 보이지 않자, 1961년에 접어들면서 노조는 쟁의에 나서기 시작했다.

1961년 1월 31일 서울 삼각지 부근에 있는 미군 인사처 앞에서 미군종업원노조 조합원 200여 명은 행정협정 체결과 임금인상을 요구하며 시위를 했다. 2월 19일에는 서울·경기 지역 조합원 5,000명이 서울역에 모여 미국대사관까지 행진하며 행정협정 체결을 요구했다. 2월 20일 부산에서도 1,000여 명의 참여하에 역시 같은 내용의 시위가 있었다. 1961년 2월은 민통련 학생들을 중심으로 한미경제협정반대투쟁이 전개되고 있는 시점이었다. 그러나 미군종업원노조는 자신들의 쟁의를 반미감정 유발과 결부시키는 것은 극히 유감이라는 내용의 성명서를 발표하며(『동아일보』 1961년 3월 7일자), 학생, 진보적 정당, 사회단체의 활동과는 거리를 두었다.

당시 민주당 정부는 한미행정협정 체결 요구를 일정 부분 수용하였고, 미군종업원노조의 활동에도 부분적으로 동조했다. 1961년 2월 23일 보건사회부는 미군에 종사하는 한인 종업원들도 한국 국민이니만큼 한국 노동법의 보호를 받고자 하는 것은 당연하다고 언급했다.(『동아일보』 1961년 2월 23일자) 그럼에도 불구하고 미군 당국이 미온적인 반응을 보이자 노조는 마침내 4월 13일 파업을 결의하고, 산하 조합원들에게 파업 여부를 묻는 투표를 시작하였다. 마침내 4월 15일 미군 당국은 한인 종업원의 임금인상안을 전격 수용하였다. 그리고 이 무렵부터 미국 정부는 한미행정협정을 체결하기로 결정하고, 한국 정부와 실무협의를 시작했다. 한미행정협정 체결 협상이 시작된 데에는 학생·정치권의 요구도 중요한 계기로 작용했지만, 노동운동도 중요한 역할을 했다. 그러나 얼마 후 5·16쿠데타가 발생했고 한미행정협정 체결은 오랫동안 지연되었다.

임금인상 등 처우개선을 위한 노동쟁의는 철도노조, 전매노조, 체신노조 등 공무원노조의 쟁의가 대표적이었다. 철도노조는 1960년 10월 21일 쟁의를 신고하고, 일반 공무원과 다른 철도 종사원의 독립된 단독보수제 책정, 임금 100% 인상, 위험수당 인상, 현행 여비의 배액 인상 등을 요구했다. 법적 냉각기간이 지나도 교통부 당국으로부터 응답을 받지 못하자, 노조는 파업을 결의했다. 그러자 당국이 협의에 응해 11월 30일 노사 양방이 합의에 도달했다. 하지만 정부 당국은 실행에 성의를 보이지 않았다. 노조는 1961년 1월 27일 파업을 결의하고, 곧바로 1시간 동안 철도의 모든 유·무선 통신을 중단시키는 제한적 파업을 단행하였다. 철도노조는 2차 파업을 예고했고, 체신노조와 전매노조도 동맹파업을 할 것이라고 선언하며 연대했다.

정부와 노조는 마침내 현업수당 20% 인상, 특별급여 8% 지급, 위험승무수당 2% 인상, 합계 30% 정도의 임금인상에 합의하였다. 당시 노동자들은 최저생계비에 훨씬 못 미치는 임금을 받고 있었기 때문에 철도노조쟁의에도 나타나는 것처럼 임금인상 요구율이 대단히 높을 수밖에 없었다. 이는 다른 부문의 노동쟁의에서도 마찬가지였다. 그러나 철도노조가 쟁의 결과 정부와 합의한 내용은 애초의 요구와 비교해볼 때 현저한 격차가 있었다.

전매노조는 1960년 10월 19일 쟁의신고를 하고, 임금 100% 인상을 요구했다. 전매청은 노조 조합원 43명을 집단해고하였다. 이에 11월 21일 대구공장 노동자들이 태업에 돌입했고, 25일 전주공장 노동자들도 태업을 시작했다. 그러자 정부가 임금인상과 해고자 복직을 약속하였다. 이로써 합의가 이루어졌다.

체신노조도 1960년 11월 3일 쟁의 발생을 신고하고, 임금 150% 인상을 요구했다. 냉각기간 만료일인 12월 15일 정부가 야간수당과 위험수당을 인상하고, 임금임상은 추후에 해주겠다고 약속함으로써 쟁의가 일단락되었다.

정부기관을 상대로 하는 공적 부문의 쟁의가 비교적 수월하게 전개된 반면, 일반 사업장의 처우개선을 위한 노동쟁의는 대부분 훨씬 더 어려운 과정을 겪어야 했다. 4월혁명은 정치 면에서는 일정 부분 변화를 가져왔지만, 경제 면에서는 거의 변화를 초래하지 못하였다. 사업주들은 노동자들의 요구와 쟁의에 대해 과거와 마찬가지로 무성의하게 대응했다.

1960년 5월 한국해원노동조합은 극동해운회사를 상대로 임금인상을 위한 교섭을 진행했다. 노조는 쟁의 발생을 신고했고, 냉각기간이 종료될 때까지 회사 측이 반응을 보이지 않자, 6월 부산항에 정박 중인 고려호 선원들이 파업에 돌입했다. 파업 3일 만에 회사는 임금 84% 인상에 합의했다. 그러나 극동해운의 사장 남궁연은 합의된 내용을 지키지 않았고, 선원 6명을 해고 조치했다. 이에 격분한 고려호 선원들은 8월 태평양 선상에서 항해 중에 다시 파업에 돌입하여 배가 대만으로 표류하는 사태까지 전개되었다. 그럼에도 불구하고 사태가 해결되지 않자 다시 합법절차를 거쳐 1961년 1월 고려호 선원들이 파업에 돌입하였다. 한국노련의 김말룡 위원장까지 적극 가담하여 회사 측과 협상을 벌였지만, 사측의 위압적인 태도는 변치 않았다. 중앙노동위원회의 중재를 거쳐 우여곡절을 거쳐 파업 76일 만에 쟁의는 일단락되었다.

부두노동조합의 경우 어용노조의 민주적 재편도 대단히 어렵게 이루어냈지만, 노동쟁의도 대단히 힘들게 수행하였다. 1960년 10월 전국자유노련은 임금 150%에서 300% 인상을 요구하며 쟁의를 전개하였다. 12월 20일 찬반투표를 거쳐 36시간 시한부 파업을 단행하였다. 인천, 군산, 부산 등 중요 9개 항구에서 하역 작업이 중단되었다. 그래도 사측의 반응이 없자 12월 21일 제2차 72시간 시한부 파업에 들어갔다. 2차 파업 중 부산 부두노조와 국방부 사이에서 임금 40% 인상이 합의되었다. 다른 지역의 경우 성과가 나타나지 않았다. 이에 1961년 3월 31일 자유노조는 10개 부두에서 무기한 파업을 결의하였다. 결국 중앙노동위원회 중재로 임금 36% 인상안에 합의하였다. 그러나 이렇게 어렵게 나온 합의마저도 5·16쿠데타로 백지화되었다.

4월혁명 직후의 노동운동은 그 자율성과 민주성을 확보하는 데 많은 진전을 거두었다. 하지만 4월혁명 이후의 노동운동도 분단체제하에서 노동자를 규율했던 반공 이데올로기, 노사협조주의의 틀을 거의 벗어나지 못했다. 한국노련과 일부 노동조합은 민주당 정권의 2대악법 제정 기도에 대해 반대 입장을 표명하기는 했지만, 진보적 정당·사회단체와 함께 연대하여 조직적으로 반대투쟁에 나서지는 못하였다. 또한 당시 진행되던 통일운동 등 진보적 사회운동에 대해서도 아무런 입장 표명을 하지 못했다.

4월혁명 직후에는 경제 건설의 방향 설정 문제를 둘러싸고 사회 각계 각층에서 활발한 논쟁이 있었지만, 한국노련을 비롯한 당시의 노동운동조직은 이러한 쟁점에 대해 적극적인 의견을 표명하지 못했다. 1960년 6월 15일 부산철공노조 조합원 1,500명은 세관 앞에서 "국산류 외국 기계 도입을 반대한다"라는 구호를 외치며 시위를 전개하였다. 무분별한 외국 기계 도입에 반대하고, 기계의 국내 생산을 장려할 수 있도록 국산 기계의 물품세를 폐지하라는 요구였다.(『동아일보』 1960년 6월 16일자) 이러한 요구는 이후 한미경제협정반대투쟁과 통일운동에서 드러나듯이 '자립적 민족경제'를 추구했던 당시 진보적 사회운동의 흐름과 같은 맥락 속에 있었다. 이 사건은 노동자들 사이에서 경제 건설의 방향 설정을 둘러싼 문제의식이 전혀 없지는 않았다는 것을 보여준다. 그러나 한국노련을 비롯한 당시 노동운동조직은 경제 건설의 방향 설정에 대해 노동자의 의사를 대변하여 적극적인 의견 표명을 하지 못하였다.

4월혁명 직후 노동운동은 과거보다 훨씬 활성화되었고, 여러 차원에서 많은 성과를 거두었지만, 전반적인 사회운동의 흐름과 제대로 연결되지 못한 측면이 있었다. 당시 노동운동은 기존 노동운동의 틀 자체를 타파하는 것이 아니라, 그 내부에서 노동조합의 민주화와 노동자의 일상적 이익을 옹호하는 데에만 머물러 있었다. 때문에 4월혁명 직후 전반적인 사회적 변화를 추동해가는 과정에서 주도적인 역할을 하거나 중요한 기여를 하지는 못하였다.(박현채, 1988, 177쪽)

## 교원노동조합의 조직과 활동

**교원노동조합의 조직 과정**　　4월혁명은 어린 학생들의 희생 속에 이루어졌다. 학원에서 이를 목격한 교사들의 반응은 남다를 수밖에 없었다. 대구지역 학생시위인 2·28의거에서도 나타나듯 이승만 정권은 부정선거를 위해 노골적으로 교육과 학교라는 공간을 이용하였고, 따라서 교사들은 남다른 부채의식을 지닐 수밖에 없었다. 이에 4월혁명 직후부터 전국 각지에서 교원노동조합이 결성되었다.

교원노조 결성은 대구·경북 지역에서부터 시작되었다. 1960년 4월 29일 대구 시내 중·고교 교원 대표 60여 명은 '대구시교원노동조합결성준비위원회'를 조직하였다. 이날 여기에 참여한 교원들은 다음과 같이 학생들의 희생에 대한 교원의 책임을 강조하면서, 전국적인 교원노조 결성을 촉구하는 격문을 발표하였다.

초등교원노동조합 결성대회

"선생님! 정의와 국가와 민족을 위하여 생명을 바쳐 싸워야 한다고 말하지 않았습니까?" 하고 정열에 불타던 그 눈동자! '비겁합니다! 선생님" 하고 외치던 그들의 울부짖음! 그들의 모습! 우리는 여기 양심의 가책과 자괴自愧가 없을소냐. 전국의 교원 동지들이여! (중략) 침체한 자리를 박차고 우리들도 진정한 교원의 권리를 찾자. 그들이 갈망하는 민주학원을 건설하여 이 나라 민주주의의 교두보를 구축하자. 우리들은 단결하자. 그리고 투쟁하자! 단결과 투쟁만이 민주학원을 건설하는 길이다.(이목, 1989, 18쪽)

이 격문은 당시 교사들이 가졌던 학생들의 희생에 대한 부채의식, 교육과 학원의 민주화에 대한 책임감과 열정을 보여주고 있다. 교사들은 교원노조의 결성 동기로 교원에 대한 정치적 박해, 학교 경영의 부패상, 학원의 상품시장화, 대한교육연합회(대한교련)의 어용단체화 등을 들었다.(이철국, 1988, 192쪽)

교원노조 결성 움직임은 전국 각지로 퍼져나갔다. 1960년 5월 1일 서울 시내 47개 중·고교와 3개 초등학교 교원들이 동성고에 모여 '서울시교원노동조합 결성준비위원회'를 결성하였다. 5월 7일에는 대구시 초등교원노조와 중등교원노조가 정식으로 결성되었다. 5월 15일에는 부산지구중등교원노조 결성대회가 있었고, 21일에는 부산지구초등교원노조가 결성되었다. 5월과 6월에 걸쳐 각 도시와 군별로 교원노조 결성이 급속한 속도로 진행되었다. 1960년 5월 22일에는 서울에서 초·중등학교 및 대학교 교원 300여 명이 '대한교원노동조합연합회'를 결성하였다. 이 조직은 전국적인 교원노조의 연합체를 표방했지만 실제 서울에 있는 교원만이 참여했고, 교원노조 결성 과정에서 중앙조직으로 기능하지는 못했다.

교원노조는 실질적으로는 먼저 단위노조들이 만들어지고, 이것이 도별 연합체로 묶이고, 이후 중앙조직이 정비되는 상향식의 형태로 조직되었다. 교원노조는 시군 지구별로 단위노조를 만들고 각 학교에는 분회를 두었다. 당시 다른 분야의 노조들은 각 사업장별로 단위노조를 만드는 것이 일반적이었다. 그러나 교원노조는 더 효율적인 투쟁과 단결을 위해 각 학교 차원이 아닌 시군별로 단위노조를 만들었다. 시군 지구별 단위노조는 초등교원노조, 중등교원노조, 대학교원노조로 나뉘어 조직되었다. 그리고 각 도별로 교원노조연합체를 만들었다. 도별 연합체는 초등·중등·대학의 구별이 없는 통합조직이었다.

1960년 5월 말부터 7월 초까지 각 단위노조를 통합하여 도별 연합체를 만드는 작업이 진행되었다. 5월 29일 '경북지구교원노조연합회'가 결성되고, 김문심이 위원장에 선출되었다. 경북지역에서는 울릉도를 제외한 26개 시·군에서 모두 교원노조가 결성되었고, 이들 노조들은 모두 경북교원노조에 집결하였다. 1960년 6월 19일에는 '경남초등교원노조연합회'가 결성되었고, 같은 날 '경남중등교원노조연합회'도 결성되었다. 경남지역에서는 도 연합회가 초등과 중등으로 나뉘어 결성되었지만, 8월 2일 양 단체가 통합하여 '경남지구교원노동조합연합회'(위원장 이종석)를 결성하였다.

1960년 6월 26일 전남지구연합회(위원장 라철주)가 결성되었으며, 6월 26일에는 충남지구연합회(위원장 서창선)가, 7월 3일에는 전북지구연합회(위원장 천건)가 속속 결성되었다. 경기도와 제주도에서도 도 연합회가 결성되었다. 강원도, 충청도, 서울특별시에서는 연합회 구성을 하지 못했다.

각 도별 교원노조연합체가 조직되면서 전국적인 중앙조직을 정비하기 위한 노력도 나타났다. 1960년 6월 29일 서울에서 서울교원노조 관계자 및 영호남 교원노조 간부들이 회합하여 전국 중앙조직 문제를 논의했다. 이미 조직된 '대한교원노조연합회'는 실질적으로 전국조직을 이끌 수 있는 대표성과 역량이 부족하였다. 그러나 이날 모임에서 참석자들은 교원들의 단결을 위해 잠정적으로 대한교원노조연합회를 전국 중앙조직으로 인정하며, 추후 실제 대표성과 역량을 갖춘 조직으로 개편한다는 방침을 결정하였다. 당시 교원노조 관계자들은 교원의 실질적인 단결을 위해 명칭과 주도권에 집착하지 않는 태도를 보여주었다.

전국 중앙조직개편 작업은 순차적으로 전국 교원노조의 참여 속에 이루어졌다. 1960년 7월 3일 대구에서 '교원노조 전국대표자대회'가 전국에서 온 200여 명의 대표들의 참여 속에 이루어졌다. 그리고 마침내 1960년 7월 17일 서울 의사회관에서 '교원노조 제1차 전국대의원대회'가 열렸다. 여기에는 전국 대의원 186명이 참여하였다. 이날 모임에서 전국 중앙조직의 명칭이 '대한교원노동조합연합회'에서 '한국교원노동조합총연합회'로 바뀌었다. 실질적인 전국적 중앙조직이 만들어지는 순간이었다. 이날 대한교원노동조합연합회의 임원은 자동적으로 사임되었음이 선언되었고, 새로운 간부 인선이 이루어졌다. 위원장은 일단 공석으로 두고(후일 건국대 교수 조일문이 위원장직을 맡았음), 부위원장으로 서울지구 강기철, 경기·강원 지구 이동걸, 경남북지구 김종원, 전남북지구 라철주, 충남북지구 서창선 등 5인이 선출되었다. 서울지구 부위원장 강기철이 임시로 수석 부위원장이 되어 공석 중인 위원장의 직무대리를 맡았다. 그리고 각 지구별로 조합원 수를 감안하여 총 41명의 중앙위원을 선출하였다. 그 다음날인 7월 18일 제1회 중앙위원회를 열고, 사무국장에 이목을 선출하는 등 실무 간부진을 구성하였다. 새로 진용을 갖춘 '한국교원노동조합총연합회'가 발표한 강령은 다음과 같았다.

一. 우리는 교원의 경제적·사회적 지위 향상을 위하여 투쟁한다
一. 우리는 학원의 자유와 민주화를 도모하고 정치적 중립을 기한다
一. 우리는 민주국가 건설로서 세계평화에 공헌한다

7월 17일 대회에서 보고된 바에 따르면 총 82개 교원노조가 이미 결성되었고, 조합원 수는 1만 9,883명이었다. 교원노조 조합원은 전국 전체 교원 수의 22% 정도에 해당하였다. 조합원 수를 지역적으로 보면, 경북이 8,100여 명이었고, 경남이 8,000여 명으로 다른 지역에 비해 압도적으로 많았다. 경상도지역에서는 교사들의 노조 가입 비율이 60% 정도 되었다. 한편 서울은 200여 명, 충남은 900여 명, 전북은 370여 명, 전남은 230여 명, 제주는 170여 명 정도였다.

**교원노조합법화투쟁**　　　허정 과도정권과 장면 정권은 교원노조를 인정하지 않았고, 교원노조는 여기에 대항하여 길고도 격렬했던 합법화투쟁을 전개했다. 교원노조의 합법화투쟁은 국가권력의 비민주적 노동정책에 맞서 직접 투쟁했다는 면에서 독특한 의미를 부여받을 수 있다. 교원노조운동은 교육민주화운동·학원민주화운동이라는 차원에서도 의미가 있다. 또한 당시 교사들은 최대의 지식인 사회를 형성하고 있는 집단이었고, 군대와 학생을 제외하고는 최대의 직업 집단을 형성하고 있었다. 때문에 교사들의 동향은 전 사회적으로도 크게 파문을 일으킬 수밖에 없었다.

교원노조의 합법성을 둘러싼 시비는 오랜 연원을 갖고 있었다. 1953년 노동 관련 법률이 제정될 때부터 교원노조의 합법성 문제가 제기되었다. 당시 제정된 노동조합법 제6조에는 "모든 근로자는 자유로이 노동조합을 조직하거나 또는 이에 가입할 수 있다. 단 현역 군인, 군속, 경찰 관리, 형무 관리와 소방 관리는 예외로 한다"라고 규정되어 있었다. 교사들에 대한 예외규정은 없었다. 이에 당시 일부 노동법 학자들은 정부 당국에 교원들의 노동조합 결성도 가능한지를 문의하였다. 이때 법무부가 내린 결론은 비록 '국가공무원법'에 공무원의 단체행동을 금지하는 조항이 있지만, '노동조합법'이 '국가공무원법' 제정 이후에 만들어졌으므로 '후법우월'의 원칙에 따라 교원들의 노동조합 결성은 가능하다는 것이었다.

그러나 1959년 서울 시내 일부 사립대학 교수들이 실제로 노동조합을 결성하려는 움직임이 있자 입장을 바꾸었다. 이때 법무부와 보건사회부는 공동으로 "순수한 노무 종사자 이외에 어떤 일반 공무원도 노조에 가입할 수 없으며, 만일 노조가 조직되더라도 이를 불법시하겠다"고 입장 표명을 했다. 학술적 차원에서 논의가 진행될 때에는 교원노조의 합법성을 인정했지만, 실제 상황이 벌어졌을 때에는 반대 의견을 피력한 것이었다.(이철국, 1988, 188~189쪽) 당시 대한노총도 정부 당국의 법리 해석이 헌법과 노동조합법을 위반하는 것이라면서 반발하였다.

4월혁명 직후 교원노조결성 작업이 진행되자 허정 과도정권 내에서도 교원노조의 합법성 문제를 두고 논란이 있었다. 1960년 5월 9일 이항녕 문교부차관은 교원노조 활동을 막지 않을 것이라고 했지만, 5월 19일 이병도 문교부장관은 교원노조불허방침을 강력히 피력하였다. 반면 보건사회부 장관 김학묵은 "신고하는 교원노동조합은 인정할 방침"이라 하였다. 법무부는 6월 16일 교원노조 합법성 문제에 대해 유권해석을 내렸다. 국가공무원법 제37조의 "공무원은 정치운동에 참여하지 못하며, 공무 이외의 일을 위한 집단적 행동을 하여서는 안 된다"는 규정과 이를 준용한 교육공무원법을 들어 교육공무원은 노동3권을 향유할 수 없으며, 노동조합을 조직할 수 없다고 해석하였다. 6월 22일 문교부장관과 보건사회부장관은 담화문을 통해 이미 결성된 교원노조 해체를 지시하였다. 또한 다음날 이병도 문교부장관은 교원노조에 가입한 교원들이 탈퇴하지 않으면 파면 조치를 취하겠다고 강경한 입장을 피력하였다.(이철국, 1988, 195쪽) 허정 과도정권은 결국 교원노조를 인정하지 않았고, 이미 결성된 교원노조에 신고필증을 배부하지 않았다.

교원노조는 1960년 5월과 6월 대구와 부산 등지에서 이병도 문교부장관과 과도정권의 이러한 처사를 규탄하는 시위를 전개하는 등 합법화투쟁을 전개하였다. 허정 과도정권기에 이루어진 교원노조 조직화 과정은 정부의 불허방침에 맞서 노조의 합법성을 쟁취하기 위한 투쟁과 긴밀한 연관 속에서 전개되었다.

5·16쿠데타 이후 군사 정권은 교원노조운동을 4월혁명 이후 방만하고 혼란스러웠던 자유를 대표적으로 상징하는 사건으로 몰아갔지만, 4월혁명 직후 당시 여론의 흐름은 결코 이러한 상황은 아니었다. 교원노조합법화투쟁은 당시에는 상당한 여론의 지지와 호응을 받고 있었다. 1960년 7월 10일 대한변호사협회는 교원노조 합법성 여부 질의에 대해 교원들도 노동조합을 결성할 수 있으며, 이것이 국가공무원법상의 집단행동금지규정과 충돌하지 않는다고 답변하였다. 당시 노동단체들은 교원노조합법화투쟁에 동조하고 이를 지원하였다. 1960년 6월 24일 체신노조, 철도노조, 전매청노조 등 공무원노조들은 당국의 교원노조불허방침에 항의하여 연대투쟁할 것을 결의하였고(『동아일보』 1960년 6월 26일자), 6월 29일 전국노협은 이병도 문교부장관을 노동조합법 위반 혐의로 경찰에 정식 고발하기도 했다. 언론의 반응도 마찬가지였다. 당시 언론 보도도 교원노조 결성에 대해 특별히 비판적이거나 이를 무조건 불온하게 보는 것은 아니었다. 『동아일보』가 교원노조의 활동에 대해 일본 교원노조와 비교하면서 그 정치성에 우려를 피력하며, 비판하는 사설을 게재했지만, 이는 예외적인 경우였다.(이목, 1989, 99쪽)*

---

* 한국일보사 장기영 사장은 교원노조총연합회에 5만 환의 찬조금까지 냈다고 한다. 이는 총연합회가 외부로부터 받아들인 유일무이한 찬조금이었다고 한다.(이목, 1989, 99쪽)

1960년 7월 교원노조의 전국적 조직화 작업이 일단락되었을 무렵은 새로운 정권을 수립하기 위한 7·29 총선이 진행되고 있었다. 7·29 총선에서 승리하여 정권을 잡게 되는 민주당 신파계 인사들도 선거운동기간 중에는 교원노조가 합법적이라는 견해를 피력하였다.* 그러나 한국 사회에 강력하게 존재하고 있는 극우반공 인사들과 정치인들은 교원노조에 대해 비판적일 수밖에 없었다. 교원노조 활동에는 또한 신성한 직분인 교사가 어떻게 노동자냐는 사회적 편견도 깊게 작용하였다. 교직의 신성함을 강조하는 논리는 실질적으로 교사를 존중한다기보다는 교사의 자율성과 권리를 제약하는 논리로 작용하였다.

교원노조를 노골적으로 탄압하려는 시도도 발생하였다. 7·29 총선이 끝나고 새로운 정권 수립 작업이 진행되던 1960년 8월 9일, 경북도청은 경북지구교원노조연합회 김문심 위원장을 비롯한 대구 시내 근무 교원노조 간부 23명 전원에 대해 전보배치발령을 내렸다. 통상적으로 교원 인사는 3월 말과 9월 초에 있었는데, 이는 대단히 이례적인 일이었다. 특히 과도정권의 문교부장관 이병도가 곧 새로운 정부가 수립될 것이므로 모든 교원의 인사 조치는 중단하라고 훈령을 이미 내렸음에도 불구하고 이러한 조치가 이루어졌다.**

교원노조는 방학 중임에도 불구하고, 경북도청의 부당인사 조치에 적극적으로 항의했다. 교원노조는 부당인사 조치 실행을 일단 중단시키기 위해 법원에 '행정처분 집행정지 가처분 결정'을 신청하였다. 그리고 대구

---

* 후일 장면 정권의 법무부장관이 되었던 조재천 선전부장은 "정치적으로 중립을 지키는 한 교원노조 결성은 가능하며 발전할 것이다"라고 했다. 조재천은 특히 1960년 7월 3일 열렸던 교원노조 전국대표자대회에 민주당 대표로 참석하여 교원노조의 합법화를 언급하기도 했다.
** 교육청에서 장학사를 동원하여 교원노조 탈퇴를 종용하는 등 방해활동을 하자 경북교원노조는 1960년 7월 11일 경북지사를 노동조합법 위반으로 대구지검에 고발하였다. 경북지사의 부당인사 조치는 이러한 사건이 발단이 된 것으로 보인다.

시내 교사 300여 명은 1960년 8월 11일부터 14일까지 4일간 30도를 넘는 대구의 뜨거운 한여름 날씨에도 불구하고 "교권과 민주학원을 되찾자"라고 외치며, 도청 앞에서 연좌시위를 전개하였다. 총연합회 간부들도 내려와 이를 격려했다. 그리고 8월 20일 대구 달성공원에서 전국으로부터 온 3,000~5,000여 명의 교사가 운집하여 '교조탄압반대 전국조합원 총궐기대회'가 개최되었다. 이 집회에는 교원노조 발족 이래 최대 군중이 집결하였다. 이 집회에서 교원노조는 부당전보 조치가 해제되지 않는다면, 1960년 8월 25일 교원노조 조합원이 총사퇴 선언을 하고, 26일에는 일괄사표를 제출하는 극한투쟁을 벌이겠다고 선언했다.

1960년 8월 23일 마침내 장면 총리를 수반으로 하는 민주당 정부가 수립되었다. 그로부터 2일 후인 8월 25일, 교원노조가 총사퇴 선언을 하기로 한 바로 그날 대구고등법원은 교원노조가 제출한 행정처분 집행정지 가처분 결정 신청을 인정하는 판결을 내렸다. 이날 법원은 "교원노조는 헌법, 노동조합법, 노동쟁의조정법 등에 의하여 합법적인 결사임을 확신하는 바이나, 피신청인(조준영 경북지사)은 부당한 방법으로 교원노조 해체를 획책"했다고 보고, 부당인사 조치를 무효화하는 판결을 내렸다. 민주당 정부는 그날 저녁 즉각 비상국무회의를 개최하여 경북지사에게 항고하지 말라는 지시를 내렸다. 이에 26일 총사퇴 결행을 앞두고 부당인사 조치로 인한 파문은 일단락을 지었다.

당시 민주당 정부는 교원노조 합법화 문제에 대해서는 법원의 판결을 기다려보겠다고 하면서 계속해서 교원노조의 신고필증을 배부하지 않았다. 민주당 정부는 내부적으로 교원의 노동조합 결성은 인정하지 않고, 새로운 교원단체 결성을 허용하는 '교원단체법안' 제정에 대한 논의와 준비를 진척시켰다. 즉 교원들의 단결권은 일정 부분 인정하지만 단체교섭권과 단체행동권은 심각하게 제약하는 '교원단체법' 제정으로 교원노조운동을 개량화한다는 방침이었다.

극우보수 집단의 교원노조 탄압 기도는 계속해서 집요하게 시도되었다. 민주당 구파 의원이었던 곽태진 의원 등 16명의 의원은 마침내 9월 13일 교원노조를 원천적으로 불법화하는 내용의 '노동조합법 개정안'을 민의원에 제출하였다. 노동조합법 제6조 노동조합 결성 제한 항목에 '교육공무원'을 추가하여 교원노조 결성 자체를 완전히 불법화하려는 시도였다. 일부 극우보수적인 성향의 의원들과 민주당 인사들도 이 법안에 찬성 의사를 표시했다.

곽태진 의원의 지역구였던 고령에서는 1960년 9월 이 지역 교원노조의 주최로 '노동조합법개악반대성토대회'가 열렸고, 전주와 부산에서도 성토대회가 열렸다. 교원노조는 단식투쟁으로 이와 같은 탄압 기도에 저항하였다. 1960년 9월 26일 경북교원노조를 필두로 노동조합법 개악을 반대하고, 교원노조 합법화를 쟁취하기 위해 전국적으로 단식농성이 시작되었다. 교사들은 단식농성을 하면서도 수업은 그대로 강행하였다. 단식농성투쟁 3일째인 28일부터 의식불명으로 교단에서 쓰러지는 교원이 속출하자 학생들도 여기에 가담하였다. 9월 29일 대구지역 고등학생들이 교원노조합법화투쟁을 지지하는 시위를 벌였다. 한편 교원노조 조합원들은 상경투쟁도 전개하였다. 9월 28일에는 서울 사직공원에서 '교원노조불법화반대 전국대표자대회'가 개최되었다. 경남교원노조연합회원 880명, 경북교원노조연합회원 515명 등 전국 각지에서 상경한 조합원과 서울 시내 조합원 총 2,000여 명이 참여하였다.

극단적인 대치 상태 속에서 마침내 1960년 9월 29일 민의원 노동조합법 특별심의위원회는 개정안이 법체계 및 이론상 부적합하다고 인정하고, 이를 폐기함과 동시에 본회의에 상정하지 않기로 결의했다. 당시 교원노조 조합원들은 국회의사당 앞에서 농성하고 있는 상태였다. 노동조합법 개정안이 폐기되어 일단 교원노조 말살 기도를 저지하는 데는 성공했지만, 문교부가 문제의 '교원단체법안'을 마련하여 국회에 제출할 것이라는 소식이 들려왔다. 26일부터 4일째 단식이 계속되었지만, 노조원들은 29일 밤 다시 문교부가 있는 중앙청 앞으로 이동하여 연좌시위를 벌였다.

당시 교원노조의 입장은 노동조합이라는 명칭을 무조건 고수한다는 것은 아니었다. 다만 현행 노동조합법이 보장하는 실질적인 노동자의 권리를 인정해준다면 노동조합이라는 명칭을 사용하지 않아도 무방하다는 것이었다.(이목, 1989, 209쪽) 그러나 정부가 성안한 교원단체법안은 자유로운 교원의 단결권은 인정하고 있지만, 단체교섭권과 단체행동권은 심각하게 제약하는 조항들이 있는 만큼 받아들일 수 없다고 보았다.

9월 29일 밤 문교부는 교원노조 조합원의 연좌농성이 진행되는 상황에서 교원노조 합법화 문제는 법원의 판단을 기다리며, '교원단체법안'은 소송이 끝날 때까지 국회에 제출하지 않겠다고 약속했다. 이에 서울 중앙청 앞에서 농성 중인 조합원들은 29일 자정 무렵 해산했고, 가장 먼저 단식농성에 돌입한 대구지역은 30일 상오 6시 단식농성투쟁을 해제하였다. 무려 84시간 동안 단식농성과 수업 강행, 상경투쟁을 병행하는 치열한 저항으로 마침내 '노동조합법 개정안'과 '교원단체법안'의 국회 상정을 막고, 교원노조를 사수한 것이었다. 5일 동안 진행된 단식농성, 수업강행투쟁 과정에서 경북지역에서만 6,000여 명이 넘는 교원들이 여기에 참여했으며, 실신한 교원만 1,000명 넘게 발생했고, 33명의 조합원이 병원에 입원해야 했다. 그중 월성지구교원노조 조합원 이중석은 쇠폐된 몸 상태를 회복하지 못한 채 10월 중순경 사망하였다.(이목, 1989, 192쪽)

민주당 정부가 기획한 교원단체법안에 대해서는 대한교련도 반대 입장을 피력하였다. 이 법안이 통과될 경우 대한교련이 교원단체로서 갖고 있는 독점적 권한이 유지되기 어려웠기 때문이었다. 교원단체법안은 1961

년 2월 완전히 폐기되었다.(고려대학교 노동문제연구소 편, 2004, 573쪽) 이로써 교원노조를 단체교섭권과 행동권을 제한하는 교원단체로 변질시켜 인정해주겠다는 민주당 정부의 기도는 좌절되었다.

나머지 문제는 교원노조에 관련된 법원 소송이었다. 교원노조는 신정부 수립 후에도 정부가 교원노조의 설립 신고를 각하하고 신고필증을 내주지 않자, 1960년 9월 14일 보건사회부장관을 상대로 하여 '노동조합설립신고 각하처분 취소 청구소송'을 서울 고등법원 특별부에 제기하였다. 소송은 정부의 비협조적인 태도 때문에 계속 지체되었다.

교원노조는 1961년에 접어들면서 정부가 교원노조의 신고필증을 교부하고 합법성을 인정하라는 투쟁을 재개하였다. 1월 16일 경북교원노조는 합법화 쟁취를 위해 48시간 농성에 돌입했고, 21일에는 경남에서 23일에는 전남북 등 기타 지역에서 이러한 투쟁이 이어섰다.

합법화투쟁 과정에서 다른 사회단체와의 연대도 강화되었다. 당시 교원노조는 다른 부문의 노동운동세력, 특히 공무원노동조합과는 초기부터 연대하는 모습을 보였지만, 여타 정당, 사회단체와의 연대에 대해서는 극우보수세력의 반발과 내부 구성원의 반발 때문에 조심스러울 수밖에 없었다. 당시 교원노조는 정치적 중립을 표방했는데, 이때의 '중립'은 독자적인 정치적 선택과 결정을 한다는 차원에서 이해되기보다는 모든 정치세력과 거리를 둔다는 방식으로 이해되는 경향이 있었다. 그러나 합법화투쟁이 장기화되면서 노동운동단체뿐 아니라 이를 지원했던 여타 다른 사회단체, 정당과의 연계도 강화되지 않을 수 없었다.

'교원노조지원투쟁위원회'가 이러한 양상을 잘 보여주고 있다. '교원노조지원투쟁위원회'는 1961년 2월 11일 대구·경북 지역을 중심으로 결성되었다. 위원장은 독립운동가 방한상이 맡았고, 부위원장은 민자통의 안민생, 총무는 경북 민민청의 서도원이 맡았다. 지원투쟁위원회의 주도세력은 실질적으로 경북 민자통(경북 민통) 인물들이었다.

교원노조가 제기한 소송은 계속 지체되다가 언도공판을 3일 앞둔 1961년 4월 23일 정부 측에서 교원노조의 설립 신고를 각하처분한 조치를 취소하겠다고 하여, 피고 측이 소송을 취하하는 해괴한 사태가 발생하였다. 법원 판결이 정부 측에 불리하게 날 것으로 예상되자 민주당 정부가 소송을 포기한 것이었다. 그러나 김판술 보건사회부장관은 계속 교원노조를 인정하지 않겠다고 발언했고, 5·16쿠데타가 발생할 때까지 끝내 신고필증은 교부되지 않았다. 결국 5·16쿠데타가 발생하여 교원노조는 탄압을 받아 해체되었다.

**교육민주화운동과 2대악법반대투쟁 참여** 교원노조는 어디까지나 노동조합이니만큼 교원의 경제적 이익과 처우 향상을 위해 노력해야 했다. 그러나 정부가 노동조합의 합법성 자체를 인정하지 않는 상태에서 교원노조는 일단 합법성 쟁취에 모든 활동을 집중할 수밖에 없었다. 당시 교원들은 엄청난 박봉에 시달렸지만, 교원노조는 임금인상 투쟁을 하지는 않았다. 다만 교육공무원법에 규정되어 있는 제 수당(보건수당, 교육연구비, 가족수당, 조산비) 등을 법 규정대로 지급하라고 요청하는 투쟁을 했다. 이러한 투쟁은 단순한 경제적 권익 옹호를 위한 활동이었다기보다는 불법·탈법적으로 운영되고 있던 교육과 학원의 정상화라는 맥락에 더 가까운 것이었다.

교원노조는 합법화투쟁에 여념이 없었지만 교육민주화를 위한 투쟁도 함께 전개하였다. 교원노조는 각종 학원 비리의 원인이 된 사친회비와 기타잡부금폐지운동을 전개하였고, 사친회 운영도 개선할 것을 주장하였다. 대구지구초등교원노조는 사친회비와 잡부금 징수를 통해 비리를 저지른 학교장을 고발하여 법적 심판을 받게 하였다. 이에 의무교육을 하는 초등학교의 경우 사친회비가 완전히 폐지되었다. 당시 초등학교 교원들은 사친회비를 재원으로 하는 수당을 받고 있었는데, 조합원들은 박봉에 시달렸음에도 불구하고 교육정상화를 위해 금전적 손실을 감당하였다. 한편 교원노조는 교과서 보급 과정에서 이루어지는 각종 비리와 중간착취를 줄이고자 노력하였다. 그리하여 방학책 강매를 중지하고 교과서대금을 30% 인하하며, 자유판매에 맡기라는 운동을 전개하였다. 이에 대구지역에서는 실제로 독점 공급이 아니라 교과서 자유판매가 실행되기도 했다. 또한 경북교원노조는 학생들의 활발한 예술문화 활동을 활성화하기 위해 1960년 11월 3일부터 13일까지 '경북학생예술제'를 주최하기도 했다.

교원노조는 이승만 정권과 결탁하여 3·15부정선거와 부정을 저지른 교육계 인사들을 숙정하기 위해 결성 초기부터 노력했다. 1960년 6월 13일 대구지역 교원 1,500여 명은 시위를 벌이며 부정선거에 적극 가담한 교장, 교감, 장학사, 교육감의 즉각 퇴진을 촉구하였다.(이철국, 1988, 196쪽) 1961년 2월에 접어들어 3·15부정선거 관련자 처벌을 위한 특별검찰부의 활동이 시작되자, 경북교원노조는 책임 있는 학교장 20여 명을 부정선거 운동 혐의로 특별검찰부에 고발하기도 했다. 그러나 교원노조는 사학재단 비리에 대해서는 적극적으로 활동하지 못했다.

교원노조는 장면 정권이 통일운동과 진보적 사회운동을 탄압하기 위해 만들려고 기도했던 '2대악법'에 대한 반대투쟁에 대해 다른 노동조합과는 다소 다른 태도를 보였다. 1961년 3월 13일 교원노조총연합회는 2대악법 제정에 반대하는 내용의 성명서를 발표했다. 이때는 서울에 이미 '2대악법반대를 위한 공동투쟁위원회'가 만들어져 있는 상황이었지만, 총연합회는 여기에 가입하는 데는 주저했다. 교원노조뿐 아니라 당시 한국노련도 공동투쟁위원회에 조직적으로 가담하지 못했다.

하지만 대구·경북 지역은 사정이 다소 달랐다. 한국노련 경북연합회가 제대로 기능을 하지 못하자, 경북에 있던 17개 단위조합은 한국노련을 탈퇴하여 대구시노동조합연맹(의장 한위술)을 따로 결성하였다. 대구시노동조합연맹은 2대악법반대투쟁에 대해 전향적인 태도를 보였다. 이에 경북교원노조는 대구시노동조합연맹과 함께 3월 31일 회의 때부터 경북공동투쟁위원회에 참여하였다. 이날 회의에 경북교원노조 위원장 김문심과 총연합회 사무국장 이목이 참여하였다.

1961년 4월 2일 대구에서는 '2대악법반대집회'가 개최되었다. 이날 경북교원노조는 종래 산하의 모든 조직을 동원했던 것과는 달리, 각급 분회장 및 대의원 이상은 직접 동원했지만 나머지 조합원들의 참가는 자유의사에 일임했다. 경찰은 이날 집회를 강력하게 저지하였고, 그 과정에서 44명의 주도자급 인물들이 긴급구속되었다. 여기에는 경북교원노조연합회 위원장 김문심과 부위원장 신우영도 포함되어 있었다. 이러한 양상을 볼 때 당시 교원노조 조직 전체가 2대악법반대투쟁에 적극적으로 가담한 것이라고 할 수는 없다. 그러나 경북교원노조의 공투위 및 반대투쟁 참여는 다른 노동단체와 비교해볼 때, 정치투쟁 참여라는 측면에서 선도적인 측면이 있다. 특히 이 일 때문에 5·16쿠데타 이후 교원노조는 집중적인 탄압을 받았다. 쿠데타 발생 직후 무려 1,500여 명의 교원노조 관계자가 체포되었으며, 59명의 간부가 서대문형무소에 이송되었다. 이 중 9명이 기소되었는데, 김문심은 무기징역, 총연합회 수석 부의장이었던 강기철은 징역 15년, 사무국장 이목은 징역 10년 등 중형을 선고받았다.

# 3

# 한국전쟁 전후 민간인학살과
# 김구암살사건 진상규명운동

## 피학살자유족회의 조직과 활동

**민간인학살 문제의 쟁점화와 국회조사**　　민족분단과 곧바로 이어진 전쟁의
와중에서 많은 민간인들이 정당한
재판 절차 없이 살해당하는 일이 발생하였다. 학살당한 사람들은 다양하
였다. 여성도 있었고, 나이 어린 사람도 있었으며, 좌익 활동을 한 사람도
있었지만, 전혀 관련이 없는 사람들도 다수였다. 피학살자의 유가족들은
가족을 잃었을 뿐 아니라 그 후 이승만 정권으로부터 '빨갱이 가족'으로 몰
려 감시와 통제를 받는 등 많은 불이익을 받아야 했다. 이승만 정권이 붕괴
되자 이 문제는 사회적 쟁점으로 부각될 수밖에 없었다.

이승만 정권이 붕괴되고 보름 정도 지났을 무렵인 1960년 5월 11일,
경남 거창군 신원면 주민들이 한국전쟁 때 면장을 했던 박영보를 타살하
여 불태워버리는 충격적인 사건이 발생했다. 한국전쟁 중이었던 1951년 2
월, 이곳에서는 국군 11사단 9연대 대원들이 마을 주민 700여 명을 학살하
는 사건이 발생했다. 당시 박영보는 학살 과정에서 무고한 주민들을 좌익

으로 지목했다고 해서 주민들의 원성을 샀던 것이다.

박영보 사건은 전국적으로 충격을 주었다. 거창학살사건의 피해자 유족 대표 10여 명은 박영보 사건 직후 상경하여 학살 책임자 처벌과 진상규명을 정부에 촉구하였다. 이러한 활동은 한국전쟁 전후 민간인학살 문제가 사회적으로 쟁점화되는 데 많은 기여를 했다.(한상구, 1990, 176쪽) 전국 각 신문들은 한국전쟁 전후 민간인학살의 실상을 폭로하는 기사를 게재하기 시작하였다. 특히 1960년 5월부터 『부산일보』와 『영남일보』 같은 지역신문들은 연재기사를 수록하는 등 이러한 보도에 적극적이었다.

국회도 대책을 마련하지 않을 수 없는 상황이었다. 일부 국회의원들은 자기 지역구에서 발생한 민간인학살사건에 대해 폭로하고, 특별조사위원회를 구성하자고 제안하였다. 마침내 국회는 1960년 5월 23일 9명의 의원으로 양민학살사건 특별조사위원회를 구성하기로 결정하였다. 국회 특별조사위원회는 경남, 경북, 전남 등 3개 반으로 나뉘어 5월 31일부터 6월 10일까지 해당 지역에 가서 조사를 했다.

특별조사위원회는 6월 21일 국회 본회의에 경상남북도, 전라남북도, 제주도 지역에서 총 8,715명의 인명 피해와 가옥 피해 1만 41호가 있었다는 보고서를 제출했다. 그리고 군·경·검 합동수사본부를 설치하여 누락된 피해 상황을 조속한 시일 내에 조사할 것과 악질적 학살 관련자의 엄중한 처단과 피해자에 대한 보상제도를 설정하기 위해 가칭 '양민학살사건처리특별조치법'이라는 특별법을 제정할 것을 건의하였다. 이러한 건의가 있었음에도 불구하고, 민주당 정부와 새로 구성된 5대 국회는 국가적 차원에서 피학살자 문제를 해결하기 위해 어떠한 조치도 취하지 않았다.

국회 특별조사위원회의 활동은 처음으로 국가기관 차원에서 한국전쟁 전후 민간인학살의 진상규명을 시도했다는 의미가 있으며, 이 문제가 사회적으로 쟁점화되는 데 많은 기여를 했다. 그러나 11일밖에 안 되는 현지

조사기간과 빈약한 조사 인원 때문에 실질적인 진상규명을 이루기는 어려웠다. 또한 조사활동을 한 국회의원들 자체가 과거 경찰 간부로 활동하던 사람도 있어 여러 논란이 있었다.

**피학살자유족회의 조직과 활동**　국회 특별조사위원회의 활동을 전후하여 경상남도와 경상북도에서는 피학살자유족회가 결성되고, 관련자 처벌과 진상규명을 촉구하였다. 이 무렵은 한국전쟁 발발로부터 10여 년밖에 지나지 않은 시점이었다. 학살 책임자들도 많이 생존해 있었고, 일부 사건은 공소시효도 아직 만료되지 않은 시점이었다. 피학살자유족회는 학살을 자행한 사람들을 직접 법원에 고소하여 처벌을 요구하였다. 또한 일부는 자체적으로 피해 신고를 받고, 학살 터를 발굴하여 유해를 수습하는 등 자체 진상규명 작업을 벌이기도 했다. 또한 일부는 공동위령제를 지내고, 묘지를 조성하는 등 추모 활동을 하였다.

피학살자유족회 활동이 가장 활발했던 것은 경상남도였다. 충무(현 통영)지역은 한국전쟁 발발 직후인 1950년 6월 28일부터 2개월에 걸쳐 해군부대, 경찰, 반공단체 등이 가담하여 800여 명의 주민을 학살하여 수장하였다. 탁복수 등 유족 수 명은 4월혁명 직후인 1960년 5월 피학살자 유족들은 피해 사항을 신고해달라는 선전문을 시내에 게시하고, 신고를 접수하였다. 일주일 만에 수백 명의 신고가 접수되었다. 유족들은 6월 8일 당시까지도 현직으로 근무하고 있던 경찰을 포함하여 학살 책임자 11명을 부산지검에 고발하였다. 유족들이 피학살자를 고소한 것은 이것이 처음이었다. 이러한 활동을 기반으로 하여 1960년 8월 초, 피학살자유족회가 정식으로 결성되었다. 고성군에서도 6월 16일 '고성군 조사위원회'를 구성하여 주민들의 신고를 받았다.

양산에서는 5월 27일 유족들이 모임을 갖고, 1950년 8월 이 지역에서 발생했던 민간인학살사건의 책임자 처벌 등을 요구하는 대정부 건의서를 발표하였다. 이 지역의 유족들은 당시 학살에 가담했던 의용경찰대원의 집에 몰려가 진실을 고백할 것을 요구하고, 사죄를 받아내기도 했다.

부산·동래 지역에서는 1960년 6월 초순부터 일부 유족들이 피학살자 신고서를 만들어 인근의 양산·기장 지역까지 배포하였다. 신고된 사람만 700여 명에 달했다.(한상구, 1990, 182쪽) 9월 5일 동래구 복천동에서 피학살자유족회가 조직되었다. 10월 22일에는 부산과 동래 지구에서 피학살자들의 유골을 발굴했고, 이를 수습하여 합동묘지를 조성하고 피학살자 명단을 새긴 위령비를 건립하였다.

김해군 진영 일대에는 1950년 7월과 8월 약 200 내지 300여 명이 군경에 의해 학살되는 사건이 일어났다. 진영 일대의 유족들은 1960년 5월 25일부터 피학살자 신고접수소를 만들고, 곧바로 일곱 군데의 학살 장소를 발굴하여 유해를 수습하였다. 5월 31일에는 김영붕과 김영옥을 중심으로 '금창지구(김해·창원 지구) 장의위원회'가 700명의 유족의 참여하에 결성되었다. 6월 25일 진영에서 주민 5,000명의 참여하에 합동위령제를 거행하였다. 이날 설창고개에 조성한 합동묘역에 학살 터에서 발굴한 258구의 유골을 매장하였다.

인근 마산지역에서는 1960년 6월 12일 300여 명의 유족과 기타 지방유지들이 참여한 가운데 '마산시 피학살자유족회 결성대회'가 개최되었다. 여기에 참여한 250명의 유족들은 정부가 학살 원흉 및 하수인을 색출하여 처단할 것, 유가족을 보호할 것, 학살 장소와 시간을 밝힐 것, 유골을 유가족에 인도할 것 등을 촉구하는 내용의 결의문을 채택했다.(김기진, 2002, 301~302쪽) 마산 피학살자유족회는 8월 27일 합동위령제를 거행하였다. 그리고 9월 초순 마산지구 육군특무대장 외 수 명을 검찰에 고소하였다.

창원에서는 1960년 8월 중순 김봉조를 중심으로 피학살자유족회가 결성되었으며, 11월 27일 합동위령제를 개최하였다. 이날 "유족에 대한 경찰의 감시를 즉시 해제하라"는 플래카드가 걸렸다. 학살 피해자인 유족들에 대한 감시와 통제에 항의하는 것도 이들 활동의 중요한 부분이었다.

울산에서는 1960년 5월 31일 피학살자 유족 100여 명이 경찰서에 몰려가 "학살 주모자 명단 제출" "학살 장소와 생사 여부 확인"을 요구하였다. 유족들은 6월 12일 당시 학살에 가담한 경찰과 운전기사로부터 학살 장소를 확인하고, 870명이 몰살당한 무덤 16개의 소재를 확인하기도 했다.

밀양지역에서는 1960년 6월 4일 김봉철을 중심으로 '밀양군 피학살자 조사대책위원회'가 조직되었다. 수차례 유골을 발굴했고, 7월 20일에는 200여 명의 유족과 일반 시민 500명이 모인 가운데 합동위령제를 집행하고 학살 관련자 처벌을 요구하였다. 한편 창녕에서는 1960년 7월 25일 사회대중당 창녕군 당준비위원회 주최로 합동위령제가 개최되었고, 여기에 참가한 150명 유족들은 식을 마치고 경찰서로 몰려가 사망 장소와 시간을 알려줄 것을 요구하였다.

경남 각지에서 결성된 피학살자유족회는 도 차원의 연합체를 만드는 작업에 들어갔다. 1960년 8월 28일 부산에서 각 시·군 피학살자유족회 대표 70명의 참여하에 '경남 피학살자유족회 결성대회'가 개최되었다. 회장으로는 동래 피학살자유족회의 문대현이 추대되었고, 충무 피학살자유족회 탁복수와 마산 피학살자유족회 이병기가 부회장을 맡았다.

경남지역은 4·19 직후 각 시·군별로 피학살자유족회가 자연발생적으로 만들어지고, 이것이 다시 도 차원의 연합체로 결집되는 양상을 보였다. 그런데 경북지역의 경우는 이와는 달리 대구를 중심으로 경북 피학살자유족회가 먼저 만들어지고, 이를 중심으로 각 지역 피학살자유족회의 활동이 활성화되는 양상을 보였다. 1960년 5월 말 대구에서 이원식 등의 주도

1990년 9월에 개최된 거창양민학살사건 피해자 추모제에 참석한 유족

로 "피학살자 합동위령제 발기취지서"가 작성되어 배포되었다. 6월 15일 유족 300여 명이 참석하여 '경북지구 피학살자유족회 결성대회'와 '합동위령제준비위원회 결성대회'가 개최되었다. 그런데 이날 대회에서는 대구지구 계엄사무소장 윤춘근 소장이 나타나 피학살자유족회와 위령제에 남로당원, 보도연맹원, 부역자 유가족이 있으면 곤란하다며 이의를 제기하여 소동이 일었다. 유족들은 정당한 법적 절차를 거치지 않은 학살은 모두 불법이라고 하면서, 설사 좌익 활동을 했다 하더라도 그 가족도 유족이 될 수 있다고 항의하였다.

1960년 7월 28일 대구역 앞에서 경북 피학살자유족회의 주도로 '경북지구 피학살자 합동위령제'가 개최되었다. 유족들은 신문광고를 내고 '삐라'를 살포하는 등 적극적으로 위령제 개최를 선전하였다. 이때 "무덤도 없는 원혼이여 천년을 두고 울어주리라" "조국 산천도 고발하고 푸른 별도 증언한다"라는 유명한 구호가 등장하였다. 이들 구호는 그 후 경남북 모두에서 피학살자유족회 활동 때마다 자주 등장하였다.

경북 피학살자유족회는 대구시 송현동, 만천동 등지에서 3차에 걸쳐 피학살자 유골을 발굴하는 등의 활동을 했다. 경북 피학살자유족회를 이끌었던 이원식, 신석균, 백기만 등은 진보적 성향을 가지고 있던 인사였다. 경북 민민청과 같은 사무실을 사용했고, 이 지역 통일운동단체와도 연계를 가졌다. 이들은 1961년 3월 14일 경북지역에서 결성된 2대악법 공동투쟁위원회에 참가하기도 했다. 그 산하의 대구 피학살자유족회는 1960년 11월 4일부터 『들꽃』이라는 회보를 발행하기도 했다. 이 일로 5·16쿠데타 직후 경북 피학살자유족회 간부들은 집중적으로 탄압을 받았다.

경북 피학살자유족회가 발족할 무렵 경북 각지에서 유족들의 활동이 있었다. 1960년 6월 6일 경산에서는 유족들이 한국전쟁 당시 피학살자를 밀고했던 전 민보단 부단장 집에 쳐들어가 가재도구를 부수는 사건이 발생하였다. 6월 7일 성주에서는 80여 명이 위령제를 지내려 했으나 계엄 당국에 의해 저지되었다. 6월 11일 청송에서는 유족들이 1949년 1월 이 지역 주민을 학살한 경찰 등을 고발하였다.

경주·월성군 지역에서도 피학살자유족회의 활동이 활발했다. 이 지역에서는 이협우라는 사람이 민보단장을 하면서 1948년부터 한국전쟁기에 이르기까지 지역 주민을 학살했다고 지목받았다. 이협우는 4월혁명 당시 국회의원이었다. 피학살자의 유족들은 1960년 6월 16일 서울지검에 고발하였다. 이협우는 이미 1950년대 후반부터 가족들이 학살당한 해병대 군인에 의해 고발되어 재판을 받은 적이 있었다. 4월혁명 직후 다시 유족들에 의해 고발되어 재판을 받았고, 법원에서 학살에 가담한 이협우 형제 등은 사형을 선고받았다. 그러나 5·16쿠데타 이후 재판 결과가 다시 뒤집히는 등 우여곡절을 겪었다.

1960년 10월 10일, 경주 피학살자유족회가 결성되었다. 그런데 11월 2일, 이 지역 대한전몰군경유족회 및 상이군경 가족들이 '구보련계규탄데모'를 갖고 피학살자유족회 사무실을 습격하여 간판을 탈취해 가는 사건이 발생하였다.* 회원 200여 명은 경주역 앞에 집결하여 이러한 행태에 항의하는 시위를 벌였다. 경북 피학살자유족회에서도 곧바로 당일 30여 명이 경주로 와서 지원투쟁을 벌였다. 경주 피학살자유족회는 1960년 11월 13일 합동위령제를 개최하였는데, 여기에도 경북 피학살자유족회에서 50여 명의 회원이 참가하여 지원하였다. 이처럼 경북지역의 활동은 대구를 중심으로 경북 피학살자유족회가 먼저 조직되고, 주변 지역의 피학살자유족회 조직과 연계를 맺는 과정을 통해 이루어졌다.

1960년 10월 20일 경남 피학살자유족회와 경북 피학살자유족회 대표 50명은 서울에서 전국피학살자유족회를 결성했다. 회장은 노현섭(마산 피학살자유족회)이 부회장은 탁복수(충무 피학살자유족회)가 맡았으며, 사정위원장으로 이원식(경북 피학살자유족회)이 일했다. 전국 피학살자유족회는 서울에 사무실을 설치하고 정부 각 부처에 청원과 건의를 전달하는 역할을 했다.

전국 피학살자유족회가 결성되기는 했지만, 실제적으로 피학살자유족회 활동은 경상남북도지역에서만 이루어졌다. 활동이 있었던 지역은 모두 한국전쟁 때 점령당하지 않았거나 점령당했다고 하더라도 그 기간이 극히 짧았던 낙동강 인근 또는 이남 지역이었다. 때문에 경남지역에서 활동이 주로 있었고, 경북지역은 대구를 비롯한 경북 남부지역에서만 있었다.

피점령지역의 경우 국군과 경찰에 의한 학살과 공산군 또는 지방 좌익

---

* 피학살자유족회 활동에 대한 군인 가족들의 반발은 마산에서도 일어났다. 1960년 5월 26일 마산지역의 군인 유족 300여 명은 마산 시내에서 "6·25 때 희생된 군인 유족을 무시 말라"며 시위를 하기도 했다.(김기진, 2002, 308쪽)

에 의한 학살이 번갈아가며 자행되었다. 여기에는 공권력과 지역 주민들 사이의 문제만이 아니라 지역 주민들 내부의 좌우이념 갈등, 또는 기타 원한관계도 크게 작용할 수밖에 없었다. 그러다 보니 피학살자유족회 활동이 대단히 어려웠다. 그러나 미점령지구의 경우 군과 경찰이 보도연맹원이나 기타 주민들을 살해하는 상황이 민간인학살의 대부분을 차지했다. 때문에 이 문제는 주민들 사이의 이념 대립이나 원한관계와는 상관없는 공권력과 주민들 사이의 문제로 더 뚜렷하게 부각될 수 있었다. 그렇기 때문에 피학살자유족회의 활동에 대한 주민들의 반응도 서로 다를 수밖에 없었던 것이다.

5·16쿠데타가 발생하자 피학살자유족회는 집중적인 탄압을 받았다. 경북지역 활동을 이끌었던 이원식에게는 사형이 선고되었고, 나머지 간부들에게도 중형이 선고되었다. 동래 피학살자유족회가 부산 연제구 거제동 화지산 능선에 마련한 합동묘지에 건립되었던 위령비는 동원된 인부들의 망치질에 산산조각 난 채 철길에 뿌려졌다. 거창의 경우도 문병현 회장 등 6명이 구속되었다. 4월혁명 후 거창 유족들이 만든 합동묘지 봉분도 쿠데타 당국에 의해 파헤쳐졌으며, 위령비는 비문을 알아볼 수 없도록 정으로 쪼개져 땅속에 파묻혔다.(서중석, 2007c, 53쪽)


## 제주4·3사건 진상규명운동

1948년 4월 3일 제주도에서는 이 지역 좌익세력의 주도로 미군정의 탄압과 단독정부 수립에 반대하는 항쟁이 발생하였다. 이를 진압하는 과정에서 많은 민간인들이 군인과 경찰에 의해 학살당하였다. 최근 이 문제를 국가적 차원에서 조사한 '제주4·3사건진상규명 및 희생자명예회복위원회'

는 실제 무장활동을 한 유격대는 500명 선을 넘지 않았지만, 이를 진압하는 과정에서 발생한 사망자들의 숫자는 2만 5,000여 명에서 3만여 명에 이를 것으로 추산하였다.(제주4·3사건진상규명 및 희생자명예회복위원회, 2003, 536~537쪽)

1960년 5월 국회에서 한국전쟁 전후 민간인학살사건에 대한 진상조사 논의가 있자, 제주도에서도 4·3사건의 진상규명을 촉구하는 움직임이 나타났다. 1960년 5월 고순화, 이문교 등 제주대생들은 '4·3사건진상규명동지회'를 발족하였다. 이 단체는 1960년 5월 26일 4·3사건의 진상규명, 관련자 처벌을 요구하는 내용의 '호소문'을 지역신문인 『제주신보』에 광고로 발표하였다. 그리고 28일에는 '4·3사건'의 진상을 민간 차원에서 조사하고, 정부가 이 문제에 대해 과단성 있는 수습대책을 수립할 것을 촉구한다는 내용의 '실천요강'을 발표하였다.(『제주신보』 1960년 5월 28일자)

1960년 5월 27일 모슬포에서는 유가족·학생·청년 60여 명이 시위를 벌이며, 이 지역에서 벌어진 민간인학살사건에 대한 진상규명을 촉구하였다. 또한 국회의장에게 국회조사단을 제주도에도 보내줄 것을 요청하였다. 모슬포의 일부 유족들은 6월 4일 정식으로 피학살자유족회를 결성하여, 학살사건의 진상규명과 책임자 처벌, 유족들이 억울한 누명을 받아온 데에 대한 법적 조치 등을 취해줄 것을 요구했다.(『제주신보』 1960년 6월 8일자)

제주도 출신 국회의원들도 적극적으로 국회조사단의 제주 방문을 요청하여, 국회 특별조사위원회 경남반이 1960년 6월 6일 하루 일정으로 제주도를 방문하기로 결정했다. 지역신문인 『제주신보』는 국회조사단의 방문이 결정되자 급하게 사고社告를 내고, 희생자 신고서를 접수받기 시작하였다. 3일 동안 『제주신보』에 접수된 피해 건수는 모두 1,259건이었고, 인명 피해는 1,457명에 달하였다. 『제주신보』의 신두방 전무는 6월 23일 제주시 외도동에서 일가족 10명을 학살한 당시 경찰을 검찰에 고발하기도 했다.(제주4·3사건진상규명 및 희생자명예회복위원회, 2003, 36쪽)

제주시의회도 1960년 6월 2일 진상조사를 벌이기로 결의했다. 제주시의회는 각 선거구별로 조사활동을 개시하였는데, 시내 각 동의 7개 반으로 편성된 조사단이 3일에서 5일에 걸쳐 조사를 하고, 이를 수합하여 6일 방문하는 국회조사단에 제공하기로 하였다. 제주도의회도 국회조사단의 활동에 적극 부응할 것을 결의하였다.

마침내 1960년 6월 6일 오전 11시, 군용기 편으로 최천(단장), 조일재, 박상길 의원으로 구성된 국회조사단이 방문하였다. 도의회 의사당에 증언대를 마련하고, 유족들과 목격자, 4·3사건진상규명동지회, 『제주신보』 관계자들의 진술을 청취하였다. 여기에 나온 사람들은 모두 학살 당시의 불법성과 잔인성을 폭로하고, 죽은 사람들의 억울함을 호소하였다. 단 하루 동안의 일정이었기 때문에 진상조사는 형식적일 수밖에 없었다. 조사단의 증언 청취 과정에서 시효 문제가 쟁점이 되자, 박상길 의원은 특별법을 만들어서라도 철저히 처리하겠다고 했다.(김종민, 1999, 406쪽)

1960년 6월 21일 국회 본회의에서 국회조사단의 최종 보고가 이루어지는 날을 맞이하여, 서울에 있는 제주도 출신 학생들은 4·3사건의 진상을 규명하고 범법자를 처단하라고 요구하는 내용의 '삐라'를 살포하며 국회의사당 앞에서 시위를 벌였다. 그리고 다음날인 22일 서울과 제주도 현지 학생들을 망라하여 '제주도민학살사건진상규명대책위원회'(가칭)를 조직하여 여름방학을 이용해 제주 각지를 돌아다니며 진상규명운동을 벌이겠다고 했다.

하지만 제4대 국회는 물론이고, 이후 새로 개원된 제5대 국회도 제주 4·3사건 문제에 대해 별다른 조치를 취하지 않았다. 1961년 1월 26일 혁신정당의 의원으로 남제주군에서 당선된 김성숙이 민의원에서 제주도에서 발생한 학살사건의 진상과 대책을 묻는 대정부 질의서를 제출한 것 정도가 고작이었다.

국회조사단 활동 이후에도 일부 대학생을 중심으로 현장을 방문하며 피해자들의 증언을 채록하는 등 진상규명운동이 있었지만, 모슬포를 제외하고는 경상도지역처럼 피학살자유족회가 조직되어 활동하지는 못했다. 제주4·3사건의 경우 그 피해 규모가 타 지역에 비해 훨씬 컸고 민족분단 문제와 직결된 사안이기 때문에, 유가족들의 피해의식과 공포감이 더 클 수밖에 없었다. 5·16쿠데타가 발생하자 4·3사건진상규명을 위해 노력했던 사람들도 고초를 겪었다. '4·3사건진상규명동지회' 회원 이문교와 박경구가 옥고를 치렀고, 진상규명을 위해 적극적으로 활동한 『제주신보』 신두방 전무가 구속되었다. 진상규명을 호소했던 모슬포 유족들도 연행되어 고초를 겪었다. 쿠데타 직후인 1961년 6월 15일 경찰은 한국전쟁 직후 학살된 희생자를 위해 만들어놓은 '백조일손 위령비'를 파괴하여 땅속에 파묻어 버렸다.


## 김구암살사건 진상규명운동

이승만 정권이 붕괴되고 3일 후인 1960년 4월 29일 정오 서울 태평로 거리에서 김구의 경호원이었던 이춘봉은 "백범 김구 선생을 살해한 안두희를 체포하라"고 쓰인 피켓을 들고 1인시위를 벌였다.(『조선일보』 1960년 4월 29일자) 같은 날 밤 강원도 양구에서 군납업체를 하고 있던 김구 암살범 안두희의 집이 양구농고 학생들에 의해 전파全破되는 사건이 발생했다. 한편 1960년 5월 24일 구국청년당 당수 고정훈은 김구 살해 배후인물을 폭로하여 사회적으로 관심을 끌었다.

이승만 정권하에서는 불가능하였던 김구 선생의 추모사업이 4월혁명 이후 시작되면서, 암살범 안두희에 대한 재심을 청구하려는 움직임도 나타났다. 1960년 5월 25일 대구에서 수십 명의 시민들은 안두희를 즉각 처벌해달라는 탄원서를 정부·국회·사법부 요인에게 발송하였다. 6월 26일 효창공원에서는 김구 선생의 11주기 추도식이 각계 인사 3,000여 명이 참석한 가운데 거행되었다. 김창숙은 분향을 마치고 "선생을 저격 살해한 안두희를 죽이라! 그리고 그 배후조종자인 이승만을 규탄하자"라며 호곡하였다.(『동아일보』 1960년 6월 27일자) 한독당을 비롯한 정당 및 각종 사회단체들도 진상규명을 촉구하며, 검찰에 이 사건을 재수사해달라는 진정서를 제출하였다. 이 무렵 '고김구선생살해사건진상규명투쟁위원회'(위원장 김창숙)도 발족하여 활동하였다.

마침내 1960년 8월 5일 서울지검 황공열 검사는 살해범 안두희에 대해서는 일사부재리의 원칙 때문에 더 이상의 형사책임을 추궁하는 것이 불가능하지만, 그 배후를 색출하기 위해 군사기록을 검토하는 등 수사에 착수하겠다고 했다. 검찰은 이후 진상규명투쟁위원회 측의 대표로 함종현 등을 불러 탐문하는 등 수사에 착수하였다. 8월 25일에는 암살사건 관련자가 여전히 현직 군인으로 재직하는 만큼 군·검 합동수사반도 설치하겠다고 했다. 황공열 검사가 김구암살사건 배후를 완전히 파악할 수 있는 녹음테이프를 압수하였다는 보도도 있었다.(『동아일보』 1960년 8월 31일자) 검찰은 원용덕, 전봉덕 등 관련자를 소환하였다. 그러나 암살범 안두희는 검찰의 출두요구서를 묵살하고, 서울에 숨어 있었다. 검찰은 현행법상 안두희를 강제소환할 수 있는 방법은 없다고 보았다.

검찰 수사는 획기적인 진전을 보지 못하고 지체되며, 해를 넘기면서 김구암살사건은 잊혀져 가는 듯했다. 그런데 진상규명투쟁위원회 간사 김용희가 1961년 4월 17일 서울 거리를 배회하던 안두희를 붙잡아 검찰에 인계하였다. 그러나 검찰은 현행법상 안두희의 구속은 불가능하다고 했다. 그렇다고 석방하면 안두희가 테러를 당할 위험이 있기 때문에 검찰은 안두희를 시내 모처에 '보호'하며 수사를 진행하였다.

안두희가 붙잡히자 진상규명을 촉구하는 운동이 다시 강하게 일어났다. 1961년 4월 21일 진상규명투쟁위원회는 국회에 이 사건을 조사할 특별위원회 구성을 요청하였고, 다음날인 22일에는 40여 개의 정당, 사회단체, 종교단체가 연계하여 암살범 안두희의 배후세력 규명을 위해 공동투쟁을 전개하기로 하고 호소문을 발표하였다. 그리고 4월 28일에는 '백범 암살사건배후자규탄대회'가 효창공원에서 열렸다. 이날 약 3,000여 명의 군중이 모였고, 집회를 마치고 국회의사당 앞까지 시위를 벌였다.(『동아일보』1961년 4월 29일자) 그러나 얼마 지나지 않아 5·16쿠데타가 발생하여 진상규명 노력은 수포로 돌아갔고, 이후 시일이 지나 관련자들이 죽어가면서 진상규명은 더욱 어려워졌다.

# 1
# 통일운동단체의 결성과 활동

## 통일논의와 통일운동의 대두

4월혁명 직후 한국 사회에서 나타난 특징적인 현상 중의 하나가 민간 통일 논의와 통일운동의 분출이었다. 한국전쟁 휴전 무렵부터 이승만 정권은 북진통일론을 주장하였다. 북진통일론은 이승만 정권의 핵심 이데올로기 인 반공주의를 집약해서 표현하는 구호였고, 집권의 명분을 표시하는 구 호였다. 이에 1950년대에는 주로 정치권에서 무력·평화 통일 문제를 초점 으로 통일논의가 전개되었다. 혁신정당의 조봉암은 1956년부터 평화통일 론을 주장하여 북진통일론에 정면 반박하였다. 한편 보수야당이었던 민주 당은 '반공통일'이 보장된다면 평화로든 무력으로든 통일을 할 수 있다는 화전양양和戰兩樣의 통일론을 주장하였다. 통일논의를 둘러싼 보수·진보 양 세력의 갈등은 이미 1950년대에도 표면화되었고, 이는 진보당 당수 조 봉암이 사형을 당하는 중요한 원인이 되었다.

한국의 분단은 한국전쟁 종결 이후 점차 고착화되는 길로 접어들었다. 그러나 4월혁명은 정전협정이 체결된 지 7년밖에 안 되는 시점에서 발생하였다. 당시는 분단을 완전히 기정사실화하는 사회적 의식이 지금처럼 강고하게 자리 잡은 상태가 아니었다. 특히 이 무렵에는 분단 문제가 단순히 민족주의, 민족적 명분의 문제로 존재한 것이 아니라 지금보다도 더 밀접하게 구체적이고 현실적인 생활상의 문제로 인식되는 경향이 있었다.

또한 1960년 초는 국제적 냉전체제 면에서도 변화가 있었다. 1957년 소련의 대륙간탄도탄ICBM 개발과 인공위성 스푸트니크Sputnik 발사 성공은 기존 냉전체제의 변동을 가져왔다. 이는 미소 양 진영 간의 전면전쟁이 일어날 경우 전 세계 인류가 핵전쟁으로 말미암아 공멸할 수도 있다는 위기의식을 불러 일으켰다. 유럽에서는 사회민주주의자를 중심으로 극단적인 냉전체제에 대한 비판론이 대두하였고, 미국도 소련과의 공존을 기정사실화하지 않을 수 없었다. 이에 미소 양 진영의 냉전 대립은 군사적 대결보다는 양 진영 사이의 경제적 경쟁, 체제 우월성 경쟁을 강조하는 방향으로 갔다. 이러한 상황에서 냉전체제의 기본 틀은 그대로 유지되었지만, 그 안에서 과거의 극단적인 대립이 다소 이완되는 경향이 존재하였다. 1959년 흐루시초프의 미국 방문은 이와 같은 국제질서의 변화된 모습을 상징하는 것이었고, 냉전 속에 열전을 치른 한국 사람들은 이와 같은 국제적 변동을 더욱 충격적으로 받아들였다.*

한편 1950년대 중반부터 전 세계적 차원에서 대두되었던 제3세계 민족주의의 고양도 통일운동에 영향을 미칠 수밖에 없었다. 아시아, 아프리카의 많은 나라들이 1950년대에 접어들면서 독립국가로 새로운 발돋움을 하였다. 이들 신생국가들은 1955년 '반둥회의'를 거치면서 식민주의 배격,

---

* 『사상계』 편집부는 흐루시초프의 미국 방문에 대해 다음과 같이 언급하였다. "마침내 오고야 말았다. 흐루시초프 소련 수상이 워싱턴에 나타난 날이 오고야 만 것이다. 공산주의로 말미암아 모든 것을 빼앗긴 사람들에게는 도저히 있을 수 없는 비통한 9월 15일 아침이었다".(「소련 수상 흐루시초프의 미국여행」 『사상계』 1959년 10월호, 100쪽)

내정간섭 반대, 강대국 중심의 방위조약 배격 등을 결의하며 독자적인 '제3의 세력'으로 국제사회에 부각되었다. 신생 독립국가들은 유엔에 새로운 회원국으로 가입하였고, 이에 유엔의 판도에도 변화가 나타났다. 당시는 유엔총회에서 매년 한국 통일문제가 논의되고 있던 상황이었다. 유엔의 판도 변화는 한국 통일문제에 대한 토론에 직접적인 영향을 미칠 수밖에 없었다. 이 밖에 알제리 민족해방운동, 1958년의 쿠바혁명 등 제3세계 국가의 민족혁명적인 분위기도 영향을 미쳤다.

한편 북한 정권도 이 무렵 대대적인 대남 통일공세를 전개하였다. 북의 수상 김일성은 1960년 8월 14일 남북 두 정부 대표로 구성된 '최고민족위원회'를 만들어 남북의 경제 및 문화 발전을 통일적으로 조절하는 과도기적 단계를 거쳐 통일하자는 '과도적 연방제안'을 제시하였다. 나아가 자신들이 제공해줄 수 있는 물자와 설비를 구체적으로 명시하면서, 남북교류를 실시할 것을 적극적으로 제안하였다. 남한 사회는 여기에 어떤 방식으로든 대응할 수밖에 없었다.

4월혁명 무렵 조성된 내외적 변화 때문에 7·29 총선 때부터 통일문제는 보수정당과 혁신정당 사이에 하나의 정치적 쟁점을 형성하였다. 총선당시 혁신정당은 유엔 감시하 총선거론을 주장하여 보수정당과 큰 차별성을 보여주지는 못했지만, 일부 인사들이 개인적으로 '남북교류론' 등을 주장하여 파문을 일으켰다. 특히 4월혁명 직후 과도정부하 국회에서 국가보안법이 좀더 완화되는 방향으로 개정되고, 언론의 자유와 정치활동의 자유를 확대하는 법안들이 통과됨에 따라 통일문제도 자유롭게 논의할 수 있는 최소한의 여건이 조성되었다.

이에 7·29 총선 직후부터 신문, 잡지, 각종 토론회, 강연회를 통해 민간 차원의 통일논의가 확산되는 양상이 나타났다. 당시 민간 차원의 통일논의는 크게 중립화통일론과 남북협상론을 중심으로 이루어졌다.

중립화통일론은 스위스 또는 오스트리아 방식으로 주변 강대국이 협정을 맺거나 국제적 보장을 마련하는 방식으로 한국을 영세중립화하여 통일을 달성하자는 주장이었다. 이는 한국전쟁 무렵부터 해외 인사 김용중, 김삼규 등이 주장하던 것이었다. 김삼규는 7·29 총선 무렵 일시 귀국하여 자신의 중립화통일론을 국내 언론에 소개하였고, 김용중의 글도 국내 언론을 통해 광범위하게 소개되기 시작하였다. 두 사람의 활동은 중립화통일론뿐 아니라 민간 차원의 통일논의 전반을 고양시키는 데 많은 기여를 했다.

중립화통일론자들은 강대국이 한반도를 분단시킨 원인을 주로 군사적 이해관계 때문이라고 생각했다. 즉 어느 일방이 한반도를 군사적으로 독점하는 것을 방지하기 위해 한반도를 분단시켰다는 것이다. 따라서 주변 강대국들이 한반도를 침략하지 않겠다는(영토적 보존) 협정을 맺고, 한국은 외국과 군사동맹을 맺지 않고 군사원조도 받지 않는 의무를 지키는 방식으로 한반도를 영세중립화하면 통일의 길이 열릴 것이라고 생각했다.

중립화통일론은 통일의 구체적인 방법론과 새로운 발상을 보여준 것이었기 때문에 주로 지식인 사회의 큰 관심을 끌었다. 특히 1960년 10월 미국 상원의원 맨스필드가 동아시아 각국을 순방하고 상원 외교위원회에 제출한 보고서에서 오스트리아 중립화 방식으로 한국 통일 문제를 해결할 가능성에 대해 언급한 것은 중립화통일론이 확산되는 데 많은 영향을 미쳤다. 중립화통일론은 타협적, 점진적 통일론의 맥락에 있는 것으로 주로 자유주의적이고 개혁 지향적인 집단, 특히 지식인들 사이에서 큰 관심을 끌었다.

남북협상론은 통일이 외세의 간섭 없이 민족 내부적인 타협과 협상으로 이루어져야 한다는 주장이었다. 남북협상론자들은 한반도 분단 원인을 동서 양 진영의 대립보다는 강대국과 약소국의 관계, 즉 남북 대립 차원에서 파악했다. 따라서 통일은 외세의 간섭을 배격하는 과정에서 달성되어야 한다고 보았다. 여기서 '외세 배격' '민족자주'라는 부분은 단순히 통일을 스스로의 힘으로 이룬다는 민족주의 논리라기보다는 반제·반봉건·반매판을 과제로 하는 민족혁명적 관점에서 통일문제를 바라보는 것이었다.

당시 남북협상론자들은 한반도의 상황에서는 통일과 민족혁명은 구분되는 것이 아니라 하나라고 보았다. 즉 통일이 곧 민족혁명이 될 수밖에 없으며, 민족혁명은 곧 통일이 될 수밖에 없다는 주장이었다. 그런데 당시 진보적 사회운동의 흐름이 통일운동으로 갔기 때문에 이들은 실제 활동에서 민족혁명보다는 통일을 강조하는 방향으로 갔다. 때문에 통일이 되면 민족혁명도 자연스럽게 해결된다는, 실질적으로 '선통일 후변혁론'에 가까운 논리를 피력했다. 남북협상론은 당시 '혁신계'로 불렸던 진보적 정치·사회집단내에서 보다 급진적인 사람들에 의해 주장되었다.


## 학생 민족통일연맹의 조직과 활동

### 학생 통일운동의 대두 과정

민간 차원의 통일논의가 전반적으로 고양되는 상황에서 특히 4월혁명의 주역이었던 학생층은 여기에 민감하게 반응하였다. 1960년 9월부터 학생들 사이에서 통일문제에 대한 관심이 뚜렷하게 표면화되었다. 예컨대 1960년 9월 24일과 25일 고려대 정경대 학생회 주최로 '전국학생 통일문제 토론회'가 개최되었다. 여기에 참석한 학생 대부분이 민족의 자주성에 입각한 중립적 통일, 또는 영세중립화통일을 주장했으며, 한 학생은 "남북총선거준비위원단의 구성을 위한 남북정상회담"까지 언급하기도 했다. 1960년 11월 2일에는 서울대 법대 극동문제연구소가 주최한 기성 정치인, 학자와 학생

대표들의 통일문제토론회도 개최되었다. 이 토론회에서는 보수세력의 선 건설 후통일론과 이를 반박하는 일부 학생들의 중립통일, 자주통일 등 반 공통일론에서 벗어난 논리들이 대비되면서 한국 사회에 존재했던 다양한 통일문제에 대한 관점이 표출되었다. 이 토론회는 서울대 민족통일연맹의 발기일 다음날 열렸다. 이와 짝하여 새로운 관점의 통일에 대한 관점을 피 력하는 학생들의 동태가 언론의 주목을 받을 수밖에 없었다. 이때부터 학 생들의 통일논의와 운동에 우려를 표명하는 언론 보도들이 본격적으로 나 오기 시작했고, 통일문제가 사회적으로 큰 쟁점을 형성하기 시작하였다.[*]

1960년 9～10월경 학생들 사이에서 통일논의가 고조되면서 학생 통 일운동단체를 만들어 조직적인 통일운동을 모색하는 움직임도 나타났다. 이러한 활동은 결국 학생운동의 흐름이 계몽운동에서 통일운동으로 전환 되어감을 의미했다. 이러한 전환은 학생운동을 주도하는 학생 집단의 변 화와 밀접한 관련이 있었다.

국민계몽대, 신생활운동을 주도했던 학생들은 대부분 기존 학도호국 단 간부였거나, 새로 결성된 자치학생회 간부, 또는 과 대표들을 중심으로 한 집단이었다. 그러나 학생 통일운동을 주도한 학생들은 대부분 1950년 대 후반부터 존재했던 학생 이념서클에서 활동한 사람들이었다. 1950년대 후반부터 서울대, 고려대 등 일부 대학에서는 학회, 또는 서클의 형태로 사 회과학을 학습하는 모임들이 존재했고, 이들은 일반 학생들보다는 이념적 으로 각성해 있다고 자부하였다.

서울대 문리대에는 1956년경 결성된 '신진회'라는 학생 서클이 있었 다. 신진회는 공개 서클로 주로 유럽 사회민주주의 또는 제3세계 민족주의

• 『서울신문』 1960년 9월 25일·11월 3일자; 『경향신문』 1960년 9월 20일～10월 1일자; 『서울일일신문』 1960년 9월 25일～10월 1일자

를 공부했다. 신진회는 1957년 12월 발생한 류근일 필화사건으로 해체되었다. 그러나 1958년 10월 '후진사회연구회'로 명칭을 변경하여 계속 활동하였다. 후일 이들 학생들이 서울대 민족통일연맹의 주축을 이루었다.

서울대 법대에는 1950년대 후반부터 '신조회'라는 사회과학 서클이 존재했다. 신조회도 류근일 필화사건으로 해체되었다가 1958년 4월 '사회법학회'라는 명칭으로 다시 발족했다. 이 학회는 설립 목적으로 "노동법·경제법·사회정책학을 학술적으로 연구하여 지식을 넓히며, 학회활동을 통한 교양 증진"을 내세웠다. 사회법학회는 1958년 9월 인천부두 자유노련의 십장제도에 대한 현지조사를 하였고, 4월혁명 이후에도 대구 방직공장 여공 실태조사, 1961년 3월 주한미군 고용 한국인 노동자 실태조사 등을 해서 언론에 발표하였다.(권영기, 1984, 258쪽) 이들 중 황건 등은 서울대 민족통일연맹을 조직하는 데 중요한 역할을 했다.

한편 서울대 문리대에는 신진회와는 별도로 '정문회'라는 또 하나의 서클이 존재했다. 이 서클은 표면적으로는 문학에 관심이 있는 학생들의 모임이었지만, 내부적으로는 역시 사회과학 이론을 학습하고 토론하는 활동을 했다. 한편 비슷한 성격의 '농촌사회연구회'가 1958년부터 사회학과를 중심으로 결성되어 활동하고 있었다. 이 학회는 4월혁명 직후 '후진사회문제연구회'로 확대 개편되었다. 서울대 상대에도 '경우회' '자립경제연구회' '사경회'(사회경제학회) 등 비슷한 성격의 서클이 있었다.

고려대에는 경제학과 학생들을 중심으로 '협진회'라는 서클이 활동했다. 협진회는 1956년 사회과학 연구 서클로 조직되었으며, 1960년 12월경 정식 등록했다. 김낙중 등이 여기서 활동했다. 제3세계의 역사, 경제 문제에 주로 관심이 있었다.

1950년대 후반부터 활동한 각 학교의 이념서클들은 애초부터 학생운동조직이라기보다는 학생 연구단체(학회) 내지는 독서모임 수준에서 활동했다. 이들은 물론 사회 현실 문제에 관심이 많았고, 그 현실을 풀기 위한 사회과학 이론 공부 및 토론을 주로 했다. 그 구성원들은 대부분 유럽식 사회민주주의와 네루 등의 제3세계 민족주의에 주로 관심이 있었지만, 일부 구성원은 더 급진적인 마르크스·레닌주의, 모택동주의 등에도 관심이 있었다고 한다.(한국정신문화연구원 편, 2002, 35쪽)

내부에 상당한 이념적 편차가 있었지만, 아무튼 학생 사회과학서클에서 활동한 학생층은 학생회 간부와 그들이 추진하는 계몽운동에 대해 비판적이었고, 자신들은 이들과 구별되는, 보다 이념적인 집단이라고 자처했다. 신진회 회원이자 민족통일연맹에 참가했던 한 학생은 학생운동 관련 좌담회에서 학생회와 계몽운동에 대해 "우리의 생생한 문제의식에서 유리된 무이념적인 집단"으로 규정하고, "우수한 학생들은 그런 운동에 참여하지 않는다는 것이 일종의 프라이드로 인식"되어왔다고 하였다.(『대학신문』 1960년 11월 14일자) 바로 이러한 학생 주도층을 중심으로 1960년 가을학기 시작부터 학생 통일운동단체의 조직과 새로운 학생운동의 전환이 시작되었던 것이다.

**민족통일연맹의 결성과 확산**　　　1960년 11월 1일 '서울대학교 민족통일연맹 발기대회'가 여러 학내 사회과학서클의 회원을 중심으로 개최되었다. 원래 학생들은 조직 명칭을 '민족통일전선'으로 할 예정이었지만, 학교 측이 너무 과격한 명칭이라고 제지하여 민족통일연맹으로 타협을 보았다. 이날 학생들은 다음과 같은 내용의 대정부 건의문을 발표했다.

1. 기성세대는 남북분단의 비극을 야기케 한 도의적 책임을 통탄하고 민족

통일에 대한 새 세대의 정당한 발언을 묵살 내지 억압할 자격이 없음을 시인하라.

2. 남한의 모든 정당 및 사회단체는 패배의식을 철저히 불식하고 남북한총선거에 대비하여 공산당과 대항하기 위하여 연합할 기틀을 마련하라.

3. 정부는 조국 통일문제에 대하여 현실에 입각한 적극외교로 전환하라. 장 국무총리는 여사한 외교의 일환으로 한국 통일문제만을 협의하기 위하여 미국과 소련을 특별 방문하고 미소 지도자와 회담하라.

4. 세계인권선언에 의하여 보장된 인간의 기본권인 통신의 자유를 남북한에 하루바삐 시행하라.(『대학신문』 1960년 11월 7일자)


서울대 민통련은 본격적인 통일운동단체로는 처음 발족한 것이었다. 당시 학생층은 4월혁명의 주역이었고, 따라서 이들의 동향은 비상한 관심을 끌 수밖에 없었다. 보수언론들은 일제히 학생들의 통일문제에 대한 사고와 이념적 경향에 대해 비판의 포문을 열었다. 특히 건의문에서 장면 총리가 미소 지도자와 한국 통일문제를 협의하라고 주장한 대목은 학생들이 오스트리아식 중립화통일을 주장하는 것으로 받아들여졌다.[•]

장면 총리는 다음날 즉각 담화문을 발표하여 오스트리아식 중립화는 한국의 현실에는 불가능하다고 반박하였다. 2일 저녁 긴급각료회의에서 중립화통일론, 남북교류론을 주장하는 학생단체의 단속 문제가 논의되었고, 데모규제법도 이때 처음으로 거론되었다.(『민국일보』 1960년 11월 3일자) 한편 국회는 11월 2일 야간에 긴급회의를 열어 '남북동일은 대한민국

---

[•] 오스트리아 영세중립화는 오스트리아 임시정부가 소련과 사전협상을 통해 영세중립화를 승인하는 각서를 받아내고 이를 서방국가들이 승인하며, 헌법에 영세중립을 명시하는 방식으로 이루어졌다. 오스트리아는 이러한 과정을 통해 1955년 연합군 점령 상태에서 벗어나 분단 없이 정식 독립을 달성하였다.(강광식, 1989, 60쪽)

헌법 절차에 의하여 유엔 감시하에 인구비례에 따라 자유선거를 실시함으로써 실현한다"라는 내용의 결의안을 만장일치로 통과시켰다.(『민국일보』 1960년 11월 3일자) 7·29 총선 때 민주당을 비롯한 대부분 보수정치세력들은 '유엔 감시하 남북한총선거론'을 주장했다. 이날 국회 결의안은 이와 같은 통일안에 비해 훨씬 더 대한민국의 유일 정통성 논리를 강조하고 더 비타협적인 반공논리로 회귀한 것이었다.* 전향적인 통일논의가 표출되고 있는 상황에서 보수정치권의 통일에 대한 입장은 오히려 더 과거로 회귀하는 모습을 보였던 것이다.

서울대 민통련은 1960년 11월 18일 300여 명의 학생들이 참여한 가운데 정식 결성대회를 개최하였다. 이때 중앙위원회 의장으로 윤식이 선출되었고, 조직위원장(황건), 동원부장(심재택) 등 간부진도 정해졌다. 결성대회에서 서울대 민통련은 그 설립 목적을 학생과 일반인들의 통일의식을 고취하고 통일문제에 관련된 다양한 견해와 방법론을 연구 비판하는 것이라고 밝혔다.

서울대 민통련은 발기 당시 회원수가 264명이었지만, 쿠데타 직전인 1961년에 이르면 500여 명가량으로 늘어났다. 여기에 참여한 학생들의 이념적 지향은 기본적으로 반공주의자들은 아니었지만 다양한 편차가 있었다. 유럽식 사회민주주의 또는 자본주의도 공산주의도 아닌 제3의 길을 모색하는 학생에서부터 더 급진적인 이념을 갖는 학생까지 존재했다.(황건의 증언, 1990, 159쪽)

서울대 민통련의 조직을 필두로 전국 각지의 대학에서 다양한 명칭을

---

* 이승만 정권기인 1954년 한국 통일문제에 대한 제네바정치회담에서 한국 정부 대표 변영태는 이북에서는 유엔 감시하 총선거를 하고, 남쪽에서는 대한민국헌법 절차에 따라 선거를 실시한다는 내용의 제안을 내놓은 바 있다. 상공부장관 주요한은 1960년 11월 2일 국회 통일문제에 대한 결의안을 오히려 제네바회담 시 변영태 안보다도 후퇴한 것이라 하면서, 이런 식으로 하면 외교를 하지 못한다고 불만을 피력하였다.(『민국일보』 1960년 11월 3일자)

내걸고 비슷한 학생 통일운동단체들이 만들어지기 시작했다. 1961년 5월 초까지 모두 18개 대학교와 1개 고등학교에서 학생 민통련 조직이 결성되었다.

1960년 11월 10일, 경북대에서 '민족통일촉진 학생연구회'가 창립되었다. 이날 발표된 취지문에서 학생들은 현실성 있는 통일방안 강구, 남북 문화·경제 교류를 주장했으며, 미국 정부에 대해 종속적 대한 정책을 시정하라고 촉구하였다. 그리고 다음날인 11일에는 지프차에 확성기를 달아 시내를 돌며 "통일 없이는 민족의 살길이 없다"라는 구호를 외치는 등의 활동을 했다.(『민국일보』 1960년 11월 12일자)

1960년 11월 12일에는 경희대 '민족통일연구회'가 결성되었다. 이수병이 회장을 맡았다. 이날 학생들은 설립 취지에 대해 "경제적인 비극을 해소하고, 동서냉전의 제물이 되지 않기 위하여 가능한 모든 통일방안을 모색하고, 민족자주통일 촉진의 선봉이 되기 위하여" 모임을 조직한다고 밝혔다. 이 단체는 또한 11월 25일 조동필, 주홍모 등을 초빙하여 통일문제에 대한 대강연회를 개최하였다.(이수병선생 기념사업회, 1992, 80~81쪽) 1960년 11월 말경에는 성균관대에서 '민족통일연맹 결성준비위원회'가 발족했다. 김승균이 의장을 맡았다.

1961년 2월에는 외국어대에서 '민족통일연맹 결성준비위원회'가 발족하였다. 연현배가 위원장이 되어 활동했다. 같은 해 4월 15일에는 건국대에서 민족통일연구회가 결성되었다. 노원태가 회장으로 활동했다. 이 밖에 항공대(이상익), 국학대(곽태영), 단국대, 고려대, 연세대(김국진), 한양대, 전남대(김시현), 조선대(이문교), 대구대(정만진), 청구대, 부산대(손병선, 김배균), 수산대(나택균), 경북고 등에도 학생 통일운동단체가 결성되었다.

서울대 민통련은 약 500여 명의 회원을 확보하고 있었고, 다른 학교의 경우 100여 명 내지는 50~60명 정도의 회원을 확보했던 것으로 보인다. 각 학교의 민통련 주도 학생들은 일정한 연대를 형성하기 시작하였다. 이에 1961년 2월부터 전국적인 학생 통일운동단체를 결성하기 위한 작업에 들어갔다. 그 결과 1961년 5월 5일 18개 대학과 경북고 등 전국 학생 통일운동단체 대표 30여 명이 참가하여 '민족통일 전국학생연맹(민통전학련) 결성준비위원회'를 개최하였다.

이 무렵 전국적으로 민통련에 참가한 회원 수는 모두 합하면 약 2,000여 명 정도인 것으로 추산되었다.(『민국일보』 1961년 5월 5일자) 당시 대학생 총수가 9만 7,000여 명 정도였던 것을 고려해볼 때 이와 같은 숫자는 결코 많다고 할 수는 없었다. 또한 이들 민통련 간부들이 학생회 등 중요 학생조직을 장악한 것도 아니었다. 그러나 민통련 활동은 과거 국민계몽대 활동과는 달리 극히 일부 학교만 참가하는 것이 아니라 나름대로 전국적인 호응을 받았고, 여론의 주목을 받았다. 또한 4월혁명 직후 난립했던 학생단체 중에 민통련만큼 강한 결집력과 활동력을 보인 단체도 없었다. 때문에 1960년 11월 이후에는 실질적으로 전체 학생운동의 흐름을 주도하는 역할을 했다.

학생 통일운동단체들은 각종 통일 관련 강연회와 토론회를 개최하고, 각종 선전활동을 전개하였다. 민통련에는 중립화통일론을 주장하는 학생들도 있고, 반면 남북협상론을 주장하는 학생들도 있었다. 1961년 5월 서울대 민통련은 150여 명의 학생들을 대상으로 통일방안에 대해 여론조사를 했다. 그 결과에 따르면 통일 후의 국가형태에 대해 통일 총선거에 맡긴다가 65%, 중립국가가 30%, 반공국가가 5%였다.(『민국일보』 1961년 5월 5일자)

민통련에서 활동했던 학생들은 통일문제를 남북의 민족적 통합 같은 좁은 차원에서만 사고한 것은 아니었다. 이들이 내건 구호와 발표한 취지문에는 "경제적 비극" "냉전의 제물" "미국 정부의 종속 정책" 등의 표현이

자주 등장하였다. 이들은 분단 극복 문제를 경제문제, 강대국과 약소국 사이의 종속·예속 문제와 긴밀한 관련 속에서 사고하였다. 그런 만큼 이들의 통일운동은 남북통합의 당위성과 필연성을 강조하고, 그 방법론을 모색하는 차원만이 아니라, '한미경제원조협정반대투쟁'과 '2대악법반대투쟁' 등 다양한 정치·외교·경제적 쟁점을 포괄하며 전개되었다. 민통련이 여타의 학생운동세력과 구분되는 특징은 단지 통일을 소리 높여 외쳤다는 것만은 아니었다. 한국 사회의 문제를 보다 구조적인 차원에서 접근해서 해결하려 했다는 것이 특징이었다. 통일운동은 대중적인 관심과 호응을 끌 수 있으면서도, 다양한 현실의 구조적인 문제를 종합적으로 논의하고 제기할 수 있는 공간이었다.

## 통일운동 관련 정당·사회단체의 활동

**혁신정당의 재편과 통일논의**  한국전쟁 이후 한국 정치는 극우반공적 성향의 정치인들이 독점하였다. 4월혁명 직후에도 민주당과 신민당이 주도하는 보수적 정치질서의 틀은 그대로 유지되었다. 여기에서 배제된 세력은 '혁신계' '혁신세력'이라 불렸고, 이들이 만든 정당을 '혁신정당'이라 하였다.

진보당 활동에서 나타나듯 혁신정당은 그 자체가 어떤 단일한 이념적인 정체성을 표방하고, 스스로 보수세력과의 차별화를 선언하면서 능동적으로 결집된 집단은 아니었다. 이들은 극우반공 일색의 보수정치의 장벽밖으로 배제되는 과정에서 수동적으로 하나의 정치집단을 구성하였다. 때문에 혁신정당은 그 안에 다양한 이념집단을 포괄하고 있었다. 해방 직후에 우익으로 활동했지만 극우적인 주류 보수정치인과는 달리 보다 자유주의적인 성향을 가진 정치인부터, 유럽식 사회민주주의를 주장하는 집단, 해방 직후의 중도좌익정당 또는 좌익정당에 참여했던 급진적인 집단까지 다양하였다.

1950년대 진보당의 활동에서 나타나는 바대로 통일문제에 대한 태도는 한국에서 보수와 혁신을 가르는 중요한 기준점이 되었다. 혁신정당은 주로 통일정책에서 보수정당과의 차별성을 부각시켰다. 4월혁명 직후 혁신정치세력들은 사회대중당, 혁신동지총연맹 등 혁신정당을 결성하고, 7·29 총선에 참가하였다. 이때 일부 혁신정당 인사는 개인적 차원에서 '남북교류론' '중공의 유엔가입론' 등 보수세력과 차별성 있는 통일정책을 표명하였다. 그러나 혁신정당은 7·29 총선에서 참패했다. 최대 혁신정당이었던 사회대중당은 민의원 선거에서 129명의 후보자를 냈지만, 4명만이 당선되있다.(김지형, 1996, 136쪽) 혁신정당은 참패의 늪 속에서 다시 분열되어 이합집산을 거듭하다가, 1960년 11월에서 이듬해 1월 사이 4개 혁신정당으로 재편되었다.

혁신정당들은 재편된 이후에도 역시 통일정책을 중심으로 기존 보수정당과의 차별성을 보여주려고 했다. 당시 혁신정당은 의회 내에서 의미있는 활동이 가능한 의석수를 확보하지 못했다. 이리하여 내부에 편차가있긴 했지만 의회 활동, 정치적 공간의 활동보다는 통일운동 등 사회운동에 더 집중할 수밖에 없었다. 통일사회당을 제외한 혁신정당은 통일운동단체인 '민족자주통일 중앙협의회'에 참가하였다. 혁신정당들은 통일문제에 대한 새로운 정책적 입장을 활발하게 표방하고 선전하면서 민간 차원의 통일논의가 활성화되는 데 기여하였다.

재편된 4개 혁신정당 중 가장 온건한 입장을 보인 것은 통일사회당(통사당)이었다. 통일사회당은 1961년 1월 21일 발기하였다. 통일사회당(당수 이동화)은 서상일, 김성숙, 윤길중 등 국회에 진출한 혁신계 의원 대부분을 망라했다. 4개 혁신정당 중 가장 늦게 발족했지만 급속히 조직을 확대하였다. 당시 혁신정당 중에서 가장 당세가 컸다고 할 수 있다.*

통일사회당은 영세중립화통일론을 주장했다. 이들의 입장은 한국 통일문제의 국제적 해결을 강조하는 입장으로 남북협상론에는 명확히 반대했다. 통일사회당은 혁신계 의원 대부분을 망라하고 있었기 때문에, 통일운동 같은 사회운동보다는 사회민주주의적 관점의 의회정치 활동에 가장 많은 관심을 피력한 정당이었다. 통일사회당 인사들은 '시국강연회' 등에서 '감상적 통일론' 배제를 당면 과업의 하나로 설정하기도 했다.

반면 혁신정당 중 가장 급진적인 성향의 정당은 사회당이었다. 사회당은 1960년 11월 28일 결성준비위원회를 구성하였다. 최근우(당수), 최백근, 유병묵 등이 중심인물이었다. 다른 혁신정당의 간부들이 대부분 해방 직후 우익정당 또는 중도우익정당 출신인 데 반하여, 이들은 해방 직후 중도좌익정당인 근로인민당계 세력이 중심이었다. 그리고 다른 혁신정당이 '민주사회주의'를 내세운 데 반하여, '사회주의'를 이념으로 내세우고 대기업 국유화를 주장했다.

사회당은 남북협상론을 주장했다. 표면적으로 통사당의 중립화통일론은 통일문제의 국제적 해결을 강조하고, 사회당의 남북협상론은 민족 내부적인 해결을 강조하는 것으로 보이지만, 여기에는 근본적인 시각 차이가 있다. 중립화통일론은 한반도의 영세중립화를 위한 국제적 타협을 추구하고, 북은 보다 민족적인 사회주의로 변화하고, 남은 '민주사회주의' 방향으로 발전하여 양 체제를 수렴한다는 점진적 통일을 상정한 것이었다. 그러나 반외세 남북협상론은 실질적으로 통일문제를 반제국주의, 반봉건,

---

* 통일사회당은 1961년 2월부터 쿠데타 직전까지 정식 결당을 준비하며 전국 각지를 돌면서 시국강연회를 개최하였다. 혁신계 언론이었던 『민족일보』 보도에 따르면 대도시에서 1~2만여 명, 군 소재지에서 4,000~5,000여 명의 군중을 동원하였다.

반매판을 내용으로 하는 민족혁명, 즉 사회변혁의 과제와 결합시켜 보았다.(김보형, 2001) 사회당 인사들은 이와 같은 차원에서 의회정치 활동보다는 통일운동을 핵심 사업으로 설정하고 적극적으로 전개해나갔다. 사회당 인사들은 영세중립화통일에 대해 이것도 역시 외세의 개입을 자초하는 것이라고 비판했다. 다만 국제적 협정에 의해 제약되는 영세중립화가 아니라, 민족자주적 입장에서 외교정책 면에서 중립을 표방하는 '중립주의'는 가능하다고 했다.

한편 혁신당과 사회대중당은 통일사회당과 사회당 중간에 위치하는 정당이라 할 수 있었다. 혁신당은 1960년 11월 27일 준비위원회를 결성했다. 7·29 총선 때 결성된 혁신동지총연맹을 이끌던 장건상(당수) 및 그 측근 인물과 일부 청년 활동가들이 주축이 되었다. 혁신당의 당세는 통일사회당, 사회당에 비해 약한 편이었다. 사회대중당은 원래 7·29 총선 때 혁신계 정치인 대부분을 망라하여 결성된 정당이었다. 그러나 총선 참패 이후 당은 분열을 거듭하며 거의 와해되었다. 총무위원 김달호 등 일부 인사가 '사회대중당'이라는 당명을 고수하여 1960년 11월 24일 결당을 선포하였다. 그러나 오직 김달호와 그 주위의 소수 인사만이 당에 남아 있었을 뿐이다. 이로 인해 당세는 4개 혁신정당 중 가장 약했다.

혁신당과 사회대중당은 통일사회당과 마찬가지로 영세중립화통일론을 주장했지만 그 맥락에 차이가 있었다. 통일사회당의 경우 영세중립화를 선결조건으로 했고, 남북협상은 김일성의 퇴진 이후에나 가능하다는 입장이었다. 그러나 혁신당과 사회대중당은 영세중립화를 주장했지만, 이를 위한 국제적 협상과 남북협상이 병행되어야 할 것으로 생각했다. 또한 남북협상의 주체도 두 정부 차원의 협상이 아니라 국회, 정당 및 사회단체 사이의 협상도 상정하고 있었다.

4월혁명 직후 지식인 사회에서 유행한 중립화통일론은 애초부터 그

**표3** 혁신정당의 통일방안 비교

| | 통일사회당 | 사회대중당 | 혁신당 | 사회당 |
|---|---|---|---|---|
| **기본원칙** | 국제 회담에서 합의되고 보장되는 영세중립화통일. | 통사당과 동일. | 통사당과 동일. | 남북협상에 의한 자주적 통일. |
| **국제 회담 중립화** | 남북한 대표가 참여하는 유엔 또는 국제 회담에서 한국 영세중립화 보장. | 미소를 중심으로 한 국제 회담에서 한국중립화 합의·보장. 신탁통치와 후견은 배격. | 남북한 정부, 민간 대표의 참여하에 유엔을 통한 국제 회담에서 중립화 보장. 신탁통치는 반대. | 통일은 남북협상을 통해 자주적으로 성취. 영세중립화는 배격하나 민족자주노선에 입각한 인도식 중립화는 가능. |
| **남북협상** | 영세중립화가 합의된 이후에 남북협상이 가능. 김일성 퇴진이 조건. | 국제 회담과 남북협상 병행. | 국제 회담과 남북협상 병행. | 오직 남북협상에서 통일에 관한 모든 것을 결정. |
| **선거 주체 (선거법)** | 남북한 정부 간에 구성되는 전한국위원회에서 선거법 제정. | 남한 국회에서 선출된 정당·사회단체 대표와 북한 당국에서 선출된 조국통일위원회에서 총선거법 제정. | 남북한 의회 대표와 정당·사회단체 대표로 전한국위원회를 구성해서 선거법 제정. | 남북협상에서 결정. |
| **선거 감시체** | 유엔에서 승인된 중립국. | 통사당과 같음. | 통사당과 같음. | 남북협상에서 결정. |

출처: 신문에 발표된 이들의 징강, 정책, 성명서와 『민국일보』가 각 정당 대변인들의 설문조사를 바탕으로 만들어놓은 각 당의 통일방안에 관한 표(『민국일보』 1961년 3월 5일자) 참조

내부에 미묘하게 다른 2개의 관점이 함께 존재하고 있었다. 국제적 협상에 의해 달성되는 스위스, 오스트리아식 영세중립화와, 한 나라의 자주적 외교정책으로 표방되는 중립주의는 물론 그 개념과 맥락이 서로 다르다. 그런데 4월혁명 직후 한국 사회에서 유행한 영세중립화통일론은 미소 강대국이 주도하는 냉전체제에서 벗어나 민족의 독자적인 활로를 모색한다는 제3세계 민족주의 이념이 강하게 투여되어 있는 경우가 많았다. 당시 제3세계 민족주의는 1955년 반둥회의에서 나타난 것처럼 양 진영 어디에도 종속되지 않는 중립주의를 표방하는 경향이 있었다. 따라서 논자에 따라서는 중립주의적 관점에서 영세중립화를 이해하거나 냉전의 전초기지라는 한국의 특수한 상황 때문에 중립주의 이념을 실현시킬 방법론으로 영세중립화를 주장하는 경우가 있었다. 혁신당과 사회대중의 영세중립화통일론은 이러한 맥락에 가까웠다.

반면 통일사회당의 중립화통일론은 훨씬 원론적인 국제정치적 해결 위주의 영세중립화통일론이었다. 때문에 같은 중립화통일론을 주장했다 하더라도 통일사회당과 사회대중당, 혁신당의 행보는 다를 수밖에 없었다. 특히 혁신당과 사회대중당은 당세가 약했고, 때문에 합법 정치공간의 활동보다는 통일운동에 집중했다. 양당은 중간자적인 존재였지만 실제 활동 면에서 통일사회당보다는 사회당에 더 가까웠다.

그리하여 통일사회당은 민족자주통일협의회 결성 과정에서 탈퇴하여 여기에 참여하지 않았지만, 사회대중당과 혁신당은 여기에 참여했다. 또한 5·16쿠데타 직전 혁신정당 통합 움직임이 있었을 때에도, 통일사회당은 제외되고 나머지 3당 사이에 합당 논의가 있었다.

**통일운동단체의 조직과 활동**　　　학생 민통련이 결성되던 1960년 11월을 기점으로 기성 사회인사들도 통일운동단체를 조직했다. 4월혁명 직후 활동했던 중요 통일운동단체와 그 활동 상황을 요약하면 〈표4〉와 같다.

　민주민족청년동맹(민민청)과 통일민주청년동맹(통민청)은 진보적 성향의 청년단체로 당시 통일운동에서 중요한 역할을 했다. 민민청은 1960년 6월 12일 부산대 정치학과 교수 이종률 주위에 있던 김상찬(간사장) 등이 주로 부산지역 청년들을 규합하여 조직했다. 이들은 대구와 서울 등지의 진보적 청년그룹들과 접촉해나갔다. 대구지역에서는 1961년 3월 4일 민민청 경상북도연맹이 정식으로 결성되었다. 서도원(초대위원장), 도예종(간사장), 송상진(사무국장) 등이 중심 역할을 했다. 서울에서는 상경한 부산 및 대구 민민청 간부들과 이른바 '암장그룹'의 성원들이 여기에 합류했다. 암장그룹은 1955년경 부산 시내 고등학생들이 주축이 되어서 만든 비밀 이념서클이었다. 암장그룹 출신인 이수병과 김금수 등은 이 무렵에 대학을 다니기 위해 상경해 있다가 민민청에 합류했다. 당시 이수병은 경희대 재학 중으로 동 대학에서 직접 민족통일연구회를 만들어 활동하면서 학생 민통련과 관련을 맺었다.

　민민청이 지향한 노선은 이들이 1961년 4월혁명 1주년을 맞아 발표한 성명서에 잘 나타나 있다. 민민청은 '민주사회주의'를 개량주의라 비판하면서 혁신정당을 비판하였다. 한국의 현실상 합법정당운동은 무의미하다는 것이었다. 이들은 반외세민족자주와 민족혁명 노선을 추구하였다.(『민족일보』 1961년 4월 19일자) 그런 만큼 통일방안으로 외세 배격 남북협상론을 주장했다.

　통민청은 서울대 신진회, '성민학회' '통일촉진회' 등 1950년대 말부터 청년, 학생층 사이에 존재했던 이념서클의 구성원을 중심으로 결성되

**표4 통일운동단체의 활동과 통일방안**

| 구분 | 주요 활동 | 통일방안 및 입장 |
|---|---|---|
| 민주민족청년동맹 | 1960. 10. 30<br>부산에서 통일문제 강연회 개최.<br>청중들을 대상으로 통일방안에 대한 여론조사. | 민족혁명론적인 관점에서 남북협상에 의한 통일. |
| 통일민주청년동맹 | 1961. 3. 12<br>광주 전남연맹 청중 6,000명을 상대로 통일문제 강연회 개최. | 민족혁명론적인 관점에서 남북협상에 의한 통일. |
| 경북 민족통일연맹 | 1960. 11. 12<br>청중 3,000명의 참여하에 통일문제 강연회 개최.<br>통일방안에 대한 여론조사.<br>1961. 1. 1<br>"통일만이 살길이다"라는 포스터 1만 부를 제작, 대구 시내에 살포.<br>1961. 3. 1<br>민족통일촉진 궐기대회 개최. 3~5만 명의 군중 동원. | 구체적 통일방안을 발표하지 않음.<br>1961. 3. 1<br>집회에서 자주통일, 외세의 간섭 없는 통일 주장. |
| 한국 영세중립화 통일추진위원회 | 1960년 11월부터 약 3회에 걸쳐 1만 명가량의 시민을 동원하여 '영세중립화촉진 시민대회' 개최.<br>1960. 11. 28<br>김문갑 등 간부 상경.<br>국회 기자실 등을 방문하여 영세중립화통일 선전. | 민족자주적 입장에서 영세중립화. |
| 조국통일민족전선 | 성명서 발표 이외에 대중적 활동 없음. | 1961. 1. 13<br>통일방안 발표<br>1. 남북한의 서신 왕래, 경제교역, 문화교류, 시찰단·기자단 교환.<br>2. 남북한의 각계각층 대표가 남북협상 통해 조국통일추진 전국위원단 구성. |

출처: 홍석률, 2001a, 160쪽

었다. 1960년 9월경 그 모태가 되는 조직이 만들어졌고, 여기에 김배영, 김영광, 우홍선 등의 인사가 참여했다. 통민청은 사회당과 관계를 맺고 있었다. 통민청은 『신시대』라는 잡지를 발행하였고, 역시 학생 민통련에도 영향을 미쳤으며, 서울과 경북, 전남 등지에서 활발한 활동을 했다. 통민청 구성원들이 지향했던 노선은 민민청의 그것과 크게 다르지 않았다. 이에 양 조직 사이에는 5·16쿠데타 직전 통합 논의가 있었다.

민민청과 통민청의 구성원들은 1950년대 말 한국 사회에 존재했던 이념서클의 성원들이었다. 이들 대부분은 당시 일반적인 청년들과는 달리 일찍부터 진보적 이념을 접하였고, 나름대로 활동력도 갖춘 인물이었다. 양 단체는 단순한 대중적 청년단체라기보다는 진보적 성향의 청년 정예분자의 모임이라 할 수 있었다.

민민청과 통민청은 각종 통일 관련 강연회를 개최하고, 통일방안에 대한 여론조사를 실시하는 등의 활동을 했다. 대표적으로 부산 민민청은 1960년 10월 30일 부산에서 통일강연회를 개최하고, 청중 843명을 대상으로 통일방안에 대한 여론조사를 하였다. 그 결과는 남북협상이 325명, 중립화통일이 158명, 유엔 감시하 남북한총선거가 106명, 오스트리아식 중립화통일이 90명, 남북 연립정부가 64명, 무력통일이 33명이었다.(『영남일보』 1960년 11월 15일자) 양 단체의 구성원들은 민자통에 가담하여 그 실무를 주도하는 행동대적 역할을 하였다.

통일운동단체 중 가장 규모가 컸던 것은 '경북 민족통일연맹'(경북 민통)이었다. 이 단체는 1960년 5월 경북지역 항일운동가 200여 명을 결집하여 조직된 '구국동지회'가 모태가 되었다. 이 단체에 소속된 항일운동가와 경북지역 혁신정당 및 각종 사회단체 구성원들은 같은 해 10월 22일 '경북 시국대책위원회'를 만들었고, 11월 26일 그 명칭을 '경북 민족통일연맹'으로 변경했다.

경북 민통은 안중근 의사의 사촌동생인 안경근이 위원장을 맡았고, 대구에서 방직공장을 운영하던 김성달(부위원장)이 자금을 대주었다. 김성달의 대리인 격인 장상호라는 인물이 중요한 역할을 했는데, 그는 사회당, 통민청 인사들과 관계가 있었다. 경북 민통은 전체 맹원이 1만 명가량이라고 발표했으며, 대구지역뿐 아니라 안동, 예천, 영천, 문경, 고령, 청도 등에도 조직준비사업을 진행시켰다. 경북 민통은 혁신정당 중 사회당계 인사들과 관계가 있었다. 경북 민통은 민자통에 참여하였고, 민자통 결성 이후에도 기존 조직을 유지하며 경북 민통과 민자통 경상북도협의회라는 간판을 함께 사용하였다.

경북 민통의 전신인 경북 시국대책협의회는 1960년 11월 12일 청중 3,000명의 참여하에 통일문제 강연회를 개최하였다. 주최 측은 이날 참석자들을 대상으로 통일방안에 대한 여론조사를 했다. 2,000명이 여론조사에 응했는데 그 결과는 중립화통일 626명, 민족자주적 협의하의 민주주의 남북총선거(남북협상론)가 373명, 중립국 감시하의 남북총선거 250명, 유엔 감시하 남북총선거 235명, 북진통일론 36명 등이었다. 또한 경북 민통은 1961년 1월 1일 새해 벽두에 "통일만이 살길이다"라는 포스터 1만 부를 제작하여 대구 시내에 살포하기도 했다. 경북 민통은 통일의 기치 아래 다양한 정파와 이념 집단을 포괄하려고 했기 때문에 구체적인 통일방안은 발표하지 않았다. 이 조직을 주도했던 지도자급 인사들은 민족자주통일론, 남북협상론을 주장했지만, 중립화통일론을 주장하는 사람들도 그 안에 존재했다.

마산의 '영세중립화통일 추진위원회'(영통추)는 1960년 11월 6일 해방 직후 근로인민당에서 활동했던 김문갑을 중심으로 결성되었다. 이 단체는 단체명에서 나타나듯 영세중립화통일을 주장하고, 이를 연구, 보급, 선전하기 위해 만들어졌다. 간부들은 대부분 4월혁명 직후 '사회대중당 마산시당 준비위원회'에서 활동했던 사람들이었다. 총선 참패와 혁신계 분열로 혁신정당 활동에 염증을 느끼고 새로운 차원의 대중운동을 모색했던 것으로 보인다. 이 단체는 마산지역의 100여 명을 회원으로 확보하고 있었고, 인근 충무와 고성에도 30명가량의 회원이 있었다. 마산지역의 '2대악법' 반대시위를 이 단체 간부들이 주도한 것으로 보아 마산지역 진보적 사회운동그룹 내에서는 주도적 역할을 했던 것으로 보인다.

'조국통일민족전선'은 1961년 1월 8일 서울에서 조직되었고, 사회당과 밀접한 관련이 있는 단체였다. 하부조직은 없었던 것으로 보이고, 성명서 몇 개를 발표한 것이 활동의 거의 전부였다. 공식적으로 남북 각계각층의 대표가 협상을 통해 '조국통일추진 전국위원단'을 구성하자며 남북협상론을 주장했다. 이 단체는 전국적인 조직도 아니었고, 특정 지역에 실제 기반을 갖고 대중적 활동을 하는 단체도 아니었다. 그 활동은 일부 인사들의 서클적 수준을 넘어서지 못했던 것으로 보인다.

통일운동 관련 사회단체들은 내부에 편차가 있긴 하지만 대부분 진보적 입장을 가진 인사들이 주도하였다. 혁신정당 지도자들이 대부분 해방직후 우익 또는 중도우익 정당의 출신이었던 것에 반해, 이들 통일운동단체의 지도자들은 대부분 중도좌익 또는 좌익 정당에서 활동했던 사람들이었다. 때문에 통일방안 면에서도 마산 영통추를 제외하고는 대부분 남북협상론을 주장했다.


## 민족자주통일협의회의 조직과 활동


**중앙협의회의 조직과 노선**　　　민족자주통일협의회(민자통)는 4월혁명 직후 활동했던 진보적 정당, 사회단체를 통일운동의 기치하에 통합한 연합체적 조직이었다. 민자통 조직을 주도했던 것은 '민족건양회'였다. 민족건양회는 해방 직후부터 있었던 서클로 일제강점기 임시정부에서 활동했던 박진, 부산대 정치학과 교수 이종률, 문한영 등이 그 성원이었다. 민족건양회 인사들은 4월혁명 직후부터 항쟁을 보다 높은 차원으로 발전시키기 위해서는 각급 대중운동조직과 진보적 사회운동세력을 총결집하는 연합체가 필요하다고 생각했다.

민족건양회 인사들은 주로 항일운동 원로들과 민족주의적 입장을 갖는 종교계 인사들과 접촉하여, 1960년 9월 15일경 '민족자주통일 준비위원회'를 구성했다. 박진이 사무총장이 되어 실질적인 업무를 총괄하였다. 민자통 준비위원회는 10월 10일 보다 확대된 조직을 마련하였고, 이 무렵부터 김창숙이 준비위원장을, 주옥경과 장건상이 부위원장을 맡았으며, 언론에 이 조직의 존재가 보도되기 시작하였다.

민자통 준비위원회 인사들은 당시 진보적 사회운동의 흐름이 혁신정당 활동으로 가기보다는 연합체 또는 전선체적 조직에 '반보수 민족혁명' 세력을 총집결하는 방향으로 가야 한다고 생각하였다.(김지형, 2001) 이들의 움직임은 1960년 12월 경북 민통이 결합하면서 본격적으로 힘을 얻어갔다. 경북 민통을 후원하던 사업가 김성달이 장상호를 매개로 민자통의 조직 사업을 적극 후원하였다. 한편 경북 민통과 밀접한 관련이 있던 사회당, 통민청세력도 민자통 조직 작업에 합류하였다. 구성원들이 대부분 민족건양회 이종률의 제자였던 부산 민민청도 여기에 합류하였다. 민자통 준비위원회가 조직 확대를 하던 1960년 말, 1961년 초의 시점은 전국 각지에서 통일운동단체가 결성되고, 혁신정당이 재편되는 시점이었다. 이들 단체들도 속속 여기에 가담하였다.

마침내 1961년 1월 15일 민자통은 무려 1,000명이나 되는 준비위원 명단을 공식 발표하고, 준비위원회 명의로 통일선언서와 강령을 발표했다. 이로써 진보적 정당과 사회단체를 망라하는 연합체 결성이 본격적으로 궤도에 올랐다. 이날 발표된 통일선언서에서 민자통 준비위원회는 다음과 같이 민족자주적 관점에서 통일을 강조하며 범민족운동세력이 통합할 것을 강조하였다. 이날 발표된 강령은 다음과 같다.

1. 우리는 민족자주적이며 평화적인 국토통일을 기한다.
2. 우리는 민족자주 역량을 총집결한다.
3. 우리는 민족자주의 처지에서 국제 우호의 돈독을 기한다.

(『민국일보』 1961년 1월 18일자)

당시 통일운동단체와 혁신정당은 이념과 통일방안에서 다양한 입장을 가지고 있었고, 그 안에 편차가 컸다. 따라서 민자통은 이에 '자주'·'평화'·'민주'라는 기본원칙을 민족자주적 관점을 강조하는 방향에서 추려내어 강령을 제정하였다. 민자통 결성을 주도한 민족건양회, 경북 민통, 사회당, 민민청, 통민청 세력들은 모두 반외세 남북협상론을 주장하였고, 선언문과 강령에서 민족자주적 관점을 강조하였다. 때문에 민자통은 남북협상론을 주장하는 단체로 인식되었다. 그러나 민자통은 창립 과정에서 공식적으로는 특정 통일방안을 결정하지 않고, 민족자주와 통일에 관심을 가진 모든 인사들을 광범위하게 망라하려 하였다.

그런데 통일사회당과 일부 인사들은 민자통 결성 준비 과정에서 영세중립화통일론을 주장하며, 정식 결성 이전에 민자통의 통일방안을 확정하자고 주장하였다. 반면 민자통의 주류라 할 수 있는 민족건양회, 사회당 인사들은 통일방안은 결성 후에 조직 내부에서 의견을 조정해서 결정하자고 주장하였다. 결국 논쟁 끝에 통일사회당은 삼민당, '광복동지회', 천도교, 대종교 인사 일부와 함께 1961년 2월 21일 민자통을 탈퇴하여 '중립화조국통일총연맹 발기주비위원회'(중통련)을 만들었다.

중통련은 1961년 3월 6일 발표된 발기선언문에서 "통일 의욕이 무원 칙한 방황을 계속할 때 평화통일은 이룩되지 않고 오히려 '공산주의자의 편승'과 '보수 정권의 반동화'를 초래하여, 예기하지 않았던 혼란과 비극 (중략) 나아가서는 민주주의를 송두리째 파괴하는 중대한 사태에까지 이를 충분한 위험이 내재"되어 있다며 민자통을 비판했다. 그러면서 "(민자통의-필자) 민주, 자주, 평화란 개념적 통일론을 배격하고, 이제 중립화통일의 뚜렷한 지표를 앞세운 민족운동의 역사적 거보"를 내딛기 위해 중통련을 발기한다고 했다.(『민족일보』 1961년 3월 7일자)

중통련은 1961년 3월 말까지 500여 명으로 구성되는 결성준비위원회를 정식으로 구성하고, 도 단위 지방 조직을 마친 다음 4월 초에 정식 결성할 예정이라 하였다. 그러나 쿠데타가 일어날 때까지 결성준비위원회를 조직하지 못했으며, 지방조직을 결성한 흔적도 없다. 또한 중통련은 영세중립화를 위한 500만 서명운동을 벌이겠다고 했으나 역시 실행하지 못했다. 중통련은 독자적인 통일운동단체라기보다는 통사당의 외곽단체라는 성격을 벗어나지 못했다.

결성 준비 과정에서 일부 세력이 이탈해갔지만, 민자통 중앙협의회는 1961년 2월 25일 천도교 대강당에서 1,560명의 대의원들이 참가한 가운데 정식 결성대회를 개최하였다. 여기에는 사회당, 혁신당, 사회대중당 같은 혁신정당과, 민족건양회, 민민청, 통민청, 교수협회 일부 등 당시 진보적인 정당, 사회단체, 학계 인사 들이 망라되었다.

결성대회에서 박진이 사무총장에 선출되었다. 이 밖에 경북 민통 부의장 김성달이 상임위원회 의장을 맡았으며, 혁신당의 이영옥이 총무위원장을, 민족건양회의 문한영이 조직위원장을 맡았다. 민자통 중앙협의회의 중요 간부진은 결성 과정에서 모태가 되었던 민족건양회계 인물들이 차지했지만, 중요 지방조직에는 사회당 인사들이 많았다. 민자통을 실질적으로 운영해나간 사무국과 각 위원회의 부·차장들은 대부분 민민청과 통민청의 젊은 회원들이 맡았다. 이들은 민자통의 실무진으로 활동 과정에서 중요한 역할을 했다. 민자통의 공식 대표인 의장은 원로급 인사들로 구성된 의장단의 성원 중에 연령순에 따라 돌아가며 맡기로 했다. 이에 김창숙이 1차 의장으로 선임되었다.

민자통은 결성대회를 통해 조직의 성격을 "정당운동을 하자는 것은 아니고, 다만 자주적으로 조국의 평화통일을 하자는 범국민운동체"라고 밝혔다. 그러나 결성 과정에서 민자통이 전체 통일운동을 중앙집권적으로 통제하고 이끌어가는 '전선체'가 되어야 할지, 아니면 순수한 의미의 각 정당, 사회단체의 협의체로 할지에 대해서는 논란이 있었다. 민자통을 주도한 세력은 전선체를 지향해야 한다고 생각했고, 때문에 애초 조직 구성에서 '통제위원회'를 두려고 하였다. 그러나 사회대중당, 혁신당 인사들이 민자통은 순수한 협의체가 되어야 한다고 반발하여 조직 결성 다음날인 26일 헌장 수정을 통해 통제위원회를 폐지하였다. 또한 이날 부녀부를 독립시켜 하나의 위원회로 승격시켰다. 민자통 중앙협의회는 2월 25일 결성식장에서 다음과 같은 결의문을 채택하여 통일문제에 대한 견해와 주장을 밝혔다.

1. 우리는 외세에 의존하는 사대노예들의 난무를 배격하고 민족통일 역량을 총집결하여 통일에 매진할 것을 엄숙히 맹서한다.
2. 우리는 '통일유보' 또는 '선건설 후통일론'으로 국민을 현혹케 하여 통일을 방해하는 일체의 세력을 철저히 분쇄한다.
3. 우리는 유엔총회에 진정한 민족의 의사를 대표할 수 있는 민족자주통일협의회 대표를 사절단으로 참가게 하여 국민 총체의 의사를 반영할 것을 주장한다.

4. 우리는 유엔 및 미소 양국이 이 이상 더 우리 조국을 냉전의 제물로 삼지 말고 유엔의 기본정신에 입각하여 하루속히 통일이 성취되도록 협조하기를 강력히 요구한다.

5. 우리는 평화통일에 있어서 민족의 한 사람도 피해가 없도록 하기 위하여 전국 결성대회 이전의 일체 범죄자에 대하여는 평화통일된 후도 망각법忘却法을 제정하여 일체 불문에 붙인다.

6. 우리는 통일에 앞서 민족친화의 정신 밑에서 다음 사항을 실천에 옮기도록 노력할 것을 정부 및 국회에 건의한다.

　가. 완충지대에 우편국을 설치하여 남북 간의 서신 왕래를 실시할 것.

　나. 남북 간의 경제교류를 촉진케 할 것.

　다. 완충지대에 민족친화의 기구를 설치하여 때때로 남북동포가 서로 만나 민족혼과 민족정기가 얽히도록 할 것.

　라. 금후 국제적인 모든 경기대회는 남북 간의 혼성 선수단을 파견할 것.

（『민족일보』 1961년 2월 26일자）

위와 같은 결의문 내용은 당시 민자통에 참여했던 다양한 통일운동세력이 합의할 수 있는 최대치를 끌어낸 것이라 할 수 있었다. 민족자주와 탈냉전을 강조하고, 선건설 후통일론 등 통일유보론을 규탄하며, 정부 주도가 아닌 민간단체의 참여를 촉구하는 것 등이 특징이었다. 결의문에 포함된 정부와 국회에 대한 건의 내용(6항)에는 남북교류 및 협력 문제가 보다 구체적으로 언급되었다. 당시 통일운동세력들은 통일을 준비하는 당면 실천방침으로 다양한 차원의 남북교류를 강조하였다.

결의문 내용에서도 나타나지만 민자통은 결성 당시 구체적인 통일방안을 확정하지는 못하였다. 민자통 중앙협의회는 결성 직후 그 산하에 '통일방안 심의위원회'를 두어 구체적인 통일방안을 연구 토론해서 확정하기로 했다. 심의위원회는 민자통에 참여한 혁신정당과 사회단체 대표들, 민자통 간부 일부, 대학교수 등을 중심으로 한 무소속 사회 저명인사들로 구성되었다. 이 중 혁신정당의 대표는 각 정당별로 3명씩 한정하였기 때문에 교수 및 사회 저명인사들이 다수를 이루었다. 심의위원회 위원장은 저명한 국문학자인 조윤제가 맡았다.

민자통 '통일방안 심의위원회'는 1961년 3월 하순경부터 모임을 시작했다. 토론은 4월 13일 2차 회의에서 혁신당이 제출한 '중립'이라는 문제를 중심으로 진행되었다. 즉 이러한 중립이 스위스 또는 오스트리아식 영세중립화냐, 아니면 영세중립화가 아닌 중립주의냐 하는 것이 쟁점이었다. 위원회는 1961년 5월 2일 6차 회의 끝에 "민족자주 입장에서 국제 협조하에 중립통일을 기한다"는 통일방안을 결정하였다. 여기서는 명확하게 영세중립 또는 중립화통일이라는 용어가 사용되지는 않았지만, 위원회 논의 과정과 결정된 문구 자체를 종합적으로 고려할 때 이는 사실상 중립화통일론 쪽으로 기운 것이었다. 위원회가 대부분 사회 저명인사 또는 교수 등 지식인그룹을 중심으로 구성되었던 만큼 당시 지식인들 사이에 유행했던 영세중립화통일론이 더 우세했던 것이다.

민자통을 실질적으로 조직하고 움직였던 간부진들은 모두 민족자주적 관점의 남북협상론을 주장하고 있었으므로 당연히 여기에 반발하였다. 이 무렵 민자통 주류세력들은 영세중립화는 외세의 개입을 초래하는 또 다른 외세 의존이라고 중립화통일론을 공개적으로 비판하고 있었다.(홍석률, 2001a, 284쪽) 민자통을 실질적으로 움직여나간 상무위원회는 '중립'이란 본질적으로 외세와 관련이 있는 것으로 자주성을 침해하는 것이라고 비판하고, 이는 민자통 기본강령인 '자주'의 원칙과 어긋난다고 했다. 또한 '통일방안 심의위원회'의 결정 자체는 어디까지나 참고자료일 뿐이고, 결정은 상무위원회에서 하는 것이라면서 수용할 수 없다는 입장을 보였다. 위원회는 5월 5일부터 남북의 교류와 접촉 문제 등 보다 구체적인 문제까지 포함하여 논의를 진행시켜갔지만 결국 쿠데타를 맞이하여 활동이 중단되었다.

**지방협의회의 조직과 활동**　　　민자통 중앙협의회 결성과 함께 지방협의회도 조직되었다. 민자통 지방협의회는 도협의회가 중추적 역할을 했고, 그 밑에 군·면 단위까지는 협의체적 조직이었다. 반면 동·리는 단일 조직을 목표로 했다.(김지형, 1996, 146쪽)

4월혁명 직후 진보적 사회운동의 흐름이 가장 강했던 경상북도의 경우, 이미 조직된 경북 민통이 그대로 민자통 경상북도협의회가 되었다. 임원진의 개편도 없었다. 즉 경북 민통이 그대로 민자통 경북협의회의 역할을 수행하는 방식이었다.

민자통 경북협의회는 활발한 활동을 했다. 1961년 3·1절 기념식을 맞이하여 '민족통일촉진 궐기대회'를 대구 달성공원에서 개최하였다. 이날 집회에서는 김성달이 궐기사를 했고, 민민청, 통민청 회원 등이 연사로 나와 "미소도 회담을 하고 문화교류를 하는데, 우리는 왜 못 하느냐" "외세의존 사대주의를 배격하고, 민족자주 역량에 의한 평화적인 통일을 하자"는 요지의 강연을 했다. 이날 청중들은 "실업자여 일터는 통일에 있다"는 등의 플래카드를 들고 나왔다. 이날 집회에 모인 인원은 언론 보도로는 4~5만가량으로 추산되었다. 4월혁명 직후 벌어진 통일 관련 집회로는 제일 많은 군중을 동원했던 집회였다. 이날 주최 측은 농악대를 트럭에 태우고 시내 각지를 돌며 선전활동을 했는데, 경찰이 정원초과를 이유로 트럭과 농악대를 연행하기도 했다. 한편 이날 '대구 민권수호사회단체연합'이라는 기구는 집회장 주변에서 "이적행위를 준열히 규탄한다"라는 경고문을 뿌리며 반대유세를 벌였다.(『민족일보』 1961년 3월 2일자;『영남일보』

1961년 3월 2일자)

민자통 경상남도협의회는 민자통 의장단의 한 사람이었던 정순종이 조직 책임을 맡고 부산에 내려오면서 본격화되었다. 1961년 1월 15일 준비위원회가 조직되었고, 4월 18일 정식 결성대회를 가졌다. 경남협의회는 부산진구를 비롯하여 산하에 동래지구, 서면지구, 대신동지구 등 12개의 지구를 조직했다. 경남협의회는 사회당계 인사와 민민청 활동가들이 주로 간부로 활동하였다.

전라북도에서는 혁신당의 조기하 등이 중심이 되어 1961년 2월 20일 민자통 전라북도협의회 준비위원회를 결성하였다. 이어 3월 25일 전주 공설운동장에서 7,000여 명이 모인 가운데 정식 결성대회가 개최되었다. 전북협의회는 의장 조기하를 비롯하여 혁신당계 인물들이 주도한 것이 특색이었다.

민자통 전라남도협의회 준비위원회는 2월 19일 김창선(의장) 등에 의해 결성되었다. 결성대회는 이 지역 사회대중당, 사회당, 통민청을 중심으로 150여 명이 참석한 가운데 거행되었다. 전남협의회는 1961년 3월 28일 조국통일촉진강연회를 개최하는 등의 활동을 했다.

민자통 충청남도협의회 준비위원회는 1961년 2월 27일 혁신당의 김영수(의장) 등이 조직하였다. 정식 결성대회는 5월 7일에 개최되었다. 서울에서도 1961년 5월 10일 민자통 서울시협의회가 신학우(의장), 최백근(사무국장) 등을 중심으로 결성되었다. 서울시협의회는 사회당계 인사가 주도했다. 이 밖에 충북·강원·제주 지역에서도 민자통 중앙협의회 결성 당시 500명에서 100여 명 정도의 회원이 조직 결성 준비를 하였다. 그러나 쿠데타 당시까지 도협의회 조직을 만들지는 못했다.

민자통 지방조직의 규모는 지역별로 큰 편차가 있었다. 경상도지역이 압도적으로 규모가 컸고, 전라도지역이 그다음이었으며, 나머지 지역은 규모가 작았다. 민자통 중앙협의회 결성 당시 언론 보도에 따르면, 지방협의회가 확보한 맹원 수는 경북 2만여 명, 경남 2만여 명, 전북 500여 명, 전남 1,000여 명 정도였고, 그 밖에 경기 200여 명, 서울 500여 명, 충북 500여 명, 강원 100여 명, 제주 100여 명 정도였다. 하지만 민자통의 발표에 따르면, 맹원은 중앙협의회 결성 당시 모두 5만가량이었으며, 협의체 조직이니만큼 여기에 소속 정당 당원 1만 명, 사회단체 회원 4만 명을 합산하면 전체 조직원 총수는 10만 명에 달하였다.(『민국일보』1961년 2월 26일자)

통일운동단체는 1960년 11월에 이르러서야 결성되기 시작했다. 하지만 그로부터 4개월 만에 통일운동에 참가한 혁신정당 및 사회단체를 대부분 망라하는 민자통조직이 정식 결성되었다. 조직 규모가 10만 명에 달하였다고 하는 것이 정확하지는 않겠지만, 아무튼 민자통은 전국적인 규모를 갖춘 한국전쟁 이후 최대 사회운동단체였다고 할 수 있었다. 이처럼 대단히 짧은 기간 동안 통일운동단체가 조직되고 확대되는 양상은 한국 사회에 잠재하던 사회운동세력의 힘을 보여준 것이었다. 해방 직후 분출되었던 각종 개혁적, 진보적 사회운동의 흐름은 비록 한국전쟁으로 크게 타격을 받았지만, 4월혁명을 계기로 그 잠재적 힘을 다시 급속하게 회복해가는 양상을 보였던 것이다.

민자통 지방협의회 조직들은 대부분 민자통 중앙협의회가 결성된 1961년 2월부터 쿠데타가 발생하는 5월까지 본격적인 조직 결성 및 확대 작업에 들어갔다. 그런데 이 기간 동안 한미경제협정반대투쟁(2월), '2대악법반대투쟁'(3~4월), 남북학생회담지지운동(5월) 등 진보적 성격의 사회운동이 잇달아 전개되었다. 이러한 운동은 학생 통일운동단체인 민통련과 민자통을 중심으로 전개되었다. 특히 각 지방의 민자통 지방협의회조직들은 모두 해당 지역의 2대악법반대투쟁을 선두에서 주도하였다. 이와 같은 대중투쟁 속에서 민자통을 비롯한 통일운동 관련 정당 및 사회단체의 조직화 작업이 이루어졌던 것이다. 1961년 2월부터 5월까지 연이어 진행된 사회운동 중에 표면적으로는 남북학생회담지지운동만이 통일운동과 관련이 있는 것으로 보이나, 나머지 대중투쟁들도 통일운동단체들이 주도했고, 그 과정에서 직접적으로 통일 관련 구호가 제창되는 등 통일운동과 긴밀한 관련이 있었다.

# 2

# 진보적 사회운동의 분출

## 한미경제협정반대투쟁

1961년 2월 8일 미국의 대한 원조 집행 및 운용을 총괄적으로 규정하는 '한미경제협정'이 체결되었다. 이 협정은 완전히 새로운 내용을 담은 협정이라기보다는 이전부터 존재했던 여러 경제원조 관련 협정을 종합하고 통폐합한 것이었다. 1950년대 말부터 미국 정부는 한국에 대한 경제원조의 내용과 방식, 집행기관 등을 모두 재정비하였다. 이에 여러 원조 관련 협정도 통폐합하여 하나의 단일한 협정으로 정리하려 했던 것이다.

그런데 한미경제협정에는 노골적으로 한국의 주권을 제약하는 조항이 다수 들어가 있어 논란을 일으켰다. 쟁점이 된 부분은 ① 거의 모든 분야에 걸쳐 한국 정부의 경제 관련 기록들을 미국 당국자가 제약 없이 관찰·재검토하도록 허용하며(제3조) ② 미국 정부의 원조 특별사절단과 단원은 주한 미국 외교관의 일부로 간주하며(제5조) ③ 미국 정부 또는 대행기관의 계약자, 고용인, 또는 그의 가족들에게 도입하는 일체의 자재, 개인 소지품에 대해 면세 조치와 관세특전을 부여하며(제6조) ④ 원조 계획의 전부 혹은 일부를 미국 정부가 불필요하다고 결정하는 경우 이를 중단할 수 있다(제7조) 등의 조항이었다.

한미경제협정에 포함된 미국 정부의 원조에 대한 관리·감독 권한 규정은 이전에 체결된 경제원조 관련 협정들에도 이미 있거나 관행적으로 관철되고 있는 것이었다. 그럼에도 한미경제협정반대투쟁이 전개된 것은 이러한 관행이 모두 성문화되면 향후 그 종속성이 한층 강화될 것이라는 우려 때문이었다.

4월혁명 이후 민주화는 전반적으로 한국인들의 주권의식을 강화하였다. 한미경제협정은 점증하는 한국인의 주권의식과 충돌할 요소를 내포하고 있었다. 여기에 대한 저항은 진보적 성향의 학생단체, 사회단체 및 혁신정당에 의해 주로 이루어졌지만, 보수정치인들도 이러한 협정 내용에 대해 불만을 터뜨렸다. 이 협정이 체결되었을 때 야당인 신민당의 일부 의원들은 야당과 전혀 사전협의가 없었고, 원조 계획이 미국 정부에 의해 일방적으로 중단될 수 있도록 하는 등 굴욕적인 내용이 있다고 비판하였다. 국회 논의 과정에서 한 의원은 이 협정을 '을사보호조약'에 비유하기도 했다.(『민국일보』 1960년 2월 9일자; 『민족일보』 1960년 2월 14일자)

한미경제협정반대투쟁의 첫 포문을 연 것은 진보적 학생, 청년단체들이었다. 학생 측에서는 사실상 민통련조직들이 이 투쟁을 주도했다. 1961년 2월 12일 서울대, 고려대, 항공대, 건국대, 성균관대, 외국어대, 단국대, 경희대 8개 대학 민통련 조직과, 서울대 '국민계몽대' '전국학생 조국통일추진위' '전국학생 민주수호공명선거 추진위원회' 등의 단체는 '전국 한미경제협정반대 투쟁위원회'를 결성하였다. 2월 14일 이들 학생 100여 명은 종로 탑골공원에 모여 '한미경제협정체결 성토대회'를 개최했다. 이날 학생들은 호소문과 격문을 낭독, 살포하였지만 경찰의 제지를 받아 10여 분만에 해산당하였다. 학생들은 국회에서 이 협정의 비준 여부가 논의되던 2

월 21에도 여타 사회단체와 보조를 맞추어 명동성당 앞에서 협정반대 선전활동과 성토대회를 했고, 200~300명이 미국대사관 앞까지 진출했다가 해산당하기도 했다.

한미경제협정반대투쟁에 참가했던 학생들은 호소문과 격문을 통해, 장면 정권이 "민족의 분할을 영구화하고 조국의 주권을 굴욕적으로 침해하는 한미경제협정"을 체결하였다고 비난하였다. 또한 일본제국주의자들의 뒤를 이어 우리 조국의 절반에 진주한 미국이 "매족적, 반민족적 일부 분자들과 결탁하여 우리의 조국을 분할했다"라고 주장하는(황건의 증언, 1990, 161~162쪽) 등 반외세 민족혁명론에 바탕을 둔 주장을 하여 학생운동의 달라진 분위기를 보여주었다.

청년단체로는 민민청과 통민청이 한미경제협정반대투쟁을 주도했다. 대구 민민청은 1960년 2월 11일 대구에 있는 혁신계 정당 및 사회단체 대표자들을 모아 회의를 개최하고, 한미경제협정을 반대하기 위한 범국민대회를 개최하기로 의견을 모았다.(『민국일보』 1961년 2월 12일자) 통민청도 경제협정 체결은 "한국의 항구적 예속화와 조국의 민주통일에 배치"되므로 범국민적인 저항을 불러일으킬 것이라는 내용의 성명서를 발표하였다.

민자통에 합류한 사회단체, 혁신정당들도 한미경제협정을 반대하기 위한 공동투쟁기구를 발족하였다. 학생들의 탑골공원 시위가 있던 2월 14일, 20개 진보적 정당·사회단체 대표들이 사회대중당 당사에 모여 공동투쟁 문제를 논의하였다. 민자통에 합류한 대부분의 정당과 단체들이 참석하였다. 마침내 2월 13일, 16개 혁신정당과 사회단체 대표들이 모여 '한미경제협정반대 공동투쟁위원회'(경협반대 공투위)를 결성하였다.

1961년 2월 22일, 경상남도 경협반대 공투위 주최로 부산역 앞에서 '한미경제협정성토대회'가 열렸다. 통민청과 민민청 연사들이 모임을 주도했는데, 이들은 경제협정에 반대함과 동시에 아울러 남북교류를 시행하라고 촉구하기도 했다. 같은 날 대구역 광장에서도 비슷한 성토대회가 열렸다. 1961년 2월 24일 경협반대 공투위는 서울시청 앞 광장에서 시민 성토대회를 개최하였다. 통민청의 김배영이 사회를 보았고, "반민족적인 한미경제협정의 국회 비준 거부를 위하여 불퇴전의 결의 밑에 투쟁한다"라는 내용의 공동투쟁문이 낭독되었다.

한미경제협정반대투쟁을 통해 진보적 학생단체, 청년단체, 사회단체, 정당들이 한 목소리를 내고 연대하는 모습을 보여주었다. 그러나 이 투쟁에 대한 대중적 호응은 대단히 미미했다. 그것은 한미경제협정이 이미 존재하는 원조를 둘러싼 대미 종속관계를 정리하여 문서화한 것일 뿐 완전히 새로운 종속적 관계를 창출하는 것은 아니었던 관계로 일반 대중들이 새삼스럽게 특별한 관심과 위기의식을 가지기 어려웠기 때문이다. 미국의 대한 원조의 각종 폐해와 문제점, 그 운영의 일방성과 종속성에 대해서는 당시의 일반적인 지식인 상당수도 비판적인 견해를 피력하고 있었다. 그러나 "원조를 받지 않고 살아갈 방법이 무엇이냐?"라는 질문에 딱히 그 대안을 제시하기 어려운 것이 현실이었다.

결국 1960년 2월 28일 민의원은 한미경제협정 비준안을 부대 결의를 붙여 거의 만장일치로 통과시켰다. 의원들은 면책 및 면세 특권을 받는 원조기관 요원들의 수는 명확히 한정될 필요가 있고, 외교관과 마찬가지로 사전에 명단을 제출할 필요가 있다는 등의 내용의 부대 결의를 첨부했다. 그러나 이는 실질적인 효력을 기대하기보다는 다분히 정치적 체면치레로 이해되었다.

한편 민의원들은 점증하는 주권의식과 종속적 대미관계 개선을 촉구하는 여론을 반영하여 경제협정 비준안 통과 직후인 3월 2일, 한미행정협정의 체결을 촉구하는 결의안을 만장일치로 통과시켰다. 국회의 결의안은 또한 미군종업원노조의 활동에 영향을 받은 것이기도 했다. 장면 정권은 이전부터 미국 정부에 행정협정 체결 문제를 요청하고 있었는데, 이러한 결의안 통과는 정부의 대미 교섭에 힘을 실어주었다. 미국 국무부는 마침내 행정협정 체결에 반대하는 미국 군부 지도자들을 설득해서 한국과 행정협정 체결을 위한 실무협상을 시작하겠다고 장면 정권에 통보하였다. 5·16쿠데타 직전 마침내 행정협정 체결 문제를 협의하기 위해 한미 간에는 실무회담이 개최되었다.

4월혁명 직후 학생들의 계몽운동 과정에서도 한미행정협정 체결 문제가 쟁점화된 적이 있었다. 서울대 국민계몽대는 한미경제협정반대투쟁에도 참여했는데, 이때에도 한미행정협정 체결 요구를 호소문이나 격문에 첨가하자고 주장하였다. 그러나 이 투쟁을 주도했던 민통련 학생들은 행정협정은 그 본질이 외국군의 주둔과 군사적 종속을 합법화, 영구화하는 측면이 있기 때문에 문건에서 모두 삭제하자고 주장했다. 민통련 학생들이 경제협정반대투쟁을 주도했기 때문에 이러한 주장이 관철되어 실제 학생들의 한미경제협정반대투쟁 과정에서 나온 각종 문건에는 한미행정협정 체결 문제가 언급되지 않았다.(황건의 증언, 1990, 162쪽) 그러한 면에서 한미행정협정 협상의 시작은 한미경제협정반대투쟁의 원하지 않았던 부산물 격인 성과라고 할 수 있다.

## 2대악법반대투쟁

**장면 정권의 2대악법 제정 기도와 각계 반응**　　장면 정권은 4월혁명 직후 분출하는 각종 시위 및 사회운동에서 제기하는 요구들을 개혁을 통해 해결하기보다는 다시 억압하려고 기도하였다. 특히 통일운동이 분출되자 이승만 정권과 마찬가지로 반공을 내세워 이를 탄압하려 하였다. '반공임시특별법'과 '집회 및 시위에 관한 법률'(데모규제법), 이른바 '2대악법' 제정 기도는 이러한 맥락에서 이루어졌다.

민주당 정부의 2대악법 제정 기도는 애초부터 통일운동의 분출과 밀접한 관련이 있었다. 1960년 11월 1일 서울대 민통련이 발기대회를 개최하자, 바로 그 다음날인 2일 민주당 정부는 긴급 각료회의를 열고 "사회질서 확립을 위해" 데모규제법을 강구하겠다는 의사를 피력했다. 또한 현석호 내무부장관은 "현행 국가보안법은 간첩을 색출, 처단하는 데 많은 애로가 있다"라고 하면서, 국회가 이를 고려해주어야 한다고 말하였다.(『민국일보』 1960년 11월 3일자) 이 문제는 1960년 12월 순천지역 교사와 학생 30여 명이 어선 포리호를 빼앗아 타고 월북하려다가 체포되는 사건이 발생하자 다시 거론되었다.

마침내 1961년 3월 8일 정헌주 정부 대변인은 '반공임시특별법'과 '집회 및 시위에 관한 법률' 제정 문제를 임시 각료회의에 회부하기로 했다고 언명했다. 조재천 법무부장관은 기자들에게 어떤 사람이 김일성 만세를 부르거나 적기가를 고창해도 현행 국가보안법으로는 처벌할 방도가 없다고 하면서, 특별법이 만들어져야 하는 이유를 설명했다. 반공임시특별법안은 대부분 기존 국가보안법과 중복되는 부분이 많을 수밖에 없었다.

당시 집회와 시위와 관련된 법률로는 4월혁명 직후인 1960년 7월 1일 제정된 '집회에 관한 법률'이 있었다. 이 법률은 집회 및 시위를 하려면 24시간 전에 관할 경찰서에 신고하도록 되어 있는 것으로 전문 3조의 간단한 내용이었다. 그런데 장면 정권이 새로 만들고자 한 '집회 및 시위에 관한 법률'은 정지해서 시위할 경우 중요 건물 20미터 이내 지역에 접근을 불허하며, 동일 건물 앞에서 1시간 이상의 시위를 금지하고, 일몰 후에는 시위를 금지하는 등의 자세한 규정이 포함되었다. 이에 당시 언론과 정치인들은 이를 통상적으로 '데모규제법'이라 불렀다.

'반공임시특별법' 제정 또는 국가보안법 개정은 1958년 이승만 정권의 국가보안법 개정을 연상시키는 것이었고, 데모규제법도 4월혁명의 결과로 확장된 시민의 민주적 권리를 제약하기 위한 기도로 비쳐질 수밖에 없었다. 당시 민주당 정부는 이른바 '중석불사건'으로 국회에서 진상조사단이 조직되는 등 야당과 언론의 대대적인 비판을 받고 있었다. 당시 대부분의 언론은 2대악법 제정에 대해 비판적인 태도를 피력했다. 『민족일보』등 혁신계 언론뿐 아니라 『조선일보』『동아일보』『한국일보』등도 비판적인 견해를 많이 피력했다. 보수야당인 신민당의 일부 의원들도 법률 제정을 반대했고, 민주당 소장파 모임이었던 신풍회 의원들도 주저하는 태도를 보였다.* 경북도의회는 두 법안을 즉시 철회하라는 대국회 및 대정부 건의안을 재석 55명 중 가 30, 부 12로 가결하였다.(『동아일보』1961년 3월 14일자) 심지어 미 국무부도 2대악법 제정에 대해 공식 언급은 하지 않았지만, 주한 미국대사관에 보내는 전문에서 "문제를 풀기보다는 더 많은 문제를 만드는 바람직하지 못한 대처 방식"이라 했다.(홍석률, 2001a, 195쪽)

2대악법 제정 기도에 대해 적극적인 반대투쟁을 한 것은 민자통을 비롯한 통일운동단체와 혁신정당, 진보적 사회운동단체들이었다. 2대악법 제정 논의가 일어나던 1961년 3월과 4월은 민자통 중앙협의회가 결성되고 막 조직을 확대해나가는 시점이었다. 통일운동세력들은 2대악법 제정을 통일운동, 진보적 사회운동에 대한 탄압으로 받아들였다. 민자통 중앙 및 지방 조직들은 다른 혁신정당, 사회단체와 연대하여 공동투쟁위원회를 만들어 3월과 4월 2개월 동안 전국 각지에서 항의시위를 조직하였다. 이 과

---

* 신풍회의 이철승 총무는 이들 법안을 반대하는 태도가 야당에 비해 소극적이긴 하나 역시 불만을 표시했다.(『동아일보』1961년 3월 11일자)

정에서 민자통을 비롯한 통일운동단체와 혁신정당, 기타 진보적 사회운동 단체들의 조직 확대가 이루어졌다.

1961년 3월 13일에 민민청, 통민청 등 11개 청년단체의 연합으로 '악법반대 전국청년단체 공동투쟁위원회'(청년 공투위)가 결성되었다. 청년 공투위는 이날 발표된 선언문에서 "2대악법 철회" "학문 사상의 자유" "관제 공산당을 조장하는 망언 중지" 등을 요구하였다. 1961년 3월 16일 대학생 민통련조직과, '양민학살유족회 중앙학생위원회' '전국근로고학생총연맹' 등 17개 학생단체로 '악법반대 전국학생 공동투쟁위원회'(학생 공투위)가 결성되었다. 부산과 대구, 마산에서도 학생 공투위가 구성되었다.

한편 혁신정당과 통일운동단체, 진보적 사회운동단체들도 공동투쟁위원회를 결성하였다. 1961년 3월 14일 4개 혁신정당 모두와 민자통, 중통련, 조국통일민족전선 등 3개 통일운동단체, 피학살자유족회, 광복동지회 등 총 10개 정당·사회단체 대표들은 '반민주악법 공동투쟁위원회'(정당·사회단체 공투위)를 조직하였다. 통일사회당은 한미경제협정반대투쟁에는 참여하지 않았지만 2대악법반대투쟁에는 적극적으로 참여했다. 원래 민자통과 통사당이 각기 별도로 공투위 결성 작업을 했지만 최종 단계에 서로 합류하기로 합의하였다. 이에 민자통 결성 과정에서 일부 분열된 모습을 보였던 진보적 정당, 사회단체는 2대악법 반대 과정에서 다시 연대하는 모습을 보여주었다.

정당, 사회단체 공투위는 김창숙, 김성숙, 장건상 등 혁신계 원로들을 지도위원으로 추대하였으며, 산하에 청년, 부녀, 학생 등의 부서를 두어 실질적으로 청년 및 학생 공투위와 연대를 모색하였다. 공투위는 "민주수호 정신에 입각해서 반민주악법 제정을 반대하고, 원내외투쟁을 효과적으로 단행하기 위하여 광범위하고 강력한 대중운동을 추진한다"라는 내용의 공동투쟁 강령을 채택하였다.

각 지방에도 정당, 사회단체 공투위가 결성되었다. 경상북도에서는 3월 15일 사회당 경북도당에서 '2대법반대 경북 공동투쟁위원회'가 결성되었다. 혁신정당과 경북 민자통(경북 민통), 경북 통민청과 민민청, 경북 피학살자유족회, 경북대 민통련 등이 함께 참여하였다. 민자통에 가입한 정당, 사회단체들이 주축이 되었고, 이후 경북교원노조연합회도 여기에 참여하였다. 이 밖의 경상남도, 전라남도에도 민자통 가담 단체들과 그 간부들을 중심으로 공동투쟁위원회가 결성되었다.

**2대악법반대시위의 전개**　　　전국적으로 결성된 공동투쟁위원회는 전국 각지에서 2대악법반대 집회 및 시위를 전개하였다. 2대악법반대투쟁은 대구에서의 시위를 첫 출발점으로 해서 1961년 3월 22일 서울에서 대규모 집회와 시위가 있었고, 그 후 전국적으로 확산되어 4월 초순까지 확산되는 양상을 보였다.

1961년 3월 18일 경북 학생 공투위 주최로 대구역 광장에서 '악법반대규탄대회'가 개최되었다. 2대악법반대투쟁의 첫 포문이었다. 2대악법반대투쟁은 대구·경북 지역에서 가장 강력하게 전개되었다. 3월 18일 약 1만 명의 군중이 집결한 가운데 "① 반공법을 철폐하고 현행 보안법도 철폐하라 ② 학문과 사상의 자유를 짓밟는 어떠한 악법도 반대한다 ③ 장 정권은 통일을 방해하기 위한 공포정치를 하지 말라 ④ 반공 브로커행위를 하는 모든 단체는 즉시 해체하라 ⑤ 장 정권은 무산대중을 살릴 수 없음을 자각하고 물러가라"는 내용의 결의문이 채택되었다. 집회 후 참여한 학생과 시민들은 조재천 법무부장관 집으로 향하며 시위를 벌였다. 경찰이 저지하자 투석전이 전개되었다. 3월 21일에도 대구역 광장에서 경북 정당·사회단체 공투위 주최로 '2대악법규탄 시민궐기대회'가 개최되었다. 약 1만

**표5** 2대악법반대투쟁의 전개 상황

| 도시/일자 | 시위 양상 | 주장 및 구호 | 출전 |
|---|---|---|---|
| **서울·경기**<br>서울 3. 22 | 공투위 주최 '반민주악법반대성토 대강연회'. 1만 5,000명 집결. 혁신정당 인사 신태악(법조계 대표), 조용수(민족일보사 사장), 노원태(학생 공투위 대표) 등이 강연.<br><br>강연회 후 100여 명의 청년이 각기 손에 횃불을 들고 남대문으로 향하려다 시청 구내에서 경찰기동대원과 충돌. 많은 군중이 데모에 합세하여 세종로 네거리→종로→동대문→을지로를 행진. 7시 30분경 대부분은 의사당 앞에서 자진 해산하고, 선봉대는 의사당과 중앙청 앞을 거쳐 명륜동 장면 총리 집으로 향함. 경찰과 투석전. | "2대악법 철회"<br>"장면 정권 총사퇴"<br>"평화적 통일"(결의문)<br>"외세에 의존하는 장 정권 물러가라"<br>"배가 고파 못 살겠다"<br>"데모가 이적이냐 악법이 이적이냐" | 『민국일보』<br>3월 23일자,<br>『민족일보』<br>3월 23일자,<br>『영남일보』<br>3월 23일자,<br>『동아일보』<br>3월 23일자 |
| 3. 27 | 공투위 주최로 서울역 광장에서 열기로 한 궐기대회가 경찰의 봉쇄 조치로 무산. | | 『민족일보』<br>3월 28일자 |
| 수원 4. 16 | 김을수 등 범혁신동지회 인사를 중심으로 수원 공설운동장에서 '2대법반대 통일촉진 성토대회' 개최. 300명 참석. | "반국가적인 악법 반대"<br>"밥과 일터는 통일에 있다" | 『한국혁명재판사』 3,<br>421쪽 |
| **경북**<br>대구 3. 18 | 학생 공투위 주최로 역전 광장에서 '악법반대규탄대회'. 1만 명의 군중 집결. 집회 후 시위. 법무부장관 조재천 집 앞에서 투석전. | "반공법 철폐하고 현행 보안법도 철폐하라" "반공브로커단체 즉시 해체" "장 정권 물러가라" | 『민국일보』<br>3월 19일자,<br>『민족일보』<br>3월 19일자 |
| 3. 21 | 경북 공투위 주최. '2대악법규탄 시민궐기대회' 1만 5,000명 집결. 혁신정당 인사 연설. 연설 후 사회당 경북도당 위원장 김세형이 선언문 낭독. 집회 후 민민청 경북도맹의 선전차를 앞세우고 시위. | "자주, 평화, 민족자결 정신에 입각한 통일"(결의문) "통일 앞에 조건 없다. 반역하면 심판한다" "반공이란 구실 아래 인권을 유린 마라" | 『민국일보』<br>3월 22일자,<br>『영남일보』<br>3월 22일자 |
| 3. 24 | 학생 공투위 주최 '악법반대 궐기대회'에 3만 명 참여. 신랑 이승만과 신부 장면의 허수아비 가장 결혼식. 학생 1,000여 명의 횃불 데모. | "장 정권 퇴진"<br>"통일을 방해하는 공포 정치 중단하라" | 『민국일보』<br>3월 25일자,<br>『영남일보』<br>3월 25일자 |
| 4. 2 | 공투위 주최 악법반대시위. 2,000 명의 군중 집결. 경찰 강력하게 저지. 시위대 43명 구속. | "장 정권 퇴진"<br>"2대악법은 살인이다" | 『민족일보』<br>4월 4일자,<br>『한국혁명재판사』 3,<br>289~290쪽 |
| 4. 7 | 공투위 주최 '악법반대대회'.<br>8,000명 모임. | "개처럼 끌고 간 내 형제 내놓으라" | 『민국일보』<br>4월 9일자 |
| 4. 14 | 학생 공투위 주최, '악법반대 및 구금학생석방 궐기대회'. 4,000여 명의 학생을 시작으로 시민이 합세하여 6,000여 명이 시위. | "구속학생 석방하라"<br>"장면 정권 물러가라" | 『민족일보』<br>4월 16일자 |

| 도시/일자 | 시위 양상 | 주장 및 구호 | 출전 |
|---|---|---|---|
| 안동 3. 27 | 민민청 안동군 준비위 개최. '악법반대 궐기대회'. 2,000명 참여. | 미상 | 『영남일보』 3월 29일자 |
| 상주 3. 27 | 민통련 경북도맹 주최. '악법반대 궐기대회'. 2,000명 참여. | 연사들 북한의 전기와 공업 시설을 남북교류에 의해 수입해야 할 것 | 『영남일보』 3월 29일자 |
| **경남**<br>부산 3. 23 | '악법반대 경남 학생 총궐기대회'. 1만 명 참여. 민주당사 앞에서 시위. | "배고파 못 살겠다 통일부터 빨리 하라" | 『민족일보』 3월 25일자 |
| 3. 25 | 경남 공투위 주최 '악법반대 궐기대회'. 부산역 광장에서 1만 명 참여. 지프차 3대, 트럭 1대를 앞세우고 부산 시내에서 시위. | "악법으로 배부르나 절량농가 밥 주어라" "통일을 반대하면 민족의 반역자" | 『민족일보』 3월 27일자, 『영남일보』 3월 26일자 |
| 마산 3. 23 | 마산 무학국교. 마산 공투위 주최. 2대악법성토대회 학생 2,000명 및 시민 수천 명 참여. | "맨주먹과 붉은 피로 찾은 국민주권이 이제 말살되어가려는 현실 앞에 우리 전 마산 학생들은 민족적 양심과 젊은 의혈로 돌아가 2대악법 철회를 요구한나"(결의문 요지) "악법만이 반공이냐, 선정으로 반공하라" "데모로 찾은 주권 데모규제 웬 말이냐" "국회는 자각하라 국민은 굶주린다"(시위구호) | 『영남일보』 3월 24일자, 『동아일보』 3월 24일자 |
| 3. 25 | 마산 공투위 주최. '악법반대 궐기대회'. 3,000여 명이 시내 일대에서 지프차를 앞세우고 시위. | "데모로 세운 나라 데모규제법이 웬 말이냐" | 『영남일보』 3월 26일자 |
| **전북**<br>전주 3. 25 | 악법반대 강연회. 3,000명 참여. 집회 후 시내 일대에서 데모. | 미상 | 『영남일보』 3월 26일자 |
| 3. 30 | 2대악법성토대회. 장건상 등이 연설. | "2대법은 국민의 기본권을 탄압하는 것" | 『한국혁명재판사』4,123쪽 |
| **전남**<br>광주 3. 25 | 전남 공투위. 악법반대 강연회. 학생과 시민 5,000명 참여. | 미상 | 『영남일보』 3월 26일자 |
| 4. 1 | 전남 공투위. '악법반대 시민궐기대회'. 6,000명 참석. '반민주장송'이라 쓴 상여를 앞세우고 통민청 맹원들의 주도로 가두시위. | "장면 정권 물러가라" "배고픈 사람에게 악법보다 빵을 달라" "데모가 이적이냐 악법이 이적이냐" | 『한국혁명재판사』3, 1119쪽 |

| 도시/일자 | 시위 양상 | 주장 및 구호 | 출전 |
|---|---|---|---|
| **충남**<br>대전 3.30 | 충청도 공투위 주최 '악법반대 궐기대회'. | "2대법은 민주인사를 빨갱이로 몰아가려는 것" | 『한국혁명재판사』3, 81쪽 |
| **강원**<br>원주 4.1 | 통사당 관계자(윤길중) 주최.<br>원주 공설운동장에서 '악법반대대회'. | "자유마저 빼앗으려는 반민족적 보수세력에 반대" | 『한국혁명재판사』3, 822쪽 |

5,000명이 모였고, "통일 앞에 조건 없다. 반역하면 심판한다"라는 등의 구호가 외쳐졌다. 집회 후 경북 민민청이 선전차를 앞세우고 시위를 벌였다. 3월 24일에도 경북 학생 공투위 주최로 '악법반대 궐기대회'가 개최되었다. 언론 보도로는 3만 명이 참가한 대규모 집회였다. 이날 집회에서는 신랑 이승만과 신부 장면의 허수아비가 등장하여 결혼식을 했다. "장 정권 퇴진" "통일을 방해하는 공포정치 중단하라" 등의 구호가 외쳐졌다.

경북지역에서는 안동과 상주 등 소도시에도 악법반대집회가 거행되었다. 3월 27일 안동에서는 이 지역 민민청의 주도로 약 2,000명의 주민이 참여하여 악법반대 궐기대회를 개최했다. 같은 날 상주에서도 경북 민자통의 주도로 악법반대 궐기대회가 있었고, 역시 2,000명가량의 군중을 동원하였다.

서울에서의 2대악법반대투쟁은 학생, 청년단체, 정당·사회단체 등 3개 공투위의 긴밀한 사전협조와 기획 속에서 이루어졌다. 3월 19일 3개 공투위 실무자들은 민자통 사무실에서 회합하여 각 공투위가 각기 독자적 역할을 하되 협조관계를 구축하기로 합의하였다. 3월 20일에는 역시 민자통 회의실에서 3개 공투위 실무자 연석회의를 열고, 22일에 대규모 횃불시위를 개최하기로 합의하였다.

3월 22일 마침내 '반민주악법반대성토 대강연회'가 서울시청 앞 광장에서 개최되었다. 경찰의 노골적인 압박에도 불구하고 1만 5,000여 명가

반민주악법반대성토 대강연회 이후 전개된 시위

량의 사람들이 모였다.* 장건상, 최근우 등 혁신정당인들과 민족일보 사장 조용수 등이 연사로 나왔다. 이날 모임에서는 "① 2대악법은 물론 국가보안법까지도 즉시 철폐할 것 ② 민족 통일을 방해하는 반민족적인 장면 정권은 총사퇴할 것 ③ 악법이 국회를 통과하면 국회 불신임 투쟁을 할 것 ④ 조국의 평화적 통일을 최단시일 내에 성취할 것" 등이 결의되었다. 강연회를 마친 후 학생을 중심으로 한 1,000여 명의 시위대가 서울 거리를 행진하였다. 선두에 선 사람들은 손에 횃불을 들고 "데모가 이적이냐 악법이 이적이냐" 등의 플래카드를 들고, "장면 정권 물러가라" "배가고파 못 살겠다" 등의 구호를 외치며 시위를 벌였다. 시위대는 오후 7시 30분경 다시

● 『민족일보』와 『민국일보』는 집회 참여 인원에 대해 1만 5,000명가량이라 했지만 『동아일보』는 1만여 명으로 추산하였다.

시청 앞을 돌아 광화문 국회의사당 앞에서 자진 해산했다. 반면 일부 잔류 시위대는 중앙청 앞을 거쳐 명륜동 장면 총리 사저로 향하였고, 저지하는 경찰과 대치하면서 투석전을 전개했다.

장면 정권은 '3·22 시위'에 대해 대단히 강력하게 대응하였다. 이날 123명의 시위 참가자가 연행되었고, 신현돈 내무부장관은 횃불시위는 공산당 수법과 똑같다고 성토했다. 정부는 2월 23일 내각안보회의를 열고 데모가 폭력화하게 된 배후를 사찰하겠다고 했다. 공투위는 원래 3월 27일 서울역 광장에서 다시 집회를 열기로 기획하였으나 경찰의 강력한 봉쇄 조치로 무산되었다.

3·22 시위 이후 서울에서는 더 이상의 시위가 이어지지 못했지만 각 지방의 2대악법반대투쟁은 계속 확산되었다. 특히 경상북도와 경상남도 대도시지역의 시위 규모가 컸다. 3월 23일 부산에서는 경상남도 학생 공투위 주최로 '악법반대 경남 학생 총궐기대회'가 개최되었다. 1만 명의 시민과 학생이 모였다. "배고파 못 살겠다 통일부터 빨리 하라" 등의 구호가 외쳐지고, 민주당사 앞까지 시위행진을 했다. 3월 25일에도 부산역 광장 앞에서 경상남도 정당·사회단체 공투위 주최로 악법반대 궐기대회가 개최되었다. 약 1만 명이 참여했고, 차량을 앞세워 부산 시내를 돌며 "악법으로 배부르나 절량농가 밥 주어라" "통일을 반대하면 민족의 반역자다" 등의 구호가 외쳐졌다. 4월항쟁의 진원지였던 마산에서도 대규모 시위가 있었다. 3월 23일과 25일 마산 공투위 주최로 2대악법반대집회가 있었다. "데모로 세운 나라 데모규제법이 웬 말이냐"라는 구호가 외쳐졌다.

전남지역에서는 이 지역 공투위 주최로 3월 25일 광주에서 5,000명의 군중이 참여한 가운데 악법반대 강연회가 개최되었다. 전북지역에서는 3월 25일과 3월 30일 집회가 있었다. 이 지역 민자통을 주도한 혁신당계 인물들이 주도한 것이 특색이었다. 1,000~3,000명 가량의 군중을 동원하였다. 그 밖에 충남 대전에서도 3월 30일 악법반대 궐기대회가 있었다.

당시 민주당 정부와 경찰이 2대악법반대투쟁을 적극 저지하는 바람에 일부 시위 과정에서는 투석과 경찰봉이 난무하는 폭력사태가 발생하였다. 그러나 해방 직후나 이후 군사 정권기와 비교해보았을 때 이 당시에 벌어진 폭력사태는 훨씬 경미한 것이었다. 시위 과정에서 사망자가 발생하거나 심각한 부상자가 많이 발생하지는 않았다. 정부와 보수언론에서 과격시위로 성토했던 서울의 '3·22 시위'도 야간에 일부 시위자가 횃불을 들고 시위를 했지만 질서정연하게 해산하였다. 다만 일부 참여자가 남아 경찰과 충돌했지만 돌과 최루탄 20~30발이 오가는 정도였다.

2대악법반대투쟁이 전개되자 각종 반공단체들은 종종 2대악법반대시위가 벌어지는 장소에 출현하여 '2대법' 제정에 찬성을 표하는 반대 선전활동을 했다. 3·22 서울집회 과정에서도 반공단체 성원들이 지프차에 스피커를 장착하고 집회장 주위에서 집회 방해 행동을 했다. 2대악법반대투쟁 과정에서 최대 집회였던 3월 24일 대구 집회 때에도 민주수호연맹 등 반공단체들이 2대악법반대집회가 벌어진 대구역 광장에서 '반공시국강연회'를 개최하겠다고 공표하기도 했다. 그럼에도 불구하고 2대악법반대투쟁을 했던 시위대와 반공단체가 서로 충돌하여 심각한 유혈사태를 발생시킨 경우는 없었다.

장면 정권은 2대악법에 반대하는 대중시위가 거세게 전개되었음에도 불구하고 끝까지 이를 강행하려고 시도하였다. 다만 종래의 '반공임시특별법' 제정은 여론을 감안하여 포기하고, 대신 현행 국가보안법을 강화하여 개정하는 쪽으로 방향을 틀었다. 이에 당정협의를 거쳐 1961년 3월 30일 국무회의는 '국가보안법 개정안'과 '집회 및 시위에 관한 법률안'을 정식 성안하여 발표하였다. 이중 국가보안법 개정안은 반국가단체에 대한 선전·찬양 금지 조항과 예비음모조항을 한층 강화하는 것이었다. 주요 내용은 반국가단체를 구성한 자와 함께 가입한 자도 처벌하며(제1조), 반국가단체나 그 활동을 찬양, 고무, 조장 또는 동조하는 행위를 할 때는 1년 이상의 유기징역에 처하며(제2조), 폭동, 선전죄 외에 협조의 죄도 새로 마련하며(제4조), 문서, 도서 등 표현물의 제작·복사, 은닉, 운반, 배포 또는 소지한 자를 지원죄에 추가한다(제5조)는 등이었다.(『동아일보』 1961년 3월 30일자) 모두 표현의 자유, 정치활동의 자유를 제약할 우려가 있는 조항들이었고, 특히 통일운동이나 혁신정당의 활동을 제약할 수 있는 조항들이었다. 민주당 정부는 국가보안법 개정과 데모규제법 국회 상정을 4월에 진행된 국회를 연장해서라도 강행하겠다는 방침을 표명하였다. 나아가 이른바 '비둘기작전'으로 알려진 군 투입 계획을 수립하면서 군을 동원해서라도 시위를 막겠다고 강경한 태도를 피력하였다.

정부의 강경 방침에도 불구하고 4월에 접어들어서도 시위가 지속되었다. 4월 1일, 강원도 원주에서 반대집회가 있었고, 광주에서는 전라남도 2대악법반대 공투위 주최로 6,000여 명이 참가하는 집회와 시위가 있었다. 4월 16일에는 경기도 수원에서 김을수 등 범혁신동지회 인사를 중심으로 공설운동장에서 300명 군중이 참여하여 '2대법반대 통일촉진 성토대회'가 개최되었다.

4월에 접어들어서도 2대악법반대시위는 계속되었는데, 역시 가장 지속적으로 격렬하게 시위를 전개한 것은 대구지역이었다. 4월 2일에도 대구지역에는 경상북도 공투위 주최로 집회가 있었다. 당시 정부 당국은 대회장 주변에 무려 2,500명의 경찰을 배치하여 강력하게 집회를 무산시키려 했다. 그럼에도 불구하고 2,000명의 군중이 모여 경찰과 대치하였다. 경찰봉이 난무하는 난투극 속에서 44명의 공투위 대표들이 긴급구속되었다. 그러나 대구에서는 4월 7일과 4월 14일에도 집회가 이어졌다.

장면 정권의 강경 방침에도 불구하고 시위가 계속되고 여론도 악화되자 야당인 신민당도 주저하는 태도를 보였다. 당시 보수야당인 신민당은 2대악법 제정에 대해 비판적 견해를 피력했지만 통일운동과 혁신정당, 진보적 사회운동의 분출에 자극받아 모종의 조치가 필요하다는 데에는 일정 부분 인정하는 등 양면성을 보였다. 신민당 내부의 당 간부들과 소장파 의원들은 이 문제를 두고 이견을 나타내기도 했다. 신민당 기획위원회는 3월 15일 정부가 마련한 반공임시특별법안 내용을 검토한 후 특별법 제정을 일단 거부키로 했다. 그러나 정부의 법 제안 취지에 일부 동조하면서 국가보안법을 보완해서 개정하는 것은 찬성한다는 견해를 피력하였다.(『동아일보』 1961년 3월 16일자) 그러자 신민당 소장파 의원들은 당의 이러한 결정에 대해 반발하였다. 그 후 장면 정권은 보안법을 개정하는 방식으로 방향을 바꾸었다.

그럼에도 시위가 계속 악화되고 여론이 좋지 않자, 신민당은 4월 4일 중석불사건 등 현안의 중요성을 강조하며 2대법 제정과 관련된 여당과의 협상에는 일절 응하지 않겠다고 했다. 계속 정부가 법안을 국회에 상정하여 논의하려고 하자, 신민당은 국회에서 심의하기에 앞서 공청회가 필요하다는 유보적인 태도를 보였다.(『동아일보』 1961년 4월 16일자) 이러한 상황에서 장면 정권은 결국 두 법안의 국회 상정을 포기하였다. 이로써 2대악법 제정은 무산되었다.

민주당 정부가 처음 기획한 2대악법은 5·16쿠데타 이후 국가재건최고회의에서 '반공법'과 '집회 및 시위에 관한 법률'로 제정되었다. 쿠데타 직후 군사 정권은 통일운동, 진보적 사회운동에 관련된 인사들을 대거 검거하였다. 이때 진행된 특별재판 과정에서 2대악법반대투쟁을 주도했던 사람들은 특별히 무거운 형을 선고받았다. 2대악법반대투쟁은 기본적으로 4월혁명 이후 신장된 시민의 민주적 권리, 특히 언론과 사상의 자유를 확보하기 위한 투쟁의 일환이었다. 각계각층의 사람들이 참여하였지만 주로 학생 민통련과 민자통 참여단체의 맹원들이 주도적인 역할을 했다. 이들은 장면 정권이 2대악법을 제정하는 중요 목적은 통일운동을 탄압하기 위한 것이라 보았고, 때문에 여기에 강력하게 저항하였다. 또한 집회 및 시위 과정에서 통일 관련 구호가 직접적으로 자주 제창되었다. 1961년 3월과 4월에 전개된 2대악법반대투쟁의 과정에서 민자통을 비롯한 통일운동단체들은 활발한 활동을 벌이면서 조직을 확대해나갔다. 이러한 국면은 5월에 접어들면서 남북학생회담을 제안하고 이를 지지하는 대중집회를 열 수 있는 바탕으로 작용하였다.(손병선, 1990, 148쪽)

## 남북학생회담 제안과 지지집회

**학생 민족통일연맹의 남북학생회담 제안**　　　1961년에 접어들어 2월 한미경제협정반대투쟁과 3·4월 2대악법반대투쟁으로 이어지는 일련의 대중운동의 파고 속에서 4월혁명 1주년이 다가왔다. 민통련의 활동과 통일운동, 진보적 사회운동의 성장 속에서 학생들의 의식과 정서는 1년 전과는 크게 달라져 있었다. 서울대 민통련은 4·19 1주년을 맞아 발표한 선언문에서 "빈곤의 초원 위에서 어처구니없이 외쳐야 했던 자유의 연가"를 청산하고, "우리 사회의 구성 원리를 근본적으로 변화함으로써 민족통일의 가능성을 현실적으로 입증"해야 한다고 주장하였다. 또한 서울대 학생회 명의로 발표된 "4·19혁명 제2선언문"에서는 '3·4월 항쟁'을 계승, 발전시키기 위해 "반봉건, 반외압세력, 반매판자본 위에 세워지는 민족혁명"을 이룩할 것을 주장하였다.(『민족일보』 1960년 4월 20일자)

　4월혁명 1주년을 전후하여 학생들 사이에는 남북학생회담을 제안하자는 논의가 있었다.(황건의 증언, 1990, 225쪽) 그러나 당시에는 4·19 1주년을 맞아 민중봉기가 일어날 것이라는 위기설과 군사쿠데타설이 파다하게 나돌고 있었다. 학생들은 의도적으로 기념행사를 조용하게 거행하였다. 서울대생들은 기념식 후 거리로 나와 4·19 당일과 똑같은 코스를 돌며 침묵시위를 벌였다. 그런데 이날 학생들이 들고 다닌 플래카드에는 여러 통일 관련 슬로건이 적혀 있어 관심을 끌었다. "이 땅이 뉘 땅인데 오도 가도 못 하느냐" "이북 쌀, 이남 전기" "민족자주통일" "외세 물러가라" "남북 서신 교환" "실업자의 일터는 통일에 있다" 등이었다.(『민족일보』 1961년 4월 20일자) 이날 "남북 학생 판문점에서 만나자"라는 플래카드도 있어 주목을 받았다.(『동아일보』 1961년 4월 19일자)

서울대 민통련은 "남북 학생 판문점에서 만나자"라는 구호를 조용히 내놓기는 했지만 곧바로 이를 추진하지 못하고 시간을 지체하였다. 그러자 경북대, 청구대, 대구대 등 대구지역 민통련 학생들이 남북학생회담 제안을 촉구하고 실행하기 위해 상경할 채비를 꾸리고 있다는 소식이 보도되었다.(『민족일보』 1961년 4월 26일자) 대구·경북 지역은 당시 통일운동과 진보적 사회운동의 아성이었고, 전국적으로 이를 추동하는 역할을 하고 있었다. 2대악법반대투쟁 과정에서도 경북지역의 학생운동세력이 서울의 학생운동세력을 추동하는 역할을 하기도 했다.* 한편 민민청, 통민청 관계자들도 4·19 직후에 상징적 의미를 갖고 있는 학생운동, 특히 서울대 민통련 간부들에게 조속히 행동에 나서줄 것을 촉구하였다.

마침내 1961년 5월 3일 서울대 민통련은 대의원회의에서 논란 끝에 남북학생회담을 공식적으로 제안하기로 결정하고, 다음날 이를 제안하는

---

* 1961년 3월 대구에서 2대악법반대시위가 먼저 발생하였을 때 경북지역 학생 공투위 결사대 10여 명이 서울의 2대악법반대투쟁을 독려하기 위해 기차 편으로 상경했다가 경찰의 제지를 받고 다시 내려왔다는 언론 보도가 있었다.(『영남일보』 1961년 3월 31일자)

성명서를 발표하였다. 성명서는 ① 빠른 시일 안에 남북학도회담을 개최하며 ② 회담 의제는 학생기자교류, 학술토론대회 개최, 예술·학문·창작 교환, 체육대회 개최로 하며 ③ 남북 행정 당국은 학생들의 결의를 전폭적으로 지지할 것 등을 언급하였다. 그리고 5월 5일 '민통전학련 결성준비대회'에서 서울대 민통련의 제안은 전국적 학생 민통련의 결의로 재확인하였다. 이날 민통전학련 관계자들은 학생회담 장소는 판문점으로 하며, 회담 시일은 5월 이내로 하고, 민통전학련이 지역별로 회담 대표를 선정하겠다고 계획을 구체화했다.

남북학생회담 제안은 그 내용으로 볼 때 남북교류를 촉구하고 그 물꼬를 튼다는 차원에서 기획된 것이었다. 당시 통일운동단체, 혁신정당, 진보적 사회운동단체들은 다양한 이념과 통일방안을 가지고 있었다. 이는 학생 민통련도 마찬가지였다. 그러나 이들은 모두 평화통일을 주장했고, 남북 서신 교환, 인사교류 등 남북교류를 주장하였다. 남북교류는 다양한 통일운동세력이 통일을 위한 당면 실천방안으로 모두 공유하던 바였다.

남북교류론은 7·29 총선 때 일부 혁신계 인사에 의해 처음 제기되었을 때 대단히 불온한 발상으로 여겨졌다. 그러나 이후 통일논의와 운동이 활성화됨에 따라 분위기가 많이 달라졌다. 1960년 11월경 민주당 정부는 유권자 2,838명을 추출하여 각종 현안에 대한 여론조사를 행하였다. 그 결과에서도 북한과의 서신 왕래에 대해서는 찬성이 27.6%, 시기상조가 25.1%, 모르겠다가 25.1%로 남북 서신교류에 찬성하는 의견이 더 많았다.(『민국일보』 1960년 12월 28일자) 남북교류 문제에 대해서는 보수정치인들도 상당수 동조하였다. 특히 1961년 2월 보수야당인 신민당의 정식 창당 과정에서 소장파 모임이었던 청조회계 의원들은 기자교류, 서신교류 등 '제한적 남북교류'를 신민당의 정책으로 명시해야 한다고 주장하여 파문을 일으켰다. 민주당 정부도 5·16쿠데타 직전 남북 서신교류 문제에 대해서는 전향적인 검토를 했다. 민주당 정부는 국제적십자사 등 국제기관을 통해 남북 서신교류를 행하는 방안을 내부적으로 검토했고, 이에 대해 미국대사관과도 상의하였다.(홍석률, 2001a, 189쪽)

남북학생회담은 통일의 당면 실천방침으로 남북교류를 설정하고, 이를 실천적으로 촉구하며, 그 물꼬를 튼다는 의미를 가지고 있었다. 남북학생회담 제안은 통일운동의 단체의 조직과 선전계몽운동에 머물렀던 당시의 통일운동이 실천적 목표를 걸고 대중을 직접 동원해가는 차원으로 나아가는 전환점이었다. 당시 통일운동세력을 대변한 『민족일보』는 1961년 5월 8일자 사설에서 "기존의 혁신정당, 사회단체들이 통일운동을 한다 하면서도 조직·선전 활동한 것 외에 무엇을 한 일이 있느냐"고 질타하며, 남북학생회담 제안이 갖는 실천적 의미를 강조했다.

그러나 정부에 남북교류를 촉구하는 것과 학생들이 직접 나서서 북한학생들과 교류하겠다는 것은 차원이 다를 수 있었다. 학생들의 남북학생회담 제안은 곧바로 남북 정치협상을 연상시키는 바가 있었고, 커다란 반향을 불러일으킬 수밖에 없었다. 특히 이러한 제안은 남한 정부 및 사회에 대한 제안이었을 뿐 아니라 북한에 대한 제안이기도 했다. 이 또한 간단한 문제가 아니었다.

북한은 남북학생회담 제안에 대해 즉각 반응했다. 4월혁명 1주년 때 "남북학생 판문점에서 만나자"라는 구호가 나가자, 그 다음날 평양에서는 2만여 명이 참여한 청년대회가 열리고, 1961년 4월 21일 북한 '조선학생위원회'는 판문점회담을 지지하는 내용의 성명서를 발표했다. 서울대 민통련의 정식 제안이 있자, 그 다음날인 5월 5일에는 조선로동당, 민주당, 천도교 청우당 등의 정당과 북한 내무상이 남북학생회담지지성명을 발표했다. 그리고 6일 밤에는 김일성대학 강당에서 '조선학생위원회'와 '조선민주청년동맹' 대표들과 각 학교 대표 500여 명이 집회를 열고 '조선학생회담 준비위원회'를 구성하였다. 그리고 5월 13일에는 '조국평화통일위원회'가 조직되었다.(한모니까, 2001, 234쪽) 이 조직의 위원장은 홍명희였고, 위원으로는 백남운, 이극로, 박시형, 이만규 등 남한 출신 지식인 그룹들이 주로 등장하였다.

남한의 보수정치인과 언론은 남북학생회담 제안에 대해 강력하게 반발했다. 장면 정권은 즉각 불허방침을 피력했고, 윤보선 대통령도 우려를 피력했다. 문교부는 5월 12일 서울을 비롯한 전국 5대 도시의 총·학장회의를 개최하여 통일운동을 주도하는 학생들에 대한 처벌방안을 논의했다. 보수언론들은 대부분 남북학생회담을 반대했고, '불온세력'과 '오열'의 잠입을 우려했다. 한편 일부 언론들은 학생들을 비판하면서도, 다른 한편으로는 정부가 좀더 적극적인 통일정책을 수립할 것을 촉구하기도 했다.

민통련 학생들은 내외적인 파문 속에 동요하는 모습을 보였다. 서울대 민통련은 5월 12일 학생운동의 순수성을 내세우면서 민자통이 주최하는 남북학생회담지지집회에는 참여하지 않을 것임을 명백히 했다. 서울대 민통련 일부 지도부들은 장면 정권의 요인들과 접촉해서 남북학생회담 제안을 유보할 뜻을 전달하였다. 5월 14일부터 몇몇 일간지에 민통전학련은 "남북 학생 및 통일축제 개최에 관한 원칙, 우리의 요구"라는 제목의 광고를 실었다. 여기에서는 "① 남북학생회담 지지 여부를 알기 위해 국민 또는 전 학생의 투표를 실시할 것 ② 남북학생회담을 친선사절단 교환, 학생기자 교환, 체육예술단 교환 등 비정치적 부분으로 한정하고, 만약 정치적 문제가 제기되면 회담을 중단할 것 ③ 대표단은 학생회, 일반 학생, 민통련 각 3분의 1씩 구성할 것" 등의 내용이 제시되었다.

이러한 원칙은 사회적 반발을 의식하여 비정치적 교류임을 강조하고, 회담 주체를 민통련에서 일반 학생으로 확대한 것이었다. 학생회담 지지 여부를 알기 위해 전 국민 혹은 전 학생을 대상으로 국민투표를 하자는 주장은 5월 내에 학생회담을 추진하겠다는 종전의 입장에서 사실상 크게 후퇴한 것이었다.

**민자통의 남북학생회담지지집회**　　　민자통 중앙협의회와 그 산하단체들은 남북학생회담 제안을 즉각 환영했고, 이를 지지하고 촉구하기 위한 대중집회를 기획하였다. 당시에는 3·4월 위기설, 군사쿠데타설이 항간에 유포되고 있는 상황이었다. 민자통을 이끌었던 주도세력들은 이러한 상태에서 행동을 자제하기보다는 오히려 공세적으로 대중을 동원해나가는 것이 쿠데타를 방지하는 길이라고 생각하였다. 남북학생회담 제안 이후 학생 민통련 관계자들은 주저하는 태도를 보인 데 반해, 민자통과 그 산하단체들은 이를 계기로 본격적으로 대중을 동원하며 보다 실천적인 통일운동에 돌입하려고 했다.

　　민자통 중앙협의회는 남북학생회담 제안을 즉각 환영하고, 1961년 5월 5일에는 통일문제를 협의하기 위해 관민합동회의를 열자고 제안하는 내용의 서한을 정부, 국회, 각 사회단체에 발송하였다. 그리고 즉각적으로 지지집회 개최 준비에 들어갔다. 원래는 서울시청 앞과 효창공원에서 지지집회를 개최하려고 했으나 당국이 불허하자 5월 13일 서울운동장에서 지지집회를 개최하기로 하였다.

　　학생회담 지지집회가 처음으로 열린 것은 역시 대구였다. 5월 10일 사회당 경북도당의 주도로 '남북학생회담촉진 시민궐기대회'가 대구시 종로 만경관 앞 광장에서 개최되었다. 이날 집회에는 300여 명의 군중이 참여했다. "통일만이 살길이다" "주한유엔군사령부 당국은 정당한 요구에 협조하라" 등의 플래카드가 걸렸다. 우천 관계로 시가행진은 이루어지지 않았다. 민자통 경북협의회는 5월 17일 대구에서 남북학생회담지지집회를 개최키로 했으나 쿠데타가 발생하여 실행되지 못했다.

1961년 5월 13일 서울운동장에서 민자통 중앙협의회가 개최하는 '남북학생회담 환영 및 민족통일촉진 궐기대회'가 개최되었다. 사회를 맡은 민자통 사무총장 박진은 남북학생회담이 남북한 정당·사회단체 협상의 서막이라고 강조하였다. 혁신정당 인사와 민민청 인사들이 연설을 했다. 원래 서울대 민통련의 유근일, 이영일 등도 연사로 초청되었지만, 이들은 학생운동의 순수성을 내세워 모임에 참석하지 않았다. 반면 경희대 민통련 조직을 이끌고 있던 이수병은 집회에 참여하여 연설하였다. 이날 채택된 결의문의 요지는 "① 남북학생회담뿐 아니라 남북의 정당·사회단체도 조속한 시일 내에 민족자주적인 화평통일을 달성하기 위하여 남북 정치협상의 만반 태세를 갖춘다 ② 남북학생회담을 지원하기 위한 성금 모금운동 추진 ③ 유엔군은 길을 열어주라 ④ 학생들을 거족적으로 보호하고 환영할 것" 등이었다.

5월 13일 서울운동장 지지집회에 모인 군중의 수는 각 언론마다 보도가 달랐다. 『동아일보』와 『조선일보』는 5,000~6,000명 수준이라 보았고, 집회를 주도했던 사람들은 3만 명의 군중이 모였다고 했다. 『민국일보』는 처음 시작할 무렵에는 5,000명 정도였지만, 가장 많았을 때에는 1만 명 정도가 모였다고 했다. 집회를 마친 후 1,000여 명 정도의 집회 참가자와 시민들은 종로와 을지로를 거쳐 서울역까지 시위를 전개하였다. "가자 북으로 오라 남으로 만나자 판문점에서" "이 땅이 뉘 땅인데 오도 가도 못 하느냐" "배고파 못 살겠다 통일만이 살길이다" 등의 구호가 외쳐졌다.

서울 집회가 있던 5월 13일 부산에서도 민자통 경남협의회 주최로 '남북학생회담 환영 및 민족통일촉진 시민궐기대회'가 개최되었다. 이날 집회에는 2,000여 명이 참여하였으며 "가자 북으로 오라 남으로" 등의 구호가 외쳐졌다. 한편 다음날인 5월 14일에는 전라남도 광주에서 전남대 민통련,

1961년 5월 남북학생회담 성사를 위한 데모

통민청 관계자들이 주도하여 '남북학생회담촉진 궐기대회'가 개최되었다.
약 500명가량이 참여했고, "남북학생회담 방해 말라"는 구호가 외쳐졌다.
같은 날 대전에서는 충남 민자통 주최로 '남북통일촉진강연회'가 7,000명
의 참여하에 개최되었다.(『민족일보』 1961년 5월 16일자) 여기에는 서울에
서 온 혁신정당 및 통일운동단체 인사들도 함께했다. "각 정당·사회단체는
남북 정치협상의 태세를 갖추라" "가자 북으로 오라 남으로 모이자 판문점
에서"라는 내용의 전단이 살포되었다.

　　남북학생회담지지운동은 전국적으로 대중동원이 막 시작되려는 시점
에서 쿠데타가 발생하여 중단되었다. 때문에 이러한 운동이 얼마나 대중
적 호응을 얻을 수 있었는지에 대해 섣불리 단정하기 어렵다. 쿠데타 전에
벌어진 상황만 놓고 볼 때 대중동원의 규모는 2대악법반대투쟁에 비교해
보았을 때 훨씬 적었다. 그러나 남북학생회담지지운동은 2대악법반대투쟁

과 단순 비교하기 힘든 측면이 있었다.

2대악법반대투쟁 과정에서는 거의 모든 사회운동단체와 혁신정당이 참여하여 단합하는 모습을 보여주었지만 학생회담 지지집회는 그렇지 못했다. 통일사회당계 인물들은 학생회담에 대해 원칙적으로는 찬성했지만, 이것이 성급하게 남북의 정치적 협상으로 이어지는 것에 대해서는 경계했다. 반면 민자통 인사들은 집회 과정에서 나타난 "남북의 정당·사회단체도 조속한 시일 내에 남북정치협상의 태세를 갖추라"라는 구호에서 나타나듯 이를 남북 정치협상과 직결시키려고 했다. 남북학생회담지지운동에서 2대악법반대투쟁과 같은 차원의 연대가 이루어지기는 애초부터 불가능하였다. 또한 2대악법반대투쟁에는 일부 노동단체와 교원노조의 참여가 있었지만, 남북학생회담지지집회에서는 사실상 이러한 것을 기대하기가 어려웠다. 당시 노동조합조직들은 이승만 정권 때와는 달리 정치적 자율성을 확보하려고 노력했지만, 반공 이데올로기의 굴레에서 쉽게 벗어나지 못하였다. 교원노조도 당국의 불인정방침에 따라 수세적인 차원의 정치투쟁을 전개하기는 했지만 통일운동 같은 공세적 차원의 정치투쟁을 전개하는 것은 기대하기 어려웠다.

한편 2대악법 문제에 대해서는 상당수의 보수정치인과 언론도 비판적 의견을 피력했지만 남북학생회담 문제는 전혀 달랐다. 당시 정부, 보수정당, 보수언론은 모두 남북학생회담을 불온시하고, 여기에 명확하게 반대하는 뜻을 피력했다. 반공단체의 방해활동도 계속되었다. 5월 13일 서울 집회 과정에서도 반공단체의 성원들은 시위대 주변을 돌며 "이 땅이 뉘 땅인데 빨갱이가 설치느냐?"라는 구호를 외쳤다. 다행히도 이 무렵에는 통일운동을 하는 시위대와 이를 반대하는 반공단체 구성원과의 무력충돌 같은 것은 일어나지 않았다.

위와 같은 점을 고려할 때 5월 13일 서울에서 민자통이 주도한 집회가

1만 명가량의 군중을 동원한 것은 당시의 여건상 예상 밖의 대중적 호응을 받은 것이라고 평가할 수 있다. 이날 집회 및 시위에 참여한 사람들은 학생들보다는 도시빈민, 실업자 등이 많았던 것으로 보도되었다.(『민국일보』 1961년 5월 14일자)

당시 통일운동세력들은 분단 극복 문제를 단지 민족적 명분 차원에서 제기한 것이 아니라 경제문제, 민중생존권 문제와 연결시켜 제기하는 경향이 있었다. 이 당시의 사람들은 한국 사회가 당면한 빈곤의 문제, 저발전의 문제, 실업 문제 등도 분단과 밀접한 관련이 있다고 보았다. 즉 국토가 양단되어 중공업지대인 북이 경공업지대인 남과 분리되고, 북의 자원과 공업이 남의 토지와 농업과 분리되어 한국이 잘살지 못한다는 것이었다. 1950년대에는 이승만, 자유당 관계자들도 '북진통일'을 언급하며 통일이 되어야 잘살 수 있다고 선전했음을 상기해볼 때 이러한 의식은 당시에는 자연스러운 것이었다. 4월혁명 이후 한국의 보수세력들은 선건설 후통일론을 주장하며, 분단체제하의 경제개발, 남한만의 경제개발이 가능하고 그래야만 남한체제의 확산 속에서 통일이 가능하다고 강조하였다. 반면 통일운동세력들은 통일만이 민생 문제를 해결할 수 있다며, 빈곤 타파와 민중생존권 문제를 통일운동과 접목시키려 하였다. 이에 남북학생회담지지집회에서는 "실업자의 일터는 통일에 있다" "이남 쌀, 이북 전기" "통일만이 살 길이다"라는 구호가 빈번하게 외쳐졌다. 당시 통일운동은 한편으로는 분단체제하의 경제 건설의 방향을 둘러싼 보수와 진보 사이의 견해 차이와 갈등을 보여준 것이기도 했다.

**1948**

이승만 정권과 4월혁명 · 부산정치파동 · 4사입의 개헌파동 · 조선일보의 필화와 이영희 필화 · 진보당사건 · 인혁당사건 · 국가보안법 개정 숙청 · 군부의 동요와 오치성 · 한미관계 · 대민국민주화운동 · 7·29 총선 · 정국 난맥과 민주당 내분 · 기생파티 정치 · 혁명입법 · 특별검찰부와 특별재판소의 활동 · 6·3사건 · 신·구 야당의 · 인구 · 민족주혁명의 학도 · 《원학교육과 노동운동 · 교원노조운동 · 한미경제협정반대투쟁 · 5·16주체시의 반발 · 구 우익정통·인 경야당과 박정희 정권의 수립 · 1961년 대통령 선거와 사상논쟁 · 한일협정반대투쟁 · 학원병영화반대 · 박정희 정단의 민생들의 운동 구·6·3사건의 장기화 소식 · 한일협정조인반대투쟁 · 제평 구단 · 학원자유와쟁 · 1967년의 선거와 6·8부정 장기기 · 동백림 · 3선개헌 반대투쟁 · 박형회 정단의 장기 집권 시도 · 학원병영화반대투쟁 · 교련경쟁퇴생 전야 · 1971년 양대 선거와 민주회운동세력의 대응 · 민생운동 · 교련반대시위 · 민중운동의 능이 · 장기운 동회민주주의 · 1960년대 노동운동의 전개 과정 · 광부 노동운동 개태인의 분신 · 1960년대 무역·국립국제기관대학생 · 권주·대구지사시위

# 제1장
# 5·16쿠데타와 박정희 정권의 수립

# 1
# 5·16쿠데타와 군부직접통치

## 5·16쿠데타의 발발

**박정희의 쿠데타 음모**　1961년 5월 16일, 군사쿠데타가 일어났다. 육군 소장 박정희가 이끄는 약 3,600명의 군인들은 헌법에 따라 국민의 손으로 세워진 장면 정권을 총칼로 무너뜨렸다. 4월혁명의 '피값'으로 얻은 민주주의는 곧바로 시련에 봉착했다. 군부의 통치는 형태와 인물을 바꿔가며 30년 동안 지속하였다. 따라서 여기에 맞선 한국 민주화운동은 군부의 독재와 권위주의 통치에 대한 저항이 될 수밖에 없었다.

　　군부는 4월혁명 이후 한국의 정치·사회적 불안정성과 체제전복의 위기감을 쿠데타의 명분으로 제시했다. 하지만 이는 과장된 것이었고 쿠데타와 직접적인 인과관계를 가졌다고 보기도 어렵다. 실제로 박정희는 4월혁명 이전부터 쿠데타를 생각하고 있었다. 이미 1952년 부산정치파동 당시 상관인 이용문 장군과 쿠데타를 모의한 경험이 있었던 박정희는, 1960년 1월부터 3·15부정선거 시도에 대한 군부 내 불만을 이용하여 쿠데타 계획을 진행시켰다. 박정희와 김종필 등 쿠데타 모의세력들은 육군참모총장 송요찬이 1960년 5월 5일 미국으로 출장을 간다는 소식을 접하고 5월 8일 쿠데타를 일으키기로 계획하였으나, 곧이어 진행된 4월혁명으로 인해 실행에 옮기지 못했다. 당시 쿠데타 모의는 무계획적으로 급조된 측면이 커서, 만약 실행에 옮겨졌을 경우 지방 주둔군의 국지적인 반란으로 끝날 가능성이 높았다.(전인권, 2006, 182~184쪽) 그러나 이때 쿠데타를 모의한 세력들은 4월혁명 이후 동조자들을 확대해나갔다.

5·16쿠데타 주도세력은 크게 세 부류로 나눌 수 있다. 첫째, 박정희와 개인적인 친분으로 얽혀 있는 김동하, 김윤근, 이주일 등의 장성들이다. 박정희와 만주군관학교 선후배관계로 얽혀 있던 이들은 대부분 소장, 준장 등 장성급 인물로 쿠데타세력 중 선배 집단을 형성했다. 둘째, 박정희가 경비사관학교 중대장 시절 생도였던 박치옥, 문재준, 채명신 등 육사 5기생 집단이다. 이들은 당시 준장 또는 대령 계급으로 병력 동원에 있어 실질적인 역할을 할 수 있는 사단장 또는 연대장급 인물이었다. 셋째, 김종필, 김형욱, 길재호 등 육사 8기생 집단이다. 8기생들은 박정희의 조카사위인 김종필을 통해 쿠데타에 참여했다. 영관급으로서 쿠데타의 실무를 담당한 이들은 다른 쿠데타 참여세력보다 숫자도 많고 결집력도 강했다.(홍석률, 2002, 33~34쪽)

특히 육사 8기생들은 진급 문제와 관련하여 군부 내에서 불만이 많았다. 예를 들면 육사 1기 100여 명의 경우 대부분 8년 안에 별을 달았지만, 이들보다 불과 4년 뒤에 입대한 육사 8기 1,200여 명의 경우 12년이 지나고서도 극히 일부만이 대령급으로 승진했을 뿐이었다. 게다가 이미 한자리씩 차지하고 있던 장성급들의 경우 아직 30~40대에 불과한 사람들이 많아, 그들이 퇴역하려면 앞으로도 많은 시간이 더 흘러야만 했다. 이러한 인사적체는 8기생들의 가장 큰 불만사항이었다. 1950년대 말부터 꾸준히 추진된 병력 감축도 8기생들의 불만을 증폭시켰다. 한국전쟁 이전 10만 명 규모의 한국군은 한국전쟁 3년을 거치면서 70만 명 대군으로 팽창하였다. 그러나 한국군의 과잉 팽창이 점차 한국 사회의 발전, 특히 경제적 발전을 가로막는 장애 요인으로 인식되면서, 1957년에서 1959년에 걸쳐 한국군 약 10만 명이 감축되었다. 이후 장면 정권은 다시 한국군 10만 명을 감축 하려 했다.(김정원, 1985, 260~262쪽) 이미 인사적체를 겪고 있던 육사 8 기생들의 불만은 그만큼 커질 수밖에 없었다.

육사 8기생들의 불만은 4월혁명 이후 정군운동으로 폭발하였다. 정군 운동은, 4월혁명으로 쿠데타 계획이 일시 좌절된 상황에서 박정희가 1960 년 5월 2일 육군참모총장 송요찬에게 3·15부정선거의 책임을 지고 자진 해서 군에서 물러나라고 충고하는 편지를 보낸 데서 시작하였다. 이에 5월 8일 김종필과 김형욱 등 8명의 8기생 중령들은 육군참모총장에게 정군 건 의를 위한 연판장을 제출하기로 합의하였다. 이 계획은 곧 누설되어 김종 필 등 5명이 체포되었지만, 사건의 여파로 결국 5월 20일 송요찬은 육군참 모총장직을 사임하고 체포되었던 8기생들은 모두 석방되었다. 송요찬 뒤 를 이어 최영희가 육군참모총장 자리에 올랐다. 그 자신이 정군의 대상자 였던 최영희는 취임하자마자 박정희를 제1관구사령관으로 좌천시켜버렸 다. 물론 8기생들은 크게 반발하였다.

1960년 8월 23일 장면 정권이 들어서면서 최영희는 연합참모총장으 로 자리를 옮기고, 신임 육군참모총장에는 비교적 정군운동에 호의적이었 던 최경록이 임명되었다. 이에 힘입은 8기생들은 9월 10일 현석호 신임 국 방부장관을 직접 면담하여 정군에 대한 건의를 하려 했으나 국방부장관을 만날 수 없었다. 이들은 이날 밤 '충무장'이라는 요릿집에 모여 다시 쿠데 타를 결의하고 총무에 김종필을 선출하였다. 며칠 후 미국 군사원호국장 파머 대장이 한국을 떠나면서 최영희 연합참모총장과 함께 정군에 반대하는 내용의 '최·파머 성명'을 발표하였다. 이에 9월 24일 중령·대령급 육사 각 기별 대표로 구성된 16명의 장교단은, '최·파머 성명'을 명백한 내정간섭과 주권 침해로 규정짓고 최영희를 방문하여 그의 퇴진을 요구하였다. 이들은 곧바로 군법회의에 회부되었는데, 이 사건을 흔히 '하극상사건'이라고 부른다.

처음 16명의 장교단 속에는 김종필 등의 8기생 정군파 핵심 장교들이 거의 빠져 있었다. 그러나 1961년 2월 16명의 장교단 배후에 김종필, 김형욱, 석정선의 8기생 3인이 있음이 밝혀졌다. 그 결과 김종필과 석정선은 군복을 벗고 강제예편당했다. 또한 '하극상사건'의 여파로 육군참모총장 최경록이 2군사령관으로 좌천되고, 박정희도 2군부사령관으로 자리를 옮겼다. 하지만 이미 박정희는 쿠데타를 위해 1960년 11월부터 8기생들과 함께 많은 장성들과 장교들을 포섭하고 있었다. 그리고 박정희와 김종필은 1961년 2월 하순 제6관구참모장 김재춘 대령과 만났다. 그 자리에서 1961년 4월 19일, 즉 4월혁명 1주년 때 대규모 군중폭동이 야기되어 '비둘기작전'에 의해 제6관구의 폭동진압부대가 출동하게 되면, 이 기회를 이용해 쿠데타를 단행하기로 합의했다.

하지만 박정희와 김종필의 기대와 달리 1961년 4월 19일은 예상외로 평온하게 지나갔다. 이미 '3·4월 위기설'과 함께 각종 군사쿠데타설이 공공연하게 유포되어, 당시 학생들과 혁신세력들은 군사쿠데타의 빌미를 제공하지 않기 위해 조심하고 있던 상황이었다. 제6관구의 폭동진압부대가 출동할 기회를 얻지 못하자 박정희와 김종필은 일단 쿠데타 작전을 중지시키고, 쿠데타 날짜를 5월 12일로 연기하였다. 하지만 이날 역시 공수단의 갑작스런 훈련과 정보 누설 등의 이유로 작전을 취소할 수밖에 없었다. 더 이상 시간을 끌었다가는 모든 계획이 수포로 돌아갈 것으로 예상한 박정희와 김종필은 5월 16일 새벽 드디어 쿠데타를 일으켰다.

**쿠데타 성공과 군부의 권력 장악** 　　　 1961년 5월 16일 새벽 쿠데타군의
　　　　　　　　　　　　　　　　　1진인 해병대 제1여단 병력이 한강
인도교에 이르렀다. 저지하는 헌병들을 무력으로 제압한 쿠데타군은 한강
저지선을 돌파하고, 육군본부 광장, 방송국, 국회의사당, 중앙청을 차례로
점령하였다. 그리고 새벽 5시 라디오방송을 통해 쿠데타의 성공 사실을 전
국에 알리고, 군사쿠데타를 '군사혁명'으로 미화하면서 다음과 같은 6개
항의 '혁명공약'을 발표하였다.(한용원, 1993, 217~218쪽)

첫째, 반공을 국시國是의 제일의第一義로 삼고 지금까지 형식적 구호에만 그
　　친 반공체제를 재정비, 강화한다.
둘째, 유엔헌장을 준수하고 국제협약을 충실히 이행할 것이며 미국을 위시
　　한 자유우방과의 유대를 더욱 공고히 한다.
셋째, 이 나라 사회의 모든 부패와 구악을 일소하고 퇴폐한 국민도의와 민족
　　정기를 다시 바로잡기 위하여 청신한 기풍을 진작시킨다.
넷째, 절망과 기아선상에서 허덕이는 민생고民生苦를 시급히 해결하고 국가
　　자주경제 재건에 총력을 경주한다.
다섯째, 민족적 숙원인 국토통일을 위하여 공산주의와 대결할 수 있는 실력
　　배양에 전력을 집중한다.
여섯째, 이와 같은 우리의 과업이 성취되면 참신하고도 양심적인 정치인들에
　　게 언제든지 정권을 이양하고 우리들 본연의 임무에 복귀할 준비를 갖춘다.

이 공약은 '반공' '미국과의 유대' '민정이양' 등을 강조하고 있는데,
그것은 쿠데타에 대한 미국의 지지를 끌어내기 위한 것이었다. '혁명공약'
발표와 함께 쿠데타세력은 '군사혁명위원회'를 조직하고 계엄령을 선포했
다. 그리고 5월 16일 오후 군사혁명위원회 '포고 제4호'를 통해 장면 정권

인수를 정식으로 선언하는 한편, 국회해산과 일체의 정치활동 금지, 장면 정권의 국무위원 체포를 밝혔다. 하지만 쿠데타 직후 상황은 여전히 유동적이었다. 쿠데타 48시간이 지나서까지도 쿠데타는 군 전반의 지지를 얻지 못하였고, 주한미군사령관 매그루더는 장면 정권 지지성명을 발표한 후 야전군을 동원하여 쿠데타를 진압하려 하였다. 그러나 5월 18일 육군사관학교 생도들이 쿠데타 지지 시가행진을 벌이고, 군 전반에서 쿠데타 지지를 표명하는 등 분위기가 반전되었다. 미국도 쿠데타 불개입으로 입장을 바꿨다. 결국 쿠데타 직후 서울 혜화동의 한 수녀원에 도피해 있던 장면 총리는 5월 18일 오후 1시 중앙청에 나타나 국무회의를 개최하고 다음과 같은 성명을 발표하였다.(한국혁명재판사편찬위원회 편, 1962〔1〕, 923~924쪽)

> 금번 군사혁명 발생에 대하여 우리 일동一同은 정치적, 도의적 책임을 통감하고 총사퇴하는 바이니 국민 제위諸位의 양해 있기를 바라는 바이다. 그리고 사태 수습에 있어서는 유혈을 방지하고 반공 태세를 강화하며 국제적 지지를 확보하는 방향으로 나아가기를 희망한다.

장면 내각의 총사퇴로 마침내 쿠데타는 성공했고, 군부는 권력을 완전히 장악했다. 그렇다면 발발 이전부터 이미 알 사람들은 다 알고 있었다는 쿠데타 음모를 장면 정권이 막지 못한 이유는 무엇일까? 1961년 4월부터 10여 건에 달하는 쿠데타 정보가 집중적으로 장면에게 쏟아져 들어왔고, 그중에는 미국 쪽으로부터 들어온 것도 있었다. 만에 하나 박정희가 기습적으로 쿠데타를 일으켰다고 하더라도, 당시 쿠데타군이라고 해봤자 불과 3,600명 정도에 불과했기 때문에 장면 정권이 굳게 마음만 먹는다면 충분히 막을 수도 있었다. 실제로 쿠데타 초기 성공 가능성은 불투명했다. 그러나 쿠데타는 결국 성공하고 말았다. 도대체 쿠데타는 어떻게 성공할 수 있었을까?

첫째, 사전에 알려진 쿠데타 음모가 끝내 실행될 수 있었던 이유는 5·16 당시 육군참모총장이었던 장도영의 애매한 태도 때문이었다. 장도영은 미군과 두터운 친분관계를 유지했고 민주당의 주요 인사들과도 밀접한 관계를 유지했다. 때문에 그 누구보다도 장면 정권이 믿을 수 있는 사람이었다. 하지만 장도영은 박정희와 다섯 차례나 함께 일한 경험이 있었다. 장도영은 자유당 때부터 이기붕과 가깝게 지내는 등 매우 정치적인 인물이었다. 박정희는 이러한 장도영의 성격을 꿰뚫어보고, 이미 1961년 4월 10일부터 쿠데타에 대해 장도영에게 설명하고 이해를 구하였다. 이에 대해 장도영은 언제나 긍정도 부정도 아닌 애매한 태도를 보였다. 한 가지 확실한 것은 여러 쿠데타설에 대해 장면은 항상 장도영에게 그 진상을 문의했고, 그때마다 장도영은 "문제없다"라는 태도로 일관했다는 사실이다. 한마디로 장면은 믿는 도끼에 발등을 찍혔던 것이다.*

둘째, 약한 전력으로 쿠데타가 성공할 수 있었던 것은 대통령 윤보선의 진압 거부 때문이었다. 5월 16일 쿠데타군이 서울을 장악한 이후 주한 미군사령관 매그루더와 주한 미국대리대사 그린은 윤보선을 찾아와 전방에 있는 한국군 제1군을 동원하여 쿠데타군을 진압할 것을 권유했다. 그러나 윤보선은 한국군끼리의 유혈사태를 우려하여 이를 거부하였다. 오히려 윤보선은 야전군의 쿠데타 반격설이 떠돌자 박정희의 부탁을 받고, 17일 오전 직접 친서를 써서 전방에 보내 군대 동원을 저지하였다. 비록 쿠데타군 측의 지지성명 발표 요구는 거절했다고 하더라도, 이러한 윤보선의 태

* 물론 장도영이 공식적으로 쿠데타에 가담한 것은 쿠데타가 발생한 이후인 5월 16일 오후에 들어와서이다. 현재 장도영은 자신에 대한 의혹과 비난에 대해, 자신은 정말로 쿠데타 음모를 몰랐다고 결백을 주장하고 있다. 모두 쿠데타 주동자들의 모함이라는 것이다. 그러나 당시의 모든 정황은, 장도영이 쿠데타 음모를 저지할 수 있었음에도 불구하고 '고의적'으로 이를 덮어주고 있었다는 사실을 강력하게 뒷받침해주고 있다.

도는 현실적으로 쿠데타 묵인 내지는 '인정'으로 해석될 수 있다. 이렇게 윤보선이 쿠데타를 암묵적으로 동의한 이유로는 장면과의 불화, '인조반정' 운운한 쿠데타세력을 너무 믿었던 점 등을 들 수 있다.

셋째, 쿠데타가 성공할 수 있었던 가장 큰 이유는 미국의 불개입 때문이었다. 앞서 언급한 것처럼, 5월 16일 매그루더와 그린은 쿠데타를 부인하고 장면 정권을 지지한다는 내용의 '매·그린 성명'을 발표했다. 그리고 자신들의 허락 없이 군대를 이동한 쿠데타군을 무력으로 진압하려 했다. 그러나 이를 실행에 옮기지 못했다. 미국 정부의 불개입 결정 때문이었다. '매·그린 성명'이 발표된 후 5월 17일 새벽 렘니처 미 합참의장은 매그루더에게 더 이상의 성명 발표를 피하라고 지시했다. 5월 17일 아침에는 보울즈 미 국무장관 대리 역시 주한 미국대사관에 전문을 보내 쿠데타에 개입하는 발언을 삼갈 것을 요청했다.(박태균, 2006, 214~220쪽) 이러한 미국 정부의 불개입 정책은 사실상 쿠데타 '인정'을 의미했다. 미국에 마지막 기대를 걸고 있었던 장면은 더 이상 희망이 없음을 깨닫고 5월 18일 은신처에서 나와 정권을 군부에 넘겼다.

여기서 두 가지 문제가 제기된다. 하나는 왜 미국이 친미 성향이 강하고 이승만 정권에 비해 협조적이었던 장면 정권을 포기했는가 하는 점이고, 다른 하나는 혹시 쿠데타를 미국이 직접 사주하지 않았는가 하는 점이다. 전자와 관련해서는 한국의 상황에 대한 미국의 우려를 지적할 수 있다. 1950년대 중반 이후 제3세계 전반에서 민족주의운동이 발흥하고 있었고, 4월혁명기 한국에서도 같은 상황이 전개되었다. 반면 이를 저지하기에 장면 정권은 너무 허약했다. 이와 관련하여 주목되는 것이 1961년 2월 주한 미국원조협조단USOM의 기술협조담당 보좌관으로 한국을 방문했던 팔리의 보고서이다. 「팔리보고서」는 장면 정권의 부패상을 강하게 비판하면서 부패로 인한 혼란 때문에 1961년 4·19 1주년을 계기로 민중봉기가 발생할 가능성이 있다고 경고했다. 그리고 미국 정부에 한국 상황에 대한 위기의 식과 함께 장면 정권에 대한 부정적인 이미지를 심어놓았다. 5·16쿠데타는 바로 이러한 상황에서 발생했다.(홍석률, 2000, 73~74쪽)

후자와 관련해서, 미국은 이미 1959년 9월 민간조사기관인 콜론협회가 미국 의회에 제출한 보고서를 통해 한국에서의 군사 정권 등장을 예견했고, 5·16쿠데타가 발생하기 최소한 6개월 전부터 박정희를 주목하고 있었으며, 쿠데타 한두 달 전에는 구체적인 쿠데타 정보를 입수하였음에도 불구하고 쿠데타를 막기 위해 적극적으로 노력하지 않았다. 그러나 아직까지 미국의 쿠데타 사주를 직접적으로 증명할 자료는 발견되지 않았다.


## 군부직접통치

**억압기구와 제도의 창설**　　　쿠데타 성공으로 권력을 장악한 군부는 1961년 5월 19일 '군사혁명위원회'를 '국가재건최고회의'(최고회의)로 확대 개편하여 본격적인 통치를 시작했다. 우선 최고회의는 6월 6일 헌법 기능을 정지시키고 최고회의가 입법·사법·행정 3권을 장악한다는 내용의 '국가재건비상조치법'을 공포하였다. 군정을 법적으로 보장한 것이다. 뒤이어 6월 10일에는 '국가재건최고회의법'을 공포하여 최고회의의 조직 운영에 관한 사항들을 규정했다. 이 법에 따라 최고회의는 상임위원회와 7개의 분과위원회를 설치하였고, '재건국민운동본부'와 '중앙정보부'와 같은 부속기관을 두게 되었다. 박정희 정권 18년 동안 정치사찰과 공작, 민주화운동 탄압, 사회 전반에 대한 감시, 고문과 같은 인권침해 등 독재의 첨병으로 악명을 떨친 중앙정보부는 이렇게 만들어졌다. 이미 쿠데타 기획 단계부터 강력한 정보조직을 구상했던 김종필은 육사 8기생들과 함께 중앙정보부 창설을 주도했다.

중앙정보부는 미국 CIA와 일본 내각조사실 기능을 절충하여 정보수집 업무와 함께 수사업무를 동시에 수행했다. 그 목적은 국가재건최고회의법에 잘 나와 있다. 이 법에는 "공산세력의 간접 침략과 혁명과업 수행의 장애를 제거하기 위해 최고회의 아래에 중앙정보부를 둔다"라고 되어 있다. 즉 중앙정보부는 처음부터 단순 정보기관이 아닌 통치의 "장애를 제거하기 위"한 억압기구로 출발한 것이다. 또한 뒤에 공포된 '중앙정보부법'은 중앙정보부 직원이 필요에 따라 타 기관 소속 직원을 지휘, 감독할 수 있게 한 반면 검사의 지휘를 받지 않도록 했다. 한마디로 무소불위의 권력을 부여한 것이다. 동시에 중앙정보부는 권력의 집행기구를 넘어서 정책 기획과 입안에까지 관여하여 자체에 싱크탱크로서 '정책연구실'을 두었다. 여기에는 학자들과 관료들이 참여하여 군정기간 동안 주요 법안 개정뿐 아니라, 농어촌 고리대 정리, 민정이양, 한일국교정상화 등 굵직굵직한 정책들을 다루었다.

군부통치의 장애를 제거하기 위해서는 중앙정보부와 같은 기구와 더불어, 강력한 처벌을 제도적으로 보장해줄 법이 필요했다. 먼저 최고회의는 국가재건비상조치법 제22조 제1항에 따라 쿠데타 이전 혹은 이후에 "반국가적 반민족적 또는 반혁명적 행위를 한 자를 처벌"하기 위해 1961년 6월 21일 '혁명재판소 및 혁명검찰부 조직법'을 공포하였다. 그리고 다음날인 22일 소급법인 '특수범죄처벌에 관한 특별법'을 공포하였다. 이들 법률에 따라 7월 말부터 진행된 '혁명재판'은 3·15부정선거 관련자나 부정축재 관련자들과 함께, 4월혁명 이후 통일운동과 민주화운동에 적극적으로 나섰던 사람들을 처벌하였다. 주요 사건별로는, 통일사회당·사회대중당·혁신당·사회당 등 혁신정당 관련 사건이 14건, 민통전학련(민족통일전국학생연맹) 등 청년·학생 단체 관련 사건이 1건, 통민청(통일민주청년연

5·16쿠데타 직후 서울 거리를 점령한 군인들

맹)사건이 1건, 민민청(민주민족청년동맹)사건이 3건, 민자통(민족자주통일
중앙협의회) 등 정당 주도 통일단체 사건이 8건, 피학살자유족회 등 사회단
체사건 2건, 기타 민족일보사건, 교원노조사건 11건 등 총 48건에 달했다.
그 범죄의 내용은 주로 북한을 이롭게 하기 위해 통일운동을 전개했으며,
반공법·집시법 등 2대악법에 반대했다는 것이었다.(정태영, 1992, 46쪽)

　이 중 민족일보사건에 대한 '혁명재판'은 1961년 8월 28일 민족일보
사장이었던 조용수에게 사형을 선고하였다. 조용수가 일본에 거주하는 간
첩으로부터 공작금을 받아 국내 혁신계 인사들과 학생들에게 자금을 제공
하고, 『민족일보』를 창간하여 각종 논설과 기사 등을 통해 북한과 동일한
주장을 하여 북한을 이롭게 했다는 이유에서였다. 일본 재일거류민단 간
부로 북송 반대 등 청년운동에 앞장섰던 조용수는 4·19 직후 귀국하여
1960년 7·29 총선에서 사회대중당 후보로 출마했다가 낙선하고 1961년 2
월 『민족일보』를 창간한 민족주의자였다. 『민족일보』는 통일운동과 노조

운동에 큰 관심을 갖고 각종 현안에 대해 진보적인 목소리를 냈지만, 1961년 5·16쿠데타 직후 간부들이 체포되고 폐간되는 운명을 맞았다. 재판 과정에서 변호인단은 『민족일보』와 조용수에게 자금을 지원한 인물들의 명단과 지원 액수를 증거물로 제출하고 이들을 증인으로 채택할 것을 '혁명재판소'에 요청하였으나 기각 당하였다. 조용수를 비롯한 『민족일보』 관련자들에게 사형 등 중형이 선고되자, '국제펜클럽' '국제신문인협회' 등은 우려와 함께 군사 정권에 관용을 베풀어줄 것을 요청했다. 국내 문인·언론인 104명도 진정서를 제출했고, 일본에서는 이들의 구출위원회가 결성되기도 했다. 이러한 구명운동에도 불구하고 조용수는 사회당사건으로 사형 선고를 받은 최백근 등과 함께 1961년 12월 21일 형장의 이슬로 사라졌다. 그러나 조용수가 사형당한 지 거의 50년이 지난 2008년 1월 16일, 유족들이 제기한 재심 요구를 받아들인 사법부는 1961년 판결을 뒤집고 조용수에게 무죄를 선고했다. 동시에 사법부는 당시 처벌의 법적 근거였던 '특수범죄처벌에 관한 특별법'이 위헌적 요소가 있다고 판단했다.

독재 정권에 위협이 되는 인물이나 집단을 용공분자로 몰아 처벌하는 것은 한국현대사에서 자주 볼 수 있는 풍경이었다. 군사 정권의 경우 그 정도가 더욱 심하였다. 쿠데타 직후 박정희는 즉시 용공분자를 색출할 것과 체포한 용공분자를 경찰에 수용할 것을 지시했다. 이에 따라 1961년 5월 22일까지 2,000여 명이 용공분자 혐의로 체포되었다. 이들 중 대다수는 4월혁명기에 민주화운동에 앞장선 사람들이었고, 이후 다수가 '혁명재판'에 회부되어 처벌받았다. 이러한 분위기 속에서 최고회의는 1961년 7월 3일 '반공법'을 제정하였다. 반공법은 이미 장면 정권이 통일운동, 노조운동 등을 통제하기 위해 제정을 시도했다가 큰 반발에 직면하여 포기한 적이 있던 법이었다. 그러나 군사 정권은 어떠한 걸림돌도 없이 손쉽게 이 법을 공포했다. 반공법은 "국가재건과업의 제1목표인 반공체제를 강화"하기 위해 국가보안법 중 "공산 계열의 노선에 따라서 활동하는 단체"를 봉쇄하는 것을 목적으로 하고 있었다. 이들 단체나 구성원의 활동을 찬양·고무하는 자와, 공산계열의 이익이 됨을 알면서 이들 단체 구성원과 회합 또는 통신을 하거나 금품을 제공받는 자, 그리고 이 법에 규정된 죄를 범한 자를 인지하고 수사정보기관에 고지하지 않는 자는 모두 처벌 대상이 되었다.(『조선일보』 1961년 7월 4일자) '찬양·고무' '통신·회합' '불고지' 등의 모호한 조항은 폭넓은 해석을 통해 정권에 의해 악용될 소지가 컸고, 오늘날 국가보안법 개폐 논쟁에서 독소조항으로 자주 등장하는 내용과 대동소이하다. 이후 반공법은 박정희 정권 내내 국가보안법과 함께 '반공'의 이름으로 정권에 장애가 되는 세력들, 민주화운동세력들을 탄압하는 법적 수단으로 자주 활용되었다. 이상과 같이 쿠데타 초기부터 군사 정권은 강압적 통치를 위한 억압기구와 제도를 마련하였으며, 이들 기구와 제도를 이용하여 18년 동안 장기 집권을 할 수 있었다.


**'구악'을 능가하는 '신악'**　　　　쿠데타세력은 각종 억압 기구와 제도를 만들어 강압적인 통치를 시도하는 한편, 부패 척결과 사회정화를 통해 국민들의 지지를 얻고 자신들의 통치기반을 공고히 하고자 했다. 군사 정권은 앞서 언급한 '혁명재판'을 통해 장면 정권하에서 큰 처벌을 받지 않았던 3·15부정선거 관련자들을 엄단하였다. 그 결과 3·15부정선거를 지휘한 최인규 전 내무부장관과 4·19 당시 시위대를 향해 발포를 명령한 곽영주 전 경무관, 그리고 정치깡패 이정재·임화수가 사형당했다. 이는 4월혁명 이후 국민의 공분을 샀던 사안이 적절히 처리되지 않은 데서 오는 불만을 군사 정권이 수용한 것이었다.

　부정부패 관련자 처리도 마찬가지였다. 쿠데타가 일어난 다음날인

1961년 5월 17일 군사 정권은 주요 기업인 17명을 부정축재 혐의로 먼저 연행하였다. 10명의 기업인은 전 재산을 국가에 헌납하겠다고 각서까지 썼다. 5월 28일 최고회의는 '부정축재처리위원회'를 구성하고 6월 14일 '부정축재처리법'을 공포하였다. 모두 120명 정도가 부정축재처리위원회의 심사 대상이 되었는데, 1961년 12월 20일 기업인 30명이 494억여 환, 공무원 32명이 75억여 환을 부정축재액으로 최종 통고받았다. 이 중 기업인들의 경우 국가 재건에 필요한 공장을 건설하고 그 주식 중 일부를 부정축재에 대한 벌금으로 군사 정권에 지불했다. 부패 공무원을 척결하기 위한 조치도 시행하였다. 초기에는 공무원 가운데 부정부패에 연루된 자를 색출하여 해고했고, 술집에 외상값이 많거나 부정부패에 연루되었다고 의심되는 관료들까지 대대적으로 해임했다. 병역기피 공무원을 적발하여 전원 해임하는 조치도 내려졌다. 또한 공무원이 다방에 드나들지 못하도록 했고 술집 출입도 금지했다.

군사 정권은 사회정화 의지를 증명하기 위해 신속하게 움직였다. 먼저 대대적인 깡패 소탕이 이루어졌다. 1961년 5월 21일 자유당 시절에 정치 깡패 두목이었던 이정재를 비롯한 200여 명의 깡패들이 "나는 깡패입니다. 국민의 심판을 받겠습니다. 깡패 생활을 청산하고 바른 생활을 하겠습니다"라는 피켓을 들고 서울 시내를 행진했다. 5월 22일에는 전국 각 도시에서 폭력을 휘두르던 4,000여 명의 깡패를 체포했다는 발표가 있었다. 이후 몇 주 동안 1만 명이 넘는 깡패가 체포되었다. 깡패뿐이 아니었다. 5월 24일에는 댄스홀에서 춤추고 있던 청춘 남녀 45명을 '옥내외집회금지령'으로 체포했다. 명분은 "국가 재건에 총력을 기울여야 할 사람들이 대낮에 춤을 춘 것은 용서할 수 없다"는 것이었다. 동시에 퇴폐적인 다방, 찻집, 술집, 댄스홀을 폐쇄하였다. 또한 440명의 포주를 체포하고, 4,411명의 성매매 여성을 귀가시키는 조치를 취했다. 수입 사치품들을 수거해 불태우기도 했다. 거칠지만 국민의 지지를 이끌어내기에 효과적인 방식이었다. 이후 군사 정권은 전국적으로 재건국민운동을 전개하여 재건복(신생활복) 입기운동, 재건체조보급운동, 저축운동 등을 추진했다. 심지어 외화 낭비를 없앤다는 취지에서 다방에서의 커피 판매를 금지하기도 했다.

국민의 다수를 차지하고 있었던 농민들을 위한 정책도 추진하였다. 무엇보다 당시 농민들의 가장 큰 어려움이었던 고리채 문제에 직접 개입했다. 최고회의는 1961년 5월 25일 '국가최고회의령 12호'를 통해 연 20%를 초과하는 채권·채무를 고리채로 규정하고 고리채 채권자의 채권행사를 일단 정지시켰다. 그리고 고리채를 신고하여 관계기관에 심사를 받게 했다. 이 명령은 6월 9일 '농어촌고리채정리법'으로 구체화되었는데, 이때 고리채의 기준이 20%에서 12%로 낮아졌다.

군사 정권은 일련의 조치를 취하면서 과거의 문제들을 청산해야 할 '구악'으로 규정했다. '구악'뿐 아니라 이를 만들어낸 기존 사회 지도층들도 청산 대상이기는 마찬가지였다. 1961년 5월 22일 최고회의는 '포고 제6호'를 통해 모든 정당과 사회단체를 23일을 기해 해체한다고 발표했다. 쿠데타세력은 구정치인들에 대해 대대적으로 정치활동을 규제했다. 이 연장선상에서 1962년 3월 최고회의는 '정치활동정화법'을 공포했다. 이 법에 따라 정치활동정화위원회에서 적격 판정을 받지 못한 정치인은 1968년 8월까지 6년여 동안 정치활동이 금지되었다. 정치활동정화법에 불만을 품은 윤보선 대통령이 1962년 3월 22일 하야성명을 발표하자, 3월 24일 박정희 최고회의 의장이 대통령 권한대행으로 취임했다. 이로써 박정희는 명실상부한 국가최고 지도자가 되었다.

더불어 기존의 모든 정당과 사회단체가 해산되고 재조직되는 과정을 밟았다. 예컨대 노동조합연합조직은 1961년 8월에 '한국노동조합총연맹'(한국노총)으로 재조직되었다. 언론인들도 정화 대상이었다. 군사 정권은

1961년 5월 23일 '사이비 언론인 및 언론기관 정화' 방안을 발표했는데, 이후 정기간행물 1,200여 종을 폐간시키고 언론사를 통폐합하는 등 대대적인 언론출판정화 조치를 취했다. 그 결과 916개 언론사 중에서 일간지 39개, 일간통신 11개, 주간지 31개만 겨우 남게 되었다. 9월 12일에는 언론기관의 자율적 정화와 숙정을 목적으로 하는 '한국신문윤리위원회'가 창립되었다. 쿠데타세력은 이런 조치를 통해 야당의 손발을 묶고 언론에 재갈을 물려 자신들의 통치에 유리한 환경을 조성하는 한편, 부패한 구세력을 과감히 정화한다는 이미지를 확보하고자 했다.(조희연, 2007, 24~28쪽)

쿠데타 초기 이러한 조치들은 국민들의 지지를 받았다. 그러나 대부분 일시적이고 미봉적인 조치에 지나지 않았다. 시간이 지남에 따라 많은 조치들이 미미한 성과 속에서 흐지부지해졌고, 부작용을 초래하거나 후퇴하기도 하였다. 일례로 고리채 정리는 인플레와 재원 부족 문제로 사실상 실패했으며, 부정축재로 성장한 재벌들은 부정축재 처리 이후에도 군사 정권과의 유착 속에서 몸집을 더욱 불렸다. 공무원들의 부패도 다시 고개를 들었다. 오히려 군사 정권은 과거에는 볼 수 없었던 새로운 부정부패를 야기했다. 대표적인 것이 '워커힐사건' '증권파동' '새나라자동차사건' '빠찡고사건' 등 이른바 '4대의혹사건'이다.

'4대의혹사건'은 군사 정권이 중앙정보부를 동원하여 현재 통치에 필요한, 그리고 민정이양과 관련하여 창당과 선거를 위해 앞으로 필요한 정치자금을 확보하는 과정에서 발생한 사건들이었다. '워커힐사건'은 1961년 가을부터 중앙정보부 주도로 관광지 워커힐을 만들면서 중앙정보부 관계자들이 공사자금을 유용하고 군의 장비와 병력을 무상으로 차출, 이용한 사건이었다. 중앙정보부가 1962년 초부터 주가조작을 통해 정치자금을 확보하는 과정에서 발생한 '증권파동'은 1962년 5~6월 동안 증권시장을 공황 상태에 빠지게 하고 5,000여 명의 피해자를 만들어냈다. '새나라자동

차사건'은 1962년 1월 중앙정보부가 재일교포자본과 합작하여 '새나라자 동차주식회사'를 설립하는 과정에서 공권력을 남용하고 자금을 전용하다 가 결국 회사가 은행으로 넘어간 사건이었다. '빠찡고사건'은 1962년 10월 군사 정권이 갑자기 빠찡고 영업을 금지하면서, 빠찡고 기계 도입과 관련 한 밀수 의혹과 상납 의혹이 제기된 것이었다. 이들 사건은 대부분 의혹이 불거지면 약간의 조사와 처벌이 이루어진 후 곧 유야무야되어 정확한 진 상을 알 수 없었다. 하지만 쿠데타 초기 구악 일소를 주장하며 부패 척결과 사회정화를 내세웠던 군사 정권은 도덕성에 큰 타격을 받았다. 곧 구악舊 惡과 대비되는 '신악'新惡이라는 용어가 등장했다. 구악을 능가하는 신악은 민정이양을 앞둔 박정희에게 큰 부담이 되었으며, 1963년 말 민정이양 이 후에도 박정희 정권의 부정부패를 상징하는 용어로 자리잡았다.

## 군사 정권에 대한 지식인의 대응

**쿠데타 초기의 엇갈린 반응들**　　　5·16쿠데타 직후 미국 CIC(방첩대)가 거리에 모인 시민들을 대상으로 한 여 론조사에 따르면, 10명 중 4명은 쿠데타에 우호적이었고, 2명은 우호적이 나 시기상조라고 했으며, 4명은 반대했다고 한다. 또한 1961년 5월 31일 주한 미국대사관이 국무부에 보낸 전문에는 서울대생들의 쿠데타에 대한 지지도가 50 대 50이라고 했다. 지식인들도 마찬가지였다. 독재 정권을 무 너뜨린 4월혁명을 경험하고 민주주의를 지지하던 많은 지식인들은 엇갈리 는 반응을 보였다. 일부는 문민 우위의 전통 속에서 군부와 쿠데타에 대해 거부감을 가졌지만, 일부는 올 것이 왔다고 생각했다. 또한 쿠데타세력의 성향에 관심을 가졌던 사람들은 그들의 과거 좌익 전력이나 민족주의적 성향에 기대를 가진 경우도 있었고, 반대로 그들의 굳건한 친미·반공 공약에 안심한 경우도 있었다.

반면 장면 정권을 수호하려는 시도는 거의 없었다. 정치권에서는 5월 18일 김도연이 군사혁명위원회에 대하여 거국내각을 조직하여 사태를 수습하도록 제의하는 성명을 발표하는 정도였다. 그리고 장면과 같은 천주교인인 이한림(1군사령관), 강영훈(육사 교장), 김웅수(6군단장) 장군과 천주교단의 신문인『경향신문』사장 한창우 등이 소극적으로 저항하다가 거세되었을 뿐이다. 한창우는 장면과 사돈지간으로, 장면과 마찰이 있기도 했지만 가장 확실한 후원자였다. 그래서 이한림 등과 연락하며 쿠데타에 저항했던 것이다. 한창우는 언론인으로는『민족일보』관계자 외에 예외적으로 '혁명재판'을 받은 언론인이었다. 신문들은 약간의 정도 차이와 시점의 차이는 있지만 쿠데타에 저항하지 않고 곧 쿠데타를 현실로 인정하거나 적극적으로 평가했다. 이러한 분위기하에서 함석헌이 곧장 "민중만이 혁명을 할 수 있다. 군인은 혁명 못 한다"라고 5·16쿠데타를 공개적으로 비판했던 것은 이례적인 사례였다.(임대식, 2003, 313~314쪽)

여기에는 여러 가지 요인이 있겠지만, 당시 지식인들이 군부의 쿠데타에 비교적 긍정적인 인식을 갖고 있었던 것이 영향을 주었다고 할 수 있다. 1950년대 제3세계에서 일어난 군사쿠데타는 대부분 민족주의적이고 개혁적 성향을 가지고 있었다. 이집트의 나세르, 버마(미얀마)의 네윈, 이라크의 꿍레 등의 쿠데타가 대표적인 사례였다. 때문에 당시 한국 지식인들에게 군사쿠데타가 갖는 이미지는 개혁적이고 민족주의적인 것이었다. 5·16쿠데타를 주도한 세력들이 제3세계 쿠데타를 주도한 세력들과 마찬가지로 비교적 젊은 장교들이었다는 사실도 이러한 인상을 더욱 강하게 만들었다.(홍석률, 2002, 49~52쪽) 그 결과 4월혁명기 통일운동에 앞장선 지식인들은 쿠데타세력에 다소 기대를 가졌던 것이다.

대학가의 분위기도 비슷했다. 1961년 5월 16일 쿠데타 당일에는 모든 수업이 취소되었지만, 곧바로 다음날부터는 정상적으로 수업이 진행되었다. 쿠데타 직후의 학생들의 반응은 한마디로 '관망적 자세'였다. 쿠데타 직후에 나온 서울대와 고려대 학보의 1면 머리기사 제목은 각각 "쿠데타 성공, 학원은 평온. 당연감當然感 속에 사태 주시"와 "군사혁명에 학생들은 침묵, 무표정. 사태 진전을 주시"였다. 학생들의 관망 속에는 장면 정권의 무능과 부패에 대한 비판과 함께, 학생 자신에 대한 자기반성이 투영되어 있었다. 스스로를 4월혁명의 주역이라고 자부하던 학생들은 자신들이 4월혁명의 과제를 제대로 완수하지 못했다고 반성하였다. 장면 정권의 무능과 부패에 대한 비판, 그리고 학생 자신에 대한 자기반성은 5·16쿠데타를 학생들이 즉각 거부하거나 반대하지 않게 했던 요인이었다. 거기에다가 새롭게 등장한 군사 정권은 아직 베일에 싸여 있었고 또 쿠데타 직후 혁신계 인사들에 대한 대량 검거가 단행되었다. 이에 일단 학생들은 쿠데타에 대해 유보적인 태도를 취했다.

하지만 쿠데타세력이 부패 척결과 사회정화 조치를 단행하면서 국민들로부터 호의적인 반응을 얻기 시작하였다. 이는 지식인들도 마찬가지였다. 『사상계』 1961년 6월호의 "권두언"은 다음과 같은 논리로 군사 정권에 대한 지지를 표명했다.

5·16군사혁명으로 우리들이 과거의 방종, 무질서, 타성, 편의주의의 낡은 껍질에서 자기 탈피하여 일체의 구악의 뿌리를 뽑고 새로운 민족적 활로를 개척할 계기가 마련된 것이다. 혁명 정권은 지금 법질서의 존중, 강건한 생활 기풍의 확립, 불량도당不良徒黨의 소탕, 부정축재자의 처리, 농어촌의 고리대 정리, 국토건설사업 등에서 괄목할 만한 출발을 보여주고 있다.

대학생들도 쿠데타에 지지를 보내기 시작했다. 서울대 학생회가 5월 23일 성명서를 발표하여 쿠데타를 공식적으로 지지한 이후, 많은 학생들이 5·16쿠데타를 4월혁명의 계승으로 인정하고 4월혁명의 목표와 5·16쿠데타의 목표를 동일시하면서 군사 정권에 협조했다. 당시 대학생들의 쿠데타 지지 분위기는 6월에 진행된 서울대 학보의 "학생대담"에서 잘 드러난다. "5·16혁명과 우리의 반성—혁명에 대한 최초의 발언"이라는 제목 하에 벌어진 대담에서 참가 학생들은, 학생들이 5·16쿠데타 초기 방관자적 자세를 취한 이유로, 군사혁명의 필연성에 대한 막연한 느낌, 각종 집회의 금지와 행동의 구속, 통일문제와 관련하여 학우들을 잡아간 것에 대한 공포감, 그리고 군부에 대한 견제심리 등을 들었다. 그러면서 "반공과 4·19혁명의 완수를 위해 군사혁명을 적극 지지하여야 하고, 경제·민족주의 확립 이후 정권을 이양하여야 하며, 기본적인 자유는 최대한 보장해야 한다"라고 주장했다. 그리고 "부정부패에 과감하라" "선의善意의 독재는 필요하다"라고 언급하기도 했다.(오제연, 2007, 304~306쪽) 1961년 여름방학을 맞이하자 일부 학생들은 군사 정권의 재건국민운동과 궤를 같이하여 농촌봉사 활동에 참여하기도 하였다. 그러나 시간이 지나면서 분위기는 조금씩 달라졌다.

**군사 정권 참여와 비판**　　　5·16쿠데타 단계에서 주도적으로 참여한 민간인 중 지식인은 거의 없었다. 그러나 쿠데타가 성공하자 군사 정권은 군정 수행을 위해 지식인을 광범위하게 동원했다. 군사 정권은 쿠데타 초기부터 각종 자문위원회, 평가단 등의 명목으로 많은 지식인을 정책 입안과 수립 과정에 참여시켰으며, 일부 학자들을 발탁해서 고문으로 삼았다. 가장 주목할 만한 기구는 최고회의의 자

문단체인 '기획위원회'였다. 여기에 참여한 학자, 언론인 등 지식인의 수는 무려 470여 명으로 저명한 교수 대부분을 망라했다. 이 위원회는 정치, 경제, 사회·문화, 재건기획, 법률 등 5개 분과위원회로 구성되었으며, 군정 초기에 정책 수립을 위한 자문 역할을 담당했다. 하지만 이 기구는 너무 방대하고 산만했기 때문에 별다른 활동 없이 2개월 반 정도 유지되다가 흐지부지되었다. 반면 중앙정보부의 '정책연구실'은 소수의 지식인이 참여하였지만 군정에서 민정으로 이양하는 과정에서 보다 중요한 역할을 수행했다. '재건국민운동본부'도 지식인들이 군사 정권에 참여하는 통로였다. 군사 정권의 국가 재건과 조국근대화의 이념을 전파·계몽하는 단체인 '재건국민운동본부'는 전국 각지에 재건청년회 4만 5,119개, 재건부녀회 3만 3,927개를 조직했고, 1962년 5월 현재 회원 수가 360만이 넘었다. 재건국민운동본부는 청년회와 부녀회 간부들을 교육시키는 향토교육원 142개를 설치했고, 일반 국민을 대상으로 하는 일일순회교육도 실시했다. 많은 지식인들이 이러한 교육과정에 참여하거나 동원되었다.

5·16쿠데타 이후 나타나는 이러한 권력과 지식의 결합 현상은 군사 정권의 지배 이데올로기가 된 '근대화론'과 밀접한 관련이 있다. 로스토 같은 미국의 '근대화론자'들은 일찍부터 제3세계의 경제개발을 위해서 군부와 지식인의 결합이 필수적이라고 주장했다. 그에 의하면, 군부는 근대적 조직과 기술을 운영할 수 있는 능력을 가진 집단이며, 전통적 기반이 없어 민간 지도자보다 개혁에 능동적이고, 무엇보다 사회적 안정을 확보할 힘을 갖고 있기 때문에 저개발국가의 근대화 과정에서 핵심적인 역할을 맡을 수 있었다. 그리고 군부가 근대화를 수행하는 사회에서 요구되는 기술과 자세 면에서 종종 취약성을 갖고 있기 때문에, 근대화를 위해 경제학자, 엔지니어, 농업학자, 법률가, 행정가, 의사, 교수, 언론인 등 지식인들이 군부와 결합하여 전문적인 지식과 기술을 제공해야 할 필요가 있었다.(정용

욱, 2004, 172~174쪽)

물론 한국에서 군부와 지식인의 결합은 이 밖에도 다양한 요인에 의해 이루어졌다. 지식인 개인의 권력지향성이나, 쿠데타세력과의 인간적 관계 등도 중요한 변수가 되었다. 또 하나 중요한 결합 요인은 지식인들의 민족주의적 현실인식이었다. 수입대체와 내자內資 동원을 통해 자립경제와 균형 성장을 지향한 군사 정권 초기의 경제개발계획은 민족주의적 지식인들의 생각과 일치하는 것이었다. 또한 당시 많은 지식인들은 구정치와 구세대, 그리고 서구적 민주주의에 대해 실망하고 있었다. 쿠데타 직후 대학생들을 대상으로 한 여론조사에서 응답자의 83%가 한국에서 서구식 민주주의가 부적합하다고 답변했다. 뒤에서 다시 살펴보겠지만 이러한 지식인들의 현실인식은 1963년 대통령 선거에서 지식인들이 박정희의 '민족적 민주주의'에 많은 관심을 보인 근본 이유가 되었다.

하지만 군사 정권에 비판적인 지식인들도 많았다. 특히 대학생들은 시간이 지남에 따라 군사 정권에 대한 비판의 강도를 높였다. 1962년 4월혁명 2주년을 맞이하여 서울대 학생회가 발표한 "4·19혁명 제3선언문"을 보면, "평화를 동경하던 백의민족은 양대 세력의 정치적 이해의 상품으로서 국제적으로 전시된 때부터 남북은 무연성을 주장하였고 민족의 비극은 잉태되었다"라고 하여 민족 모순의 근원을 외세에 의한 분단에서 찾고 있으나, 쿠데타와 군사 정권에 대해서는 단 한마디도 언급하지 않았다.(김삼웅, 2001, 38~39쪽) 하지만 1961년 5~6월의 쿠데타 지지 분위기와 비교했을 때, 이러한 침묵 속에는 군사 정권에 대한 비판이 깔려 있었다고 볼 수 있다. 1962년 4월혁명 2주년 기념으로 연세대 학보에서 연세대생과 이화여대생을 상대로 실시한 설문조사는 군사 정권에 대한 학생들의 비판적인 인식을 보다 직접적으로 보여준다.

〈표1〉과 같이 54.7%의 학생들이 4월혁명이 5·16쿠데타에 어느 정도

**표1** 군사 정권에 대한 학생들의 인식

| | 질문 | 답변 | 응답자(명) | 비율(%) |
|---|---|---|---|---|
| 1 | 4·19가 5·16 발발에 끼친 영향 | 직접적으로 크게 작용했다 | 127 | 54.7 |
| | | 별다른 영향이 없었다 | 36 | 15.5 |
| | | 전혀 별개의 성질이다 | 49 | 21.2 |
| | | 모르겠다/무반응 | 20 | 8.6 |
| 2 | 군사 정권하에서 4·19의 의미 | 5·16이 4·19의 계승이므로 의의가 있다 | 41 | 17.7 |
| | | 4·19는 그 자체에 의의가 있다 | 140 | 60.4 |
| | | 현재는 전혀 무가치한 것이 되었다 | 35 | 15.1 |
| | | 생각한 일 없다/모르겠다/무반응 | 16 | 6.8 |
| 3 | 앞으로 수립될 민정의 전망 | 순수한 민정이 되리라 기대한다 | 56 | 24.1 |
| | | 군사 정권의 연장이 될 것이다 | 152 | 65.7 |
| | | 관심없다/모르겠다 | 24 | 10.2 |
| 4 | 5·16의 원인 | 국민 전체의 요구였다 | 23 | 9.7 |
| | | 정치 혼란이 초래한 결과였다 | 170 | 73.3 |
| | | 세계사적 추세일 뿐이다 | 10 | 4.3 |
| | | 의외의 일이었다 | 22 | 9.5 |
| | | 모르겠다/무반응 | 7 | 3.2 |

출처: 『연세춘추』, 1962년 4월 16일자

영향을 주었다고 생각했지만, 5·16쿠데타를 4월혁명의 계승으로 인정하는 학생은 17.7%에 불과했고 60%가 넘는 학생들이 양자를 전혀 별개의 것으로 보았다. 또한 73.3%의 학생들이 5·16쿠데타가 국민 전체의 요구나 세계사적 추세와 관계없는 정치 혼란의 산물에 불과하다고 답했고, 앞으로 수립될 민정이 결국 군사 정권의 연장이 될 것으로 전망한 학생도 65.7%가 되었다.

학생들이 군사 정권에 비판적인 태도를 보인 근본 이유는 군사 정권의 개혁 후퇴와 정책 실패, 그리고 '4대의혹사건'과 같은 권력욕과 부정부패 때문이었다. 여기에 군사 정권이 학원과 사회를 병영처럼 통제하는 것에 대한 반발도 큰 역할을 했다. 그러나 아직까지 군사 정권에 대한 학생들의 비판이 본격적으로 제기된 것은 아니었다. 특히 4월혁명 이후 고양된 민족 주의는, 이미 많은 한계를 보인 군사 정권에 대해 학생들이 기대를 버리지 못하게 하는 근거가 되었다.

　군사 정권에 대한 비판과 민족주의에 기반 한 기대가 중첩되어 발생한 사건이 1962년 6월의 '한미행정협정체결촉구시위'였다. 1962년 6월 한미 행정협정의 조속한 체결을 촉구하며 6일 고려대생 2,000여 명, 8일 서울대 생 1,000여 명이 쿠데타 이후 최초로 시위를 벌였다. 이 시위는, 1962년 봄 임진강 부근에서 한 나무꾼이 미군에 살해당하고, 곧이어 또 다른 한국인 이 미군에 살해당하는 사건이 이어진 데서 비롯했다. 1962년 3월부터 서 울대생들은 이 문제가 한국전쟁 당시 미군의 지위와 관련하여 한국과 미 국이 체결했던 '대전협정'의 불평등성에 기인한다고 판단하고, 대전협정 을 대체하는 한미행정협정을 조속히 체결할 것을 박정희와 케네디에게 진 정陳情하려 했다. 이러한 시도는 군사 정권과 학교 측의 강력한 '정치관여 불용不容' 의지 표현으로 일단 잠잠해졌다. 그러나 5월 말에 파주에서 미군 장교 등 6명이 한국 소년을 절도로 몰아 사형私刑을 가해 결국 그 소년이 죽게 되는 사건이 발생하자, 학생들은 즉각 한미행정협정의 조속한 체결 을 요구하는 시위를 벌였던 것이다.

　군사 정권은 시위에 나선 학생들에게 "동기와 목적은 이해하지만 또 데모를 할 경우 엄단하겠다"고 경고하면서도, 한미행정협정 체결을 추진 할 것임을 약속하였다. 당시 고려대생들은 이 운동이 '항의'가 아니라 '촉 성'이라는 점을 분명히 했고, 서울대생들 역시 결의문 마지막에 "우리는 정 부 당국의 행정협정 체결을 위한 노력을 적극 지지한다"라는 구절을 집어

넣어 이 시위가 군사 정권에 대한 반대가 아님을 분명히 했다. 이는 불평등한 한미관계와 관련하여 학생들이 군사 정권의 민족주의에 여전히 기대를 가지고 있었음을 보여주는 부분이다. 군사 정권 역시 데모에 나선 학생들을 처벌하였지만 심정적으로는 학생들의 행동을 지지하는 듯한 모습을 보였다.(오제연, 2007, 307~309쪽) 이처럼 대학생들과 지식인들 사이에서 군사 정권에 대한 비판이 점차 커지기는 했지만 여전히 기대감은 남아 있었다. 바로 이러한 상황에서 민정이양 절차가 조금씩 진행되기 시작했다.

# 2
# 민정이양과 박정희 정권의 수립


## 민정이양을 둘러싼 논란

### 군사 정권의 민정이양 추진

쿠데타 시도 당시 '혁명공약'을 통해 민정 이양을 약속한 바 있었던 박정희 최고회의 의장은 1961년 8월 12일 민정이양 로드맵에 관한 성명("8·12성명")을 발표하였다. 1963년 초에 정당 활동을 허용하고, 1963년 3월 이전에 신헌법을 제정·공포하며, 1963년 여름 정권을 민간에 이양한다는 내용이었다. 또한 정부 형태는 대통령중심제로 하고, 국회는 100~120명의 단원제로 하며, 선거는 철저한 공영제로 한다는 구상을 밝혔다. 동시에 박정희는 정권이양에 앞서 진정한 민주질서를 만들어내고 구악 재발 방지를 위해 최소한의 기초작업을 완수한 후 물러나겠다는 뜻을 명백히 했다. "8·12성명"은 민정이양 계획이 조속히 나오기를 바라는 대내외 여론을 반영한 것이었다. 특히 박정희는 미국을 의식했다. 박정희는 미국 방문을 통해 쿠데타에 대한 확실한 인정과 지속적인 지원 약속을 받고 싶어 했는데, 이 성명 발표 후 미국은 박정희를 미국으로 초청했다. 1961년 11월 미국에서 열린 박정희와 케네디의 정상회담에서 박정희가 "8·12성명"을 재확인하자 케네디는 크게 만족하였다.

그러나 "8·12성명" 속에는 '최소한의 기초작업을 완수한 후' 민정이양을 하겠다는 전제가 달려 있었다. 민정이양 로드맵과 상관없이 쉽게 정권을 내놓지 않겠다는 군사 정권의 의지가 담겨 있는 표현이었다. 실제로 박정희와 김종필은 부패하고 사리사욕에 급급한 '구정치인'들에게 권력을 이양할 생각이 별로 없었다. 따라서 박정희는 "8·12성명" 발표를 전후해 김종필에게 민정이양에 대비한 구체적인 대안을 마련하도록 지시했다. 이에 김종필은 1963년 8월 15일 민정을 출범시킨다는 내용의 소위 "8·15계획서"를 작성하였다. 이 계획의 핵심 내용은 "① 혁명과업을 계속 수행하기 위해서는 군인들이 예편한 뒤 대통령과 국회의원 선거에 출마하여 승리하여 민정에서도 정권을 장악해야 한다 ② 선거에서 국민의 지지를 얻어 승리하기 위해 군인들이 참여할 정당을 만들어야 한다 ③ 정당의 창당을 위해 때묻지 않은 민간인들의 협조가 필요하다 ④ 구정치인들의 도전을 물리칠 방법을 강구해야 한다 ⑤ 이러한 목표를 달성하기 위해 새 헌법과 선거제도를 고안해야 한다" 등이었다. 즉 이미 이 시기부터 박정희와 김종필은 민정이양 이후에도 정치에 참여하여 정권을 계속 장악할 생각을 갖고 있었던 것이다. 새로 제정할 헌법과 선거제도는 자신들의 집권을 용이하게 해줄 수단에 불과했다.

"8·15계획서"는 곧 실천에 옮겨졌다. 군인들이 몸담을 새로운 정당을 창당하는 작업은 관제여당의 사전조직인 '재건동지회' 창설로 구체화되었다. 재건동지회는 쿠데타세력 중 김종필을 중심으로 한 육사 8기생 일부가 주도하였고, 여기에 그들에 의해 선택된 학자, 언론인, 법조인, 경제인, 관료 등이 참여하였다. 이 작업은 비밀리에 추진되었다. 김종필은 중앙정보부와 재건동지회를 통해 새 헌법 제정에도 관여했다. 약 1년 정도의 비밀

작업이 이루어진 후 1962년 7월부터 새 헌법 제정 논의가 공개적으로 이루어졌다. 1962년 7월 11일 최고회의 산하에 '헌법심의위원회'가 발족했다. 헌법심의위원회는 최고회의 내 심의위원 9명과 헌법학자, 정치학자, 경제학자 등 21명의 전문위원으로 구성되었다. 그러나 전문위원들은 자문만 했을 뿐 실제 정책 결정에는 관여하지 못했다. 헌법심의위원회가 1962년 8월 말 전국적으로 행한 공청회도 연사 이외의 사람은 발언할 기회조차 갖지 못할 정도로 요식적인 행사에 불과했다. 이미 가장 중요한 지침은 박정희와 김종필로부터 내려온 상황이었다. 결국은 새 헌법은 "8·12성명"에서 박정희가 밝힌 권력구조를 반영하는 형태로 만들어졌다.

군사 정권은 1962년 10월 8일 '국가재건비상조치법'을 개정하고, 10월 12일 '국민투표법'을 제정·공포하여, 헌법 개정을 위한 국민투표제도를 도입했다. 11월 3일 마련된 헌법 개정안은 11월 5일 최고회의에 상정되어 재적 25명 중 출석위원 23명의 찬성으로 발의되었다. 박정희 대통령 권한대행은 이를 즉시 공고했다. 새 헌법의 핵심 내용은 "① 대의정치제도를 확립하기 위한 건전하고 민주적인 복수정당제 ② 4년 임기의 단원제 국회와 당적 이탈·변경, 정당해산 시 의원직 상실 ③ 4년 임기의 대통령이 1차에 한하여 중임할 수 있는 대통령중심제 ④ 헌법 개정을 위한 국민투표제" 등이었다. 이렇게 마련된 헌법 개정안은 곧 국민투표에 회부되었다. 11월 5일부터 30일간의 공고기간이 지난 12월 6일 새벽 0시를 기해 군사 정권은 쿠데타 이후 내려졌던 계엄령을 해제했다. 같은 날 최고회의는 재적 25명 중 출석위원 22명 전원의 찬성으로 헌법 개정안을 통과시켰다. 최고회의를 통과한 헌법 개정안은 12월 17일 국민투표에서 투표율 85.28%에 78.78%의 찬성으로 통과되었다. 군사 정권은 이를 자신들에 대한 신임으로 간주한 반면, 야당은 조속한 민정 복귀의 열망으로 해석하였다. 12월 22일 최고회의는 헌법 개정안 가결을 선포했고, 12월 26일 새 헌법 공포식이 열렸다. 그리고 12월 27일 박정희는 새 헌법에 따른 대통령 선거가 1963년 4월에 실시되고 국회의원 총선거는 5월에 있을 것이라고 발표했다.(이완범, 2000, 176~186쪽) 동시에 1963년 1월 1일부터 정치활동을 허용할 것임을 밝혔다.

새 헌법 제정과 더불어 1962년 12월 31일에는 '정당법', 1963년 1월 16일에는 '선거법'이 각각 공포되었다. 군사 정권은 국회의원 선거제도를 개정하면서 기존의 소선거구 단순다수대표제에 비례대표제(지역구 의석의 3분의 1)를 가미했다. 사표 방지와 직능 대표가 명분이었지만, 이는 그야말로 명목상의 이유일 뿐이었다. 실제로는 지명도가 떨어지고 지역기반이 약한 군 출신 인사들을 국회로 보다 많이 진입시키기 위한 방편이었다. 비례대표 의석 배분 방식도 제1당의 득표율이 50%를 넘으면 득표율에 따라 각 정당이 의석을 배분하나, 그렇지 않으면 제1당에 의석의 절반을 우선적으로 배정하도록 되어 있었다. 소선거구 단순다수대표제에서는 제1당의 득표율이 50%를 넘기가 쉽지 않기 때문에, 이 제도는 여당에게 비경쟁적 방식으로 안정 의석을 확보해줄 수 있었다. 정당 등록 요건을 까다롭게 하고, 지역구에서 3석 이상을 얻지 못하거나 득표율에서 5%를 넘지 못한 정당은 비례대표 배분에서 제외하는 등 야당의 정치 참여 폭을 최대한 제한했다.(김일영, 1999, 300~301쪽) 군사 정권에 유리한 방향으로 헌법, 선거법, 정당법 등이 만들어지면서 민정이양은 순조롭게 진행되는 듯했다. 그러나 1962년 말부터 박정희의 민정 참여를 둘러싸고 군사 정권 내외에서 갈등이 확대되자, 민정이양 자체가 흔들리기 시작했다.

**군정 내외의 갈등과 거듭된 번의**   "8·15계획서"에서 알 수 있듯이 박
정희와 김종필을 비롯한 많은 군인
들은 민정이양을 추진하면서도 다시 군으로 돌아가지 않고 민정에 참여하
여 권력을 계속 장악하고자 했다. 때문에 군사 정권 인사들은 기회 있을 때
마다 박정희의 대통령 선거 출마 가능성을 언급하였다. 박정희 역시 1962
년 12월 27일 새 헌법에 따른 대통령 선거와 국회의원 총선거 일정을 발표
하면서, 다음과 같이 자신과 다른 군인들의 민정 참여 결정을 밝혔다.(『조
선일보』 1962년 12월 28일자)

> 내외 정세를 종합고찰하여 검토한 결과 최고위원들이 군복을 벗고 민간인
> 자격으로 민간정부에 적극 참여하는 것이, 국가를 위해 보다 충실히 봉사하
> 는 길이라고 결정했다. (중략) 우리는 최고위원들의 민정 참여가 공약 위반
> 이 아니고 더욱 충실히 공약을 지키는 것이라고 안다. (중략) 본인도 최고위
> 원의 한 사람으로서 민정에 참여하기로 결정했다. 그러나 대통령에 출마할
> 것인가의 문제는 본인이 말할 입장에 있지도 않고 또 시기도 아니다. 대통령
> 도 소속 정당의 추천을 받아야 입후보할 수 있게 되었으므로 당에서 추천하
> 고 당의 총의總意로 결정지을 문제이다. 다만 당에서 결정을 내린다면 당원
> 은 당의 명령에 복종해야 한다고 생각한다.

박정희는 민정 참여를 분명히 했을 뿐 아니라 완곡하게 대통령 선거에
출마할 의사까지 피력했다. 이에 먼저 야당 정치인들이 반발했다. 1963년
1월 1일 정치활동이 허용되면서 그동안 '정치활동정화법'에 묶여 있었던
정치인들 중 다수가 이 조치에서 풀렸다. 이들은 곧 민정이양을 위한 선거
에 대비하여 제각각 정당을 조직하였다. 구민주당 구파가 중심이 되어 만
든 민정당은 1963년 1월 24일 발기인대회에서 군정의 주체세력이 민정에

서울 시민회관에서 열린 민주공화당 창당대회

참여함이 불가하다는 내용의 발기인 선언문을 발표했다. 구민주당 신파가 중심이 된 민주당 역시 2월 1일 창당준비대회에서 어떠한 형태의 군부통치 연장도 거부한다는 입장을 밝혔다.

그러나 민정 참여를 둘러싼 심각한 논란은 군사 정권 내부에서 일어났다. 중앙정보부와 재건동지회를 통해 은밀히 관제여당인 '민주공화당'(공화당)을 만들고 있었던 김종필은 1962년 12월 23일 최고위원들에게 공화당 창당 상황을 보고했다. 1963년 1월 10일 김종필을 비롯한 발기인 12명이 제1차 모임을 갖고 공화당 창당 작업을 공식적으로 시작했고, 1월 18일 발기인총회를 열고 발기위원회를 조직했다. 그러나 공화당 사전조직에서 소외된 김동하, 김재춘 등 군정 내 김종필 반대세력은 공화당의 이원二元조직과 공산당식 밀봉교육을 문제 삼아 공화당 창당에 반대했다.* 김종필의 독주에 대한 비난이 계속되자, 최고회의는 1963년 1월 21일과 23일에

잇달아 회의를 열고, 김종필의 당직 사퇴와 중앙정보부의 당 관여 금지, 당 발기위원회 전면 개편을 박정희에게 요구했다.

박정희의 민정 참여에 대해서는 군부와 미국도 반대했다. 1963년 2월 16일 국방부에서는 각 군 수뇌회의가 열렸다. 이날 회의에서 각 군 수뇌부들은 박정희의 민정 참여에 반대하는 입장을 결의했다. 군의 정치 참여 자체를 반대하는 목소리도 있었다. 미국은 "정치적, 대중적 지지를 받는 정권의 창출과 정치무대에서 군대를 철수시키고 한국에 대한 국제적인 지지를 유지하기 위한 목적"에서 박정희의 민정 참여를 반대했다. 결국 박정희는 1963년 2월 18일 9개 항의 시국수습안 제안이 수락된다면 민정에 참여하지 않겠다는 내용의 "2·18성명"을 발표했다. 9개 항은 군의 정치적 중립과 민간정부 지지, 5·16의 정당성 인정, 한일 문제에 대한 군정방침 협력 등이었다. 이틀 후 김종필은 일체의 공직에서 사퇴하고 2월 25일 '자의 반 타의 반' 외유를 떠났다. 김종필의 외유는 미국의 강권에 의한 것이었다. 미국은 김종필과 젊은 장교들을 급진적인 민족주의자로 평가하고 경계했다. 반면 박정희는 같은 민족주의자라도 균형을 유지하기 위해 노력하는 신뢰할 만한 인물로 평가했다. 그래서 미국은 이전부터 박정희를 김종필로부터 분리시키기 위해 노력했고, 일단 외유라는 형식으로 이를 관철시킨 것이었다.

1963년 2월 27일 각 정당 및 정치 지도자들이 모여 '정국수습선서식'을 거행하였고, 이 자리에서 박정희는 민정 불참 약속을 재확인했다. 박정희의 민정 참여는 물 건너간 듯했다. 그러나 곧 상황이 급변했다. 3월 7일 박정희는 원주 1군사령부를 방문하여, 해악을 끼친 구정치인은 물러나야

---

● 이원조직이란 정당에서 국회의원 위에 사무국을 따로 둔 것을 의미했다. 지금은 모든 정당에서 일반적으로 볼 수 있는 형태이지만, 사무당원이 일반 정치당원보다 상위에 있도록 규정된 공화당의 조직 원리는 당시 공산당의 조직 원리와 동일시되었다.

하며 만약 정계가 혼란해진다면 다시 민정에 참여하겠다는 내용의 발언을 했다. 김종필에 이어 중앙정보부장에 취임한 김재춘은 3월 11일 김동하, 박임항 등이 연루된 '반혁명사건'을 적발했다고 발표했다. 그런데 김재춘과 김동하·박임항 등은 모두 얼마 전까지 김종필을 몰아내고 박정희의 민정 참여를 막기 위해 함께 손잡았던 사람들이었다. 한마디로 이이제이以夷制夷였다. 이를 통해 박정희는 김종필 반대세력 가운데 특히 큰 불만을 갖고 있었던 만주군·함경도 출신 군인들을 역시 김종필 반대세력의 손을 빌려 제거할 수 있었다. 군사 정권 시절 자주 일어났던 수많은 '반혁명사건'들은, 1961년 7월 장도영, 박치옥, 문재준 등 서북 출신과 5기생들을 제거한 '장도영 일파 반혁명사건'에서 볼 수 있듯이, 박정희가 군부 내 권력투쟁을 해결하는 가장 효과적인 수단이었다. 반혁명사건 며칠 후인 3월 15일 박정희의 측근 박종규의 사주를 받은 수도경비사령부 소속 군인 80여 명이 무장을 한 채로 최고회의 앞마당에서 군정연장데모를 벌이는 사건이 발생했다. 다음날 박정희는 기다렸다는 듯이 민정 불참 약속은 물론 민정 이양 약속까지 파기하고, 군정을 다시 5년간 연장하기 위해 국민투표를 실시하겠다는 "3·16성명"을 발표했다. 동시에 '비상사태 수습을 위한 임시조치법'을 공포하여 모든 정당 활동을 정지시키고 언론·출판과 집회·결사의 자유를 제한하는 조치를 취했다.

박정희의 번의翻意는 엄청난 파장을 불러일으켰다. 3월 19일 윤보선, 김병로, 이범석, 장택상 등은 박정희를 방문하여 "3·16성명" 철회를 강력히 요구했으며, 윤보선과 허정은 3월 20일부터 매일 침묵시위 하는 '산책데모'를 전개했다. 윤보선 등은 3월 22일 '민주구국선언대회'를 열기도 했다.『동아일보』와『조선일보』도 항의 차원에서 사설 게재를 중단했다. 3월 29일에는 서울대 문리대생 400여 명이 교정에서 군정 연장 반대와 구정치인 자숙을 요구하는 '자유수호 궐기대회'를 열었다. 이 대회에서 학생들은

군정연장 결사반대 현수막을 들고 가두행진을 하는 학생들

선언문을 통해 한국 정치사에서 불합리한 방법으로 집권 연장의 가능성을 수립하려는 군정의 비논리를 규탄했고, 결의문을 통해 군사 정권은 사회적, 정치적 혼란을 야기시킨 비합리·비민주적 "3·16성명"을 즉시 철회하고 2·27의 역사적 가치로 복귀할 것을 요구했다.(『대학신문』 1963년 4월 1일자) 미국도 박정희의 군정 연장 성명이 발표되자 즉각 반대를 표시했다. 그리고 이 문제에 직접 개입하여 원조 중단 압력과 더불어 타협을 당부하였다. 군정 연장 시도가 내외의 격렬한 반대에 부딪히자 박정희는 4월 8일 군정 연장 국민투표를 9월 말까지 보류하고 정치활동을 허용하되, 이 기간 동안 모든 정당은 체질 개선과 정계 정화를 기해주기를 바란다는 내용의 성명을 발표했다. 그러나 군정 연장을 철회한 대가로 박정희의 민정 참여는 기정사실화되었다. 국민에 대한 협박이 효과를 본 것이다.

민정 참여를 위해 1963년 4월 10일 박정희는 "앞으로 10년간은 안정이 있어야 하며, 이를 위해 자유민주주의를 표방하는 민족세력이 한데 뭉쳐 애국정당을 만드는 것이 필요하다"고 언급했다. 박정희의 언급 후 소위 '범국민정당운동'이 일어났다. 그러나 이미 공화당은 재건국민운동 과정에서 확보한 광범한 지역적·조직적 기반을 바탕으로 기틀을 다진 상황이었다. 결국 1963년 5월 27일 공화당 제2차 전당대회에서 대통령 후보로 지명된 박정희는 수락 의사를 밝혔다. 그리고 5월 28일 자신과 일부 최고위원이 범국민정당운동에서 손을 떼기로 했다고 발언했다. 이후 범국민정당운동에 참여했던 여권인사들은 속속 공화당에 합류했다.(도진순·노영기, 2004, 87~93쪽)

1963년 7월 27일은 박정희는 민정이양을 위한 구체적인 선거일정을 발표하면서 본인과 다른 군인들의 민정 참여를 공식 선언했다. 이에 따라 박정희는 8월 30일 "다시는 이 나라에 본인과 같은 불운한 군인이 없도록 하자"라는 말을 남기고 군을 전역한 후 곧바로 공화당에 입당하였다. 그리고 다음날 열린 공화당 제3차 전당대회에서 총재에 취임하고, 대통령 후보 수락 연설을 하였다. 이로써 공화당은 확실한 여당이 되었다. 민정이양을 위해 남은 과정은 공화당과 야당의 선거전뿐이었다.

## 1963년 대통령 선거와 사상논쟁

군사 정권은 제5대 대통령 선거일을 1963년 10월 15일로 공고하였다. 9월 16일부터 1개월간의 선거전이 시작되었다. 선거에는 모두 7명의 후보가 나섰다. 그만큼 당시 야당은 분열되어 있었다. 물론 윤보선이 이끄는 민정 당과 허정이 이끄는 신정당, 이범석이 이끄는 민우당이 1963년 8월 '국민 의 당'이라는 이름으로 통합을 시도한 적이 있었으나, 민정당 내 윤보선계 의 이탈로 통합이 무산되어 대통령 선거에 민정당의 윤보선과 국민의 당 의 허정이 각각 출마하게 되었다. 그 밖에 박정희의 '범국민정당운동' 과정 에서 탄생했다가 버림받은 '자유민주당'의 송요찬과, '정민회'의 변영태, '추풍회'의 오재영, '신흥당'의 장이석 등이 선거에 나섰다.

선거에 나선 7명의 후보 중 가장 유력한 후보는 박정희와 윤보선이었 다. 선거전 초반부터 윤보선은 이번 선거를 "조국의 방향을 결정할 수 있 는 한 개의 사상과 또 한 개의 이질적인 사상의 대결"이라고 규정하여 '사 상논쟁'을 예고하였다. 이에 대항하여 박정희는 자신의 민족주의적 성향을 강조했다. 박정희는 제3공화국의 비전을 "20세기 정치적 후진국의 가장 위험한 존재는 가식의 자유민주주의의 탈을 쓴 민족이념 결핍자들이다" "민족적 주체의식을 먼저 확립하고 그 위에 자유민주주의를 재건한다" "자 유민주주의에 한국적 특색, 고유의 전통과 양풍良風, 양속良俗을 살려나간 다" "배타적이 아닌 새로운 민족주의 이념을 강력히 부식시켜 자주와 자립을 성취한다" 등의 표현으로 설명했다. 당시 언론도 제5대 대통령 선거를 자유민주주의적이고 자유경제적이며 의회를 중시하는 반면 민족주의적 성격이 약한 이른바 '구세력'과, 교도민주주의적이고 계획경제적이며 의회를 경시하고 민족주의적 성향이 강한 이른바 '신세력'의 사상적 대결이라고 평가했다.

1963년 9월 23일 첫번째 라디오 연설에서 박정희는 "이번 선거는 개인과 개인의 대결이 아니라, 민족적 이념을 망각한 가식의 자유민주주의 사상과 강력한 민족적 이념을 바탕으로 한 자유민주주의 사상과의 대결"이며, "자주와 자립이 제3공화국의 집약적 목표"라고 주장했다. "강력한 민족적 이념을 바탕으로 한 자유민주주의 사상"은 곧 '민족적 민주주의'로 불리기 시작했다. 다음날 윤보선은 기자들로부터 박정희의 라디오 연설에 대한 논평을 요구받고 "지금은 민주주의와 가장된 민주주의, 즉 이질적 민주주의가 대결하고 있는 것이다. 여수 강연(23일)에서 특별히 느낀 것은 여순반란사건의 관계자가 지금 정부에 있다는 것" "박정희의 민족사상이나 민주주의 신봉을 의심해 마지않는다" 등 강력한 어조로 박정희를 비판하였다. 여기에 덧붙여 윤보선은 "이번 선거에서 승리하면 대통령 당선자로서 취임 전에 미국을 방문, 내 몸을 인질로 잡히는 한이 있더라도 경제원조를 얻어 자립경제의 기초를 만들겠다"라고 공약했다. 박정희가 과거 여순반란사건에 관련했다는 윤보선의 발언은 커다란 파문을 일으켰다. 군사정권은 윤보선 구속까지 검토했으나 일단 취소했다. 사상논쟁이 본격적으로 시작하는 순간이었다.

이후 윤보선뿐 아니라 다른 야당 후보들까지 한목소리로 박정희의 좌익 전력과 불투명한 사상을 문제 삼고 해명을 요구했다. 이에 대해 박정희 후보 측은 "자주·자립을 지향한 강력한 민족주의 이념을 바탕으로 한 민주주의가 박 의장의 이념"이라고 맞받아쳤다. 9월 28일 주말을 맞이하여 열린 대규모 유세에서 사상논쟁은 절정에 다다랐다. 윤보선은 중립노선을 걷는 나세르를 찬양했다는 이유로 박정희의 사상을 중립주의로 규정했다. 그리고 "공산주의와 대결하고 있는 대한민국이 중립노선을 걸으면 이 나라를 유지할 수 없다"라고 비판했다. 반면 박정희는 "우리는 우리나라에 잔존하는 봉건성과 식민지근성 등 전근대적 요소를 일소해야 하고, 민족의 자주의식을 확립한 바탕 위에서 외래 사상을 받아들여야 한다"라고 주장했다. 29일 윤보선은 "박정희 씨같이 미국을 배격하면 소련과 연결하여 공산주의를 끌어넣느냐는 의심이 드니, 위험한 박 씨에게 나라를 맡길 수 없다"라고 보다 노골적으로 박정희의 사상 문제를 건드렸다.

1963년 10월에 들어와 야당의 후보단일화 문제로 사상논쟁은 잠시 소강상태를 보였다. 그러나 윤보선은 신문광고 등을 통해 박정희의 전력을 계속 폭로하였다. 10월 5일 주말 대규모 유세를 통해 사상논쟁이 다시 뜨겁게 달아올랐다. 윤보선은 "공산당의 세계혁명은 후진지역에 있어서 민족·민주 혁명이라는 탈을 쓰고 있다. 박 씨는 '강력한 민족주의를 바탕으로 한 민주주의'가 이것과 다른 것을 말하라"고 박정희를 공격했다. 다른 야당인사들도 "미국 원조를 더 받아야겠다는 우리를 사대주의로 보는 사상의 근저를 의심한다. 반미주의의 방향은 김일성이가 좋아하는 일이다" "미국과 손잡고 싸우겠다는 사람을 사대주의자라 비난하니 그는 누구와 손을 잡겠다는 말인가" "박 씨가 주장하는 민족의 자주·자립은 우연히도 북괴의 주장과 같다. 민주주의와 민족주의를 같이 결부시키지 말라" 등과 같은 내용의 연설로 박정희를 반미민족혁명노선을 가진 공산주의자로 몰아갔다. 이에 박정희는 "외국에 대하여 목불인견目不忍見의 자세를 취하는 이른바 '정신의 식민지화'의 상태 아래에서는 민족주의는 물론 민주주의도 이루어질 수 없다. 고작 가지고 있다는 입후보자의 포부와 경륜이 '인질이 되더라도 외국 원조를 많이 타오겠다'는 유의 국제 정세에 대한 무식과 불건전한 대對우방 의존 태도이니 한심하기 짝이 없다"는 말로 윤보선을 외세 의존적인 사대주의자·식민주의자로 공격했다.

선거 막바지에 이르러 야당이 여순사건 공판기록 공개를 요구하기도 했으나 사상논쟁은 점차 그 힘을 잃었다.* 한마디로 윤보선과 야당의 공세는 큰 효과를 거두지 못했다. 오히려 사상논쟁 과정에서 민족적 민주주의라는 이름으로 부각된 박정희의 민족주의는 지식층의 큰 관심을 끌었다. 또한 박정희와 공화당은 이러한 민족주의공세를 '세대론'과 연결시켜 효과를 보았다. 사상공세가 그다지 효과를 보지 못하자, 윤보선과 야당은 선거 막판 이슈를 사상논쟁에서 정책 대결로 이동하였지만 때는 이미 늦었다. 10월 2일 '국민의 당'의 허정 후보가 윤보선 지지를 선언하며 사퇴하고, 10월 8일 '자유민주당'의 송요찬 후보가 사퇴하여 윤보선이 사실상 야당의 단일후보가 되었음에도, 결국 박정희는 약 15만 표라는 근소한 차이로 윤보선을 꺾고 대통령에 당선되었다. 군정에 이어 민정에서도 정권을 잡고자 했던 박정희의 뜻이 이루어진 것이다.

박정희가 승리할 수 있었던 이유는 무엇이었을까? 군정의 실정失政과 비민주적 정권욕에 따른 여론 악화, 그리고 선거 막판 야당의 후보단일화에도 불구하고 박정희가 선거에서 승리할 수 있었던 요인은 기본적으로 군정과 공화당의 막강한 조직력과 자금력 때문이었다.

그러나 박빙의 접전에서 한민당 이래 야당의 텃밭이었던 호남에서 거둔 약 30만 표 차 대승과, 해방 직후 좌익세력이 강했고 1956년 대통령 선거 당시 조봉암 표가 많이 나왔던 지역에서의 승리도 중요한 역할을 했다. 호남에서의 승리는 1963년 수해와 흉작으로 시달리던 호남지역에 대통령

---

* 사상논쟁과 관련하여 선거 후반부에 북한 밀사 황태성 문제가 논란이 되었다. 이 문제는 10월 10일 박정희의 해명으로 일단 정리되었지만, 선거 이전부터 황태성 처리 문제로 박정희와 미국 사이에 큰 갈등이 있었다.(김형욱, 1987, 45~53쪽)

선거 직전 미국과 일본에서 들여온 밀가루가 다량 살포된 것이 큰 역할을 했다. 반면 해방 직후 좌익세력이 강했고 1956년 대통령 선거 당시 조봉암 표가 많이 나왔던 지역에서의 승리는 사상논쟁과 밀접한 관련이 있었다.

김형욱의 회고에 따르면, 중앙정보부의 분석 결과는 사상논쟁을 거치면서 과거 좌익세력의 분포가 많고 조봉암 표가 많이 나온 지역에서 박정희에 대한 지지가 깜짝 놀랄 만큼 상승했던 것으로 나왔다. 여기에 박정희가 10월 9일 사상 문제로 인한 연좌제를 폐지하겠다고 공약한 이후 이들 지역에서 박정희 우세는 확고해졌다. 이러한 분석에 입각해 중앙정보부는 박정희의 승리를 확신했고 실제로 선거 결과도 똑같이 나왔다.(김형욱, 1987, 64~81쪽) 사상논쟁에서 민족적 민주주의가 박정희 정권의 민족주의 정치노선을 상징하는 담론으로 인식되면서, 진보적인 생각을 가지고 있던 사람들이 박정희에게 지지를 보낸 것이었다. 지식인들과 대학생들이 민족적 민주주의에 큰 관심을 가졌던 이유도 여기에 있었다. 대통령 선거 내내 언론에는 박정희의 민족적 민주주의가 지식인과 대학생 등 인텔리들에게 환영을 받고 있다는 기사가 계속 실렸다. 선거가 끝난 후 선거 결과를 분석할 때도 마찬가지였다. 소시민 사회의 인텔리, 특히 해방 후 대학을 나온 젊은 학사學士들이 쿠데타 반대와 혁신정치 지지의 틈바구니에서 주저하다가 박정희 지지로 기운 경우가 많았다. 물론 각 도시에서 박정희가 윤보선에게 크게 패배한 만큼 그 지지의 정도를 과장해서는 안 되겠지만, 젊은 인텔리들이 박정희와 민족적 민주주의에 큰 관심을 보인 것만큼은 분명하다. 그리고 이러한 관심은 얼마 후 박정희 정권의 한일협정 추진 과정에서 거대한 분노로 바뀌게 된다.

국회의원 선거에서도 비슷한 상황이 연출되었다. 곧이어 치러질 11월 국회의원 선거를 앞두고 그동안 자의 반 타의 반 외유를 떠났던 김종필이 돌아왔다. 1963년 10월 23일 8개월 만에 귀국한 김종필은 공화당 당의장에 복귀하자마자 각종 기고와 연설·토론 등을 통해 민족적 민주주의를 왕성하게 전파하였다. 이미 그는 외유 중이던 9월 20일 미국의 한 대학에서 후진국 민족주의를 주제로 연설을 하던 중에 "후진의 원인이 몇 세기 이전에 조성된 것이라면, 오늘의 후진국가군群의 팽배한 민족자주의식은 그 본질에 있어서 역사적인 필연성을 시현示現하는 것이다. 그 나라의 역사와 그 나라의 고유한 전통을 지니고 내일을 지향하는 강렬한 민족자주의식과 투철한 자각을 견지하는 민족주의, 이러한 이성적인 민족주의 없이 후진 민주국가의 생존과 발전이 있을 수 있겠는가?"라는 주장을 펼친 적이 있었다.

1963년 11월 초 김종필은 고려대와 서울대를 직접 방문하여 학생들에게 민족적 민주주의를 설명했다. 먼저 11월 4일 고려대 강연에서 김종필은 "미국의 원조는 적절한 방법과 용도에만 주어지지 않았다" "후진국의 공동 과제인 근대화를 위해 민족주의는 절실히 요구되며, 민족주의를 통해 경제적 자립과 강력한 리더십의 확립을 이룩해야 한다"라고 주장했다. 다음 날 그는 서울대 문리대에서 학생들과 토론회를 가졌다. 토론회에는 당시 새롭게 발족한 '민족주의비교연구회' 학생들이 패널로 참석했다. 이 자리에서 김종필은 공화당이 내거는 민족적 민주주의의 본질을 "① 외국자본의 지배를 벗어나 경제적 식민지 양상의 현실을 탈피해서 경제적 자립을 이룩한다 ② 이데올로기적인 면에서는 수구주의, 사대주의, 급진적 서구 사상 및 자유방임적 자유의 퇴폐를 탈피한다 ③ 정서적인 면에서는 반미가 아닌 '양키즘'을 배격한다"라고 설명했다. 김종필은 미국의 원조 방식을 고쳐달라는 주장이 반미주 내지 공산주의로 공격받고 있는 현실을 개탄하면서 다시 한 번 한민족의 주체성 확립과 경제적 자립을 강조했다. 이후 김종필은 신문 칼럼을 통해 "한국을 근대화시키려면 근대화를 추진시킬 이념과 세력이 있어야 한다. 민족적 민주주의와 민족적 지도세력은 바로 이러한 근대화 작업을 추진시킬 이념과 세력"이라고 정리했다. 또한 "우리 조국의 근대화와 이의 추진력으로서의 민족주의와 민족적 지도세력을 이야기"하는 것이며, "그렇기 때문에 우리가 생각하는 민족주의는 목적이라기보다는 수단으로서 인식하는 것이 옳을 것 같다"라고 주장했다. 동시에 "민족주의니 자주의식이니 하는 단어만 듣고도 혼비백산하여 이러한 주장을 빨갱이로 취급하려는 한국판 '매카시즘'의 아류들이 바로 낡은 세력들이다"라고 규정하면서 세대교체를 주장하기도 했다.

11월 국회의원 선거에서도 사상논쟁이 재연되었다. 11월 11일 윤보선은 기자회견을 갖고 "박 씨의 형 한 분이 대구 10·1폭동사건의 주모자의 한 사람으로 총살을 당했고, 박 씨의 다른 형 하나는 현재 북한괴뢰 정권의 정보 관계 책임자로 활약하고 있다"라고 주장했다. 또한 대통령 선거 직후 결과에 승복했던 것을 번복하여 "지난 10·15 선거에서 나는 투표에서는 이겼으나 개표에서는 졌다"고 부정선거 의혹을 제기했으며, 동시에 박정희의 피선거권을 문제 삼아 당선무효소송을 제기했다.

하지만 조직·자금·인물이 중시되는 국회의원 선거에서 사상논쟁이 대통령 선거 때만큼 치열하게 전개되기는 어려웠다. 사상논쟁은 곧 흐지부지되었다. 결국 공화당은 11월 26일 치러진 국회의원 선거에서 재적(175석)의 3분의 2에 육박하는 의석(110석)을 얻어 다시 승리하였다.(오제연, 2007, 296~303쪽) 이로써 박정희는 민정이양 이후에도 정권을 안정적으로 유지할 수 있었다. 군사 정권의 막강한 조직력과 자금력, 강력한 억압기구와 제도 그리고 민족주의와 구악일소라는 화려한 이데올로기는 군부직접통치가 '유사민간통치'로 성공적 전화를 이뤄내는 원동력이었다. 새로 탄생한 박정희 정권 역시 이러한 통치 수단을 이용하여, 정치적 자유와 대중의 참여를 억압하면서 국익과 개발의 이름으로 위로부터 국민 동원과 통합을 도모하는 '개발독재'로 나아갔다. 군부의 개발독재와 권위주의 통치에 맞서 한국의 민주화운동도 그만큼 치열하게 전개될 수밖에 없었다.

# 제2장
# 한일협정반대투쟁

# 1

# 한일협정반대투쟁*의 배경

## 미국의 동아시아 지역통합전략과 한일회담

**미국의 동아시아 지역통합전략**  1964∼1965년 뜨겁게 분출했던 한일협정 반대투쟁을 이해하기 위해서는 먼저 미국의 동아시아 지역통합전략과 그에 따라 진행된 한일회담에 대해 알아야 한다. 2차 세계대전 종전 후 미국은 공산주의 확산을 봉쇄하고 미국 주도의 자본주의를 공고히 하기 위해 유럽과 동아시아에서 각각 지역통합을 시도했다. 유럽에서는 군사적 측면에서 북대서양조약기구NATO 결성과 서독의 재무장화를, 경제적 측면에서는 마셜원조와 유럽경제통합 등을 진행했다. 동아시아의 경우 일본을 중심으로 한 지역통합전략이 추진되었다. 2차 세계대전 직후 미국은 일본 비무장화, 재벌 해체, 민주화 등을 골자로 한 개

---

● 혼란을 피하기 위해 이 글에서는 관련된 용어를 다음과 같은 의미로 사용했음을 밝힌다.
  1. '한일협정반대투쟁': 1964∼1965년에 벌어진 투쟁 전체
  2. '한일회담반대투쟁' 혹은 '6·3항쟁': 1964년에만 벌어진 일련의 투쟁
  3. '6·3시위': 1964년 6월 3일의 대규모 시위

혁을 추구하였으나, 이를 곧 포기하고 일본 재무장화, 재벌 유지, 노조탄압 등 이른바 '역코스'Reverse Course로 전환하였다. 역코스로 재건된 일본은 동아시아에서 반공의 보루이자 지역통합의 거점으로 부활했다.

반면 미국의 동아시아 지역통합전략에서 한국의 위치는 불확실했다. 한국전쟁 이전까지 미국은 한일관계의 잠재적 중요성을 인식하면서도 한국의 전략적 가치를 낮게 평가했고, 한국이 부패에 의해 스스로 붕괴하거나 북한과 같은 혁명적 민족주의세력에 의해 전복될 위험성 때문에 개입에 신중한 자세를 보였다.(Bruce Cumings, 1990, pp. 413~414) 하지만 한국전쟁을 거치면서 한국의 전략적 가치가 커졌다. 한국전쟁은 일본 경제의 성장에 결정적 역할을 했고, 한국은 일본의 중요한 경제적 배후지로 부상했다. 또한 한국은 미국이 직접 개입하여 공산주의세력을 봉쇄하고 일본 본토를 방어하는 최전선이 되었다. 1951년 9월 8일 미국과 일본이 평화조약과 함께 안전보장조약을 맺고, 1954년 한국과 미국이 상호방위조약을 맺음으로써 한국, 미국, 일본의 군사적 관계도 밀접해졌다.

그러나 한국전쟁 이후 미국의 일본 중심 동아시아 지역통합전략에는 몇 가지 장애가 있었다. 한국은 이승만 대통령이 미국의 일본중시정책에 반발하면서 '반일'을 강조하였다. 일본은 산업구조가 대외적인 확장에 나설 만큼 성장하지 못했고 평화헌법 때문에 재무장화가 용이하지 않았다.(허버트 P. 빅스, 1984, 229~230쪽) 무엇보다 과거사를 바라보는 양국의 인식 차이가 너무 컸다. 그 결과 한국과 일본의 관계정상화를 위한 한일회담은 처음부터 난항을 거듭할 수밖에 없었다.

## 1950년대 전반 한일회담의 난항

미국의 동아시아 지역통합전략에 따라 한국과 일본은 1951년부터 관계정상화를 위한 회담을 진행했다. 1951년 9월 8일 연합국과 일본 사이에 샌프란시스코강화조약이 체결됨으로써 일본의 주권이 회복되었다. 한국은 샌프란시스코강화조약에 참여하고자 하였으나, 영국과 일본의 반대 의견을 받아들인 미국은 이를 거부하였다. 대일 강화조약에서 배제된 한국은 1952년 4월의 강화조약 발효 이전에 한일 간의 각종 현안들을 타결하고자 미국의 주선에 따라 일본과 직접 협상을 시도했다. 일본은 소극적 자세를 보였지만 재일한국인 문제를 해결하기 위해 한국과 협상에 나섰다.* 그 결과 1951년 10월 20일 제1차 한일회담의 예비회담이 도쿄에서 시작되었다.

한일회담은 난항의 연속이었다. 예비회담은 1952년 2월 중에 본회담을 개최할 것과 본회담의 의제만 정하고 끝났다. 예비회담의 합의에 따라 1952년 2월 15일 제1차 회담이 시작되었지만, 한국과 일본은 청구권과 어업 문제 등에서 첨예한 대립을 보였다. 1953년 4월 제2차 회담도 큰 성과를 거두지 못했다. 그리고 1953년 10월 제3차 회담에서 나온 일본 수석 대표 구보타의 "36년간 일본의 한국 지배가 한민족에 유익했다"라는 망언으로 한일회담은 장기간 중단되었다.

한일회담 과정에서 양국 사이에 논란이 되었던 핵심 쟁점을 정리하면 다음과 같다. 첫째, 기본조약 문제이다. 한국은 한일병합조약 등 1910년 이전에 체결된 한일 간의 모든 조약이 무효라는 사실을 명문화할 것을 주장했다. 그러나 일본은 명문화가 일본 국민의 감정을 상하게 한다는 이유

---

* 1945년 2차 세계대전 종전 당시 일본에는 약 200만 명의 한국인이 거주했고, 그중 약 50~60만 명이 한국으로 돌아가지 않고 일본에 정착했다. 일본 정부는 이들이 정치적으로 좌익 성향이 강하고 대부분이 생활보호대상자이며 범죄와 실업 등으로 일본 사회에 부담이 된다고 문제시했다.

로 반대했다. 이후 일본은 명문화 자체에는 동의하였으나 마치 1945년 이후부터 무효인 것처럼 문구를 처리하여 병합조약이 원천 무효라는 점을 인정하지 않으려 했다.(이원덕, 1996, 61~62쪽) 이 문제는 1965년 한일협정 체결 때까지 계속 쟁점으로 남았고 체결 이후에도 논란이 되었다.

둘째, 청구권 문제이다. 한국은 샌프란시스코강화조약에 참여하여 일본으로부터 식민 지배에 대한 '배상'을 받아내려다 실패했다. 이후 한국은 일제강점기 한국에서 일본으로 흘러간 돈이나, 징용 당한 한국인들의 미지급 임금 등에 대한 다양한 채권적 요구, 즉 '청구권'을 주장하였다. 하지만 일본은 이러한 요구를 받아들이기는커녕 도리어 일제 패망과 함께 일본인들이 한국에 남겨놓은 재산에 대한 청구권을 주장했다. 흔히 '역逆청구권'이라고 불리는 일본의 주장은 한국의 청구권 주장을 상쇄하기 위한 성격이 강했다. 1953년 구보타 망언도 일본이 역청구권을 주장하는 과정에서 나왔다. 청구권 문제는 한일회담의 최대 쟁점이었다.

셋째, 평화선 문제이다. 제1차 한일회담 직전인 1952년 1월 18일 이승만 대통령은 한국 인접 해양에 대한 '주권'을 선언하고 50~60해리에 달하는 평화선을 선포했다. 평화선은 어업규제선·방위선이자 한일회담을 대비한 대일 압박 카드였다. 일본은 평화선이 불법이라고 주장하면서 철폐를 강력히 요구했지만, 이에 맞서 한국은 평화선을 침범하는 일본 어선들을 나포하였다. 1957년 회담 재개 이후 한국은 평화선 축소에 대해 일본과 협상할 태도를 보였으나, 일본이 평화선을 인정할 수 없음을 분명히 한 반면 한국 국민들은 주권이 선포된 평화선을 '영해'로 인식했기 때문에 협상에서 한국 정부의 운신 폭은 좁았다. 결국 청구권 문제가 타결된 이후에도 평화선 문제는 끝까지 한일회담의 진전을 가로막는 걸림돌이 되었다.

한일회담의 난항에는 이러한 쟁점과 더불어 이승만의 비타협적인 대일 강경 정책도 한몫했다. 이승만은 일본을 믿지 않았다. 이승만은 일본이

기본적으로 변한 것이 없으며 언젠가 아시아에서 군사적·경제적 지위를 되찾아 재무장을 함으로써 한국의 독립을 위협할 것이라고 생각했다. 또한 한국 경제가 일본 경제의 하부로 전락하는 것도 두려워했다. 일본에 대한 불신과 경계심은 이승만뿐 아니라 당시 많은 한국인들이 공유하고 있었던 현실적인 대일 인식이었다.(오제연, 2005, 31쪽)

이승만은 이러한 한국인들의 대일 인식을 반공주의와 결합시켜 정치적으로 이용했다. 특히 1954년 하반기에 들어와 일본이 대對공산권 적극외교에 나서 소련, 중국은 물론 북한에 대한 접근을 강화하자, 이승만은 1955년 5~7월에 일본의 용공정책에 반대하는 대규모 반일시위를 일으켰다. 1955년 5월 30일 '전국애국단체연합회'에서는 '일제용공정책분쇄 국민대회'를 열고, 적색제국주의의 침략과 일본제국주의의 재기를 철저히 분쇄할 것을 결의하였다. 6월 8일 경전노조 조합원 3,000여 명이 시위를 벌여 서울의 전차가 5시간이나 멈추기도 하였다. 당시 언론은 이날까지 일본의 용공정책을 규탄하는 시위에 전국 각지에서 40여 만 명이 참여하였다고 보도하였다.(서중석, 2005b, 429~430쪽)

이승만은 반일운동을 벌이면서 미국에 일본의 용공정책을 묵인하지 말 것을 촉구하였다. 사실상 이승만은 일본과의 교섭 과정에서 일본이 아니라 미국을 상대로 협상하려 했고, 미국으로부터 더 많은 원조를 얻어내기 위해 한일 문제를 이용했다. 일본 또한 한국보다 미국과 실질적인 협상을 하려 했다. 이는 미국에 절대적으로 의존하고 있던 한일 양국이 미국의 동아시아 지역통합전략에 따라 회담을 진행했기 때문에 생긴 현상으로, 한일회담이 난항을 거듭한 근본 원인이었다.

**한일회담 재개와 재일한국인 북송** 　　1950년대 중반 이후 세계적 냉전의

성격이 조금씩 변화하였다. 1957

년 소련의 대륙간탄도탄 개발과 무인우주선 스푸트니크 발사는, 핵전력

우위에 기반한 미국의 '대량보복 전략'을 무력화시키고 미소 간의 핵 교착

상태를 야기했다. 핵 교착상태는 미소 양대 진영의 군사적 대치를 심화시

켰는데, 이 과정에서 한국, 일본, 베트남의 군사전략적 가치가 격상되었다.

군사적 대치와 더불어 제3세계 발전을 둘러싼 체제 우월성 경쟁도 격화되

었다. 소련의 새 지도자 흐루시초프는 제3세계의 민족해방운동을 재평가

하면서 인도, 이집트, 인도네시아 등 비동맹국에 대한 정치적·경제적 지원

을 강화하였다. 이러한 소련의 공세에 대응하여 미국에서도 제3세계 개발

의 중요성이 부각되었다. 그러나 미국의 재정과 국제수지 악화는 재원 조

달을 어렵게 만들었다. 이를 타개하기 위해 미국은 우선 1957년부터 종래

의 무상원조를 삭감하는 대신, 개발차관기금을 만들어 개발도상국을 지원

하기 시작했다. 동시에 전후 복구와 경제 부흥을 달성한 동맹국들에게 책

임 분담을 요구했다.

　이러한 상황 변화는 1950년대 후반 한일회담 재개에도 영향을 미쳤

다. 미국은 일본에 보다 적극적인 군사적·경제적 역할과 책임 분담을 요구

하면서, 한국과의 교섭에 적극적으로 나설 것을 희망했다. 1957년 2월 출

범한 일본의 기시 정권은 미일안전보장조약 개정, 오키나와 반환 등을 실

현시켜 일본의 국제적 위상을 높이기 위해 미국의 동아시아정책에 적극

협력하였다. 기시 정권은 출범 직후 측근인 야스기를 한국에 밀사로 파견

하여 이승만에게 직접 회담 재개를 제안했다. 미국의 원조가 줄어드는 상

황에서 이승만도 기시의 제안에 호의적인 반응을 보였다.(이종원, 1995, 43

~46쪽)

　그 결과 장기간 중단되었던 한일회담이 재개되었다. 먼저 그동안 협상

의 걸림돌이었던 일본의 역청구권 주장이 포기되고 구보타 망언도 취소되었다. 그리고 한일 양국은 1957년 12월 31일 억류자 상호 송환과 한일회담 재개를 규정한 협정 문서에 서명하였다.* 이에 따라 1958년 4월 15일 제4차 한일회담의 본회담이 시작되었다. 하지만 제4차 회담은 청구권과 평화선 문제를 둘러싼 양측의 입장 차이 때문에 진전을 보지 못했다. 1959년 일본 정부가 한국의 거센 반발에도 불구하고 재일한국인들의 대규모 북송을 허용하자, 회담은 곧 파국을 맞이했다.

1959년 1월 30일 일본이 재일한국인 북송을 공식 발표한 이후, 이승만 정권은 1959년 1년 내내 전국 각지에서 반공주의와 결합한 반일운동을 일으켰다. 1959년의 반일운동은 이전보다 훨씬 크고 지속적이었다. 2월 21일 '재일동포북송반대 전국위원회'가 서울에서 주최한 '북송반대 전국민 궐기대회'에 7만여 명 등, 2월 13일부터 3월 27일까지 전국에서 1,000여만 명의 국민들이 7,400회가 넘는 북송반대집회에 참여하였다.(『조선일보』 1959년 3월 28일자) 이후에도 6월 12일부터 7월 24일까지 1,400여 회에 걸쳐 500만 명 이상(『조선일보』 1959년 7월 25일자), 또 11월 21일부터 12월 1일까지 1,200여 회에 걸쳐 150만 명 이상의 국민이 북송반대집회에 참여했다.(『조선일보』 1959년 12월 2일자) 그러나 1년 내내 지속한 대규모 북송반대운동에도 불구하고, 1959년 12월 14일 첫 북송선은 평화선을 뚫고 북한으로 향했다.

북송 저지 실패에서 드러나듯 이승만의 대일 강경 정책은 외교적으로 별 효과가 없었다. 반면 이승만 정권은 반공주의와 결합한 반일운동을 통

---

* 1950년대 당시 한국은 평화선을 넘어 조업한 어선을 나포하여 약 2,000명 정도의 일본 어민들을 부산 수용소에 억류하고 있었다. 반면 일본도 불법체류 한국인들을 적발하여 약 1,000명 정도를 오무라 수용소에 억류하고 있었다. 상호 억류자의 송환 교섭은 1950년대 후반 한일회담이 재개하는 데 중요한 역할을 했다.

해 친일과 정권이라는 비판을 호도하면서 권력을 강화시킬 수 있었다. 그러나 이승만 정권의 의도와는 별개로, 이러한 반일운동은 본질적으로 한국인들이 가지고 있었던 일본에 대한 불신과 경계심 때문에 가능했다.(서중석, 2005b, 433~434쪽) 동시에 이때의 대규모 반일운동 경험은 일본에 대한 한국인들의 인식을 악화시켰다. 일본에 대한 불신과 경계심은 1960년대에도 여전히 강고하게 이어졌고 한일회담의 타결이 가까워질수록 더욱 분명하게 드러났다.

**미일신안보조약 체결과 장면 정권**  1950년대가 끝나고 1960년대가 시작되자마자 동북아시아 정세에 큰 변화가 생겼다. 먼저 1960년 1월 19일 미국과 일본이 기존의 안전보장조약을 갱신한 미일신안보조약에 서명했다. 미일신안보조약은 중국의 부상이라는 새로운 위협에 대처하여 동아시아의 반공보루를 강화하고자 하는 미국의 정책 목표에 따라 만들어졌다. 미국은 '일본의 안전' 유지에 국한되었던 이전 조약의 목표를 '극동의 국제평화 및 안전' 유지로 확대하여, 일본이 미국과의 유기적인 합동전략체계 속에서 군사적 행동 범위를 넓힐 수 있도록 했다. 불평등조약 개선과 군사력 증강을 희망한 일본의 기시 정권도 신안보조약 체결에 적극적이었다. 미일신안보조약으로 동아시아에서 일본의 역할과 책임은 더욱 커졌고, 이에 상응하여 미국의 한일관계정상화 요구도 강해졌다.

한국에서는 1960년 4월혁명으로 이승만 정권이 붕괴한 후 허정 과도정권을 거쳐 7·29 총선을 통해 장면 정권이 탄생했다. 장면 정권은 이승만 정권과 달리 미국의 일본 중심 지역통합전략에 순응하여 한일회담에 적극적으로 임했다. 경제제일주의를 내세운 장면 정권은 1950년대 후반 미국의 원조 감소로 초래된 경제 불황을 타개하기 위해 일본의 경제적 지원을 절실하게 원했다. 정권 출범 직후인 1960년 8월 24일 장면 정권은 '대일 외교 정상화'를 주요 외교정책으로 발표하고 곧 실행에 들어갔다. 1960년 7월 새로 들어선 일본 이케다 정권도 한일회담 타결에 의욕을 보였다. 이에 1960년 10월 25일 제5차 한일회담의 예비회담이 시작되었다. 제5차 회담에서는 이전과 달리 각 분과에서 심도 있는 논의가 이루어졌다. 특히 핵심 쟁점인 청구권 문제는 과거 네 차례에 걸친 회담에서 한 번도 실질적인 내용 토의에 들어가지 못한 채 법이론논쟁에 매달렸던 것과 대조적으로, 이번에는 청구권 분과위원회를 32회나 개최하여 청구권 각 항목에 대한 실질적인 토의를 진행했다.(이원덕, 1995, 78쪽)

하지만 제5차 한일회담은 1961년 5·16쿠데타로 예비회담만 가진 채 본회담을 열지 못하고 막을 내렸다. 양국 정부의 적극적인 자세에도 불구하고 한일회담이 빠르게 진행되지 못한 것은 1차적으로 핵심 쟁점에 대한 견해 차이가 여전히 컸기 때문이지만, 또한 한일 양국의 내부 상황 때문이기도 했다. 특히 한국의 경우 1961년 2월 3일 국회(민의원)가 '한일관계에 관한 결의안'을 채택하여 정부의 적극적인 한일교섭에 제동을 걸었다. 이 결의안은 장면 정권이 지켜야 할 한일회담 원칙으로 다음의 4개 항을 제시했다.(『대한민국국회속기록』 1961년 2월 3일)

1) 제한국교에서 전면국교로 나아갈 것
2) 평화선은 국방 및 수산자원 보존과 어민 보호를 위해 수호할 것
3) 정식 국교는 일본이 우리에게 입힌 고통 청산 후에 성립할 것
4) 현행 통상 외의 경제 협조는 국교정상화 후에 할 것

야당인 신민당이 주도한 국회 결의안은 당시 한국 국민들이 한일회담

에 대해 갖고 있던 보편적 정서를 반영했다. 그중 제2항과 제3항은 평화선과 청구권 문제에 대한 일종의 가이드라인이었다. 그러나 제2항은 평화선 자체를 인정하지 않는 일본이 받아들이기 어려운 것이었고, 제3항은 한국인들이 납득할 수 있는 수준으로 대일 청구권을 획득해야만 충족 가능한 것이었다. 1960년 11월 국무원 사무처가 실시한 여론조사에 따르면, 일본과의 즉시 국교를 지지한 사람들은 18.5%밖에 안 된 반면, 국교 반대자(17.7%)와 시기상조(24.6%)라는 답변은 합해서 40%가 넘었다.(서중석, 2005b, 304쪽) 이러한 국회 견제와 국민여론은 장면 정권에게 큰 부담이었다. 회담은 그만큼 더디게 진행되었고, 결국 그 타결을 5·16쿠데타 이후로 넘길 수밖에 없었다.

## 5·16쿠데타 이후 한일회담의 진전

**케네디 정권의 한일관계정상화 압력**　　5·16쿠데타가 일어난 1961년 미국에서는 케네디 정권이 출범했다. 케네디 정권은 이전 아이젠하워 정권과 달리 미국 대외정책 수단의 한정성을 부정하고 핵 교착상태를 타개할 적극적인 대외정책을 전개했다. 각 지역에서 동맹국에 대한 책임 분담이 경시된 것은 아니었지만, 제3세계 문제에 대한 미국의 직접 관여가 보다 강조되었다. 국제적인 모든 수준의 분쟁에 미국이 '대칭적'으로 유연하게 대응한다는 전략(유연대응 전략)에 따라 케네디 정권의 국방예산은 비약적으로 증대했다. 미소 간 군비 경쟁은 보다 격화되었다.

　　케네디 정권은 이러한 대외정책을 뒷받침하기 위해 재정 기반을 확충하려 했으나, 1960년대 미국의 국제수지가 한층 악화되는 상황에서 한계가 많았다. 특히 동아시아는 대對중국 봉쇄의 필요성에도 불구하고 중남미나 중동에 비해 미국의 관여가 상대적으로 취약한 지역이었다. 동아시아 중에서도 베트남에 대한 미국의 원조가 급증하면서, 한국이나 대만에 대한 원조 문제가 시급히 해결해야 할 과제로 떠올랐다. 자연히 이전부터 지역통합전략에 따라 동아시아의 중심축으로 미국이 기대해온 일본에게 책임 분담 압력이 가중되었다.(이종원, 1995, 46~48쪽) 케네디 정권은 경제 부흥에 성공한 일본이 후진국에서 군사적, 경제적 역할을 수행할 능력을 갖추었다고 판단했다. 또한 대한정책에서 경제개발계획의 중요성을 강조하면서 한국의 경제개발계획을 수행함에 있어 일본자본과 대일 수출시장이 필요하다고 보았다. 이에 따라 미국의 한일관계정상화 압력은 1950년대보다 더욱 강화되었다.(박태균, 2006, 190쪽)

군대를 동원해 무력으로 장면 정권을 붕괴시키고 집권한 박정희는 정통성 없는 정권의 운명을 경제개발에 걸었다. 그 역시 경제개발에 필요한 자금과 기술을 일본으로부터 들여오기 위해 한일회담에 적극적으로 나섰다. 쿠데타 직후인 1961년 5월 22일 한국의 군사 정권은 일본에 조속한 회담 재개를 제의했다. 5·16쿠데타 이후 사태를 관망하던 일본의 이케다 정권은 한일회담 추진이 일본 국내에서 논란을 일으킬 것을 우려하여 처음에 신중한 자세를 보였다. 그러나 6월 20~21일 미국에서 열린 미일정상회담에서 이케다 총리가 일본의 안전보장과 한국 정세를 연계시키고 한국의 군사 정권을 적극적으로 원조하겠다는 의사를 표명한 이후 적극적인 자세로 전환하였다. 이러한 태도 변화는 미국의 강한 압력과 더불어, 기시 전前 총리와 같은 자민당 내 우파세력의 요구를 반영한 것이었다.(이원덕, 1996, 133~137쪽) 결국 5·16쿠데타로 중단된 한일회담은 1961년 10월 재개되었다.

**한일회담 재개와 청구권 문제 타결**　　　1961년 10월 20일 제6차 한일회담이 시작되었다. 1961년 11월 박정희는 미국 방문 길에 일본에 들러 이케다와 정상회담을 갖고 한일회담을 조속히 타결하여 국교를 정상화한다는 원칙에 합의했다. 그러나 양국 정상의 합의에 따라 각 현안에 대한 논의를 계속했지만 타협은 쉽게 이루어지지 않았다.(대한민국 정부, 1965, 156쪽)

가장 큰 쟁점은 역시 청구권 문제였다. 특히 청구권의 '명목'과 '액수'가 논란이 되었다. 한국은 실질적으로 식민 지배에 대한 보상 성격을 가지고 있는 청구권을 관철시켜 한국 국민들에게 한일협정 체결과 일본 자금 유입의 정당성을 입증하려 했다. 반면 일본은 미국의 견해를 따라 2차 세계대전 이후 미군정이 한국 내 일본인 소유 재산을 한국에 이양함으로써 청구권은 사실상 소멸되었다는 입장을 가지고 있었다.\* 대신 한국에 제공할 자금의 명목을 '경제협력자금' 혹은 '독립축하금'으로 규정하려 했다. 청구권의 명목 못지않게 중요한 것이 액수 문제였다. 1961년 제6차 한일회담이 시작될 즈음 한국은 일본에 8억 달러 정도의 청구권자금을 요구했다. 이에 대해 일본은 청구권은 불과 5,000만 달러 정도만 인정할 수 있으며 여기에 약간의 경제원조가 가능하다고 대응했다.(이도성, 1995, 39쪽) 이후 양국은 지속적인 협상을 통해 액수 차이를 줄여나갔다.

양측의 입장이 분명해진 상황에서 최종적인 담판을 위해 김종필 중앙정보부장과 오히라 일본 외상이 회담을 가졌다. 1962년 10월 21일과 11월 12일 두 차례에 걸친 회담에서, 두 사람은 유명한 '김종필·오히라 메모'를

---

\* 1957년 미국은 한일 양국에 회담 재개를 종용하면서 당시 문제가 되었던 청구권과 역청구권에 대해 "① 미군정이 일본인의 한국 내 재산을 몰수한 것은 법적으로 문제가 없기 때문에 일본이 주장하는 역청구권은 인정할 수 없다 ② 한국의 대일 청구권은 2차 세계대전 후 일본인 소유의 한국 내 재산을 한국에 양도함으로써 어느 정도 충족되었다"는 내용의 견해를 일본에 전달했다. 이러한 미국의 견해는 일본이 역청구권을 포기하면서도 한국의 청구권 주장을 반박하는 결정적인 근거가 되었다.

통해 최종 합의를 끌어냈다. 이 메모는 일본이 "무상 3억 달러, 유상(정부 차관) 2억 달러, 민간차관 1억 달러 이상"을 한국에 제공한다는 것을 명시하였다. 반면 자금 제공의 명목에 대해서는 한마디도 언급하지 않았다. 이후 한국은 이 자금을 청구권자금이라고 설명했지만, 일본은 일관되게 경제협력자금 및 독립축하금으로 해석하였다.(이원덕, 1995, 81~85쪽) 한일 양국은 1965년 체결된 청구권 관련 협정의 제목을 '대한민국과 일본국 간의 재산 및 청구권에 관한 문제의 해결과 경제협력에 관한 협정'이라고 하여, 자금 명목에 대해 양국이 서로 다른 주장을 할 수 있는 여지를 계속 열어놓았다.

하지만 청구권 합의를 이행하기 위해서는 동시에 평화선 문제를 해결해야 했다. 일본 정부는 이전부터 청구권과 평화선의 상쇄를 주장하고 있었고, 한국의 군사 정권도 청구권 협상이 성공적으로 해결될 경우 평화선 문제에 대해 대폭적인 양보를 할 용의가 있었다. 김종필·오히라 메모가 작성되기 직전 박정희는 김종필에게 훈령을 보내, 일본 측이 청구권 문제에 성의를 보이면 어업 문제도 해결될 것이라는 메시지를 오히라 외상에게 전달하도록 지시하였다.(이도성, 1995, 131쪽) 그러나 청구권 합의에도 불구하고 평화선 양보를 통한 한일회담의 타결은 쉽게 이루어지지 못했다.


**군사 정권에 대한 비판 고조**　　　1962년 11월 '김종필·오히라 메모'를 통해 청구권 합의가 이루어졌으나, 그 내용은 한국 국민들이 만족할 수 없는 것이었다. 요구보다 너무 적은 액수도 문제였지만, 애매한 명목을 둘러싼 논란과 불투명한 협상 과정에 대한 의혹, 그리고 자금 도입 이후 현실화될 경제적 종속 우려가 계속 제기되었다. 한국 국민들은 과거 식민 지배에 대한 배상이나 사과를 받아내기는커녕 '청구권'이라는 명목조차 제대로 관철하지 못한 군사 정권을 비판했다. 군사 정권은 청구권자금이 한국의 경제발전을 위해 꼭 필요하다고 주장했지만, 경제발전보다 경제 종속 효과를 발휘할 것이라는 주장이 더 설득력을 얻었다. 협상 과정에서 군사 정권과 일본 사이에 모종의 거래가 있었다는 의혹은 뒤에서 살펴볼 것처럼 충분한 근거를 가지고 있었다.

평화선 문제는 한국 국민에게 더 민감한 사안이었다. 군사 정권은 청구권자금의 조속한 도입을 위해 청구권과 평화선의 상쇄를 주장하는 일본의 요구를 수용할 의사가 있었지만, 그동안 평화선을 대한민국의 주권이 미치는 영해로 인식하고 있던 한국 국민들은 이를 국토의 일부를 돈을 받고 팔아먹는 행위로 간주했다. 생존권을 위협받던 어민들 역시 청구권 문제 타결 직후부터 군사 정권에게 평화선을 청구권과 흥정하지 말 것을 계속 요구했다. 결국 군사 정권도 이러한 국민 정서를 의식하여 협상에 신중한 자세를 보일 수밖에 없었다.

그러나 이미 많은 국민들은 대일 외교에 임하는 군사 정권의 태도를 '굴욕적'이고 '저자세'인 것으로 규정하였다. 특히 대학생들 사이에서 군사 정권에 대한 비판이 커졌다. 1961년 5·16쿠데타 직후 사태를 관망하던 대학생들은 곧 5·16쿠데타를 4월혁명의 계승으로 인정하고 지지를 보냈으나 군사 정권의 개혁 후퇴와 정책 실패, 그리고 권력욕과 부정부패를 경험하면서 정권에 대해 점차 비판적으로 바뀌었다.

보다 선도적인 학생들은 직접 행동에 나섰다. 1962년 6월 고려대와 서울대에서 불평등한 한미관계를 바로잡기 위해 한미행정협정 체결을 촉구하는 대규모 학생시위가 일어났다. 당시 학생들은 자신들의 행동이 정권에 대한 반대가 아님을 분명히 했으나, 이 시위에서 표출된 학생들의 강렬한 민족주의는 군사 정권과 긴장관계를 보여주었다. 또한 이념적 성향이 강했던 서울대 문리대의 일부 학생들은 1963년 3월 29일 군정 연장을 반대하는 시위를 벌이고, 1963년 4월 19일 4월혁명 3주년을 맞이하여 "서울대학교 4·19혁명 제4선언문"을 발표하였다. 특히 제4선언문은, 통일운동이 한창 진행 중이던 1961년 4월 "서울대학교 4·19혁명 제2선언문"에 나온 반봉건·반매판·반봉건의 민족혁명론을 다시 언급하면서 군사 정권을 신랄하게 비판했다.(김삼웅, 2001, 40쪽)

> 4월! 뜨거운 피의 적이었던 백색독재와 그를 밑받침한 사회적 제 모순, 즉 사회경제적 봉건적 구조와 외세 의존의 매판적 정치·경제 질서, 의식의 보수성 등 온갖 질곡은 의연히 온존된 채 4월의 정신은 왜곡되고 자기 합리화의 선전물로 타락했다. 질서를 약속하며 집권한 군사 정권은 무질서한 자기 분열의 노정에 당황하여 안정이라는 이름을 호도하기에 분망하며 부를 공약한 정권이 호사한 계획의 이면에서 의혹사건을 조작하고 민생고를 가중시켰다.

민정이양을 위한 1963년 10월 대통령 선거에서 박정희가 '민족적 민주주의'를 내세워 승리를 거두고 박정희 정권을 수립하였지만 학생들의 민족주의·민주주의 지향은 정통성 없는 권력을 가지고 굴욕적 저자세로 한일회담을 추진하는 박정희 정권과 더 이상 양립하기 힘들었다. 결국 미국의 압력이 다시 거세지면서 한일회담 타결이 가시권에 접어들자, 주요 대학의 선도적 학생들은 이에 대한 학생과 국민들의 거부감이 상당할 것으로 예상하고 한일회담반대투쟁을 준비하기 시작했다.

# 2
# 1964년 한일회담반대투쟁

## 한일회담반대투쟁의 전개

**3·24시위**  1963년 말부터 베트남 문제에 적극 개입한 미국의 존슨 정권은 일본에 더 많은 책임 분담을 요구하면서 한일회담에 대한 압력을 가중시켰다. 이러한 미국의 압력은 1964년 1월 프랑스의 중국 승인과 수교로 미국의 대중국 봉쇄정책이 타격을 받게 되자 더욱 거세졌다. 한일회담 타결 실패는 중국을 봉쇄하고 베트남전쟁에 발을 들여놓은 미국에게 커다란 부담이기 때문이었다. 1964년 1월 18일 미국 법무장관 로버트 케네디가 일본에서 이케다와 만난 후 방한하여 박정희에게 한일회담의 조속한 타결을 종용했다. 1월 29일 미국 국무장관 러스크가 방한하여 한일회담의 조속한 타결에 합의하는 내용의 한미공동성명을 발표하였다. 러스크는 2월 28일에도 주미 한일 양국 대사를 불러 한일회담과 동북아시아 안정에 관해 논의한 후 회담의 조기 타결을 촉구하였다. 이에 한일 양국은 3월 10일부터 각료급 정치회담을 열어 막바지 협상을 벌였다. 곧 한일회담의 "3월 타결, 4월 조인, 5월 비준"설이 광범위

하게 퍼졌다.

회담 타결이 임박해오자 그동안 이 문제를 주시해오던 야당, 지식인 그리고 학생들은 박정희 정권이 굴욕적 저자세로 한일회담에 임하는 것에 반대하는 투쟁에 본격적으로 나섰다. 먼저 야당과 재야세력들은 3월 9일 '대일굴욕외교반대 범국민투쟁위원회'(범국민투위)를 결성하였다. 범국민투위는 15일부터 전국을 돌며 집회를 개최하여 "박정희 정권이 3억 달러로 일본에 나라를 팔아먹으려 한다" "박정희 정권은 일본의 재침再侵을 막을 수 없다"라고 주장하였다. 이 전국 유세에는 부산 3만, 마산 1만 5,000명, 광주 1만 명 등 많은 청중이 모였으며, 21일 마지막 서울 유세에는 4만여 명이 운집하였다. 하지만 박정희 대통령은 반대여론에도 불구하고 20일 김종필 공화당 당의장을 한일회담이 진행 중인 일본에 파견하여 정치적 타결 의지를 분명히 하였다.

한일회담 타결을 저지하기 위해 학생들이 나섰다. 1964년 3월 24일 서울대 문리대, 고려대, 연세대 학생들이 5·16군사쿠데타 이후 최초의 대규모 가두시위를 벌였다. 먼저 오후 1시 30분 서울대 문리대생 500여 명이 '제국주의자 및 민족반역자 화형식'을 갖고 가두로 진출했다. 오후 3시에는 고려대생 2,000여 명이 집회를 갖고 가두로 진출했다. 장준하·함석헌의 강연을 듣던 연세대생 3,000여 명도 오후 4시경 거리로 뛰쳐나왔다. 학생시위에 경찰은 강경 진압으로 맞섰다. 많은 학생들이 부상당하고 연행·구속당했다.

이들 3개 대학의 시위는 사전에 조율되어 있었다.* 학생들의 접촉은 1963년 말 겨울방학 때부터 시작되었으나, 구체적인 시위 모의는 3월 개

---

* 민비연 3인방으로 불리며 1964년 한일협정반대투쟁을 주도했던 현승일의 회고에 따르면, 서울대 1시 30분, 고려대 3시, 연세대 4시 등 순차적 시위 진행 역시 시위 효과를 극대화하기 위해 사전에 계획한 것이라고 한다.(현승일의 증언)

강 이후에 이루어졌다. 시위 모의에서 중심 역할을 한 조직은 서울대 문리대 내 학생 서클인 '민족주의비교연구회'(민비연)였다. 민비연은 1963년 10월에 조직되었다. 민비연은 공개 운동조직 대신 '연구회'를 표방하여 합법적으로 학생운동의 기반을 확대하고 새 방향을 정립하는 것을 목표로 하였다. 또한 연구 발표와 세미나를 통해 민족주의와 관련한 학술적·이념적 지표를 세우고자 했다. 민비연 학생들은 민족주의, 특히 한국의 후진성과 분단의 책임을 강대국 정치와 제국주의적 식민정책에서 찾으려는 제3세계 민족해방주의에 관심을 갖고 있었다.(이종률의 증언) 특히 3·24시위를 주도한 김중태, 현승일, 김도현 등 민비연 핵심 멤버들은 이미 1962년 6월 한미행정협정체결촉구시위 당시에도 주도적인 역할을 한 바 있다.[*]

한일회담반대투쟁 시작 당시 민비연 학생들의 지향은 3·24시위 때 나온 서울대 문리대의 선언문과 결의문에서 살펴볼 수 있다. 학생들은 선언문을 통해 한일 양국 정부가 6억 달러에 불과한 식민 착취와 탄압의 대가로 평화선을 흥정하고 있다고 비판하고, 이제 일본자본이 민족자본을 침식·예속시켜 매판자본화할 것이라고 경고했다. 그리고 다음과 같은 결의문을 채택했다.(『대학신문』 1964년 3월 26일자)

1. 민족반역적 한일회담을 즉각 중지하고 동경 체재滯在 매국정상배는 일로 一路 귀국하라.
2. 평화선을 침범하는 일본 어선은 해군력을 동원하여 격침하라.
3. 한국에 상륙한 일본독점자본의 척후병을 즉시 축출하라.
4. 친일주구走狗의 국내 매판자본가를 타살打殺하라.
5. 미국은 한일회담에 관여치 말라.

* 고려대도 1962년 한미행정협정체결촉구시위 주동자들이 1964년 한일협정반대투쟁을 주도했다.

6. 제국주의 일본 자민당 정권은 너희들의 파렴치를 신의 앙화殃禍를 입어
   속죄하라.

7. 박 정권은 민족 분노의 표현을 날조, 공갈로 봉쇄치 말라.

8. 오늘 우리의 궐기를 역사는 증언하려니와 우리의 결의와 행동이 '신제국
   주의자'에 대한 반대투쟁의 기점임을 만천하에 공포한다.


1964년 3·24시위에 참여한 고려대와 연세대 학생들의 요구도 크게 다
르지 않았다. 고려대의 시위구호는 "평화선은 생명선이다" "한국에 있는
일본 상사를 즉각 철수시켜라" "국민 의사를 존중하라" "우리들의 자유의
사를 무력행사로 짓밟지 말라" "한일회담을 즉각 중지하라" "조국은 너희
일인一人의 것이 아님을 알라" "왜 일본을 신임해야 하는가" "연행한 학생
들을 즉각 석방하라" 등이었다.(『고대신문』 1964년 3월 28일자) 연세대의
구호는 "매국적인 한일회담을 즉시 중단하라" "삼천만의 생명선인 평화선
을 사수하라" "제2의 이완용을 즉시 소환하라" "악덕재벌 타도하고 민족자
본 이룩하자" "4·19는 주시한다. 위정자여 각성하라" 등이었다.(『연세춘
추』 1964년 3월 30일자)

이러한 구호에도 나타나듯 당시 학생들은 평화선 흥정을 반대하고 일
본자본 침투를 규탄하면서 일본에 건너간 김종필 소환과 굴욕적 한일회담
중지를 요구하였다. 하지만 시위 주도 학생들은 3·24시위가 결코 반정부
나 반미 시위가 아님을 분명히 했다. 물론 시위를 주도한 학생 중 일부는
이미 이때부터 박정희 정권 반대를 의도하고 있었고 미국에 대해서도 매
우 비판적이었지만, 이는 대다수 일반 학생들의 인식과 거리가 있었기 때
문에 평화선 흥정 반대나 일본자본 침투 규탄과 같이 보다 공감대를 얻을
수 있는 이슈를 전면에 내세웠다.

대규모 학생시위에 박정희 정권은 큰 충격을 받았다. 일단 정부는 연행

학생 석방, 평화시위 보장 등 유화책을 통해 학생들을 설득하려 했다. 다음 날인 25일 문교부는 문교부·외교부·내무부 장관과 36개 대학 96명의 학생 대표가 참여하는 간담회를 긴급 개최하였다. 학생들은 간담회에서 "① 한일 회담의 무조건 중지와 회담 대표 즉시 소환 ② 박 대통령과의 연석회의 마련 ③ 구속학생들 즉시 석방" 등을 요구하고, 만약 이 요구가 관철되지 않으면 계속 투쟁하겠다고 경고했다. 그러나 간담회는 큰 성과 없이 끝났다.

시위는 3월 25일 전국 각 대학교와 고등학교로 확대되어 4만여 명의 학생이 시위에 참여했다. 서울의 시위대는 청와대 부근에서 수도경비사령부 소속 군인 2개 중대와 대치했다. 야당도 국회에서 한일회담 즉시 중지와 구속학생 즉각 석방을 요구했다. 3월 26일 박정희 대통령은 특별담화를 통해 학생들의 우국충정은 이해하지만, 자신은 재임 중 부과된 임무를 확고한 신념과 명확한 목표하에 추호도 변동 없이 수행할 것임을 분명히 하였다. 박정희의 특별담화는 학생들을 자극하여 26일 시위 참가 인원은 전국 11개 도시에서 6만여 명으로 늘어났다. 일부 학생들은 일본 회사가 주재하고 있는 호텔로 몰려가 "민족자본은 궐기해서 매판자본을 내쫓아라" 등의 구호를 외치며 간판이나 포스터를 불태워버렸다. 시위는 27일 지방 군소도시로까지 확산되었다.(6·3동지회, 2001, 95~97쪽) 결국 정부는 3월 27일 김종필 소환을 발표했고, 김종필은 다음날 일본에서 귀국하였다. 김종필 소환 이후 학생시위는 일단 소강상태를 보였다.

학생시위가 잠잠해진 3월 30일, 박정희 대통령은 서울 시내 11개 종합대학 대표들과 면담했다. 이 자리에서 박정희는 한일회담의 당위성을 설명했다.* 그리고 학생들이 요구한 김종필·오히라 메모의 공개를 약속했

* 학생들과의 면담에서 박정희는 자신도 자기 자녀가 후세에 "매국노의 자식"이라는 소리를 듣게 하고 싶지 않다며 단호한 태도를 보였다.(안성혁의 증언)

다. 다음날 38개 대학 학생 대표 57명에게 김종필·오히라 메모의 내용이 비공식적으로 공개되었다.(이광일, 1995, 105쪽)

1964년 3·24시위는 한일협정반대투쟁의 본격적인 시작을 알린 서막이었다. 이 시위는 김종필 소환이라는 당면 목표를 달성했지만 한일회담 자체를 중단시키지는 못했다. 아직 반정부·반미와는 선을 긋고 운동의 방향을 굴욕적 한일회담 반대로 한정한 학생들은 일단 이 정도에서 학원으로 물러났다. 하지만 이후 잇달아 발생한 부정부패 스캔들과 학원사찰 폭로는 학생들을 다시 거리로 나오게 만들었다.

**부정부패 스캔들과 학원사찰 폭로**　　연일 학생시위가 계속되고 있던 1964년 3월 26일 김준연 의원은 국회 본회의에서 박정희 정권이 일본으로부터 1억 3,000만 달러를 받았다고 주장하여 파문을 일으켰다. 그는 4월 2일에도 박정희–김종필 라인이 일본으로부터 2,000만 달러를 받아썼다는 등 13가지 의혹 사항을 제시했다. 여당인 공화당은 김준연 의원을 허위사실 유포 및 명예훼손으로 고소·고발하였고, 여야의 격돌 끝에 결국 4월 25일 김준연 의원이 구속되었다. 하지만 최근 공개된 미국 CIA의 문서는 이러한 의혹이 충분히 근거가 있다고 하면서, 1961년부터 1965년까지 일본 기업들이 공화당 예산의 3분의 2를 제공했으며, 6개 일본 기업이 한 기업당 100만~2,000만 달러까지 총 6,600만 달러를 제공했다고 밝혔다.(홍석률, 2005a, 279~280쪽)

1964년 4월 초 언론을 통해 사직공원 부근 국유지 부정불하사건이 알려졌는데 4월 9일 야당 의원들이 이 문제를 국회에서 따지기 시작하면서, 이 사건은 4월과 5월 내내 정치적 이슈가 되었다. 야당 의원들은 공화당 실력자들이 이 사건뿐 아니라 군사 정권 시절 이루어진 각종 국공유지 부정불하사건 전반에 관여한 의혹을 제기하고 철저한 조사를 주장했다. 박정희의 인척과 김종필의 형까지 배후로 지목되는 상황에서, 검찰은 사직공원사건과 관련하여 5월 11일 황종률 전 재무부장관 등 15명을 구속 기소하고 8명을 불구속 기소하는 것으로 사건을 마무리 지었다.(『조선일보』 1964년 5월 12일자) 그러나 일본으로부터의 정치자금 수수 의혹과 광범위한 국공유지 부정불하사건은 부정부패한 박정희 정권의 실상을 국민에게 확인시켜주었다.

박정희 정권의 부정부패가 본격적으로 드러나기 시작한 시점에 야당의원과 시위주동학생들에게 괴소포가 배달되는 사건이 발생했다. 먼저 1964년 4월 5일 야당의 조재천 의원에게 괴소포가 배달되었다. 뒤이어 4월 8일 서울대 문리대 시위를 주도한 김중태와 현승일에게, 4월 9일에는 고려대 박정훈과 서진영, 연세대 안성혁에게 각각 괴소포가 배달되었다. 이들 괴소포의 발신 주소는 모두 부산이었고 발신자는 재일교포로 추정되었다. 소포 속에는 "당신의 영웅적 행동을 찬양한다. 계속 박 정권 타도에 힘써달라"는 내용의 편지와 함께 미화美貨 100달러가 들어 있었다. 야당의원과 시위 주도 학생들을 북한과 연계시켜 친북좌익세력으로 음해·탄압하려는 중앙정보부의 공작이었다.*

괴소포를 받은 학생들은 이를 즉각 언론에 폭로하고 이 사건을 "매카시즘의 희롱"이라며 비난했다. 야당 역시 학원 및 정치인 사찰 문제를 따지기 위해 장관들의 국회 출석을 요구했다. 여당인 공화당은 박정희 대통령이 이미 학원사찰을 금지하도록 지시한 바 있다고 주장했지만, 이는 오히려 그동안의 학원사찰을 인정하는 셈이었다. 야당은 평소에도 정보원들

---

* 괴소포를 받은 학생 중 1명인 박정훈은 훗날 중앙정보부 요원으로부터 괴소포배달사건이 "중앙정보부의 공작"이라는 증언을 직접 들었다고 한다.(박정훈의 증언)

이 학생을 가장해서 도강盜講을 하며 학생들의 연구단체에 침투한다고 공세의 수위를 높였다. 정부는 괴소포배달사건을 조총련계 간첩의 소행으로 단정하면서도, 4월 15일 박정희 대통령의 성명을 통해 중앙정보부의 지방지부를 없애 조직을 축소 개편할 것을 약속했다. 17일에는 내무부장관이 직접 "학원에 경찰이 배치되어 있고 사찰 비슷한 것을 하는 경향이 있는 것도 사실이지만 앞으로는 절대 없을 것"이라고 다짐했다.

박정희 정권의 수습 노력에도 불구하고 학원사찰 문제로 학생시위가 다시 불붙기 시작했다. 1964년 4월 17일 서울대생 200여 명이 학원사찰 중지와 구속학생 석방을 요구하며 시위를 벌였다. 이 시위에서 학생들은 "학생들의 애국적 행동을 '매카시즘'적 수법으로 억압하지 말라" "YTP를 비롯한 사이비 학생조직을 자진해서 해체하라" 등의 구호를 외쳤다. 여기서 특히 주목을 끈 부분은 YTP에 대한 해체 요구였다. YTP는 'Young Thought Party'(청사회〔靑思會〕)의 약자로 원래 4·19 직후 KKP(구국당)라는 비밀결사에서 출발했다가 5·16군사쿠데타 이후 박정희 정권과 밀착한 극우 청년·학생 단체였다. 이미 1963년 대통령 선거 당시 야당은, 각 대학에 공화당과 연계한 YTP라는 비밀결사가 조직되어 박정희의 당선을 위해 움직이고 있다는 의혹을 제기한 바 있었다. 그러다가 1964년 4월 학원사찰 문제가 불거지자 YTP가 다시 주목받기 시작한 것이었다.

4월혁명 4주년이었던 19일에는 각 대학에서 기념식과 함께 시위가 벌어졌다. 서울대 문리대 학생회는 "4·19혁명 제5선언문"을 통해 "한일회담은 정치·경제·문화의 제 영역에 있어서 일본의 모든 침투를 소화할 수 있는 민족적 자립의 토대를 완전 구축하고 민족적 주체성을 유지하면서 평등한 입장에서 재출발되어야 한다"라고 주장했다. 그리고 기념식 후 200여 명이 시위를 벌였다. 또 이날 시청 앞에서 기념식을 가진 17개 대학 1,000여 명의 학생들도 "조국의 주체성을 포기하는 일체의 굴욕외교를 반

대한다"는 요지의 선언문을 채택하고 가두시위를 벌였다.(『동아일보』1964년 4월 20일자)*

4월 20일과 21일에도 서울대, 성균관대, 동국대 등에서 대규모 시위가 계속되었다. 시위구호는 "학원사찰 중지"와 "한일회담 반대"로 모아졌다. 22일 정부는 연발하는 학생 데모가 국가기본질서를 위협한다는 이유로 강경 진압책을 마련했다. 특히 문교부는 서울 시내 대학 총·학장회의를 소집하여 앞으로 시위를 계속하는 학생에 대해서는 학칙에 따라 강경한 조처를 취하도록 지시했다.

박정희 정권의 강경 진압책에 맞서 1964년 4월 23일 서울대 문리대 학원사찰 조사위원회는 학원사찰을 규탄하는 성토대회를 개최하고 『학원사찰 및 학원분열에 대한 보고서』를 공개했다. 이에 따르면, 중앙정보부는 기자로 신분을 가장한 서울대 출신 선배를 통해 학생 1인당 2,000~3,000원을 정보비로 제공하고 그들로부터 정보를 수집하였다. 또한 이 보고서는 그동안 의혹이 제기되었던 YTP의 실체를 폭로하였다. 보고서에 따르면, 1963년 7월 발기인대회를 개최하여 본격적인 활동을 시작한 YTP는 회원들에게 "① 회의·교육·훈련 활동, 명령 등 일체의 비밀은 생명으로 엄수하며 배신을 할 때는 생명을 바친다 ② 명령은 생명을 걸고 절대복종한다. ③ 반공을 조직의 제일주의第一主義로 삼고 혁명과업 수행에 전력을 경주한다"라는 등의 내용이 담긴 서약서를 쓰게 하였다. 서울대 문리대의 경우 약 30여 명의 YTP 회원이 있었는데, 이들은 중앙조직인 '서울위원회'로부터 월 1만 원 정도의 자금을 지원받았다. 폭로 당시 서울대 YTP는 문리대를 넘어 법대와 미대로 팽창하던 도중 실체가 조금씩 드러나면서 사실상

* 시청 앞 시위에 참여한 학생들은 '한국학생총연합회'(한학련)를 결성하려 했던 주요 대학 학생회와 관련이 있었다. 한학련에 대해서는 '난국타개 학생대책위원회'를 설명하면서 다시 언급하도록 하겠다.

활동을 중단한 상태였다. 이후 YTP는 학원사찰의 대명사로 자리 잡았다. YTP 이외에도 서울대 문리대 내에만 사이비 학생단체가 39개 존재하였고 그중 일부에는 공화당 자금이 유입되었다.(『대학신문』 1964년 4월 27일자)

학원사찰은 서울대 이외에도 많은 대학에서 이루어졌다. 일례로 고려대의 경우 YTP와 같은 특별한 단체를 조직하지는 않았지만 주로 운동부 학생들을 포섭하여 정보를 얻고 시위 주도 학생들을 위협하였다.* 박정희 정권은 금전·향연·유학 등 각종 수단을 동원하여 학생 혹은 직원들을 포섭하고 이들을 통해 학원을 사찰했다.** 여기서 학생회 간부들도 예외가 아니었다. 동국대의 경우 1964년 4월 24일 1,000여 명이 모여 학원사찰 성토대회를 개최하였는데, 이 과정에서 집회 참여 학생들과 일부 총학생회 간부들 사이에 마찰이 일어나기도 했다. 학생회 간부 매수는 한일협정반대투쟁에 참여하는 학생들 사이의 불신을 조장하여 응집력을 떨어뜨리고 운동 과정에 정권이 은밀하게 개입할 여지를 만들었다.

4월 24일 서울 시내 28개 대학 총·학장들이 모여 학생들의 학원 복귀와 정부의 학원자유 보장을 요구한 후 학생시위는 일단 중지되었다. 그러나 정보기관을 동원한 박정희 정권의 정치공작과 학원사찰은 민주주의의 근간을 흔드는 독재 수법이었다. 결국 1964년 3·24시위 이후 일본으로부터의 정치자금 수수 의혹, 국공유지 부정불하사건, 괴소포배달사건, 학원사찰 폭로 등을 거치면서 박정희 정권의 부정부패와 비민주성에 대한 국민들의 분노가 고조되었고, 이에 따라 1964년 한일회담반대투쟁의 성격은 커다란 변화를 보이기 시작했다.

---

* 고려대생들은 3·24시위 다음날인 25일에도 시위를 계획했지만 운동부 학생들의 물리적 폭력으로 이를 포기해야만 했다.(박정훈의 증언)
** 야당 의원들은 박정희 정권이 학생 회유를 위해 3,000만 원의 자금을 사용했다는 의혹을 제기하기도 했다.

# 박정희 정권과 학생들의 갈등 고조

**민족적 민주주의 장례식**   3·24시위 이후 부정부패 스캔들과 학원사찰 폭로로 박정희 정권에 대한 여론은 더욱 악화되었다. 박정희 정권 내부에서는 악화된 여론을 수습하기 위해 공화당 당의장으로 한일회담을 주도하던 김종필이 퇴진해야 한다는 목소리가 높아졌다. 김종필과 대립하던 공화당 비주류는 1964년 4월 27일 박정희 대통령을 방문하여 김종필 퇴진을 공개적으로 요구했다. 여기에 봄 가뭄과 매점매석으로 쌀값 등 생필품 가격이 급등하면서 1964년 5월 초 박정희 정권은 사면초가의 상황에 빠졌다.

5월 11일, 박정희 대통령은 시국수습을 위해 전면 개각을 단행하고 국무총리 겸 외무부장관에 정일권, 부총리 겸 경제기획원장관에 장기영을 임명했다. 두 사람 모두 김종필과 가깝고 미국·일본에 우호적이었으며 저돌적인 추진력을 가지고 있었다. 국민들의 뜻과 상관없이 현재의 위기를 정면돌파하고 한일회담을 조속히 타결 보겠다는 박정희의 승부수였다. 박정희는 정일권 내각의 첫 국무회의에서 "박력 있는 행정"을 강조했다. 정일권 국무총리도 취임 기자회견에서 "앞으로 6개월 또는 1년 내에 이 난국을 수습하지 못하면 물러나겠다"는 결의와 함께 한일회담의 조기 타결을 공언했다. 미국과 일본 역시 정일권 내각을 '한일회담촉진내각'으로 파악하고 환영의 뜻을 나타냈다.

정일권 내각은 '돌격내각'이라는 평가에 걸맞게 한일회담을 밀어붙였다. 정일권 내각 발족 직후부터 박정희 정권은, 침체에 빠진 한일회담을 5월 하순부터 재개한다는 원칙 아래 일본과 교섭을 준비했다. 그 결과 협상의 최대 걸림돌인 어업·평화선 문제를 타결하기 위한 한일각료회담을 5월 20일경 열고 6월에 본회담을 재개하기로 합의했다. 일본 국내 사정으로 일

정에 차질이 빚어졌으나 한일회담 타결 가능성은 그 어느 때보다 커졌다.[*]

반면 야당은 범국민투위 주최로 시국강연회를 개최하여 박정희 정권의 실정失政을 비판했다. 1964년 5월 9일 서울에서 개최한 시국강연회에는 약 2만 명의 청중이 모였는데, 이 자리에서 범국민투위는 대일 굴욕외교, 환율 인상, 학원사찰, 물가 상승, 국공유지 부정불하 등을 들어 정부와 여당을 공격했다. 5·16군사쿠데타 3주년을 맞이한 16일에도 역시 2만여 명이 모인 가운데 시국강연회를 열어, 군사쿠데타를 통해 총칼로 합헌정부를 전복하고 정권을 차지한 박정희는 현 상황에 대한 모든 책임을 지고 물러가야 한다고 주장했다. 대통령 선거가 끝난 지 불과 반년 만에 박정희 정권은 퇴진 요구에 직면했다.

4월 말 이후 사태를 관망하고 있던 학생들도 다시 거리에 나섰다. 5월 20일 서울대 문리대 교정에서 '황소식 민족적 민주주의 장례식'이 열렸다. 여기에는 서울대, 고려대, 동국대, 성균관대, 건국대, 경희대, 한양대 등 각 대학 학생과 시민들이 참여하였다. 이전까지 학생들의 한일회담반대투쟁이 학교별로 진행된 것과 달리, 민비연이 주도하는 '한일굴욕회담반대 학생총연합회'가 주최한 이날의 집회는 서울 시내 주요 대학 학생들이 함께 참여한 연합집회였다. 민비연 학생들은 4월 말 이후 각 대학 투쟁위원회 학생들과 접촉하여 강력한 연합전선을 구축하려 했다. 처음에는 5·16군사쿠데타 3주년인 5월 16일 집회를 고려하였으나, 상황이 여의치 않아 5월 20일로 집회 날짜를 변경했다. 그리고 18일 집회 형태를 장례식으로 정하고 그 명칭을 민족적 민주주의 장례식으로 하였다.(『대학신문』 1964년 5월 21일자)

---

[*] 일본의 이케다 총리는 1964년 7월 집권여당인 자민당 총재 선거를 앞두고 정치적 논란을 피하기 위해 한일회담 일정을 연기하였다.

1964년 5월 20일 서울대 문리대 캠퍼스에 "축祝 민족적 민주주의 장례식"이라고 쓴 만장이 펄럭이는 가운데, 건巾을 쓰고 죽장竹杖을 잡은 4명의 학생이 민족적 민주주의를 상징하는 관을 메고 입장하였다. 그리고 "선언문"에서 다음과 같이 밝혔다.(6·3동지회, 2001, 466~467쪽)

4월항쟁의 참다운 가치성은 반외압세력, 반매판, 반봉건에 있으며 민족민주의 참된 길로 나가기 위한 도정이었다. 5월 쿠데타는 이러한 민족민주이념에 대한 정면적인 도전이었으며 노골적인 대중탄압의 시작이었다. (중략) 우리는 오늘의 이 모든 혼란이 외세 의존이 아닌 민족적 자립으로 해결할 수 있음을 재확인한다. 우리는 외세 의존의 모든 사상과 제도의 근본적 개혁 없이는, 전체 국민의 희생 위에 홀로 군림하는 매판자본의 타도 없이는, 외세 의존과 그 주구 매판자본을 지지하는 정치질서의 철폐 없이는, 민족자립으로 가는 어떠한 길도 폐쇄되어 있음을 분명히 인식한다.

학생들은 선언문을 통해 반외세, 반독재, 반매판의 민족민주정신과 민족자립의 중요성을 강조하고, 5·16을 4·19를 부정하는 것으로 규정했다. 이는 앞서 살펴본 1961년 "서울대학교 4·19혁명 제2선언문"과 1963년 "서울대학교 4·19혁명 제4선언문"의 정신을 계승하는 것이었다. 무엇보다 민족적 민주주의 장례식은 1963년 대통령 선거에서 민족적 민주주의를 내세워 당선된 박정희 정권을 직접 겨냥했다. 민족적 민주주의는 1960년 4월혁명 이후 고양된 민족주의를 배경으로 등장했다. 5·16쿠데타를 일으킨 박정희 정권은 스스로를 민족주의자로 자처했고 자주와 자립을 공공연하게 주장했다. 그들은 1963년 대통령 선거를 앞두고 민족적 민주주의를 내세워 부족한 민주적 정통성을 민족주의로 합리화하고자 했다. 물론 박정희 정권이 내세운 민족적 민주주의는 자주와 자립 지향 이외에 구체적 내용은 없었고, 과거 일민주의一民主義가 이승만을 영도자로 높였던 것처럼 박정희를 부각시키는 수준에 머물러 있었다. 그러나 선거운동기간에 벌어진 사상논쟁은 민족적 민주주의를 박정희 정권의 민족주의 통치 이데올로기처럼 보이게 만들었다. 보수야당은 민족적 민주주의를 중립주의, 반미주의, 공산주의라고 비난했지만, 과거 혁신계나 지식인 그리고 학생들은 민족적 민주주의에 큰 관심을 보였다.(오제연, 2007, 317~318쪽)* 따라서 민족적 민주주의 장례식 그 자체가 박정희 정권에 대한 부정과 도전을 극적으로 보여주는 것이었다. 박정희 정권을 통렬하게 풍자, 비판한 조사弔辭도 이를 잘 보여주었다.(6·3동지회, 2001, 470~471쪽)

시체여! 너는 오래전에 이미 죽었다. 죽어서 썩어가고 있었다. 넋 없는 시체여! 반민족적, 비민주적 '민족적 민주주의'(따옴표는 인용자)여! 썩고 있던 네 주검의 악취는 사쿠라의 향기가 되어, 마침내는 우리들 학원의 잔잔한 후각이 가꾸고 사랑하는 늘 푸른 수풀 속에 너와 일본의 2대 잡종, 이른바 사쿠라를 심어놓았다. (중략)

절망과 기아선상에서 허덕이는 민생고를 시급히 해결하겠다던 공약 밑에 너는 그러나 맨 먼저 민족적 양심세력에 대한 무자비한 탄압을 시작하였다. (중략)

시체여! 고향으로 돌아가라! 너는 이미 돌아갔어야 했다. 죽어서라도 돌아가라, 시체여! 종잡을 길 없는 막연한 정치이념, 끝없는 혼란과 무질서와 굴

---

* 1963년 대통령 선거에서 60학번이었던 김승옥은 보수적인 야당보다 "촌티 나는 박정희의 민주주의가 낫겠다"고 여겨 박정희에게 투표했고, 61학번이었던 임헌영도 "휘황찬란한 단어 '민족적 민주주의' 때문에 아주 황홀해서" 박정희를 찍었을 뿐 아니라 다른 사람들에게 박정희를 찍으라고 운동했다고 한다.(김병익 외, 2002, 46~48쪽) 물론 박정희 정권의 민족주의적 성향에도 불구하고 박정희를 지지하지 않은 학생들도 많았다. 분명한 사실은 민족적 민주주의가 학생들의 관심을 끌었다는 것과 개인별로 편차가 있지만 학생들에게 영향을 주었다는 점이다.

욕적인 사대근성, 방향감각과 주체의식과 지도력의 상실, 이것이 곧 너의 전부다. 시체여! 우리 삼천만이 모두 너의 주검 위에 지금 수의를 덮어주고 있다. 새하얀 수의를 감고 홀홀히 떠나라, 시체여! 다시는 돌아오지 말아라. 시체여!

민족적 민주주의 장례식을 계기로 1964년 한일회담반대투쟁은 반정부투쟁의 성격을 강하게 띠기 시작했다. 그러나 모든 학생들이 민족적 민주주의 장례식에 동의한 것은 아니었다. 그동안 투쟁에 소극적인 모습을 보이던 서울대, 고려대, 연세대 등 9개 대학 총학생회장들은 이번 집회가 학생 총의가 아니었음을 강조했다. 집회 참석 인원도 당초 예상보다 적은 편이었다. 주최 측은 참여 인원을 최대 3만 명까지 예상하였으나 실제 집회에 참가한 인원은 『조선일보』 추산으로는 학생 2,000명, 시민 1,000명, 『동아일보』 추산으로는 학생 1,500명에 불과했다. 심지어 일부 학교에서는 민족적 민주주의 장례식 규탄집회가 열리기도 했다. 이는 박정희 정권에 대한 지지라기보다 민족적 민주주의에 대한 학생들의 기대감을 반영했다. 민비연을 비롯한 장례식 추진 학생들은 일찍부터 민족적 민주주의에 대해 비판적이었지만, 많은 학생들의 기대감을 의식하여 반대의 대상을 민족적 민주주의 자체가 아니라 그것을 제대로 수행하지 않는 박정희 정권으로 한정하고자 했다. '민족적 민주주의 장례식'이라는 말 앞에 공화당을 상징하는 '황소식'이라는 수식어를 붙인 이유는 여기에 있었다.(김도현의 증언)

민족적 민주주의 장례식을 통해 드러난 학생들의 인식 차이는 이후 학생과 박정희 정권 사이의 충돌이 격화되면서 점차 박정희 정권을 반대하는 방향으로 수렴되었다. 민족적 민주주의 장례식 후 학생들은 관을 앞세우고 교문을 향해 나아가 이화동삼거리에서 경찰과 충돌했다. 경찰은 시위 학생들을 쫓아 서울대 미대 캠퍼스 안으로 난입하여 학생은 물론 교수에게까지 폭행을 가하였다. 5월 21일 새벽에는 법원에 무장군인들이 난입하여 시위 관련자들에게 영장을 발부하라고 판사를 협박하였다. 같은 날 YTP 내막을 폭로하고 민족적 민주주의 장례식 때 조사를 읽었던 서울대 문리대생 송철원이 중앙정보부에 끌려가 고문을 당한 후 다음날 풀려나는 사건이 발생했다. 당시 언론은 송철원고문(린치)사건과 함께 송철원이 폭로한 YTP와 중앙정보부의 학원사찰을 대대적으로 보도하여 박정희 정권을 곤혹스럽게 했다.

5월 22일 박정희 정권은 민족적 민주주의 장례식을 폭동으로 규정한 반면, 무장군인의 법원 난입은 우국충정에 의한 우발적 행동이라고 옹호하였다. 5월 26일에는 내무부장관이 민비연을 4·19 직후 학생 통일운동을 주도한 '민통련'과 관련을 가진 '사회주의 찬동자'로 규정하고, 배후에 혁신계와 야당이 있다고 주장했다.

그러나 박정희 정권의 폭력적인 시위진압과 무장군인을 동원한 사법부 협박, 그리고 학생 납치와 린치 등은 이미 부정부패 스캔들과 학원사찰 폭로로 드러난 박정희 정권의 비민주성을 보다 분명하게 보여주었다. 이에 1964년 5월 22일 고려대 법대생들은 군인들의 법원 난입을 규탄하는 시위를 벌였고, 23일 서울대 법대생들이 '수호 궐기대회'를 열었다. 5월 23일 야당은, 현 난국의 책임이 일부 야당 정치인, 언론인, 학생들의 무책임한 행동에 있다는 박정희 대통령의 발언을 비판하면서 그의 퇴진을 요구했다. 5월 27일에는 5·16쿠데타 이후 최초로 서울대 교수 200여 명이 모여 군의 정치적 중립과 학원자유 보장을 요구하는 내용의 '난국수습결의문'을 채택했다. 전남대생들도 박정희 하야를 요구하며 시위를 벌였다. 28일 야당은 대통령에 대한 하야 권고 결의안을 내기로 결정했다. 그리고 그동안 굴욕적인 한일회담에 반대했지만 비교적 친정부적인 입장에서 온건한 방식으로 투쟁을 전개하던 학생들마저 박정희 정권에 등을 돌리기 시작했다.

**난국타개 궐기대회와 집단 단식농성**  민족적 민주주의 장례식을 주도했던 학생들은 곧 경찰의 수배를 받아 잠적하거나 체포되었다. 이때부터 각 대학 학생회들이 전면에 나섰다. 특히 전국 31개 대학 학생회는 '난국타개 학생대책위원회'를 결성하고 1964년 5월 25일과 26일에 각 대학별로 '난국타개 궐기대회'를 가졌다. '난국타개 학생대책위원회'는 미발족 조직인 '한국학생총연합회'(한학련)와 깊은 관련이 있었다.

1963년 12월 학생여론 결집을 위해 서울 시내 18개 대학 학생회장들이 모여 '한학련 발기인총회'를 열었다. 이 자리에서는 1964년 3월에 대의원총회를 열기로 하고, 대의원 비율을 종합대학 5명, 단과대학 3명으로 결정했다. 또한 경비는 독지가로부터 무조건부로 받은 뒤 차후에 갚기로 하였다. 1964년 3월 30여 개 대학 학생회가 중심이 되어 대의원총회를 열었는데, 여기서 총회 준비 및 사무실 유지비 15만 원이 공화당에서 나왔다는 사실이 밝혀졌다. 이에 자금 유입이 1963년 12월에 정한 원칙을 어긴 것인지를 두고 내부에서 논란이 벌어졌고, 결국 합의를 이끌어내지 못하여 조직 결성에 실패하고 말았다.(『대학신문』 1964년 3월 16·19일자)

한학련 결성에 실패한 각 대학 학생회는 한일협정반대투쟁에 다양한 형태로 참여했다. 간혹 연세대 총학생회와 고려대 일부 단과대학 학생회와 같이 학생회가 투쟁의 구심점으로 시위를 주도하는 경우가 있었지만, 서울대를 비롯한 대부분 학생회는 온건노선을 지향하며 투쟁에 소극적이었다. 심지어 일부 학생회는 박정희 정권의 지원을 받으며 학원사찰과 정치공작에 협조하기도 했다. 한학련 결성이 실패한 이유도 자금 출처와 어용 시비를 둘러싼 논란에 있었다. 따라서 많은 경우 학생회와 관계없이 각 대학에 만들어진 다양한 투쟁위원회들이 시위를 주도했다. 3·24시위 당시 민비연 주도로 서울대에서 만든 '대일굴욕회담반대 투쟁위원회', 5·20 민족적 민주주의 장례식을 주관한 대학 연합 투쟁위원회인 '한일굴욕회담반대 학생총연합회', 뒤에서 언급할 6·2 고려대생 시위 당시 결성한 '구국투쟁위원회' 등이 대표적인 투쟁위원회였다. 그러나 박정희 정권의 비민주성, 반민족성이 분명해지고 학생과 정부의 충돌이 격화되자 학생회도 투쟁에 보다 적극적으로 나설 수밖에 없었다. 이에 1964년 5월 25·26일 과거 한학련을 조직하려 했던 학생회들이 힘을 모아 난국타개 학생대책위원회를 만들고 난국타개 궐기대회를 가졌던 것이다.

난국타개 궐기대회는 대부분 학교에서 가두시위 없이 학내집회 형식으로 치러졌다. 여기서는 굴욕적 한일회담, 박정희 정권의 실정, 무장군인의 법원 난입, 학원사찰 등을 규탄하였다. 당시 난국타개 학생대책위원회에서 작성한 "구국비상결의선언문" 역시 "① 부정부패 규명과 사죄 ② 학원 난입 경찰 처벌 ③ 법원 난입 군인 처벌 ④ 구속학생 석방 ⑤ 민생고 타개를 위한 독점·매판 자본 몰수" 등의 내용을 담고 있었다.(『고대신문』 1964년 5월 30일자)* 그러나 30여 개 대학 학생회가 연합하여 준비하였음에도 실제로는 일부 학교에서만 집회가 이루어졌다. 또한 박정희 정권과 밀착한 몇몇 학생회로 인해 모의 과정에서부터 외부의 개입이 있었고 내부적으로도 갈등이 많았다.

---

* "구국비상결의선언문" 초안에는 "친진보·반보수의 거센 4·19, 3·24의 열풍에 반진보·친보수의 악랄한 편승 흉계를 파쇄하라"는 문구가 들어 있었다. 그러나 사전에 이를 파악한 경찰은 이 문구의 용공성을 문제 삼아 삭제를 지시했다. 그러나 '친진보 반보수'는 군부에 영합한 세력, 경제적 매판세력을 보수라 했을 때 학생들이 지향하는 방향은 진보라는 의미였다.(신동호, 1996, 130쪽)

하지만 난국타개 궐기대회는 학생회라는 전체 학생의 공조직을 한일 협정반대투쟁의 중심으로 이끌어냈다는 면에서 상당한 파급효과를 가져왔다. 무엇보다 대회 행동강령에서 "금주 내 우리의 의로운 주창主唱이 관철될 획기적 전기가 없을 때는 4·19정신으로 실력투쟁도 불사할 것을 천명한다"라고 명시하고, 실제로 일주일간 행동을 유보하기로 함으로써 이후 대규모 항쟁의 여지를 열어놓았다. 한마디로 이 일주일 유예는 6·3시위의 예고였다. 5월 29일 34개 대학 학생회장들은 '난국타개대책회의'를 개최하고 난국타개 궐기대회의 결의사항을 재확인했다. 30일에는 대표 6명을 정일권 국무총리에게 보내 30일 밤 12시까지 요구사항이 관철되지 않을 땐 실력투쟁을 벌이겠다고 통고했다. 그러나 박정희 정권은 학생들의 요구를 무시하고 시위에 법대로 대응할 것임을 천명했다. 학생과 정권의 갈등은 폭발 직전에 이르렀다.

'집단 단식농성'이라는 새로운 투쟁 방식은 투쟁의 고조에 보다 결정적인 역할을 했다. 서울대 문리대의 경우 민족적 민주주의 장례식 이후 민비연 핵심 멤버들이 수배 혹은 체포되자, 그동안 온건·소극 노선을 견지하던 학생회가 전면에 등장하여 투쟁을 주도했다. 서울대 문리대 학생회는 민비연과 연합으로 1964년 5월 30일 '자유쟁취 궐기대회'를 열어 시위 주도 학생에 대한 징계, 무장군인의 법원 난입, 경찰의 학원 난입과 교수 구타, 중앙정보부의 학생 납치·고문 등을 규탄했다. 뒤이어 열린 '최루탄 박살식'에서는 "회개하라 최루탄아. 죽음이 가까우니 생전에 이룩한 죄 능지처참 대죄大罪로다"라는 내용의 "최루탄조사"와 〈새야 새야 파랑새야〉의 가사를 "탄아 탄아 최루탄아. 8군으로 돌아가라. 우리 눈에 눈물 나면 박가분朴哥粉이 지워질라"로 개사改詞한 "최루탄가"를 통해 박정희 정권의 비민주적 시위진압 방식을 풍자했다. '최루탄박살식' 후 문리대생들은 "반매판 반외세 반봉건 반전제를 지향하는 오늘의 단식투쟁은 내일의 피의 투쟁이 될지 모른다"라고 선언하고, 요구 관철 때까지 집단 단식농성에 돌입했다.

당시까지 유례를 찾기 힘든 학생들의 집단 단식농성은 사회적으로 큰 파장을 불러일으켰다. 5월 30일 오후 1시 20여 명의 학생으로 시작한 단식농성은 시간이 지날수록 동참 학생 수가 계속 늘었다. 특히 각 학교의 교내 방송뿐 아니라 일간신문이나 '앵무새'(『동아방송』) 등 라디오방송이 단식 학생들의 상황을 수시로 전하면서, 단식농성은 그 자체가 투쟁의 효과적인 선동 수단이 될 수 있었다. 소식을 들은 학생들이 속속 단식농성에 합류하였다.

그 자체가 새로운 시도였던 집단 단식농성은 그 과정에서 계속 새로운 운동문화를 창조해나갔다. 단식농성 이틀째인 5월 31일에는 단식 24시간 돌파 기념으로 '반민주요소 소각식'이 거행되었다. 여기서는 검은 안경을 쓴 황소와 매카시가 악수하는 그림이 불태워졌다. 동시에 학생들은 "사찰 폭력 사형私刑 기만" "통일대책 없는 무능" "소영웅적 민주정치" "조국 없는 매판자본" "주체 잃은 외세 의존" "무르익는 일본 예속" "불온문서 연구 서적" 등의 항목을 써서 노끈에 나란히 걸어놓고 하나씩 뜯어내 박수 속에 소각했다. 이날 밤에는 풍자극 〈위대한 독재자〉가 공연됐다. 박정희를 연산군에 빗댄 박산군朴山君과 김종필을 상징하는 이완용을 등장시켜, 썩은 쌀, 민족적 민주주의, 한일회담, 4대 의혹사건 등을 비꼰 일종의 마당극이었다.(신동호, 1996, 67~70쪽) 이렇듯 1964년 한일회담반대투쟁에서 본격적으로 등장한, 집단 단식농성, 투쟁가, 화형식, 마당극 등의 운동문화는 한일협정반대투쟁의 대중화와 고양에 일조하였고, 이후 한국 민주화운동 속에 확산되어 뿌리를 내렸다.

## 6·3시위의 전개와 좌절

### 6월 3일의 대규모 시위와 계엄령 선포

난국타개 학생대책위원회가 '일주일 유예' 결정에 따라 최후통첩 시한으로 통고한 1964년 5월 30일 밤 12시가 지나갔다. 박정희 정권은 여전히 강경한 태도를 유지했다. 이에 학생들은 6월부터 실력행사에 들어갔다. 6월 1일 난국타개 학생대책위원회 소속 32개 대학 대표 35명이 모였고, 그중 19개 대학 31명이 청와대 앞에서 집단 단식농성을 시도하다가 연행되었다. 이들은 연행 버스에서 내리지 않고 8시간 동안 농성을 벌이다, 문교부장관이 요구 이행 약속을 하자 6월 3일까지 기다려보기로 하고 해산했다. 집단 단식농성을 진행 중이었던 서울대 문리대생 40여 명은 같은 날 교내에서 '국민총궐기호소대회 및 학원침입·민생고 책임자 매장식'을 진행했다. 여기서 학생들은 짚으로 만든 학원 침입자와 민생고 책임자들의 허수아비를 불태우고 조사弔辭를 낭독하였다. 지방에서는 전북대생 500여 명과 청주대생 400여 명이 구속학생 석방, 민주주의 유린하는 군인깡패 엄단 등을 요구하며 시위를 전개했다.

일부 학생 대표들이 6월 3일까지 기다려보자고 했으나, 대다수 학생들은 더 이상 인내가 어려운 상황이었다. 다음날인 1964년 6월 2일 학생시위가 본격적으로 재개되었다. 6월 2일 시위를 주도한 학교는 고려대였다. 그동안 온건·소극적이던 총학생회와 노선을 달리하며 고려대 한일협정반대 투쟁을 주도하던 정경대, 법대, 상대 등 단과대학 학생회는 6월 1일 구국투쟁위원회를 결성하고 다음날 전면적인 가두시위를 벌였다.(박정훈의 증언) 오전 11시 고려대생 2,000여 명은 먼저 학내집회를 가졌다. 여기서 학생들은 "우리는 박 정권을 진정한 민주주의를 위해 타도할 것을 전 국민과 아울러 결의한다"라는 내용의 결의문을 채택하고 거리로 나섰다. 이들은

"주관적인 애국 충정이 객관적인 망국행위임을 직시하고 박 정권 하야하라" "배고파 못 살겠다 악덕재벌 잡아먹자" "미국은 가면을 벗고 진정한 우호국임을 보여달라" 등의 구호가 적힌 플래카드를 앞세우고 경찰과 격렬한 공방을 벌이며 국회의사당 앞까지 진격했다.

서울대생들도 6월 2일 가두시위에 나섰다. 서울대 법대생 500여 명은 학내에서 "사수하자 학원자유 지양하라 공포정치" "누구를 위한 정권인가 국민은 배고프다" 등을 외치며 '자유투쟁 궐기대회'를 가진 후 문리대를 방문하여 단식농성 학생들을 격려하였다. 그리고 시청 앞 광장 단식농성을 목표로 가두시위를 벌이다 경찰에 전원 연행된 후 밤늦게 풀려났다. 이중 100여 명은 법대에서 단식농성에 들어갔다. 6월 2일 서울대 상대 역시 300여 명이 교정에서 '매판자본'을 신랑으로, '가식적 민족주의'를 신부로, '제국주의'를 주례로 한 결혼식과 화형식을 갖고 가두시위에 나섰다. 시위 후 상대생 70여 명은 문리대 단식에 합류했다. 이날 저녁 서울대의 8개 단과대학 학생회장들은 다음날인 3일 단식을 중지하고 전면적인 가두시위를 벌이기로 결정했다.* 서울대 문리대 교수 30여 명도 시위 주도 학생에 대한 징계가 무효라고 주장하면서 사태가 수습되지 않으면 사퇴할 것을 결의했다. 그 밖에 동국대생 500여 명도 교내 집회 후 30여 명이 단식농성에 들어갔다. 전남대생 500여 명은 '난국타개 성토대회'를 가졌다. 6월 2일 시위로 전국에서 학생 632명이 경찰에 연행되었다.

1964년 6월 2일 시위에 자극받은 학생들은 다음날인 6월 3일 박정희 정권 타도를 목표로 전면적인 항쟁에 돌입했다. 이미 계엄 선포설이 나돌

---

* 서울대 단과대학 중 단식농성을 주도한 문리대생 중 일부는 6월 3일 전면적 가두시위 결정에 반대하고 단식농성을 계속할 것을 주장했다. 이는 단식 학생들의 몸 상태 문제와 함께 가두시위가 박정희 정권이 계엄을 선포하는 빌미가 될 수 있다는 판단에 따른 것이었다.(『조선일보』 1964년 6월 3일자) 이에 따라 6월 3일 문리대 단식 학생들은 오후 5시가 되어서야 가두시위에 나섰다.

한일회담반대시위 행렬을 막고 있는 경찰들

고 있었으나, 서울대 문리대 단식농성 참여 학생이 400명에 육박하는 등
3·24시위 이래 투쟁의 기세가 최고조에 이른 상황에서 학생들도 선택의
여지가 없었다. 6월 3일 비가 쏟아지고 있었음에도 서울 시내에서만 약 1
만 2,000~1만 5,000명의 학생들이 제각기 교내에서 '박정희·김종필 민생
고 화형식' '5·16 피고 모의재판' 등 행사와 성토대회를 연 다음 스크럼을
짜고 거리로 쏟아져 나왔다.

　6·3시위는 수원에 있는 서울대 농대생들의 상경투쟁으로 시작했다.
농대생 500여 명은 6월 3일 아침 "말라빠진 농민 모습 이것이 중농이냐"
"구속학생 안 풀려면 백만 학도 구속하라" 등의 구호를 외치며 수원 시내
를 통과하여 서울로 향해 출발했다. 최루탄을 발사하며 저지하는 경찰을
피해 산으로 분산하여 상경한 서울대 농대생들은 12시간이 지난 오후 7시
경 170리 길을 도보 행군하여 서울 중앙청 앞에 도착할 수 있었다.

6월 3일 오전 10시가 넘어가자 각 대학에서 학생들이 거리로 쏟아져 나왔다. 고려대생 2,000여 명은 신설동과 안암동로터리 부근에서 경찰과 충돌한 후 시내로 진출하여 1시 40분 국회의사당 앞을 점거하였다. 연세대생 2,000여 명과 홍익대생 1,000여 명은 아현동로터리에서 경찰과 대치하여 치열한 공방을 벌였으나 저지선을 뚫고 충정로로터리를 거쳐 중앙청과 국회의사당으로 진출했다. 성균관대생 1,000여 명은 '박정희 씨'와 '민생고'라는 이름의 꼭두각시 인형을 앞세우고 중앙청 부근 종각으로 진출했고, 이 과정에서 경찰이 몇몇 학생들을 연행하자 동대문경찰서를 포위하고 연행학생의 석방을 요구하기도 했다. 동국대생 2,000여 명과 서울대 음대생 150여 명은 을지로3가와 1가에서 경찰 저지선을 뚫고 국회의사당으로 진출했다.(『동아일보』1964년 6월 3일자) 중앙대생 800여 명과 숭실대생 500여 명은 노량진에서 한강을 건너 광화문에 모여 연좌시위에 들어갔다. 흰 가운을 입은 서울대 의대생 150여 명은 시청 앞에서 시위를 벌였고, 치대생 300여 명은 국회의사당 앞에서 비상구국선언문을 낭독한 후 강제해산되었다. 서울대 사대생 400여 명도 신설동 방면으로 진출했다. 서울대 문리대생 400여 명은 단식 100시간을 돌파한 뒤 오후 5시경 단식을 중단하고 가두시위에 나섰다. 문리대생들은 단식 때 차림으로, 앞서 중앙정보부에 의해 고문을 당한 송철원을 들것에 들고 거리로 나와 큰 반향을 일으켰다. 역시 단식 중이던 서울대 법대생 200여 명도 문리대 시위대에 합세하여 시청을 거쳐 이미 수많은 학생들이 집결한 세종로로 향했다. 그 밖에도 서울 대부분 대학에서 학생들이 시위에 참여했다.

이날 서울 시내에서 가장 격렬한 시위가 벌어진 곳은 중앙청이 있던 세종로 일대였다. 세종로의 시민회관과 유솜USOM 건물 앞의 경찰 제1저지선에 걸려 일단 멈춘 학생과 시민은 약 1만여 명에 달했다. 오후 3시경 학생들이 철조망 1개를 50미터가량 끌어내고 투석을 하자, 경찰은 최루탄을 발사했고 공수부대의 풍차까지 동원했다. 그러나 학생들은 제2저지선(경기도청 앞)과 제3저지선(중앙청 정문 앞)을 연달아 돌파했다. 시위대는 제4저지선(조달청 앞)으로 밀려들어 청와대를 포위하고 오후 7시 30분경 경찰과 대치했다.(6·3동지회, 2001, 112쪽) 학생들만 시위를 벌인 것이 아니었다. 많은 시민들이 거리에서 학생들을 격려하였고 경찰의 최루탄 발사에 항의하였다. 또 곳곳에서 시민들이 학생시위에 합세하여 경찰에게 돌을 던지고 경찰차량을 파괴하기도 했다.*

6월 3일에는 지방에서도 시위가 가열되었다. 충남대 농대생 400여 명은 교내에서 학원사찰 중지를 비롯한 박정희 정권 성토대회를 열고, 교문을 나와 시가행진에 들어갔다. 광주에서도 2개 대학과 2개 고등학교 학생 약 1만여 명이 최루탄을 터뜨리는 경찰에 맞서 2개의 파출소와 도청 건물, 그리고 경찰이 경비하고 있는 민주공화당 본부에 돌을 던졌다. 한마디로 6월 3일의 대규모 시위는 1960년 4월 19일의 시위를 방불케 하는 5·16쿠데타 이후 최대의 항쟁이었다.

1964년 6·3시위에서 학생들은 주로 "① 박 정권 하야 ② 악덕재벌 처단 ③ 학원사찰 중지 ④ 여야 정객의 반성 촉구 ⑤ 민생고 시급 해결 ⑥ 부정부패 원흉 처단" 등의 구호를 외쳤다.(『경향신문』 1964년 6월 3일자) 이 구호들은 1964년 한일회담반대투쟁의 성격을 잘 보여준다. 3·24시위에서 알 수 있듯이, 처음 학생들은 자신들의 요구를 평화선 흥정 반대와 일본자본 침투 규탄과 같은 굴욕적 한일회담 반대 수준에서 제기했다. 하지만 이후 박정희 정권의 부정부패 스캔들이 연이어 터지고 학원사찰의 실상이

---

* 물론 6·3시위 당시 시민들의 참여 정도에는 논란의 여지가 있다. 시위에 참여한 학생들 가운데 다수는 시민의 호응과 참여가 매우 컸다고 증언하지만, 일부는 의외로 냉담했다고 증언한다. 또한 당시 언론의 경우에도 『동아일보』는 시민의 호응과 참여를 강조한 반면, 『경향신문』은 "데모대를 바라보는 시민들은 불안한 표정을 띠고 있다. 4·19 때처럼 호응할 자세는 아직 취하지 않고 있다"라고 기록했다.(『경향신문』 1964년 6월 3일자)

폭로되면서, 그리고 민생고와 같은 경제적 어려움이 가중되면서, 반대의 대상이 굴욕적 한일회담에서 박정희 정권 자체로 완전히 이동하였다. 1964년 한일회담반대투쟁을 주도하며 투쟁의 상징적 인물로 부상한 민비연의 김중태는, 수배 중 피살설이 나도는 가운데 6월 3일 서울대 문리대 단식 학생들 앞에 나타나 "우리의 투쟁은 이제 한일회담 반대, 5·16 부정, 현 정부 반대 등 3단계를 거쳐 민족혁명에 도달했다"라고 연설하였다.(『대학신문』 1964년 6월 4일자) 김중태의 연설은 1964년 한일회담반대투쟁의 성격이 발전되는 양상을 잘 보여주었다.

박정희 정권은 자신에 대한 반대와 타도를 분명히 한 학생들을 막기 위해 군대를 동원했다. 박정희 정권은 민족적 민주주의 장례식 직후에도 비상계엄 선포를 고려한 바 있었다. 그 다음날 벌어진 무장군인의 법원 난입은 군대를 동원한 민족·민주 운동 탄압의 시작에 불과했다. 당시 계엄 선포 가능성은 언론을 통해 보도되었기 때문에 학생들도 잘 알고 있었다. 특히 민족적 민주주의 장례식을 주도한 서울대 민비연 학생들은 계엄 선포 문제를 둘러싸고 두 가지 노선으로 나뉘었다. 하나는 계엄 선포 여부와 관계없이 박정희 정권에 대한 강경 투쟁을 계속해서 정권을 타도해야 한다는 주장이었고, 다른 하나는 강경 투쟁은 계엄을 부르고 계엄 후에는 체제가 강화될 것이기 때문에 지금은 계엄이 안 날 정도의 수준에서 지구전을 해야 한다는 주장이었다.(현승일의 증언)* 이에 수배를 받고 있던 민비연 3인방 김중태, 현승일, 김도현은 박정희 정권에 탄압의 빌미를 제공하지 않기 위해 시차를 두고 경찰에 자진 출두하였다.

---

* 박정희 정권이 계엄령 선포를 위해 학생시위를 방조 혹은 유도했다는 의혹도 있다. 6·3시위 당시 경찰 저지선이 너무 쉽게 뚫렸다는 점, 정권이 한학련 관련 일부 학생회를 통해 운동에 개입하고 있었다는 점, 6·3시위 후 서울 시내 종합대학 신문들이 일제히 한학련을 불신키로 한 점 등이 주요 근거이다. 그러나 이를 뒷받침할 결정적인 증거는 없다. 단 박정희 정권이 시위진압을 위해 계엄 선포를 준비하고 있었던 것만은 사실이다.

학생들의 경계에도 불구하고 6월 2일 시위 재개 후 계엄 선포가 본격적으로 논의되었다. 특히 박정희 정권은 6월 2일의 학생시위가 이전 시위보다 더 극렬하다고 판단했고, 특히 대통령 하야 주장과 반미 구호에 주목했다. 그리고 시위가 한창 진행 중이던 6월 3일 오후, 박정희 정권은 계엄령 선포를 위해 미국과 접촉했다. 미국은 박정희 정권에 적극 협조했다. 주한 미국대사 버거와 유엔군사령관 하우스는 헬기로 청와대를 방문하여 계엄 선포에 따른 병력 이동 문제를 협의했다.

드디어 1964년 6월 3일 밤 9시 50분, 서울시 일원에 비상계엄이 밤 8시로 소급되어 선포되었다. 비상계엄 선포와 동시에 투입된 수도경비사령부 소속 군인들은 청와대를 포위한 시위대를 세종로 방면으로 압박하면서 해산작전에 들어갔고, 자정 무렵 시위대는 완전히 해산하였다.(이광일, 1995, 116~117쪽) 6·3시위로 체포된 학생과 시민이 1,200명이 넘었고 그 중 91명이 구속되었다. 학생 부상자도 200여 명이 되었다. 계엄 선포 다음 날인 6월 4일에도 경희대생 200여 명이 시위를 시도하다 해산당했고, 계엄령이 선포되지 않은 지방의 대학에서도 소규모 시위가 계속되었다. 6월 4일 부산 동아대생 3,000여 명은 전날 시위에서 연행당한 학생들의 석방을 요구하며 서부산경찰서 앞에서 투석전을 감행한 후 시청 앞에서 연좌시위를 벌였다. 광주에서는 6월 4일 전남대, 조선대 등 광주지역 대학 학생과 고등학생 5,000여 명이 "계엄령 해제" 등을 외치며 경찰과 충돌하였다. 이날 전남대생 100여 명은 사직공원 4·19기념탑 앞에서 단식농성을 시도하다가 연행되기도 했다. 광주의 시위는 6월 5일까지 계속됐다. 그 밖에 목포와 인천, 춘천 등지에서 학생들의 시위가 이어졌다. 그러나 시위가 벌어진 학교들은 곧 휴교 조치를 당했다. 결국 3·24시위를 시작으로 약 2개월 반을 지속하던 1964년 한일회담반대투쟁은 계엄령 선포 이후 군대를 동원한 물리적 탄압으로 일단 좌절되고 말았다.

**학원·언론 통제 시도와 '조직' 사건 발생**　　　1964년 6월 3일 밤 비상계엄
　　　　　　　　　　　　　　　　　　　　　선포와 동시에 계엄사령부
가 발표한 포고문 1호의 내용은 다음과 같다.(『조선일보』1964년 6월 4일자)

1. 옥내외 집회 및 시위를 금한다. 단 관혼상제 및 극장 상영은 제외한다.
2. 언론·출판 보도는 사전검열을 받아야 한다.
3. 일체의 보복행위를 금한다.
4. 직장을 이탈하지 못한다.
5. 유언비어를 날조 유포하지 못한다.
6. 서울특별시 내의 각급 대학교와 중·고등학교 및 국민학교는 1964년 6월
   4일을 기하여 별도 지시가 있을 때까지 일제히 휴교한다.
7. 통금시간을 엄수해야 한다. 통금시간은 하오 9시부터 익일 상오 4시까지
   로 한다. 이상 포고 위반자는 영장 없이 압수·수색·체포·구금한다.

　계엄사령부의 포고에 따라 집회·시위의 자유, 언론·출판의 자유가 제
약받았으며, 각 학교는 휴교에 들어갔다.* 이러한 공포분위기 속에서 시위
관련 학생들에 대한 체포와 처벌이 이어졌다. 먼저 6월 5일 문교부는 서울
시내 각 대학 총·학장들을 소집하여, 사직 당국에 기소된 학생은 퇴학처
분, 기타 시위를 주동했거나 기물 파손 등을 한 학생은 그 정도에 따라 퇴
학 또는 무기정학 처분을 할 것을 지시하였다. 또한 학생시위에 영향을 줄
만한 언동을 했거나 학생 지도에 비협조적인 교수는 징계위원회에 회부하
여 파면 혹은 엄벌에 처할 것을 함께 지시하였다. 이는 한일회담반대투쟁

---

* 전국의 모든 대학은 1964년 6월 5일부터 1개월 동안 휴교에 들어가고 7월 5일부터는 바로 여름방학으
로 들어가도록 했다. 이 때문에 대학의 휴교 조치는 8월 말까지 이어졌다.

의 진원지인 대학에서 저항의 싹을 완전히 도려내려는 시도였다.

그 결과 1964년 7월 30일까지 학생시위를 주도했다는 이유로 각 학교에서 징계처분을 받은 학생은 모두 352명에 이르렀다. 서울지역 대학생이 80명(퇴학 8명, 무기정학 71명, 유기정학 1명), 지방대학생 125명(퇴학 14명, 무기정학 82명, 유기정학 29명), 고등학생 147명(퇴학 23명, 무기정학 84명, 유기정학 40명)이었다. 그중 224명이 구속되었는데, 6월 16일 민비연 3인 방인 김중태, 현승일, 김도현이 내란죄로 기소되는 등 많은 학생에게 내란 죄가 적용되었다.(6·3동지회, 2001, 118~120쪽) 대한민국 정부 수립 이후 유례를 찾기 힘든 대규모 학생 징계, 그리고 학생시위에 대한 내란죄 적용은, 박정희 정권의 탄압이 얼마나 극단적이었는가를 잘 보여주었다. 그에 맞서 학생들은 구속학생의 석방을 요구하였다. 비록 계엄군의 총칼 앞에서 강력한 투쟁을 전개할 수는 없었지만 서명운동이나 탄원의 방법으로 구속학생 석방 요구는 계속되었다. 덕분에 구속학생 숫자는 9월 10일까지 36명으로 줄어들었고, 12월 말에는 전원 석방될 수 있었다.

하지만 그것이 박정희 정권의 학원 장악 포기를 뜻하지는 않았다. 박정희 정권은 더 근본적인 조치를 통해 통제를 강화하려 했다. 대표적인 것이 각 대학의 '학칙' 개정과 '학원보호법' 제정 시도였다. 먼저 문교부는 6월 19일, 학원 내에서 정치활동을 할 목적으로 조직이나 선동한 자 및 학장의 허가 없이 집단 행위로 수업을 방해한 자 등에 대하여는 교수회의를 거치지 않고 총장이 직접 퇴학시킬 수 있도록 '학칙' 개정을 지시하였다. 한마디로 정부가 문제학생을 직접 처벌하겠다는 것이었다. 실제로 다음해 한일협정반대투쟁 때는 개정된 학칙에 의한 학생 처벌이 줄을 이었다. 또 문교부는 개강을 앞둔 8월 14일 전국 대학 총·학장 회의에서 학생 지도, 교권 확립, 학사 행정, 교수회 운영 등에 대한 지시 사항을 하달하였다. "학생들의 요구로 징계 내용을 수정하지 말 것" "학생들에게 시위로 인해 피해를 입었다는 사실을 주지시킬 것" 등의 세세한 규제는 대학의 자율성을 근본적으로 부정하는 행위였다.(『연세춘추』 1964년 9월 7일자)

이뿐이 아니었다. 1964년 7월 29일 비상계엄을 해제하자마자 공화당은 '학원보호법'이라는 법안을 국회에 제출했다. 이 법안의 명분은 학원사찰을 금지하고 학원 생활과 학생단체 활동을 보장하는 데 있었으나, 실제로는 '활동 금지' 규정을 통해 교원과 학생의 정치활동 관여를 실질적으로 봉쇄하는 법이었다. 이 법안에 따르면 학생 시위나 집회는 물론 정치적 이슈에 대한 학내 토론도 모두 위법행위였다. 민주주의의 기본이자 헌법이 보장하는 정치·사상의 자유를 근본적으로 부정하는 이러한 발상은 곧 거센 비판에 직면했다. 공화당은 몇몇 독소조항을 삭제한 수정안을 다시 내놓았고, 박정희 대통령도 직접 나서서 학원보호법 통과를 희망했다. 하지만 여론의 역풍으로 결국 법안 처리를 9월 초 포기하였다.

박정희 정권은 학원과 함께 언론도 통제하려 했다. 박정희는 국가적 혼란의 원인이 무책임한 언론의 선동에 있다고 보았다. 계엄령 선포 직후인 6월 6일 새벽 제1공수특전단 최문영 대령 등 장교 8명은, 1964년 5월 21일에 발생한 무장군인 법원난입사건 보도에 불만을 품고 동아일보사에 난입하였다. 이들은 약 45분간 숙직 중인 기자에게 폭언을 가했다. 계엄사령부가 관련자들을 모두 구속하고 계엄사령관이 직접 국민에게 사과하기는 했지만, 이는 앞으로 전개될 언론통제에 대한 예고편에 불과했다. 6월 15일 계엄사령부는 한일회담반대투쟁 과정에서 학생들의 집회·시위나 단식농성 상황을 자세하게 보도한 『동아방송』과 '앵무새' 프로 관계자 6명을 반공법과 집시법 등의 위반 혐의로 구속 기소했다.

더 확실한 언론통제를 위해 공화당은 1964년 7월 30일 학원보호법과 함께 '언론윤리위원회법'을 국회에 제출했다. 이는 학원보호법과는 달리 8월 2일 약간의 수정을 거쳐 국회 본회의를 통과했다. 야당이 계엄을 해제하는 조건으로 이 법안 통과를 저지하지 않았기 때문이다. 그 골자는 '언론윤리위원회'를 만들어 모든 언론사를 가입시키고, 여기서 언론을 감독한다는 것이었다. 문제는 언론윤리위원회 운영에 정부가 관여할 여지가 있다는 점과, 언론윤리위원회에서 제명당할 경우 결국 해당 언론사는 정간 혹은 폐간당할 수 있다는 점이었다.(『조선일보』 1964년 8월 4일자)

　법안 통과 이후 언론은 거세게 반발했다. 언론인들은 8월 10일 '전국언론인대회'를 열고 언론윤리위원회법철폐투쟁에 나섰다. 이 대회에서 언론인들은 언론윤리위원회 발족에 일절 협조하지 않을 것과 정부의 일방적 선전 보도는 일절 거부할 것을 결의했다. 8월 17일에는 "기자들의 자질 향상과 권익 옹호 및 민주주의 발전과 언론자유 수호"를 목적으로 일선 기자들을 총망라한 '한국기자협회'가 언론사상 처음 만들어졌다. 이에 박정희 정권은 은행 대출과 공무원 구독, 각종 편의 제공과 같은 수단을 이용하여 각 언론사의 사주社主와 발행인을 협박 혹은 회유했다. 그에 따라 많은 언론사 사주와 발행인이 굴복하는 모습을 보이고, 반대 언론사에 대한 보복조치가 노골화되자, 9월 2일 언론계는 물론 학계·종교계 인사들을 망라한 사회 지도층 인사들이 '자유언론수호국민대회 발기준비회'를 구성하고 범국민운동을 통해 언론자유를 수호하기로 결의했다. 이들은 9월 10일 '언론자유수호연맹'을 발족시켰는데, 이 조직은 재야 민주화운동단체의 첫번째 출현이라는 면에서 역사적 의의가 있다. 언론자유수호연맹의 발족을 앞두고 언론탄압에 대한 저항이 거세어지고 국제신문인협회IPI도 언론윤리위원회법의 부당성을 지적하자, 박정희는 언론의 자율 규제를 조건으로 9월 9일 법 시행을 전면 보류하였다.(김정원, 1985, 306쪽)

　학원과 언론 통제에서 박정희 정권이 일단 한발 후퇴했으나, 사회 전반을 통제하기 위한 고삐는 늦추지 않았다. 한국 현대사에서 사회를 통제하는 가장 효과적인 방법은 반공 이데올로기를 이용하는 것이었다. 박정희 정권 역시 1964년 한일회담반대투쟁을 공산주의와 연결시킴으로써 계엄 선포의 정당성을 주장하고 동시에 저항을 억압하려 했다. 그 과정에서 발생한 것이 불꽃회사건과 인민혁명당사건(인혁당사건)이었다.

1964년 7월 18일 정부는, 학생시위의 배후에 서울대 문리대생 김정강과 김정남이 주동이 되어 결성한 마르크스·레닌주의자 조직인 '불꽃회'가 있다고 발표했다. 불꽃회는 "공산주의사회 실현에 일조—助가 됨을 종국의 목표로 하고, 기회가 오면 조선혁명의 대조류에 합류한다"라는 원칙 아래 학생시위를 조종했다는 혐의를 받았다. 특히 북한을 찬양하고 남한의 민족해방 민주주의 혁명을 주창한 불꽃회 강령은 사회에 큰 충격을 주었다. 불꽃회의 실체나 실제 영향력에 대해서는 아직도 의문점이 많지만,[*] 박정희 정권이 불꽃회를 통해 1964년 한일회담반대투쟁 전체를 공산주의 내란으로 몰고 가려 했던 것은 분명하다.

인민혁명당사건도 마찬가지였다. 1964년 8월 14일 중앙정보부는 불꽃회사건을 조사하는 과정에서 지하당인 '인민혁명당'을 적발했다고 발표했다. 즉 북한으로부터 특수사명을 띠고 남하한 간첩과 혁신계 인사들이 인혁당을 만들어 국가변란을 기도했으며, 특히 북한으로부터 한일회담반대투쟁을 조직적으로 일으키라는 지령을 받고 학생 지도부와 언론계 인사를 포섭하려 했다는 것이었다. 흔히 '1차 인혁당사건'이라고 불리는 이 사건은 혹독한 고문에 의해 조작된 사건이었다. 중앙정보부는 사건 발표 이후 관련자 47명을 검찰에 넘겼으나, 담당검사 3인은 증거부족을 들어 기소

---

[*] 현재까지 밝혀진 바에 따르면 불꽃회는 서울대 문리대 내의 마르크스주의 서클로 그 인원은 5~6명에 불과했다. 서울대의 다른 단과대학이나 연세대, 고려대 그리고 지방의 몇몇 대학에도 비슷한 성향의 학생들이 있었고, 이들 사이에 일정한 연계가 이루어지고 있었다. 그러나 불꽃회의 영향력에 대해서는 현재 관련인물들의 진술이 엇갈리고 있다. 불꽃회 관련자들은 자신들이 선배 그룹으로 1964년 한일회담반대투쟁에 큰 영향을 미쳤다고 주장하나, 한일회담반대투쟁을 주도한 후배 그룹들은 그들의 영향력이 그리 크지 않았다고 주장한다.

를 거부하다가 결국 사표를 냈다. 이후 어렵게 26명만을 기소하였으나 재수사 결과 14명이 공소취하되고 나머지 12명은 반공법 위반으로 공소변경되었다. 결국 1965년 1월 재판부는 단 2명에게만 반공법 위반으로 실형을 선고하고 나머지는 모두 무죄판결을 내렸다.[*](민주화운동기념사업회 연구소 편, 2006, 132쪽) 혁신계 지식인들을 '빨갱이'로 조작하여 학원과 사회를 통제하려 했던 박정희 정권의 시도는 일단 좌절되었다.

1964년 한일회담반대투쟁은 이렇게 마무리되었다. 3·24시위 당시 굴욕적 한일회담 반대로 시작한 투쟁은 4월 일본 정치자금 유입설, 부정부패 스캔들, 학원사찰 폭로, 5월 민족적 민주주의 장례식, 난국타개 학생궐기대회, 집단 단식농성을 거쳐 반정부투쟁으로 고양되었다. 학생들은 박정희 정권에 대한 인식과 투쟁의 방식에서 일정한 차이를 보였지만, 정권과 갈등이 커지면서 결국 전면적인 항쟁에 동참하였다. 범국민투위도 대중강연회를 통해 굴욕적 한일회담과 박정희 정권의 실정을 비판하였고, 언론도 지속적으로 한일회담의 문제점과 박정희 정권의 부정부패를 지적했다. 그러나 계엄 선포에 의해 투쟁이 좌절하면서 많은 학생들이 처벌당하고 정권의 학원·언론·사회 통제 시도가 노골화되었다. 하지만 1964년 한일회담반대투쟁은 박정희 정권의 비민주성·반민족성을 분명하게 보여주었다. 또 타결 직전까지 갔던 한일회담을 일시적이나마 중단시킬 수 있었다. 아직 협정이 체결되지 않은 상황에서 투쟁의 불씨는 언제든 다시 타오를 수 있었다.

---

[*] 1심과 달리 2심 재판부는 1965년 5월 29일 원심을 파기하고 인혁당사건 관련자 13명에게 국가보안법 및 반공법 위반 혐의로 유죄판결을 내렸다. 2심 재판부는 이들이 '인민혁명당'이라는 명칭을 썼다고 인정할 수는 없지만, '민족자주 평화통일'이라는 북한의 위장적 평화통일 노선에 동조하는 서클을 만들어 북한의 활동을 이롭게 했다고 판결했다.(『조선일보』 1965년 5월 30일자) 1965년 9월 21일 대법원은 2심의 결과를 확정했다.

# 3
# 1965년 한일협정 조인·비준 반대투쟁

## 한일협정조인반대투쟁

### 한일회담 재개와 한일협정 가조인

계엄 선포 직후 무기 연기되었던 한일회담은 1964년 12월 3일 재개하였다. 회담 재개는 미국의 개입으로 이루어졌다. 1964년 8월 '통킹만사건'과 '북폭'으로 베트남전쟁이 확대되면서 미국은 조속한 한일회담 재개와 타결을 촉구했다. 9월 하순부터 10월에 걸쳐 미국 국무성차관보 번디는 일본과 한국을 차례로 방문하여 양국 고위 관계자들과 연쇄회담을 개최하고 한일회담 타결의 중요성을 강조했다. 1964년 10월 중국이 핵실험에 성공하자 미국의 개입 강도는 더욱 세졌다. 특히 미국은 박정희 정권에게 계속 평화선만 고집하지 말고 회담을 타결시켜 하루빨리 경제 재건을 이룩하고 동북아시아 안보질서 강화에 동참할 것을 요구했다.(이도성, 1995, 251~252쪽) 여기에 1964년 11월 출범한 사토 내각이 미국에 협조하여 한일회담의 조속한 타결을 결단하면서 제7차 한일회담이 재개될 수 있었다.

제7차 한일회담은 순조롭게 진행되었다. 1965년 1월 9일 박정희 대통

령은 취임 후 첫 공식 기자회견에서 한일회담의 연내 타결을 공언했다. 1
월 12일 일본의 사토 수상이 미국을 방문하여 존슨 대통령과 회담한 후 한
일회담은 급속도의 진척을 보였다. 그러나 일본 측 수석대표로 임명된 다
카스기가 일본 기자들 앞에서 "일본은 분명히 조선을 지배했다. 그러나 일
본은 좋은 일을 하려고, 조선을 보다 낫게 하려고 한 일이었다. 일본의 노
력은 결국 전쟁으로 좌절되었지만 20년쯤 더 조선을 가지고 있었더라면
좋았을 것이다"라고 한 발언이 세간에 알려지면서 파문이 확산되었다. 1월
20일 회담에서 한국이 이 문제를 제기했지만, 다카스기가 발언 자체를 부
인함에 따라 이를 언론에 발표하는 선에서 적당히 마무리하였다. 한일회
담 타결이 기정사실화된 상황에서 이 정도의 돌발 변수는 별 문제가 아니
었다.

　1965년 2월 15일 한일 양국은 한일기본조약에 합의했다. 과거 한일 간
에 맺었던 조약들의 무효시점과 관련해서는 "이미 무효이다"(are already
null and void)라는 문구가 들어갔다. 이 문구는 쌍방의 주장을 절충한 것으
로 양국 모두 자신에게 유리한 방향으로 해석할 수 있는 여지가 있었다. 즉
한국은 '이미'라는 시점을 과거 각 조약 체결시점으로 해석하여 을사조약
이나 한일병합조약도 무효라고 주장하였지만, 일본은 2차 세계대전 패전
이후로 해석하여 한일병합조약의 합법성을 주장했던 것이다.(이원덕,
1995, 86쪽) 그러나 한국의 주장은 무리가 있었다. 따라서 절충은 변명을
위한 구실에 불과했다. 조속한 협상 타결과 변명을 위해 이런 방식으로 쟁
점을 봉합하는 사례는 이후에도 계속 발견할 수 있다. 한일협정의 가장 큰
특징은 문구의 모호성과 해석의 자의성이다.

　기본조약 가조인을 위해 1965년 2월 17일 일본 외상 시이나(椎名悅三
郞)가 한국을 방문했다. 시이나는 도착성명을 통해 "양국 간의 오랜 역사
중에 불행한 기간이 있었던 것은 참으로 유감스런 일로서 깊이 반성한다"

라고 언급했고, 이에 한국의 이동원 외무부장관은 환영사를 통해 "한일 양국의 불행했던 과거를 청산하여 신의와 신뢰에 입각한 영속적인 우호관계를 수립할 수 있는 계기가 되길 바란다"라고 답했다. 그러나 시이나의 과거사 '반성' 언급에도 불구하고 기본조약 타결과 시이나 외상 방한을 계기로, 오랫동안 움츠러들었던 한일협정반대투쟁이 다시 일어났다. 시이나 방한 하루 전날인 16일 범국민투위는 "김·오히라 메모 백지화와 평화선의 고수 및 한일무역불균형의 시정 등이 이루어지지 않는 현재 상황에서의 한일회담 타결을 반대한다"라고 밝혔다. 그리고 시이나의 방한 결과에 따라 범국민운동을 전개할 수도 있다고 경고했다. 2월 17일에는 방한한 시이나 일본 외상의 숙소인 조선호텔 앞에서 야당 당원과 학생·시민 수십 명이 계란을 던지고 호텔에 게양된 일장기를 찢으려다 14명이 연행되었다. 18일에는 전년도 한일회담반대투쟁에 참여했던 10여 명의 학생들이 '이등박문 성토대회'를 열고 가두시위를 벌였다. 19일에는 범국민투위가 서울시청 앞에서 1964년 6·3항쟁 이후 최초의 대규모 성토대회를 열었다. 이날 야당인사 100여 명과 시민 1만 5,000여 명이 모였으나 경찰의 강력한 저지로 성토대회는 제대로 진행되지 못했다. 집회 참가자와 경찰 사이에 밀고 당기는 혼란 속에서 12명이 부상당했고 72명이 연행되었다. 이러한 반대 분위기에도 불구하고 기본조약은 1965년 2월 20일 가조인되었다.

이제 실질적으로 남은 쟁점은 평화선 문제밖에 없었다. 기본조약 가조인 직후 한일 양국은 평화선을 대체할 새로운 어업선 획정에 의견 접근을 보았다. 평화선은 이제 곧 없어질 운명이었다. 이에 야당은 2월 말부터 '평화선규제법'을 만들어 박정희 정권이 마음대로 평화선을 포기할 수 없도록 제한을 가하려 했다. 또한 3월 5일 "제7차 한일회담 중지에 관한 결의문"을 채택하여 이를 국회에 제출했다. 결의안의 내용은 "① 김·오히라 메모 및 어업협상 합의 내용 백지화 ② 평화선 고수 ③ 무역 불균형 시정 ④ 한일회담 대표 소환" 등이었다. 범국민투위도 정부에 한일문제 공개토론회를 개최할 것을 제안했다. 그러나 정부는 이 제안을 거부했다.

1965년 3월 중순을 지나면서 한일회담의 전면 타결이 임박하자, 범국민투위는 3월 20일 다시 대규모 성토대회를 열었다. 서울운동장에서 열린 성토대회에는 3만여 명이 참여했는데, 야당의 청년 당원들은 청중들이 보는 앞에서 일장기를 불태웠다. 성토대회 전후 전개된 가두시위로 야당 당원 29명이 연행되었다. 또한 범국민투위는 3월 27일 부산, 목포, 춘천을 시작으로 4월 5일까지 전국을 돌며 순회 성토대회를 개최했다. 여기서 집회 연사들은 한결같이 "평화선 결사수호"를 외치면서 '박 정권은 정권을 연장하기 위해 매국적인 외교흥정을 하고 있다'라고 주장했다. 미국에 대한 신랄한 비판도 나왔다.*

야당을 비롯한 범국민투위의 총력투쟁에도 불구하고 1965년 4월 3일 한일 양국은 '어업' '청구권' '재일한인의 법적 지위' 등 3개 현안을 일괄 타결하고 각각의 협정에 가조인했다. 이로써 1951년 처음 시작한 후 14년 동안 재개와 중단을 반복해오던 한일회담이 마침내 타결되었다. 가장 큰 쟁점이었던 평화선 문제도 결말을 보았다. 평화선 문제와 직결된 어업협정의 주요 내용을 보면, 한국 어민만이 배타적으로 어업을 할 수 있는 어업수역(전관수역)을 공해 부분을 포함하여 12해리까지 설정하고, 40해리까지는 한국과 일본 어민이 같이 조업하는 공동규제수역으로 설정했다. 그런데 평화선은 어업협정에서 전혀 언급하지 않았다. 이는 기본조약과 마찬가지로 모호한 방식에 의한 쟁점 봉합이었다. 한국 정부는 어업협정이 일본 이외에 다른 나라에는 적용되지 않기 때문에 제3국에 대해서는 평화

---

* 야당 지도자 윤보선은 "미국은 극동정책에서 실패했으며, 아시아가 공산화되는 것은 미국의 실정 때문이다. 미국은 한일회담을 지원하여 일본을 아시아 반공진영의 기둥으로 삼으려 하고 있으나, 미국의 대한 정책은 또다시 한국에 죄과를 남기려 하고 있다"라며 전례 없이 미국을 신랄하게 비판했다.

선이 엄존하고 있으며, 일본에 대해서도 한국이 전관수역 12해리, 공동규제수역 40해리를 확보했기 때문에 실질적으로 평화선 선포의 목적을 충분히 반영했다고 주장했다. 그러나 일본 정부는 어업협정으로 평화선이 소멸되었다고 보았다.(오제연, 2005, 39쪽) 일본 정부의 주장이 진실이었다.*

국민의 여망을 저버린 채 평화선을 포기하고 한일회담을 타결한 사실은 이후 한일협정의 조인·비준을 둘러싸고 반대투쟁이 다시 격렬하게 전개될 것을 예고했다. 범국민투위를 통해 그동안 한일회담 반대의 목소리를 높였던 야당은 가조인된 한일협정을 즉각 부정하고 극한투쟁을 선포했다. 1964년 6·3항쟁 이후 침묵하던 학생들도 본격적으로 움직이기 시작했다.


**4·13시위와 휴교령**　　　1964년 한일회담반대투쟁을 주도하던 학생들 중 많은 수가 처벌 혹은 졸업으로 학교를 떠나면서 1965년 초 대학가는 비교적 잠잠했다. 그러나 후배 그룹들이 서서히 지도력의 공백을 메워나갔다. 우선 1965년 3월 20일 '한국대학신문기자협회'는 갑오농민전쟁이 일어난 3월 21일을 '반식민주의의 날'로 정할 것을 정부와 국민에게 건의했다. 이들은 동학농민전쟁을 "대외 지배세력에 대한 민족주의적 저항이요, 민중의식의 주류이며, 반식민주의의 눈뜸이요, 근대화의 횃불"이라고 정의했다.(『고대신문』 1965년 3월 27일자) 동국대생들은 '평화선사수 동국대학 투쟁위원회'를 조직하고 3월 26일 '평화선사수 성토대회'를 가졌으나 학교 당국의 제지로 곧 해산하였다.

---

* 가끔 중국 어선이 평화선을 침범하는 경우가 있었지만, 그동안 평화선을 침범한 것은 거의 모두 일본 어선이었다. 따라서 평화선 문제에 있어서 한국과 일본을 제외한 제3국이란 현실적으로 존재할 수 없었다. 또한 전관수역 12해리가 확보되기는 했지만, 50~60해리에 달했던 평화선에 비해 한국이 배타적 권리를 갖는 수역은 매우 축소되었다.

1965년 3월 31일 전남대생들은 6·3항쟁 이후 최초의 학생 가두시위를 벌였다. 800여 명이 참여한 이날 시위에서 학생들은 "매국외교 결사규탄" "김·오히라 비밀흥정 이완용을 웃긴다" "빼앗긴 평화선 아이고 아이고"라고 쓴 플래카드를 앞세우고 경찰과 격렬한 투석전을 벌였다. 학생시위 재발을 두려워했던 박정희 정권은 이 시위를 폭력적으로 진압했을 뿐 아니라, 강화된 학칙을 적용하여 시위 주도자 7명을 제적하고 그중 4명에게 징집영장을 발부하였다. 이후 시위 주도 학생에 대한 제적과 징집은 학생운동에 대한 탄압의 전형적인 수단으로 자리 잡았다.*

더 나아가 박정희 정권은 학생들의 움직임을 사전에 봉쇄하고자 했다. 야당 성토대회에 참석하고 '경북학생총연합회'를 결성하려 했던 경북대 각 단과대학 학생회장 5명은 경찰과 학교 당국에 의해 1965년 4월 1일부터 3일간 연금납치를 당했다. 정부는 한일협정을 가조인한 4월 3일 각 대학에 장학관을 파견하여 학생들의 움직임을 파악하도록 지시했다. 4월 6일 성균관대생들의 성토대회가 학교 당국의 제지로 무기 연기되었다. 같은 날 서울 시내 대학 연합으로 '평화선사수 투쟁위원회'를 결성하려 했던 학생 10명은 행동방안을 협의하기 위해 모였다가 불법집회 혐의로 경찰에 연행되었다.

하지만 학생들의 분노는 박정희 정권이 통제할 수 있는 수준이 아니었다. 전날 연행에도 불구하고 '평화선사수 투쟁위원회' 관련 학생들은 1965년 4월 7일 "전남대 구속학생 석방과 복교" "한일회담 가조인 무효와 평화선 사수" "일본제국주의 재침 우려" "4월 9일부터 투쟁 시작" 등을 담은 4개 항의 성명서를 발표했다. 4월 9일 동국대생 500여 명은 한일회담 가조

---

* 박정희 정권은 강화된 학칙을 통해 고등학생들도 강력히 통제하려 했다. 4월 2일 원주 대성고생 300여 명이 "배고픈 우리 살림 6억으로 잘살 수 없다" "이완용 2세들아 각오하라"는 구호를 외치며 시위를 벌였는데, 주도 학생 6명은 곧 퇴학처분을 당했다.

인 무효를 외치며 학내에서 규탄대회를 가졌다. 10일 서울 법대생 200여 명은 '매국외교반대 성토대회' 후 서울 시내에서의 최초의 가두시위를 벌였다. 이날 집회와 시위에서 학생들은 생명선인 평화선 철폐 반대와 한일협정 가조인 즉각 철폐를 주장하고, 선언문 첫 머리에서 "미국이 한일회담에 너무 깊이 관여하고 있음을 주시하며 이 이상 더 관여하지 말 것"을 경고하였다. 학생들의 미국 비판은 이후 더 강해지는데, 이는 1965년 한일협정반대투쟁의 주요 특징 중 하나였다.

학생시위를 막기 위해 4월 10일부터 경찰이 비상근무 태세에 들어갔다. 대규모 학생시위가 임박한 12일 밤에는 10개 대학 50명의 학생이 서울 곳곳에서 시위 모의를 하다 연행되었다. 이러한 예방 조치에도 불구하고 12일 월요일 연세대, 경희대, 동국대 등에서 학내 성토대회가 열렸다. 이 날 초급대학연맹회는 한일회담반대 결의문을 채택했고, 서울대 특별학생총회에서는 구속학생 석방을 요구했다. 1965년 4월 13일 드디어 대규모 가두시위가 벌어졌다. 약 4,500명의 학생들이 각 학교별로 성토대회를 개최한 뒤 거리로 쏟아져 나왔다. 이날 시위에서 학생들은 "민족의 생명선 피로서 사수하라"(고려대) "우리는 평화선을 조국의 영구한 주권선으로 재확인한다"(연세대) 등 평화선 관련 구호를 앞세우고 굴욕적 한일협정 무효를 주장했다. 그러나 박정희 대통령은 시위 학생들을 법대로 처리할 것을 공언했고, 경찰은 528명을 체포하고 그중 11명을 구속했다.

시위는 4월 14일과 15일에도 계속 이어졌다. 14일 중앙대와 성균관대생들이 가두시위를 벌였다. 15일에는 고려대, 외국어대 등 대학생 이외에 경기고 학생 1,000여 명도 시위를 벌였다. 또 서울대 법대는 이날부터 50여 명이 단식농성에 들어갔다. 이들은 "대미 의존적인 반신불수의 한국 경제를 이중 예속의 철쇄에 속박하는 것이 조국근대화의 첩경인가"를 묻고 미국에게 한일회담에 더 이상 관여하지 말 것을 촉구했다. 다음날 서울대 상대도 교내집회 후 60여 명이 단식농성에 들어가면서 "미국은 안일한 책임전가정책을 즉각 철회하고 진실한 대한 원조책을 수립하라"고 주장했다. 4월 13일 시위에서 두개골 부상을 당한 동국대생 김중배가 15일 밤 사망하자 시위는 더욱 격화되었다. 16일 동국대생 2,000여 명은 김중배 추도식 후 "김중배를 누가 죽였나" "민주경찰은 살인경찰인가"라고 쓴 플래카드를 앞세우고 교문 밖으로 나섰다. 중앙대, 한양대, 건국대, 경희대, 이화여대 등에서도 수천 명의 학생들이 집회와 시위를 계속했다. 시위가 격렬해지자 정부는 진압을 위해 군인들은 물론 공군 정찰기, 헬리콥터까지 동원했다.•

결국 정부는 4월혁명 5주년을 계기로 학생시위가 더 크게 폭발하는 것을 사전에 막기 위해 16일 오후 각 학교에 4월 말까지 휴교할 것을 지시하였다. 학생운동은 특성상 학교라는 공간을 기반으로 하기 때문에 휴교 조치는 학생운동의 결집력과 동원력을 크게 약화시킬 수 있었다. 앞서 1964년 한일회담반대투쟁도 계엄 선포와 동시에 이루어진 휴교령과 조기방학에 의해 좌절된 바 있었다. 이후에도 휴교령과 조기방학은 학생운동을 탄압하는 수단으로 자주 활용되었다.

물론 휴교령이 내려진 이후에도 시위는 계속되었다. 1965년 4월 17일 배제고, 보성고, 마포고 학생들이 가두시위를 벌였다. 특히 이날 범국민투위가 서울에서 주최한 '한일회담반대 시민궐기대회'는 야당 집회였음에도 불구하고 유례없이 격렬한 시위로 이어졌다. 4만여 명이 참여한 이 집회에서 범국민투위는 매국외교를 철회하지 않으면 박정희 정권이 물러나야 한다고 주장했고, "평화선 사수" 등 4개 항의 결의문을 채택했다. 궐기대회가 끝나고 가두시위에 나선 5,000여 명의 시민, 학생 들은 최루탄을 앞세

---

• 박정희 정권은 이미 14일 오후부터 수도경비사령부 소속 부대들을 도심으로 이동시켜 학생시위 격화에 대비하고 있었다.

한일협정반대투쟁 당시 함석헌을 연행하려는 경찰들과 시민들 간의 몸싸움

운 경찰의 무자비한 진압에 맞서 파출소를 점거하거나 소방차를 탈취하며 격렬하게 저항했다. 박정희 정권은 이를 정권 타도를 기도하는 폭동으로 규정하는 한편, 앞으로 시위진압 시 위수령을 내려 군대를 동원할 수 있다고 협박했다. 몇 달 뒤 이 협박은 실제로 이루어졌다. 이날 시위로 227명이 연행되고 13명이 구속되었다.

　1965년 4월 19일은 4월혁명 5주년이 되는 날이었지만 각 학교의 휴교로 특별한 움직임은 일어나지 않았다. 단지 서울대생 500여 명이 학교 4·19기념탑 앞에서 기념식을 갖고 한일협정 가조인 무효를 선언한 후 잠시 침묵시위를 벌였고, 그 밖에 제주대와 경북대사대부고 학생들이 시위를 벌였을 뿐이었다. 이후 학교에 따라 산발적으로 시위가 이어졌지만, 휴교령과 4·17궐기대회를 기점으로 시위는 일단 잠잠해졌다. 휴교령이 풀린 4월 26일이 지나서도 마찬가지였다. 이 시기 한일협정반대투쟁은 한마디로 한일협정 가조인 무효를 주장하는 투쟁이었고, 초점은 한일협정으로 사라질 위기에 처한 평화선 사수에 있었다. 1964년에 비해 반정부투쟁의 성격은 약화되었지만 시위는 더욱 격렬해졌다.

**한일협정조인저지시위** 　　　　1965년 4월 3일 한일협정 가조인 이후 한일 양국은 조속한 정식 조인을 목표로 마지막 협상에 박차를 가했다. 야당 의원들은 4월 말 한일회담 비준 시 의원직을 총사퇴하기로 결의했고, 범국민투위는 5월 초부터 각 지방을 순회하며 한일회담 조인을 저지하기 위한 궐기대회를 열기 시작했다. 첫 궐기대회는 5월 4일 부산에서 열렸다. 1만여 명이 운집한 가운데 "박 정권은 대일 매국 외교를 즉각 중지하고 가조인된 청구권 등 모든 협정을 백지화하라" 등 3개 항의 결의문을 채택했다. 집회에 참석한 일부 시민들은 산발적인 시위를 벌였다. 5월 8일 광주에서 열린 궐기대회에는 3만여 명의 청중이 몰렸다. 광주에서는 이미 5월 6~7일 광주고와 광주숭일고 학생들의 시위가 있었고, 8일 궐기대회 직후에도 격렬한 시위가 이어졌다. 5월 12일에는 목포고 학생 1,000여 명이 굴욕외교 반대 구호를 외치며 시위를 벌였다.

　한일협정조인반대를 외치는 시위가 전개되는 가운데 박정희 대통령은 존슨 대통령과 정상회담을 위해 1965년 5월 16일 미국으로 떠났다. 여기서 미국은 한국에 대한 미국의 군사·경제 원조가 한일국교정상화 이후에도 계속될 것임을 약속하였다. 베트남 파병과 한일회담 타결의 대가였다. 미국의 지원으로 박정희 정권의 입지는 더욱 공고해졌다. 그러나 한일협정 조인을 반대하는 학생들에게 미국의 행동은 부당한 간섭에 불과했다. 한미정상회담이 진행 중이던 5월 18일 서울대의 3개 단과대학 학생들은 각각 성토대회를 가졌다. 문리대생들은 "미국은 한일회담에 간섭 말라"는 문구가 적힌 플래카드를 앞세우고 집회와 시위를 벌였다. 사대생들은 "미국은 우리 민족의 주체성을 말살하는 행동을 삼가라"는 내용의 결의문을 채택했다. 법대생들은 "Friendship Yes, Interference No", 즉 "우정은 좋지만 간섭은 싫다"는 내용의 플래카드를 들고 시위를 시도했다. 이날의 성토대회는 규모도 작고 본격적인 가두시위로 이어지지 못했지만, 1965년 한일협정반대투쟁에서 미국 비판이 고조되고 있음을 잘 보여주었다.(『대학신문』 1965년 5월 24일자)

이 중 서울대 법대생의 시위는 한일회담 조인 저지와 미국에 대한 비판 이외에도, 학생 처벌과 관련한 '학원자유' 문제가 중첩되어 발생했다. 1965년 4월 17일 단식농성 중이던 서울대 법대생 39명이 학장의 요청으로 대학에 들어온 경찰에 의해 연행되었다. 4월 24일 학교 당국은 단식농성과 시위를 주도한 학생 12명에게 무기정학처분을 내렸다. 그런데 5월 18일 성토대회 후 학교 당국이 휴강 조치를 취하자, 20일 법대생들은 학생총회를 열고 학원자유 보장과 학원사찰 금지를 요구하며 3일간 동맹휴학에 돌입했다. 학교 당국은 동맹휴학주동학생들을 대량 징계했다. 학생들은 학장의 퇴진을 요구하며 동맹휴학을 계속했다. 결국 학교 당국은 5월 31일 모든 학생들에 대한 징계를 철회했다. 학원자유는 강화된 학칙으로 한일협정반대투쟁 참여 학생들을 가혹하게 처벌한 모든 학교에서 정도의 차이가 있을 뿐 크게 문제가 되었다.

1965년 6월 한일협정 정식 조인은 초읽기에 들어갔다. 조인을 저지하기 위한 노력도 그만큼 절박하게 진행되었다. 5월 29일 범국민투위는 서울에서 1만여 명의 시민들이 모인 가운데 '대일매국외교성토 민중시위대회'를 가졌다. 이 자리에서 연사들은 일본은 을사늑약 체결 때와 달라지지 않았으며, 부정부패한 박정희 정권은 한일협정을 추진할 자격이 없다고 비난했다. 6월 12일 서울대 법대생 200여 명은 시위를 개최하고, 그동안 법대에서 진행한 학원자유 투쟁의 목표가 대외적인 것임을 확인한 후, 굴욕적 한일회담 반대 주장과 함께 "한미행정협정 체결에 있어서 호혜평등을 관철하라"고 주장하였다. 당시 한국은 주한미군의 범죄 등의 문제를 제도적으로 해결하기 위해 미국과 한미행정협정을 체결하기 위한 협상을 진행하고 있었는데, 1965년 5월 박정희 대통령의 미국 방문에서 주한미군에 대한 재판관할권을 미국에 넘기기로 합의한 사실이 학생들을 자극했던 것이다. 서울대 법대생 80여 명은 14일부터, 민족주체성 확립과 부정부패 일소의 대전제 아래 굴욕적 한일회담 반대와 호혜평등적 한미행정협정 체결 촉구 등을 목표로 무기한 단식농성에 돌입했다. 이후 단식농성은 한일협정 조인 저지를 위한 최후의 수단으로서 각 대학에 파급되었다.

1965년 6월 18일 고려대생 1,000여 명은 '타도 왜국, 대일 선전포고' "한일회담 조인을 즉시 중지하라" 등의 플래카드를 앞세워 가두시위를 벌이고 단식농성을 결의했다. 서울대 상대생 300여 명도 법대 단식농성장에 가려다 경찰 저지선에 막혀 시위를 벌었다. 19일 서울대 단과대학 학생회장들은 22일까지 정부가 단식농성 학생들의 요구를 받아들이지 않으면 서울대생 전체가 공동투쟁하기로 결정했다. 서울대 법대 단식농성이 100시간을 넘기면서 졸도자가 속출하였으나, 다른 대학으로 번지기 시작한 단식농성의 규모와 열기는 더 커졌다.* 21일 밤 현재 각 대학에서 단식농성에 참여한 학생 수는 전국 13개 대학 800여 명을 넘었다.

---

* 6월 19일 서울대 상대생 350명은 "새로운 자세로 한일회담을 하라" "한미행협은 호혜평등을 원칙으로 하라" 등의 구호를 외치며 성토대회를 열고 단식에 합류했다. 문리대생 약 50명은 '민족주체성확립대회'를 개최하고 "미국의 부당한 외교권적 간섭을 배격한다" "대학 지성은 국가의 위기를 절감하고 자유수호와 민족주체성확립투쟁 대열에 참여하라" "미국과 관계 정부 당국은 호혜평등 원칙에 입각한 한미행협을 조속히 체결하라" 등을 내용으로 하는 결의문을 채택하고 단식에 합류했다. 사대생 20여 명도 "일시적인 정권 유지를 위해 민족 장래를 도박하지 말라" "미국은 한국의 재건과 장래를 진정으로 생각한다면 굴욕적인 한일회담의 체결을 강요함으로써 국민의 감정을 자극하지 말라"는 내용의 결의문을 채택하고 단식에 합류했다. (『대학신문』 1965년 6월 21일자)

한일협정 정식 조인을 하루 앞둔 1965년 6월 21일 서울 시내 12개 대학과 3개 고등학교 학생 1만여 명은 일제히 교문을 박차고 나왔다. 비록 경찰의 강력한 저지로 각 학교 학생들은 시내 중심부로 진출하지 못한 채 학교 주변에서 개별시위를 벌일 수밖에 없었지만, 한일협정 체결을 좌시하지 않을 것임을 분명히 했다. 학생들의 시위에 박정희 정권은 폭력진압과 휴교·조기방학 실시로 맞섰다. 조인일인 6월 22일에도 서울에서만 14개 대학 1만여 명의 학생들이 학내집회 후 교문 밖 진출을 시도했으나, 경찰의 무자비한 곤봉 세례와 최루탄 발사로 전면적 가두시위는 이루어지지 못했다. 이날 고려대생들은 "제2의 을사조약을 즉시 철회하라" "생명선인 평화선을 사수하기 위해 결사투쟁을 선포한다"라는 요지의 선언문을 채택하고, 결의문을 통해 일본의 경제 침략 야망 포기와 미국의 한미관계 개선을 촉구했다. 고려대 시위 저지에는 무장군인이 동원되기도 했다. 연세대생들은 한일협정이 조인되는 시간에 맞춰 '매국노 황제추대식'을 갖고 박정희 정권을 풍자했다. 지방 각 대학에서도 비슷한 상황이 연출되었다. 이날 인천 인하공대생 1,000여 명은 강당에서 '한일회담반대성토대회'를 열고 시위를 벌인 후 50여 명이 단식농성에 들어갔다. 부산대생 200여 명도 교정에서 한일회담반대성토대회를 열고 "민족주체성을 돈으로 바꿀 수 없다" "오늘 조인되는 한일협정을 인정치 않는다"라는 내용의 결의문을 채택한 후 시위를 감행하려 했으나 교문에서 저지당했다. 경북대 법대생 300여 명은 "매국외교를 즉시 중단하라" "이동원을 소환하라" 등의 플래카드를 앞세우고 시위를 벌였다.(『동아일보』 1965년 6월 22일자)

격렬한 저지시위에도 불구하고 한일협정은 1965년 6월 22일 오후 5시 일본 도쿄에서 정식 조인되었다. 한일협정은 '한일기본조약' '한일문화재 및 문화협력에 관한 협정' '한일어업협정' '재일교포 법적 지위와 대우에 관한 협정' '한일재산 및 청구권 문제 해결과 경제협력에 관한 협정' 등 1

조약 4협정으로 이루어졌다. 14년간 진행된 한일회담이 드디어 일단락되었다. 동시에 한일회담 조인을 저지하기 위한 운동은 실패로 돌아갔다. 200시간 단식이라는 기록을 남기며 단식농성을 주도했던 서울대 법대생들은 마지막까지 남은 64명 전원이 "민족주체성 확립" "조국자주성 확립"이라는 혈서를 쓰고 일단 해산했다. 상당수 대학은 이날부터 소위 '정치방학' 또는 '임시휴교'에 들어갔다. 그러나 이것이 끝은 아니었다. 아직 국회의 비준·동의 절차가 남아 있었다. 한일협정반대투쟁도 국회 비준 반대를 외치며 더 강력하게 진행되었다.

## 한일협정비준반대투쟁

**학생들의 연합조직 결성**　　　1965년 6월 22일 한일협정 조인 이후에도 학생들의 시위는 계속 되었다. 6월 23일 이화여대, 숙명여대, 성균관대, 서강대, 국민대, 서라벌예대 학생들이 한일협정 조인 무효와 비준 반대를 외치며 학교별로 가두시위와 성토대회를 가졌다. 4·19와 6·3 당시 별다른 움직임이 없었던 이화여대의 경우, 이날 1,500여 명이 이화여대 사상 최초의 대규모 가두시위를 벌였다. 경찰의 폭력진압은 여학생이라고 예외가 아니었다. 시위 후 100여 명의 이화여대생이 6월 28일까지 100시간 단식농성에 들어갔다. 다음날인 6월 24일 일본에서 한일협정을 조인한 이동원 외무부장관이 귀국하였다. 성난 국민들의 저항을 두려워한 박정희 정권은 김포공항에 삼엄한 경비를 펴면서 일반인은 물론 기자들의 접근을 차단하였고, 대통령 전용 방탄차까지 동원하여 이 장관을 보호했다. 이 장관의 귀국에 맞춰 숙명여대생 1,500여 명과 성균관대생 200여 명이 가두시위를 벌였으며, 연세대에서는 '매국노황제폐

하귀국환영대회'를 개최하였다. 이화여대에서는 한일협정비준반대 서명운동을 전개하였다.* 지방에서도 학생들의 저항이 계속되었다. 6월 23일 부산공전 학생 600여 명이 성토대회를 열었고, 부산수산대생 300여 명은 '평화선 애도 장송식'과 '수산자원 멸족 장송식'을 거행했다. 대구 경북대생 800여 명도 "국회의원은 거수기가 되지 말라"는 내용의 결의문을 채택하고 시위를 감행했다. 24일에는 대전농전생 150여 명, 청구대생 300여 명, 계명대생 300여 명이 성토대회 후 시위에 나섰다. 많은 학교에서 집회와 시위는 단식농성으로 이어졌다. 대학생들뿐 아니라 서울의 성남고·중앙여고, 지방의 충주실업고·논산대건고·전주신흥고 등 고등학교 학생들도 집회와 시위를 통해 한일협정 조인을 규탄하고 비준을 반대하였다.

투쟁의 열기는 6월 말에도 식지 않았다. 단식농성을 마무리한 대학도 많았지만, 새롭게 단식농성을 시작한 대학도 많았다. 6월 28일에는 연세대생 3,000여 명이 교내에서 '한일협정반대성토대회'를 연 후, "평화선 어디 갔나, 이동원 대답하라" 등의 구호를 외치며 가두시위에 돌입했다. 고려대생 300여 명도 교내에서 '한일협정 무효선언 및 협정문 화형식'을 갖고 다음날 대규모 시위를 결의하며 철야농성에 들어갔다. 이들의 주도로 29일 고려대생 3,000여 명은 "Yankee Keep Silent" 등의 구호가 적힌 플래카드를 앞세우고 격렬한 대규모 가두시위를 벌였다. 이날 연세대 단식투쟁위원회는 일본의 경제적 침략을 분쇄하기 위하여 '일본상품불매운동'을 전국적인 범국민운동으로 전개할 것을 결의했다. 이후 연세대를 비롯하여 건국대, 이화여대, 이화여고, 상명여고 등이 일본상품불매운동에 동참하였으나 오래 지속하지는 못했다.

---

* 이화여대생들은 한일협정비준반대 서명운동을 전개한 결과, 약 3만 명의 서명을 얻어 7월 12일 이를 국회에 제출했다.

한일협정 조인을 규탄하고 비준을 반대하며 1965년 6월 하순을 뜨겁게 달군 학생들의 절규는 6월 말 정치방학이 모든 대학으로 확대되면서 일단 잦아들었다. 정치방학으로 개별 학교 단위의 투쟁이 어려움을 겪자 투쟁 주도 학생들은 개별 대학을 뛰어넘는 조직적인 연합운동을 모색하기 시작했다. 1965년 6월 30일 서울대, 고려대, 연세대, 동국대, 이화여대, 숙명여대 등 6개 대학 200여 명의 학생들이 토론회를 갖고, 한일협정이 우리에게 불리한 환경에서 제3 강국의 일방적 의사에 의해 강요된 것으로 그 경과와 내용을 철저하게 규탄해야 한다는 데 뜻을 같이했다. 토론회가 끝난 후 각 대학 대표들은 한일협정 비준 저지를 위해 전국 대학교를 하나의 연합조직으로 묶어 강력한 연대투쟁을 전개하기로 결의했다. 이에 따라 연합조직인 '한일협정비준반대 각대학연합체'(한비연)가 결성되었다. 7월 13일 연세대에서 발족대회를 가진 한비연은 7월 말 건국대, 경희대, 외국어대, 중앙대 대표 등이 추가 참여하여 11개 대학의 연합조직으로 성장했다.

한비연은 1964년에 등장한 연합조직들과는 다른 특징을 가지고 있었다. '난국타개 학생대책위원회'처럼 학생회라는 공조직의 연대가 아니었고, 또 민비연이 주도한 '한일굴욕회담반대 학생총연합회'처럼 각 대학 투쟁위원회 중심의 단발적인 결사체도 아니었다. 공식 조직인 학생회와 비공식 조직인 투쟁위원회가 접목된 형태였다.(신동호, 1996, 270~274쪽) 1964년 한일회담반대투쟁을 민비연으로 대표되는 소수의 선도적 학생들이 주도했다고 한다면, 1965년 한일협정반대투쟁은 학생회와 투쟁위원회를 망라하여 각 학교의 다양한 활동가들이 각개약진하는 양상을 보였다. 영웅은 없지만 투쟁을 주도하는 인력 풀pool이 넓어진 것이다. 이러한 특징을 살려 한비연은 이전의 난국타개 학생대책위원회보다 적극적·조직적인 투쟁을 모색했고, 한일굴욕회담반대 학생총연합회보다 장기적·대중적으로 활동하려 했다.

그러나 정치방학이 한창 진행 중이던 1965년 7월 학생운동은 이전과 같은 활력을 유지할 수 없었다. 이제 막 조직을 결성한 한비연도 대규모 시위나 단식농성 등을 유보하고 한일협정 비준을 반대하는 사회세력들을 규합하여 비준반대여론을 조성하는 데 주력했다. 이렇듯 한일협정 비준을 앞두고 학생운동이 소강상태를 보이자, 그 대신 비준 권한을 가진 야당 의원과 사회적 영향력이 큰 각계 지도층들이 한일협정 비준 반대에 적극적으로 나서기 시작했다.

**야당과 사회 지도층의 비준 반대 요구**　　1960년대 전반기 내내 분열을 거듭했던 야당은 범국민투위를 중심으로 한일협정반대투쟁에 참여하면서 힘을 결집했다. 그리고 마침내 1965년 6월 14일 윤보선이 이끄는 민정당과 박순천이 이끄는 민주당이 합당하여 통합야당 민중당을 결성하였다. 창당 전당대회에서 박순천이 윤보선을 누르고 대표최고위원에 당선되고 윤보선은 고문으로 추대되었는데, 여기에는 과거 민정당 시절 윤보선과 갈등을 일으켜 제명된 바 있던 유진산의 박순천 지원이 큰 역할을 했다. 이러한 계파 간 갈등과 연합은 이후 민중당의 한일협정반대투쟁에 큰 영향을 미쳤다. 6월 22일 한일협정이 조인되자 범국민투위와 민중당 당원 400여 명은 민중당사 옥상에서 조기弔旗를 달고 간단한 성토대회를 가진 후, 1905년 을사늑약 체결 후 자결한 충정공 민영환의 동상 앞에서 시위를 벌였다. 그리고 이날 오후부터 민중당 윤보선 고문이 한일협정 조인 무효를 주장하며 국회에서 무기한 단식농성을 시작했으며, 23일에는 민중당 국회의원 57명과 범국민투위 지도위원들이 24시간 단식농성에 들어갔다. 윤보선 고문은 28일 137시간에 걸친 단식농성을 끝내면서 '한일협정 비준 전 총선 실시'를 주장하였다.

야당과 더불어 사회 각계의 지도층 인사들도 비준 반대에 동참했다. 1965년 6월 26일 이화여대와 연세대 교수 300여 명은, 지난 6월 21~23일의 학생시위 당시 경찰이 교내에까지 들어와 최루탄을 터뜨리고 곤봉으로 학생들을 구타하는 등 무자비하고 비인도적인 과잉진압을 자행한 것을 규탄하고, 정부의 공식 해명과 관련자 처벌을 요구하는 대정부 항의문을 채택하였다. 7월 1일 대한교련은 "학생시위에 대한 경찰의 과잉진압은 국민의 기본권리를 유린하는 것이며, 이는 민주경찰의 기본자세에 어긋나는 행위로 더 이상 묵과할 수 없다"라는 내용의 항의성명을 발표하였다. 같은 날 한경직 등 개신교 목사 100여 명은 영락교회에서 '한일회담비준반대성토대회'를 개최한 뒤 성명서를 채택하여, "정부는 한일협정에 관한 애국적 국민의 의사표시를 권력으로 탄압하는 비인도적인 행위를 즉시 중단하고, 국회는 정당보다도 한국 역사의 장래를 위하는 의미에서 민속정기의 앙양을 중시하여 비준을 거부할 것"을 촉구했다. 개신교 목사들은 이후에도 서울, 군산, 대전 등지에서 한일협정 비준을 반대하는 구국기도회를 계속 개최했다. 보수개신교세력까지 민주화운동에 참여한 매우 드문 사례였다.

7월 3일에는 법조인들이 나섰다. 대한변협은 경찰이 한일협정 조인·비준을 반대하는 시위 학생들에게 최루탄을 난사하고 그들을 경찰봉으로 무차별 난타하여 중경상을 입힌 것은 비인도적 처사이며 법치국가에서는 절대 용납할 수 없는 중대한 인권침해라고 경고했다. 서울제일변호사회도 질서유지라는 명목하에 이루어지는 경찰의 폭력으로 국민의 기본권이 억압당하고 있다고 지적했다. 9일에는 역사학 관련 3개 단체(역사학회, 한국사학회, 역사교육연구회)가 "이번 한일협정은 호혜평등의 원칙에 따른 선린상조善隣相助의 국제조약이 아니며" "우리가 기대하는 것과 반대되는 사태를 초래할 중대한 요소를 내포"하고 있기 때문에, "이번 협정 조인을 백지로 돌리고 국민이 만족할 수 있는 명예로운 협정의 성립을 위하여 정부가 최선을 다해야 한다"라는 내용의 공동성명을 발표했다. 같은 날 문인 84명도 "전체 국민의 단결과 궐기"를 호소하고, "민족의 자주자존과 국가의 영원한 주권과 권익의 옹호를 위해서 투쟁하는 문화전선의 대열"에 적극 참여할 것임을 선언했다.

1965년 7월 12일 한일협정 비준을 위한 임시국회가 열리자, 서울 시내 18개 대학교수 354명은 서울대에 모여 한일협정 비준 반대를 선언하고, 국회가 여야를 막론하고 당파적 이해를 초월하여 치욕적인 불평등협정을 거부할 것을 촉구했다. 교수들은 성명서를 통해 한일협정의 각 조항을 조목조목 비판하고, 정부가 한일협정 비준을 그대로 강행하는 경우 올바른 한일 국교정상화와 전통적인 한미 우호관계에 있어서 불행한 결과를 가져올 것이라고 경고했다. 14일에는 김홍일, 김재춘, 송요찬, 손원일 등 예비역 장성 11명이 "한일협정반대 성명서"를 통해 "정부는 국가의 장래를 위해 한일협정 비준을 그대로 강행하지 말고 국민의 의사를 물을 것"을 요구했다. 이후에도 경주의 유교·불교·개신교 대표들이 "한일협정 국회비준을 즉시 보류하고 혼란한 민심을 안정"시키라는 내용의 권유문을 대통령과 국회의장에게 보내는 등 서울뿐 아니라 지방에서도 사회 지도층 인사들의 비준 반대 요구가 계속되었다. 그 결과 7월 31일 교수, 종교인, 법조인, 문인, 예비역 장성 등 사회 각계 지도층 인사들을 망라하는 한일협정 비준 저지 연합투쟁조직인 '조국수호국민협의회'(조국수호협)가 발족하였다. 이후 조국수호협은 비준 전 총선 실시를 주장하면서 야당 중심의 범국민투위와 공동투쟁을 모색했다.

사회 지도층 인사들의 적극적인 비준 반대 요구에도 불구하고 박정희 정권은 1965년 7월 14일 국회에서 한일협정비준동의안을 베트남전쟁 전투병파병동의안과 함께 날치기로 발의하였다. 야당 의원들은 단상에 올라가 비준동의안 발의를 육탄으로 저지하고자 했으나 역부족이었다. 그러나 야당의 문제는 단지 수적 열세에만 있지 않았다. 이미 야당은 비준을 위한 국회 개회를 앞둔 7월 초 범국민투위를 중심으로 전국 8개 도시에서 대규모 규탄대회를 열고 한일협정의 무효와 비준저지를 위한 총력 투쟁을 결의한 바 있었다. 하지만 구체적인 투쟁 방법을 둘러싸고 당내 강경파와 온건파가 대립했다. 비준동의안 날치기발의 직후 강경파는 탈당과 당 해체를 통한 의원직 사퇴를 주장한 반면, 당내 다수를 차지하고 있던 온건파는 대안 부재를 이유로 이에 신중한 태도를 보였다.•

　　7월 20일 박순천 민중당 대표최고위원이 박정희 대통령을 만나 일주일의 냉각기를 가진 후 임시국회를 열어 한일협정비준동의안을 논의하기로 합의한 후, 강경파와 온건파의 대립은 가속화되었다. 여야 합의에 따라 7월 29일 임시국회가 열리고 비준동의안을 심의할 특별위원회가 구성되었지만, 같은 날 민중당 강경파의 지도자였던 윤보선은 민중당을 탈당하면서 "복수정당제를 규정하고 있는 현행 헌법에 비추어 야당 없는 공화당만의 국회가 비준을 강행한다면 명백한 위헌이며 국제관례상 용납할 수 없는 불법 처사이기 때문에" 탈당과 당 해체가 가장 유효한 투쟁 방법이라고 주장했다. 이후 민중당에서는 강경파 의원들의 탈당이 잇달았다.

　　공화당은 8월 11일 비준특별위원회에서도 한일협정비준동의안을 또다시 날치기로 통과시켰다. 다음날 민중당 소속 국회의원들은 총사퇴를 결의하고 국회 출석을 거부하였다. 그러나 강경파 의원들이 사퇴서와 함께 탈당계를 함께 제출한 반면, 온건파 의원들은 사퇴서를 제출하였으나 정통보수야당 수호를 명분으로 탈당에 반대하였다. 야당 의원들이 출석을 거부한 가운데 여당만의 일당 국회 본회의에서 1965년 8월 13일 베트남전

---

• 1962년 12월 선포된 제3공화국 헌법은 국회의원이 당적을 변경하거나 소속 정당이 해산되었을 때 국회
　의원의 자격을 상실하게 하였다.

쟁 전투병파병동의안, 14일 한일협정비준동의안이 각각 통과되었다. 탈당과 당 해체 문제를 둘러싼 민중당의 내분은 비준 이후 더욱 심화되었다.

이와 같이 당권을 잡은 박순천을 중심으로 한 민중당 온건파가 박정희 정권에 타협적인 자세를 보이면서 야당은 다시 분열하고 말았다. 비준동의안 날치기통과나 여당만의 일당 국회는 박정희 정권이 가지고 있는 비민주성을 여실히 증명했지만, 야당의 적전敵前 분열은 그동안 한일협정반대투쟁의 한 축을 담당하고 있던 범국민투위의 역량을 크게 약화시켰다. 한일협정이 비준된 이후 범국민투위의 활동은 소규모 옥내집회를 개최하거나 빈번하게 성명을 발표하는 것이 전부였다.(이광일, 1995, 128쪽) 따라서 투쟁의 중심은 정치방학을 끝내고 학교로 돌아온 학생들에게 다시 넘어올 수밖에 없었다.

## 한일협정비준무효화투쟁

**학생시위 부활과 무장군인의 학원 난입 사건**  정치방학기간 한비연의 활동은 학생들의 참여 저조와 정보의 사전누출 등으로 활발하게 이루어지지 못했다. 소규모 성토대회를 갖고 성명서와 결의문을 낭독하거나 국회의원들에게 유인물을 전달하는 정도에 머물렀다. 이러한 부진을 타개하고자 1965년 7월 25일 한비연 대표들과 '6·3동지회' 등 각 대학에서 1964년 투쟁을 주도한 선배들이 모여 향후 대책을 논의했다. 이 자리에서 학생들은 개강 후 한비연이 본격적 투쟁을 시작하면 선배들이 적극 지원하기로 합의했다. 다음날 한비연 학생들은 비준 저지에 소극적인 태도를 보이고 있던 민중당 온건파를 방문하여, 야당 의원 전원이 의원직을 사퇴하고 생명을 건 투쟁 대열에 동참해달라고 호소했다. 그러나 민중당 온건파는 학생들은 학업에 복귀해야 하며 한일협정반대투쟁도 국회 내에서 여당을 설득하고 저지해야만 성과를 얻을 수 있다고 주장했다. 반면 1964년 한일회담반대투쟁을 주도하고 1965년에도 배후에서 투쟁을 지원하던 민비연 핵심 멤버들은 윤보선과 밀접한 관계를 유지했다.(김도현의 증언)

한일협정 비준이 임박하자 한비연의 입장은 보다 강경해졌다. 7월 30일 한비연은 다음과 같은 요지의 성명을 발표했다.(6·3동지회, 2001, 428쪽)

우리는 한일협정 폐기 이외에는 어떠한 대안도 있을 수 없고 오직 비준 반대를 위한 투쟁을 타협 없이 전개할 것이다. 한일협정을 반대하는 교수, 종교인, 예비역 장성 등 사회단체의 활동을 전폭 지지하나, 학생들은 독자적인 투쟁을 벌여 결정적인 시기에는 실력투쟁으로 나서겠다.

범국민투위가 야당의 내분으로 약화되고 명망가 중심의 조국수호협이 대중동원력에 큰 한계를 가지고 있던 상황에서 강력한 투쟁을 전개할 수 있는 세력은 역시 학생들밖에 없었다. 한비연의 독자적인 투쟁방침은 1965년 8월에 들어 구체화하기 시작했다. 8월 10일 한비연은 동국대에서 기자회견을 갖고 8월 14일 이후 각 대학별 연합전선을 형성하여 실력행사에 들어간다고 발표했다. 12일에는 서울대 문리대에서 '매국국회해산촉구대회'를 열고 한일협정 폐기와 매국국회 해산 후 총선 실시를 통한 비준폐기국회 구성을 주장했다. 비준 전에 국회를 해산하고 총선을 실시하여 새로운 국회에서 비준동의안을 처리하자는 주장은 한비연은 물론 민중당, 조국수호협, 범국민투위 등이 모두 요구했던 사항이었다.

1965년 8월 14일 한일협정비준동의안이 여당 단독으로 국회를 통과하자 한일협정 비준을 무효화하기 위한 학생들의 시위가 부활하였다. 먼저 8월 17일 서울대 법대 학생회는 학내에서 '한일협정비준무효화 선언식'을 갖고 다음날 200여 명이 모인 가운데 규탄대회를 열었다. 일부 대학이 개강한 8월 20일 서울에서 경기대, 경희대 학생 2,000여 명이, 부산에서 동아대생 2,000여 명이 대규모 성토대회와 가두시위를 벌였다. 동아대생들의 경우 "민족적 양심으로 매국국회를 해산하라"는 플래카드를 내걸었다. 21일에도 서울대, 동국대, 한양대, 고려대, 연세대 학생 3,000여 명이 집회와 시위를 가졌다. 서울대 법대는 '매국국회, 매국문서, 매국정부'의 화형식을, 고려대생들은 국회의사당 모형에 불을 지르는 '일당국회 화형식'을 각각 거행했다. 또 학생들은 민중당 온건파를 향해 "과감히 전원 탈당하여 투쟁 대열에 앞장서라"(서울대) "말로만 국민을 기만하지 말고 행동에 나서서 즉시 무효화운동에 앞장서라"(연세대)고 요구했다. 이미 오래전부터 학생들은 한일협정 반대나 박정희 정권 비판이 야당으로 대표되는 구정치인에 대한 지지가 아님을 종종 확인했다. 야당에 대한 학생들의 불신은 뿌리가 깊었다.

모든 학교가 개강한 1965년 8월 23일 시위 규모는 더욱 커졌다. 전국 14개 대학 1만여 학생들이 한일협정 비준 무효화를 외치며 거리로 쏟아졌다. 연세대생들은 "나라 팔고 축배 드는 매국 정권 물러가라"며 1964년 6·3항쟁 이후 사라진 박정희 정권 타도 구호를 다시 외쳤다. 중앙대, 동국대, 숭실대, 한양대, 외국어대, 건국대, 명지대 학생들도 매국국회 해산을 요구하며 시위에 나섰다. 지방에서도 충남대생 200여 명이 '매국국회해산 촉진대회' 및 '한일협정비준무효 성토대회'를 열었고, 전남대생 100여 명이 "일당국회에서 통과된 한일조약 비준은 무효"라는 요지의 결의문을 채택하여 공화당에 전달했다. 전북대생 800여 명도 교정에서 한일협정 문서를 소각하는 화형식을 갖고 시위에 들어갔다.

대규모 학생시위가 부활하자 박정희 정권은 보다 강력한 탄압으로 맞섰다. 이미 1965년 8월 20일 문교부는 정치활동에 참여한 학생 서클들을 해체시키겠다고 공언했다. 21일 치안국장은 학생시위에 대한 강경 진압을 전 경찰에 지시했다. 같은 날 서울대 법대 교수회는 그동안 서울대 법대생 시위를 이끌었던 학생회장을 퇴학시켰다. 8월 23일 서울대 법대생들은 이 조치에 반발하여 학장 퇴진과 학생회장 복적을 요구하고 다음날부터 무기한 동맹휴학에 돌입했다. 서울대 문리대생들도 정부의 학생 서클 해체 협박을 규탄하며 조기방학으로 뒤늦게 치르는 1학기 기말고사를 거부했다. 기말고사 거부는 이후 거의 모든 대학으로 확산되었다.

8월 24일 서울 시내 8개 대학 1만여 명 학생들이 가두시위를 계속했지만, 정부의 태도는 더욱 강경해졌다. 내무부, 문교부 등 정부 4개 부처 장관들은 담화를 발표하여 학생시위를 엄단할 것임을 분명히 했다. 몇 시간 후 치안국장은 최근 학생시위에서 나온 구호가 반국가적·반미적 내용을 담고 북한의 주장을 대변하고 있으므로 내란죄와 반공법을 적용하여 시위학생들을 구속시키겠다고 발표했다. 당시 대부분 구호는 "한일협정 비준 무효화" "매국국회 해산"으로 집약되어 있었는데, 그중 문제가 된 구호는 8월 23일 전남대생들이 외친 "한일협정 체결의 주범은 바로 미국이다" "우리들은 월남(베트남)의 사태에 양키들의 총알 방패가 될 수 없다"와 앞서 언급한 8월 23일 연세대 구호였다.

박정희 정권의 강경한 태도와 협박에도 불구하고, 1965년 8월 25일 1만여 명의 학생들이 다시 시위에 나섰다. 경찰은 전보다 훨씬 폭력적으로 시위를 진압했다. 그러나 경찰만으로 성난 학생들의 물결을 막을 수 없었다. 마지막 보루는 역시 군이었다. 이미 전날부터 시위진압에 모습을 드러낸 군인들은 8월 25일 본격적으로 시위진압에 투입되었다. 오후 1시 30분 수도경비사령부 소속 무장군인 500여 명이 시위 학생들을 쫓아 고려대 교내로 난입했다. 난입 군인들은 시위 가담 여부에 관계없이 교내에 있는 학생들을 무자비하게 구타, 연행했다. 이 과정에서 많은 학생들이 부상했고 실험실, 도서관 등의 기물이 파손되었다. 무장군인의 학원 난입은 사상 초유의 일이었다. 즉각 고려대 교수들은 일제 때도 감히 상상조차 할 수 없었던 무장군인의 학원 난입을 규탄하고 정부의 공개 사과와 책임자 처벌을 요구했다. 학생 1,000여 명도 교내에서 철야농성을 벌였다.(『고대신문』 1965년 9월 4일자)

그러나 이것은 시작에 불과했다. 8월 25일 밤 박정희 대통령은 정부 각료 전원과 서울 시내 각 대학 총·학장 그리고 군 수뇌부까지 모두 배석한 가운데 대국민 담화를 발표했다. 이 담화에서 박정희는 일부 정치인, 교직자, 학생들을 비난한 후, 학교를 폐쇄하는 한이 있더라도 학생시위를 뿌리 뽑겠다는 뜻을 분명하게 전달했다. 그리고 다음날 '위수령'을 선포했다. 위수령은 계엄령과 같이 군이 치안을 담당하지만, 계엄령과 달리 군이 행정·사법권을 가지지 않고 언론·출판에 대해서도 별다른 조치를 취할 수 없었다. 그러나 한국전쟁 직전 공비토벌작전과 관련하여 만든 위수령을 민간의 치안 유지를 위해 선포할 수 있는지에 대해 법적인 논란이 일어났다.[*] 이러한 논란에도 불구하고 박정희 정권이 위수령을 선포한 것은, 군 동원이 필요한 상황에서 1964년 계엄령을 선포한 지 불과 1년 만에 또다시 계엄령을 선포하는 것이 정치적으로 큰 부담이었기 때문이었다.

1965년 8월 26일 위수령 선포 후 전방에 주둔하고 있던 6사단 병력이 서울에 진주했다. 군인들은 각 학교에 분산배치되어 교문 앞에서 학생들의 시위를 폭력적으로 진압했다. 뿐만 아니라 국회의사당과 주요 대학 주변에서 학생들은 물론 일반인에게 폭력을 동반한 과잉 검문을 실시했다.

---

[*] 법조계에서는 위수령이 선포된다고 할지라도 군은 군에 속하는 건조물이나 기타 시설물 유지에 필요한 소극적인 치안 권한밖에 행사할 수 없기 때문에, 민간의 치안 유지 특히 시위진압을 위해 학원에 난입하는 등 폭력을 행사하는 것은 곧 헌정질서 파괴라고 비난하였다.(『조선일보』 1965년 8월 26일자)

심지어 취재기자들까지 폭행했다. 그럼에도 학생시위는 그치지 않았다. 이날 6개 대학, 2개 고교 6,000여 명의 학생들이 "한일협정 비준 무효" "학원자유" 등을 외치며 가두시위를 벌였다. 특히 고려대생 2,000여 명은 '무장군인의 학원난입규탄집회'를 개최한 뒤, "학원의 자유를 보장하라" "학원 침입이 국토방위냐" 등의 구호와 함께 교문 밖 시위를 시도했다. 이때 교문을 지키던 무장군인 200여 명이 다시 교내로 난입했다. 이들은 전날보다도 더 폭력적으로 학생들을 무차별 연행했다. 연세대에서도 시위 학생을 쫓아 50여 명의 군인들이 교내로 난입하여 학생들에게 폭력을 휘둘렀다.(『연세춘추』 1965년 9월 6일자) 이에 8월 27일 서울 시내 각 대학 학생 대표들을 포함한 1,500여 명의 학생들이 고려대에 모여 '학원방위 학생총궐기대회'를 열고 "학원에 대한 침략적 행위와 같은 반민족적이고 반민주적인 독단에 대항"할 것을 결의했다. 이후 '학원방위'는 학생들의 시위와 집회에서 '한일협정 비준 무효'와 함께 중요한 구호가 되었다.

**한일협정반대투쟁의 종결**　　　위수령을 통해 군을 동원하고 무장군인을 학원에 난입시킨 박정희 정권은 1965년 8월 27일 시위주동학생 14명을 제적하고 28명을 무기정학에 처하는 등 강경 대응을 계속하였다. 그리고 이날 학생시위의 책임을 물어 문교부장관과 서울대 총장을 경질하였다. 특히 정부의 시위 학생 처벌 지시를 따르지 않던 신태환 서울대 총장 후임에 법대에서 가혹한 처벌로 학생들과 많은 갈등을 일으켰던 유기천 학장을 임명함으로써 박정희 정권의 강경한 의지를 분명하게 보여주었다. 같은 날 청와대 대변인은 학생시위에 대처하는 4단계 조처를 발표했다. 1단계는 시위주동학생 색출과 처벌, 2단계는 총·학장 해임과 승인 취소, 3단계는 휴교, 4단계는 재단 인가 취소를 통한 폐교 등이었다. 8월 25일 박정희 대통령의 담화에 이은 폐교 협박은, 1970년대 유신시대에도 긴급조치를 통해 여러 차례 반복되었다.

학생들은 반발했다. 무장군인이 난입한 고려대에서는 8월 27일 서울 시내 9개 대학 대표들을 포함한 1,500여 명의 학생이 모여 '학원방위 학생 총궐기대회'를 열고, 박정희 정권의 "반민족적이고 반민주적인 독단"에 공동투쟁을 벌이기로 결의했다. 또 이날 연세대, 이화여대, 성균관대, 숙명여대 등에서도 무장군인의 학원 난입을 규탄하는 집회와 시위가 이어졌다. 총장이 경질된 서울대에서는 각 단과대학 대표 20여 명이 모여 "학원방위군 제창" "새 총장 임명 강행 시 전교생 자퇴" 등을 결의했다. 하지만 다음 날 청와대에서 임명장을 받은 후 유기천 신임 총장은 시위주동학생을 가차 없이 처단할 것임을 분명히 했다. 이때부터 대부분 대학은 임시휴교에 들어갔고, 학생과 교수에 대한 징계의 칼바람이 더욱 매섭게 몰아쳤다.

8월 28일 정부는 시위주동자와 배후인물에 대한 대대적인 검거에 나섰다. 이날 경찰은 그동안 구속한 50여 명 이외에 추가로 140여 명을 지명 수배하고, 검거자들에게 반공법 및 내란선동 혐의를 적용할 방침을 세웠다. 검찰도 학생시위를 배후에서 조종한 것으로 알려진 교수, 종교인, 문인, 언론인 등 사회 지도층 인사 35명의 동태를 내사하도록 지시했다. 신임 문교부장관 권오병도 첫 기자회견을 통해 학생들의 정치활동을 불허함과 동시에 정치학생에게 영향을 주고 이들을 선동한 교수들을 조속히 제거할 것이라고 밝혔다. 다음날 문교부는 처벌해야 할 학생 157명의 명단을 각 학교에 통보하고 31일까지 그 결과를 보고하도록 했다. 불응 시 학교에 대한 제제방침도 함께 통보되었다.

박정희 정권의 초강경 탄압으로 학생시위는 점차 힘을 잃었다. 1965년 8월 29일 '전서울대학교 학원방위단 결성대회'를 연 서울대생 300여 명은, 박정희 정권이 "나치나 파시스트 정권하에서도 감히 하지 못하던 학원

강간을 다반사로 하고 있다"라고 비난하고, "괴뢰 총장이 사퇴할 때까지 무기한 동맹휴학에 들어갈 것"을 결의했지만, 다음날 휴교 조치에 저항하며 '구국등교'한 학생 100여 명이 무장군인에 의해 그대로 연행되는 등 그 파괴력은 약했다. 여기에 8월 31일 정일권 국무총리가 "정치만을 일삼는 학생, 정치교수를 모조리 학원 밖으로 몰아내어 선량한 학생과 교수, 학원을 보호하겠다"라며 그동안 정부가 잇달아 내놓은 강경 대책들을 종합한 7개 항의 시책을 발표하면서 한일협정반대투쟁은 사실상 종결국면으로 접어들었다.

1965년 9월 4일 정부는 시위주동학생과 소위 '정치교수'에 대한 처벌에 미온적이라는 이유로 고려대와 연세대에 무기휴업령을 내렸고 학사 감사에 착수했다. 한국의 대표 사학인 두 학교를 본보기로 그동안 정부의 협박이 단지 말뿐이 아님을 모든 학교에 경고한 것이었다. 이에 9월 6일 고려대생 700여 명이 '민주교권방위대회'를 열고 학생·교수 처벌과 휴업령 반대를 선언했다. 같은 날 서울대 법대생 500여 명은 총장 사퇴, 연·고대 휴업령 철폐 등을 결의하고, 8월 24일부터 이어진 동맹휴학을 계속하기로 결의했다. 서울대 상대생 400여 명도 '학원방위 및 한일협정무효 성토대회'와 '군화 화형식'을 거행하고, 연·고대 휴업령이 철폐될 때까지 동정 동맹휴학에 들어가기로 결의했다.(『대학신문』 1965년 9월 13일자) 그러나 서울대 상대생들은 9월 8일 기말고사에 응하기로 입장을 바꿨고, 법대생들도 9월 22일 큰 성과 없이 동맹휴학을 철회하였다. 문교부가 징계를 지시한 정치교수는 11개 대학 21명이었다.• 무기휴업령에도 불구하고 고려대와 연세대를 비롯한 각 대학들은 교수 처벌에 난색을 표했다. 결국 문교부

---

• 문교부에서 징계를 지시한 소위 '정치교수'의 명단은 서울대(양호민, 황성모), 연세대(서석순, 이극찬, 정석해, 권오순), 고려대(김성식, 김경탁, 조동필, 조지훈, 이항녕), 건국대(정범석), 동국대(양주동), 한양대(김윤경), 이화여대(이헌구, 김성준), 숙명여대(김삼수), 한국신학대(전경연), 대구대(박삼세), 청구대(조윤제, 김경광) 등이다. 이 밖에도 문교부는 1965년 9월 8일 명단에 없던 서울대 법대 교수 황산덕과 김기선을 학생시위를 선동했다는 이유로 파면시켰다.(『조선일보』 1965년 9월 10일자)

에서 징계를 지시한 교수들이 자진해서 사표를 내는 형식으로 문제가 해결되었다. 고려대와 연세대도 교수 5명이 자진 사임하자 9월 20일 휴업령이 해제되었다.

가혹한 탄압은 학교를 넘어 사회 전반으로 확산되었다. 1965년 8월 29일 새벽 군의 정치적 중립을 촉구했던 조국수호협 소속 예비역 장성 4명(김재춘, 김홍일, 박병권, 박원빈)이 명예훼손 혐의로 구속되었고, 이후 내란선동죄로 추가 기소되었다. 또한 조국수호협의 다른 간부들에 대한 처벌이 잇달았다. 한일협정에 비판적인 언론인과 야당 정치인에 대한 테러도 자행되었다. 9월 7일 『동아일보』 편집국장대리 자택에서 폭발물이 터졌으며, 8일에는 『동아방송』 제작과장이 심야에 괴한들에게 납치되어 폭행당했다. 9일에는 민중당 중앙상위의장 자택에서 다이너마이트가 터졌다. 야당과 언론은 연이은 테러에 대한 진상규명을 요구했지만 경찰 조사는 지지부진했다. 사건이 미궁 속으로 빠지면서 사회 분위기는 더욱 위축되었다.

정부는 1965년 9월 16일 민비연을 공식 해체시켰다. 9월 25일 중앙정보부는 국가전복을 기도했다는 혐의로 반공법 위반 및 내란음모죄, 내란선동죄를 적용하여 민비연 학생 11명을 구속 기소하고 6명을 수배했다. 이들은 1964년 한일회담반대투쟁에 이어 1965년에도 계속 한일협정 조인·비준 반대투쟁을 배후 조종·선동하였고, '구국학생동맹'을 조직하여 1965년 8월 29일 국치일國恥日을 기하여 정부전복을 기도하는 극한적인 데모를 모의했다는 혐의를 받았다. 한일협정반대투쟁을 주도한 대표적 학생조직인 민비연은 이렇게 역사 속으로 사라졌다.* 이날 지난 1개월간 학원과 사회를 짓누르고 있었던 위수령도 해제되었다.

같은 날 발표된 민비연사건과 위수령 해제는 한일협정반대투쟁의 종결을 상징했다. 외형적으로 한일협정반대투쟁은 실패하였다. 1964년부터 굴욕적 한일회담 반대를 외쳤지만, 한일협정은 큰 틀의 변화 없이 가조인·조인·비준된 후 1965년 12월 18일 한일 양국이 비준서를 교환함으로써 정식 발효되었다. 이로써 1945년 해방 이후 20년 만에 한일 간 국교가 완전히 정상화되었다. 또한 1964년 6·3시위 직후 일선에서 물러난 김종필이 1965년 12월 공화당 당의장으로 화려하게 복귀한 반면, 의원직 총사퇴후 국회 복귀 문제로 내분이 심화된 야당은 1966년 2월 끝내 분당하였다. 한일협정반대투쟁세력의 희생은 너무나 컸다. 많은 사람들의 피와 땀에도 불구하고 돌아온 것은 무자비한 폭력과 가혹한 대규모 처벌이었다. 특히 4·19라는 승리의 경험을 바탕으로 치열하게 싸웠던 학원은 박정희 정권에 의해 완전히 유린당했다. 이후 학원과 사회에는 한동안 패배감과 무력감이 만연했다. 그러나 2년간 지속한 한일협정반대투쟁은 외형적 실패에도 불구하고 한국 민주화운동의 역량을 크게 신장시켰고, 한일협정반대투쟁의 경험과 자산은 이후 민주화운동의 발전에 밑거름이 되었다. 학원과 사회가 패배감과 무력감을 극복하는 데는 그리 오랜 시간이 필요하지 않았다.

---

● 일반적으로 민비연 관련 사건은 1964년 계엄령 이후 처벌을 '1차 민비연사건', 1965년 위수령 이후 처벌을 '2차 민비연사건', 그리고 다음 장에서 다룰 1967년 동백림사건 관련 처벌을 '3차 민비연사건'이라 부른다. 그러나 '1차 민비연사건'은 민비연의 조직사건이 아니라 6·3항쟁 이후 다수의 투쟁 주도 학생들을 처벌하는 과정에서 자연스럽게 민비연 학생들이 포함된 것이었다. '2차 민비연사건'과 완전히 조작된 '3차 민비연사건'에서만 민비연이 조직 차원에서 다루어졌다.

4

# 한일협정반대투쟁의 성격과 의의

## 민족주의의 고양

1965년 한일협정이 체결됨으로써 한국·미국·일본은 군사·경제적 차원에서 삼각동맹을 형성하여 완결된 지역통합을 이룰 수 있었다. 그러나 동아시아 지역통합에서 한국은 미국-일본-한국이라는 위계질서의 가장 하단에 종속적으로 위치하였다. 한국은 저임금의 노동력을 제공하고 일본은 자본, 설비, 기술 등을 제공하여 수직적 노동분업이 이루어졌고, 이에 따라 한국 경제의 대일 종속성은 심화되었다.* 또한 베트남전쟁에서 한국은 전투병력을 파병하고 일본은 한국을 경제적으로 지원함으로써 지역통합전략에 따른 각자의 역할을 분명하게 보여주었다.(박진희, 2003, 129~130쪽) 이러한 지역통합전략은 2차 세계대전 이전의 대동아공영권 발상과 통하는

---

* 일본의 대한 직접 투자액은 1965년 120만 달러에서 1969년 2,700만 달러로 증가한 반면, 한국의 대일 무역 격차는 같은 기간 3.8:1에서 6.7:1로 증가하였다. 1970년 3월경 일본 기업은 한국 비료공업의 90%, 화학섬유공업의 64%, 식료품공업의 62%, 유리·시멘트 공업의 48%, 화학공업의 43.5%와 관련을 맺고 있었다.(허버트 P. 빅스, 1984, 247쪽)

것으로, 아시아에서 식민주의적 질서의 부활과 맥을 같이했다. 또한 소련을 대상으로 한 봉쇄정책의 일환이자, 제3세계 국가들에서 민족주의혁명을 방지하고 이들 국가를 미국의 헤게모니 안으로 끌어들이기 위한 포석이었다. 따라서 한국을 포함한 아시아 각국의 민족주의는 이데올로기의 좌우를 막론하고 이 같은 전략과 충돌할 수밖에 없었다.

한마디로 한일협정반대투쟁은 1960년 4월혁명 이후 고양된 민족주의를 배경으로 일어났고, 투쟁 과정에서 한국 민족주의를 더욱 고양시켰다. 1960년대 초 학생들의 민족주의 정서는 1960년 11월 1일 발표한 '민족통일연맹'(민통련) 발기인대회 발기문을 통해 확인할 수 있다. 이 발기문은 "제국주의와 파시즘, 식민주의 등을 일체 배격"한다고 표명하였지만, 전반적으로 민족주체성을 감성적으로 강조하는 수준에 머물렀다. 그러나 이후 통일운동이 활성화되면서 민족주의의 이념적 수위가 점차 높아졌다. 1961년 2월 8일 한미경제협정반대투쟁 당시 '전국학생 한미경제협정반대 투쟁위원회'(전학투위)는 "현 시대는 민족해방의 시기요, 식민주의의 완전철폐 시대다"라고 천명하면서, "대미, 대일 관계에서 민족자주성을 절대 고수"하고 "미국뿐 아니라 일본의 경제적 재침 기도를 단호히 배격"할 것을 촉구했다. 이와 같은 민족해방·민족혁명론적 관점은 이후 1961년 4월 발표한 "서울대학교 4·19혁명 제2선언문"에 집약되었다. 선언문에서 학생들은 1960년 4월혁명을 계속 발전시키기 위해서는 반봉건·반외세·반매판의 3반反운동을 일으켜 민족혁명을 이룩해야 한다고 주장했다.(서중석, 1991b, 131·134·152쪽)

앞서 이미 살핀 것처럼 반봉건·반외세·반매판의 민족해방·민족혁명론은 1961년 5·16쿠데타 이후 자취를 감췄다가, 1963년 "서울대학교 4·19혁명 제4선언문"을 통해 부활한 후 5월 20일 민족적 민주주의 장례식을 통해 1964년 한일회담반대투쟁의 중심 이념으로 등장했다. 1964년 한일회담반대투쟁의 상징적 인물이었던 민비연 김중태는 6월 3일 학생들 앞에 나타나 학생들의 투쟁이 6·3항쟁을 통해 "민족혁명의 차원에 도달했다"라고 극적으로 선언했다. 이 과정에서 박정희 정권과 학생들의 민족주의는 본격적으로 분화·대립하였다. 5·16쿠데타 이후 박정희는 공공연히 민족의 '자주'와 '자립'을 강조했고, 이는 학생들이 주장하던 민족주의와 외형적인 친화성이 있었다. 그러나 박정희 정권에게 민족주의는 근대화를 위한 수단에 불과했다. 미국의 지역통합전략에 호응하여 일본과 관계정상화에 적극 나서면서 박정희 정권의 민족주의는 '자주'나 '민족주체성'이 배제된 '자립', 즉 '경제성장제일주의'로 왜소화되었다. 반면 학생들은 1964년 한일회담반대투쟁을 통해 1960년 4월혁명 이후 이어진 반봉건·반외세·반매판의 민족민주 정신을 재확인·재구성하였다.(오제연, 2007, 316~319쪽) 1964년 한일회담반대투쟁이 결국 박정희정권반대투쟁으로 귀결된 근본 이유는 여기에 있으며, 이때 형성된 민족주의의 분화·대립 구도는 1970~1980년대 반독재 민주화운동을 거치면서 계속 이어졌다.

　물론 당시 모든 학생들이 똑같은 생각과 논리를 가졌다고 보기는 어렵다. 많은 국민들은 이념적인 문제와 상관없이 박정희 정권의 굴욕적·저자세 협상 태도에 불만을 가지고 있었고, 학생들도 예외가 아니었다.(『동아일보』 1965년 1월 19일자)＊ 투쟁에 나선 학생들 대다수는 민족의식이 강했지만 이념의 수위나 투쟁의 방법에 있어서 일정한 차이를 보였다. 그러나

---

＊ 1964년 12월 『동아일보』가 전국적으로 약 1,000명의 유권자를 대상으로 실시한 여론조사에 따르면, 응답자의 약 45%가 한국과 일본의 국교정상화에 찬성했고, 반대는 28%, '모르겠다'는 27%에 불과했다. 특히 대학 출신의 81%가 국교정상화에 찬성했다. 학력이 높을수록 한국과 일본이 밀접한 관계를 가질 수밖에 없다고 생각했던 것이다. 그러나 응답자의 45%는 박정희 정권의 대일 교섭 태도에 반대했고, 단 19%만이 이에 찬성했다. 정부가 일본에게 지나치게 양보한다는 비판도 학력이 높고 연령이 낮을수록 커졌다. 한일국교정상화에 찬성하는 사람들 가운데 무학(無學)의 8%, 국민학교 출신의 20%, 중·고교 출신의 28%, 대학 출신의 40%가, 그리고 50대 이상의 14%, 40대의 21%, 30대의 23%, 20대의 27%가 정부의 교섭 태도에 비판적이었다.

3·24시위, 일본 정치자금 유입설, 부정부패 스캔들, 학원사찰 폭로, 민족적 민주주의 장례식, 난국타개 학생궐기대회, 집단 단식농성, 6·3시위 등 1964년 한일회담반대투쟁이 고조되는 과정에서, 강경하고 적극적인 입장이 온건하고 소극적인 입장을 점차 견인해갔다. 그 결과 학생들은 6월 3일 대규모 시위에서 '박정희 하야'를 한목소리로 외칠 수 있었다.

1964년 한일회담반대투쟁이 6·3시위 후 계엄령으로 좌절되면서 민족해방·민족혁명론이나 박정희 정권 반대 주장은 더 이상 하기 어려워졌다. 이는 박정희 정권의 탄압이 그만큼 강했기 때문이었지만, 민족해방·민족혁명론에 입각한 민족주의가 너무 빨리 폭발하고 사라져 냉전·반공 이데올로기를 뚫고 뿌리를 내릴 여유가 없었고, 또 이념을 구체화할 대안을 제시하지 못했기 때문이기도 했다. 반면 1964년 말 한일회담 타결과 한일협정 체결이 임박하면서 국민들의 관심은 한일협정의 내용과 조인·비준 문제로 집중되었다. 따라서 1965년 한일협정 조인·비준 반대투쟁은 평화선 소멸과 같은 굴욕적·저자세의 한일회담 비판, 일당국회의 날치기와 같은 한일협정 조인·비준 과정의 정당성 비판, 군인의 학원 난입과 같은 폭력적 시위진압 비판에 초점을 맞추었다. 그러나 1964년 한일회담반대투쟁과 같이 이념이나 정권을 문제 삼는 주장은 잘 나오지 않았다. 1964년과 1965년의 투쟁 양상도 달랐다. 두 해 모두 시위는 격렬하게 진행되었지만, 1964년 한일회담반대투쟁이 3월 이후 6월 초까지 몇몇 계기를 거치면서 급속하게 고조되었던 데 반해, 1965년 한일협정 조인·비준 반대투쟁은 한일협정 가조인이 이루어진 1965년 4월, 정조인이 이루어진 1965년 6월, 비준이 이루어진 1965년 8월에 주기적으로 고조되었다가 휴교나 방학으로 잠잠해지는 양상을 반복했다.

하지만 1965년 한일협정 조인·비준 반대투쟁의 배후에도 역시 강렬한 민족주의가 자리 잡고 있었다. 한일협정 조인 직후인 1965년 6월 29일 고려대생들이 구호로 외친 "Yankee Keep Silent"와 같은 날 연세대생들이 결의한 '일본상품불매운동'에서 1965년 한일협정 조인·비준 반대투쟁의 두 가지 논리를 발견할 수 있다. 하나는 미국에 대한 비판이다. 한국의 해방과 건국에 있어서 미국은 중요한 역할을 했다. 또 전쟁에 개입하여 한국을 구원했고, 막대한 원조를 통해 경제를 지탱했다. 한마디로 한국인들에게 미국은 은인의 나라였다. 그러나 그 이면에는 분단과 전쟁에 대한 미국의 책임, 미국의 부당한 내정간섭 혹은 정치공작, 그리고 불평등한 한미관계가 자리 잡고 있었다. 학생들은 일반 국민들에 비해 이러한 부정적 측면에 민감했다. 특히 투쟁을 주도한 학생들은 분단의 책임이 미국에 있으며, 미국이 한국을 도운 것 역시 미국의 이익 때문이라는 생각을 갖고 있었다.(현승일·김도현의 증언) 미군 범죄에 대한 불평등한 처리와 더불어, 미국의 압력 속에서 굴욕적으로 진행된 한일회담은 미국에 대한 학생들의 민족적 자존심을 자극하고 민족적 분노를 불러일으켰다. 1965년 한일협정 조인·비준을 앞두고 미국에 대한 비판이 고조된 근본 이유는 여기에 있었다.

당시 학생들의 미국 정책에 대한 비판을 '반미'로 보기는 어렵다. 한일협정반대투쟁이 종료된 후인 1966년 서울대생 7,000여 명을 대상으로 한 설문조사에 따르면, 학생들 가운데 45.3%가 미국에 대해 좋은 인상을 가지고 있었다. 미국에 대해 나쁜 인상을 가지고 있다고 응답한 학생은 9.8%에 불과했다. 좋지도 나쁘지도 않다고 대답한 학생은 36.4%였다. 반면 일본에 좋은 인상을 가진 학생은 17.9%였고, 나쁜 인상을 가진 학생은 40.5%, 좋지도 나쁘지도 않다고 대답한 학생은 33.2%였다.(김기석 외, 1968, 23쪽) 조사 학생의 45.3%가 미국에 대해 좋은 인상을 가지고 있다는 통계는, 한일협정반대투쟁을 통해 고조된 미국에 대한 비판의식이 한국 사회 전체가 가지고 있던 미국에 대한 우호적인 분위기를 넘어서지 못했음을 보여준다. 또한 일본에 대해 나쁜 인상을 가진 학생이 40.5%라는 점은 1964년 민족적 민주주의 장례식에서 언급한 '반외세'의 주요 비판 대상이 일본이라는 사실을 잘 말해준다. 그러나 미국을 우호적으로 보는 학생이 절반이 채 되지 못한다는 사실에도 주목할 필요가 있다. 즉 당시 반외세의 대상에서 미국 역시 자유롭지 않았던 것이다.

1965년 투쟁의 또 다른 논리는 신식민주의에 대한 비판이다. 많은 한국 국민들은 일본이 과거사에 대해 반성하지 않고 식민주의를 청산하지 않은 상황에서, 한일협정을 통해 일본의 식민주의가 한국 땅에 부활할 가능성을 경계했다. 1965년 한일협정 조인 직후『사상계』가 한일협정을 "준식민주의자와 준식민지 간의 협정", 본질적으로 "상전과 하인의 조약"이라고 혹평한 것도 이 때문이었다.(박진희, 2007, 347쪽) 학생들 역시 일본식 민주주의의 부활을 신식민주의로 규정하고, 이에 대한 반대를 분명히 했다. 민족적 민주주의 장례식에서 주장한 '반매판'은 경제적 침략과 종속을 통해 관철되는 신식민주의에 대한 반대였다.(안성혁의 증언) 그런 의미에서 일본상품불매운동은 당시의 긴박한 국면에서 핵심 쟁점과 동떨어진 돌출적·감상적 운동처럼 보이지만, 사실은 한일협정 체결이 임박할수록 점점 실체가 뚜렷해진 일본의 경제적 침략과 종속에 대한 나름의 자구책이었다. 비록 1965년에는 1964년과 같이 반외세나 반매판을 공공연하게 주장하지 못했지만, 1964년 한일회담반대투쟁의 반외세, 반매판 논리는 1965년 한일협정 조인·비준 반대투쟁에도 형태와 수위를 달리하여 계속 이어졌다. 한일협정이 조인되던 날 서울대 법대생들이 200시간 단식을 마치면서 혈서로 쓴 "민족주체성 확립" "조국자주성 확립"은 1965년 투쟁의 민족주의 이념을 집약적으로 보여준 표현이었다.

그런데 일본의 한일협정반대투쟁은 한국과 다른 논리 구조를 가지고 있었다. 주로 사회당, 공산당 등 야당이 주도한 일본의 한일협정반대투쟁은 크게 다음과 같이 요약할 수 있다. 첫째, 한일협정은 한·미·일 군사동맹, 나아가서 미국의 군사적인 전략의 일환이며, 동북아시아 군사동맹 형성을 위한 작업의 하나로서, 일본의 안전과 평화를 위협한다는 것이다. 둘째, 한일협정 체결에 따른 일본과 한국의 경제협력은 결국 일본 독점자본에 한국 경제를 침략할 수 있는 기회를 준다는 것이다. 셋째, 한일협정이 한반도의 분단을 고착화시키고 남북통일을 저해할 것이며, 박정희 정권이 군사독재 정권이기 때문에 일본은 민주적인 정권이 나올 때까지 교섭에 응하면 안 된다는 것이다.(오오타 오사무, 2001, 197쪽) 첫번째 논리의 경우 일본의 평화와 안전을 중시하면서 결국 일본의 국익을 우선하는 주장으로 나아갔다. 여기에 한국 국민들의 과거사와 식민주의 청산 주장이 반영될 여지는 없었다. 비록 두번째 논리가 한국의 일본 신식민주의 비판과, 세번째 논리가 북한의 한일협정 비판과 연결되기는 하였지만, 일본의 한일협정반대투쟁에서 가장 핵심적이며 일반적인 주장은 첫번째 논리였다. 또한 일본의 진보세력들은 아시아·아프리카의 민족해방운동을 지지하면서도, 한국의 정권과 국민을 구분하지 않고 한국의 민족운동을 경시하는 경향을 가지고 있었다. 반면 한국의 학생들은 지역통합전략에 따른 한국군의 베트남 파병에 대해 적극적인 반대투쟁을 전개하지 못했다. 같은 한일협정 반대투쟁이었지만 한국과 일본의 논리는 이와 같은 차이가 있었고, 이 차이는 양국 투쟁세력의 연대를 가로막는 장애물이었다.

## 민주화운동의 성장

한일협정반대투쟁은 민족주의운동이자 민주화운동이었다. 1964년 한일회담반대투쟁의 경우 처음에는 '평화선 사수'와 같은 굴욕적 한일회담에 대한 반대가 중심이었지만, 일본 정치자금 유입설, 부정부패 스캔들, 괴소포 배달사건, 학원사찰 폭로, 군인의 법원 난입, 가혹한 시위 진압과 학생 처벌 등이 이어지면서 투쟁의 목표가 박정희 정권 반대로 상승하였다.

1964년 5·20 민족적 민주주의 장례식에서 학생들은 5·16쿠데타를 1960년 4월혁명의 민족·민주 이념에 대한 정면도전으로 규정하고, 이후 군사 정권이 독재정치로 민주주의를 말살해왔으며 부정부패로 얼룩진 정치를 해왔다고 주장했다. 그리고 박정희 정권의 죄악을 그들의 혁명공약 6개 항목과 대비하여 다음과 같이 열거하였다.

1. 반공을 국시로 삼는다고 하면서 이를 빙자하여 1,000여 명의 민족적 양심 세력을 용공분자로 몰아 투옥하였다.
2. 미국을 비롯한 우방과의 유대를 강화한다면서 한국을 일본의 쇠사슬에 묶으려는 한일굴욕회담을 강요하고 있다.
3. 부패와 구악을 일소한다더니 사직공원 불하를 비롯한 온갖 부정부패와 독직사건을 저지르고 있다.
4. 절망과 기아에 허덕이는 민생고를 해결한다더니 물가는 70%가 올랐고 국민소득은 세계 최하위인 40달러에 머무르고 있다.
5. 국토통일을 완수할 실력을 기른다더니 기만과 부정과 부패의 실력만을 기르고 있다.
6. 민정에 이양하고 군문軍門으로 복귀한다더니 수많은 번의와 번의를 거듭하면서 곡예를 부리고 있다.

또한 학생들은 "화폐개혁, 환율 개정, 농촌고리채 정리 등 졸렬 무정견한 경제정책과, 새나라, 빠찡고, 오토바이, 교포 재산 반입, 증권파동 등 갖가지 부정사건으로" 한국 경제는 총체적 파탄에 이르렀다고 비판하였다.

1964년 5월 21일 발표한 고려대 구국비상결의선언도, 부정부패 규명과 사죄, 학원 침탈 경찰 책임자 엄단, 법원 침탈 군인들 엄단, 구속학생 석방, 독점매판재벌 몰수, 정치자금 양성화를 위한 입법조치 등을 요구하였다. 1964년 6월 2일 고려대생들은 박정희 정권이 선거를 통해 집권하였지만 이는 민주선거를 위장한 것이었다고 하면서, 부정, 부패, 불신, 악덕재벌의 실정 때문에 박정희 정권을 더 이상 용납하기 어렵다고 주장했다. 이러한 주장은 1964년 6월 3일 모든 학생들이 외쳤던 "박정희 하야" 요구로 집약되었다.(박찬승, 2008, 74~78쪽) 한마디로 1964년 한일회담반대투쟁은 1961년 5·16쿠데타 이후 박정희 정권의 총체적인 실정과 비민주성을 지적하고 이를 바로잡고자 했던 민주화운동이었다.

또한 학생들은 정치적 측면에서뿐 아니라 경제적 측면에서도 민주주의가 실현되어야 한다고 생각했다. 이와 관련하여 학생들은 주로 부패한 독점자본의 횡포와 이에 대한 박정희 정권의 옹호, 그리고 국민들의 극심한 빈곤 문제를 제기했다. 1964년 5·20 민족적 민주주의 장례식에서 학생들은 "민생은 기아선상에서부터 아사餓死되어 죽을 지경이 되었다. 물가고, 실업, 기아임금을 농민·노동자·소시민에게 강요하면서, 이들 전체 국민의 피눈물 위에 소수 반민족적 매판성 악덕재벌과 벼락감투의 배를 불렸다"라고 비판하였다. 또한 학생들은 박정희 정권이 "단군 이래 최고의 물가고와 기아임금을 농민·노동자·소시민에게 강요하면서 소수의 매판성 악덕재벌을 살찌게" 했다고 보았다.(박찬승, 2008, 78~79쪽) 이와 같이 학생들은 경제적 민주주의를 요구하면서, 민생고와 독점자본 비판을 박정희 정권 반대와 반매판과 긴밀하게 연결시켰다. 이는 당시 많은 비판적 지식인들이 가지고 있던 생각과도 일치했다.

1965년 한일협정 조인·비준 반대투쟁의 경우 1964년 한일회담반대투쟁에 비해 한일협정 내용과 조인·비준에 초점이 맞추어져 상대적으로 민주화운동으로서의 비중이 약해졌다. 그러나 1965년에도 반대투쟁에 대한 가혹한 탄압, 일당국회에서의 날치기비준, 군인들의 학원 난입 등의 문제가 제기되었다. 특히 1965년 8월 한일협정이 국회에서 공화당 단독으로 날치기비준되자, 학생들은 '매국국회 해산'을 전면에 내걸고 투쟁에 나섰다. 일례로 1965년 8월 14일 서울대 법대생들은 "민주주의를 정면으로 부인한 일당국회하에서 통과된 매국협정은 무효이며, 이 매국협정 통과에 조력한 자는 민주주의에 대한 반역자다"라고 선언하고, "일당국회를 해산하고 새로운 국민여론을 반영할 수 있는 새 국회를 소집하기 위해 총선거를 실시"할 것을 주장했다.(6·3동지회, 2001, 495쪽) 학원의 자유, 집회·시위의 자유, 언론의 자유 문제도 지속적으로 제기되었다. 헌정을 유린하고 민주적 절차를 부정하며 개인 자유와 권리를 억압하는 권위주의적 통치에 대한 저항을 민주화운동이라 했을 때, 1964년부터 1965년에 걸친 한일협정반대투쟁은 박정희 정권하에서 이루어진 명실상부한 최초의 대규모 민주화운동이었다고 할 수 있다. 반면 박정희 정권은 1964년 계엄령과 1965년 위수령같이 결국 군을 동원하여 한일협정반대투쟁을 막을 수밖에 없었다. 이는 투쟁을 탄압하는 데는 효과적이었지만, 박정희 정권이 태생적인 비민주적 성격 때문에 군의 물리력에 전적으로 의존할 수밖에 없음을 분명하게 보여주었다.

한일협정반대투쟁을 거치면서 한국의 민주화운동은 성장하였다. 집단 단식농성, 대학 연합시위, 화형식·장례식·마당극 같은 퍼포먼스, 투쟁가 등 새로운 운동 양식과 문화가 만들어져 계속 이어졌다. 무엇보다 운동 주체의 역량이 강화되었다. 한일협정반대투쟁에는 많은 국민들이 참여하였다. 그중에서도 야당과 학생이 투쟁을 주도했다. 야당의 경우 장면 정권 시절 한일협정 체결에 적극적이었던 만큼 학생들처럼 근본적인 문제를 제기하기 어려웠다. 그들은 박정희 정권의 실정 전반을 비판하는 방식으로 투쟁에 임했다. 박정희 정권의 너무 많은 양보, 부당한 이익, 비민주적인 억압 등을 폭로하였다. 또한 야당은 범국민투위를 중심으로 여론을 환기하고 조인과 비준 저지에 적극 나섰다. 그 과정에서 분열된 야당은 힘을 합쳐 통합을 이룰 수 있었다. 비록 중요한 시기에 강경파와 온건파의 권력투쟁으로 다시 분열하는 한계를 보였지만, 결국 1967년 통합야당 신민당 창당으로 결실을 맺었다. 학생들의 경우 1964년 처음 투쟁이 시작될 때에는 다양한 모습을 보였다. 굴욕적·저자세 한일회담 반대 차원에서 투쟁에 나선 경우도 있었지만, 이 수준을 넘어 이념적 지향이 강한 민족주의를 주장한 경우도 있었다. 민족적 민주주의 장례식에서 잘 드러나듯 박정희 정권을 바라보는 입장도 큰 차이가 있었다. 또 투쟁위원회를 중심으로 한 적극적 노선과 학생회를 중심으로 한 소극적 노선이 공존하였다. 그러나 학생들의 다양한 모습은 투쟁이 발전하면서 민족·민주 이념과 박정희 정권 반대라는 방향으로 수렴되었다. 1965년에 들어와 투쟁의 이념적 수위가 낮아졌지만 투쟁의 저변은 더욱 확대되었다. 비록 한일협정반대투쟁은 외형적으로 실패했지만, 이후 학생들은 저항의 원동력을 민주주의와 민족주의의 결합에서 찾았다. 군부독재에 대한 학생들의 저항이라는 한국 민주화운동의 전형은 이렇게 만들어졌다.

# 제**3**장

# 6·8부정선거규탄투쟁과 3선개헌반대투쟁

# 1
# 베트남파병반대와 사카린밀수규탄투쟁

## 베트남파병반대투쟁

1960년대 중반 한일협정반대투쟁의 소용돌이 속에서 한국과 미국 정부 사이에는 중대한 논의가 전개되고 있었다. 한국군이 베트남전쟁에 참전하게 되었던 것이다. 한국군의 베트남 파병 논의는 1950년대부터 있었다. 실현되지는 않았지만 1954년 프랑스군이 디엔비엔푸에서 고전을 치르고 있을 때 미국의 합참에서 한국군 파병이 대안으로 제시된 적이 있었다. 당시 이승만은 한국군 1개 사단을 즉시 투입할 의사가 있음을 알렸었다. 이후 1957년 고딘디엠이 한국을 방문했을 때도 한국군 파병의사를 밝혔다. 그리고 1959년 3월 20명 규모의 태권도시범단이 베트남을 방문하기도 했다.(홍규덕, 1999, 56~57쪽)

박정희도 일찍부터 한국군의 베트남 파병을 제안했다. 1961년 11월 박정희 당시 국가재건최고회의 의장은 케네디와의 정상회담에서 한국군 파병을 제안했고, 1962년 김종필이 베트남을 방문했을 때도 파병의사를 밝혔다. 이때까지만 해도 미국이 베트남에 병력이 절실히 필요할 때가 아니었으므로 박정희의 제안은 실현되지 않았다. 그러나 베트남전쟁의 상황이 악화되자 케네디 사후 들어선 존슨 정부는 미군의 직접 개입을 고려하지 않을 수 없게 되었다. 미국이 직접 개입하기 위한 명분을 확보하기 위해 많은 나라가 이 전쟁에 개입해야 했다. 이에 따라 미 행정부는 동남아시아 안보조약기구와 유럽 동맹국가에 참전을 요청하고 1964년 '더 많은 깃발' (more flags Campaign)을 수립했다. 그러나 대부분의 동맹국들이 미온적인 태도를 보이자 적극적인 파병의사를 밝힌 박정희는 미국의 중요한 파트너로 격상되었다.(박태균, 2007, 290쪽; 홍규덕, 1999, 63쪽)

1964년 5월 미국 정부로부터 공식적인 제안을 받은 한국 정부는 130명으로 구성된 이동외과병원과 태권도교관단 파견 동의안을 제출, 7월 30일 국회 외무국방위원회를 통과하여 9월 베트남으로 파견했다. 이어 비전투병력이지만 공격을 받을 수 있는 공병단을 파견했다. 1965년 1월 정부는 수송부대와 공병대 등을 파병하기 위한 동의안을 국회에 제출했다. 이때 이미 베트남으로 보낼 병력은 '비둘기부대'로 편성을 완료하고 훈련 중에 있었다. 1965년 1월 26일 파병동의안이 통과되자, 비둘기부대의 1진 600여 명은 성대한 환송을 받으며 출발하여 1965년 2월 25일 베트남에 도착했다.(한홍구, 2003, 128쪽; 홍규덕, 1999, 65쪽)

미국과 한국 정부는 전투병 파병을 본격적으로 논의하기 시작했다. 1965년 3월 이동원 외무부장관이 미국을 방문하여 존슨 대통령, 러스크 국무장관과의 회담에서 파병 조건을 논의했다. 한국군의 활용방침을 확정한 미국은 1965년 5월 17일부터 12일간 박정희를 국빈 방문으로 초청했다. 존슨과 박정희의 한미정상회담에서 존슨 대통령은 박정희 대통령에게 1개 사단 규모의 전투병 파병을 요청했고, 박정희는 긍정적인 반응을 보였다. 귀국한 박정희는 1965년 5월 28일 청와대에서 파병동의안 제출을 결정하고, 베트남파병동의안과 한일협정비준동의안을 같은 회기에 국회에 제출했다. 1965년 8월 13일 한일협정비준안에 반대하여 야당 의원들이 사퇴서를 제출한 가운데, 공화당 의원들만 참석한 본회의에서 찬성 101, 반대 1, 기권 2로 전투병파병안이 통과되었다.(홍석률, 2005a, 284쪽; 홍규덕, 1999, 71쪽) 정부는 곧바로 해병 제2여단(청룡부대)과 육군수도사단 맹호부대를 파월 부대로 선정하여 2만여 명의 전투부대를 1965년 10월 대대적인 환송행사 이후 베트남으로 보냈다.

첫번째 전투부대가 파병된 직후인 1965년 11월, 미국은 한국군의 추가 파병을 모색하기 시작했다. 1966년 1월, 미국의 험프리 부통령이 방한하여 사단급 병력 증파를 요청했다. 한국 정부는 군대를 더 보내는 대신 한국군 현대화, 경제협력 강화, 베트남 파병 한국군의 처우개선 등을 요구했다. 두 나라는 논의 끝에 1966년 2월 이동원 외무부장관과 브라운 대사가 이른바 「브라운 각서」에 서명했으나, 미국은 약속을 제대로 이행하지 않았다. 한국 정부는 1966년 2월 월남 지원을 위한 국군부대 증파에 관한 동의안을 국회에 상정하여 20일 국회 본회의를 통과했다. 파병안이 통과되자 백마부대, 맹호부대 추가 병력 등이 속속 베트남에 파병되어 최대 5만 명이 베트남에 주둔하게 되었고, 인구비례로 따진다면 한국은 미국만큼이나 많은 병력을 베트남에 보낸 나라가 되었다.

파병반대론은 1965년 비둘기부대를 베트남에 보낼 때부터 있었다. 일부에서는 비전투부대라 해도 게릴라전의 특성상 곧 전투에 휘말려들 것이라 우려하기도 했다. 그러나 반대는 그다지 강력하지 못했고, 일부 야당에서는 한국 정부가 나서서 파병하는 것이라면 반대하겠지만, 미국 정부의 요청에 의한 것이라면 미국과의 관계를 고려해서 찬성하겠다는 입장을 보이기까지 했다.(한홍구, 2003, 125쪽)

비둘기부대가 베트남으로 떠난 직후부터 곧 전투병 파병이 문제가 되었다. 언론이나 일부 의원들이 전투병 파병에 반대하기도 했으나, 북한과 대치하고 있는 상황에서 전투병 파병이 안보태세를 약화시킬 것이라는 식의 주장이 많았다. 온 사회가 친미·반공·성장주의의 주술에 걸려 있던 1960년대 한국에서 미국의 제국주의적 행태를 정면으로 비판하는 것은 지극히 위험한 일이었다.(임대식, 2003, 327쪽) 따라서 파병반대론도 반공 이데올로기의 틀 안에서만 가능했으니 진정한 의미에서 베트남전쟁반대투쟁은 거의 불가능했다.

오죽했으면 1965년 1월 각의에서 전투병 파병을 결정한 다음 박정희가 차지철을 불러 파병반대론을 펼칠 것을 지시할 지경이었다. 미국과의 교섭을 위해서라도 국회나 여론의 적극적인 반대가 필요한데, 야당, 언론 어느 쪽에서도 별로 기대할 것이 없었던 탓이다. 김준연이나 조윤형 등 야당 의원들은 전투병 파병을 "국위선양과 멸공통일의 좋은 기회"로 삼아야 한다고까지 하며 파병에 적극 찬성했다. 심지어 비둘기부대의 베트남파병 동의안에 대해 민정당이 소속 의원의 전원 퇴장으로 반대의사를 표명하기로 했음에도, 김준연, 전진한, 나용균 등 9명이 동의안 표결에 참석하는 바람에 혼선을 빚을 지경이었다.(이기택, 1987, 191쪽)

베트남전쟁 자체에 대한 반전운동은 없었지만, 베트남에 한국군을 파병하는 데 대한 반대가 없지는 않았다. 전투병 파병이 논의되면서부터 언론이나 정계, 심지어 여당 내에서도 적극적인 '반대'까지는 아니지만 '신중론'이 제기되었다. 특히 수송부대나 지원부대는 모르겠으나 전투병까지 파견하여 우리 젊은이들의 피를 흘릴 만한 '명분'도 '실익'도 없다는 것이었다. 이승만 정권하에서 국방부장관을 지냈던 해군의 원로 손원일이 이런 주장을 펼친 대표적 인물이다.(『조선일보』 1965년 7월 29일자)

파병반대론은 국내 안보위기론을 근거로 했다. 남북한이 대치하고 있는 상황에서 현역 군인 파병은 국방력을 직접 약화시킬 것이라는 논리였다. 여당이나 언론의 일각에서는 현역이 아닌 의용병을 모집해 보내자는

베트남 파병군 환영식장에서 박정희 대통령 부부

의견도 제시하였다. 워낙 반공 이데올로기적인 억압이 강하던 시절이다
보니 일부에서는 이 안보논리로 베트남 파병을 반대했던 것이다. 1966년
결성된 민주사회당에는 서민호 의원 등과 함께 일부 혁신계 인사들이 참
여했다. 민주사회당은 1966년 5월 창당발기인대회의 취지문에서 주월 국
군전투부대 철수를 주장했다. 그런데 그 명분은 "국토 수호를 위한 우리의
귀중한 국방력을 외압에 의해 추호도 희생되지 않도록 하기 위해서"였
다.(『경향신문』 1966년 5월 9일자) 베트남전쟁 반대, 서신 교환 등 남북교류
등을 주장한 민주사회당은 창당 관계자들이 구속되는 수모를 겪었다.

　이 무렵 민중당이나 신한당 등 보수야당에서도 베트남 파병을 문제 삼
기 시작했다.* 그러나 정확히 표현하자면 야당은 베트남 파병 자체가 아니
라, 베트남에 파병한 박정희 정권을 비판했던 것이었다.

1966년 1월 원내에 복귀한 민중당은 당론으로는 국군의 베트남 증파에 반대하기로 결정했으나 소속 의원들의 의견일치를 보지 못했고, 정부가 제출한 베트남증파동의안도 본회의장에서 반대 토론을 통해 무기한 지연시킨다는 소극적인 전술을 펼쳤다. 민중당의 지연전술은 21시간 20분 만에 좌절되었고, 1966년 3월 20일 재석 125석 중 가 95, 부 27, 기권 2로 증파동의안이 가결되었다. 이때 민중당의 반대논리는 한국의 안보에 문제가 있을 수 있고, 한국전쟁 때의 유엔군과 같은 명분이 없으며, 작은 경제적 이익의 대가로 젊은이들의 피를 흘릴 수는 없다는 것이었다.(『경향신문』 1966년 3월 21일자) 한편 민중당 대표최고위원인 박순천은 1966년 9월 1일 파병 국군 위문과 현지 실태 시찰을 위해 베트남을 방문했다. 박순천은 베트남 현지에서 파병 자체를 기정사실로 받아들임으로써 주목을 끌었으나, 귀국 후에는 반대 입장을 재확인하는 소동을 벌이기도 했다.(이기택, 1987, 212쪽)

민중당보다는 신한당이 베트남 파병에 대해 적극적인 반대 입장을 보였다. 1966년 윤보선 신한당 총재는 1966년 5월 26일 남원 유세에서 "박정희 씨의 소위 민족적 민주주의는 결국 월남전쟁의 청부행위에 그치고 말았다. 월남 증파가 미국의 뜻을 승인한 것도 아니며, 민주주의를 신봉한 때문도 아닌, 어디까지나 우리 청장년의 피를 팔아 정권을 유지하고 정치자금을 마련하기 위한 행동으로밖에 볼 수 없다"라고 비판했다.(『동아일보』 1966년 5월 28일자) 윤보선의 남원 발언은 박정희 정권이 베트남전쟁을 이용하는 것을 비판하고 용병 시비를 이끌어내기는 했으나, 미국의 전

---

● 1963년 1월 창당한 민정당, 2월 창당한 민주당은 1965년 5월 통합하여 민중당을 출범시켰다. 그러나 민중당은 한일협정 비준 반대와 관련하여 국회의원 총사퇴를 주장한 강경파와 원내투쟁을 주장한 온건파로 분열했고, 강경파는 1965년 11월 민중당과 결별, 다음해 2월 신한당을 창당했다. 1967년 초 통합 야당인 신민당이 출범하기까지 두 정당은 분열되어 있었다.

쟁 목적 자체를 비판했던 것은 아니었다. 1967년 6·8 선거를 앞두고 5월 26일 진주·사천 유세에서 "월남에서 3차 세계대전이 일어날 위험성이 높아가고 있다"면서, 야당을 지지하여 공화당 정부의 베트남 증파 계획을 꺾을 수 있도록 해달라고 호소하기도 했다.(『동아일보』1967년 5월 26일자)

장준하는 수많은 대중집회에서 박정희를 날카롭게 공격했는데, 1965년 10월 '특정재벌밀수진상 폭로 및 규탄 국민대회'에서 "존슨 대통령이 방한하는 것은 박정희 씨가 잘났다고 보러 오는 것이 아니라 한국 청년의 피가 더 필요해서 오는 것"이라 하였다. 또 1967년 5월 선거유세기간 중에는 "박정희 씨는 국민을 물건 취급하여, 우리나라 청년을 월남에 팔아먹었다"라고 공격했다. 특히나 사카린밀수 논란과 함께 베트남전쟁 용병 시비를 함께 제기하여 박 정권의 아픈 곳을 꼬집었던 장준하는 두 번 다 구속을 면할 수 없었다.

그러나 전반적으로 언론과 정치권, 그리고 국민들은 모두 베트남 파병에 대해 무관심하거나 체념하는 태도를 보였다. 야당도 반대하기는 하였으나 형식적인 데 머물렀다. 이에 대해 1966년 2월 국회에서 4차 파병동의안이 통과되는 과정을 지켜보았던 소설가 이호철은, "국회는 지극히 의례적으로 안건을 심의하고, 국민들은 엄청난 무관심을 보이고 있으니, 문제의 중요성에 비해 이것은 너무하지 않은가"라고 개탄하였다.(한홍구, 2003, 128쪽)


## 사카린밀수사건과 정경유착·재벌 규탄

1966년 9월 15일 『경향신문』은 놀라운 특종을 보도했다. 그해 5월 삼성재벌이 울산에 한국비료를 건설하면서 대량의 사카린을 건설자재로 위장해서 밀수하다 적발되었다는 것이다. 국내 최대 재벌이 밀수로 축재를 하고 있었다는 사실에 국민의 여론이 들끓었다.

야당인 민중당과 신한당 청년 당원들이 밀수재벌 처단을 요구하는 시위를 벌였고, 1966년 9월 27일에는 이인, 백남훈, 박기출, 신숙 등 재야 원로들이 정부 내부의 부패를 경고하는 내용의 시국선언을 발표하기도 했다.(『동아일보』 1966년 9월 27일자) 박정희는 삼성밀수사건에 대해 전면적인 조사를 지시했지만, 9월 22일 국회에서는 김두한 의원이 재벌을 비호한다며 인분을 국무위원들에게 뿌리는 사건까지 발생했다. 삼성 소유주 이병철은 한국비료의 국가 헌납과 경제계 은퇴를 선언하며 사건을 무마하려했고, 검찰은 당시 삼성 상무였던 이병철의 차남 이창희를 구속하고 삼성이 한국비료를 국가에 헌납하는 선에서 끝냈다. 그러나 이병철의 큰 아들이맹희는 1990년대에 발간된 회고록에서 이 사건이 한국비료를 건설하는 과정에서 일본 미쓰이물산이 삼성에 100만 달러 상당의 리베이트를 제공하면서 시작되었다고 밝혔다. 그에 의하면 박정희를 비롯한 정부 최고위층과 삼성은 이 100만 달러를 셋으로 나누어 3분의 1은 정치자금으로, 3분의 1은 삼성의 공장건설대금으로, 3분의 1은 한국비료의 운영자금으로 쓰기로 합의했다고 한다. 그런데 돈을 직접 반입하기가 쉽지 않자 도입 방법이 논의되었고, 청와대의 회의에서 밀수를 통해 물건을 반입·처분하여 나누기로 했다는 것이다. 그리고 이 방안은 박정희가 직접 제시했다고 한다.(이맹희, 1993, 134~145쪽)

박정희 정권이 밀수에 관련되었을 것이라는 의혹은 사건 당시부터 제기되고 있었다. 신한당 당수 윤보선은 9월 26일 밀수사건의 책임이 박정희에게 있으며, 국회가 박정희에 대한 탄핵안을 발의해야 한다고 주장했다.(『동아일보』 1966년 9월 26일자) 민중당과 신한당은 서울과 지방 각지에서 연설회를 열어 밀수재벌을 비호하는 박 정권을 규탄했다. 9월 23일 대구에서 민중당과 신한당 간부 40여 명이 밀수재벌 타도를 주장하는 시위를 벌였다. 10월 들어서는 야당이 옥외에서 대규모 규탄집회를 열었다. 이에 경찰은 규탄집회를 안내하는 선전물을 나눠주던 야당 의원들을 뭇매질했다.(『경향신문』 1966년 10월 8일자)

민중당은 10월 9일 효창구장에서 4만 명이 집결한 가운데 '특정재벌 밀수진상 폭로 및 규탄 국민대회'를 열고 이병철 등 책임자 처벌과 정부 내 비호세력 척결을 주장했으며, 10월 15일에는 신한당이 부산, 민중당이 대구에서 집회를 열었다. 특히 대구 집회에서 장준하는 "박정희란 사람은 우리나라의 밀수 왕초"라고 하여 10월 26일 국가원수명예훼손으로 구속되었다. 이후 조윤형 의원도 박정희를 밀수 왕초라 부르다 입건되었다.

학생들은 한일협정반대투쟁 이후 형성되었던 반외세 반매판의 기조 아래 재벌 규탄에 나섰다. 1966년 9월 23일 서울대 상대에서 학생들이 '밀수사건성토대회'와 삼성에 대한 입사시험거부 결의문을 채택하려다 학교 측의 만류로 해산했다.(『동아일보』 1966년 9월 23일자) 이어 9월 27일 서울대 총학생회는 "대표적 매판자본이 국민적 선의를 배반하고 경제 건설과는 동떨어진 금융특혜 등 정치권력과 결탁, 폭리행상에 혈안이 되어 있다"고 규탄했다.(『동아일보』 1966년 9월 28일자) 이들은 "① 재벌 밀수의 원흉은 금전에 의한 아류학자의 동원과 방탄용 언론사병에 의한 자기변명만을 능사로 삼을 것이 아니라, 공정한 법에 의한 단죄만이 국민적 신의에 대한 일말의 보답임을 통감하라 ② 정부 당국과 사직 당국은 전 국민적 여론에 입각한 공정한 법의 실현만이 문제 해결의 첩경임을 직시하라 ③ 야당은 당리당략에 연연, 감상적 국민감정에만 영합하지 말고 정정당당한 투쟁에 과감하라"는 내용의 결의문을 발표했다. 10월 7일에는 서울대 문리대 '반밀수재벌 학생투쟁위원회'가 이병철의 즉각 구속과 재벌의 재산 몰수, 일본 상사 추방 등을 요구하는 결의문을 채택했다. 10월 8일에는 서울대 법대생 250여 명이 '밀수매판재벌성토대회'를 열고 금권과 정권의 결탁을 방관하는 것은 민족경제 자립에 역행하는 것이라고 규탄했다. 이들은 "① 밀수매판재벌의 원흉 이병철을 즉각 구속하라 ② 국민경제를 파탄시키는 삼성 등 매판재벌을 국가가 몰수하도록 입법조치하라 ③ 미쓰이 등 일본제국주의의 전초부대를 즉시 추방하라 ④ 정부는 밀수재벌을 옹호하는 일체의 행위를 철회하고 그 책임을 구체화하라"고 주장했다.(『동아일보』 1966년 10월 8일자)

10월 10일에는 건국대생 500여 명이 성토대회를 열었다. 연세대 총학생회도 10월 13일 2,000여 명의 학생이 참가한 가운데 '재벌밀수규탄성토대회'를 열고, 이병철 엄단, 삼성 산하 기업체 국유화, 밀수 집단과 결탁한 정상배 추방, 반국가적 재벌과 유대 단절 등을 요구했다.(『연세춘추』 1966년 10월 17일자) 고려대생 500여 명은 11월 4일 '삼성밀수규탄성토대회'를 열고, 이병철 구속, 한국비료 국유화, 삼성 밀수의 주구 노릇을 한 일부 지식인 단죄, 밀수사건의 전면 재수사 등을 요구했다. 11월 11일에도 800여 명의 학생이 모여 '밀수규탄성토대회'를 열고, 정부가 다짐했던 강력 수사가 밀수 원흉의 탈출구를 만들어주는 데 그쳤다며 재수사를 요구했다. 특히 이들은 삼성 산하 모든 기업체 국유화, 재벌들의 각성, 일본의 경제적 식민지화에 대한 경계와 대일 자세의 전면 재검토 등을 주장했다.(『고대신문』 1966년 11월 12일·19일자)

학생들은 박정희 정권과 삼성과의 유착 자체도 큰 문제지만, 한국 재벌 축적 과정의 표본인 삼성이 저지른 이 밀수사건은 재벌의 매판성을 단적으로 보여주는 것이라고 생각했다. 이런 점에서 밀수재벌에 대한 규탄투쟁은 한일협정반대투쟁의 연장선에 놓여 있다고 할 수 있다. 이들은 한일협정 체결 이후 미쓰이 등 일본 독점자본의 전초부대들이 한국에 본격적으로 진출하고 있으며, 삼성 등 재벌들이 여기에 결탁하여 매판성을 드러내고 있다고 보았다. 밀수사건은 재벌의 매판성과 정권과 재벌 사이의 결탁을 단적으로 드러내주는 사건이므로, 민족자립경제 달성을 위해서는 일본자본 추방과 재벌 재산 몰수까지 필요하다고 주장했다.


## 학원자유화투쟁

대학가에서는 밀수재벌에 대한 규탄과 함께 1965년 한일협정비준반대투쟁으로 제적된 학생들에 대한 징계해제투쟁도 함께 전개되었다. 이는 단순한 징계 철회가 아니라 학원의 정치적 자유를 획득하기 위한 투쟁의 일환이었다. 1966년 10월 17일 서울대 법대 학생회는 제적된 학생들의 복적을 위한 서명운동을 벌이기 시작했다. 이들은 배움의 길에 있는 사람에게 아카데미에서의 영구 추방이란 극형 이상의 가혹한 형벌이며, 도저히 묵과할 수 없는 과중한 처단이고, 이런 비정한 마키아벨리즘을 학원에서 몰아내야 한다고 주장했다.(『동아일보』 1966년 10월 17일자)

그런데 학교 측이 그 전해인 1965년 한일협정반대투쟁 때 내린 징계를 해제하는 것은 고사하고 '밀수재벌성토대회'를 준비한 학생들을 처벌하면서부터 학원자유화투쟁은 격화되었다. 먼저 1966년 10월 12일 서울대 법대는 안상수, 조영래 2명의 학생에게 10월 8일 밀수규탄집회를 주동했다는 이유로 1개월간 정학처분을 내렸다. 학생들의 반발을 꺼려한 법대 당국은 징계 사실을 게재하지 않다가 17일에야 두 학생에게 통고했고, 17일 제적학생구제요구집회를 주도했다는 이유로 학생회장 정형근에게 무기정학처분을 내렸다.(『동아일보』 1966년 10월 20일자) 이어 문리대에서도 10월 22일 밀수규탄집회와 관련하여 손학규(정치학과 2년)에게 무기정학, 정진일(사회학과 3년, 낙산사회과학연구회 회장)에게 3개월 정학처분을 내리고,『대학신문』에 게재한 글을 문제 삼아 김영무(영문학과 3년)에게도 근신처분을 내렸다.(『동아일보』1966년 10월 24일자)

여기에 10월 22일 밤 충무를 방문한 유기천 총장이 "학업을 버리고 정치에 관여한 학생을 처벌한 것이 무엇이 나쁘냐"라는 등의 발언을 한 것이 언론에 보도되면서 학생들이 격분하기 시작했다. 10월 27일 400여 명의 문리대생들이 '학원자유수호 투쟁위원회'를 조직하였고, 11월 3일 "그대들을 고발한다"라는 유인물이 배포되고 학생총회가 열렸다. 이날 학생총회에서는 처벌로만 일관하는 유 총장의 사퇴를 결의했다. 11월 4일 유 총장이 신변의 위협을 느껴 권총소지허가원을 제출했다는 기사가 보도되어 학생들의 분노를 샀다. 11월 8일 500여 명의 문리대생들이 유 총장 사퇴를 강력히 요구하고 100여 명이 단식농성에 들어갔다. 결국 11월 9일 유기천 총장이 사퇴함으로써 사태는 일단락되었지만, 주동학생 5명도 무기정학을 당하였다.(『대학신문』1966년 11월 14일자)

# 2
# 1967년 선거와 부정선거규탄투쟁

## 1967년의 정치 상황과 6·8부정선거

격렬한 반대를 무릅쓰고 한일수교와 청구권 문제를 마무리한 박정희 정권은 장기 집권을 위한 준비를 착착 진행하고 있었다. 박정희 정권의 순항은 한편으로는 당시 야당의 분열과 무기력 덕분이기도 했다. 한일협정 비준 당시 민중당 온건파가 원내 복귀를 선언하자, 강경파들은 여기에 반발, 집단 탈당하여 1966년 3월 신한당을 창당했다. 1966년이 다 가고 1967년 대통령과 국회의원 선거가 다가오는 와중에도 야당의 분열은 여전했다.(심지연, 2004, 194쪽) 민중당과 신한당 두 야당 내부에도 각각 주류와 비주류 사이에 대립이 심각했고, 또 그 안에 다시 몇 개의 파벌들이 나누어져 있는 상황이었다.(『신동아』 1967년 2월호, 163~164쪽) 야당이 지리멸렬한 가운데 1966년 서민호가 사회민주당(1967년 대중당으로 개칭)을 창당하였다. 하지만 창당발기인대회의 결의문이 문제가 되어 당직자들이 구속되는 등 정권의 탄압으로 제대로 활동조차 할 수 없었다. 이리하여 야당은 박정희 정권에 제대로 대응할 수가 없었다.

그러나 1966년 12월부터 민중당과 신한당의 통합 논의가 급진전되었다. 양 당의 비주류 인사들을 중심으로 '야당대통령후보단일화추진위원회'가 결성되었다. 이미 민중당은 유진오, 신한당은 윤보선을 대통령 후보로 선출한 상황이었지만, 민중당이 신한당에 통합을 제의하였고 교섭이 시작되었다. 1967년 1월 26일 윤보선, 유진오, 백낙준, 이범석의 당시 야권의 영수 네 사람이 회담을 가졌고, 이 자리에서 통합의 큰 그림이 그려졌다. 1967년 2월 7일 민중당과 신한당은 신민당으로 정식 통합한 뒤 정권교체의 수임정당을 자처했다. 통합야당 신민당의 대통령 후보는 윤보선이, 당수는 유진오가 맡았다.(『신동아』 1967년 3월호, 164쪽)

신민당은 창당대회 결의문에서 선거에서 기필코 정권 교체를 성취시켜 민주정치를 재건하고 민생을 도탄에서 구할 것을 천명하고, 만일 부정선거의 경우 거기서 오는 불행한 사태 발생의 모든 책임은 박정희 정권이 져야 할 것이라 경고했다. 이미 이때부터 정부와 여당이 획책하는 부정선거의 조짐이 역력했던 것이다.

6대 대통령 선거는 1967년 5월 3일 실시되었는데, 대중당 후보인 서민호가 4월 28일 후보직을 사퇴하여 박정희와 윤보선 두 후보의 대결로 압축되었다. 야당 후보가 단일화되기는 했지만, 대통령 선거에 임하는 신민당의 당 조직은 그다지 효율적으로 움직이지 못했다. 6대 대통령 선거에서는 116만 표 차이로 박정희가 승리했다.

1967년 5월 대통령 선거에서 박정희의 승리가 확정되면서, 정부와 여당은 1개월 뒤인 총선 승리를 위해 총력을 기울였다. 공화당은 "박 대통령 일하도록 밀어주자 공화당"이라는 구호를 내세웠다. 신민당은 대선과 달리 국회의원 총선거에서는 야당의 단일화 효과가 적지 않을 것으로 기대했다. 공화당 당의장 김종필조차도 야당이 4개로 분열되어 있었던 1963년 총선거에 비해 의석이 10여 석 줄어든 100석 정도를 공화당 의석으로 예

상할 정도였다.(심지연, 2004, 199쪽)

　그러나 박정희 정권 핵심부는 7대 총선을 통해 개헌선인 3분의 2가 넘는 의석을 확보하여 제3공화국 헌법의 대통령3선금지조항을 철폐함으로써 본격적인 장기 집권, 영구 집권을 도모하는 계기로 삼고자 했다. 중앙정보부와 내무부가 직접 막대한 자금과 공무원을 동원하여 선거대책을 마련했다. 공무원의 선거 관여가 문제가 되자, 중앙선거관리위원회는 1967년 4월 27일 "선거운동기간 중 국무위원이 국정을 위한 지방 출장에서 특정 후보자를 지지·추천, 반대하는 연설을 하는 것은 '대통령선거법' 제32조 2항에 위배된다"라고 해석했다.

　그러나 박정희 정권은 5월 9일 국무회의에서 '선거법 시행령'을 고쳐 대통령, 국무총리, 국무위원, 정부위원 등 별정직공무원은 선거운동을 할 수 있도록 만들었다. 이에 5월 13일 중앙선거관리위원회는 대통령을 포함한 별정직공무원의 선거 참여는 불가하며, 이 선거법 시행령 개정안이 공무원의 정치적 중립을 규정한 헌법을 위반한 것이므로 부당하다고 해석했다. 공화당에서는 일단 대통령과 국무위원의 지원유세를 중지하는 듯했다. 하지만 5월 21일 중앙선거관리위원회는 정당의 대표자인 대통령은 국회의원선거법상의 선거운동을 할 수 있다고 하여 이전의 결정을 번복해버렸다.(『동아일보』 1967년 5월 22일자)

　박정희는 이미 전국을 순회하며 공화당 후보들에 대한 지원유세를 하고 있는 중이었다. 5월 18일 이후 박정희는 두 번이나 지방행정 시찰 명목으로 영·호남과 경기, 강원 등 전국을 돌며 지역개발을 약속하는 등 여당 후보를 지원했다. 박정희는 경제관료들을 대동하고 관광도시 개발, 공장 건설, 도로와 교량 건설 등을 약속했으며, 특히 목포 등 호남지역 유세에서는 많은 지역개발 공약을 내놓았다. 국무위원들도 대부분 지방 출장을 빙자하여 전국을 순회하며 실질적인 지원유세에 나섰다. 이에 중앙선거관리위원장은 우려를 표하였다.(『동아일보』 1967년 5월 30일자) 박정희 정권은 이렇게 모든 공무원을 동원하여 여당을 지원하는 한편, 정보기관과 검찰을 동원해 선거운동에 임하는 야당의 손발을 묶었다. 중앙정보부는 재일동포 실업인 출신인 신민당의 전국구 김재화 후보를 반공법과 국가보안법 위반으로 구속하였으며, 조총련 자금 유입을 조사한다는 명목으로 한때 신민당의 선거자금을 동결시키기도 했다. 또 박정희 정권을 공격하는 데 앞장섰던 야당 국회의원 후보들과 운동원들을 잡아 가두었다. 1967년 5월 장준하, 오재영, 서민호 등 정치인들과 야당 선거운동원들이 선거법 위반이나 반공법 위반으로 잇달아 구속되었다.(『조선일보』 1967년 5월 9일자)

금권이나 관권이 동원된 부정선거 조짐은 1966년부터 도처에서 나타나고 있었다. 공화당의 선거조직이나 다름없었던 계나 친목회가 여는 관광행사가 1년 전부터 계속되었고, 선거전이 본격적으로 시작하자 막걸리와 고무신이 판을 쳤다. 공화당의 연락사무소에는 막걸리통과 소주병이 항상 놓여 있어 누구든지 마시도록 했다. 경찰서장과 군수, 구청장이 직접 선거운동에 참여하여 동장과 경찰들에게 현금과 쌀, 밀가루를 나눠주며 살포하도록 독려했다. 500~1,000원의 현금이 든 돈 봉투를 공공연하게 유권자들에게 돌리는 일도 비일비재했다.(『신동아』 1967년 7월호, 70~75쪽)

1967년 6월 8일 선거 당일에는 금권·관권·폭력 선거가 극에 달했다. 군수나 경찰서장은 말할 것도 없고, 선거관리위원장까지 부정선거에 나서기도 했다. 여수나 벌교에서는 유권자들이 단체로 공화당 운동원이나 공무원들에게 여당 후보를 찍은 투표용지를 보인 다음 투표함에 넣는 공개투표를 하다 발각되었다. 괴한이 투표소에 난입해 야당 참관인을 강제로 밀어내고 미리 기표를 해놓은 투표용지를 투표함에 무더기로 쏟아 넣기도 했다. 항의하던 야당 참관인들은 공화당원들에게 손찌검을 당하고 쫓겨났으며, 개표도 야당 참관인이 없는 가운데 진행되기도 했다. 경찰들은 구경만 하고 있었다. 개표 과정에서는 야당 후보를 찍은 투표용지를 무효표로 만드는 피아노표니 빈대표니 하는 것이 무더기로 나왔다.(『동아일보』 1967년 6월 7~9일자)

이런 선거의 결과 공화당 130석(지역구 103석, 전국구 27석), 신민당 44석(지역구 27석, 전국구 17석), 대중당 1석이라는 결과가 나왔다. 공화당이 전체의 74%를 장악하여 개헌에 필요한 117석을 훨씬 웃도는 의석을 차지하게 된 것이다. 부정선거의 심각성은 선거소송의 규모에서도 드러난다. 7대 총선 이후 전국 131개 선거구에서 모두 266건의 선거소송이 제기되었다. 1963년 6대 총선 당시 선거소송이 38건이었던 것에 비하면 7배에 달하는 규모였으니, 박정희 정권이 3분의 2선 확보를 위해 온갖 무리수를 두었음을 알 수 있다.(『신동아』 1967년 8월호, 194쪽) 공화당의 지도부조차 앞으로의 정국 운영을 걱정할 지경이었다.

## 6·8부정선거규탄투쟁의 시작과 확산

선거 다음날인 6월 9일 선거 결과가 알려지자 전국 각지에서 자연발생적인 항의시위가 일어나기 시작했다. 6월 9일 오전 청주, 순천, 곡성, 남원, 안동, 상주, 무안 등 지방 각지에서는 수십 명 내지 수백 명의 신민당원과 지지자들이 부정선거에 항의하는 시위와 행진을 벌이기 시작했다. 공개투표 논란이 벌어진 전라남도 보성에서는 신민당원들의 시위에 보성중·고 학생 1,000여 명이 참가하여 크게 확대되기도 했다.[*]

신민당은 선거 다음날인 6월 9일 6·8 선거를 3·15정부통령선거보다

---

[*] 보성중·고 학생들은 6월 13일에도 항의시위를 벌였다.

더한 사상 최악의 부정선거로 규정하고, 민주주의의 장송을 예고하는 것
이라며 범국민 규탄대회 등 모든 수단을 동원하여 강력히 투쟁하기로 결
정했다. 6월 10일 신민당 대표위원 유진오는 박정희에게 부정선거 지구에
대한 선거무효화와 재선거 및 관련자 인책을 요구했다. 특히 군산에서는 6
월 11일 밤 20여 명의 신민당원들이 벌인 시위에 시민 3,000여 명이 합류
하여 경찰과 충돌하기도 했다. 11일에는 춘천에서 기독교인들이 '부정선
거규탄 종교인궐기대회'를 열고 12일부터 시위를 벌였다.

6월 12일부터 신민당이 장외투쟁을 시작했다. 12일 중앙당에서 유진
오 당수와 당선자 44명을 포함한 100여 명의 당원들이 "부정선거 다시 하
라"는 구호를 외치며 관훈동의 신민당사에서 광화문 중앙청까지 시위를
벌이다 경찰기동대에 의해 해산되었고, 광주, 충무, 보성, 영천, 장흥, 대
구, 울산, 양평 등 각지에서 신민당원들이 민주주의의 상여를 메고 시위를
벌이면서 부정선거에 항의했다. 12일에는 신민당의 당원들이 수원, 대구,
평택 등 전국 각지에서 시위를 벌였다. 다음날인 6월 14일에는 운영위원회
를 열고 6월 8일의 선거를 선거쿠데타로 규정하고 '6·8선거무효화투쟁위
원회'를 구성하여 전면 재선거를 요구했다. 신민당 선거무효화투쟁위원회
는 6월 16일 국민대회와 병행하여 전국에 부정선거조사단을 파견했다. 이
날 경기도 화성지구에서 재검표 결과 공화당과 신민당 후보자의 당락이
뒤바뀌기도 했다.

그러나 6·8부정선거규탄투쟁에서 중심이 되었던 것은 학생들이었다.
2년 뒤 3선개헌반대투쟁에서도 그랬지만 1967년의 6·8부정선거규탄투쟁
에서도 학생들은 재야나 정치권과 특별한 연계 없이 반독재투쟁을 전개했
다. 이번 선거가 총체적인 부정이라는 것을 피부로 느끼고 있던 학생들은
"허약한 후진국의 민중을 대변할 사명감이 있고 타협을 배제한 순수한 정
의감의 발로에서 민중의 힘을 과시하는 시위"를 벌여야 한다고 생각했

다.(『대학신문』 1967년 8월 28일자)

학생들은 일단 6·8부정선거에 대해 학내의 소규모 성토대회로 대응했다. 선거 다음날인 1967년 6월 9일 오후 4시 연세대 서클 '한국문제연구회'(한문연)가 광복관 107호실에서 성토대회를 개최하고, "온갖 부정으로 이루어진 6·8 총선은 무효"라고 주장했다. 이들은 "국민에게 고함"이라는 선언문을 발표하여, 민권 수호를 외치며 "6·8 총선을 암흑과 폭력, 금력으로 치러 민주주의를 타락시킨 정부는 총책임을 져야 한다"라고 하였다. 또 더불어 부정선거에서 당선된 입후보자들에게 사퇴할 것을 요구했다.(『연세춘추』 1967년 6월 12일자) 학교 당국에 의해 5분 후 해산되기는 했으나, 학생운동 진영 최초의 대응이었다.

학생운동 진영은 6월 12일경부터 본격적인 집회와 시위로 부정선거를 규탄하기 시작했다. 학생들의 시위 전개를 당시 신문기사들을 통해 살펴보자.* 1967년 6월 12일 오전 10시 30분 서울대 법대생 500여 명은 합동 강의실에 모여 긴급학생총회를 열었다. 이들은 6·8 선거를 '우발적·국부적이 아닌 전반적·조직적·계획적·지능적 부정선거'로 규정하고, 선언문을 낭독했다. 선언문에서 이들은 "공무원을 사병화하고 국민을 매수, 사기, 협박, 기만함으로써 이루어진 6·8 선거는 금력, 사기, 폭력, 부정, 관권 선거로서, 빛나는 4·19정신의 모독"이며, "정부와 여당은 6·8 선거가 부정선거였음을 자인하고 국민적 재심판을 받고 즉각 사퇴하라"고 요구했다. 학생총회를 마치고 12시 20분 본격적인 거리시위에 나선 이들은 "부정선거 다시 하라" "7대 국회 무효다" "민주주의 사수하라" 등의 구호를 외치고, 〈애국가〉와 〈삼일절 노래〉를 부르며 행진했다. 이화동 입구에서 경찰 저지선을 피해 명륜동 입구에서 경찰과 충돌하여 165명이 연행되었다. 더

---

* 이하 특별히 전거를 밝히지 않은 것은 모두 『동아일보』, 『경향신문』 등 당시 신문기사에 의한 것이다.

이상 진출이 좌절되자 서울대 법대생들은 다시 학교로 돌아와 항의농성을 벌였다. 연행학생들이 석방되자 일단 농성을 풀었다.(『대학신문』 1967년 8월 7일자) 또 경북대 법대생 30여 명도 6월 12일 낮 12시 50분 부정선거성토대회를 개최했다.

대학 당국은 학생시위가 확산되자 무조건 임시휴업으로 학교 문부터 닫으려 하였다. 서울대는 법대생들의 대규모 시위 직후인 6월 12일 오후 4시 긴급학처장회의를 열고, "부정에 항의하는 젊은이들의 심정은 이해하나, 학원의 질서를 보호하고 제자들의 희생을 막기 위해" 6월 13일부터 17일까지 임시휴업을 한다고 발표했다.

13일부터 시위는 대학가에 급속히 확산되었다. 먼저 서울대생들은 학교 당국이 임시휴업을 선언했음에도 불구하고, 6월 13일부터 더 격렬한 부정선거규탄투쟁을 벌였다. 6월 13일 9시 휴교 조치로 학교 입구가 봉쇄된 문리대 정문에 300여 명의 학생이 모여 휴교에 항의하기 시작하였고, 이들 중 50여 명이 맞은편 의대 정문에서 항의농성을 벌였다. 경찰이 강제로 농성을 해산시키자, 이들은 법대 구내로 진입하여 법대생들과 합류하였다. 이렇게 합류한 200여 명의 문리대, 법대 학생들은 곧바로 '6·8선거성토대회'를 열었다. 이 자리에서 문리대 학생회 이름으로 "6·8부정선거를 통탄한다"라는 제목의 성명서가 발표되었다. 학생들은 "민주주의의 첩경인 공명선거의 깃발은 권력욕과 탐익된 반민주 집단의 횡포 앞에 무참히도 꺾이었다"라고 고발하면서, "민주주의 확립을 위한 순교의 길로" 나설 것을 호소했다. 이어 서울대 문리대생들과 법대생들은 함께 '서울대 민주수호투쟁위원회'(위원장 이현배, 사학과 64학번)를 결성했다. 서울대 민주수호투쟁위원회는 총학생회가 기능을 발휘할 때까지 투쟁의 중심이 될 것이라고 선언했으며, 실제로 이후 6·8부정선거규탄투쟁에서 중요한 역할을 수행했다. 오전 11시 학교 밖으로 진출을 시도하다 경찰에 저지된 이들은 문리대 교정에서 농성에 돌입했다.

서울대 상대생 250여 명도 13일 오전 10시 휴교령으로 교문이 닫힌 가운데 담을 넘어 강당에 집결하여 '6·8부정선거성토대회'를 열고, "① 6·8 부정선거에 관련된 선거사범을 철저히 색출·처단하며 ② 학원의 정상수업을 계속토록 보장하라 ③ 재선거를 실시하라"고 요구했다. 서울대 공대생들도 6월 13일 오전 9시부터 500여 명이 참가한 가운데 기숙사 광장에서 성토대회를 열었다. 사대생들도 오전 10시부터 200여 명이 참가한 가운데 국민의 이름으로 타락선거의 발본색원을 위해 투쟁할 것을 선언하였으며, 정부와 여당에 부정타락선거를 국민에게 사죄하고 선거를 무효화하며 책임자를 처단할 것을 요구했다. 서울대 농대생 700여 명도 오전 10시부터 강당에서 성토대회를 열고, 부정선거를 전국적으로 무효화하고 부정선거 관련자들을 색출하여 엄벌할 것을 요구했다. 서울대 미대에서도 부정선거를 규탄하는 성토대회가 개최되었다.

고려대에서는 3,000여 명의 학생이 참가한 가운데 6월 13일 오전 11시 '부정선거규탄대회'가 열렸다. "6·8 선거는 완전 무효" 등의 구호가 스피커를 통해 흘러나오는 가운데, 교내 곳곳에는 "사상 최악의 6·8부정총선이 우리로 하여금 4·18을 상기케 한다"는 내용의 격문이 나붙었다. "弔 民主主義"(민주주의의 죽음을 슬퍼한다)라고 쓰인 홍장을 달고 집결한 고려대생들은 민권수호투쟁위원회를 결성하고, "부정·불법선거의 표본인 6·8 선거의 죄악상을 규탄하고 민권을 수호"할 것을 결의하였다.

규탄대회를 마친 학생들은 가두시위를 벌일 것을 결의하고, 〈삼일절 노래〉〈구교가〉 등을 부르며 교문으로 진출하였다. 하지만 안암동로터리에서 경찰과 충돌하여 투석전을 벌이다 일단 학교로 돌아왔다. 이들은 강당에 다시 모여 또다시 규탄대회를 열고, 오후 1시 25분경 다시 "부정선거가 근대화냐" 등의 플래카드를 앞세우고 학교 밖으로 진출, 경찰과 충돌하였다. 일부 학생들은 동대문-청계천-시청 앞까지 시위를 벌이기도 했다. 이날 시위로 300여 명의 고려대생들이 경찰에 연행되었고, 3명은 곤봉과 최루탄에 부상당해 입원하기도 했다.(『고대신문』 1967년 6월 24일자)

연세대생들은 13일 정오 채플을 끝낸 다음 2,000여 명이 참가한 부정선거규탄대회를 열었으며, 이후 500여 명이 "막걸리선거 웬 말이냐" 등의 구호를 외치며 신촌으로 진출하여 시위를 벌였다. 성균관대생 300여 명도 오전 11시 30분 부정선거 무효화와 선거책임자 단죄를 요구하는 성토대회를 열었다. 이들은 오후에 서울대 문리대·법대생들과 가두에서 합류하여 연좌시위를 벌이기도 했다. 건국대생들은 오전 10시 본부 앞에서 성토대회를 열었고, 경희대생 1,000여 명도 '부정선거규탄성토대회'를 열었다.

문리대 교정에서 농성을 진행 중이던 서울대 문리대, 법대, 상대생 300여 명은 6월 13일 밤 '망국투표함 소각식'을 거행하고, 민주주의의 교두보인 선거의 공명성을 사수할 것을 호소했다. 이들은 이튿날 6월 14일 하루 종일 간헐적으로 시위를 벌이면서, 전국 학생·국민·각 정당에 보내는 호소문과 선언문을 낭독하였다. 학생들의 농성과 시위가 계속되자 서울대 문리대와 법대를 관할하던 동대문경찰서는 농성학생들을 전원 연행할 계획을 세웠다. 이 정보가 입수되자, 학교 당국은 최문환 총장을 비롯한 교수들이 직접 학생들에게 해산을 종용했다. 학생들이 이에 응하지 않자, 교직원들이 학생을 한 사람씩 직접 끌고 나가 대기 중인 버스에 태워 귀가시키기에 이르렀다.(『대학신문』 1967년 8월 7일자)

6월 14일 시위는 급격히 확산되었다. 14일 오전 9시 30분 동국대생 1,500여 명이 6·8부정선거성토대회를 개최하여 총선 무효화와 즉각 재선거를 촉구한 다음, 시위를 벌이다 경찰과 충돌했다. 경희대생 1,000여 명도 14일 오전 10시 성토대회를 연 다음 스크럼을 짜고 회기동로터리 방면으로 진출을 시도했다. 한편 이들이 고려대 정문에 이르자 성토대회를 열고 있던 고려대생 600명이 합류하여 경찰과 격렬한 투석전을 벌였다 고려 대생들은 오후 2시 30분 당시 국립극장 앞에서 재집결하였다. 이들은 "부 정선거 다시 하라" 등의 구호를 외치며 공화당사까지 진출하였으나 경찰 에 의해 연행, 해산되었다. 학교로 돌아온 고려대생들은 오후 7시부터 학 교 강당에서 단식농성에 들어갔다. 이들은 6월 15일 오후 7시 '6·8부정선 거 화형식'을 거행한 다음 농성을 끝내고 해산했다.

연세대생 2,000여 명이 오전 11시 40분 스크럼을 짜고 구호를 외치며 이 대 입구까지 진출하다 경찰에 의해 강제해산되었다. 이 와중에 5명의 학생이 부상하고 220명이 연행되었다. 그 외 한양대생 1,700여 명, 중앙대생 1,500 여 명이 성토대회를 열고 가두시위를 벌였다. 지방에서는 부산대생 1,000 여 명이 오전 11시경 선거 부정을 규탄하는 가두시위를 열고 "부정선거 다 시 하라"는 내용의 결의문을 채택하고 시위를 벌였다.(강대민, 2003, 370쪽)

6월 15일 이미 많은 학교에 휴교령이 내렸지만 규탄투쟁은 계속되었 다. 연세대생 300여 명, 광운공대와 외국어대생 400여 명, 가톨릭의대생 300여 명, 홍익대생 50여 명이 가두시위를 벌였고, 숙명여대는 전교생이 대강당에 모인 가운데 부정선거성토대회를 열었다. 이날 고등학생들의 시 위는 훨씬 격화되었다. 동성고, 배재고, 양정고, 용산고, 동대문상고, 서울 상고, 삼선고교, 청송전기고, 경희고, 한성고, 단국고, 균명고, 중앙고, 대 동상고, 숭실고, 마포고, 청량리종고, 광운전자공고 등 20여 개교 학생 1만 여 명이 교내에서 집회를 열고 시내로 진출하여 가두시위를 벌였다. 일부 는 공화당사, 국회의사당, 중앙청 부근까지 진출하여 경찰과 투석전을 벌 이기까지 했다.

휴교 중이던 서울대생들도 학생총회를 위해 문리대에 모이려 했으나 경찰의 저지로 진입하지 못하였다. 이후 이화동 입구에서 시위를 벌이다 서울대 음대로 들어가 농성하기 시작했다. 이날 서울신학대생 200여 명도 성토대회 후 가두로 진출했다. 전국의 28개 대학과 129개 고교가 휴업에 들어감으로써 정상적인 학사일정이 중단되었다.

대학생들의 농성도 계속되었다. 연세대 기독학생회원들이 15~17일 '단식구국기도회'를 열었고, 외국어대생 150명도 15일 밤 부정선거 화형식을 가진 뒤 16일까지 농성했다. 연세대 의대생 160여 명은 15일부터 17일까지 농성하면서 6·8 선거의 무효와 휴교 조치 해제를 요구했다. 이들은 17일 오전 10시 세브란스병원 앞에서 '6·8악성종양절제 화형식'을 거행하기도 했다.

부정선거규탄투쟁이 격렬해지면서 정부와 여당은 대책 마련에 부심했다. 일단 시위가 격렬해지자 대학가에 휴교 조치를 취했다. 서울대 문리대와 법대를 시작으로 6월 13일 고려대와 건국대, 성균관대가 무기한 휴업에 들어간 데 이어, 14일 오전에는 경희대·동국대·연세대가 무기한 휴업, 중앙대·한양대는 11일간 휴업, 단국대는 4일간 휴업에 들어갔다. 문교부는 6월 14일 전국 대학 총·학장과 시도 교육감에 대해 시위가 발생하면 즉각 휴업하도록 지시하였으며, 휴업은 지방으로 확산되었다. 6월 15일 우석대, 서강대, 홍익대, 국민대, 한국신학대, 명지대, 감리교 신학대, 인하공대, 수도공대, 조선대가 휴업에 들어가 22개 대학에 휴업령이 내려졌다. 서울대의 경우는 6월 17일까지 휴교하였으나, 시위가 잦아들지 않을 것으로 예상되자, 6월 19일 다시 '당분간' 휴교를 결정했다. 그러고는 휴업 상태에서 7월 5일 단과대학별로 조기방학을 실시했다. 휴교 또는 휴업령이 해제되지도 않은 채 조기방학으로 넘어가는 것은 시위가 격렬할 때 1960년대 대학당국의 상투적인 대응책이었다.

하지만 학생이나 야당의 격렬한 저항은 계속되었다. 정부와 여당은 고식적이나마 정국수습책을 마련해야 했다. 6월 16일 박정희 대통령은 선거의 과열과 부정선거를 인정하고 화성, 수원, 평택, 군산·옥구, 영천, 고창,

서천·보령 등 7개 지구의 당선자를 제명하도록 지시했다. 이에 따라 공화당은 당기위원회를 열어 이들을 제명하는 한편, 신민당과 접촉하여 정국 정상화를 시도했다.(『동아일보』 1967년 6월 14·16·17일자)

그러나 신민당은 장외 집회를 계속 추진하여 6월 19일 안국동 당사에서 규탄대회를 강행했다. 경찰이 시민들의 참여를 가로막자 신민당은 옥상에 연단을 만들고 주변에 모인 시민들을 향해 집회를 열었다. 이날 집회에는 유진오 당수, 윤보선, 장준하, 함석헌, 김대중 등이 연설하였고 결의문을 발표한 뒤 가두행진에 나섰는데 경찰이 저지하자 격렬한 시위가 벌어지기도 했다.(『동아일보』 1967년 6월 20일자)

6월 21일 서울대, 고려대, 연세대, 성균관대, 건국대 등 5개 대학 학생 대표 10여 명이 모여 '부정부패일소 전국학생투쟁위원회'(부정부패일소 학생투위)를 결성했다. 이들은 부정선거에 대한 정부의 대처를 규탄하고 적극적이고 장기적인 투쟁을 벌이기로 결의했다. 여기에는 각 대학의 투쟁위원회 대표들이 참가하였는데, 서울대 민주수호투위, 고려대 민권수호투위, 연세대 6·8부정선거 완전무효화투위, 성균관대 주권쟁취투위, 건국대 부정선거무효화투위 등이었다. 이들은 6·8 선거는 망국적 부정선거로, 일부 지역적 부정선거라는 정부의 주장은 부정을 자기 합리화하는 수단일 뿐이라고 규정했다. 또 선거사범을 엄단하는 것은 학생 요구의 일부이지 전부가 아니라면서 대학의 자유를 탄압하지 말 것을 요구했다.(『고대신문』 1967년 6월 24일자) 이들은 각 대학이 지금까지 산발적으로 벌여온 6·8부정선거무효화투쟁을 범대학·범국민 운동으로 펼칠 것이라 했다. 곧 부정부패일소 학생투위는 각 대학 학생회장단과 공동행동을 취하는 데 합의하였다. 이 합의는 휴교가 해제되어 다시 등교한 7월 3일 서울 시내의 거의 모든 대학들이 공동명의의 성명을 내고 함께 시위를 전개하는 원동력이 되었다.

휴교령이 내린 가운데 6월 27일에는 경희대생들이, 29일에는 연세대생과 중앙대생들이 성토대회를 열고 시위를 벌였으며, 6월 30일에는 성균관대생들이 시위를 벌였다. 특히 6월 30일 고려대에서 1,500명이 참가한 가운데 고려대 민권수호투위가 주최한 '6·8부정선거규탄 및 학원주권수호 궐기대회'가 열렸다.

7월 3일 서울대 등 일부를 제외한 대부분의 학교들이 휴업을 해제하였다. 그러나 학생들은 학기말시험 일정을 거부하고 성토대회와 시위에 나섰다. 이날은 부정부패일소 학생투위와 각 대학 학생회장단이 공동발표한 7·3 선언문과 결의안을 내세우고 시위가 진행되었다. 이 '7·3선언문'은 휴교, 조기방학, 연행, 구속 등 어떤 탄압에도 투쟁은 계속될 것임을 선언하고, "① 6·8부정선거 당선자들은 즉각 총사퇴하고 정부는 전면 재선거를 위한 구체적인 방안을 수립할 것이며 ② 학원을 상업체나 정치의 사유물로 착각하고 있는 문교부장관을 인책 축출할 것"을 요구했다.

이날 고려대생 2,000명, 연세대생 3,000명, 경희대생 2,500명, 동국대생 1,000명, 중앙대 4,000명, 숭실대 600여 명 등이 성토대회나 시위에 참가했고, 외국어대, 서울시립농대, 서강대, 성균관대, 단국대, 경기대, 홍익대, 숙명여대생들이 성토대회를 열었다. 또 충북대생 200여 명도 성토대회 후 시위를 벌였다. 휴업을 풀자마자 극심한 시위가 시작되자 20개 대학이 조기방학을 실시했다.

7월 4일에도 격렬한 시위가 계속되었다. 고려대생 3,000여 명이 시위를 벌이며 안암동로터리로 진출하여 경찰과 투석전을 벌인 뒤, 학교로 돌아와 1,000여 명이 농성을 시작했다. 연세대생 1,500여 명도 아현동로터리에서 경찰과 충돌했다. 경희대생 2,000여 명은 교외로 진출하여 가두시위를 벌였다. 충북대생 200여 명, 충남대생 500여 명, 제주대생 100여 명도 집회를 열고 시위를 벌였으며, 동국대, 서울교대, 경희대에서는 농성이 계속되었다. 이날 서울 시내 신학대 학생 대표 18명이 시내에서 모여 6·8부정선거를 규탄하고 국민의 주권 수호를 위해 끝까지 투쟁하겠다는 내용의 성명을 발표하기도 했다.

이후 주로 지방에서 반대시위가 벌어졌다. 7월 5일 부산대생 2,000여명이 성토대회를 연 것을 비롯해서, 원광대생 300여 명이 부정선거규탄대회 개최하고 20여 명의 학생이 단식농성을 시작했다. 7월 6일 오전에는 경북대생 1,000여 명이 부정선거반대시위를 벌였고, 7월 7일 공주사대생 300여 명이 6·8부정선거규탄대회를 열고 공주 4·19기념탑까지 행진했다. 그러나 7월 휴교가 방학으로 이어지면서 더 이상 대규모 투쟁을 계속하기는 힘들었고, 7월 8일 동백림사건이 발표되었다.

한편 신민당은 1967년 6월 30일부터 제6대 대통령 취임일인 7월 1일까지 중앙당사와 전국의 지구당에서 단식농성을 벌이는 한편, 취임식과 동시에 당사 옥상에서 '민권선언대회'를 열고 대통령 취임식장인 중앙청을 향해 부정선거를 성토했다. 이에 스피커와 현수막을 철거하려는 경찰이 당사에 난입하여 난투극이 벌어지기도 했다. 7월 8일에는 대법원에 제7대 국회의원 선거의 전면무효소송을 제기했다. 이어 7월 10일 공화당과 무소속 의원들만으로 7대 국회 개원식을 진행하려 하자, 신민당 국회의원 당선자들은 등록을 거부하고 단독 국회 개원이 무효임을 선언했다.*

6·8부정선거규탄시위에는 고등학생들도 적극 참여했다. 6월 13일부터 고등학생들의 시위가 시작되었다. 13일 오전 서울 대광고생 1,000여 명이 "4·19는 죽었는가"라는 플래카드를 내걸고 시위를 벌였고 보성중·고생 600여 명도 교문을 나서 시위를 벌였다. 고등학생들의 시위는 대학생들

---

* 신민당의 국회의원은 처음 44명이었으나 화성에서 재검표로 당락이 뒤바뀌어 45석이 되었다. 그러나 전국구 후보 10번으로 당선된 김성용이 등원 거부 대열에서 이탈하여 자진 등록하자 신민당은 그를 제명했고 다시 44명이 되었다.

만큼 조직적이거나 지속적이지는 않았지만 반독재투쟁의 확산에는 크게 기여했다. 13일 시작된 고등학생의 시위는 계속 확산되었다. 6월 14일 서울 시내에서만 성남고, 중앙고, 보성고, 중동고, 서울공고 학생들이 교정에서 부정선거규탄대회를 열고 학교별로 수백 명씩 가두로 진출하여 시위를 벌였다. 6월 16일 휴교가 지속되면서 대학생들의 시위는 줄었지만 고등학생들의 시위는 오히려 정점을 이루었다. 이날 경기고·휘문고·중앙고 학생 1,000여 명이 연합해서 시민회관 앞까지 가두시위를 벌였던 것을 비롯해서 청량리종고, 서울북공고, 인창고, 한성고, 동대문상고, 경동고, 삼선고, 서라벌예고, 고명고, 성북고, 강문고, 광신고, 광운전자공고 등 약 6,000명의 학생들이 가두시위를 벌였다. 부산에서도 동래고, 원예고, 브니엘고 등이 부정선거규탄시위를 벌였다. 동래고생 1,500여 명은 가두로 진출하여 경찰 저지선을 돌파하고 시내에서 맹렬한 가두시위를 벌였다. 그 과정에서 수십 명이 부상하는 사태가 벌어졌다. 부산에서는 6월 17일에도 경남고, 부산상고, 부산고, 경남공고, 배정고 학생들이 시위를 벌였다.

고등학생 시위가 확산되자 고등학교에도 휴업령이 내려졌다. 문홍주 문교부장관은 데모가 일어나면 중·고교도 휴업할 것이라고 밝혔고, 학교장들이 책임을 지도록 시도 교육감에게 지시한 바 있었다. 이에 따라 격렬한 시위가 일어난 동래고 교장이 인책 해임되기도 했으나, 학생과 동문회, 여론의 격렬한 비판에 해임을 취소하고 다른 학교로 전보 발령하기도 했다. 6월 17일까지 전국 고등학교 150개 교가 휴교에 들어갔다. 경북과 전남에서는 농번기 일손 돕기를 명목으로 휴업하기도 했다.

6·8부정선거규탄투쟁에서 고등학생들은 4·19 당시처럼 중심 대열을 이루었던 것은 아니었다. 조직적인 연대를 이룬 것도 아니었다. 그러나 이러한 고등학생들의 시위는 여전히 고등학생들도 정치적 문제에 높은 관심을 가지고 있었고, 무시할 수 없는 행동력이 남아 있다는 것을 보여주었다.

# 동백림·민비연 사건과 이후의 6·8부정선거규탄투쟁

**동백림·민비연 사건**  6·8 총선에 대한 규탄으로 전국이 들끓고 있을 무렵인 1967년 7월 8일 중앙정보부장 김형욱은 기자회견을 열고, 교수·학생 등 194명이 관련된 '간첩단사건'을 발표했다. 이른바 동백림사건이었다. 동백림사건이 어떤 의미를 갖는지는 이 사건을 발표한 날 신문 1면이 잘 보여준다. 『동아일보』 1면은 부정선거 관련 시장, 군수, 경찰서장 등에 대한 대폭적인 인사 조치가 있을 것이라는 기사와, 신민당이 일괄 선거소송을 제기했다는 기사가 오른쪽 반을 차지하였는데, 나머지 반을 이 '북괴 대남간첩사건'(동백림사건)에 대한 중앙정보부의 발표가 장식하였다.(『동아일보』 1967년 7월 8일자) 부정선거로 들끓고 있는 정국에서 사람들의 관심을 돌리고 반정부투쟁세력들을 위협하기에 간첩단사건보다 더 좋은 것은 없었다. 중앙정보부는 부정선거규탄시위가 한창이던 7월 8일부터 18일까지 무려 일곱 차례에 걸쳐 '동백림을 거점으로 한 북괴 대남적화공작단'에 대한 수사 결과를 발표하여 언론과 국민의 관심을 집중시켰다.

중앙정보부는 처음 예술인과 대학교수, 의사, 공무원 등 엘리트들이 대남적화공작을 벌이다 적발되었는데, 이 중 일부는 1958년부터 1967년까지 동독 주재 북한대사관을 왕래하면서 간첩활동을 해왔으며, 그중에는 직접 평양을 방문하여 밀봉교육을 받고 국내에서 암약한 사람도 있다고 발표했다. 특히 중앙정보부는 서울대 문리대의 민족주의비교연구회(민비연)도 여기에 관련된 반국가단체라고 하였다. 민비연의 지도교수였던 황성모가 1950년대 말 독일 유학 시절 북한에 포섭되었는데, 귀국한 다음 민비연을 조직하여 학생시위를 선동하고 정부를 전복하려 했다는 것이었다. 황성모를 비롯해 이미 학교를 졸업했던 김중태, 김도현, 현승일 등 7명의

민비연 관계자들이 이번에는 모두 ˙간첩'으로 중앙정보부에 끌려갔다. 한
일회담반대투쟁 이후 민비연 출신들이 구속된 것이 벌써 세번째였다. 곧
이어 중앙정보부장 김형욱은 독일과 프랑스에서 활약하면서 국제적인 명
성을 얻고 있던 음악가 윤이상과 화가 이응로도 여기에 관계하였기 때문
에 두 사람을 임의동행 형식으로 데려와 구속했다고 발표했다.

2007년 국정원 과거사위원회의 조사 결과에 의하면, 체포된 유학생
중 50여 명이 동베를린을 방문하여 북한 사람들을 만나기도 했고, 일부는
북한을 방문하거나 지원금을 받기도 했으며, 경우에 따라서는 특수교육을
받기도 했다. 그러나 이들이 한국에 돌아와서 실제로 간첩행위를 한 경우
는 거의 없었다. 보복이 두려워서 또는 단순한 호기심에 북한에 안착신호
를 보낸 정도였다. 중앙정보부는 대규모 간첩단이라고 하여 무려 203명의
관련자들을 조사했다. 하지만 실제 검찰에 송치한 것은 66명이고, 이 중
검찰이 간첩죄나 간첩미수죄를 적용한 것은 모두 23명에 불과하였다. 그
마저 실제 최종심에서 간첩죄가 인정된 사람은 1명도 없었다.

중앙정보부는 동백림사건을 수사하는 가운데 민비연의 지도교수인 황
성모의 이름이 나오자 별다른 근거도 없이 민비연을 이 사건과 관련시켰
다. 학생시위의 배후에 북한이 있다는 것을 보여주기 위한 것이었다. 중앙
정보부는 협박과 고문으로 황성모와 민비연 회원들에게 허위진술을 강요
해, 혐의 내용을 확대 조작했다. 또한 관련자들이 검찰에 송치된 이후 혐의
내용을 전면 부인하자, 중앙정보부는 이들을 기소 3일 전 다시 소환해 협
박·가혹행위 등으로 허위진술서를 작성하게 하기도 했다.

동백림사건 수사도 불법 구금과 고문에 의해 이루어졌다. 중앙정보부
는 윤이상이나 이응로를 속여서 한국으로 데려온 다음 구속하여 고문했
다. 나머지 관련자들도 자의에 반해 중앙정보부원들에 의해 강제로 귀국
했다. 심지어 윤이상의 부인은 남편이 보고 싶어한다는 거짓말에 속아 한

동백림사건 항소심 선고공판에서 나란히 서 있는 피고인들

국으로 왔다가 수감되었다. 서독과 프랑스 정부는 영토주권의 침해라고
강력히 항의하고 원상회복을 요구했다. 많은 고초를 겪은 뒤 석방되기는
했지만 윤이상과 이응로를 비롯한 많은 관계자들은 지울 수 없는 상처로
고통받았다. 중앙정보부는 이 사건을 야당인사들을 탄압하는 데도 이용하
려 했다. 중앙정보부는 7월 16일 '신민당 6·8총선무효화투쟁위 집행위'의
장준하 의원과 부완혁 집행위원을 동백림사건과 관련하여 연행하였다.

　억지로 만들어낸 사건이다 보니 재판에서도 군사 정권이 원하는 대로
결과가 나오지는 않았다. 우선 민비연사건의 경우 1967년 12월 서울형사
지방법원 3부는 민비연을 순수 학술단체로 인정하여 황성모의 간첩죄와
피고인 7명 전원의 반국가단체 구성 및 가입죄에 대해 무죄판결을 내렸다.
다만 황성모·김중태에게는 "합법적 선을 넘어 데모를 벌이고, 북괴를 찬
양, 이롭게 할 단체 구성을 예비음모했다"는 점을 인정, 반공법 제4조 1항

의 이적단체구성 예비음모죄로 각각 징역 3년과 2년을 선고했다. 1968년 4월 17일 서울고법 역시 황성모의 간첩죄와 피고인 7명 전원의 반국가단체구성 및 가입죄에 대해서는 무죄를 선고하고, 이적단체구성 예비음모죄로 황성모·김중태에게 징역 2년, 현승일·김도현에게 징역 1년 6개월을 선고했다. 다시 1968년 7월 30일 대법원은 간첩죄 등에 대해서는 무죄를 확정했으며, 이적단체구성 예비음모죄는 파기 환송하였다. 검찰의 공소장에 불법단체화 음모사실이 적시되어 있지 않기 때문에 공소장 변경 없이 진행된 재판은 위법이라는 것이었다. 이에 서울고법은 공소장을 변경하여 재판을 진행하였으며, 11월 26일 반국가단체조직 예비음모죄로 황성모·김중태에게 징역 2년, 현승일에게 징역 1년 6개월을 선고하였다. 피고인들이 상고하였으나 기각됨으로써 재판이 종결되었다. 당시의 재판에서도 민비연 관계자들이 동백림사건과 아무 관련이 없다는 점은 인정되었던 셈이다.

동백림사건의 경우 검찰은 23명에게 간첩죄를 적용했지만, 1심에서는 13명에게만 인정되었고, 2심에서는 7명, 최종 3심 이후로는 아무에게도 간첩죄가 유죄로 인정되지 않았다. 특히 대법원은 피고인들이 해외 유학생의 명단이나 남한의 막연한 실태 정도를 북한 사람들에게 알려준 것은 구체적인 군사기밀을 제보한 것이 아니므로 형법 98조의 간첩죄와 국가보안법 제2조의 군사목적 수행 등을 적용한 것은 법 적용을 잘못한 것이며, 북한의 지령을 받았다 하더라도 실행 의사나 목적 없이 귀국했다면 반공법 제6조 4항의 잠입죄를 적용할 수 없는데도 뚜렷한 증거에 의하지 않고 사실을 인정한 것은 위법이라고 판시하여 사건을 고등법원에 돌려보냈다. 이 때문에 대법원 판사들을 비난하고 괴벽보가 붙고 협박 편지가 배달되기도 했다. 최종적으로 동백림사건으로 실형을 선고받은 사람이 15명(사형 2명, 무기징역 1명, 징역 15년 2명, 징역 10년 4명, 징역 7년 1명, 징역 5년 1

명, 징역 3년 6개월 3명, 징역 3년 1명), 집행유예가 15명, 선고유예 1명, 형 면제 3명이었다. 징역형을 선고받은 사람들 중 윤이상, 김성칠, 임석훈, 박성옥, 최정길, 이응로 등은 1969년 2~3월에 검찰의 형 집행정지로 석방되었고, 나머지 사람들도 1970년 8월 15일 형 집행을 면제받았다.

동백림사건으로부터 1년 뒤인 1968년 8월 중앙정보부는 이른바 통일혁명당(통혁당)사건을 발표했다. 김종태, 이문규, 김질락 등이 북한의 지령을 받고 남한의 전위혁명조직으로 통일혁명당을 조직하여 정부를 전복하려 했으며, 그 과정에서 다수의 대학생과 지식인 그룹을 포섭했다는 것이었다. 이 사건으로 인해 학생운동세력은 또 한 차례 된서리를 맞았다. 김종태 등 통일혁명당의 상층이 북한에 다녀왔고 활동자금을 받았으며 북한의 지원하에 남한 사회를 변화시킨다는 생각을 한 것은 사실이었다. 하지만 잡지 『청맥』과 『학사주점』 등을 통해 이 사건과 연루된 많은 지식인 청년들은 이런 내막을 알지 못한 채 끌려 들어가 고초를 치렀다. 특히 이 사건으로 서울대 상대의 학생운동세력은 큰 타격을 입었다.

동백림·민비연 사건이 잇따라 발생하면서 학생운동권도 영향을 받지 않을 수 없었다. 연이어 발생한 대규모 간첩단사건은 선거 부정으로부터 대중의 이목을 돌리는 구실을 했을 뿐 아니라, 선배들이 연루된 경우 학생운동권이 직접 타격을 입기도 했다. 그리하여 1967~1968년을 거치면서 학원가에서는 조직 만드는 것을 기피하는 풍조가 만연했다. 정기적으로 만나 도움을 주고받는 선후배들도 두 사람이 만나는 것에 국한했지, 다른 사람들을 끌어들여 모임을 확대하려고 하지 않았다. 독서회 같은 모임조차 반국가단체나 간첩조직으로 몰릴 수도 있었기 때문이었다.

## 1967년 8월 이후의 부정선거규탄투쟁

1967년 7월 동백림사건이 언론에 연일 보도되면서 대중의 관심을 부정선거로부터 돌려놓았지만, 여름방학이 끝나고 8월 말 다시 학원이 문을 열자 부정선거규탄투쟁이 재개되었다. 2학기 개학을 맞이한 서울대에서는 문리대와 법대생들이 8월 21일, 상대생들이 8월 22일 부정선거 규탄을 계속했다. 서울대 법대생 300여 명은 8월 21일 오전 10시 법대 합동강의실에서 학생총회를 열었다. 이들은 박정희 정권의 태도가 변화하지 않았으며, 부정선거 이후 사태에 아무런 진전이 없었음을 규탄하고 제2선언문을 발표했다. 제2선언문은 특권세력이 대중의 경제적 파탄 위에서 확대 성장하고 있는 상황이라고 당시를 진단하고, 대학이 더 이상 침묵할 수 없으며, 7대 국회를 민의의 대표기관으로 인정할 수 없다고 규정했다.

한편 서울대 문리대생들도 8월 21일 오전 11시 50분경 교내 4·19기념탑 앞에서 100여 명의 학생이 참여한 가운데 총회를 열었다. 이날 문리대 학생총회는 방학으로 중단되었던 부정선거규탄투쟁을 계속할 것을 결의하고, 문교부장관에게 졸렬한 학원탄압을 중지할 것, 대통령에게 과감한 단안으로 현 사태를 수습할 것 등을 요구하는 5개 항의 결의사항을 채택하였다.

서울대 상대생 200여 명도 8월 22일 임시학생총회를 열었다. 이들도 "타의에 의해 받아들여지는 침묵의 자세는 굴종하는 긍정의 깃발을 거둠을 의미하는 것이 결코 아니다"라고 밝히고, 6·8부정선거 이후 빚어진 정치 부재의 현실을 통탄하고 정치인의 각성을 촉구했다.(『대학신문』 1967년 8월 28일자) 9월 11일 서울대 상대에서 다시 시위가 일어났는데, 이 시위로 인해 6월 이후 처음으로 학생이 제적되는 사태가 빚어지기도 했다.(『대학신문』 1967년 12월 4일자)

하지만 2학기 들어 부정선거규탄투쟁은 활발하게 전개되지는 못하였다. 방학기간을 거치면서 부정선거 규탄의 열기는 많이 식었고, 학생운동 내부에서도 더 이상 투쟁을 지속할 동력을 얻기 힘들었다. 대학가에서는 1967년 9월 이후 6·8부정선거를 규탄하고 반대하는 대중적인 투쟁은 더 이상 전개되지 않았다.

신민당은 1967년 8월 이후에도 전면 재선거를 요구하는 강경한 태도를 유지했다. 8월 1일 박정희 대통령이 진해 기자회견에서 "6·8 총선거가 유종의 미를 거두지 못한 데 대해 그 원인이 어디 있든지 간에 행정부의 책임자로서 미안하게 생각하고 있다"라고 했지만, 전면 부정선거는 아니며 여당만의 책임도 아니라고 했다. 박정희가 더 이상 시국수습을 위한 단안이 없다고 하자, 신민당도 장기 투쟁하겠다고 맞섰다. 1967년 8월 14일에는 『6·8부정선거백서』를 발표하여 공화당의 사전선거운동, 부정·불법 선거, 투표 부정, 투표함 수송 부정, 부정 개표 등의 사례들을 발표했다.

그러나 점차 야당 내부에서 협상론이 강해지면서 10월 2일 신민당 운영위원회는 여당과의 접촉을 승인했다. 10월 30일 김종필이 국회정상화를 위한 대표회담을 제의하자, 신민당은 이를 수정하여 전권대표자회담을 제의했다. 1967년 11월 6일 공화당의 백남억·김진만과 신민당의 윤제술·김의택 사이에 회담이 열렸다. 그 결과 11월 20일 여야의 공동성명서와 의정서가 합의되었다. 의정서의 내용은 지역구 선거관리위원회를 여야가 추천하는 각 3명씩으로 할 것, 각급 선관위의 권한 강화, 선거법 조항 검토와 개정, 기탁된 정치자금의 의석별 배분, 6·8선거부정조사 특별위원회 설치 등이었다. 한편 신민당은 내부에서 원래의 투쟁 원칙이 반영되지 못했다는 반발도 있었지만, 일단 등원하기로 결정했다.* 1967년 11월 29일 신민당 당선자들은 11월 29일 국회에 등원하여 의원 선서를 마쳤다.

---

* 의정서 내용 중 핵심이던 6·8부정선거 조사위원회는 1년이 지난 뒤에도 실현되지 못해 신민당 총재인 유진오가 이에 대한 책임을 지고 1968년 12월 31일 의원직 사퇴서를 제출했다.

# 3

# 3선개헌반대투쟁

## 박정희 정권의 장기 집권 시도

제3공화국의 헌법 제69조 3항은 "대통령은 1차에 한하여 중임할 수 있다"라고 규정하고 있었다. 박정희가 1971년 대통령 선거에 다시 출마하기 위해서는 이 조항을 고쳐야 했고, 그러기 위해서는 1967년 6·8 선거에서 원내 3분의 2 이상의 의석을 확보해야 했다. 박정희 정권은 대대적인 부정선거를 통해 개헌선을 확보했다. 그러나 본격적인 개헌을 위해 해결해야 할 장애들은 아직 많았다. 야당과 학생들의 저항은 물론이거니와 공화당 내의 반발도 만만치 않았다. 박정희 정권의 핵심인 중앙정보부장 김형욱과 비서실장 이후락, 그리고 공화당 내 반김종필세력들은 1968년 내내 공화당 내 정지작업을 진행했다. 백남억, 길재호, 김성곤, 김진만 네 사람이 정책위원장, 사무총장 등을 차지하고 이른바 '4인체제'를 구축한 다음, 김종필 계열 등 개헌반대세력을 약화시키기 시작했다.

먼저 1968년 5월 국민복지회사건이 터졌다. 김종필 측근인 김용태 의원이 국민복지회라는 사조직을 만들어 1971년 대선에서 김종필을 옹립하기 위한 공작을 준비했다는 것이었다. 중앙정보부에 끌려간 김용태 등은 고문 끝에 조작된 혐의를 시인했고, 5월 25일 공화당에서 제명당했다. 여기에 반발한 김종필은 5월 30일 정계 은퇴를 선언하였다.

공화당의 개헌추진세력들은 1968년 12월 말부터 들어서 본격적으로 개헌 논의를 끄집어냈다. 공화당 당의장 서리 윤치영은 1968년 12월 17일 부산에서 기자회견을 열고 국민이 원한다면 개헌을 단행하겠다고 하였다. 이어 사무총장 길재호는 1969년 1월 6일 헌법 개정 문제를 신중히 검토 중이라고 밝혔고, 다음날 1월 7일 다시 윤치영이 조국근대화라는 지상명령을 수행하기 위해서는 개헌 문제를 연구해야 하며, 민족중흥을 위해 강력한 리더십을 유지해야 하니 대통령연임금지조항을 철폐해야 한다고 주장했다. 이어 1월 9일 정책위원장 백남억은 당무회의에서 다시 3선개헌의 필요성을 강조했다.(『조선일보』 1969년 1월 8·9일자) 개헌추진파들은 현재의 야당은 퇴폐한 이합집산과 이질적 세력 간의 분파 다툼으로 집권의 능력을 갖추고 있지 못하므로 신민당에게 정권을 넘긴다는 것은 상상할 수도 없는 일이며, 공화당의 경우도 권력의 구조적 변화 속에서 박정희를 대체할 지도자가 부각되지 않고 있으므로 정치적 안정과 조국근대화를 달성하기 위해서는 반드시 집권 연장이 필요하다고 주장했다.(『사상계』 1969년 7월호, 54쪽)

1월 10일 박정희는 연두 기자회견에서 "특별한 상황이 없는 한 내 임기 중에는 헌법을 고치지 않았으면 하는 것이 나의 심경"이며, "헌법을 개정할 필요가 꼭 있다 해도 연초부터 왈가왈부하는 것은 좋지 못하며, 금년 말이나 내년 초에 얘기해도 늦지 않다고 생각한다"(『동아일보』 1969년 1월 10일자)고 하였으며, 2월 4일에는 공화당 내에서 개헌을 거론하지 말 것을 지시했다. 그러나 2월 25일 윤치영 공화당 의장 서리는 "장기 집권을 한다고 해서 반드시 부패하는 것은 아니며 헌법은 정세 변동에 따라 개정할 수도 있는 것"이라고 말했으며, 중앙정보부와 청와대, 공화당 내 개헌추진파들은 지속적으로 개헌 작업을 추진했다. 이에 공화당 내 개헌반대파들은 1969년 4월 8일 신민당이 제출한 권오병 문교부장관 해임건의안에 찬표를 던져 가결되도록 했다. 4·8항명이라 부르는 이 사건이 터지자 격노한 박정희는 주동자 색출을 엄명했고, 4월 15일 양순직, 예춘호, 김달수, 박종태 등 5명의 의원과 93명의 당원이 공화당에서 제명되었다.

이들을 제거한 후 개헌추진파들은 본격적으로 반대파 설득 작업에 들어갔다. 5월 7일 윤치영 공화당 의장 서리는 충분한 시기를 두고 개헌 문제를 검토하겠다고 하면서, 당원을 대상으로 개헌 설문조사를 지시했다. 특히 반대세력의 핵심이던 김종필이 태도를 바꾸어 1969년 6월경부터 개헌을 설득하고 다니면서 공화당 내 반대세력은 크게 약화되었다.(김일영, 1999, 94쪽) 드디어 1969년 7월 25일 박정희는 "① 기왕에 거론되고 있는 개헌 문제를 통해 나와 이 정부에 대한 신임을 묻는다 ② 개헌안이 국민투표에서 통과될 때에는 그것이 곧 나와 이 정부에 대한 국민의 신임으로 간주한다 ③ 개헌안이 국민투표에서 부결될 때에는 나와 이 정부는 야당이 주장하듯이 국민으로부터 불신임을 받고 있는 것으로 간주하고 나와 이 정부는 즉각 물러선다"는 내용의 담화를 발표했다. 박정희는 이어 여당에게 헌법 개정안을 발의할 것을 지시했다. 이후 정부 여당은 준비해온 개헌안을 공식적으로 발의하는 한편, 야당 의원 중에서도 일부를 매수하여 개헌에 찬성하도록 공작을 벌이는 등 개헌안 통과를 위해 수단과 방법을 가리지 않았다. 개헌안은 7월 28일 당무회의를 통과하였으나, 29일부터 열린 공화당 의원총회는 개헌에 반대하는 의원들이 반대 토론을 벌여 18시간이나 끌었다. 결국 이만섭 의원이 제안한 정부 여당 개편, 부정부패 척결, 비서실장과 중앙정보부장 교체, 정치공작 배제, 제명된 의원 복귀 등을 개헌의 전제조건으로 청와대에 건의하기로 하고 개헌안을 만장일치로 통과시켰다.* 30일 공화당 의원총회에서 통과된 개헌안의 골자는 "1차에 한하여 중임할 수 있다"라는 조항을 "2차에 한하여 중임할 수 있다"로 고쳐 3선 연임을 허용하고, 국회의원의 각료 겸직을 가능하게 하는 것 등이었다. 이어 8월 7일 윤치영 외 121명의 국회의원(공화당 108명, 정우회 11명, 신민당 3명)의 명의로 된 개헌안이 국회에 제출되었다. 이 개헌안에는 "대통령의 계속 재임은 3기로 한다"라고 하여 3선을 가능하게 했으며, 국회의원의 각료 겸직을 허용하고, 대통령에 대한 탄핵소추를 국회의원 50명 이상의 발의와 재석 의원 3분의 2 이상의 찬성이 있어야 가능하도록 하는 내용이 포함되었다. 개헌안이 제출된 다음 박정희는 미국을 방문해 닉슨 대통령과 8월 22~23일 두 차례에 걸친 정상회담을 열고, 주한미군의 계속 주둔과 베트남전쟁 처리 협조, 예비군 지원 등에 합의했다. 실질적으로 박정희는 미국으로부터 3선개헌에 대한 지지를 얻고 귀국하는 데 성공했던 것이다.


## 3선개헌반대투쟁의 전개


**3선개헌반대투쟁의 시작**  공화당에서 개헌 논의가 나오자마자 야당인 신민당이 반대의사를 표명했다. 1969년 1월 7일 원내 총무인 김영삼은 신민당은 어떠한 종류의 개헌에도 반대하며, 개헌안이 제기되면 국민과 함께 최선의 그리고 최대한의 투쟁을 벌여 저지할 것이라고 밝혔다. 1월 13일 신민당은 개헌안이 발의되기 전에 저지하겠다는 계획을 수립하고, 이어 1월 14일 호헌 5인위원회를 구성했다. 3선개헌반대투쟁의 방안을 마련하기 위해 구성된 호헌 5인위원회는 전당대회 의장 김

---

* 정구영 등은 신병을 이유로 퇴장한 상태였다.

의택, 중앙상임위원장 조영규, 정책위원장 정헌주, 사무총장 고흥문, 원내 총무 김영삼으로 구성되었다. 이들은 개헌안을 발의하기 전에 봉쇄한다는 데 중점을 두고 지구당 개편대회에서 반대유세를 집중적으로 벌이기로 결정했다. 이어 1월 15일 신민당 유진오 총재는 당의 운명을 걸고 개헌을 저지할 것이며, 사태에 따라서는 소속 국회의원들의 총사퇴도 불사하겠다고 밝히기도 했다. 신민당은 개헌저지투쟁기구를 당내와 당외에 모두 결성하기로 하고, 당내에는 당 총재를 위원장으로 하는 '대통령3선개헌저지 투쟁위원회'를 구성하였다.(『동아일보』 1969년 1월 16~18일자)

한편 1969년 2월 3일, 5·16 이후 제정된 정치활동정화법에 묶여 정치활동을 제한받아 재야에 머물러 있던 김상돈, 김영선, 이철승, 윤길중 등이 '3선개헌반대 범국민투쟁위원회'(범투위) 발기를 선언했다. 2월 11일에는 이들과 신민당이 단일 기구를 구성한다는 원칙에 합의하였다. 1970년대와 달리 이 시기 재야인사는 종교계나 학계의 민주화운동 지도자라기보다는 정치정화법 해금인사들이 중심이었다. 신민당과 재야인사들은 1968년 11월부터 범투위 구성 문제를 협의해오고 있었다. 1969년 4월 초 신민당과 재야인사 14명으로 '개헌저지 국민투쟁 준비위원회'가 출범하였다.(『조선일보』 1969년 4월 5일자)

그러나 실제로 범국민투쟁위원회는 한동안 제대로 활동하지 못했다. 위원회 내부의 입장 차이나 발기인 교섭 등도 걸림돌이었지만, 우선 신민당의 당내 갈등과 전당대회가 가장 큰 문제였다. 5월 3일과 17일에 광주와 서울에서 개헌 저지 연설회가 각각 개최되었다. 하지만 주류와 비주류의 극심한 대립으로 투쟁 대열을 꾸리지 못하였다. 당시 언론들은 전당대회에서 분열을 수습하지 못하면 신민당은 제1야당으로서 체면을 잃고 하나의 투쟁정당으로서 운명에 종언을 고할 위기에 놓일 것이라고까지 관측했다. 개헌이 목전에 다가온 상황에서 위기를 절감한 신민당의 주류와 비주류는 자리 안배를 통해 내분의 위기를 수습했다. 5월 21일 전당대회에서 당수 유진오는 개헌 저지가 신민당의 최대 과제라 천명했다. 하지만 유진산 등 주류와 정일형 등 비주류 사이의 갈등은 해소되지 않았다.

신민당의 전당대회 이후 정치권은 개헌반대투쟁을 본격적으로 조직화하기 시작했다. 1969년 6월 5일 YMCA 강당에서 신민당과 재야인사들이 '3선개헌반대 범국민투쟁 준비위원회'를 결성했고, 위원장에 김재준 목사를 선출했다. 하지만 정치권은 6월에는 두드러진 움직임을 보이지는 않았다.

1967년 6·8부정선거반대투쟁과 마찬가지로 3선개헌반대투쟁을 본격적으로 시작한 것은 대학가였다. 1960년대 대학의 학기는 요즘보다 훨씬 길어 7월 중순 이후에나 여름방학에 들어갔다. 그러나 한일회담 반대, 부정선거 규탄 등 박정희 정권에 대항한 민주화운동이 대학가를 휩쓸면서 6월에 학생시위가 격렬해지면 정부 당국은 늘 조기방학을 실시하여 학생운동을 잠재우려 했다. 방학기간 중 마땅히 있을 곳이 없던 지방 학생들이 귀향하지 않을 수 없었던 점을 이용한 것이다. 이 조치는 임시방편이지만 효과적인 대응책이었다. 이 시대 대학생들이 스스로를 일러 '6월 방학생'이라 했던 것은 이런 상황을 자조적으로 표현한 것이다. 앞서 살펴보았듯이 1967년 여름방학도 역시 실질적으로는 6월에 시작했었다.

1968년의 대학가는 이례적으로 조용한 한 해를 보냈다. 국내외에서는 긴장이 극도로 고조되고 진보와 보수의 갈등이 심했던 때였지만, 대학가는 큰 쟁점 없이 지나가고 있었다. 서구에서 1968년은 흔히 '68혁명'이라 할 정도로 학생들의 반체제시위가 극에 달했던 해였다. 그러나 한국의 1968년은 1·21청와대습격사건과 울진삼척사건, 푸에블로호사건 등 냉전의 긴장이 극도로 고조되던 해였다. 남한이 베트남전쟁에 참여하자 북한은 예의주시하고 있었고, '제2전선' 문제가 논란이 되기도 했다. 한국의 대학생들 중 일부는 일본이나 미국의 신문, 잡지를 통해 68혁명의 소식을 알고는 있었지만 적극적인 행동에 나서기는 매우 어려운 상황이었다. 특히 1967년 동백림사건, 통혁당사건 등으로 비밀학습조직을 극도로 삼가고 있었던 상황도 한몫을 차지했다. 개헌의 움직임이 물밑으로만 진행되어 큰 정치적 사건이 없었던 것도 또 다른 이유였다.

그러나 정권 내부에서 개헌을 추진 중이었던 만큼 학생운동세력도 1968년 하반기부터는 조만간 드러날 3선개헌에 대해 어떻게 대응할 것인지 준비하기 시작했다. 1969년 상반기까지 학생운동 내부에서는 어차피 박정희 정권이 3선개헌을 추진할 것이므로 미리 그 시도를 막고 나서야 한다는 입장과, 섣불리 나섰다가는 정권이 공개적으로 3선개헌을 언급할 수 있는 빌미만 제공할 것이니 신중해야 한다는 입장이 맞서고 있었다.(서중석, 1988, 72쪽)

그러나 결국 1969년 6월 들어 각 대학의 학생운동세력들이 개헌반대 시위를 벌이면서 본격적인 3선개헌반대투쟁이 시작되었다. 우선 1969년 6월 12일 서울 법대생 300명이 합동강의실에서 '헌정수호 법대 학생총회'를 개최하고, 3선개헌에 대한 최초의 반대선언문을 발표하였다. 이들은 "이제 독아를 드러내기 시작한 3선개헌의 음모를 반민주적인 행위로 단정하는데 주저치 않으며" "조국의 헌정질서를 유린하는 어떠한 반민주적인 행위도 결코 용납하지 않을 것을 선언"했다.

다음날인 6월 13일 서울대 법대 교수회의가 전날 학생성토대회 주모자들에게 근신 3개월의 처벌을 내리면서 법대 학생들의 움직임이 더욱 격화되었다. 서울대 법대생 300여 명은 6월 16일 학생총회를 열고 다음과 같이 요구하였다.

1. 정부는 개헌 추진을 즉각 중지하라.

2. 언론의 자유를 보장하라.

3. 학원사찰을 즉각 중지하라.

집회를 마친 후 학생 200여 명은 오후 4시 30분부터 법대 도서관 열람실에서 철야농성에 돌입하였다. 다음날인 6월 17일 이들은 학장과 면담한 후, 성토대회 주동자들에 대한 징계를 철회하고, 학원 내 언론·집회의 자유를 보장하며, 방학까지 부당한 휴강을 하지 않겠다는 약속을 받고 난 다음 자진 해산하였다.

6월 17일 서울대 문리대생들도 3선개헌반대집회를 시작하였다. 문리대생 200여 명이 12시 30분 4·19기념탑 앞에서 학생총회를 열고, "3선개헌은 명백한 민주주의의 조기弔旗이며, 국가의 존립을 위태롭게 하는 반민주적 위법행위"이므로, "일부 공화당원에 의해 추진되고 있는 개헌공작"이 즉각 중단되어야 한다고 주장했다. 동시에 정보정치에 의해 만연된 불신풍조를 개탄하고, 그 폐해가 가장 자유로워야 할 대학의 언론과 학술 연구마저 침식하여 대학이 위기에 처하였다고 역설하며, 지식인과 언론인, 그리고 대학생 모두가 개헌 반대의 기치 아래 궐기할 것을 호소하였다.(『형성』3권 3호, 24쪽)*

6월 19일 고려대에서 법대생들이 '개헌반대성토대회'를 열었다. 고려대 법대 학생회(학생회장 선병덕, 당시 행정과 4년)는 500여 명이 참가한 가운데 3선개헌에 반대하는 호국선언대회를 열었다. 이들은 선언문에서 "① 독재와 부정부패의 망령인 정권 연장을 위한 헌법 개정의 망상을 즉각 집어치우라 ② 학문의 자유와 대학의 자치를 실질적으로 보장하기 위하여 정보정치, 사찰정치를 즉각 중단하라 ③ 이상의 우리의 요구가 관철되지 않

---

* 『형성』은 당시 문리대 학생기관지였다.

는 한 우리는 피 흘려 투쟁할 것"이라고 선언했다.(『고대신문』 1967년 6월 23일자)

서울대 공대생들도 3선개헌반대성토대회를 개최하였다. 공대생 300여 명은 오전 9시 30분 교정에서 민주주의 수호를 다짐하는 토론을 벌였으며, 18일로 예정되어 있던 교내 마라톤 대회가 무기 연기된 것에 대해 학교 당국에 항의하였다. 공대생들은 헌정질서를 파괴하려는 움직임은 결코 용서할 수 없으며, 정상 방학일까지 휴교를 막을 것을 결의하였다. 6월 20일에는 연세대 법정대생 700여 명이 '범연세 호헌투쟁위원회'를 결성하여 시국선언대회를 열고 "헌법을 개악하려는 일부 인사들의 언동은 애국 청년의 이름으로 도저히 용납할 수 없다"라고 선언했다.

1967년 6·8부정선거규탄투쟁에서는 학생들의 성토대회나 시위 기사가 비교적 상세히 보도되었음에 반해, 1969년 3선개헌반대투쟁에서는 어지간한 내용은 아예 보도되지도 않았고, 보도되었다 하더라도 학생들의 선언이나 결의 내용은 상세히 보도하지 않았다.(『사상계』 1969년 7월호, 150쪽) 그것은 1968년 박정희 정권이 한편에서는 『신동아』 필화사건처럼 언론에 대한 무지막지한 탄압을 가하고, 다른 한편에서는 조선일보사에 코리아나호텔 인수 같은 특혜를 베풀면서 언론을 장악한 결과이다.(강준만, 2004, 249~250쪽)

한편 6월 20일 밤 10시 신민당 원내총무 김영삼이 탄 차에 괴한들이 초산을 퍼붓는 테러사건이 벌어졌는데, 이 사건은 정치권에서 큰 쟁점이 되었다. 김영삼이 테러를 당한 것은 6월 13일 국회에서 3선개헌이 제2의 쿠데타이며 개헌음모의 총본부가 중앙정보부라고 공격하면서 정보부장 김형욱 파면을 요구하였기 때문이다.[*](김충식, 1992, 153~154쪽) 6월 28일 신민당 유진오 총재 등이 부산에서 3선개헌저지 시국강연회를 열었는데, 초산테러사건의 영향으로 5만 명의 청중이 운집했다.

1969년 6월 23일 서울대 문리대는 학생회가 수업거부를 결의한 다음, 제2차 학생총회를 열고 "3선개헌반대투쟁 선언문"을 낭독하고, 전국 대학생에게 보내는 메시지를 채택했다.(『형성』3권 3호, 24쪽) 선언문은 반독재투쟁의 연장선상에서 양심적 지식층과 광범한 대중과 힘을 모아 3선개헌 책략을 철저히 분쇄하는 데 총력을 경주할 것을 결의하고, 어떠한 압박에도 굴하지 않고 3선개헌 반대를 위한 투쟁을 줄기차게 계속할 것과 잠재해 있는 국민의 민주 역량을 민주 수호의 방향에로 전환, 총궐기할 것, 모든 민주학생은 이 3선개헌반대투쟁 대열에 집결할 것을 행동지침으로 결정했다.

이날 경희대생 500여 명과 경북대생 200여 명도 3선개헌반대성토대회를 열었다. 이어 6월 24일에는 경기대생 100여 명도 개헌 반대를 결의하였다. 학원가의 분위기가 달아오르기 시작하자 6월 25일 문교부는 각급 학교에 하기방학 학생지도지침을 내려 방학 중 학교장의 인가 없는 학생 집회를 일체 금지시켰다.

6월 26일 무렵까지 학생들의 시위는 교내와 학교 부근에서 이루어졌지만, 6월 27일부터 학생들은 본격적으로 교외로 진출했다. 윤준하, 이상수 등 3학년들이 중심이 되어 조직한 '법고대 민주수호투쟁위원회'는 6월 27일 11시 30분부터 약 600명의 학생들이 운집한 가운데 성토대회를 개최하고, 학원 내 자치 보장과 법대 학생회장 징계 철회를 요구하는 내용의 선언문을 채택한 이후 가두로 진출하여 시위를 벌였다.(『고대신문』1969년 8월 11일자) 고려대생들의 시위는 28일에도 계속되었다. 오전 11시 20분 대강당에 집결한 800여 명의 고려대생들은 총학생회장 조춘구가 제2선언문을 낭독한 다음 모의재판을 열고, 이어 오후 1시경 교수들의 만류를 뿌리

---

• 7월 8일 김영삼의원테러사건 특별조사위원회가 구성되어 30일간 조사를 진행했으나, 별다른 성과 없이 활동을 종결했다.

치고 "개헌을 철회하라"는 플래카드를 앞장세우고 교문 밖으로 진출하였다. 안암동로터리에서 경찰과 충돌한 뒤 교내로 돌아왔다가 오후 2시 두번째로 교문을 나가 경찰과 투석전을 벌였다.(『고대신문』 1969년 8월 11일자) 6월 27일에는 계명대생 400여 명이 '헌정수호 성토대회'를 열었고, 6월 28일에는 대구사회사업대생들도 시위를 벌였다.

### 3선개헌반대투쟁의 격화와
### 3선개헌반대 범국민투쟁위원회의 결성

1969년 6월 29일경부터 대학생들은 거의 매일같이 시위를 계속했다. 경북대생들은 6월 29일부터 7월 1일까지 연 4일간 성토대회와 가두시위를 계속했다. 6월 30일에는 연세대 1,300명이 시험을 거부하고 '3선개헌반대 시국선언대회'를 열고 시위를 벌였으며, 고려대생 800여 명은 임시휴교 상황에서도 연 3일째 교문에서 연좌시위를 벌이면서 경찰과 충돌했다. 경희대생 800여 명, 광주사대생 200여 명, 홍익대생 300여 명도 거리로 나와 시위를 벌였다. 이날은 경찰이 새로운 진압장비를 선보였다. 페퍼포그라고 하는 시위진압용 가스분사기가 고려대생들 시위 현장에서 처음 사용되었는데, 이때는 차량에 탄 경찰들이 직접 분사하는 방식으로 사용했다.

1969년 7월 1일에는 연세대생들 2,000명이 세번째 '3선개헌반대 시국대회'를 열고 거리로 나섰다. 또 서울대 공대생 1,000명과 교양과정부 학생 500명이 함께 3선개헌반대시위를 벌였으며, 고려대, 경북대, 공주사대, 홍익대, 외국어대 학생들도 시위를 벌였다.

7월 2일에는 시위에 참가한 대학의 수와 규모가 훨씬 커졌다. 외국어대생 1,000명이 "4·19는 통탄한다"는 플래카드를 앞세우고 거리로 나섰으며, 연세대, 경북대 학생들도 전날에 이어 계속 거리에 나섰다. 그리고 중앙대생 1,000여 명, 동국대생 1,000여 명이 가두로 진출했다.

서울대 문리대생들은 3선개헌성토대회를 열고 '독재체제를 획책하는 황소제국 화형식'을 가진 뒤 "3선개헌추진세력과 어떤 피의 투쟁도 두려워 하지 않겠다"라는 의지를 표명한 "제3선언문"을 발표했다. 서울대 법대생 들도 성토대회를 개최하고 "전 국민에게 보내는 메시지"를 채택했는데, 농민·노동자와 지식인, 언론인은 물론이고 여당 당원과 공무원들에게도 민주수호투쟁에 호응할 것을 호소했다.

오후 3시 20분 중앙극장 앞에서 집결한 고려대생 200여 명은 을지로 와 신신백화점, 명동 등지에서 시위를 계속하여 100여 명이 연행되기도 했다. 한편 이날 고등학생들도 3선개헌 반대에 참가하기 시작했다. 서울 중 앙고 학생 500여 명이 3선개헌반대시위를 시도했던 것이다. 중앙고는 다음날로 휴교에 들어갔다.

7월 2일 서울대 법대생들의 시위 현장에서 동대문경찰서 정보과 경찰 이 학생들에게 억류되는 사태가 벌어졌다. 이 경찰은 이날 세번째 시위가 벌어졌을 때 학생 1명을 체포하려다 실패하고, 네번째 시위를 관찰하다 오 후 5시 45분쯤 학생들에게 붙잡혔다. 경찰 구출을 위해 경찰대가 진입하려 하자 학생들은 억류 중이던 경찰을 구급차에 실어 보냈다. 그러나 경찰은 일부 무술경찰들을 교내에 진입시키는 한편, 폭행학생을 색출하겠다며 경 찰기동대가 교문을 점거했다. 이에 학생들은 도서관에서 농성하며 대치에 들어갔다. 학생들과 경찰은 8시간 이상 대치하며 삼엄한 상황을 연출했으 나, 학교 측의 중재에 의해 7월 3일 새벽 1시경 대치가 풀리고 학생들이 귀 가했다. 일부 언론에는 학생들이 이 경찰을 주먹과 돌로 때려 중상을 입혔 다고만 보도되었으나, 경찰을 구출하기 위해 진입한 경찰대에 의해 많은 학생들이 무차별로 얻어맞아 피를 흘리며 연행되기도 했다.

7월 3일경부터 시내 대학의 휴교가 시작되었다. 우선 7월 2일 서울대 교수회의는 정상적인 수업과 시험이 불가능하다는 이유로 휴교를 결정하고 모든 시험을 방학 후로 연기하였다. 이리하여 실질적으로 조기방학에 들어간 셈이 되었다. 이어 7월 4일부터는 휴교가 고려대 등 다른 대학으로도 확산되었다.

그러나 일단 고조된 시위는 쉽게 수그러들지 않았다.* 7월 3일에는 전북대생 500여 명, 성균관대생 1,000여 명, 건국대생 1,000여 명, 외국어대생 150여 명, 동국대생 500여 명, 숭실대생 300여 명, 중앙대생 100명, 우석대생 500여 명이 시위를 벌였다. 시위가 확산되면서 자연스럽게 다른 학교들이 합세해 시위를 벌이는 일도 늘어났다. 서울대는 각 단과대학별로 떨어져 있다 보니 거의 모든 시위가 따로 진행되었는데, 자연스럽게 다른 학교와 합류하기도 했다. 7월 3일 시위에는 고려대생들과 서울대 사대생들이 시위 과정에서 합류하여 함께 싸웠다. 또 1학년 학생들로 이루어진 교양과정부는 공대와 인접해 있다 보니 함께 집회를 열고 시위를 벌였다.

경찰 집계에 의하면, 6월 27일부터 7월 3일 사이 12개 대학 3만 3,200여 명이 시위에 참가했고 학생 541명과 시민 35명이 연행되었다. 시위가 격렬해지면서 경찰의 과잉진압과 폭력으로 부상을 당하는 학생도 늘어났다. 예를 들어 우석대생의 시위 중 40여 명이나 되는 학생들이 부상을 당했으며, 그중 25명은 여학생이었다. 이 밖에도 연행된 학생들을 구타하는 사례도 비일비재했다.

7월 4일 고려대와 경북대 학생들은 근 일주일씩 계속해서 시위를 벌이고 있었다. 고려대생 1,200여 명은 "황소집단의 개헌음모 타도" 등 7개 항의 결의문과 언론인들에게 보내는 메시지를 채택하고 공화당 화형식을 벌인 다음 가두시위를 벌였다. 건국대는 전날에 이어 1,000여 명이 성토대회

* 이하의 시위 현황은 주로 『동아일보』 기사에 의한 것이다.

와 시위를 벌였고, 한양대생 300여 명, 서울교대생 200여 명도 시위에 참가했다. 연세대 의대생 100명은 3선개헌에 반대하는 72시간 단식투쟁을 벌이기도 했다. 7월 5일에는 건국대생과 한양대생이 3선개헌반대시위를 벌였다.

7월 7일 시위는 전국에서 벌어졌고 경찰의 진압도 강경했다. 경희대생 700여 명은 3선개헌반대성토대회를 열고 가두시위를 벌였다. 이어 3일간의 단식투쟁에 돌입했다. 가톨릭의대생들도 7월 7일부터 8일까지 단식에 참가하였다. 성균관대생 700여 명, 연세대생 700여 명은 기말시험을 거부하고 가두시위를 벌였다. 특히 연세대생들의 시위 현장에는 경찰 헬기가 공중에서 최루탄을 투하하여 진압을 시도하기도 했다.

7월 7일 전국 각 대학교에는 거의 휴교령이 내렸고 고등학교도 조기방학에 들어갔다. 그러나 휴교령이 내린 상황에도 7월 8일 오전 부산대생 400여 명이 휴교 철회와 학원사찰 중지를 외치며 교외 진출을 시도하여 경찰과 투석전을 벌였고 부산수산대, 영남대, 계명대 학생들도 성토대회를 열었다.

대학이 휴교에 들어가자 고등학생들의 시위가 두드러졌다. 이미 많은 고등학교들이 먼저 휴교에 들어가기도 했지만, 7월 10일 대구에서는 대구고 학생 500여 명, 대륜고생 300여 명, 경북고생 300여 명이 선언문을 낭독하거나 교문을 박차고 나와 개헌반대시위를 벌였다. 이어 7월 11일에는 안동고 학생 1,000여 명, 계성고 학생 1,000여 명이 개헌반대성토대회를 열었고, 7월 12일에는 김천중·고에서 1,000여 명이 개헌반대성토대회를 열었다.

고등학생들의 3선개헌반대시위는 대학이 휴교로 봉쇄된 상황에서 투쟁을 이어나갔다는 점에서 중요했다. 고등학생들이 대규모로 반정부에 시위에 참가하는 사례는 1970년대에 접어들면 그리 많지 않다는 점에서 고등학생들의 3선개헌반대투쟁은 또 다른 의미를 지닌다.* 박정희 정권의 학원통제가 점점 더 강화되는 과정에서 일어난 반독재투쟁이었던 것이다.

7월 중순에 들어 전국적인 반대시위는 일단 수그러들었다. 이렇게 시위가 어느 정도 수그러들자 박정희는 7월 25일 개헌 문제를 자신의 신임과 연계하겠다는 성명을 발표했다.

방학기간 중 대학생 일부는 학교에 남아 소규모 모임을 열거나 성명을 발표하기도 했다. 7월 17일 서울대 문리대생들이 제헌절을 맞아 '제헌절 기념 개헌반대투쟁대회'를 열고, 법정신 수호와 시민저항권을 확인하면서, 3선금지조항을 민주헌법의 근본적인 정신으로 규정했다. 그리고 신문에 보도되지는 않았지만 고려대 등에서 몇몇 학생들이 집회를 열고 투쟁 결의를 다졌다.(『형성』편집실, 1969, 25쪽)

방학기간 중 3선개헌반대투쟁에 참여했던 학생들에 대한 징계가 진행되었다. 학생회 간부와 평소 학생운동을 주도한 학생, 또 집회에서 연설했던 학생들에게 자퇴, 무기정학, 유기정학 등의 처벌이 내려졌다. 7월 18일 서울대 법대 교수회의에서 법대 학생회장 박봉규가 제적되고, 안평수는 자퇴, 이신범 등에게는 무기정학처분이 내려졌다. 서울대 문리대에서도 학생회장 박영은과 서원석은 자퇴, 최재현, 유홍준, 조학송, 김형관, 강지원, 박승무 등은 무기정학처분을 받았다. 경북대도 2명의 학생을 제적하고 8명을 정학처분하였으며, 고려대는 학생회장 조춘구가 제적되고, 이원보, 이상수, 윤준하 등이 무기정학당하는 등 16명이 징계를 당했다. 부산대생들도 5명이 정학을 당했고, 서울교대는 주동학생 1명을 제적하고 둘은 정학처분하였다. 고등학생들도 마찬가지여서 경북고, 안동고, 김천고, 대구

* 유신체제가 성립된 이후인 1973년 하반기 전국에 걸쳐 반유신시위가 확산될 때 광주일고, 신일고 등에서 고등학생 시위가 있었고, 이후에도 개별 학교 단위의 반정부시위가 없지는 않으나 대규모의 연쇄시위는 발생하지 않았다.

고에서 주동자로 몰린 학생들이 처벌을 당했다. 한편 방학 중 고려대, 서울대 법대 등을 중심으로 대학 간의 연대투쟁조직을 구성하려는 시도도 있었으나 크게 확산되지는 못했다.

6월부터 7월까지 학생들의 격렬한 3선개헌반대투쟁이 벌어지고 난 다음에야 비로소 신민당과 재야의 3선개헌반대 범국민투쟁위원회(범투위)가 본격적으로 가동하기 시작했다. 1969년 7월 17일 제헌절을 기해 정식으로 발기인대회가 열려 위원장에 김재준 목사를 선출하고, 윤보선, 유진오, 함석헌, 이재학, 박순천, 장택상, 이희승, 김상돈, 정화암, 임영창 등을 고문으로 추대했다.(『조선일보』 1969년 7월 18일자) 범투위는 선언문에서 자유민주체제야말로 우리의 목표이며, "자유민주체제의 방향을 경시, 왜곡 또는 역행하는 정권이나 운동은 결코 용납될 수 없는 민족사의 이단"이며, 박정희 10년 집권이 "자유민주체제의 마비와 말살을 지향하고 있다"고 단죄했다. 학원의 자율성 침해, 언론자유 상실, 국회 무력화, 부정부패의 만연, 소수 재벌에게 부의 집중 등이 박정희 체제하의 현실임에도 불구하고 장기 집권을 위한 3선개헌을 추진하고 있다는 것이다. 그러므로 모든 호헌세력들의 공통된 신념과 결단 위에서 전 국민의 힘을 모아 이에 대처할 것을 밝히고, 국민들에게 자유민주의 헌정수호 대열에 빠짐없이 참여할 것을 호소했다.(『사상계』 1969년 7월호, 132~133쪽)

범투위의 발기인은 당초 250명 정도였는데, 점차 늘어 330명이 되었다. 신민당 소속 의원 전원과 발기준비위원 25명, 원로 17명이 참여하였고, 나머지는 신민당의 원외 위원장 등 정치인과 각계 인사들이었다. 김재준 목사는 위원장 겸 운영회의 의장이었고, 산하에 사무국과 기획, 조직, 선전, 청년, 인권, 부녀, 원내 위원회를 두고, 서울, 부산과 각 시도에 지방조직을 결성하였다. 그러나 실제 지방에서는 "3선개헌반대 범국민투위에 가담한 정당의 지구당은 3선개헌저지투쟁에 관해서는 범국민투위의 지휘를 받도록" 한다고 하여, 신민당 지방조직을 이용했다.(『동아일보』 1969년 7월 17일자) 신민당은 7월 19일 서울에서 시작하여 7월 26일에는 군산 등 전국에 걸쳐 반대유세를 시작했다. 신민당은 원내·외에서 동시에 투쟁을 전개한다는 전략하에 원내에서 개헌 저지선을 확보하도록 노력하면서 개헌안 발의 자체를 차단하고, 원외에서는 개헌반대유세를 전국적으로 전개하려 했다.

그런데 1969년 7월 29일에는 신민당 소속 성낙현, 조흥만 의원이, 30일에는 연주흠 의원이 3선개헌을 지지하는 성명을 발표했다.(『조선일보』 1969년 7월 30일자) 중앙정보부 개헌공작의 성과인 일부 야당 의원들의 개헌지지는 국민의 공분을 샀고, 도처에서 '변절의원 화형식'이 거행되기도 했다.(『조선일보』 1969년 8월 1일자)

**개헌안의 국회 제출과 개헌반대투쟁의 전개**　　1969년 8월 7일 개헌안이 국회에 제출되자 신민당 의원들은 국회에서 농성에 돌입하였고, 『동아일보』는 8월 8일자 사설에서 "개헌 주장의 결과가 동기와 결코 합치될 수 없으리라 확신한다"며 개헌 반대 의사를 밝혔다. 신민당 의원들의 농성으로 개헌안에 대한 절차 보고가 어려워지자, 8월 9일 이효상 국회의장은 본회의 보고를 생략하고 개헌안을 정부로 직송하였고, 정부는 이를 공고했다. 이어 8월 30일 국민투표법안도 법사위에서 신민당 의원들이 퇴장한 가운데 통과되었다.

한편 범투위는 8월 9일부터 개헌 반대 전국 유세를 시작하려 했으나, 신민당 의원들이 농성 중인 탓에 늦어져 8월 16일 전주를 시작으로 개헌반대유세를 개시했다.(『조선일보』 1969년 7월 29일·8월 17일자) 범투위는 전국 유세를 계속 진행하여 이리, 김제, 정읍을 거쳐 8월 30일에는 대구로 갔다. 또 8월 31일 정태성 의원 등 세 사람이 광주에서 서울로 개헌반대 도보행진을 시작했다. 또 서민호 의원이 신민당과 개헌반대투쟁을 함께 하기로 하면서, 9월 1일부터 통일사회당원 30여 명은 무기한 단식농성에 돌입했다.(『동아일보』 1969년 9월 1일자)

한편 9월 7일에는 신민당 소속으로 개헌안에 찬성한 세 사람의 의원직을 박탈하기 위해 신민당은 자진 해산했다. 신민당이 스스로 해산을 선언한 것은 조흥만, 연주흠, 성낙현 세 의원이 제명당하면 무소속으로 의원직을 유지할 수 있었기 때문이다. 신민당은 1969년 9월 6일 이들 세 사람을 제외한 소속 의원 전원을 제명한 다음, 9월 7일 원외 당원들이 임시전당대회를 열어 당을 해산해버렸다. 이로써 소속 정당이 없어진 세 의원은 자동적으로 의원직을 박탈당했다. 해산 이후 신민당 소속 의원들은 임시로 신민회라는 원내교섭단체를 등록했다. 당을 해체한 다음날인 9월 8일 신민회 소속 장준하, 이기택, 박영록 등 국회의원 5명은 시청 앞에서 개헌반대시위를 벌였다. 또 이날 한국기독교연합회도 오전에 실행위원회를 열고 3선개헌반대성명을 발표하였다.(『동아일보』 1969년 9월 8일자)

범투위는 지방에서 반대유세를 계속 했다. 9월 7일에는 인천, 광주, 청주에서 대규모 유세를 하였고, 김재준 범투위 위원장은 각계에 개헌저지투쟁을 호소하는 메시지를 보냈다. 대한변협의 일부 변호사들도 9월 12일 "호헌선언문"과 "국회의원들에게 보내는 메시지"를 발표하여 3선개헌에 대한 반대 의지를 표명하였다.(『동아일보』 1969년 9월 12일자) 그러나 개헌안 상정이 임박하고 신민당 소속 의원들이 국회 주변에서 대기하자 집회는 줄어들었다. 야당조직에 의존한 범투위의 대정부투쟁은 야당의 원내투쟁을 보조하는 역할밖에 할 수 없었던 것이다.

한편 8월 말 개강이 다가오자 문교부에서는 학원가의 시위 대책 마련에 부심하여 8월 대학 인사위원회에 임명직을 늘리는 등 대학에 대한 규제를 강화하는 한편, 도 교육위원회에서 중·고교에 문제학생지도위원회를 만들고 선동 교사를 조사해 보고하도록 했다. 그러나 개강하자마자 강력한 개헌반대투쟁이 시작되었다. 고려대생 150여 명이 8월 21일 호헌 학생 총회를 열었으며, 연세대 호헌투쟁위원회도 호헌과 징계 철회를 요구했다. 고려대생들은 8월 25일 개강 첫날부터 비상학생총회를 개최하였는데, 전 총학생회장 조춘구는 징계 불복을 선언했고, 비상학생총회 의장 문병순은 혈서를 썼다. 이들은 교문 밖으로 진출하여 경찰과 충돌하였다. 그 과정에서 18명의 학생이 연행되기도 했다. 고려대생들은 8월 26일과 27일에도 연달아 시위를 벌였다. 26일에는 '황소파시즘 화형식'을 거행하고 세 차례 교외로 진출하여 격렬한 시위를 벌였다. 학교 당국은 기말고사를 무기한 연기하지 않을 수 없었다. 이어 8월 28~29일에는 경북대생 300여 명이 개헌반대 학생총회를 열고 이틀 연이어 개헌반대시위를 벌였다.

9월 1일 이후 개강한 학교들이 늘어나자 시위는 더욱 확산되고 격렬해졌다. 서울대의 경우 1학기 기말시험을 2학기 개강 이후로 연기해두었으나, 학생들은 수업과 시험을 거부하고 투쟁을 선언했다. 9월 1일 문리대생 300여 명은 "호헌의 깃발 아래서"라는 플래카드를 들고 집결하였다. 이들은 개헌음모를 규탄하고, 부당한 학생 징계 철회와 학원의 자율적 운영을 요구하였다. 이들은 학생총회가 끝난 이후 가두시위에 들어가 이화동로터리까지 진출했으나 페퍼포그차 등에 밀려 다시 교내로 돌아갔다. 교내로 돌아간 문리대생들은 강당을 점거하고 자유토론에 들어갔다. 이들은 문리대 투쟁위원회를 구성하고 위원장으로 김세균(당시 정치학과 4년)을 선출했다. 한편 학생회는 3선개헌반대투쟁에 대한 모든 지도권을 문리대 투위에 일임했다. 문리대생들 중 40여 명은 9월 2일 오후 4까지 농성을 계속하다 해산하였다. 서울대 상대생 250여 명도 강당에 모여 3선개헌반대성토대회를 개최한 다음 다섯 차례에 걸쳐 교외로 진출하여 가두시위를 벌였다. 이들은 "황소는 10년 살고 조국은 영원하다" "3선개헌=백색전제"라고 쓴 피켓과 플래카드를 들고 시위에 나섰으며 경찰과 격렬한 투석전을 벌이기도 했다. 경북대생 500여 명도 이날 개헌반대시위를 벌였다.

9월 2일 서울대 법대·공대·상대 학생들이 연이어 시위를 벌였고, 서울대 교수회의는 9월 1일 오후 무기휴교를 결정했다. 그러나 학생들은 지속적인 투쟁을 하기 위한 수단을 모색했다. 서울 법대생들은 도서관에서 9월 1~4일 철야농성을 계속했다.

9월 3일에는 연세대생 1,000여 명, 고려대생 300여 명 그리고 대전대와 영남대에서 시위가 계속되었고, 휴교하지 않고 있던 서울대 공대생들과 교양과정부 학생들도 9월 4일 대규모 시위를 벌였다. 성균관대생 500여 명도 9월 4일 시위를 벌였고, 학교는 임시휴강 조치를 취했다. 9월 5일에는 연세대생 1,500여 명과 계명대, 부산대 법대, 전남대 의대생들의 시위와 성토대회가 계속되었다.

이후 시위는 더 많은 대학으로 확산되었다. 9월 8일에는 연세대, 계명대, 서울대 농대, 가톨릭의대, 경희대, 숭실대에서 시위가 벌어졌다. 서울대 사대생들은 시위 과정에서 90여 명이 연행되자 연행자 석방을 요구하며 농성을 벌이기도 했다. 9월 9일에는 연세대, 한양대, 가톨릭의대, 충남대, 건국대, 서강대에서, 10일에는 숭실대, 감리교신학대, 경희대, 충북대, 동국대, 경북대 의대, 서울대 농대에서 시위 또는 농성이 벌어졌다. 9월 11일 이미 전국의 38개 대학이 무기휴교 중이었으나, 개헌 반대는 시위의 무풍지대였던 여자대학으로까지 번졌다. 9월 11일 숙명여대생 1,000여 명이 결의대회를 열었고, 이화여대생 4,000여 명은 검은 치마와 흰 윗도리로 복장을 통일하고 성토대회를 열기도 했다.

대학들이 거의 휴교에 들어가자 학생들은 학교 안에서 농성하는 방법으로 자신들의 주장을 전하고자 했다. 개헌안 국회 통과를 앞두고 여야가 대치하고 있던 1969년 9월 10일 문리대, 법대, 상대, 사대 등 서울대생 100여 명은 밤 10시 기습적으로 법대 도서관을 점거하고, 수도와 전기조차 끊긴 도서관에서 농성을 시작했다. 이들은 개헌안이 통과되었다는 소식이 들릴 때까지 75시간 동안 단식농성을 계속했다. 고려대생들도 교양학부 강의실에서 9월 10일부터 13일까지 농성했다.

1969년 9월 9일 국회 본회의에 개헌안이 상정되었다. 신민당 의원들은 본회의장에서 농성 중이었으나, 9월 14일 일요일 새벽 2시 30분 본회의장이 아닌 제3별관에서 개헌안이 날치기로 통과되었다. 본회의장에서 표결할 경우 이탈표가 생길 것을 두려워한 여당은 아예 별관에서 표결을 진행했다. 공화당 의원들은 제3별관의 쓰레기 버리는 뒷문으로 들어가서 일렬로 서서 차례로 투표를 했고, 2시 38분에 개헌안 통과가 선포되었다. 개헌안에 이어 국민투표법안까지 통과시킨 다음, 2시 54분 별관을 빠져나왔다. 농성에 참가하고 있던 의원들은 계표가 끝난 다음에야 통고받았다.(『동아일보』 1969년 9월 15일자) 원래 중요 의안에 대한 표결은 의원들에게 사전에 통고해야 하므로, 이 표결 과정 자체가 불법이라고 지적되기도 했다. 개헌에 끝까지 반대했던 의원은 신민회 소속 의원과 공화당의 정구영, 무소속의 예춘호, 양순직, 김달수, 서민호 의원이었다.

1969년 9월 14일 개헌안이 통과되면서 각 대학에서 이를 규탄하는 집회가 열렸다. 9월 15일 중앙대생 1,000여 명, 건국대생 800여 명, 한양대생 200여 명, 수도공대생 200여 명, 연세대 의대와 간호대 학생 400여 명이 성토대회를 열고 시위를 벌였으며, 경기고 등 일부 고등학교에서도 시위가 벌어졌다. 16일 다시 연세대 의대생 200여 명이 시위를 벌이다 연행되었고, 건대생 1,000여 명, 중앙대생 400여 명도 시위를 벌였다. 이들 중 중앙대생 7명은 항의의 표시로 삭발을 하기도 했다. 영남대 법대와 관동대, 성심여대, 춘천농대에서는 학생들이 단식농성에 들어갔다. 이날 서울고 3

1969년 9월 3선개헌을 반대하며 국회 본회의장을 점거하고 있는 신민당 의원들

학년 학생들도 전원이 3선개헌반대집회를 열었다. 17일에는 장로회신학대생 150여 명이 성토대회를 열고 모두 삭발을 단행했다. 성심여대생들은 구국기도회를 시작했고, 우석대, 홍익대, 대전대, 영남대, 영남초급대에서도 성토대회와 시위가 벌어졌다. 이날 대광고생 1,000여 명이 가두시위를 벌였고, 부산상고생 500여 명도 3선개헌 무효 등을 주장하며 시내에서 시위를 벌였다. 18일에는 국민대, 동성고, 건국고에서 개헌반대집회가 열렸다. 19일에는 감리교신학대, 한국신학대 학생들이 구국기도회를 열었고, 경북대에서는 개헌반대농성을 시작했다. 청량고, 서울사대부고 학생들도 반대집회를 가졌는데, 고등학생들의 시위가 확산되자 서울시 교육감이 주동자를 엄벌하겠다고 밝혔다. 고등학생들에 대한 처벌도 강화되고, 격렬한 시위가 벌어졌던 경기고 교장이 해임되는 등 박정희 정권의 탄압이 강화되었다. 다시 휴교가 시작되어 9월 19일 현재 전국의 9개 고등학교와 38개

대학교가 휴교 상태였다.

또 개헌안과 함께 통과한 국민투표법을 개헌반대시위 학생들에게 적용하기 시작하였다. 이를 위반한 혐의로 몇몇 학생들이 바로 구속되었다. 당시 국민투표법은 국민투표의 대상이 되는 사항에 대한 찬성 또는 반대의 운동은 정당 등이 선관위에 신고한 연설회만 허용했다. 연설회가 아닌 옥외집회는 전면 금지되었고, 선전벽보나 현수막을 붙일 수 없었다. 교회나 학교 등 특수 관계를 이용한 찬성이나 반대운동도 금지되었다. 심지어 정당 연설회의 횟수도 제한되어 있었다. 이로써 학생들이 더 이상 3선개헌 반대투쟁을 전개할 수 있는 수단이 실질적으로 봉쇄되어버렸다.

9월 20일은 신민회가 신민당을 재창당하는 날이었다. 개헌안이 통과되자 신민회는 날치기통과를 제2의 쿠데타로 규정하고 박 정권에 대해 정권교체투쟁을 벌이겠다고 선언했다. 9월 20일 재창당대회에서 신민당은 박정희에게 하야를 권고하는 결의문을 채택했다. 이날 이후 3선개헌반대투쟁은 학생들보다는 신민당을 중심으로 전개되었다. 국민투표법에 구속되지 않고 개헌반대유세를 벌일 수 있었기 때문이다. 1969년 10월 3일 국민투표일이 10월 17일로 결정되었다. 독재를 위한 개헌을 합리화하기 위하여 국민투표를 시행한 것은 이번이 처음이었다. 국민투표일까지 신민당은 전국 각지에서 개헌반대유세를 하였지만, 공화당은 더 큰 규모로 개헌지지유세를 하였다. 1969년 10월 17일 시행된 국민투표에서 개헌안은 77.1%의 투표율과 65.1%의 찬성으로 통과되었다.

3선개헌반대투쟁기간 중 학생들의 투쟁과 야당·재야의 투쟁은 서로 영향을 주고받기는 했지만 조직적인 연대는 없었다. 학생들이 당시 정치권에 대해 가지고 있던 부정적인 시각 때문이기도 하지만, 외부 정치세력과 연계했을 때 여당의 정치공세나 중앙정보부의 공작에 휘말릴 가능성을 경계한 탓도 있을 것이다. 실제로 1969년 9월 18일 검찰은 "학생시위가 정당, 사회단체와 결탁되어 있거나, 기타 불순한 동기로 구호, 선언문 등이 정당·사회단체에서 내거는 것과 같이 격렬한 경우 강제수사를 펼 방침이다"라고 밝히기도 했다.(『동아일보』 1969년 9월 18일자) 또 학생운동이 아직 학교 단위를 뛰어넘는 조직을 가지고 있지 못한 데다가 1970년대와 달리 '재야'가 뚜렷이 구분되지 않아 연대의 대상도 불명확했기 때문이다.

제**4**장

# 학원병영화반대투쟁과 민주수호투쟁

# 1
# 학원병영화 추진과 교련철폐투쟁 전개

## 박정희 정권의 사회·학원 통제 강화

1971년은 민주·민권을 수호하고 나아가 평화통일을 쟁취하려는 민주화운동세력과 장기 집권을 위해 사회 전체의 병영화를 도모했던 박정희 정권이 첨예하게 대립했던 시기였다. 대학 군사교련 철폐와 공명선거 쟁취를 주요 사안으로 놓고 전개된 격렬한 대립은 미국과 중국의 관계 개선과 이에 따른 남북대화 추진이라는 새로운 조건을 배경으로 전개되었다.

박정희 정권은 1960년대 후반 남북긴장관계 고조를 계기로 사회통제를 본격적으로 강화해갔다. 1966년 한국군 전투부대가 베트남에 파병되면서부터 전면화되기 시작한 남북긴장관계는 이후 가파르게 고조되었다. 박정희 정권이 베트남전쟁에 깊게 개입하자 북한은 이에 대한 대응조치로 내부 안보위기의식을 고조시켜나가는 한편(한모니까, 2003, 50쪽), 대남 침투와 무장활동을 강화했다. 1966년 19건에 불과했던 비무장지대 교전 회수가 1967년에는 그 10배에 달하는 117건으로 급증했으며, 박정희 정권은 고조된 긴장관계에 대한 최선의 대응책은 '강력한 보복행위'에 있다고 보았다.(박태균, 2005, 261쪽) 1968년에 들어서자마자 연이어 터진 1·21청와대습격사건, 1월 23일 푸에블로호사건 등은 남북관계, 북미관계를 극도의 긴장 상태로 몰아갔다.(홍석률, 2001b 참조)

박정희 정권은 안보위기의 고조를 대민·대사회 통제 강화로 연결시켰다. 우선 지속적으로 논란을 야기했던 '주민등록법'이 전면적으로 시행되어 1968년 10월경에 이르면 전국의 모든 지역이 주민등록 신고 현황에서 90%의 등록률을 보였다.(박태균, 2005, 262~265쪽) 주민등록법의 시행은 성인 개개인에 대한 체계적이고도 치밀한 통제를 할 수 있는 수단을 국가가 확보했음을 의미했다.

박정희 정권의 사회병영화 추진 의지를 잘 보여준 것이 향토예비군 설치였다. 향토예비군 창설식은 1968년 4월 1일 거행되었다. "싸우면서 일하고, 일하면서 싸우는" 250만 명의 향토예비군은 군사, 경제, 사상이 합친 '총력전'의 선봉으로 평가되었다. 박정희 정권은 '남북 대결'을 총력전으로 규정하며, 사회병영화를 본격 추진하기 시작한 것이다.

한편 박정희 정권의 언론, 문인, 교수 등 지식인에 대한 통제는 한일협정 체결 및 조국근대화노선 추진이란 목표와 맞물려서 이미 강화되고 있었다. 1964~1965년 박정희 정권의 한일협정 체결 추진은 그 체결 방식의 반역사적 성격과 일본의 영향력 확대에 대한 우려를 전 사회적으로 불러일으켰다. 한일협정 체결에 대한 반대는 각계각층으로 확산되었고, 이는 1965년 7월 종교(기독교)인사, 문인, 역사학자, 교수들의 일련의 성명 발표로 나타났다.

박정희 정권은 한일협정 체결, 베트남 전투병력 증파 등을 추진하면서 이른바 '조국근대화'를 위해서뿐 아니라 정권 안정을 위해서라도 사회여론의 향배에 지대한 영향을 미치는 지식인과 대학생들을 통제할 필요성을 절감했다. 박정희 정권은 한일회담 진행 과정에서 학생과 언론의 비판에 재갈을 물리기 위한 '학원보호법'과 '언론윤리위원회법'의 입안을 시도했다. 이 시도는 강력한 반대에 부딪혀 성공하지 못했다. 하지만 1964년 10월 '사립학교법' 개정을 통해 사학에 대한 통제 강화를 도모할 수 있었다.[*] 그리고 한일협정 체결 이후 박정희 정권은 비판적인 견해를 제기했던 교수들을 이른바 '정치교수'로 지목하여 교단에서 강압적으로 떠나게 만들었다.

이와 함께 박정희 정권은 대학과 지식인들을 국가 주도 근대화에 동원하여 권력에 순응하는 소시민적인 존재로 만들어가고자 했다. 한일협정 체결 반대의 파고를 강압적으로 진압하며 넘어선 박정희 정권은 1960년대 하반기를 '조국근대화' 달성을 위한 기반을 공고히 해야 하는 시점으로 규정하고, 국가의 모든 역량을 여기에 집중할 것을 요구했다. 그리고 승공을 위한 조국근대화 달성 제창에 동조했던 각 분야의 대표적인 지식인들을 동원하여 '국민교육헌장'이라는 지배 이데올로기를 주조했다.

국민교육헌장 제정에 참여했던 지식인들의 스펙트럼은 국가지상주의자에서부터 자유민주주의자까지 폭이 넓었으나, 이들은 냉전분단체제 아래서 수동적이며 '탈정치화'된 주체를 양성하는 데 박정희 정권과 일치했다.(허은, 2007, 286쪽) 국민교육헌장의 전체적인 맥락은 자유와 정의 실현보다 국가와 경제성장을 우선시하고, '반공민주주의'를 강조함으로써 민주주의를 '반공'으로 제약했다. 특히 '반공'을 강조한 결과 민족 전체를 포괄하지 못하고(홍윤기, 2001, 329~332쪽), 통일 이후를 전망하는 백년대계의 교육헌장으로서는 근본적인 한계를 갖게 되었다. 박정희 정권은 국민

---

[*] 언론은 이 사학법 개정에 대해 사학 자주성의 침해를 가져오는 개악이라고 평가했다. 자격 미달의 사학 재단이 난립하여 이에 대한 개선이 요청됨은 분명했다. 하지만 능력 부족의 재단 설립 신청을 받아줌으로써 사태 유발의 근원을 제공했던 것은 정부였다. 언론은 이 점을 언급하면서 정부가 인사권까지 개입하려 하는 것은 과도한 조치라고 평가했다.(『조선일보』 1964년 10월 30일자)

교육헌장을 동원체제에 순응하는 국민을 만들기 위한 이데올로기로 적극 활용했다. 이를 위해 관련 교육제도를 개편하여, 1970년 2월부터 전문대학을 포함한 모든 대학에서 '국민윤리'를 필수과목으로 규정했다.

박정희 대통령이 바라는 지식인은 전문성·효율성을 갖춘 '기능적 지식인'이었다. 박정희 정권은 대학과 지식인들이 '조국근대화'에 복무하기만을 원했다. 그 결과 박정희 정권이 1960년대 후반 '조국근대화'와 지식인의 동참을 외치던 시기에 역설적이게도 일반 대학교수들의 강의 내용까지 정보사찰의 대상이 되는 지경에 이르렀다.

## 대학교련 강화 추진과 교련철폐투쟁 전개

### 교련 제도화와 강화

#### 남북긴장관계와 교련 제도화

1968년 남북관계는 1·21청와대습격사건으로 일촉즉발의 상황까지 치달았다. 정부와 언론은 북한이 전쟁을 치밀하게 준비해왔다는 점을 강조하며,* 일반 사회뿐 아니라 학원까지 병영화하기 위한 여론을 조성했다.

1·21청와대습격사건 직후 박정희 정권은 무엇보다도 학생들에 대한 반공교육을 한층 강화해나갔다. 1968년 2월 9일 문교부는 전국 대학 총장 및 각 시도 교육감 회의를 개최하여, "북괴의 도발에 대응하여" 반공교육을 일층 강화할 것이며, 그 방안의 일환으로 1969년부터 대입시험에 반공,

---

* 무장공비로 남파되었다 체포된 김신조가 언론 인터뷰에서 제일 먼저 강조한 것 중의 하나가 북한의 18세 이상 모든 여성이 군사훈련을 의무적으로 받고 있다는 사실이었다.(『조선일보』 1968년 2월 2일자)

고려대생들이 교련 전면 철폐를 요구하며 시위를 벌이는 모습

도덕과 관련한 문제를 더 많이 포함시키기로 결정했다.(『동아일보』 1968년 2월 9일자) 이와 관련하여 문교부는 전국 각급 학교는 매주 1시간 이상의 반공과목을 포함시키고, 주 4회 이상 조회시간을 통해 반공교육을 실시하라고 지시했다. 그리고 반공교육 강화를 위해 교원들도 반공과목 보수교육을 받으라고 시달했다.(『동아일보』 1968년 2월 13일자) 더불어 대학생들에 대한 반공교육강화지침도 시달했는데, 그 내용은 대학생 및 교원들의 집단 반공교육을 연간 3주 이상씩 실시하며, 연간 3회 정도의 반공 웅변대회 및 강연회를 전국적으로 열도록 한다는 것이었다.

반공교육 강화와 함께 박정희 정권은 학생군사훈련 강화를 추진해나갔다. 1968년 4월 정부가 일련의 학생군사훈련강화방침을 공표했다. 4월 5일 신문지상을 통해 국방부와 문교부가 정식 합의를 거쳐 1969년 신학기부터 남자고등학교 2·3학년 학생과 ROTC 교육을 받지 않는 남자 대학생들에게 군사교육을 실시하기로 결정했다는 사실이 공표되었다. 국방부와 문교부가 합의한 시행안은 전국 고등학교와 대학교에 예비역 출신의 배속 장교를 배치하여 고등학교는 매주 3시간씩, 대학교는 1·2학년생에 한하여 매주 2시간 기본 군사훈련을 시행하는 것이었다. 이어 군 당국은 학생군사훈련의 원활한 확산을 꾀하기 위해 군사훈련을 받은 고등학생과 대학생들이 현역으로 징집되는 경우 훈련기간을 면제 또는 단축하거나 계급을 우대한다는 유인책을 제시했다.

박정희 정권은 학생군사훈련을 전면적으로 확대하여 실시하기 위한 예비단계로 1968년 8월 30일 각 시도의 11개 시범고교를 선정하여 시범훈련을 시행했다. 1969년 들어 문교부는 각 시도의 시범고교에 국한했던 군사훈련을 서울 고교 및 대학의 전 학년으로 1차 확대했다. 이어 1970년에는 학생군사훈련을 전국적으로 확대하기 위한 세부방안을 마련하고 재정 확보를 구체적으로 추진했다. 문교부는 1969학년도부터 군사훈련에 '교련'이란 정규 학과목 명칭을 부여하고 매주 2시간씩 실시하는 방침을 세웠으며, '교련'시간에 고등학생들은 도수각개훈련 등 기초과정을, 고등전문학교·초급대학·교육대학 및 대학 1·2학년생들은 전술학 등 초급과정을, 그리고 대학 3·4학년은 사격술 등 고급과정의 군사훈련을 교육받는 계획을 수립했다.(『조선일보』 1968년 10월 17일자) 이러한 경과를 거쳐 1969년부터 교련은 대학의 정규과목(여학생 제외)으로 실시되었다. 교련 실시는 1970년 2학기부터 여고생과 여대생에게까지 확대 적용되었다.(『조선일보』 1970년 7월 29일자)


1970~1971년 대학 교련교육 강화
이상과 같이 학생군사훈련의 전면적 확대를 위한 기반을 다진 박정희 정권은 1970년 하반기부터 대학 병영화를 본격적으로 추진했다. 1970년 8월 17일 국방부와 문교부는 교련 강화를 위해서 1961년부터 시행되었던 ROTC제도를 폐지하는 '교련강화 일원화 방침'안을 발표했다. 나아가 국방부는 11월 23일 강력한 대학군사훈련시행세칙을 각 대학 학훈단(당시 학군단 명칭)에 시달했다. 새로운 시행세칙의 핵심은 ROTC제도 폐지와 함께 1971년도부터 학생군사훈련을 2군사령관이 직접 관장한다는 것이었다.

이와 같은 조치들은 박정희 정권의 경제성장정책이 낳은 폐해에 비판의 날을 세우고 있던 대학생들에게 학원병영화 문제에 관심을 기울이도록 만들었다. 1970년 중반까지 학생들은 박정희 정권이 추진하고 있는 조국근대화의 폐해를 주목하고 비판하는 데 관심이 컸다. 학생들은 조국근대화가 양적 성장지표를 강조하며 민중을 착취하고 한일협정 체결에 따른 일본 차관 및 독점자본 유입과 예속화로 귀결되고 있다고 보았다. 이와 함께 정치적으로는 대미 일변도 외교를 비판하며 실리외교를 펼칠 것을 강조했으며, 사회적으로는 언론탄압과 학원탄압을 비판했다. 그리고 문화적으로는 황색주의문화 확산을 비판했다.(서울대학교 법과대학 학생회, "우리는 오늘 이렇게 말한다"〔1970. 9. 13〕; 고려대 총학생회, "시국선언문"〔1970. 9. 29〕)

정부의 '교련강화 일원화 방침' 이후 대학생들은 교련 문제에 주의를 기울이기 시작했다. 우선 학생들은 '교련강화 일원화 방침'을 반대한다는 입장을 분명히 밝혔다. 모든 억압으로부터의 자유를 추구하고자 하는 대학생들이 교련 강화를 환영할 리가 없었다. 1970년 11월 3일 고려대, 서강대, 서울대, 성균관대, 연세대 5개 대학 총학생회는 공동선언문을 발표하고, 대학 지성의 비판정신을 억압하고 학원의 자율성을 침해하기 위해 박정희 정권이 취한 제 방침 중 하나로 '교련 강화'를 지적했다.

이와 같이 대학생들이 반발하자 국방부와 문교부는 수정안을 제출했다. 그러나 정부가 제시한 개선안은 기존안의 골자를 그대로 유지하고 있었다. 이에 대학생들은 조삼모사식의 정부 대응을 비판하며 대학의 자유를 압살하려는 교련 강화 반대에 총궐기하자는 주장을 제기했다.(고려대학교 총학생회, "군사훈련 강화에 대한 우리의 주장"〔1970. 12. 7〕)

1970년 12월 2일 연세대생 500여 명은 교련강화반대 및 언론탄압반대 시위를 전개했다. 이는 1970년대 최초의 교련반대시위였다. 경북대에서도 12월 7일부터 3일간 총학생회 및 6개 단과대학, 교양과정부 학생들의 공동주최 아래 '교련강화반대성토대회'를 개최했다. 7일 오전에는 100여 명의 학생들이 "학원의 이념에 위배되는 교련강화책을 즉각 철회하라"는 내용의 결의문을 채택했다.(경대삼십년사편찬위원회, 1977, 434쪽) 연세대생들도 12월 7일 "교련강화 반대" "학원병영기지화 반대"를 외치며 시위를 전개했고, 다음날에는 연세대 '자유수호 투쟁위원회'가 '학생의 교련반대성토대회'를 개최했다.

이처럼 자유를 지향하는 대학생들이 교련 강화에 강하게 반발할 가능성은 명약관화한 것이었다. 그럼에도 불구하고 박정희 정권은 교련 강화책을 더욱 강경하게 밀어붙였다. 1970년 12월 19일, 정부는 중앙청에서 문교부차관 및 장학실장, 국방부 인사 및 각 대학 총장, 교무처장 등이 '대학교련협의회'를 개최하여 대학 교련교육의 개선방안을 논의했다. 협의회는 제도 시행에 따른 '부작용'이 내용에 대해 충분히 숙지를 못하거나 또는 불순분자의 선동 때문에 발생한다는 입장을 견지했다. 이러한 입장을 가진 정부가 대학생들의 의견을 수렴한 개선안을 만들어낼 것이라는 기대를 갖는 것은 애당초 무리였다.

문교부는 1970년 12월 27일 '대학교련교육의 시행요강'을 발표했다. 시행요강의 골자는 대학생의 4년간 총 수업시간의 약 20%인 711시간을 교련에 할애해야 하며, 군사교육을 위해 대학에 현역 군인들을 배치한다는 것이었다. 이를 위해 문교부는 1970년 12월 21일 현재 학생 400명당 1명씩인 교련교관을 250명당 1명으로 증원하기로 결정하고, 1차로 전군에서 장교 540명을 선발했다.(『조선일보』1970년 12월 22일자)

정부는 학생군사교육제도의 전면적 개편과 강화를 실시한 이유를 다음과 같이 언급했다. 첫째, 교련 실시와 관련된 대학 당국 그리고 학생들의 요구를 반영한 것이라고 설명했다. 즉 '대학교련교육의 시행요강'은 교련교육지원 강화, 병역특혜 확대, 학생군사훈련 통합 등의 요구를 반영한 결과물이라는 것이다.* 둘째, 안보위기를 들었다. 박정희 대통령과 교련 강화를 지지한 지식인들은 남침 준비를 완료한 북한의 적화 위협을 강조하며, 젊은 지성인 대학생들이 '조국수호'에 누구보다 앞장서야 한다고 역설했다. 박정희는 북의 남침이 임박했음을 지속적으로 강조했다. 특히 그는 교련교육을 반대하는 학생들에게 북의 학생들이 노농적위대에 속해 남침을 위한 강도 높은 군사훈련을 한다는 것을 강조하며 조국이 있어야 학문도 있음을 알아야 한다고 강조했다.(심융택 편, 1972, 408쪽)

그러나 1970년 12월 정부가 내놓은 대학교련 개선안은 학생들에게 더욱 강한 반발을 야기했고, 사회여론으로부터도 비판을 받았다. 새로운 안은 무엇보다 학문을 탐구하고 사회 진출을 모색하는 학생들이 기본적으로 누려야 할 권리 자체를 크게 침해했다. 학생들은 711시간이란 교련 이수시간에 경악했다. 이는 대학생들이 받는 총 수업시간의 약 20%에 해당하는 엄청난 비중이었다. 사회 진출을 준비하는 4학년 학생들까지 170시간

---

* 문교부 교련담당관 안영선은 대학교련 확대와 관련한 좌담회에 참석하여 시행요강의 작성 배경과 과정을 설명했다. 그에 따르면, 1970년 5월 제1회 전국대학생교련실기대회를 계기로 대학 당국 그리고 학생들 사이에서는 "① 국가의 교련교육지원 강화 ② 교육 참여 확대를 유도하기 위한 병역특혜 확대 ③ ROTC·예비군훈련·대학교련으로 나뉘어 있는 군사교육 일원화" 등에 대한 건의가 제출되었고, 이에 대한 효율적인 개선안을 국방부와 장기간에 걸친 협의를 거쳐 내놓은 것이 시행요강이라는 것이다.(『조선일보』1970년 2월 10일자)

이 넘는 교육을 받아야 한다는 점도 불만이었다.

또한 학생들은 이 안이 학원의 자율성을 크게 침해한다고 비판했다. 현역 군인이 교련교육을 직접 담당한다는 것이 갖는 상징적 의미는 컸다. 학생들이 다수의 현역 군인이 학원 내에 들어올 때 학원의 병영화가 강화되고 이에 따라 학생활동이 제약을 받고 학원자율성이 침해될 수밖에 없다고 생각하는 것은 당연했다. 언론에서조차 "학문의 전당으로서 대학이 본연의 기능을 상실"하고 '학원병영화'의 길로 나아가는 중대한 사태라고 우려를 표명했다.(『조선일보』 1971년 1월 30일자) 하지만 박정희 정권은 신학기 개강을 바로 앞둔 1971년 2월 23일 국무회의에서 문교부가 발표했던 대학교련강화방안을 그대로 의결했다.


**교련철폐투쟁 전개**　　　1971년 신학기가 시작되면서 각 대학에서는 문교부가 1970년 12월 27일 발표한 교련강화방침에 반대하는 결의가 터져 나오기 시작했다. 그런데 신학기 각 대학생들이 제기한 비판은 1970년 말 교련강화방침에 대한 비판 기조와 분명한 차이를 보였다.

첫째, 신학기 대학생들은 박정희 정권의 교련 강화 추진이 장기 집권과 불가분의 관계를 맺고 있다는 점을 지적했다. 학생들은 정권의 교련 강화논리가 현실 타당성이 없으며 학원의 병영화는 장기 집권을 위한 조치에 불과하다는 점을 명확히 지적하며 반대투쟁을 전개했다. 즉 학생들은 교련 문제를 학내 사안에만 국한하여 보지 않고, 교련 반대가 사회민주화 달성과 불가분의 관계를 맺고 있음을 분명히 짚었다.

둘째, 신학기 학생들의 시위는 박정희 정권의 대학생군사교육 '강화방침'에 대한 반대에 그치지 않고, 학생군사교육 그 자체의 전면 철폐를 주장했다. 따라서 학생들은 "자율적 군사교육 실시" "정훈교육 강화"와 같은 요구를 더 이상 제기하지 않았고, 그 대신 대학이 민주화와 민족통일에 기여하기 위해서는 군국주의 성향을 강화하고 장기 독재체제 확립에 일조하는 군사교육은 '철폐'되어야 한다는 점을 강조했다.

신학기가 시작되자마자 정부의 교련강화방침을 반대했던 대학생들은 무엇보다 먼저 교련 강화 실시의 근거인 안보위기론의 허구성을 지적했다. 서울대 문리대생들은 60만 명의 국군과 200만 명의 향토예비군을 통해 국방태세가 그 어느 때보다도 완벽하게 갖추어져 있는 상태에서 국방력 강화의 필요성을 제기하며 학생군사훈련 강화를 추진하는 것은 설득력이 없다고 지적했다.(서울대학교 문리과대학 학생회, "문리대생에게 고함" 〔1971. 3. 4〕) 교련 강화 추진 배경에는 공표와 달리 집권세력의 정치적 의도가 강하게 깔려 있다는 것이다. 교련반대투쟁 전개를 이끌었던 학생들은 임박한 선거국면을 앞두고 반독재 민주투쟁의 전위세력인 학생운동을 억압하려는 데 그 1차적인 목적이 있다고 판단했다.(『자유의 종』8호〔1971. 3. 5〕) 이들은 위기의식 고조를 통해, 한편으로 근대화 실정이 드러나고 있는 현실을 오도하고, 다른 한편으로 학생운동을 가혹하게 탄압할 것이라고 내다보았다.

4월과 5월에 연이어 실시되는 대통령 선거와 국회의원 총선거를 코앞에 둔 시점에 박정희 정권이 대학 교련교육 강화책을 밀어붙인 것은 학생운동을 통제하기 위해 학원병영화를 추진한다는 의구심을 불러일으키기에 충분했다. 박정희 정권이 학생시위를 국가 발전의 부정적인 요소로 규정하며 근절하겠다는 의지를 누차 밝혀왔기 때문이다.

교련교육 시행을 강력히 반대했던 학생들은 동아시아 냉전 대립 구도의 변화와 남북한 간의 대화국면 도래라는 흐름을 거시적으로 조망하며 교련 강화책이 갖는 문제점을 날카롭게 지적했다. 학생들이 열거한 문제

**표2** 1969~1971년 대학군사훈련정책 변화

| 구분 | 1969년도 교련안 | 1971년도 1학기 교련강화안 | 1971년도 2학기 교련 수정안 | 비 고 |
|---|---|---|---|---|
| 교육 제도 | 이원화제도 〈교련(필수)/ROTC(지원자)〉 | 교련제로 단일화 〈ROTC제도 폐기〉 | 이원화제도 부활 | 1969년 이전 대학생 군사훈련 관련안 |
| 실시 대상 | 교련-1·2·3학년생 ROTC-3·4학년 중 지원자 | 전 학년생(단 4학년생은 1학기만) | 1~3학년, 단 예비역 학생(장교, 하사관 출신 포함), 외국인, 교포, 여학생, 고령 학생은 제외 | * 1949년 4월: 학도호국단 결성<br><br>* 1949년 8월: 새로운 병역법 공포로 전국의 중등학교 학생 이상 전원 학도호국단에 편입되어 학생군사훈련을 받도록 함 |
| 교육 내용 | 교련-일반교육 ROTC-일반교육과 집체교육(입영훈련) | 전 학생이 일반, 집체 교육을 의무적으로 받음 | 이론을 중심으로 한 일반학(국방개론, 독도법, 총검술 등). 화기학, 전술학, 집체교육(야영훈련)의 폐지 | |
| 교육 시간 과 학점 | 교련-주 2시간, 6학점, 총 92시간 ROTC-1·2학년 시간 외 707시간의 일반·집체 교육 | 주 3시간, 7학점 총 711시간(일반교육 315시간/집체교육 396시간) | 주 2시간 6학점 총 180시간 | * 1952년 5월: 대학생 24세까지 징집 보류하기로 결정, 그 대신 학생군사훈련 실시 결정<br><br>* 1953~1955년: 학도군사훈련 실시 (서울, 대구 소재 대학을 중심으로). |
| 병역 혜택 | 교련-혜택 없음 ROTC-졸업 후 소위로 2년 복무 | 장교 희망자-소위로 2년 복무 하사관·사병 희망자-신병훈련 대체(6개월 단축) | 졸업 후 현역 입대-3개월 단축 | 1957년 10월 27일 국민개병주의에 입각한 병역법 개정으로 재학생군사훈련 폐지 |
| 담당 교관 | 예비역 | 현역 | 현역 | * 1961년: ROTC제도 시행 |

출처: 고려대 총학생회, 1971 『교련백서』; 연정은, 2004 「감시에서 동원으로, 동원에서 규율로―1950년대 학도호국단을 중심으로」 『역사연구』 제14호; 각 대학 교사 참조


점은 다음과 같다.

첫째, 동서 화해 무드라는 세계사적 조류와 정면충돌한다.

둘째, 군비 확장에 몰두한다면 민족 자멸만을 초래한다.

셋째, 힘의 대결은 평화적 통일에 대한 무능을 표시하는 것이다.

넷째, 학생까지 무장해야 할 절박한 사태가 아니다.

다섯째, 단계적 특혜로 학생 서로를 분열시킨다.

여섯째, 이중 삼중의 병역의무 부과는 민주주의 원칙에 배치된다.

일곱째, 특혜 아닌 특혜로 학생들을 유혹하려는 것은 전체 학생들을 모독하는 행위다.

여덟째, 학생군사훈련은 실효성이 없음이 드러났다.

(『자유의 종』 8호〔1971. 3. 5〕)


한편, 각 대학 학생회는 교련 강화책이 갖는 심각성을 체감하지 못하는 학생들에게 이 사안이 갖는 심각성을 환기시키고 반대투쟁의 분위기를 조성할 필요가 있다고 인식했다. 이들은, 대부분의 학생들은 1968년 이래 고조된 남북긴장관계를 배경으로 안보위기를 조장하며 사회통제를 강화해간 박정희 정권의 정책에 영향을 받아 교련강화반대시위에 적극적으로 동참할 준비가 되어 있지 않으며, 학원병영화가 초래하는 '학원자주성 말살'과 '사회민주화 억압'이라는 문제의 심각성을 아직 알지 못하는 상황이라고 판단했다.

이에 각 대학 학생회는 교련 문제를 환기시키며 그 심각성을 알리는 방안으로 찬반투표와 여론조사를 적극 활용했다. 여론조사 결과는 이미 대다수 대학생들이 교련강화방침이 학원의 자율성을 심각하게 훼손할 것이라는 사실을 분명히 인식했음을 보여주었다. 1971년 3월 2일에는 부산대 총학생회가 교련 강화안에 대한 재학생 여론조사 결과를 발표했다. 90% 이상의 부산대생들은 교관이 현역으로 교체됨으로써 대학의 자율성이 심각하게 침해되리라고 보았다.(부산민주화운동사편찬위원회 편, 1998, 265쪽)

서울의 대학생들도 교련 문제의 심각성을 알려나갔다. 3월 2일 고려대 총학생회와 서클 대표 40여 명은 교련 수강신청 거부를 결의했다. 3월 15일에는 서울대 법대 학생회가 교련 수강 여부에 대한 찬반투표를 실시했다. 95%가 반대한다는 결과가 나왔다. 이어 3월 19일에는 서울대 상대 학생회가 학생총회를 열고 교련 강화에 대한 찬반투표를 실시했다. 여기에서도 역시 학생들이 강한 거부의사를 갖고 있음이 확인되었다.(『대학신문』 1971년 3월 22일자) 3월 19일에는 고려대 총학생회가 학생들을 대상으로 여론조사를 실시했다. 여론조사 결과 학생들은 기존 군사교육이 국방력 강화에 실제 기여하지 않는다고 평가했다. 학생들은 "1968년 이후 실시된 대학 군사교육이 국방의식 고취에 그 성과를 거두었는가"라는 질문에 전체 응답자의 87%에 달하는 대부분의 학생들이 별반 효과가 없었다거나, 오히려 해를 끼쳤다고 평가했다.(고려대학교 총학생회, "여론조사 결과 및 6천 고대인의 주장"〔1971. 3. 23〕)

3월 23일에는 전국의 12개 대학 학생회 대표자들이 "전국대학 공동선언문"을 발표했다. 선언문에서 학생들은 "자유와 진리를 본질로 하는 대학이 그 본질을 침해당했을 때, 민족의 장래는 더 이상 기대할 수 없다"라고 역설한 뒤, 박정희 정권이 대학에 군사교육을 강요하는 목적은 학원을 병영화하여 "무사상·무비판·획일적·맹종형 인간을 양성하려는 데 있다"라고 비판했다. 그리고 군사교육 폐지 요구가 더 이상 받아들여지지 않을 경우 '군사교육 전면 철폐'를 위한 '최후의 투쟁'을 전개할 것이라고 선언했다.(고려대 총학생회 외 13개 대학 학생회, "전국대학 공동선언문"〔1971. 3. 23〕)

하지만 1968년 이후부터 교련 강화책을 치밀하게 추진해온 박정희 정권이 학생들의 군사교육 철폐에 대한 최후통첩을 진지하게 고려할 여지는 거의 없었다. 결국 1971년 4월부터 대학가는 교련 철폐를 놓고 박정희 정권과 대학생들이 격렬한 대립투쟁을 벌이는 싸움터로 바뀌었다. 대학생들은 4월로 접어들자 본격적인 반대시위를 전개하며 거리 진출을 시도하기 시작했다. 또한 대학생들의 교련철폐시위는 4월 중순까지 급격히 고조되며 전국적으로 확산되었고, 그 시위도 격렬한 양상을 띠었다.

4월 2일 연세대생 500여 명이 신촌로터리까지 진출하여 "교련강화반대"를 외쳤다. 이후 대학생들은 거리로의 진출을 본격적으로 시도했다. 4월 6일은 학생들의 교련반대투쟁이 급격히 고조되기 시작한 날이라 할 수 있다. 이날 서울대 상대, 고려대, 성균관대 학생들이 가두 진출을 시도했다. 서울대 상대생들이 교문 밖 진출을 시도하다 경찰의 제지를 받자 학교로 돌아가 언론인에게 보내는 성명서를 발표했다. 이 시위에 참여했던 학생들 중 20여 명은 다시 동아일보사 앞에서 연좌시위를 벌였다.(『동아일보』 1971년 4월 7일자) 고려대생 1,000여 명은 경찰과 투석전을 벌이는 격렬한 시위를 마친 뒤 강당에 모여 '민주수호투쟁위원회 결성대회'를 개최했다. 또한 8일까지 치열한 시위를 전개했고, 학원자유화와 공명선거 달성을 내용으로 하는 고려대, 연세대, 서강대, 서울대 등 4개 대학의 공동성명서를 8일 낭독했다.(『고대신문』 1971년 4월 13일자) 성균관대생 200여 명도 교문 밖까지 진출하여 경찰들과 대치하는 시위를 전개했다. 성균관대생들은 시위에 앞서 '교련 반대를 위한 녹색선언대회'를 갖고 현역 군인이 실시하는 교련교육을 반대했다.

4월 13~14일에는 서울대, 연세대, 고려대, 성균관대, 중앙대, 감리교신학대 학생들이 대대적인 시위를 전개했다. 경북대생들도 12일부터 14일까지 연이어 교련반대시위를 벌였다. 부산에서는 부산대생들이 15일 교련강화 반대와 언론의 무기력을 성토하는 대회를 개최했다.(이태호, 2001, 69쪽) 전남대 법대생 30명은 13일부터 교련 반대, 학원사찰 중지, 어용교수추방 등을 내걸고 무기한 단식농성에 들어갔다.(『동아일보』 1971년 4월 14일자)

4월 14일에 서울대 사대에서는 무장경찰이 난입하는 사건이 발생했다. 이날 오후 교련반대시위를 하던 서울대 사대생들이 던진 돌이 지나가던 대통령 경호차량을 맞혔고, 이에 경호를 담당한 무장경찰들이 곧바로 학내에 진입하여 살벌한 공포분위기를 조성하며 남녀 학생들을 구별 없이 마구잡이로 구타 연행했다. 이날 58명의 사대생들이 일시 연행되었다.(『대학신문』 1971년 4월 26일자)

4월 15일에는 시위가 매우 격렬하게 전개되었다. 이날 고려대생 3,500여 명이 참가한 교련반대성토대회 및 '제3차 민주수호 대행진 대회'에서는 경찰이 헬리콥터까지 출동시켜 교내에 최루탄을 투하했다. 이날 시위에서 20여 명의 부상자가 발생했다. 연세대, 외국어대, 한양대에서도 시위가 있었다. 16일에는 한양대생 1,000여 명이 "교련강화 반대" "학원사찰 중지" "언론자유 보장" 등의 내용을 담은 결의문을 채택하고 성토대회를 가졌다. 외국어대, 서강대, 부산대, 충남대, 전남대, 청주대 등에서 교련반대시위가 벌어졌다.

4월 19일에도 학생들은 11주년을 기념한 민주주의 대행진을 벌이며 시위를 전개했다. 4월 20일에는 영남대생들이, 21일에는 강원대생들이 시위를 전개했다. 이날 강원대생 300여 명은 교련반대성토대회를 가진 뒤 춘천 도심지로 진출하여 시위를 벌였다. 전남대도 21일 1,000여 명이 모여 학원의 자율성을 보장할 것을 요구하며 학원 병영화를 비판하는 교련반대성토대회를 개최했다. 일부 학생들은 교문 밖으로 진출하여 시위를 전개했다. 4월 중순 정점에 올라 20일까지 전국 대학에서 전개되었던 교련철폐시위는 이후 '4·27 대통령 선거'와 맞물려 소강상태로 접어들었다.

교련철폐투쟁 와중에 서울과 지방의 11개 대학 대표자들이 모여 교련철폐와 공명선거 쟁취를 위한 기구를 결성했다. 4월 14일 오전 11시 서울대 상대 도서관에서 서울대 5개 단과 대와 고려대, 연세대, 서강대, 성균관대, 경북대, 전남대 대표들이 모여 '민주수호전국청년학생연맹'을 결성했다. 학생 대표들은 "① 대학이 폐쇄되는 한이 있어도 끝까지 교련철폐투쟁을 계속한다 ② 공명선거를 저해하는 온갖 부정부패를 당국에 고발하고 대학 단위로 선거참관운동을 벌인다" 등 10개 항목의 행동강령을 채택했다.(『동아일보』 1971년 4월 14일자)

'민주수호전국청년학생연맹'은 명칭과는 달리 참여 대학의 총학생회 또는 서울대 내 단과대학 학생회의 상위조직으로서 위상을 지녔던 기구는 아니었다. 이 시기 학생운동의 중심은 각 대학 총학생회, 단과대학 학생회 그리고 학생 서클이었다. 때문에 각 대학에서 전개된 시위 개최와 참여는 각 대학 학생회와 서클이 주도했다고 볼 수 있다. 재야 민주화운동세력들의 공명선거에 대비한 움직임에 자극을 받아 결성된 '민주수호청년학생연맹'은 참여인물들을 중심으로 성명서를 발표하고, 재야 민주인사들과의 연대에 보다 많은 관심을 두었다.

대학생들의 격렬한 교련반대투쟁에 직면한 정부는 강압적인 시위진압, 대학 휴강 등의 강경 대응조치를 취했다. 재야 민주인사들은 학생들에게 인체에 해로운 화학무기를 발사하고 심지어는 대항하지도 않는 시민들까지 경찰이 잔혹하게 구타한 것은 치안 유지의 차원을 넘어선 일이라고 비판했다.(『조선일보』 1971년 4월 17일자) 반면 정부 당국은 학생들의 반대시위가 일부 학생들만의 시위라고 주장했다. 정래혁 국방부장관은 "대학 교련의 철폐를 주장하는 학생은 전체 학생의 10%"에 불과하기 때문에 시위 학생들의 주장을 받아들일 수 없다고 언급하며(『동아일보』 1971년 4월 13일자), 각 대학의 교련 반대를 소수 학생들의 반발로 평가절하했다.

한편 문교부는 시위가 지속될 경우 휴강 조치를 취한다는 결정을 내렸다. 그 이유로 첫째, 교련 반대는 일부 학생의 주장에 불과한 것이므로 교련 내용을 수정할 수는 없고, 둘째, 학생시위가 교련뿐 아니라 언론인 규탄, 공명선거 촉구까지 들고 나왔으며, 셋째, 시위 양상이 학원질서를 문란케 하고 있다는 점 등을 열거했다.(『동아일보』1971년 4월 13일자) 이와 같은 문교부의 언급은, 당국이 학생들이 사회 전체의 민주화 문제에 관여하는 것을 차단하고, 교련 문제를 대학생만의 문제로 국한하려 하는 의도를 가지고 있었음을 분명히 보여준다. 문교부는 시범 사례로 서울대의 주요 단과대학들에 휴강 조치를 취했다.

휴강 조치와 함께 정부는 분위기를 반전시키기 위해 공안사건을 터뜨렸다. 4월 20일 국군보안사령관 김재규는 고려대와 서울대에 재학 중인 재일교포 학생 4명을 포함하여 41명이 연루된 이른바 '재일교포유학생간첩단사건'을 발표했다. 보안사령부는 4개의 사건을 동일 발표했다. 고려대 재학 재일교포 강장운과 관련자 12명, 서울대 재학 재일교포 서승·서준식과 관련자 21명, 그리고 강석만과 관련자 3명 그리고 정시일과 관련자 15명 등이 그것이다. 보안사는 재일교포 재학생들이 각기 고려대와 서울대 등에서 "민중봉기를 일으켜 정부를 전복하고자 암약하다가" 검거되었다고 발표했다. 그리고 북한이 이들에게 "학생운동투쟁 기세를 계속 고조시키고, 휴교반대투쟁을 강력히 전개하라"는 지시를 내렸다는 것이다.(『동아일보』1971년 4월 20일자)

이 간첩단사건은 민주화운동의 침체를 위해 만들어진 전형적인 공안사건 중 하나였다. 피의자들에게 가혹한 고문을 가하고, 교련철폐투쟁과 대선 열기가 고조된 4월 20일이란 시점에 사건 전모를 발표한 것은, 박정희 정권이 공안정국을 조성하여, 대학생들의 학원병영화반대투쟁에 찬물을 끼얹고, 공명선거 쟁취와 같은 민주수호운동을 위축시키려는 데 목적이 있었음을 분명히 보여준다. 군 정보 당국이 발표한 51명의 간첩단사건 관련자 중 반공법, 국가보안법으로 기소된 사람은 17명, 실형을 선고받은 이들은 5명에 불과했다.(박원순, 1992, 440~441쪽)

4월 20일 이후 각 대학의 학생들은 교련철폐시위를 당분간 중단하고 수업에 정상 참여하기로 결정했다.(『동아일보』 1971년 4월 21일자) 국립대학에 대한 휴강 조치와 문교부의 사립대학 휴강 압력을 보면서 학생들은 학교폐쇄의 구실을 주어서는 안 된다는 판단을 내렸던 것이다. 더불어 학생들은 대통령 선거 및 국회 총선 국면을 맞이하여 공명선거 쟁취에 좀더 역점을 두어야 한다는 판단을 내렸다.

# 2
# 1971년 양대 선거와 민주화운동세력의 대응


## 대통령 선거와 민주화운동세력의 대응

### 공명선거쟁취투쟁 전개

재야 민주운동단체 결성과 공명선거 추진

1971년 4월 27일 실시되는 제7대 대통령 선거에 모든 이들의 관심이 집중되었다. 신민당 대통령 후보 김대중은 평화통일을 위한 남북교류 실시, 미·일·중·소 4대국의 한반도 평화 보장, 자립경제와 빈부격차 완화를 지향하는 대중경제론 실시 등 참신한 공약들을 제시하며 유권자들의 관심을 크게 모았다. '40대 기수론'을 내건 젊은 후보 김대중은 대중이 주목했던 한국 사회의 의제를 선점하며 박정희와 호각지세를 이루었다.(홍석률, 2005b, 71~72쪽) 한편, 김대중은 18일 서울 장충단공원에서 개최된 유세에서 집권하면 교련을 당연히 폐지할 것이라고 언급하며 대학가의 교련반대시위에 대한 의견을 표명했다.

대선 분위기가 한껏 고조되어가던 시점인 1971년 4월 19일 서울 대성빌딩에서 재야 민주인사들이 '민주수호국민협의회'를 발족했다. '민주수호국민협의회' 발족은 민주적 기본질서 파괴를 좌시하지 않던 사회 각계의 양심적 인사들이 3월 20일부터 모임을 갖고 준비한 결과물이었다. 3월 30일 이병린 등 7인은 YMCA 회의실에서 민주수호국민협의회를 발족시킬 것을 결의하고, 본격적인 준비를 이병린과 천관우에게 일임했다. 4월 8일 학계, 법조계, 종교계, 언론계의 일부 인사들이 종로 YMCA 8층 회의실에서 모임을 개최하였다. 이들은 양대 선거가 민주적이고 공명정대하게 치러질 수 있도록 하기 위하여 '범국민운동'을 전개할 것을 발의하고(『조선일보』 1971년 4월 9일자), '민주수호 선언식'을 가졌다. 이날 선언문에 서명한 46명은 준비위원으로 임명되었고,* 김재준, 천관우, 이병린, 이호철 등 6명으로 소위원회가 구성되었다.

4월 19일 발족식에서 민주수호국민협의회는 김재준, 이병린, 천관우 3인을 대표위원으로 선출했다. 이날 참석자들은 만장일치로 결의문을 채택하고, 국민들에게 "민주적 질서가 파괴되는 현실"을 직시하고 이를 회복하기 위한 국민적 궐기를 촉구했다. 특히 1971년 대통령 선거와 국회 총선거가 "민주헌정사의 분수령"임을 강조하고, 국민들에게 권력의 탄압에 굴하거나 기타 금전적인 유혹에 굴하지 말고 신성한 주권을 공명정대하게 행사해줄 것을 호소했다.(민주수호국민협의회 편, 1971, 9~10쪽)

이처럼 공명선거 쟁취를 통해 붕괴해가는 민주주의를 수호하는 데 역점을 두었던 민주수호국민협의회는 특정 정당이나 특정 인사 지지를 엄격히 배제하며 민주주의 수호를 위한 공명선거 달성에 초점을 맞추었다.(이호철, 2002, 21쪽) 민주수호국민협의회는 '민주수호청년협의회' '민주수호

---

* 선언문에 서명한 이들은 언론계 3인, 종교계 11인, 학계 11인, 법조계 4인, 문화계 12인, 여성계 1인, 지방 4인 등 총 46명이었고, 이날 참석한 인원은 25명이었다.(민주수호국민협의회 편, 1971, 8쪽)

청년학생연맹' '민주수호기독청년협의회' 등과 연대하여 4월 대선과 5월 총선이 공명하게 치러질 수 있도록 공명선거운동을 전개해나갔다. 민주수호청년협의회는 4·19, 6·3에 참여했던 소장 청년들이 중심이 되어 4월 21일 서울 YMCA회관에서 결성된 조직이었다. 결성대회에서 민주수호청년협의회는 민주적 선거 쟁취를 위한 전위행동대로 나설 것이라는 내용을 담은 성명서를 발표했다.(한국기독교교회협의회 인권위원회 편, 1987, 124쪽) 민주수호기독청년협의회는 기독교 관련 3개 청년단체들이 결합하여* 4월 20일 만든 기구였다. 민주수호기독청년협의회는 "신앙의 자유 수호는 바로 민주주의에 의해 가능한 것으로 보고" 민주 수호를 위한 공동전선 구축에 동참한다는 내용을 담은 결의문을 발표했다. 기독청년협의회는 4월 23일 새문안교회에서 '민주수호 구국기도회 및 선거참관인 단합대회'를 개최했다.

4·27 대통령 선거 바로 직전까지 대구, 전주, 광주, 천안 등지에서 민주수호국민협의회의 지역협의회가 결성되었다. 한편 중앙의 민주수호국민협의회는 공명선거를 달성하기 위한 참관인단 구성과 파견에 힘을 쏟았다. 민주수호국민협의회로부터 신임장을 받은 6,139명의 청년, 학생 등으로 구성된 선거참관인단이 각지로 파견되었다.** 더불어 협의회는 "위협, 매수, 협잡, 폭행 등이 자행되는 부정선거가 진행된다면 결코 좌시하지 않

---

* 민주수호기독청년협의회는 '한국기독학생회총연맹'(회장 양국주, 연세대 철학과 3학년), '전국신학생연합회'(회장 허달수, 장로교신학대 3년), '서울지구교회 청년협의회'(회장 김영수, 한양대 공대 3학년) 등 3개 기독학생단체가 참여하여 결성한 조직이다. 이들은 이날 모임에서 소속 회원들이 공명선거참관인으로 자원하기로 했으며, 앞으로 부정선거가 있으면 어떠한 투쟁도 불사할 것이며, 민주수호국민협의회와 공동투쟁을 전개할 것임을 천명했다.(『동아일보』 1971년 4월 21일자)
** 4월 26일 민주수호국민협의회가 발표한 참관인단 구성의 세부 내역은 다음과 같다. 민주수호기독청년협의회 1,140명, 민주수호전국청년학생연맹 1,155명, 민주수호청년협의회 312명, 교역자(기독교) 125명, 재경 종합대학 및 단과대학 714명, 고려대 318명, 작가단 12명, 단체 추천 서울(종합대학 및 단과대학) 1,200명, 지방(공주사대, 충남대, 동아대, 부산대, 전북대, 전남대) 1,100명 등이다.(민주수호국민협의회 편, 1971, 14쪽)

을 것"이라는 내용의 성명서를 발표했다. 선거 당일에는 4개 반의 참관단 독찰반督察班을 영남, 호남, 충청, 경기 등지에 파견했다.

4월 19일 발족한 민주수호국민협의회가 전국적 차원의 조직적인 준비를 통해 4월 27일 대통령 선거에 영향력을 행사하기에는 현실적으로 한계가 있었다. 그럼에도 불구하고 이 짧은 기간 동안 민주수호국민협의회는 민주 수호의 필요성을 대중에게 알리며 정당성을 획득했고, 학생 및 청년 운동과 연대의 기반을 마련하였다. 이를 통해 민주수호국민협의회는 1974년 12월 '민주회복 국민회의'가 창립될 때까지 '반유신 재야운동'의 상설기구이자 중심으로서 자리매김할 수 있게 되었다.(김대영, 2005, 410쪽)

## 각 대학 학생들의 선거참관운동

1971년 상반기 대학교정을 전쟁터를 방불케 하는 지경으로까지 몰아갔던 교련 실시에 대한 학생들의 격렬한 반대는 대선 직전인 4월 20일까지 이어졌다. 하지만 선거국면을 맞이하여 각 대학 학생들은 그간 치열하게 전개해왔던 교련반대투쟁을 일시 중단하고, 각 대학 총학생회가 중심이 되어 공명선거 달성을 위한 캠페인과 선거참관단 결성을 재빨리 준비해나갔다. 교련철폐투쟁을 이끌던 학생들은 이미 19일에 주된 관심을 선거참관운동에 맞추고 있었다. 4월 19일 '민주수호전국청년학생연맹'은 '민주수호 대행진 선언'을 발표하고, "우리의 손으로 민주선거를 쟁취하기" 위하여 운동을 전개할 것을 행동지침으로 내걸었다. 이어 연맹은 21일 오후 연세대에서 각 대학 학생회장 및 민주수호투쟁위원회 위원장과 회의를 열고, 향후 행동지침을 첫째, 4·27 선거가 공명선거가 되도록 학생들은 23일까지 냉각기를 가지며, 둘째, 이미 참관인단으로 서명한 학생들 이외에 25일까지 추가 신청자 접수를 받은 뒤 각지로 내려간다는 것으로 결정했다.(『동아일보』 1971년 4월 23일자)

각 대학에서는 참관인단을 구성해나갔다. 일례로 민주수호 외국어대 연맹은 4월 22일 4·27 선거 투개표 참관인으로 접수하고, 24일 신청 학생 200여 명이 모여 결단식을 가졌다.(『동아일보』 1971년 4월 22·24일자) 건국대 총학생회는 23일 200여 명의 참관인을 파견하기로 결의했다.

이렇게 모인 서울의 대학생들은 각 지역 대학생들과 연대하여 선거 참관단을 구성했다. 일례로 대구지역의 경우 경북대생 6명을 비롯하여 한국사회사업대생 17명, 서울대 및 고려대 학생 등 30명 모두 70명의 학생이 신민당 경북도지부에 투표 참관인으로 추천해줄 것을 자청했다. 이들은 학생 신분으로 투개표에 참관하려 했으나, 현행법상 허용되지 않자 유권자 자격으로 신민당 측의 추천을 받고자 한 것이다.(『동아일보』 1971년 4월 24일자)

대학생들의 대통령 선거 투개표 참관인 참여 타진에 여당인 공화당은 받아들이지 않고, 야당인 신민당만 수락했다. 신민당 측의 요청에 따라 민주수호청년학생연맹은 경북지역에 250명, 강원지역에 100명, 충북지역에 150명, 전북지역에 200명, 경남지역에 200명, 충남지역에 200명, 전남지역에 100명, 경기에 50명을 파견하기로 결정했다.(『동아일보』 1971년 4월 24일자) 각 대학에는 학생회가 중심이 되어 선거참관인단을 구성하여 대통령 선거에 임하였다.

1971년 4월 27일 제8대 대통령 선거 결과, 53.2% 득표율을 보인 박정희가 45.3%의 득표율을 보인 김대중에게 90여 만 표 차이로 승리했다. 도시에서는 김대중이 농촌에서는 박정희가 우위를 점했다. 박정희는 '마지막 대통령 출마'임을 선거 전날 공표할 정도로 힘든 선거를 치렀다. 90여 만 표라는 득표 차이와 상관없이 선거 결과는 무리한 장기 집권 추진과 그동안 추진해온 정책에 대해 대중이 적지 않은 불만을 갖고 있음을 확인시켜주는 것이었다.(홍석률, 2005b, 75쪽)

선거운동 중인 김대중을 지지하는 시민들

**대선 평가와 총선 대처**　　　공명선거 운동을 이끌었던 제 기구들은 선
　　　　　　　　　　　　거 참관에 대한 평가를 거친 후 선거 결과
에 대한 견해를 표명했다. 4월 30일 민주수호국민협의회는 대선에 대한 성
명서를 발표하고 4·27 선거가 "유례가 드물 만큼 행정조직과 금력에 의해
지능적으로 치밀하게 계획된, 원천적 부정의 토대 위에서 실시"된 선거라
고 평가했다. 선거가 평온을 유지한 것은 단지 행정력에 의한 치밀한 부정
계획의 결과였을 뿐이라는 것이다.(민주수호국민협의회 편, 1971, 34쪽)
　　민주수호국민협의회는 정부와 야당 모두를 비판했다. 우선 정부에게
"국민의 분노와 민주주의 위기 앞에서 성의 있는 사후조치를 취할 것"을
촉구했고, 야당에게는 "선거인명부 열람에 등한하고 당 추천 선거관리요
원이 매수되는 상황"이 발생하는 것을 막지 못해, 결과적으로 "국민의 귀

중한 의사가 짓밟히는 데" 동조한 것을 자성하라고 지적했다.(민주수호국
민협의회 편, 1971, 36쪽)

　민주수호기독청년협의회 학생 100여 명도 5월 3일 기독교방송국 강당
에서 '대통령선거참관보고대회'를 열고, 4·27 선거는 "내면적으로 고도로
지능화된 입체 부정선거"였다고 평가했다. 이날 연사로 참석한 함석헌은
경상도에서 커다란 표차를 보인 것은 "우리나라 국민의식이 부족사회적
의식"을 벗어나지 못했음을 드러낸 것이라 평했다.(『조선일보』 1971년 5월
4일자; 『동아일보』 1971년 5월 4일자) 실제로 4·27 대통령 선거는 지역 차
별이 그 어느 때보다도 악용되었던 선거였음이 분명했고, 함석헌은 이에
대해 비판을 가한 것이다. 박정희는 영남지역에서 70%라는 압도적인 지지
를 얻었다.

　선거가 끝나자마자 각 대학별로 '4·27대선참관보고대회'가 열렸다. 4
월 30일 강원도 평창, 경남 함양, 경북 달성 등 6개 지역으로 파견되었던
서울대 법대생 40명이 참관보고대회를 개최했고, 서울대 상대생 250여 명
도 참관보고대회를 개최했다. 고려대생 50여 명도 같은 날 참관 발표회를
가졌다. 학생들은 여당이 매스컴을 독점하여 일방적인 선전을 행했다는
점, 지방공무원이 여당 후보 득표에 힘쓰고 있었다는 사실 등을 지적했다.

　서울대 상대생 150여 명은 5월 3일 오후 학생회관 앞에서 모의투표함
과 각 후보별 득표 게시판을 태우는 '원천적 부정선거 화형식'을 가졌
다.(『대학신문』 1971년 5월 10일자) 법대생들도 "부정선거를 무효화하라"는
구호를 외치며 시위를 전개했다. 같은 날 고려대 총학생회 및 민주수호투
쟁위원회도 선거전면무효화투쟁을 위한 민주수호 대행진을 벌일 것을 결
의했다. 5월 12일 서울대 상대·문리대, 연세대, 고려대, 이화여대 등에서
4·27 선거를 부정선거로 규탄하는 대회들이 개최되었다.

　대통령 선거에 대한 평가와 함께 학생들은 5월 25일 실시되는 제8대

국회의원 선거에 대한 입장을 정리해나갔다. 5월 3일 연세대에서는 연세대, 성균관대, 경희대, 동국대, 명지대, 국민대 등 6개 대학 총학생회장들이 모여 4·27 대선 평가와 5월 25일 총선에 대한 대책을 논의했다.

5월 14일 민주수호전국청년학생연맹은 대선을 "관권과 금력선거라는 요식행위를 빌린 일당독재와 총통제 음모"가 그대로 드러난 선거에 불과하다고 평가했다. 그리고 집권세력 및 야당에게 첫째, 박정희 정권은 4·27 선거가 불법, 무효임을 시인하고 즉각 재선거를 실시할 것, 둘째, 신민당을 비롯한 재야정당은 5·25 총선을 거부하고 민주수호 대열에 나설 것, 셋째, 정부는 학생연맹 간부 및 일반 학생들에 대한 불법 연행과 보복행위를 중지할 것 등을 요구했다. 학생들은 대통령 선거가 원천적 부정선거로 끝난 이상 국회의원 총선거에 참여하는 것은 공화당 정권의 들러리가 될 뿐이라고 판단하고, 총선 참여를 거부하기로 결정한 것이다.

한편 민주수호국민협의회도 대통령 선거의 공명성 여부에 대한 분석과 국회의원 총선거에 대한 입장을 정리하기 위해 각 정당 대표자 간담회를 주선했다. 5월 1일과 3일 두 차례에 걸쳐 신민당, 국민당, 대중당, 사회당, 민중당 대표자들이 참석한 가운데 간담회가 열렸다. 간담회 결과 대선과 향후 총선에 대한 의견을 모아 '부정선거체제하' 국회의원 선거를 거부하는 결의문이 5월 3일 발표되었다. 하지만 신민당은 결의문에 서명하는 것을 거부했다. 이후 민주수호국민협의회는 4·27 대선에서 보인 '원천적 부정선거'가 자행되는 정치풍토를 그대로 두며 5·25 국회의원 선거를 실시하는 것은 "또 하나의 부정선거의 오점을 남기는 것"에 불과하다고 지적했다.(민주수호국민협의회 편, 1971, 38쪽)

하지만 학생과 재야 민주인사들의 부정선거 규탄과 총선 거부 제안은 대중에게 호소력 있게 다가가지 못했다. 5·25 국회 총선에서 대중은 야당인 신민당에 많은 표를 던져주며 장기 집권에 대한 견제 의지를 표출했다.

신민당은 공화당의 48.8% 득표와 별반 차이를 보이지 않는 44.4%의 표를 획득했고, 또한 전체 의석도 89석으로 늘어났다. 반면 공화당은 합법적으로 개헌을 단행하기 위한 총의석수의 3분의 2를 획득하는 데 실패했다. 그 결과 박정희 정권은 국회 내 개헌을 통해 영구 집권의 합법적 발판을 도모하는 방식을 추진할 수 없게 되었다.

## 양대 선거 이후 학생운동세력의 대응

### 대선 직후 정권의 강경 탄압과 학생들의 대응

대통령 선거가 끝나자마자 박정희 정권은 시위 학생들에 대해 곧바로 탄압 조치를 취했다. 5월 16일 고려대 총학생회장 등 3명을, 4·27 선거를 전후하여 시위를 주동하고 "학원간첩단사건 조작" 등의 유인물을 배포했다는 혐의로 구속했다. 또한 5월 17일 신민당사에 들어가 "총선을 보이콧하라"고 요구한 서울대생 27명에 대해서도 전격 구속하기로 결정하고, 이 중 신병이 확보된 8명을 전부 구속 조치했다.

이는 대통령 선거 직전까지 정부가 교련철폐시위에 치열하게 참여했던 학생들을 훈계 방면 수준에서 처리했던 것과 비교할 때 커다란 변화였다. 강경 대처로 급선회한 것에 대해 서울지검 공안부 최대현 부장검사는 교련 관련 시위는 학원에 국한되는 사안이나 "4·27대통령선거 무효" "국회의원총선거 보이콧" 등을 주장하는 행동은 정치에 깊게 개입하는 것으로 학생 신분의 한계를 벗어난 것이기 때문이라고 설명했다. 공안 당국의 이와 같은 언급은 박정희 정권이 학생들의 시위가 사회민주화로 확산되는 것에 예민하게 반응하고 있었음을 다시 한 번 확인시켜준다.

정부가 취한 강경책은 오히려 구속학생이 소속된 고려대와 서울대 양대학 학생들의 격렬한 반발을 초래했다. 연세대 '법대학 민권쟁취청년단' 은 성명서를 통해 "학생들의 전격 기소는 법치국가에 있어 주권 찬탈이요, 민권 강점"이라고 비판했다.(『동아일보』1971년 5월 22일자) 정부는 학생들의 이와 같은 비판에 개의치 않고, 학원민주화와 사회민주화를 달성하고자 하는 학생들의 열의를 억누르기 위해서 강경한 진압 조치를 더욱 밀어붙였다. 5월 21일에 있었던 서울대 시위에서는 시위가 진압된 이후에도 진압 경찰이 계속 최루탄을 발사하여, 서울대 총장이 동대문경찰서장에게 투탄을 중지해달라고 요청하는 상황까지 발생했다.(『동아일보』1971년 5월 22일자) 문교부는 서울대 문리대·법대·사대·상대 학생들이 "교련 반대" "구속학생 석방" 등을 지속적으로 요구하자 5월 27일 이들 4개 단과대학에 대해 전격적으로 휴업령을 내렸다. 5월 29일에는 서울대 의대가 교수회의 결의로 휴강에 들어갔다. 서울대 휴업령에 대해 타 대학 학생들도 강력히 비판했고, 국민협의회도 데모를 근절하기 위해 "휴업령을 내리고 대학당국을 위압하여 학생들을 구속·제적 처벌하는 것은 근본적인 해결책이 될 수 없다"라고 당국의 조치를 비판했다.

민주수호국민협의회의 지적대로 정부의 강경 조치는 해결책이 될 수 없었다. 오히려 사태를 더욱 악화시킬 뿐이었다. 6월 2일 서울대 총학생회 총대의원회 등 학생 간부들이 휴업령 철폐, 학생들의 불법 연행 및 체포령 철회를 요구했다. 같은 날 서울대 공대와 교양학부 학생 2,000여 명이 대대적인 시위를 전개했다. 서울대는 휴업령이 내려진 단과대학의 시위주동 학생 23명을 무더기로 징계했고, 이에 서울대생들(치대, 미대, 농대, 약대)은 학생 처벌 백지화와 휴업령 철회를 외치며 단식농성과 서명운동을 벌였다. 6월 14일 서울대 총학생회 간부들은 중앙정보부 해체, 교련 전면 철폐, 학생 처벌 완전 철폐, 학원자유의 제도적 보장 등만이 학원정상화를 가져올 수 있다는 내용을 담은 "학원자유화 선언"을 발표했다. 고려대 총학생회도 6월 16일 대학의 자유를 위한 교련 철폐를 요구하는 내용의 성명서를 발표했다.

학생들은 강경 탄압 앞에서 오히려 강하게 저항하고, 나아가 24일부터는 자진 등교하겠다는 결의를 밝혔다. 이에 문교부장관 민관식은 교련정책을 강화조치 이전 수준으로 되돌리고 휴업령을 해제하겠다는 뜻을 비치며 한발 물러섰다.* 6월 23일 서울대 휴업령이 해제되어 24일부터 각 단과대학은 수업을 재개했다. 휴업령 해제에 이어 정부는 6월 25일 교련교육시간 대폭 단축, 병역특혜, ROTC제도 부활 등의 개선방안을 제시하며 유화조치를 취했다. 그러나 이는 학원병영화라는 근본적인 문제점을 개선하는 것은 아니었기 때문에 대학생들의 반대시위를 잠재울 수 없었다.

**사토방한반대시위와 학생운동의 방향 모색**  4·27 대통령 선거, 5·25 국회의원 총선거가 끝난 이후 학생운동은 조직 재편과 운동 방향을 모색하는 조정기에 들어갔다. 이 시기 사회적 이슈로 떠올랐던 것이 사토 일본 수상의 방문이었다. 6월 3일 6·3동지회는 사토 수상과 자위대 간부의 방한은 일본의 대한 진출이 경제방면의 진출에서 정치·군사적 진출로 넘어가는 것을 의미한다고 지적하며, 일본 수상의 방한 취소를 요구하는 성명서를 발표했다.(『동아일보』 1971년 6월 4일자) 한편 '민주수호청년협의회'도 성명서를 통해 일본 자위대의 방한은 "새로운 군국주의의 탐색 작업"이므로 정부는 이들의 방한을

---

* 정부가 휴업령 해제를 갑자기 단행한 이유 중에는 6월 25일 법원에서 휴업령 관련 '가처분 신청' 2차 심문이 예정되어 있었기 때문이다. '가처분 신청'이란 서울대 12개 단과대학 회장단이 6월 9일 문교부장관을 상대로 낸 것이며, 이들은 문교부가 낸 휴업령이 위법이며 위헌이라 주장했다. 문교부는 법원에 가처분 신청 2차 심문의 연기를 요청했으나, 법원은 이를 수용하지 않고 예정대로 25일 2차 심문을 갖기로 결정했다.

용납해서는 안 된다고 주장했다.

6월 9일에 고려대, 서울대, 연세대, 이화여대 등 4개 대학 민주수호청년학생연맹 범대학 민권쟁취청년단이 "일본의 신식민지주의와 신군국주의가 한국에 부식되는 것을 배격하기 위해" 사토 일본 수상의 방한을 전 대학인의 뜻으로 저지하겠다는 내용의 성명서를 발표했다. 더불어 정부가 일본의 정치·경제적 저의를 외면한 채 친일 예속화되어가고 있다고 지적했다.(『동아일보』 1971년 6월 10일자) 6월 28~30일 사이에 서울대 문리대·법대·공대 학생들이 '사토 수상 및 자위대 간부의 방한 결사반대'를 외치며 시위를 전개했다.

한편 이 시기 학생운동조직의 변화가 모색되었다. 학생운동의 조직이 통일되지 못한 것이 학생들의 힘을 하나로 결집시키지 못한 원인으로 지적되었고, 학생운동을 이끌 항구적 대표체를 조직할 필요성이 있었기 때문이다. 그 결과 '민주수호전국청년학생연맹'이 '전국학생연맹'으로 개편되었다. 민주수호전국청년학생연맹은 6월 12일 중앙위원회에서 그 명칭을 전국학생연맹으로 개칭하고 6월 14일 새롭게 출범했다.(『자유의 종』 20호〔1971. 6. 21〕;『산 지성』 2호〔1971. 6. 28〕) 전국학생연맹은 『전국학생연맹보』를 발간했다.

전국학생연맹은 "허울 좋은 협력주의를 앞세운 일본의 신식민주의와 신군국주의를 결사 저지"하겠다는 의지를 천명했다. 또한 "일본 수상 사토와 자위대 간부 34명의 방한을 전국 대학의 이름으로 반대한다"라고 언급하고, '범국민적 항일운동을 전개한다'라고 선언했다. 전국학생연맹은 교련 철폐도 요구하고, 대학 개혁안도 발표하겠다고 덧붙였다.(『자유의 종』 20호〔1971. 6. 21〕)

하지만 전국학생연맹은 내적 역량상으로나 시간적으로 많은 한계를 지니고 있었다. 민주수호전국청년학생연맹에서 전화된 전국학생연맹은 각 대학 총학생회나 단과대학 학생회 또는 각 대학 학생운동을 이끌던 서클들을 포괄하며 구성된 것은 아니었다. 여기에다 전국학생연맹이 본격적인 활동을 전개한 기간은 6월 말부터 10월 15일 위수령이 발령될 때까지 매우 짧은 기간이었다. 전국학생연맹이 비록 각 대학 학생운동세력의 동원체제를 정비하고 전체 민주화운동에서 학생운동의 위상과 방향을 제시하는 구심체로서 위상을 확보하고자 했지만, 이를 성취하기에는 내적 역량으로도 시간적으로도 역부족이었다.

# 3

# 박정희 정권의 지식인 통제와 사법부파동

## 언론·학문·사상의 자유 억압과 지식인의 저항

**반공법 악용과 필화사건 빈발**     박정희 정권은 냉전반공 이데올로기와 억압기제를 동원하여 비판적 지식인들을 철저히 통제하고자 했다. 그리고 이는 문학계와 언론계에 종사하는 지식인들을 대상으로 한 수많은 필화사건의 발생으로 이어졌다.[*] 군사 정권 시기만 보더라도 『민족일보』 필화사건을 시작으로 집권에 비판적이거나 악영향을 끼친다고 판단되는 언론의 기사, 사설 등에 대해 강력한 대응조치를 취했다.

제3공화국 수립 직후인 1964년에는 남북문제와 관련하여 이영희 필화사건, 황용주 필화사건이 일어났다. 1965년에는 박정희 정권하의 대표적인 필화사건 중의 하나인, 「분지」 필화사건이 발생했다. 1965년 7월 9일 한일협정에 반대하는 문인들의 성명서가 발표된 날, 남정현이 반공법 위반

---

[*] 1960년대에 박정희 정권이 일으킨 필화사건에 대해서는 김삼웅의 『한국필화사』를 참조할 것.

혐의로 구속되었다. 4개월 전에 『현대문학』에 게재했던 「분지」라는 단편소설이 "반미 사상을 고취하며 북괴의 대남 적화 전략에 동조"하는 내용을 담고 있다는 것이 그 이유였다.

이 사건의 변호를 맡은 한승헌은 "사물에 대한 과도한 편견으로 수상한 매사를 용공으로 착색하고", 이러한 태도를 애국행위인 것처럼 행동하는 것을 용납할 수 없다고 지적했다.(김지하 외, 1989, 203쪽) 「분지」 필화사건은 이후 2년이나 끌다가 1967년 6월 28일 선고공판으로 종결되었다. 판결에서 재판장은 반공법 4조 1항(반국가단체 찬양·고무죄) 위반으로 검찰에서 징역 7년에 자격정지 7년을 구형받았던 남정현에 대해 유죄를 인정하고, 대신 젊은 작가의 장래를 고려해 형을 유예한다고 판시했다. 하지만 이 판결은 심각한 문제를 안고 있었다. 즉 현 실정법 아래 언론이나 예술이 보유하는 '표현의 자유'의 한계가 이 사건에 대한 관심의 초점이었던만큼, 비록 가장 가벼운 '선고유예'라 하더라도 '유죄'판결은 심각한 문제점을 내포하는 것이었다. 반공법은 표현과 내용이 너무 모호하여 금지나 제한의 범위가 명확하지 못하고, 따라서 '형벌법정주의'에 위배되는 위헌조항이라는 지적을 받는, 문제의 법률이었다. 따라서 '인식범'認識犯에 대한 광의의 해석을 한 법원의 판결문은 사회 전반에 부정적인 영향을 끼칠 여지가 컸다.*

1960년대 말에는 『동양통신』 필화사건 『신동아』 필화사건을 일으켜 언론에 대한 탄압을 강화했다. 『동양통신』은 1968년 6월 21일 "전투태

---

* 1967년 6월 28일 판결에서 재판장은 "피고인이 작품 「분지」를 통해 반국가단체의 활동에 호응 가세할 적극적인 의사나 목적이 있었다고는 볼 수 없으나, 우리나라에 반미감정 및 반정부의식을 조성하려고 광분하고 있음이 공지의 사실임에도 그 제목, 줄거리, 표현 등에서 많은 독자에게 반미·반정부 감정을 불러일으키게 할 요소를 주었다고 인정되어 반공법에 저촉되지만, 초범인 젊은 작가의 장래를 참작, 형의 선고를 유예한다"라고 판시했다. 이에 대해 언론은 "인식범은 어디까지나 행위자 자신의 '결과인식'을 말한다는 형법상의 개념을 무시하고 반공법을 과실범처럼 다룬 오류를 범한 판결"이라고 지적했다.(『조선일보』 1967년 6월 29일자)

세 완비 3개년계획 확정"이라는 제목의 기사를 실었다. 1개월 뒤 군 방첩 당국이 이 기사를 문제 삼았고, 『동양통신』 기자 등 3명이 서울지검 공안부에 구속되었다. 공안부는 같은 기사를 전재한 『경향신문』 『대한일보』 『신아일보』와 기사를 전재하지 않은 『동아일보』 『조선일보』 등 8개의 중앙 일간지와 5개 방송국 및 2개 통신사의 편집국 간부와 기사 등 30명을 소환하여 신문했다. 공개석상에서 국방부장관이 발언한 내용을 기사화한 것을 용공사건으로 몰아 언론을 탄압한 것이다. 이 사건은 1972년 2월 대법원까지 갔으나 모두 무죄판결을 받았다.

이 밖에도 한일협정 이후 급증한 정치자금의 문제점을 날카롭게 파고 든 『신동아』 1968년 12월호의 기사도 필화사건의 대상이 되었다. 홍승면 주간, 손세일 『신동아』 부장, 천관우 『동아일보』 주필 등이 사표를 낼 수밖에 없었고, 기사를 작성한 김진배, 박창래 두 기자는 구속되었다.

박정희 정권의 '조국근대화'가 낳은 정치, 사회상을 통렬하게 비판한 김지하의 시 「오적」이 1970년대 필화사건의 서장을 장식했다. 그는 재벌, 국회의원, 고급 공무원, 장성, 장차관 등을 '5적'으로 지칭하며, 그 치부를 신랄하게 풍자했다. 사법 당국은 1970년 5월호 『사상계』에 실렸던 김지하의 시가 신민당 기관지 『민주전선』에 전재되자 반공법을 적용한 필화사건을 일으켰다. 사법 당국은 시 「오적」이 "계급의식을 조성하고 북한의 선전 자료로 이용되었다"는 이유로 유죄를 확정했다. 대통령 선거와 국회의원 선거를 1년 앞두고 정치권력과 사회 지배층의 부정·부패를 노골적으로 꼬집은 시인과 이 시를 활용한 야당을 박정희 정권은 그대로 둘 수 없었던 것이다.(박원순, 1992, 77쪽) 이 시로 김지하는 병보석으로 풀려날 때까지 3개월 동안 구속되었다. 이후 김지하는 1972년 4월 잡지 『창조』에 정부를 비판하는 담시 「비어」를 실었다가 반공법 위반 혐의로 구속되었다.

한편 시 「오적」을 최초로 실었던 월간 『사상계』는 그 여파로 1970년 9

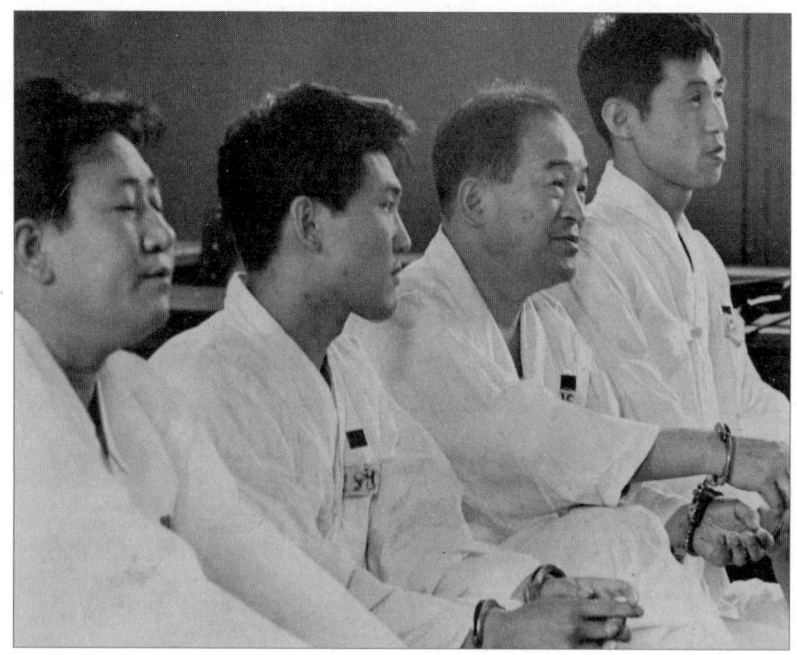

김지하의 시 「오적」에 대한 첫 공판

월 29일자로 등록을 취소당했다. 문공부의 취소 이유는 자체 인쇄소를 지니지 못한 출판사의 경우 인쇄 계약을 체결한 인쇄소 책임자를 잡지의 인쇄인으로 등록하라는 규정을 위반했다는 데 있었다. 이에 사상계사는 문공부장관을 상대로 등록취소처분취소 청구소송을 제기했고, 1971년 10월 26일 서울고법 특별부에서 승소 판결을 받았다.

날카로운 시국 비판의 글을 실었던 잡지 『씨올의 소리』도 정기간행물 규정을 어졌다는 이유로 등록취소를 당했다. 문공부는 『씨올의 소리』 1970년 5월호가 문공부에 등록된 인쇄소와 다른 곳에서 인쇄되었다는 사실 하나만으로 등록을 취소했다. 이에 발행인 함석헌은 문공부장관을 상대로 정기간행물 등록취소처분취소 청구소송을 했다. 대법원 특별부는 7월 6일 함석헌이 문공부장관을 상대로 낸 정기간행물 등록취소처분취소 청구소송 상고심에서 "등록취소처분을 취소하라"는 원고 승소 판결을 내렸다. 재판부는 문공부의 조치가 재량권의 범위를 벗어난 잘못된 처분이라고 판결한 것이다.

1971년 초, 『다리』 필화사건이 발생했다. 박정희 정권은 1970년 11월호 『다리』에 문학평론가 임중빈이 기고한 "사회 참여를 통한 학생운동"이라는 글을 문제 삼았다. 이로 인해 임중빈과 윤재식 발행인, 윤형두 주간 등 3명이 반공법 위반 혐의로 1971년 2월 12일 전격 입건되었다.

임중빈은 글을 통해 좌절과 무기력감에 빠진 학생과 지식인에게 민주주의와 민족 문제를 직시하며 기성 권위와 가치에 도전할 것을 요구했다. 서울지검 공안 검사는 임중빈, 윤재식, 윤형두에게 반공법과 국가보안법을 적용하여 중형을 구형했다. 검찰은 구형 이유로 "마르크스를 사상적 지주로 삼고 있는 뉴레프트 활동에 대해 임중빈은 우리에게도 가능성을 안겨주고 있는 학생 활동이라는 내용의 논설을 써 학생들이 오도될 위험성이 명백"하다는 것을 들었다. 피고인들은 최후진술에서 이 사건은 조작된 사건에 불과하다고 주장했다.(『조선일보』 1971년 6월 16일자)

1971년 7월 16일 서울형사지법에서 1심 선고공판을 했다. 검찰의 중형 구형과 달리 서울형사지방법원 재판부는 사건 관계자 전원에게 무죄판결을 내렸다. 재판부는 임중빈이 작성한 글은 공산 계열의 찬양 및 정권 타도와 전혀 관계없다고 평가했다. 또한 "우리나라와 같은 자유민주체제하에서는 이질적인 것을 연구하고 발표할 자유가 있으며, 오직 그것을 비난할 자유만 있는 것이 아니다. 이런 점이 전체주의와 독재체제와 구별되는 민주국가의 참다운 강점"이라고 무죄 선고의 이유를 설명했다. 권력 유지를 위해 반공법을 무소불위의 도구로 활용한 박정희 정권에 일격을 가하는 판결이었다. 이 사건은 결국 1974년까지 끌었고, 대법원 판결에서 무죄라는 원심 판결을 재확정 받고 나서야 종결되었다.


**언론자유수호투쟁**　　　1960년대 이후 언론은 기업화되며 박정희 정권과
　　　　　　　　　　　　밀착되어갔다. 1969년 3선개헌반대투쟁을 보도
하지 않거나 축소했고, 그 결과 학생들로부터 강한 규탄을 받았다. 1960년
대 언론은 정치권력의 외적 압력과 경영주의 내적 압력을 받아 전통적인
비판기능을 상실하고 있었다.(김민환, 2002, 491쪽)

　　1971년 교련철폐시위 와중에도 학생들은 현실을 제대로 보도하지 않
는 언론에 대해 강하게 비판했다. 1971년 3월 24일 서울대 법대생 100여
명이 언론인을 규탄하는 성토대회를 개최했다. 26일에는 서울대 학생회장
단 30여 명이 동아일보사 앞에서 "언론인에 보내는 경고장" "언론인에 고
한다" "언론 화형 선언문"이란 세 종류의 유인물을 낭독하고 시위를 전개
했다. 유인물을 통해 학생들은 언론은 지도적 기능은 차치하고 사실보도
마저 하지 않아 '보도적 기능'마저 상실하고 있고, 대학병영화를 외면하여
"민주주의를 암장시키고 있다"고 지적했다. 이들은 권력과 금력의 시녀가
된 언론은 "조국에 대한 배신자"가 되었다고 강도 높게 비판했다.(한국기
독교교회협의회 인권위원회 편, 1987, 188쪽)

　　4월 6일 가두 진출을 한 서울대 상대생들도 언론인에게 보내는 성명서
를 낭독하고, 언론이 학생들의 투쟁을 제대로 보도하지 않고 있다고 성토
했다. 같은 날 고려대생 1,000여 명은 "언론의 자주정신을 앙양시키기 위
해 투쟁한다"라는 내용을 담은 "민주수호헌장"을 채택한 뒤, 언론인의 궐
기를 촉구하는 구호를 외치며 시위를 전개했다.

　　이처럼 학생들로부터 강력한 비판을 받자, 언론 내부에서 자성의 소리
가 나오기 시작했다. 1971년 4월 15일 『동아일보』 기자들이 "언론자유수

호선언"이라는 선언문을 발표했다. 『동아일보』기자들은 선언문을 통해 "기자적 양심을 통해 진실을 진실대로 자유롭게 보도한다" "외부로부터 직접 간접으로 가해지는 부당한 압력을 일치단결하여 배격한다" "명예를 걸고 정보요원의 사내 상주 또는 출입을 거부한다"라고 결의했다.(한국기독교교회협의회 인권위원회 편, 1987, 188쪽) 이들은 비판의 목소리에 자성하면서 꺼져가는 언론자유의 불씨를 되살리고자 하는 자신들의 의지를 표명했던 것이다.

각 신문사 언론인들은 『동아일보』의 언론자유수호투쟁에 호응했다. 4월 16일에 『한국일보』기자들이, 4월 17일에는 『조선일보』 『대전일보』 『중앙일보』기자들이, 4월 19일에는 『동양방송』 『경향신문』 『신아일보』 『문화방송』기자들이, 4월 20일에는 『합동통신』 『동화통신』기자들이 언론자유수호 의지를 밝혔다. 중앙 언론뿐 아니라 『경남매일신문』 『국제신보사』 등 지역 언론도 언론자유수호투쟁에 동참했다.(부산광역시사편찬위원회 편, 1998, 276쪽) 5월 초순까지 7개 일간지와 1개 민간방송, 2개 경제지, 2개 통신사가 언론자유 수호의 의지를 천명했고, 지방에서도 14개 신문·방송·통신사 기자들이 동참했다.(한국기독교교회협의회 인권위원회 편, 1987, 189쪽)

1971년 5월 15일에는 한국기자협회가 신문회관 회의실에서 전국 분회장, 시도지부장 회의를 개최하고 언론자유수호 행동강령과 결의문을 채택했다. 협회는 결의문에서 "기자들은 진실을 진실대로 기사화할 것과 관계기관의 불법적인 기자 연행을 일체 거부하며, 정부는 지금까지의 언론에 대한 유형무형의 불법 부당한 간섭과 압력을 즉각 중지하고 신문, 방송, 통신의 제작은 언론인의 양심과 자율에 맡길 것"을 요구했다.(『조선일보』 1971년 5월 18일자)

하지만 이러한 기자들의 언론자유수호투쟁(제1차 언론자유수호투쟁)

은 박정희 정권의 언론정책에 근본적인 변화를 가져오지 못했다. 기자들은 선언문 채택 이상의 조직적이며 강력한 행동을 취하지 않았다. 얼마 안 되어 정보기관의 간섭과 통제, 경영진과 편집 간부들의 경계심은 원상태로 복구되었다.

나아가 박정희 정권은 언론에 대한 제도적 통제를 더욱 강화했다. 박정희 정권이 1971년 12월 6일 국가비상사태 선포 직후인 12월 17일 신문협회는 프레스카드제 실시를 발표했다. 이는 신문경영단체가 정부에 신청하는 형태를 취했지만 사실상 정부가 강요한 것이었다. 정부는 프레스카드 발급을 통해 언론인의 신분과 언론사의 취재기자 수를 제약할 수 있었다.(김민환, 2002, 496쪽)


## 대학자주수호투쟁과 인턴·레지던트 파동

### 국공립 대학교수들의 대학자주수호투쟁

박정희 정권의 학원의 자주성 침해로 인한 폐해는 대학생만 절감했던 것은 아니다. 대학 사회의 한 축인 교수들도 다른 차원에서 학원자주성 말살의 폐해를 몸소 느끼고 있었다. 특히 국공립 대학의 교수들은 정부의 직접적인 통제 아래서 그 심각성을 더욱 절실하게 느낄 수밖에 없었다.

1971년 국공립 대학의 교수들은 그 문제의 심각성이 더 이상 묵과할 수 없는 상태에 이르렀다고 판단했다. 이에 1971년 8월 18일 서울대 문리대 교수들이 전체교수회의를 갖고 대학의 자율성 보장을 강력히 요구했다.(『대학신문』 1971년 8월 30일자) 이들은 대학의 자율성과 발전에 무관심한 정부에 대한 인내가 한계에 다다랐다고 선언했다. 20일과 21일 양일 사이 공대·농대·상대 교수들의 선언이 뒤따랐다. 23일에는 서울대 전체 교원 998명 중 513명이 대학 강당에 모여 교수협의회 긴급임시총회를 열고 대학 자치 제도화를 촉구하는 내용의 대정부 건의문을 채택했다.

대학교수들의 학원자주화 요구는 지방 국립대학에서도 거의 동시에 제기되었다. 경북대와 부산대 교수들도 8월 23일 서울대와 마찬가지로 대학자주화를 천명했고, 25일에는 전국적으로 확산되었다. 경북대, 부산대에 이어 전남대, 전북대, 충남대(8. 25), 충북대(8. 25), 강원대, 부산수산대 (8. 25), 진주농대(9. 4), 제주대(9. 4) 등의 순서로 10개 지방 공립대학 모두 자주선언을 발표했다. 9월 13일에는 지방 국립대학 교수협의회에서 "자주선언"을 발표했다.

당시 국공립 대학 교수들이 느꼈던 상대적 박탈감과 위기의식은 서울대 문리대 교수 구기성의 다음과 같은 언급에서 그대로 드러난다.

여기 국립대학이라는 모순투성이의 사회가 있다. 정부에서 임명한 총장이 다시 임명한 학장 밑에서 교수들은 학내의 모든 일에 협조하여야만 한다. 그러한 중요한 일은 그들, 정부가 임명한 총·학장들이 전결하다시피 하는 모순, 빈번하게 일어나는 학생들의 시위사태를 막으려 하나 그들이 납득할 만한 어떠한 보장도 약속도 할 수 없는 무력함, 깨어진 유리창 1장을 갈아 끼우는 데에도 반년이 걸려야 하는 비능률적인 대학 관리의 관료주의적 타성, 대학의 심장이라고 일컬어지는 도서관과 실험실이 반세기 이전의 낡은 상태로 버려져 있는 사실, 그러면서도 교수라는 직함 때문에 인내를 거듭하며 점잖은 처신을 해야 하는 아이러니……(정영일, 1971, 76쪽)

그간 권위주의 정권에 의해서 이른바 '조국근대화' 달성이란 구호를 내걸고 단기간에 추진된 고도성장의 부정적인 측면이 사회 곳곳에서 터져 나왔다. 교수들의 "자주선언"은 대학도 성장제일주의 경제발전정책의 폐해를 피하지 못했음을 확인시켜주는 사건이었다.

전국 국립대학 교수들이 제기한 자주선언의 골자는 크게 대학의 자율성 보장과 처우 및 연구여건 개선으로 요약된다. 대학교수들은 대학의 의사와 상관없이 휴업령이 내려져 수업을 중단해야 하는 사태를 보며, 대학의 자치권이 완전히 소멸되었다고 인식하게 되었다. 또한 대학교수들은 정보사찰의 대상이 되어 학문의 자유를 상실하고, 심지어는 항시 이루어지는 보이지 않는 감시로부터 위협을 느낄 정도였다. 교수들이 연구실에서 제자와 나눈 사적인 대화조차 감시의 대상이 되었다.(정영일, 1971, 79쪽)

대학 교육을 위한 정책 결정에서 대학교수를 배제한 것은 교수가 자신감을 갖고 학생들을 지도하는 것을 막아버린 결과를 가져왔다는 지적도 제기되었다. 즉 '국민윤리'와 '교련'교육 실시에 대한 결정은 학원 외부에서 이루어졌고, 이에 따라 학생들이 교련 반대를 들고 나왔을 때 학교 당국과 교수들은 이 문제를 논의할 자신이 없었기 때문에 외면했다는 것이다. 그리고 이는 학생들이 직접 정부와 투쟁하는 상황을 초래하는 주요한 요인 중의 하나였다.

국립대학의 자율적 발전을 위해서는 대학을 행정부처의 통제하에 두지 않고 독자적인 이사회를 구성할 필요가 있다. 이에 서울대도 1955년 평의원회 규정을 공포했다. 그러나 5·16 군사 정권이 집권한 직후 국공립 대학의 장이나 교수 등의 임면절차를 새롭게 규정했고, 이때부터 의결기관이었던 교수회의는 심의기관으로 격하되었다.

대학교수 특히 국립대학 교수들의 연구 여건도 연구 자체를 지속할 수 없을 정도로 매우 열악했다. 부교수의 최저 봉급이 초급장교 월급보다도 적었고, 도서관 및 실험실습 시설의 상황도 열악하기 그지없었다.

국공립 대학 교수들이 대학자주화를 강력히 천명했지만 박정희 정권은 이를 사실상 묵살했다. 단지 학술연구조성비를 약간 증대했을 뿐이다.

김종필 국무총리가 국립대학 교수들의 요구와 항의를 무마하기 위해 9월 11일 서울대를 방문하여 학원의 자율성을 최대한 보장하고, 학원사찰도 근절하겠다고 언급했다. 하지만 10월 무장군인들의 학원 난입과 위수령 선포로 이는 곧 빈말이 되어버렸다.

"학원민주 수호"를 외쳤던 학생들은 국공립 대학 교수들의 대학자주화를 위한 움직임을 어떻게 바라보았을까? 학생들은 교수들의 자주선언을 "비민주적인 일방적 강요와 독선에 가득 찬 권력만능의 시대"임을 적나라하게 보여준 사건으로 보았다. 그리고 교수들이 대학자유 수호의 최대 관건이라고 할 수 있는 '학사 운영의 자율성 보장'을 획득하려 하고 있다고 평가했다. 하지만 학생들은 한국 지성을 대표하는 교수들이 '군사교육 철폐'를 같이 외치지 못한 점을 지적했다. 학생들은 교수들이 대학의 병영화와 학사 운영의 근본적인 문제를 야기하는 군사교육 철폐를 언급하지 못하고 있는 것에 대해 한국 지성의 한계를 동시에 드러내는 것이라 파악했다.(『산 지성』 4호〔1971. 8. 24〕)

### 인턴·레지던트 파동

'인턴·레지던트 파동'은 기자들의 언론자유수호투쟁, 국공립 대학 교수들의 대학자주화 요구, 판사들의 사법권 독립 시도와 함께 이 시기 전문가 집단이 처했던 또 다른 현실을 보여주는 사건이다. 당시 병원 수요보다 졸업생이 많은 상황에서 수련의들은 열악한 조건에서 근무하였다. 특히 국공립병원 수련의들은 공무원보수규정에 얽매여 사립병원의 수련의들보다 더욱 열악한 상황에 처해 있었다.

미국의 제도를 그대로 수입하여 1960년부터 실시해온 수련의제도는 전공 분야와 상관없이 획일적으로 수련기간(인턴 1년, 레지던트 4년)을 정하여 인력 낭비가 심했다. 무엇보다 장기간의 수련기간 동안 수련의들은 모든 진료업무를 담당하면서 일반 개업의에 비해 형편없는 보수를 받는 희생을 감수해야만 했다.

1971년 6월 16일 국립의료원 인턴들이 신분보장 및 처우개선을 요구하며 사표를 냈다. 보건사회부가 이들의 사표를 모두 수리하고 다시 모집하겠다는 태도를 취하자, 서울대·경북대·전남대 등 국립대학 부속병원 수련의들이 성명을 발표하고 무기한 단식농성에 들어갔다. 7월 이후 수련의들의 항의는 서울의 국공립·사립 대학이 중심이 되어 전개되었다. 서울대 수련의들의 항의에 호응하여 연세대, 국립의료원, 경찰병원, 고려병원 등이 파업에 동조했다. 수련의들의 병원 이탈과 정부의 강경한 태도, 그리고 교수들의 설득이 반복되며 9월 초까지 인턴·레지던트 수련의들의 항의가 이어졌다. 수련의들은 교수들의 설득으로 근본적인 답을 얻지 못한 채 파동을 매듭지었다. 파동이 수습되자 정부는 임금인상을 약속하고 '수련의 제도 개선위원회'를 구성하는 등 사후조치를 취했다.


## 사법부파동과 사법권 독립 모색

1971년 이른바 '사법부파동'이 일어나 한국 사회에 큰 파장을 불러일으켰다. 이 '사법부파동'이란 1971년 7월과 8월에 걸쳐 현직 부장판사 등에 대한 검찰의 영장 신청, 이에 반발한 판사들의 집단사표와 검찰의 사법권 침해에 대한 폭로, 그리고 대법원 판사들을 포함한 법관들의 독립선언 등 연이어 발생한 일련의 사건들을 총칭하는 것이다.

사법부는 이미 1971년 초부터 권력과 청탁을 배제하는 자체 정화운동을 추진하는 모습을 보였다. 1월 13일 대구고등법원 관하 판사 100여 명이 "권력으로부터의 독립" "청탁 배제" "자세 쇄신" 등을 슬로건으로 내걸고

자체 정화운동을 벌였다. 이는 사법부 사상 처음 있는 운동으로 1970년 국
정감사에서 "사법부가 세속화되었다"라는 지적에 자극을 받아 전개된 것
이다.

이처럼 사법부 내에서 권력으로부터의 독립을 추구하는 흐름은 일찍
부터 표출되고 있었다. 그럼에도 불구하고 검찰로 대표되는 권위주의 정
권은 사법부의 독립성을 지키려는 법관들의 지향을 무시하며 사법부를 권
력의 하수인으로 이용하고자 했다. 이는 사법부의 반발을 초래했고 '사법
부파동'이 발생하였다.

사건의 발단은 7월 28일 서울지검 공안부가 출장체재비 수뢰 혐의로
서울지법 형사부의 이범렬 부장판사 및 최공웅 판사 등에 대해 구속영장
을 신청한 데서 비롯되었다. 서울형사지법은 영장 신청 당일로 이를 기각
했다. 그리고 서울형사지법 소속 판사 42명 중 37명이 두 판사에 대한 영
장 신청은 공안사건 무죄판결 등에 대한 보복 조치라고 보고, "이러한 분
위기에서는 공정한 재판을 할 수 없다"며 집단사표를 제출했다.

검찰과 행정부가 보복 조치를 취하며 압력을 가하고 있다는 사법부의
인식은 근거 없는 말이 아니었다. 1971년 들어오면서 대법원은 국가의 상
법이 위헌이라는 판결을 내리고 수백억 원이 걸려 있는 소송에 대해 국가
패소 결정을 내렸다. 또한 법원의 '위헌심권'違憲審權을 제한한 법원조직법
중 판사정족수 부분도 위헌이라고 판결, 입법부와 행정부가 사법부에 가
했던 제약 요소를 제거해버리는 조치를 취했다.(윤병해, 1971, 43쪽)

나아가 사법부는 4·27 대통령 선거 이후 민주화운동세력에 대한 강경
조치를 취해 분위기를 반전시키려던 검찰의 의도를 좌절시켰다. '서울대
신민당사농성사건'은 학생운동을 억압하려 했던 대표적인 예이다. 앞서 보
았듯이 검찰은 학생운동에 대한 강경 방침으로 선회하며 신민당사에 진입
했던 서울대생들을 전격 구속했고, 최종적으로 관련자 10명에게 모두 실

형을 구형했다. 담당검사는 실형구형공판에서 "준법생활을 통한 애국을 해야지, 시위로서 자기 생각만이 애국이라고 타인에게 강요함은 부당하며 민주주의를 죽이는 일"이라고 논고했다.(『동아일보』 1971년 6월 16일자) 하지만 국회의원선거법(선거자유방해)과 '집회 및 시위에 관한 법률' 등에 대한 위반 혐의로 징역 1년 6개월에서 8개월까지를 구형받았던 이들은 29일 서울형사지법 판결에서 전원 무죄를 선고받았다. 이들의 시위는 헌법상 민주기본질서를 침해하지 않았다는 것이다.(『동아일보』 1971년 6월 29일자)

검찰이 반공법, 국가보안법을 적용했던 『다리』 필화사건 관련자들 전원에 대해서도 서울지법은 무죄판결을 내렸다. 서울고법 특별부도 잡지 『씨올의 소리』 발행인 함석헌이 문공부장관을 상대로 낸 간행물 등록취소처분취소 청구소송 상고심에서 "등록취소처분을 취소하라"라는 원심을 확정했다. 자유민주주의 원칙을 지키려는 사법부의 변화상을 보여주는 것이었다.

이러한 상황에서 검찰이 판사를 기소하였고, 이에 대해 서울형사지법 판사들은 보복 조치로 판단하고 대거 사표를 던졌다. 이후 대법원장이 사태수습에 나섰고, 검찰이 영장신청을 보류하여 파동은 일시 해결의 조짐을 보였다. 하지만 서울민사지법 판사들이 7월 30일 전격적으로 집단사표를 제출함으로써 더욱 심각한 양상을 띠었다.

판사의 동조 사표 제출은 서울가정법원, 대구지법, 청주지법 등으로 확대되었다. 부산, 대구지법 등 대도시 판사들은 이범렬 부장판사에 대한 영장 신청은 '사법권 독립'에 대한 중대한 위협이라고 보고, 사태를 주시하겠다고 밝혔다. 또한 대한변호사협회가 사법권 옹호운동을 지지하는 성명을 발표했다. 7월 31일 현재 사표를 낸 판사는 모두 100명이었는데, 이는 전체 법관(415명)의 4분에 1에 달하는 규모였다.

그러나 사법권의 각종 침해를 배제하고 사법부의 독립을 유지하고자 했던 판사들의 시도는 그 목표 달성을 위한 강력한 투쟁을 전개하는 차원까지 나아가지 못했다. 우선 박정희 대통령이 검찰에 판사독직사건을 더 이상 수사하지 말라는 지시를 내려 사건이 확대되는 것을 차단했다. 이에 검찰은 사건을 불기소하고 일방적인 휴전을 선고했다. 판사들은 여러 차례 사후방안을 논의했으나 대안을 찾지는 못했다. 8월 27일 민복기 대법원장은 재경 법관 전체회의를 소집하고, 이 자리에서 내외의 정세를 감안하고 "국민의 기대에 부응하여 사표를 철회할 것"을 호소했다.(『조선일보』 1971년 8월 27일자) 이 회의를 계기로 판사들은 사의를 철회하고 법정에 복귀했다. 1개월 동안 지속된 '사법부파동'은 끝내 '사법부 독립'이라는 민주화과제 달성에 대한 어떠한 진척도 이루지 못한 채 마감되었다.

# 4

# 교련철폐투쟁 재개와 국가비상사태 선포

## 교련철폐투쟁 재개와 부정부패규탄시위 확산

1971년 하반기에 들어 학생들은 민주수호국민협의회의 발족, 언론인들의 언론자유수호선언, 법관들의 사법권 독립 추구, 교수들의 학원자주 선언, 전태일 분신 이후 노동자들의 투쟁, 광주대단지 빈민투쟁, 중소상인들의 조세 저항 등을 보며 4월혁명 이래 억압되었던 '민주·민권 운동'이 다시 발흥하고 있다고 판단했다.(전국학생연맹, "민주·민족·통일의 깃발을 높이 들자"〔1971. 9. 7〕) 학생들은 민주·민권 운동이 다시 발흥하는 상황에서 학생운동이 담당할 과제는 무엇보다 '학원민주화'에 있으며, 이를 성취하기 위해서는 '교련철폐투쟁'을 전국적으로 확대하여 '최종적 승리'를 쟁취해야 한다고 강조했다. 학생들은 '학원민주화'를 본연의 임무로 삼고, '정보통치 폐기와 민주적 기본질서 회복' '부패와 특권 폐지, 민권 신장'을 위해 적극적으로 싸워나가야 한다고 주장했다.(전국학생연맹, "민주·민족·통일의 깃발을 높이 들자"〔1971. 9. 7〕) 2학기가 시작되자마자 학생들은 이와 같은 입장을 천명하며 교련철폐투쟁을 적극적으로 전개하고, 이와 함께 권력의 부정부패를 비판해나갔다.

1971년 9월 6일 고려대 총학생회는 『교련백서』를 발간하여 "반역사적, 반민족적, 비지성적 군사훈련을 단호히 고발하며, 군사훈련 축출"에 대한 결의를 밝혔다. 9월 15일에는 고려대, 서강대, 서울대, 성균관대 등 4개 대학 총학생회장들이 교련의 '전면 철폐'를 재천명하는 성명서를 발표했고, 9월 28일에는 연세대생 약 800명이 "교련 담당 현역 군인은 즉시 학원에서 철수하라"고 요구하며 가두시위를 벌였다.

학생들의 부정부패 규탄은 예상치 못한 사건과 맞물리며 지배권력의 본성과 폭력성이 적나라하게 드러나도록 만들었다. 10월 5일 새벽 1시 30분경 수도경비사 제5헌병대 소속 군인 20여 명이 고려대에 난입하여 학생회관에서 농성 중인 서클 '한맥' 간부 5명을 수도경비사로 불법 납치하여 구타하는 사건이 발생했다. 수경사 헌병대가 고려대에 난입한 이유는 학생들이 자신들의 사령관을 대표적인 부정부패 인사로 지적했기 때문이었다. 고려대에서 9월 30일과 10월 4일 두 차례에 걸쳐 부정부패 원흉을 처단하라는 내용의 벽보가 붙었다. 특히 10월 4일 벽보에는 대상자들의 이름들이 구체적으로 언급되었고, 거론된 이름 중 수도경비사령관 윤필용 육군소장의 이름이 포함되었다.(고려대학교 100년사 편찬위원회, 2005, 206쪽)

김상협 총장의 강력한 항의로 학생들은 당일 오후에 인계되었다. 하지만 7일 소식을 접한 고려대생들은 "정부는 부정부패 원흉을 처단하고 오도된 근대화에 대해 책임을 져라" "정부는 야음을 틈타 조국의 민주를 유린한 군 집단의 야만적 행위의 책임자를 처단하고, 학원과 민권의 자유를 보장하라" 등의 구호를 외치며 시위를 전개했다.(『고대신문』 1971년 10월 12일자) 10월 8일에는 고려대생 3,000여 명이 긴급비상학생총회를 개최한 후 투석전을 벌이는 등 격렬한 시위를 전개했다.

10월 7일 서울대 문리대·법대·상대 학생들은 부정부패 추방을 외치며 시위를 전개했다. 특히 문리대생들은 '부정부패 특권층 화형식'을 벌인 뒤 격렬한 시위를 전개했다. 서울대 총학생회는 19일 중앙정보부 철폐, 부정부패 특권분자 처단, 민중생존권 보장, 학원탄압 관계자 처단 등을 주장하는 내용의 성명서를 발표했다. 10월 12일에는 전남대생들이 부정부패를 비판하는 시위를 전개했고, 광주 대건신학대생들도 "경제폭군 타도하자"라는 구호를 외치며 시위를 벌였다.

부정부패 문제는 양심적인 종교계 인사들에게도 민감한 사안이었다. 지학순 주교의 주도 아래 원주교구가 10월 5일부터 시작해 10월 7일까지 부정부패규탄시위를 전개했다. 보수적인 성향을 띤 것으로 인식되던 가톨릭교구가 농성을 했다는 것은 그 자체만으로도 커다란 사회적 파장을 몰고 왔다. 원주『문화방송』의 비리 규탄에서 시작된 이 시위는 3일간 이어지며 대정부 부정부패규탄시위로 확대되었다.* 5일부터 3일째 기도회를 벌였던 천주교 원주교구 신자 300여 명은 7일 '사회정의를 위한 투쟁위원회' 결성 선언문을 채택했다. 이들은 선언문에서 부정부패 추방, 정보부 해체, 반공법 폐기 등을 거듭 촉구했다.(천주교 원주교구, 1971 "부정부패 규탄문")

천주교 원주교구의 시위를 시발로 종교계의 부정부패 규탄이 이어졌다. 10월 8일 개신교와 가톨릭교회가 공동으로 결성한 '크리스찬 사회행동협의체' 산하단체들이 침묵시위를 전개했다. 10월 11일에는 한국기독교학생총연맹KSCF, 한국가톨릭학생연합회, 서울지구 교회청년협의회가 모여 '부정부패규탄 민주수호기독청년협의회'를 결성했다. 같은 날 '가톨릭

---

* 원주교구는 5·16장학회와 공동출자하여 1970년 9월 원주 문화방송국을 개국했다. 이후 감사를 맡았던 교구는 자금 사용에 문제가 있음을 밝혀내고, 5·16장학회에 항의했다. 그러나 이를 묵살하던 장학회 측은 교구와 상의 없이 주권을 팔아버렸다. 이에 교구는 검찰에 고발했으나 조사가 제대로 진행되지 않자, 반부정부패시위를 벌이기로 결정했다.(한국기독교교회협의회 인권위원회 편, 1987, 148~149쪽)

휴교령이 내려 출입이 통제된 서울대학교

문우회'가 부정부패 추방을 지지하는 내용의 성명서를 발표했다. 10월 15일에는 가톨릭과 개신교 단체 대표 50여 명이 부정부패 원흉 처단, 위수령 철폐, 정보정치 중단, 노동자·농민·소시민의 생존권 보장을 요구하는 내용의 결의문을 발표했다.

　　군인들의 학원 난입 사건 이래 학생들의 교련 반대, 부정부패척결시위는 더욱 고조되는 양상을 보였다. 10월 11일에는 연세대와 성균관대 학생들이, 12일에는 동국대·동아대·부산수산대 학생들이 교련 반대와 무장군인들의 학원 난입을 반대하는 시위를 전개했다. 특히 10월 13일 고려대, 서강대, 서울대, 연세대, 경북대, 부산대, 전남대 등 중앙과 지방의 전국 14개 대학 학생 대표가 모여 규탄대회를 벌였다. 이들은 학생 1,000여 명과 함께 서울대 문리대 4·19기념탑 앞에서 부정부패와 무장군인의 고려대 난입, 그리고 교련수업 거부자들을 강제징집할 것이라는 정부 발표를 규탄하며 가두 진출을 시도했다. 전남대생들도 정부의 부정부패, 군인들의 학원난입사건, 교련 강화 책동을 비판하며 대대적인 시위를 전개했다.

한편, 전국학생연맹은 10월 14일 전국대의원대회를 명동의 흥사단 건물에서 개최하려 했으나 경찰의 원천봉쇄로 실패했다. 이에 전학련 지도부는 15일 아침 연세대에서 "전학련 총대회 선언문"을 발표했다.(이태호, 2001, 73~74쪽) 선언문에서 학생들은 중앙정보부 철폐와 수도경비사령관 처벌, 그리고 반反대학적 무단통치 책동에 대항하여 배수의 결전을 벌일 것을 호소했다. 하지만 이날 전국학생연맹 지도부는 위수령이라는 박정희 정권의 초강경 조치에 직면해야 했다.


## 학생운동 초강경 탄압과 국가비상사태 선포

**위수령 발포와 학생운동 초강경 탄압**　　　2학기 들어서 교련철폐시위가 다시 고조되고 여기에 부정부패를 규탄하는 시위가 전국적으로 확산되자, 박정희 정권은 학생운동에 대해 이전보다 더욱 강력한 조치를 강구했다. 10월 12일 국방부장관과 문교부장관은 교련수업을 거부하는 학생들을 강제징집할 것이라는 결정을 담은 공동담화문을 발표했다. 담화문은 "정당한 이유 없이 군사교육을 받지 않는 학생을 뚜렷이 구분하여 처우할 것을 규정하고 있는 병역법 제22조와 동시행령 제40조에 따라 제적자, 휴학자, 제한 연령까지 졸업 불가능한 자 등에 대한 법적 신고를 이행하고, 병무 당국은 이 신고에 대한 공정한 병무행정을 집행하기를 바란다"라고 강조했다.(『조선일보』 1971년 10월 13일자) 문교부는 10월 14일 전국 총·학장회의를 긴급 소집하고 학생들의 교련 반대, 부정부패 규탄, 무장군인의 고려대 난입 사건 등에 대해 논의했다. 이 자리에서 문교부 당국은 "유언비어를 날조하고 군을 자극하는 학생들을 철저히 지도해줄 것"을 요구하는 한편, 허가 없이 간행물을 발간하는 주동학생을 엄단하겠다고 강조했다.(『동아일보』1971년 10월 14일자)

그러나 교련 반대자 징집이라는 강경 방침은 학생들의 격렬한 반대를 불러일으켰을 뿐이었다. 결국 10월 15일 박정희 정권은 학원통제를 위한 초강경 조치를 취했다. 박정희 대통령은 9개 항의 '학원질서확립을 위한 특별법령' *을 발표하고 서울시 일원에 위수령을 발포했다.

위수령 발동으로 10월 5일 오후부터 서울대(문리대와 법대), 고려대, 연세대, 서강대, 성균관대, 경희대, 외국어대 등 서울 시내 7개 대학에 군이 진주했다. 문교부는 위수군이 주둔한 이들 7개 대학 이외에 전남대에도 휴업령을 내렸다. 특히 위수군은 고려대에서 군 진주에 대해 투석전을 벌이며 저항했던 학생들을 무차별 구타하며 70여 명을 연행했다. 이날 7개 대학에서 연행된 학생들은 모두 1,889명이었다. 군은 10월 23일까지 각 대

---

• '학원질서확립을 위한 특별법령'의 9개 항은 다음과 같다.
　① 학원질서를 파괴하는 모든 주도 학생을 학원에서 추방하라.
　② 앞으로 학생들의 여하한 불법적 데모, 성토, 농성, 등교 거부 및 수강 방해 등 난동행위는 일절 용납할 수 없다. 이러한 행동을 주도한 학생은 전원 학적에서 제적하라.
　③ 제적된 자에 대해서는 즉일로부터 학생 신분상의 모든 특권을 인정해주지 말라.
　④ 학술 목적을 제외한 각 대학 내의 모든 서클은 곧 해산케 할 것이며, 학술 서클이라 할지라도 주임교수가 그 지도와 결과에 대해 책임을 지도록 하라.
　⑤ 대학에서 정당히 인가한 이외의 여하한 신문, 잡지, 기타 간행물도 발간할 수 없다.
　⑥ 학원의 자유, 자주, 자치는 강조되어야 한다. 불법적 데모, 성토, 등교 거부 및 수강 방해 등으로 학원질서가 파괴된 대학에 대해서는 학원의 자유, 자주, 자치 등을 인정할 수 없다. 따라서 이들 학교에 대해서는
　　㉮ 모든 학생단체를 해산케 하고 학교 당국이 직접 지휘 감독케 한다.
　　㉯ 경찰은 학원 내에 들어가서라도 주도 학생을 색출하여 치안 유지에 만전을 기하라.
　⑦ 군은 필요한 때에 절차에 따라 문교부, 내무부 및 지방장관의 요청에 적극 협조하라.
　⑧ 교련은 중단될 수 없으며 교관단은 긍지와 사명감을 갖고, 충실한 교련강의에 임하라.
　⑨ 각 대학의 학칙을 더욱 엄격히 보강케 하고 학교 자체의 질서 확립과 교권 확립에 기하게 하라.

학에 주둔했다.

　학생들의 학원 및 사회민주화운동에 대한 박정희 정권의 초강경책에 대해 일부 사회 각계인사들은 바로 긴급선언문을 발표했다. 10월 19일 언론, 종교, 법조, 학계, 문인, 여성, 청년, 지방인사 등 각계각층의 지도인사 64명이 "위수령과 휴업령의 즉각 철회" "체포된 학생들의 즉시 석방" "특권층의 부정부패 척결과 정보정치 폐지"를 요구하는 내용의 성명서를 발표했다.

　위수령 선포 직후 문교부는 곧 각 대학에 '시위주동학생을 제적할 것' '교련 미수강자를 가려낼 것' '제적학생의 재입학 편입학을 불허하도록 할 것' '지하신문* 등 간행물 발간을 정지할 것' '자치활동 정지' 등을 지시했다. 이에 따라 다수의 학생들이 제적되고, 학내 서클 해체와 간행물 폐간 조치가 이어졌다. 문교부는 폐간과 해체 대상으로 삼고 있는 각 대학 미등록간행물(12개)과 서클(8개)을 공표했다.** 10월 19일 문교부는 각 대학이 '학원질서 확립'을 위해 올린 보고서를 집계하여, 전국적으로 제적학생이 24개 대학 163명, 35개 대학 병무 신고자 중 교련 수강 거부자가 5,087명, 문제서클이 6개 대학의 74개, 폐간된 학생 간행물은 4개 대학 13종, 학생 자치단체 기능이 정지된 대학이 7개 대학이라는 숫자를 발표했다.(『동아일

---

●　정부가 지칭한 '지하신문'이란 표현은 옳은 표현이 아니다. 이 시기 각 대학의 학생운동 서클은 공개적인 활동을 전개하는 학생모임단체였고, 회지도 서클 이름으로 공개적으로 발간했기 때문이다.
●●문교부가 공표한 간행물과 서클은 다음과 같다.
　간행물―『자유의 종』(서울대), 『전야』(서울대 문리대 언론협의회), 『의단』(서울대 문리대 대의원회), 『한맥』(고려대 한맥회), 『산 지성』(고려대 한사회), 『내나라』(연세대 한국문제연구회), 『활로』(연세대 목하회), 『새얼』(이화여대 새얼모임), 『필맥』(전국대학언론협회), 『새벽』(서울대 교양과정부 사회법학회), 『향토개척』(서울대 향토개척단), 『횃불』(서울대 교양과정부 사회과학연구회)
　서클―후진사회연구회(서울대), 문우회(서울대 문리대), 사회법학회(서울대 법대), 한국문제연구회(연세대), 통일문제연구회(연세대), 한맥회(고려대), 한국사상연구회(고려대), 정진회(경북대)(『동아일보』 1971년 10월 15일자)

보』1971년 10월 18일자) *

전국의 84개 대학 모두 문교부의 지시대로 학칙을 보강 수정했다.(『동아일보』1971년 10월 25일자) 또한 10월 23일 위수군이 철수할 때까지 문교부의 지시에 따라 전국적으로 23개 대학에서 174명이 ** 제적 처리되었고, 35개 대학에서 교련 미수강자 6,322명을 포함한 1만 3,505명이 '학적 이동자'로 병무청에 신고되었다. 한 야당 의원은 이렇게 많은 학생들이 일거에 제적된 것은 "일제하 항일운동 시기에도 없었던 일로 전체주의국가가 아니면 불가능한 일"이라고 개탄했다.

박정희 정권은 교련 미수강자를 모두 입영 조치하는 것은 가혹한 방침이라는 비난을 받자, 애초 제시한 안에서 한발 물러서는 대신, 미수강자 학생들로 하여금 교련 이수 서약서를 제출하도록 했다.(『조선일보』1971년 11월 5일자) 하지만 '문제학생'들로 분류된 학생들은 예외였다. 제적을 당한 학생들 중 다수가 다시 수사기관에 검거되어 모진 고문을 당한 뒤 강제 징집되는 고초를 겪었다. 서울시경은 18일에 이미 시위주동자 리스트에 올라 있는 119명의 학생 중 74명을 검거하는 기동력을 발휘했다. 국방부는 문교부로부터 '문제학생' 명단을 통고받으면 즉시 징집 조치할 것이라는 방침을 천명했다.(『조선일보』1971년 10월 19일자) 박정희 정권은 10월 20일, 88명을 주동학생으로 확정하고 이중 85명을 연행했다고 발표했다.(『동

---

● 주요 대학의 제적학생 숫자는 다음과 같다. 서울대 61명, 고려대 21명, 연세대 15명, 중앙대 4명, 성균관대 11명, 서강대 7명, 외국어대 9명, 전남대 8명, 경북대 4명, 서울시립농대 3명, 강원대 2명, 동아대 2명, 부산대 1명 등이다. 서클은 서울대, 연세대, 고려대, 중앙대, 충남대 5개 대학에 48개, 강원대에 26개였다. 간행물은 서울대, 고려대, 연세대, 전남대 등 4개 대학의 것이며, 학생자치 활동이 정지된 대학은 서울대, 고려대, 연세대, 성균관대, 전북대, 전남대, 강원대 등이다.(『조선일보』1971년 10월 19일자) 19일 발표된 숫자가 확정된 것은 아니며, 이후 보도 기사 수치의 차이가 보인다. 『동아일보』는 25일 미등록 간행물 14종이 폐간되었고, 14개의 문제서클이 해체되었다고 보도했다. 25일 기사는 세부내역을 언급하고 있지 않아 오타인지, 수정된 최종 결과인지를 확인할 수 없다.

●● 1971년 교련철폐시위와 관련하여 제적된 전체 학생 수는 1학기 서울대에서 제적된 학생 3명까지 포함하여 모두 177명이다.

아일보』1971년 10월 20일자) 10월 26일에 30명, 28일에 41명 등 양일에 걸쳐 학생들이 대거 되었고, 이후에도 주동자로 검거된 학생들이 추가로 입영 조치되었다.*

문교부는 제적학생들이 다시는 대학에 다닐 수 없도록 편입학 또는 재입학 자격을 불허한다는 규정을 각 대학 학칙에 넣어 보강하게 했다. 언론은 이를 사회 이탈자를 만드는 조치라고 지적했다.


**공안사건 조작과 1인집권체제 강화**　위수군이 철수하고 휴업령이 해제되었으나, 대학은 위수령 이전과 완전히 다른 곳으로 변했다. 민주수호국민협의회는 1971년 11월 8일 학원 자유를 촉구하는 내용의 성명을 발표하였다. 이들은 학원의 휴업령이 해제된 이후 평온은 '강요에 의한 침묵'에 불과하다고 지적하고, 학원의 진정한 정상화를 위해서는 다음과 같은 사항들을 개선할 필요가 있다고 지적했다. 첫째, 학생들의 기본적 요망은 정당한 것이므로 교육법, 교육공무원법, 사립학교법을 민주적으로 개정하여 학원의 자율성과 자유를 보장할 것, 둘째 학생의 언론·출판과 집회·결사의 자유를 보장할 것, 셋째, 대학 당국은 자율적으로 제적학생을 복적시키는 방도를 강구할 것, 넷째, 응징 차원의 학생 입영 조치를 철회할 것, 다섯째, 부정부패 일소는 국민이 납득할 수 있도록 근원적으로 척결할 것, 여섯째, 학원사찰을 근절하고 군인 또는 경찰이 학원과 학생의 인권을 유린하는 행위를 엄단할 것 등이다.(민주수호국민협의회 편, 1971, 47~48쪽)

---

* 정확한 숫자가 파악되지 않으나 교련철폐투쟁을 이끌다가 1971년 제적된 177명 중 100여명 정도가 강제입영 조치된 것으로 보인다.(7·1동지회, 2001, 27쪽) 이들의 병적부에는 'ASP'(Anti-Student Power, 반정부학생세력)이라는 낙인이 찍혔다.(신동호, 2007, 33쪽)

그러나 박정희 정권은 새로운 공안정국을 조성하며, 더욱 강력한 집권 체제를 구축해나갔다. 11월 13일 중앙정보부가 '서울대 내란예비음모사건'을 발표하고, 위수령으로 제적된 서울대생 4명(심재권, 이신범, 장기표, 김근태)과 사법연수생(조영래) 1명을 검거했음을 밝혔다. 검찰은 이들이 폭력시위를 통해 정부기관을 습격, 전복한 뒤 민주수호국민협의회 및 학생 대표들과 '혁명위원회'를 구성한다는 등 '9단계 국가전복 계획'을 추진하고 있었다고 주장했다. 공판 과정에서 피고인들은 조작된 사건임을 밝히고 공소사실을 부인했다. 검찰은 이들에게 10년 형을 구형했지만, 1972년 12월 항소심 최종판결에서 이들은 가벼운 처벌만을 받았다. 최종판결의 결과는 중앙정보부와 검찰이 거창한 이름을 걸고 발표했던 중대한 사건이 국가비상사태 선포에 앞서 민주화운동세력을 미리 탄압하고 족쇄를 채우려는 의도하에 만들어진 사건임을 보여주는 것이었다.

국가안보 지상주의를 강조해왔던(김재호, 2001, 115~116쪽) 박정희 정권은 12월 6일 '국가비상사태'를 선포했다. 박정희는 특별담화문을 통해 변화하는 국제정세가 안보보장에 중대한 영향을 미치고 있다고 국가비상사태를 선포하는 이유를 설명했다. 즉 강대국의 평화 지향적 기조는 핵 교착상태를 통한 현상유지 정책에 불과한데, 북한이 강대국의 이러한 행동의 제약을 이용하여 노골적으로 남침 책동을 강화하고 있다는 것이다. 이와 함께 박정희는 중국의 유엔안전보장이사회 진출을 강조했다. 게다가 이러한 상황에서 내적으로는 향토예비군이나 대학 교련에 대한 시비가 분분하고, 일부 언론인들이 언론의 자유를 이용하여 무책임한 논의를 퍼뜨리고 있다는 것이다.(『조선일보』1971년 12월 7일자) 박정희는 '국가비상사태'를 극복하기 위해서는 대중이 국가안보를 최우선으로 하는 가치관과 이를 위해 기본권도 유보할 줄 아는 자세를 가질 필요가 있다고 강조했다.

박정희 정권의 현실 정세인식과 대응방침은 학생들의 그것과 대비된다. 학생들은 데탕트와 남북대화 추진이란 새롭게 펼쳐지는 상황을 폭압 통치 종식과 평화적 통일의 가능성을 크게 확대할 수 있는 계기로 파악했다. 반면 박정희 정권은 데탕트와 남북대화 추진이라는 현실 앞에서 장기 집권을 위해 국가 안보위기론을 강조하며, 대통령 1인의 사회통제 권한을 대폭 강화하는 방향으로 나아갔다.

국가비상사태 선포의 명분으로 박정희 정권은 한국이 다시 '6·25전 야'를 방불케 하는 긴박한 상태에 빠졌다고 강조했으나, 미국조차도 북의 남침 위협 주장은 타당성이 없으며 오히려 국가비상사태 선포는 남북대화의 분위기를 해치는 결과를 가져올 뿐이라고 반대했다.(홍석률, 2005b, 83쪽) 박정희 대통령의 국가비상사태 선언은 결국 강력한 권한을 대통령에게 부여하는 '국가안보에 관한 특별조치법' 입안으로 귀결되었다. 12월 21일 국회에 제출된 이 법안은 경제질서에 대한 강력한 통제 권한과, 언론·출판, 집회·시위, 단체교섭 등 국민의 기본권을 대통령이 독자적으로 제약할 수 있는 내용을 담고 있었다. 또한 노동자들의 기본권리인 단체교섭권과 단체행동권을 주무 관청의 허가를 받아야만 행사할 수 있도록 만들어 사실상 두 기본권을 봉쇄해버렸다.(『조선일보』 1971년 12월 22일자; 홍석률, 2005b, 84쪽)

박정희는 특별조치법 통과가 국회에서 난항을 겪을 조짐을 보이자, 직접 국회의장 앞으로 회기 내 조속한 법안 통과를 요청하는 공한을 발송하며 국회를 압박했다. 김종필도 북의 남침 위협을 강조하며 대통령의 권한을 크게 강화시켜주는 보위법의 통과 필요성을 강조했다.(『조선일보』 1971년 12월 24일자) 정상적인 절차를 통해 법안을 통과시킬 수 없자, 박정희 정권은 12월 27일 공화당원 111명과 무소속 의원 2명을 동원하여 새벽에 전격 통과시켰다. 신민당 대변인은 헌법과 국회법을 무시한 법안은 무효이며, 보위법이 통과한 이날은 '한국 민주주의의 치욕의 장'으로 영원히 남을 것이라 지적했다.(『조선일보』 1971년 12월 28일자) 국가보위특별법의 통과는 박정희 정권이 1인독재를 위한 길로 본격적으로 내달리기 시작했음을 보여주는 것이다.

이처럼 1971년 학생 및 재야 민주인사들의 시도는 박정희 정권의 강압적인 조치 앞에서 좌절되었다. 교련철폐투쟁과 공명선거 쟁취를 통해 폭압정치를 종식시키고 탈냉전과 남북대화의 새로운 흐름을 확대하여 평화적 통일을 성취하고자 하는 바람을 박정희 정권은 군대를 동원하여 진압하고, 반민주적 법안을 비정상적 방식으로 통과시켜 권력을 더욱 강화하는 방안을 선택했다. 위수령을 공포하고 국가비상사태를 선포하는 박정희 정권의 초강경 조치 앞에서 민주화운동세력은 무력한 모습을 보일 수밖에 없었다. 역사 전개의 흐름은 민주주의가 완전히 말살되는 유신체제의 등장으로 방향을 튼 것이다.

그러나 민주화운동세력이 비록 유신체제로 이어지는 반동화의 흐름을 당장 막지 못했다 하더라도, 1971년의 민주화운동은 유신체제하 민주화운동의 인적, 조직적 자원을 확보하고 나아가 운동의 방향을 설정하는 과정이었다는 측면에서 그 의의는 매우 크다. 첫째, 학생운동은 탈냉전분단체제를 지향하는 운동으로서 자기 지향성을 명확히 했다. 교련철폐투쟁에서 알 수 있듯이 학생들은 자신들의 투쟁이 반독재 민주화운동의 일환임을 분명히 했고, 탈냉전 조류에 능동적으로 대응하며 민주주의 수호, 민권 신장, 민족 문제의 평화적 해결을 운동의 방향으로 정립해나갔다. 둘째, 1971년 민주화운동은 반유신체제투쟁의 인적 자원을 마련하는 시기였다. 교련철폐투쟁을 주도하다 '문제학생'으로 낙인찍혀 제적당한 학생들은 이후 유신체제반대투쟁의 인적 자원이 되었고, 민주수호국민협의회 등 유신체제하 재야운동의 출발점이 되었기 때문이다.

# 제5장

# 민중생존권투쟁의 분출–
# 전태일의 분신과 광주대단지사건

# 1
# 도시 노동빈곤층의 형성과 생존의 위기

## 산업화와 이농의 물결

손바닥만 한 땅뙈기를 근근이 갈며 하늘 보고 농사짓던 대다수 농민들에게 도시는 늘 '동경의 대상'이었다. 따라서 20세기 내내 도시로 향하는 농민들의 발길은 항상 분주했다. 일제강점기에는 이농민이 해외로 향하면서 이들의 도시 유입이 일시적으로 유예될 수 있었다. 그러나 해방과 전쟁의 소용돌이를 겪으면서, 해외동포와 월남민 등이 대거 도시로 몰려들었다. 그리고 1950년대부터 궁핍한 농촌 현실에서 벗어나려는 움직임이 거세지면서, 농촌에서 도시로의 인구이동이 크게 늘기 시작했다. 특히 1960년대 후반 농촌의 절대 인구수가 감소할 정도로, 1960년대에는 이농민이 물밀듯이 도시로 몰려들었다. 이는 도시를 중심으로 급속한 산업화가 이루어지면서, 도시와 농촌 간의 격차가 더욱 벌어져 농민의 상대적 박탈감이 커진 데다가, 도시에서 새로운 일자리가 늘어나 농민들에게 도시가 새로운 '기회의 땅'으로 각인되었기 때문이다.(장세훈, 2003 ; 박해광, 2005)

특히 정부의 수출주도형 산업화 전략은 이농의 흐름을 더욱 부채질했다. 우선 국내 산업과의 전후방 연관 효과를 고려하지 않은 채 대도시의 수출 대기업 중심으로 산업화가 추진되었기 때문에, 산업 간, 지역 간, 도·농간 불균형을 심화시켰다. 일례로 1962년에서 1971년 사이 제조업은 연평균 18.5%, 사회간접자본 및 기타 서비스업은 11.1% 성장했으나, 농림수산업은 3.7% 성장하는 데 그쳤다. 그 결과 도시와 농촌 주민 간의 소득격차가 갈수록 벌어져, 농민의 도시 유입이 더욱 가속되었다. 또한 수출주도형 산업화에서는 내수시장 육성이 무의미하기 때문에, 수출경쟁력을 뒷받침하기 위해 정부는 노동자에게 장시간 저임금 노동을 강요했고, 이는 저농산물가격지지정책으로 이어졌다. 정부의 농산물가격 안정 조치는 노동자의 기초생활비 수준을 낮춰 임금인상 압력을 완화시키는 한편, 농가경제를 압박해서 농촌인구를 도시로 밀어내 농촌이 도시 노동력 공급의 저수지로 자리 잡도록 했다.

이처럼 도시에 대한 농민의 동경심과 새로운 일자리의 창출이라는 도시의 흡인 요인과 농촌의 영세소농체제와 저농산물가격정책으로 인한 농가경제의 궁핍이라는 농촌의 압출 요인이 서로 상승작용을 일으키면서, 1960년대 내내 도시화는 급속도로 전개되었다. 그 결과 1960년에서 1966년까지 연평균 20만여 명이, 그리고 1966년에서 1970년까지는 매년 65만여 명이 농촌에서 도시로 이주한 것으로 추정되고 있다.(장상환, 1985, 325쪽) 이로 인해 1960년 이후 30년 동안 농촌의 유출 인구가 전체 도시인구 증가의 5분의 2가량을 차지했으며, 특히 1960년대 후반에는 그 4분의 3 가까이를 이농민으로 채웠다.(장세훈, 2003, 516쪽) 이는 이농민이 도시인구 증가의 원동력이었음을 여실히 보여준다. 그 결과 1960년에서 1970년까지 총인구 중 도시인구의 비중은 31.0%에서 43.0%로 늘어났고, 특히 서울에서 전체 도시인구 증가의 53%가 발생하여 전체 도시인구 중 서울의 인구 비중이 1960년 9.8%에서 1970년 17.6%로 급증했다.(유의영, 1978,

57쪽)

도시로 몰린 이농인구는 급속한 산업화에 힘입어 이전에 비해 비교적 쉽사리 노동자 대열에 합류할 수 있었다. 1963년에서 1971년 사이 상시고용자 비중이 12.2%(94만여 명)에서 23.0%(232만여 명)로 2배 가까이 늘어나는 등, 도시의 안정적인 일자리가 빠른 속도로 증가한 점이 이를 뒷받침해 준다.

그렇지만 취업자 대다수가 안정적인 일자리와 소득을 얻은 것은 아니었다. 1971년 현재 가족 종사자가 266만여 명이었고, 임시직 및 일용직 노동자도 164만여 명에 달했다. 또 일자리나 소득이 불안정한 3차산업 종사자도 376만여 명이었다. 또한 일자리 증가에 힘입어 공식적인 실업률은 1963년 8.2%에서 1970년 4.5%로 격감했지만, 불완전취업자는 같은 기간 188만여 명(21.7%)에서 310만여 명(31.0%)으로 오히려 더 늘어났다.(김윤환, 1972, 6쪽) 이는 급속한 경제성장으로 제조업 분야 일자리가 늘어나더라도 도시 제조업의 고용 흡수 능력이 이농을 통한 신규 노동력 공급을 온전히 감당할 수 없었음을 보여준다.

따라서 도시로 갓 진입한 이농민들 대다수는 영세상인이나 행상·노점상, 일용직 노동자 등과 같이 전근대적인 도시서비스 부문에 종사하거나[*] 불완전취업 상태의 상대적 과잉노동력 형태로 존재하며 생계를 꾸리다가, 서서히 근대적 산업부문의 안정된 일자리를 찾아갔다. 그러나 어렵사리 얻은 제조업 부문의 일자리도 이들이 빈곤에서 벗어날 든든한 발판이 되지는 못했다. 따라서 이농을 통해 '농촌의 빈곤'이 '도시의 빈곤'으로 자리만 옮겼을 뿐이고, 이농민을 중심으로 한 도시 하층민들은 쉬지 않고 새로

---

[*] 농림어업에 종사하다가 1960년대에 서울시로 유입된 전입자들은 전입 직후 그 가운데 42%가 판매직에, 그리고 38%는 서비스업에 종사했다.(윤종주, 1991, 46쪽)

운 일거리를 찾거나, 또는 일을 하면서도 가난의 덫에서 쉽사리 벗어나지 못하는 노동빈곤층을 형성해갔다.

## 노동빈곤층의 생존 위기

**노동자의 생계 불안**　　1·2차 경제개발기간 동안 한국 경제는 연평균 9.9%의 높은 경제성장률을 기록했다. 그러나 이 같은 고도성장이 수출주도형 산업화 전략에 입각해서 추진되었기 때문에, 노동자는 양질의 저임금 노동력을 제공하는 경쟁력의 원천일 뿐, 충분한 여가와 적정임금으로 소비를 진작시키는 내수시장의 역군이 되지 못했다. 경제성장의 햇살은 수출 대기업과 이에 연관된 소수의 중·상류층만을 비출 뿐이고, 노동빈곤층은 성장의 그늘에 가린 채 생산현장에서 저임금, 장시간 노동, 그리고 열악한 노동조건을 강요당했다.

먼저 1960년대 제조업 부문 노동자들의 임금 추이를 살펴보자. 높은 경제성장을 반영해서 1962년에서 1972년 사이 명목임금은 연평균 18.5%의 상승률을 보이며 5배 가까운 증가세를 기록했다. 그러나 연평균 물가상승률이 14.4%에 달한 탓에, 실질임금은 약 1.5배 증가하는 데 그쳤다. 그런데 이러한 실질임금 증가는 연평균 12.3%의 노동생산성 증가에 비추어보면 노동자의 분배 몫이 오히려 줄어들었음을 의미한다. 실제로 1965년 (100)을 기준 삼아 연도별 추이를 비교해보면, 1962년 145.9였던 실질임금지수가 1971년에는 그 절반에도 못 미치는 68.0으로 떨어졌다.(김기, 1978, 324쪽) 즉 노동생산성 증가분의 대부분이 기업주에게 돌아가고, 노동자에게는 거의 돌아오지 않았던 것이다. 그 결과 제조업 노동자의 임금은 도시근로자 가구 생계비의 22.7%(1960년), 53.3%(1971년) 수준에 지나지 않으며, 1969년에야 비로소 도시 근로자 가구의 식료품비 정도의 소득을 얻을 수 있었다.(한국은행, 1971 ; 경제기획원, 1971)

그런데 저임금 문제는 영세사업장일수록 더욱 심각했다. 1967년 제조업체 중 종업원 500인 이상 사업장의 평균임금을 100으로 상정했을 때, 200~499인 사업장은 90.6%, 100~199인 사업장은 79.0%, 50~99인 사업장은 71.3%, 5~9인 사업장은 절반도 안 되는 48.7%였다.(한국산업은행, 1968, 70쪽) 특히 생산직 여성 노동자의 경우에는 문제가 더 심각했다. 1967년 현재 광공업 사무직 노동자의 월평균 임금은 13,900원이고, 생산직 노동자의 임금은 그것의 51%인데, 여성 생산직 노동자의 임금은 남성 생산직의 51.1%, 남성 사무직에 비해서는 28.4%에 지나지 않았다.(한국은행, 1968, 248~250쪽) 1960년대 후반의 공업화가 주로 섬유, 의류, 전자 산업 등 경공업 부문에 집중되었고, 10대 후반에서 20대 초반의 미혼 여성 노동자들이 피복 노동자의 88%, 섬유 노동자의 77%, 전자산업 노동자의 68%를 차지한 점을 감안하면, 제조업 부문 상용직 노동자의 대다수가 기아임금 상태에 허덕였다고 할 수 있다.

상대적 과잉노동력이 광범위하게 존재하는 상황에서 상용직 노동자들조차 저임금을 감내해야만 했고, 이들은 낮은 임금을 보충하기 위해 잔업, 특근 등을 통한 장시간 노동에 나서지 않을 수 없었다. 그 결과 제조업 노동자의 주당 노동시간은 1963년 50.3시간에서 매년 늘어나 1967년에는 58.8시간까지 늘었다. 이는 당시 유럽 선진국들의 42시간대에 비하면 무려 10~16시간이나 길었고, 아시아 다른 나라들보다도 10시간 정도 긴 수준이었다.(이원보, 2004, 96쪽) 그러나 이 또한 공식 통계상의 수치일 뿐, 실제 노동시간은 이보다 훨씬 더 길었다. 예컨대 1969년 서울시립 양지회관이 28일 동안 부녀 노동자를 상대로 조사한 자료에 따르면, 이들의 하루 평균 노동시간은 무려 11.1시간에 달했다.(한국노총 편, 1979, 564쪽)

여기에 더해 사업장의 작업환경에 대한 정부의 감시나 통제가 없다시 피 했고, 사업주도 이에 무관심했기 때문에, 산업재해 및 직업병의 발생 빈 도나 피해 규모가 급증했다. 연도별 산업재해 발생 추이를 살펴보면, 산재 노동자 수가 1964년 1,489명에서 1971년 4만 4,545명으로 7년 사이에 29.9배로 늘어났고, 그중 사망자는 같은 기간 33명에서 693명으로 21배나 늘어났다.(노동청, 1974) 그러나 10일 미만 치료를 요하는 경우는 제외되 어 있고, 행정 당국에 신고를 기피하는 경우도 많아, 산재 피해 노동자 수 는 훨씬 더 많았을 것으로 추정된다.(이원보, 2004, 97쪽)

결과적으로 이농민이나 도시빈곤층이 급속한 산업화의 세례를 받아 과거에 비해 더 많은 취업 기회를 얻게 되었지만, 생산현장의 임금·노동조 건이나 작업환경은 갈수록 악화되어 이들을 더 이상 감내하기 어려운 생 존의 위기 상황으로 몰아갔던 것이다.


**빈곤층의 주거 불안**　　　노동빈곤층은 엄혹한 생산현장에서 벗어나더라 도 편안히 쉬고 재충전할 만한 안락한 생활공간 을 기대할 수 없었다. 특히 산업화를 통한 경제성장에만 진력하던 정부가 이농민 및 도시빈곤층에 대한 후생대책에 무관심했기 때문에 더욱 그러했 다. 그 결과 생활현장에서 이농민을 비롯한 노동빈곤층은 자구적 생존방 안을 강구해야 했다. 특히 심각했던 주거 문제와 관련해서● 이들은 무허가 판잣집을 지어 생활하는 방식으로 생존의 활로를 찾고자 했다. 대규모 이 농에 따른 도시인구의 급증으로 주택 수급의 불균형이 심각한 상황에서

---

● 일례로, 서울시의 경우 1960년까지 주택 부족률이 40% 미만이었으나, 1966년 50%로 급증했다. 또한 주 택당 인구수도 1958년 8.8명에서 1966년 10.5명으로 늘었다.(서울특별시, 1983, 525쪽)

이들은 불안정한 일자리에 낮은 소득으로는 정상 주택을 구할 수 없기 때문에, 타인의 토지를 무단 점유해서 불량주택을 불법적으로 지어 각자의 주거공간을 마련했던 것이다.(장세훈, 1998)

특히 이농민이 대거 몰린 서울의 경우에는 대규모 판자촌들이 시내 곳곳에 조성되면서 이농민과 도시빈곤층의 주거공간으로 자리 잡았다. 그 결과 서울의 무허가 불량주택은 1961년 8만 8,440호에서 매년 10∼15%씩 늘어나서 1964년 11만 6,200호, 1966년 13만 6,600호, 1970년에는 18만 7,500호에 달했다.(隅谷三喜男, 1976, 66∼77쪽; 정동익, 1985, 273쪽) 1966년 말에는 서울 시내 판자촌 인구가 약 127만 명으로 당시 서울시 인구의 약 3분의 1에 달할 정도였다.

문제는 이러한 무허가 불량주택의 주거환경이 대단히 열악했다는 사실이다. 1966년 서울시 조사에 따르면, 무허가 불량주택에는 토막집 2만 5,993동, 판잣집 1만 7,600동, 목재가옥 1만 6,800동, 블록집 6만 703동, 벽돌집 2,700동이 포함되어, 토굴에 거주하거나 비바람을 가리기 어려운 주거가 그 절반 이상(54.4%)을 차지하고 있다. 특히 주거 입지를 보면 임야 7만 5,555동, 하천변 6,500동, 그 외 도로부지, 도로용지가 2,495동이고, 택지에 입지한 경우는 4만 6,262동으로 전체의 3분의 1에 불과했다.(차일석, 1970) 따라서 이들 주택의 3분의 2가량이 산사태나 수해와 같은 자연재해에 그대로 노출되어 해마다 적지 않은 재산 및 인명 피해를 입었다.

또한 판잣집의 공간 구조를 보면, 3∼5평의 단칸방에 적게는 4명, 많게는 7∼8명의 가족이 함께 거주하고 있어, 과밀 주거의 문제점도 심각했다. 그리고 전기나 상·하수도시설 등과 같은 생활편익시설이나 도로, 대중교통수단 등의 도시기반시설이 거의 갖춰지지 않아 출퇴근이나 일상생활에 큰 불편을 겪어야만 했다. 예컨대 하월곡동의 경우에는 4,000세대가 6개의 우물에 의지해서 살아가야 했고, 몇 가구가 하나의 화장실을 공동으로 이용해야만 했다.(권이구·최협, 1969, 1970) 그나마 버스 노선이 들어오고 전기나 수도 시설이 갖춰질 만하면, 정부의 판자촌 철거나 지주의 재산권 행사에 떠밀려 시 외곽 유휴지로 이주해서 새로운 주거를 구해야만 했다. 따라서 서울시가 확장되고 생활 여건이 점차 개선되어감에도 불구하고 이들의 주거 여건은 조금도 나아지지 못했고, 주거와 관련한 상대적 박탈감은 갈수록 고조되었다.


## 정부의 노동빈곤층 대책

**과잉 통제와 소홀한 권익 보호**　　　쿠데타 직후 군사 정권은 포고령을 통해 노동 관련 법률의 효력을 정지시키고 각급 노조를 해산시키는 한편, 노동자의 직장 이탈 및 노동쟁의 금지, 임금 동결 등을 명령했다. 그리고 1961년 8월 '근로자의 단체활동에 관한 임시조치법'을 공포해서 분열되고 혼란스럽고 통제되지 않던 노동조합을 위로부터 재편하고자 했다. 당시 군사 정권은 노동조합을 집권세력의 외곽 보조기구로 활용하며 정당과 노조가 결탁한다는 나쁜 인상을 심어준 이승만 정권의 노동통제 방식과 차별성을 두고자 했다. 또한 4월혁명 이후 정치세력화한 노동자의 조직적 저항이 가지는 사회적 파급효과를 교훈 삼아 노동자세력을 잠재적 위협세력으로 간주하고, 이들이 독자적인 정치세력으로 성장하지 못하도록 예방하고자 했다.(최장집, 1988, 89~90쪽; 구해근, 2003, 54쪽) 따라서 노조 재편 방향은 조합원의 참여를 가능한 한 배제한 채, 노조 지도부가 노조 활동을 좌우하는 과거의 '1인 조합' 형태를 유지하되, 집권세력이 비공식적인 방식으로 노조 지도부를 통제하는 쪽으로 모아졌다. 이에 따라 군사 정권은 기존의 노조 지도부를 정치꾼, 또는 부패세력으로 낙인찍어 몰아내는 한편, 기존에 난립했던 노조들을 산업별로 통폐합하고 이들 산별노조를 전국적 규모의 노조로 묶어세워 1961년 8월 말 한국노동조합총연맹(한국노총)을 설립했다.

한국노총의 설립은 위로부터 획일적인 통제를 가하면서 밑으로부터의 저항은 조직적으로 봉쇄하려는 의도에 따른 것이었다. 그러나 이때까지는 노조 지도부를 통제할 별도의 제도적 장치를 갖추지 못했기 때문에, 노동자들이 독자적으로 활동할 정치적 공간이 남겨져 있었다. 그 결과 노조 재편 과정에서 배제되었던 김말룡 등 일부 비판세력이 가칭 '한국노동조합총연합회'(한국노련)이라는 제2노조 건설을 시도하기도 했고, 또 산별노조 결성 단계에서 파벌 간, 조직 간의 대립과 갈등이 빚어져 위원장이 선출되지 못하는 사태도 빚어졌다.(한국노총, 1963, 191~197쪽) 더 나아가 1963년 민간인의 정치활동이 허용되자, 한국노총 간부 내부에서 한국노총의 정치적 중립을 문제 삼으며 노동자 중심의 정당을 결성하려는 논의까지 제기되었다.*

이처럼 한국노총 안팎에서 노조 지도부 간의 갈등이나 균열이 빚어지자, 박정희 정권은 비공식적 통제 방식의 한계를 절감하고, 1963년 노동조합법, 노동쟁의조정법, 노동위원회법 개정을 통해 정부가 공식적으로 노동계에 개입할 수 있는 법제적 장치를 마련했다. 그 개정 내용을 보면, 우선 노동조합 설립을 신고주의에서 허가주의로 바꾸는 등, 정부가 노동조합의 조직 및 운영에 개입할 수 있는 여지를 넓혔다. 또한 노동조합법에서 노사협의회 설치를 의무화함으로써 단체교섭 기능을 상대적으로 약화시키는가 하면, 노동쟁의조정법에서는 공익사업의 범위를 확대해서 쟁의행

* 광산노조 위원장 김정원이 주축이 되고 상당수 산별노조 대표가 참여한 '민주노동당 발기위원회'가 그것이다.

위를 제한하고, 쟁의행위에 대한 사전 적법판정을 받도록 했으며, 정부가 노동쟁의에 대한 긴급조정권을 발동할 수 있도록 해서 쟁의 활동을 크게 위축시켰다. 그리고 복수 노조 설립을 금지해서 한국노총−산별노조의 조직체제가 견고히 유지되도록 함으로써 노동조합을 체계적으로 통제하고자 했다. 이처럼 1963년 개정 노동법은 노동조합의 자유로운 설립, 노동조합의 대내외적 자주성, 자율적인 단체협약, 자유로운 쟁의권 행사, 노사자치주의 등과 같은 기존 노동법의 기본 취지를 크게 훼손시키고, 노동조합 운동을 기업 차원의 '경제적 노동조합주의'의 틀에 가둬버림으로써 노동입법을 뒷걸음질 치게 했던 것이다.(이종하, 1991, 450쪽; 구해근, 2003, 54쪽; 최장집, 1988, 92쪽)

박정희 정권은 1963년 노동법체제를 바탕으로 노조 내 반발세력을 제어하는 한편, 노조를 강압적으로 무력화시킬 수 있었다. 그러나 1960년대 후반 노동자가 양적으로 증가하고 이들의 정치의식이 성장하고 또 노조 조직도 점차 체계화되면서, 저임금과 열악한 노동조건을 문제 삼는 조직적 저항이 갈수록 거세졌다. 특히 수출주도형 산업화 노선이 위기에 처한 상황에서 노사분규로 외국인의 투자 철회 움직임마저 보이자, 노동운동을 체계적으로 관리할 필요성을 절실히 느끼게 되었다.(전순옥, 2004, 64~65쪽; 신광영, 1994; 조승혁, 1978)

그 결과 정부는 1970년 1월 '외국인투자기업의 노동조합 및 노동쟁의 조정에 관한 임시특례법'을 공포했다. 여기서는 국민경제에 위협을 준다는 이유로 핵심 산업의 대다수 주요 사업장을 외국인 투자 기업으로 지정해서, 노동쟁의에 대한 정부의 강제중재 조치를 적용하고, 노조 결성에 특례를 인정해서 노동조합 설립 자체를 어렵게 만들었다. 이는 정부가 하나부터 열까지 노조 활동에 개입할 수 있도록 함으로써, 정부의 노동정책이 그나마 남아 있던 노동기본권마저 원천봉쇄하는 방향으로 선회했음을 보여준다.

　정부의 노동입법이 이와 같이 노동통제를 강화하는 방향으로 전개되었지만, 노동자 권익 보호를 위한 법제는 정책적 관심 밖이었다. 따라서 저임금, 불량한 작업환경, 장시간 노동 등과 같은 노동자의 열악한 처지가 개선될 여지는 거의 없었다. 그나마 숙련·반숙련 노동자를 고용한 일부 대기업에만 노동법이 제한적으로 적용될 뿐, 영세 중소사업장에서는 근로기준법마저 아무렇지도 않게 무시되는가 하면, 잔업수당이나 야근수당 지급마저 제대로 이루어지지 않는 등, 산업화 과정에서 노동자 권익 보호의 사각지대는 오히려 더 늘어만 갔다.


**무허가 판자촌 철거·정비와 빈곤층의 주거 불안**　　도시빈민들이 거주하는 노후 불량주택이 대거 밀집한 무허가 판자촌은 '도시의 환경미화'나 '토지의 효율적 활용'을 저해한다는 점에서, 또 사회의 불만세력이나 소외집단의 대규모 거주지라는 점에서, 항시 각종 규제 및 단속의 대상이었다. 특히 사회질서 확립을 앞세운 쿠데타세력은 불법 건축 및 무단 토지 점유가 이루어진 무허가 판자촌의 철거에 더욱 박차를 가했다. 따라서 철거와 규제완화 조치를 번갈아 시행하며 사실상 무허가 판자촌을 온존시켰던 이승만 정권 시절과 달리, 서울을 비롯한 대도시 곳곳에서 판자촌 철거가 대대적으로 단행되었다.

　그러나 무분별한 판잣집 철거는 철거민들이 철거 직후 그 자리에 다시 판잣집을 짓고 또다시 철거가 단행되는 '철거-재축'의 악순환을 가져와, 정책의 실효성을 의심스럽게 했다. 이에 서울시는 갖가지 철거민대책을 강구하기 시작했다. 대표적인 철거민대책으로 무허가 건물 양성화 방안, 집단이주 정착 방안, 그리고 시민아파트 건립 방안을 들 수 있다.

아파트촌과 나란히 선 무허가 판자촌

　무허가 건물 양성화 대책은 무허가 판잣집을 철거 대상이 아닌 주택 자원으로 인정하고 주민의 주택 개량·개축을 유도해서 불법 주택을 합법화하는 방안이다. 이는 1967년 서울시의 판잣집 양성화 대책을 계기로 본격적으로 시행되었는데, 정부가 커다란 재정 부담 없이 시행할 수 있는 데다가, 판잣집을 블록집으로 개축해서 주거의 질을 개선할 수 있어 정책적으로 선호되었다. 그러나 선거에서 철거민을 정치적으로 동원하기 위한 일과성 조치로 시행된 데다가, 불법 주택 합법화만 추진할 뿐 무단 점유 토지 불하 문제는 도외시한 까닭에, 이들 주택은 1970년대 초반 다시금 재개발 대상으로 묶였다. 따라서 이 조치는 철거를 일시 유예시키는 미봉책에 그칠 수밖에 없었다.(장세훈, 1987, 66~70쪽)

　다음으로 집단이주정착방안은 도심 철거민을 시 외곽 유휴 국공유지에 집단 이주시킴으로써 '철거-재축'의 악순환을 막으려는 방안이다. 이를 통해 서울시는 1958년에서 1972년까지 4만 8,718동의 무허가 판잣집을 철거하고, 6만 4,140가구의 30만여 명을 시 외곽의 철거민집단정착지에 이주시키는 성과를 거둘 수 있었다. 그러나 집단이주정책은 도심의 일터로부터 도시빈민들을 격리시켜 이들의 생계를 위협한 까닭에, 이주민의 절반가량이 지정받은 토지를 전매하고 도심으로 재진입함으로써 정책적 실효성을 반감시켰다. 또한 무허가 판잣집 철거에 급급한 나머지 철거민을 공원·임야·하천 부지 등 비주거용 토지에 이주시킨 탓에, 이후 이들 지역이 주택 재개발 대상으로 지정되어 그 주민들을 또다시 철거 위협에 시달리게 했다.(장세훈, 1998, 237~240쪽)

마지막으로 시민아파트 건립 대책은 무허가 판자촌을 철거하고 그 지역에 시민아파트를 건립해서 철거민을 입주시키는 방안이다. 이는 정책적 전시효과가 크고 무허가 주택 밀집지역인 도심 고지대 판자촌을 해체하면서 부족한 주택 자원도 공급할 수 있는 장점을 지니고 있었다. 이에 서울시는 1968년부터 대규모의 시민아파트 건설에 착수했는데, 그 시행 과정에서 아파트 건립에 필요한 재원 조달 문제, 철거민 가수용 문제, 입주권 전매 문제 등의 난관에 봉착했다. 특히 부족한 재원을 메우기 위해 서울시가 평당 건축비를 무리하게 낮추고, 건설업체들은 날림공사로 적자를 보전하려 한 탓에, 부실 아파트가 양산되었다. 이는 결국 1970년 4월 와우아파트 붕괴 사고로 이어져서, 판잣집 철거와 서울시 재정비 사업을 진두지휘하던 '불도저 시장' 김현옥의 퇴진과 함께 시민아파트 건설이 전면 중단되었다.(행정조사연구소, 1970, 118~131쪽; IUSD, 1978, 53~54쪽)

서울시를 위시한 행정 당국은 다각적인 철거민대책을 통해 무허가 판잣집 재건축을 막고자 했지만, 도시빈민의 주거 불안을 가중시키고 주거 위기를 심화시켰을 뿐, 이농민의 대규모 도시 유입과 도시빈곤층의 주택 부족으로 인한 무허가 판자촌의 확산 추세를 저지하지는 못했다.

# 2
# 전태일의 분신과 노동운동의 전환

## 1960년대 노동운동의 전개 과정

**상급 노조의 체제 순응적 노동운동**　　한국노총은 군사 정권에 의해 위로
　　　　　　　　　　　　　　　　　　　부터의 통제를 목적으로 만들어진
산별노조체제였다. 따라서 한국노총은 밑으로부터의 참여에는 무관심한
채, 정권의 요구에 따라 계급투쟁주의를 배격하는 '반공주의'와 국가우선
주의를 전제한 '노동조합주의' 노선을 조직의 기본원리로 채택했다.(한국
노총, 1979; 이원보, 2004, 151쪽) 즉 이들은 남북 대치 상황을 근거로 노동
운동이 자본주의체제 유지를 전제로 한 반공주의 노선을 채택해야 한다고
보았다. 또 자본주의 틀 내에서 노동자계급의 경제적·사회적 지위 향상을
목표로 삼으면서, 이를 위해 노조 활동을 단체교섭에 집중하고, 파업 등의
쟁의행위도 경제투쟁에 국한하는 경제주의적 입장을 채택해야 한다고 보
았다.

　　또한 한국노총의 산별노조체제는 동일 직종 내 노동자 간의 연대와 협
력을 통해 밑으로부터 조직된 직능조합Craft Union 형태로 만들어진 것이

아니었다. 따라서 산별 중앙집권체제의 외관을 취하고는 있지만, 실제로는 산업 내에서 지역노조들 사이에 약한 횡적 연계만이 존재했고, 거의 모든 단체교섭은 개별 기업 단위에서 이루어졌다. 이는 기업별 노조들이 모여 전국적 규모의 산별노조 형태를 취한 일본과 흡사한 형태로, 사실 조직의 형식과 내용이 분리된 기형적인 조직이라고 할 수 있다.(최장집, 1988, 41쪽)

그렇지만 한국노총은 급속한 산업화에 따른 제조업 부문 노동자의 꾸준한 증가에 힘입어 조직의 외연을 넓혀왔다. 1960년 32만여 명이었던 조직 노동자는 군사쿠데타를 계기로 격감해서 1961년에는 그 수가 10만 명을 밑돌았다. 그 뒤 다시 증가해서 1963년 22만여 명, 1971년에는 49만여 명으로 늘어났다. 이에 따라 전체 피용자 수 대비 노조 조직률도 1963년 9.0%에서 1971년 13.0%로 증가했다. 그러나 이 같은 조직률은 극히 낮은 수준이었고, 그 증가 속도도 같은 기간 피용자 수가 약 1.5배, 상용근로자 수가 2.3배 증가한 데 비하면 미미한 수준이었다. 즉 1963년에서 1971년 사이 피용자 수는 130만 7,000명, 상용근로자 수는 125만 6,000명 늘었는데, 조합원 수는 27만 명 증가하는 데 그쳤다. 그 결과 상용근로자 수와 비교한 노조 조직률이 1964년 28.0%를 고비로 매년 낮아져 1970년에는 21.4%까지 떨어졌다.(노동청, 1970 ; 한국노총, 1970)

낮은 조직률의 1차적 원인은 공장노동자 대다수가 조직화가 어려운 영세 중소사업장에 근무하고, 사용자는 각종 부당노동행위를 일삼고, 노사관계는 전통적인 가부장적 지배·복종 관계의 틀에서 크게 벗어나지 못하는 등의 노조를 둘러싼 객관적 여건에서 찾을 수 있다. 그러나 보다 근본적인 원인은 위로부터의 조직화라는 태생적 속성 탓에 밑으로부터의 참여와 지지에 상대적으로 무관심할 수밖에 없는 한국노총의 위상에서 찾을 수 있다. 실제로 상급 노조들은 적극적으로 사업장에 조직활동가를 투입해서 신규 조직을 결성하기보다는 개별 사업장 노동자들이 노조를 결성하기 위해 도움을 요청하면 지원하는, 소극적이고 수동적인 태도를 취해왔다. 그나마 생존의 위기에서 벗어나기 위한 노동자의 자연발생적인 노조 결성 시도나 경제성장에 따른 노동자의 자연증가가 있었기 때문에, 노조 조직률이 점증할 수 있었다.

그렇다고 해서 한국노총이나 산별노조가 밑으로부터의 노동자 요구에 전혀 무관심했던 것은 아니다. 한국노총은 1961년에서 1971년까지 정부에 대해 199건의 제도·정책 개선안을 제출한 바 있다. 또한 1963년 정부관리 기업체 보수報酬통제법폐기투쟁, 1964년 노동법개정투쟁, 1967년 광산노조의 주유종탄主油從炭정책반대투쟁, 1968년 자본시장육성법안반대투쟁, 1968년 사용자단체의 노동법개악저지투쟁, 1969년 외국인 투자기업의 노동조합 및 노동쟁의에 관한 임시특례법저지투쟁 등을 벌이기도 했다. 그리고 1967년 이후에는 노조의 정치활동방침을 천명하기도 했다.

그러나 주유종탄정책반대투쟁을 제외하고는 이들 투쟁의 대부분이 실제로는 간부 중심의 실내집회로 대정부요구투쟁을 선언하는 수준에 그쳤고, 조직적인 대중투쟁으로 확산되지 못했다.(이원보, 2004, 190~191쪽) 여기에 더해 노동조합주의의 틀에 갇힌 노조 지도부가 단체교섭을 통한 노사 타협을 부추겼기 때문에, 기업별 단체교섭조차 파업투쟁으로 확산될 가능성은 대단히 낮았다. 따라서 1966년에서 1971년 사이에 567건의 노동쟁의가 발생했지만 파업에 이른 경우는 9.8%인 66건에 불과했다. 조합원 수로는 연평균 4.1%만이 파업에 참가했고, 쟁의를 제기한 조합원 수로 비교하면 8.7%만이 파업을 벌였다.(한국경영자협의회 편, 1971, 42쪽) 더 나아가 한국노총의 정치 참여 선언 역시 한국노총 위원장의 전국구 의원 당선으로 끝나 '용두사미'가 되고 말았다.

노동자들은 '산업화의 역군'이라는 미명 아래 저임금, 장시간 노동, 열악한 노동조건에 시달리며 생존의 위기 상황에 처해 있음에도, 상급 노조와 노조 간부들이 노동자의 처지를 제대로 대변하거나 이들의 요구를 체계적으로 조직해내지 못한 까닭에, 노동자들은 스스로 생산현장에서 자신들의 요구를 관철시킬 방안을 찾아야만 했다.

**노동운동의 분출**　　　1961년 군사 정권의 쟁의금지령으로 중단되었던 노동쟁의는 1963년부터 재개되어 1971년까지 연인원 139만여 명이 참가해서 총 921건의 쟁의를 일으켰다. 연평균 112건에 154,287명이 참가했던 것이다. 그런데 〈표3〉을 보면 노동쟁의 건수와 참가 인원이 연도별로 부침浮沈이 심했다. 이는 공무원노조, 공기업노조, 섬유노조 등 대형 노조의 쟁의 발생 여부에 따라 연도별 쟁의 규모가 크게 달라졌기 때문이다. 시기별로는 1960년대 전반기에는 정부관리 기업체와 공무원노조 등 공공부문과 외기노조(전국외국기관노동조합)가 쟁의를 주도하였으나, 후반기에는 제조업이 주축이 되었다.

이들의 요구조건은 대체로 임금인상과 임시급여 등 임금 관련 요구가 대부분이었다. 이는 낮은 임금으로 인한 절대적 빈곤 상황과 노동생산성과 실질임금 간의 격차로 인한 상대적 빈곤 상황이 이들의 저항을 불러일으켰기 때문으로 판단된다.(이원보, 2004, 178~180쪽) 따라서 조직 안팎의 여러 불리한 여건으로 인해 노동쟁의가 파업으로 확산되거나 노동자 요구사항이 쟁의를 통해 반영된 사례가 손꼽을 정도이기는 하지만, 이들 쟁의는 생존의 위기 상황에 처한 다수 노동자들의 처지를 사회적으로 알리고 사회적 불평등 문제를 조금이나마 완화시킴으로써 사회·경제적 민주화를 앞당기는 디딤돌로 작용했다.

외기노조의 노동운동은 산발적으로 일어났던 1960년대 현장 노동운

표3  노동쟁의 발생 추이

| 연도 | 쟁의 발생 건수 (A) | 쟁의 참가 인원 (B) | 조합원 수 (C) | 쟁의 참가율 (B/C) | 쟁의 건당 참가 인원(B/A) |
|---|---|---|---|---|---|
| 1963 | 89 | 168,843 | 224,420 | 75.2 | 1,897 |
| 1964 | 126 | 207,406 | 271,579 | 76.4 | 1,646 |
| 1965 | 113 | 103,707 | 294,105 | 35.3 | 918 |
| 1966 | 117 | 145,168 | 336,974 | 43.1 | 1,241 |
| 1967 | 105 | 150,535 | 366,873 | 41.0 | 1,434 |
| 1968 | 112 | 205,941 | 399,929 | 51.5 | 1,839 |
| 1969 | 70 | 108,248 | 444,372 | 24.4 | 1,546 |
| 1970 | 88 | 182,802 | 469,003 | 39.0 | 2,077 |
| 1971 | 101 | 115,934 | 493,711 | 23.5 | 1,148 |
| 총합계 | 921 | 1,388,584 | 3,300,966 | - | - |
| 연평균 | 102 | 154,287 | 366,774 | 45.5 | 1,527 |

출처: 노동청, 1974 『한국노동통계연감』

동의 하나의 전형이었다.* 처음에는 1965년 2월 주한미군 한국인노무단 KSC 노동자들의 노조 결성 문제로 불거졌다. 미군 측은 그동안 이들이 본래 전시근로동원법에 따른 징용 노동자들이므로 노조 결성이 불법이며, 한미 행정협정이 체결되지 않아 노조의 실체도 인정할 수 없다고 주장해왔다.

1965년 한미행정협정 체결 논의가 시작되자, 외기노조는 본격적으로 미8군사령부를 상대로 노조 인정 및 부당해고 철회를 요구하며 쟁의를 제기했다. 이에 미군 측이 파업자 전원 파면을 주장하면서, 갈등의 골이 깊어

---

* 외기노조는 애초에 1959년 전국미군종업원노조연맹으로 출발했다가, 5·16 이후 외기노조로 명칭을 바꿨다.

졌다. 그 과정에서 한국 정부와 미군 측의 협상을 통해 미군의 노조 요구 수락, 외기노조 파업 보류가 결정될 수 있었다. 그러나 검찰이 외기노조에 압박을 가하고 미군 측이 노사합의 이행을 기피하자, 1966년 2월부터 파업시위가 잇따랐고, 결국 그해 5월에야 최종 합의에 이를 수 있었다. 이처럼 외기노조는 한미행정협정 체결 전에도 조직의 내적 역량을 바탕으로 미군 측으로부터 사실상의 파업권을 인정받았고, 협정 체결 뒤에는 까다로운 노동쟁의 절차 속에서도 조합원의 조직적인 참여와 외부의 지원에 힘입어 자신들의 권익을 지켜나갔다.(전국외국기관노동조합, 1966, 143~145·169쪽)

1960년대 후반에는 한일협정 체결 등을 계기로 외국자본의 직접투자가 늘어나면서, 외국 민간기업 종사자들의 노동운동이 새롭게 문제가 되었다. 1966년에는 주한 일본 상사를 상대로 8개 업체 노동자들이 공동으로 파업을 벌였는데, 이는 단순한 경제적 조건 개선을 넘어 인권탄압과 민족차별 철폐를 요구하는 투쟁으로 전개되었다. 또 1968년에는 미국인 투자 기업인 한국오크전자회사와 시그네틱전자공업주식회사에서 쟁의가 발생했다. 한국오크전자회사는 TV 전자부속품조립회사인데, 임금이 국내 중소기업보다 낮은 점을 들어 노동자들이 금속노조 경기지부 오크분회를 결성해서 회사 측과 단체교섭을 시도했다. 이에 회사 측은 노조 해체를 시도했고, 노조가 파업에 돌입하려 하자 아예 홍콩으로 회사를 이전했다.(전국금속노동조합, 1969, 226쪽) 또 시그네틱전자공업주식회사에서도 노동자들이 저임금에 못 견뎌 1967년 9월 외기노조 시그네틱분회를 결성했지만, 회사 측은 노조를 부인하며 경제기획원에 노조해산명령을 요청하는가 하면, 120만 달러 추가 투자를 재고한다는 발언을 흘려 정부 개입을 유도하기도 했다.(『동아일보』 1968년 12월 7일자)

이처럼 저임금을 노리고 국내에 투자된 외자 기업들에서 노동생존권 보장을 요구하는 노동자의 조직적 저항이 잇따르자, 외자 유입에 적신호가 켜졌다고 판단한 정부는 외국인 투자 유치를 위해 노동쟁의에 대한 강경 대응방침을 정했다. 이는 이후 '외국인투자기업의 노동조합 및 쟁의조정에 관한 임시특례법' 제정으로 이어졌다.

광산노조의 주유종탄정책반대투쟁 또한 외기노조 사례에 버금갈 정도로 1960년대 후반 노동운동의 큰 흐름을 이루었다. 1960년대 중반 석유공급 과잉 사태가 벌어지자, 한국 정부는 1966년 연료근대화정책을 내걸고 모든 연료를 석유로 대체해나갔다. 이로 인해 석탄의 판매 부진 및 생산 감소, 그에 따른 폐광 속출, 광부 감원 및 임금 체불 등의 문제가 불거졌다. 이에 광산노조가 건의서를 정부에 제출했지만, 정부는 냉담하게 반응했다. 그러자 이들은 상공부 앞 연좌농성시위, 국회의사당 앞 가두시위를 벌이는 등 적극적인 집단행동에 나섰다.(전국광산노동조합, 1974, 151쪽) 또한 1968년 초부터 장성, 도계에서의 시위, 황지·영월·점촌·정선·화순에서의 궐기대회 및 가두시위, 황지·문곡 지구 10개 민영 광업소 광부의 궐기대회 및 시위, 정선·삼탄·동고·강동 등 10개 민영 광업소에서의 시위 등 지방에서도 시위·농성이 잇따랐다.

이처럼 광산노조를 중심으로 광부들의 조직적 저항이 끊이지 않자, 정부도 이들의 생계 보장 요구를 일부 수용한 대책을 내놓지 않을 수 없었다. 결국 정부의 주유종탄정책 기조를 뒤집지는 못했지만, 광산노조 투쟁은 노조의 조직적 대응이 노동자의 최소한의 생존권을 지키는 보루가 될 수 있음을 노동자들에게 새삼 확인시켜주는 계기가 되었다.

1960년대 후반의 면방 쟁의는 산별 수준에서 노사 교섭 및 갈등이 전개되었다는 점에서, 1960년대 노동운동의 또 다른 면모를 보여주었다. 섬유노조는 산별 수준의 단체교섭을 꾸준히 추진해서 1966년부터 사용자 측인 대한방직협회와 방직공업중앙노사협의회를 구성해서 방직공장 전체를 대상으로 한 중앙 단위의 단체교섭에 나설 수 있었다. 그러나 교섭 과정은 난항을 거듭했고, 노사 간 대립은 격화되었다. 특히 1969년에는 방직협회가 경영상의 이유로 임금인상을 거부했고, 이에 섬유노조는 쟁의 발생을 신고했다. 그 뒤의 일곱 차례 교섭에서도 방직협회가 냉담한 자세로 일관해서 중재 노력이 교착상태에 빠지자, 섬유노조는 연장근로·휴일근로 거부, 휴식시간 이행 등을 내걸고 준법투쟁에 돌입하는 한편, 2개 사업장에서 2시간 시한부 파업을 시도했다. 이에 사용자 측은 해당 사업장의 즉각적인 직장폐쇄를 단행했고, 뒤이어 파업이 일어나지 않은 사업장까지 포함해서 9개 사업장에서 무기한 직장폐쇄를 단행했다. 이에 면방 노동쟁의는 노조의 전국적 총파업과 사용자 전체의 공격적인 전면 직장폐쇄라는 극한적 갈등으로 치달았다. 이에 중앙정보부까지 조정에 나서 쟁의 115일 만에 노사 양측이 임금인상안에 합의할 수 있었다.(전국섬유노동조합, 1970, 140~142쪽) 이 당시 면방 쟁의는 전국 단일의 산별노조와 사용자단체가 대결한 초유의 산업별 쟁의로, 산별노조가 군사 정권에 의해 재편된 것이기는 하지만 통일적인 교섭과 투쟁을 통해 실질적인 산별조직으로 발전할 수 있음을 입증한 사례라는 점에서 주목할 만하다.*

이에 더해 대한조선공사의 노동쟁의도 주목할 필요가 있다. 1969년 7월 부산의 금속노조 대한조선공사 지부 조합원 1,800여 명은 임금인상 등을 내세워 쟁의에 나섰는데, 회사 측이 경영수지 악화를 이유로 협상을 거부한 탓에 8월 1일 전면적 파업에 돌입했다. 이에 부산 시장까지 조정에 나섰지만 결국 협상은 실패했고, 회사는 8월 19일 직장폐쇄를 단행했다. 노동자와 가족은 철야농성과 연좌시위로 이에 대항했고(『현대경제신문』

---

* 섬유노조의 이 같은 조직적 저항에 당황한 사용자 측은 노동문제를 전담할 목적으로 1970년 한국경영자협회를 결성하기도 했다.

1969년 8월 21일자; 『경향신문』 1969년 8월 2일자), 파업이 장기화되어 외국 발주 선박의 건조가 중단되는 사태가 빚어졌다. 그러자 정부는 9월 18일 보건사회부장관 명의로 긴급조정권을 발동했고, 회사는 이에 힘입어 노조 간부를 해고하고 부분적인 조업 재개에 들어갔다. 금속노조와 조합원들이 이에 반발하고 나섰지만, 지부장 등 노조 간부가 회사 측의 사주와 매수에 넘어가 쟁의를 취하함으로써 대한조선공사의 쟁의는 실패하고 말았다. 그렇지만 이는 처음으로 정부가 긴급조정권을 발동해서 노동쟁의에 직접 개입하는 선례를 남겼다. 즉 성장 동력의 유지를 위해 노동자의 생존권투쟁 및 경제적 민주화 요구에 강력하게 대처하겠다는 정부의 의지를 분명히 했다는 점에서 그 의미가 각별하다.

노조를 통한 조직적 저항 이외에 자연발생적인 집단적 저항도 적지 않았다. 그 대표적인 사례로 베트남 파견 기술자들의 대한항공빌딩방화사건을 들 수 있다. 한진상사는 베트남 파병과 관련된 정부사업에 적극 참여해서 단기간에 재벌기업으로 성장했으면서도, 파견 노동자들의 각종 수당 등을 계약대로 지불하지 않는 등 횡포를 부렸다. 이에 1969년 베트남에서 귀국한 뒤, 이들 노동자는 '한진파월기술자 미지불임금청산 투쟁위원회'를 결성해서 정부 관계기관에 십 수 차례 진정서와 탄원서를 제출하고 법정투쟁을 벌이는 등, 체불임금의 조속한 지급을 요구하고 나섰다. 그러나 한진상사가 미동도 하지 않은 데다가 법정투쟁에서마저 패소하자, 체불임금 지급을 요구하는 직접 행동에 나서기로 결의했다. 1971년 9월 15일 이들 노동자와 그 가족 300여 명은 대한항공빌딩에 불을 지르고 "미불임금 149억 원을 지불하라"고 외치며 가두시위를 벌이다가, 5시간여 만에 경찰에 의해 해산되었다.(『동아일보』 1971년 9월 16일자) 그 결과 66명이 구속되고 이들의 요구는 사실상 묵살당하고 말았지만, 특혜 재벌의 횡포에 맞선 노동자의 자발적인 집단투쟁으로 그 사회적 파장이 적지 않았다.

이상의 노동운동 사례들은 상급 노조의 체제 순응적 태도를 거부하면서 현장 노동자들이 강력한 국가에 대항해서 자신들의 권익을 지키려는 의지를 드러내고 있다. 이를 통해 노동자들이 사회·경제적 민주화의 첫걸음을 내딛었다는 점에서, 그 의의가 적지 않다. 그러나 당시의 노동운동은 조합원들의 경제적 이해관계에 치중하는 노동조합주의의 한계를 뛰어넘지 못했다. 따라서 해당 작업장 밖의 문제에는 거의 관심을 두지 않았고, 국가와 기업 측의 강력한 저항에 부딪혀 쉽사리 무력화되곤 했다.

## 청년 노동자 전태일의 분신

### 고도성장의 사각지대, 영세사업장의 노동 현실

중·대형 사업장의 경우에는 그나마 다수의 노동자가 공간적으로 집중되어 있어 노동자들이 계급의식을 형성하고 조직을 결성해서 자신들의 권익을 주장하고 관철시킬 가능성이 열려 있었다. 반면에 영세사업장은 노동자 자신을 포함해서 그 누구도 주목하지 않는 산업화의 사각지대로 남아 있었다. 청년 노동자 전태일이 자신의 온몸을 불살라 사회에 고발하려 했던 청계천 변 평화시장 영세사업장들이 그 대표적인 사례이다.

평화시장은 복개공사를 통해 청계천 변 무허가 판자촌을 철거한 자리에 1961년 건립된 연건평 7,400여 평의 3층 연쇄건물에 자리잡고 있다. 이는 1960년대 후반 건립된 통일상가, 동화시장과 함께 1970년 당시 전국 기성복 수요의 약 70%를 공급하는 전국적 규모의 의류 제조·판매 시장으로 자리 잡았다.

당시 이들 시장에는 860여 개 사업장에 2만 6,800여 명의 노동자들이

고용되어 있었다. 가장 큰 평화시장에 1만 4,000여 명, 통일상가 8,000여 명, 동화시장 4,800여 명 등인데, 이들 중 85.9%가 24세 미만의 젊은 여성들이고, 그중 절반 이상이 18세 미만의 어린 소녀들이었다.(전순옥, 2004, 129~131쪽) 취업 일선으로 떠밀린 빈곤층 가구의 어린 소녀들이 취업 기회가 풍부한 이곳으로 흘러왔고, 업주들도 저학력의 미혼 여성이 관리·통제하기 쉽고 저임금과 장시간 노동을 강요하기 쉽다고 판단했기 때문에, 나이 어린 여공들로 노동력이 채워질 수 있었다. 실제로 이들은 생산현장에서 인간 이하의 삶을 강요당했지만, 이를 묵묵히 받아들이는 무력한 모습을 보였다.

그 실상을 살펴보면, 먼저 당시 평화시장 건물에는 환기시설이 아예 없었고, 건물 구조상 통풍과 채광을 거의 기대할 수 없었다. 주변의 동화시장 등도 사정이 크게 다르지 않았다. 또 2,000명 이상의 노동자가 남녀 공용의 화장실 3개를 공동으로 이용해야 했고, 400여 개 작업장에 수도는 단 3개뿐이었다. 또한 난방시설이 거의 없어 한겨울에 노동자들이 동상에 걸리기 일쑤이고, 서로의 체온으로 추위에 맞서야 했다.

이들 업체들이 대단히 영세한 규모였기 때문에, 그 내부의 작업환경 문제는 더욱 심각했다. 대다수 업체는 평균 30여 명의 종업원을 거느리고, 8평 정도의 꽉 막힌 공간을 작업장 겸 물품보관창고로 썼다. 그 결과 작업장 안에는 재단판, 재봉대 등과 각종 원단 더미가 가득 들어차 있고, 그 사이사이에 30여 명의 종업원이 끼어 앉은 채 작업을 해야만 했다. 게다가 비좁은 공간을 효율적으로 활용할 목적으로 공장 공간의 3분의 2에 아래·위 각각 높이 1.5미터쯤 되는 복층구조의 다락방을 만든 탓에, 노동자들은 허리조차 펴지 못하고 일을 해야 했다. 다락방 위층은 작업 후 '시다'(견습공)들의 숙소로 쓰였는데, 이는 어린 처녀를 보호한다는 명목으로 착취와 통제가 이루어지는 온상이었다. 즉 고용주는 급한 주문이 들어오면 사전

통지 없이 이들에게 시간외근무를 시킬 수 있었다. 또 외부인과의 접촉을 통해 일자리 관련 정보를 교환할 수 없도록 함으로써 이직을 막고 저임금을 유지할 수 있었다.(전순옥, 2004, 182~183쪽)

좁은 공간에서 작업하는 까닭에, 옷감 원단에서 나오는 화공약품 냄새가 진동하고, 두세 시간만 일해도 실밥, 먼지 등이 머리에 하얗게 내려앉고, 점심시간에 도시락을 꺼내면 식사 중에 밥 위에 뽀얗게 먼지가 앉을 지경이었다. 이러한 작업환경 때문에 노동자들은 결막염, 망막염 등의 각종 눈병을 달고 살았고, 폐기종, 폐결핵 같은 호흡기 질환이나 신경통 등에 쉽사리 노출되었다.* 그런데도 업주들은 법에 따라 매년 실시해야 하는 노동청의 건강진단조차 제대로 실시한 적이 없었다.

노동자들은 이런 곳에서 하루에 14시간 이상의 장시간 중노동에 시달려야 했다. 그런데도 첫째, 셋째 일요일을 빼고는 한 달 내내 쉬지 않고 일해야만 했으며, 여성의 생리휴가나 특별휴가는 생각조차 할 수 없었다. 특히 성수기에는 밤샘작업이 다반사여서, 잠 안 오는 약을 먹어가며 며칠씩 밤새워 일하는 경우도 허다했다.(『경향신문』 1970년 10월 7일자)

그처럼 힘들게 일하지만, 맨 밑바닥 '시다'의 경우 1개월 평균임금은 고작 3,000원 정도였다. 이를 일당으로 환산하면, 당시 다방의 차 한 잔 값에 지나지 않았다. 따라서 이들은 점심을 1원짜리 풀빵 몇 개로 때우거나 아예 굶는 경우도 허다했다. 이러한 굶주림은 이들을 곧잘 영양실조와 신경성 위장병으로 이끌곤 했다. 그나마 닷새, 열흘씩 임금이 체불되는 경우가 다반사였고, 몇 달씩 밀리거나 아예 못 받는 경우도 적지 않았다.(조영

---

* 전태일의 1970년 조사에 따르면, 평화시장 경력 5년 이상인 사람은 전부 환자이며, 특히 신경성 위장병, 신경통, 류머티즘에 시달리고 있었다. 설문조사에 응한 126명 중 96명이 진폐, 폐결핵 등 기관지 계통 질환으로 고통을 받았고, 102명이 신경성 위장병으로 식사를 잘 못했으며, 밝은 곳에서는 눈을 제대로 뜰 수 없고 눈곱이 끼는 안질에 걸려 있었다.(조영래, 1991, 110쪽)

평화시장 영세업체들의 다락방 작업장

래, 1991, 101~107쪽)

저임금 구조는 업주 측의 교묘한 성과급 방식과 임금 간접 지불 방식을 통해 지속되었다. 즉 대다수 사업장이 매월 일정액을 지불하는 정액월급제가 아니라 작업량, 즉 완성된 피복 개수에 따라 임금을 지불받는 성과급제로 운영되었는데, 피복의 품목, 기술 수준 및 작업시간 등에 따라 피복별 지급액을 달리했기 때문에, 업주가 임금 총액을 엿 주무르듯이 조작할 수 있었다. 특히 시다와 미싱보조 등의 임금을 미싱사나 재단사가 분배하는 방식을 취해 저임금 문제를 은폐하는 한편 양자 간의 불화를 은근히 부추기는 분할지배 전략을 구사했다. 업주들은 여기에 더해 사방에 널린 실업 대중을 빌미로 삼아 이들에게 일자리 상실의 두려움을 불어넣음으로써 비인간적인 처우를 문제 삼거나 개선할 여력을 아예 뿌리 뽑고자 했다.

그 결과 평화시장 일대를 비롯한 전국의 영세사업장에서는 노동자들이 노조를 조직하거나 조직적으로 자신들의 권익을 주장한 사례를 거의 찾아볼 수 없었다. 일례로 1971년 현재 노조 결성 사업장의 비중을 보면, 종업원 49인 이하 사업장은 8.3%에 지나지 않는데, 50~199인 사업장은 17.1%, 200~499인 규모의 사업장은 38.7%이고, 500인 이상 사업장은 61.8%에 달했다.(김말룡, 1973, 354쪽)

영세사업장 노동자들은 이처럼 인간다운 최소한의 삶을 꾸려가기도 어려운 데다가, 주변의 도움도 거의 기대할 수 없고, 힘겨운 처지를 헤쳐나갈 주체적 역량도 빈약한 절망적인 상황에 놓여 있었다. 이처럼 절박한 현실에 직면한 전태일은 최소한의 생존조건을 획득하기 위해서는 특단의 대책을 강구해야 한다는 생각에 이르렀고, 이는 분신과 같은 극한투쟁으로 이어졌던 것이다.


## 전태일의 도전과 좌절

### 개인적 온정주의를 통한 접근

1948년 대구에서 출생한 전태일은 어려운 가정형편 탓에 학업도 제대로 마치지 못한 채 어린 나이에 돈벌이를 시작해야 했다. 그는 서울, 부산, 대구를 전전하다가 1965년 평화시장 내 피복제조업체 삼일사에 견습공으로 입사하면서, 영세사업장 노동자로 발을 들여놓았다. 그 과정에서 전태일은 자신과 동료 노동자들, 특히 어린 여공들의 비참한 노동 현실에 직면하고, 이를 개선하려는 의지를 불태웠다.

1차적으로 그는 자신이 영세사업장의 공장장이나 다름없는 재단사가 되어 그 지위를 이용해서 최소한 작업장 내 여공들만이라도 개인적으로 돌봐주고, 또 이들 편에 서서 업주들로부터 정당한 대우를 받아내도록 하

는 온정주의적 방식으로 대처하려 했다. 그의 말을 빌려보면,

> (나도) 어서 빨리 재단사가 되어 노임을 결정하는 협의를 할 때에는 약한 직공들 편에 서서 정당한 타협을 하리라고 결심했다 (중략) 아주 큰 공장을 제외하고는 공장장이 따로 없는 공장은 재단사가 공장장까지 겸하여 직공들의 절대적인 문제인 입사와 해고의 문제까지 마음대로 관리했다. 그렇기 때문에 재단사는 주인에게도 절대적인 존재이고, 우리 직공들의 건의사항도 재단사를 통해서 주인에게 건의되며, 재단사는 절대적으로 양심껏 중립을 지켜야 할 사람인 것이다.(조영래, 1991, 114쪽)

그는 1966년 재봉공(미싱사)을 거쳐 1967년 드디어 재단사가 되면서, 나이 어린 여공들을 보살피고 돌봐줄 수 있는 처지가 되었다. 그러나 그의 소박한 생각과 달리 재단사 역시 업주에게 고용된 노동자의 일원이었기에 그가 여공들을 돕는 데에는 한계가 있었다. 특히 이러한 온정주의적 태도가 작업능률을 떨어뜨리고 노동자의 나태를 부추긴다고 본 업주에게 밉보인 탓에, 1967년 말 그 자신이 해고당하기까지 했다.

이 과정에서 그는 평화시장 노동자들의 모든 고통이 업주의 비인간적인 횡포와 학대에서 비롯된다는 사실을 어렴풋이나마 깨닫게 되었다. 또한 이러한 업주의 행태에 개인적 차원의 대응이 얼마나 무력한 것인가도 알게 되었다.

### 준법주의적 대응

1967년 해고당할 무렵 그는 노동자의 최소한의 권리를 담고 있는 근로기준법을 접하게 되었다. 이에 전태일은 근로기준법에 어긋나는 노동자들의 비참한 노동실태를 노동 당국에 진정함으로써 근로기준법이 준수되기만

한다면, 평화시장의 비인간적인 노동조건을 크게 개선할 수 있으리라고 판단했다.

이러한 준법주의적 방식으로 대처하더라도 앞서의 경험을 통해 개인의 노력만으로는 상황을 반전시키기 어렵다고 판단한 그는 곧바로 다시 일자리를 구한 뒤, 1968년 말 근로조건 개선을 모색하기 위한 재단사들의 모임인 '바보회'를 결성했다. 그러나 그를 제외한 회원들의 소극적인 태도로 인해 바보회 활동은 지지부진할 수밖에 없었다.

그러나 이에 실망하지 않고 꾸준히 모임을 지속해오다가 1969년 6월 '바보회'를 정식으로 출범시켰고, 그가 회장으로 선출되었다. 전태일을 비롯한 바보회 회원들은 그동안 자신들을 보호해줄 근로기준법조차 몰랐다는 점에서, 또 '계란으로 바위 치는' 식의 다소 무모한 시도를 한다는 점에서, 스스로를 '바보'라고 칭하면서, 바보회 조직을 통해 근로기준법 준수, 근로기준법 및 노동운동에 관한 연구, 정보 교환, 근로자들의 노동실태조사 등을 추진해가고자 했다.

1969년 8~9월경 노동실태조사용 설문지 300매를 인쇄해서 평화시장 내 노동실태를 조사하고자 했지만, 업주들에게 들켜 설문조사가 중단되고 말았다. 부족한 대로 그 조사 결과를 분석해서 서울시청 근로감독관실을 찾아 노동실태 개선을 촉구했지만, 오히려 이들에게 냉대만 당했다. 그 과정에서 전태일은 노동자를 선동한다는 이유로 직장에서 해고당했고, 이후 업주들 사이에서 '위험분자'라는 낙인이 찍혀 평화시장 내에서는 일자리를 구할 수 없게 되었다. 그러면서 바보회도 와해되고 말았다.

### 공상적 개혁주의의 발상

그 와중에 전태일은 거액의 돈을 마련해서 평화시장 안에 모범적인 업체를 설립하는 방안을 구상하기 시작했다. 즉 근로기준법을 준수하고 노동자에게 인간적인 대우를 해주면서도 얼마든지 돈을 벌 수 있다는 사실을 세상에 널리 알려 다른 모든 업체들이 그 뒤를 따르도록 한다는 발상이다.(조영래, 1991, 154쪽) 실제로 그는 바보회의 활동지침의 하나로 "돈 많은 독지가를 찾아내서 한 5,000만 원 투자하라고 해서 평화시장 안에 근로기준법을 준수하는 모범업체를 하나 만들자"는 방안을 제시하기도 했다.

평화시장 노동자의 참상을 외부에 알려 독지가를 널리 공모하고, 업계 사정을 잘 아는 바보회 회원들이 원료 구매부터 생산, 판매에 이르기까지 운영을 책임진다면 이러한 발상이 실천될 수 있다고 본 전태일의 주장은 일견 타당한 측면이 없지 않았다. 그러나 "돈도 없고 빽도 없는 빈털터리 인생"인 이들이 자체적으로 자금을 조달하는 것이 현실적으로 불가능했다. 또 자신들의 실상을 고발하더라도 이들을 믿고 자금을 지원할 의인은 더욱 기대하기 어려웠다. 이 같은 생각은 천민자본주의적 모습을 적나라하게 드러내고 있는 당시의 참담한 노동 현실에 직면해서 제기된 유토피아적 발상이라고 할 수 있다.[*]

### 극한투쟁으로의 방향 전환

평화시장에서 쫓겨난 후 전태일은 생계를 위해 틈틈이 재단 일이나 공사판 잡역부로 일하며, 자신이 무엇을 할 것인가 많은 고민을 하다가 다시 평화시장 노동자 곁으로 돌아가기로 결심했다. 1970년 9월 평화시장에서 다시 일자리를 얻은 그는 틈나는 대로 서울시청, 노동청, 신문사, 방송국 등을 찾아다니며 평화시장의 근로실태를 알리는 한편, 바보회의 후신이라고 할 수 있는 '삼동친목회'를 조직했다. 바보회에서와 같이 행정 당국에 평화

---

[*] 이러한 그의 생각은 산업혁명 직후 서유럽에서 싹튼 로버트 오웬(R. Owen), 샤를 푸리에(C. Fourier) 등의 공상적 사회주의자들의 실험과 좌절을 떠올리게 한다.

시장의 노동실태를 단순히 진정하거나 호소하는 데 그치지 않고, 삼동친목회에서는 언론을 통해 이를 폭로·고발하고 그것을 발판으로 공동투쟁을 추진한다는, 보다 강경한 활동지침을 정했다. 그러나 이러한 조직적 활동이 업주 측에 알려지면서, 전태일은 다시 일자리를 잃게 되었다.

그러나 그는 좌절하지 않고 평화시장 일대 노동자들을 상대로 비밀리에 노동조건에 관한 설문지를 돌리고, 그 결과를 토대로 1970년 10월 6일 노동청장 앞으로 「평화시장 피복제품상 종업원 근로조건 개선 진정서」를 제출했다. 94명의 연기 서명으로 제출한 이 진정서에서는 근로자의 직제와 작업조건, 임금 등을 상세히 기록해서 근로기준법이 공공연히 위반되는 현실을 고발하고, 법규에 따라 노동실태를 개선해줄 것을 요청했다.

다음날 이러한 내용이 신문에 보도된 것을 계기로 전태일과 그 동료들은 7개 항의 건의사항을 평화시장주식회사에 제출했다. 1971년 대통령 선거를 앞두고 노동문제가 크게 불거질 것을 우려한 노동청은 전태일의 진정에 대해 700여 상가업주에게 개선을 지시했다면서, 10월 17일 노동조건 개선 조치를 공식 발표했다.(『한국일보』 1970년 11월 14일자) 그러나 이후에도 달라진 것은 아무 것도 없었다.

이에 준법투쟁의 한계를 절감하게 된 전태일과 그 동료들은 1970년 10월 20일과 24일 데모를 도모했다. 그러나 이마저 노동청의 회유와 경찰·회사 측의 삼엄한 단속 때문에 중단되거나 저지당하고 말았다. 그러자 전태일과 동료들은 11월 13일 "우리는 기계가 아니다" "일주일에 한 번만이라도 햇빛을" "하루 16시간 노동이 웬 말이냐" 등의 플래카드를 만들어 '근로기준법 화형식'을 중심으로 한 가두시위를 벌일 것을 결의했다. 이날 오후 1시 30분 삼동친목회 회원을 중심으로 플래카드를 들고 평화시장 앞에 모였지만, 경찰이 플래카드를 빼앗고 데모대를 해산하려 하면서 격렬한 몸싸움이 벌어졌다. 이 과정에서 전태일이 온몸에 석유를 끼얹고 불을 붙인 채, "근로기준법을 준수하라" "우리는 기계가 아니다, 일요일은 쉬게 하라" "노동자들을 혹사하지 말라" "내 죽음을 헛되이 하지 말라"고 절규 했다. 분신 후 병원에 옮겨진 그는 그날 밤 사망했다.

# 3
# 광주대단지사건

## 1960년대 무허가판잣집철거반대투쟁

무허가 판자촌은 노동빈곤층에게는 주거 문제를 해결하는 합리적 방안이었지만, 정부에는 도시공간의 효율적 이용을 가로막고 도시 미관을 해치는 '암적인 존재'였다. 따라서 이농민의 대규모 이입으로 무허가 판자촌이 대거 들어서면서, 그 조성과 해체를 둘러싼 도시 정부와 주민 간의 숨바꼭질이 끊임없이 이어졌다. 무허가 판자촌 주민들의 투쟁은 여러 가지 형태로 전개되었다.

**개별적인 차원의 소극적 적응**      장면 정권기와 달리 군사 정권 시기에는 사회질서 확립을 내걸고 무허가 건물 철거 조치가 잇따랐지만, 무허가 판잣집 주민들은 이에 조직적으로 대응하지 못했다. 이는 이들 주민이 군사 정권의 서슬 퍼런 권력에 압도되었기 때문이기도 하지만, 다른 한편으로 정부의 행정력 미비로 허술한 단속의 눈길을 피해 인근에 무허가 주택을 짓고 이주하거나 또는 헐린 자리에 다시 판잣집을 짓는 일이 그리 어렵지 않았기 때문이었다.

생활 터전을 잃을 위기 상황에 조직적으로 대응할 수 없는 경우, 철거민은 개별적으로 철거된 그 자리에 또는 인근에 판잣집을 다시 지어 생활 공간을 마련하는 방식으로 대처했던 것이다. 당시의 빈약한 행정력으로는 철거 후 생활 터전을 되찾으려는 철거민들의 기동성을 당해낼 재간이 없었기 때문에, 철거민들도 조직적 저항보다는 소극적 적응을 더 선호했다. 그 결과 빈터만 있으면 하룻밤 새에도 수십 채의 무허가 판잣집이 들어서고, 철거당하면 그 자리에 또다시 판잣집이 지어지는 '철거-재축'의 악순환이 되풀이되었다.


### 철거 현장의 철거반대투쟁

그러나 도시행정의 틀이 점차 갖춰지고 도시 정비 요구가 절실해지면서, 정부는 도시 전역의 무허가 건물에 대한 대대적인 철거와 무허가 건물 신축에 대한 항시적인 단속에 나섰다. 그러자 철거민들도 철거 후 이주나 재건축과 같은 소극적 적응 방식으로는 더 이상 대처할 수 없음을 깨닫고, 철거 현장에서 철거반대투쟁을 전개하기 시작했다.

1964년 9월에는 숭인동 판자촌의 253세대가 구청의 철거 조치에 맞서며, 철거 현장에 입회한 경찰 150여 명과 돌팔매질을 벌여 각각 5~6명씩의 부상자가 발생했다. 구청이 여러 차례 철거 계고장을 보냈지만 주민들은 철거 조치가 부당하다며 반발했고, 당국이 강제 철거하려 하자 투석전으로 맞섰던 것이다. 결국 경찰기동대 300여 명을 투입한 끝에 철거가 강행될 수 있었다.(『동아일보』 1964년 9월 28일자)

또 용산구 문배동에서는 화재민 150가구 560여 명이 용산구청의 자진 철거방침이 부당하다며 경찰 및 철거 인부들과 충돌해서, 일부 인부가 부상을 입었고, 주민 6명이 경찰에 연행되었다. 주민들은 그에 앞서 한 달여 전에 화재로 집을 잃은 데다가 뒤이은 폭우로 남은 가재도구마저 몽땅 잃었는데, 겨울을 앞둔 시기에 도심 출퇴근이 어려운 성북구 상계동으로 이주하라는 구청의 조치가 생계를 위협하는 처사라며 강력하게 반발했던 것이다.(『동아일보』1964년 10월 26일자) 또한 용산구 한남동 37번지 무허가 주택 주민 300여 명도 철거를 위해 출동한 경찰 및 구청 직원과 투석전을 벌인 결과, 각각 10여 명씩의 부상자를 내기도 했다.(『동아일보』1964년 10월 29일자)

**정치적 실력행사**　　　철거민들의 집단적 저항은 철거 현장에서 최후의 항전 성격을 갖기 때문에, 일시적인 철거 지연 효과를 가질 뿐이었다. 따라서 무허가 판자촌 주민들은 불만을 일거에 표출하고 좌절하기보다는, 중·장기적으로 철거방침을 완화시키거나 되돌릴 효과적인 방안을 모색했다. 그 결과 자신들의 절박한 처지를 정부에 호소하거나 탄원하는 '부드러운 대응' 방식이나 철거 현장에서 벗어나 시위 등을 통해 자신들의 의사를 사회적으로 표명해서, 당국이 정치적 타협에 나서도록 압박하는 '정치적 실력행사' 방식을 구사하기 시작했다.

예컨대 영등포구 구로동의 판자촌 주민 157가구는 자신들을 상계동으로 이주시키려는 서울시의 철거대책에 대해 이주 예정지가 주민들의 경제활동 구역과 너무 거리가 멀어 이주 후 생계가 막연해질 수 있다면서, 인근 유휴지에 정착지를 조성해줄 것을 호소했다.(『동아일보』1965년 4월 28일자) 그러나 단순한 호소와 탄원이 그다지 실효성을 발휘하지 못하자, 철거민들은 구청과 시청으로 들이닥쳐 '깜짝시위'를 벌여 여론에 지지를 호소했다.

1965년 봄, 동대문구 전농 2동 일대 주민 100여 명은 도로확장공사로 자신들의 주택이 헐리게 된 데 항의하며, 시청 앞 광장에 몰려가 데모를 벌여 자신들의 절박한 처지를 언론에 호소했다.(『동아일보』 1965년 4월 29일자) 집단시위 형태의 실력행사가 어느 정도 효력을 발휘하자, 당산중학교 건립으로 쫓겨나게 된 양평동 2가 일대 주민 400여 명도 학교 건립 후보지를 옮겨줄 것을 요구하며 시청 앞에서 농성했다. 또 전농동 588번지 일대 주민 100여 명도 청량리역 앞 개발 계획으로 인한 무허가 건물의 철거 조치를 다음해 봄까지 연기해줄 것을 요청하며, 시청 앞에 몰려가 집단으로 진정서를 제출했다.(『동아일보』 1967년 9월 21일·1968년 8월 30일자)

또한 성동구 천호동·풍납동 일대의 무허가 판잣집 철거민 500여 명, 한남동 무허가 주택 철거에 반발한 주민 200여 명, 그리고 이주대책도 없이 강제 철거를 당한 청계천 변 무허가 건물 주민 150여 명 등도 구청이나 시청에 난입해서 항의데모를 하며 정부의 실효성 있는 대책을 촉구한 바 있다.(『동아일보』 1969년 4월 28일·1970년 3월 27일·1971년 6월 24일자) 여기서 더 나아가 서대문구 정동 구 러시아영사관 부지에 들어선 무허가 판자촌 주민들이 어린이공원을 건립할 목적으로 철거 계고장을 발부한 서울시의 처사에 반발하며 집단시위를 벌이는 과정에서 어린이 1,100여 명이 부모들의 철거 반대 결의에 동조해서 등교거부투쟁을 전개하기도 했다.(『동아일보』 1969년 6월 9일자)

**외부 지원에 기반 한 조직적 대응**　　철거민들이 이처럼 다각적인 철거 반대투쟁 전략을 구사해서 철거 시기를 일부 지연시키고 철거 후 이주대책을 일정 정도 확보할 수 있었지만,

정부 당국의 강경한 대처로 말미암아 철거방침을 철회시키는 데까지 이르지는 못했다. 그렇지만 그 과정에서 종교계 및 지식인 사회가 노동빈곤층의 주거 문제에 깊은 관심을 갖게 되었고, 이러한 외부 지원이 철거민운동에 크게 힘을 보태주었다. 그 대표적인 사례가 도시선교위원회였다.

1968년 9월 도시빈민 대상의 선교활동을 지원하고 그 일꾼을 양성할 목적으로 연세대에 '도시빈민연구소'가 개설되었다. 연구소는 연구·조사 분야와 도시선교 분야로 나눠 활동했다. 그 산하의 도시선교위원회는 훈련생들을 판자촌에 파견해서 주민 실태와 욕구를 파악하는 한편, 이들의 조직 결성을 도왔다.

이에 따라 1969년 초 서대문구 창신동에 배치된 훈련생들은 철거 문제가 지역 현안으로 떠오르자, 서울시의 철거방침에 체념해 있던 주민들을 설득해서 이에 적극 대처하도록 부추겼다. 먼저 서울시의 구체적인 철거 계획과 문제점을 주민들에게 알리고, 그 대처방안을 충고하는 한편, 주민들이 하나로 묶이도록 도왔다. 이에 주민들은 시청에 찾아가 더 정확한 정보를 얻어내고, 대통령, 국무총리, 국회의장, 시장, 구청장에게 탄원서를 보냈다. 그러나 회답은 전혀 없이 구청 측이 철거방침을 노골적으로 드러내자, 주민들은 2월 말 철거반대시위에 나섰다. 이들은 서울시청으로 행진해서 시장 면담을 요청했다. 이에 여야 정당이 관심을 표명했고, 시위가 며칠간 이어지자 시 당국도 협의를 제안했다. 그 결과 철거 시기를 일정 기간 연기할 수 있었다. 이에 고무된 주민들은 3월 초 구청과 시청에서 동시에 시위를 벌여 일부 주민이 구속되기는 했지만, 또 다른 몇 가지 양보를 얻어냈다.* 외부 지원을 통한 주민 조직화와 이에 기반 한 실력행사 및 정치적

---

* 철거 초기 단계에 철거 대상 가옥의 일부만 철거하도록 하고, 철거민은 동대문지역 내 시장 구역에 가수용하도록 했으며, 세입자에게도 아파트 입주권이 주어졌다.

교섭의 방식은 결국 주민 대표가 정부 측과 교섭할 제도적 통로를 마련하는 한편, 지역 현안에 무관심한 주민도 정부의 시책에 관심을 갖도록 해서 자신의 권익을 당당하게 주장하는 시민임을 자각하는 계기가 되었다.(한국기독교사회문제연구원, 1987, 18~23쪽)

그러나 1960년대 무허가 판자촌 철거 반대를 통한 노동빈곤층의 지역수호투쟁은 인간다운 삶을 영위할 최소한의 주거권 보장을 요구하는 '능동적 권리 투쟁'에 이르지 못한 채 철거로 인한 주거지 상실에 사후적으로 반발하는 '수동적 저항'에 머물렀다. 또한 이러한 저항과 반발이 도시 곳곳에 산재한 무허가 판자촌에서 산발적으로 일어났다가 단기간에 와해되어 그 전후의 빈민운동과 연계성을 갖지 못함으로써, '운동의 일과성, 국지성'이라는 한계를 드러내기도 했다. 따라서 이들은 1960년대 후반 더욱 가열된 정부의 철거정책에 효과적으로 대응할 수 없었고, 결국 그 불만이 누적되어 광주대단지사건과 같은 주민 폭동으로 터져 나왔던 것이다.

## 광주대단지 건설과 철거민의 생활실태

서울시는 앞서 살펴본 갖가지 철거민대책들이 실효를 거두지 못하자, 이러한 실패를 거울 삼아 철거민의 집단이주 방안에 주목했다. 즉 기존의 집단이주 방안이 도심에서 멀지 않은 곳에 생계기반도 마련하지 않은 채 이주시켜 철거이주민의 도심 재진입을 불러왔다고 진단하고, 서울에서 멀리 떨어진 미개발지역에 각종 도시기반시설과 생산시설을 갖춘 대규모의 자족도시를 건설하면, 판자촌과 빈민의 영구 추방과 서울의 과밀 부담 해소라는 두 마리 토끼를 단번에 잡을 수 있다고 보았다. 이것이 '경기도 광주군 중부면 일단의 주택단지 경영사업'이라 불린 서울시의 광주대단지 개발

계획이었다.

그러나 광주대단지 개발 계획은 시작부터 지역개발에 필요한 막대한 재원 조달 문제에 부딪혔다. 이에 서울시는 정부의 재정 투·융자로 개발하는 공영개발 방식이 아닌, 토지 매입, 택지 조성 및 도시하부시설 건설 등의 개발 비용을 개발 이후의 토지 매각으로 몽땅 환수하는 '경영행정' 방식을 채택했다. 그러나 철거이주민이라는 극빈층이 토지를 분양받을 여력이 없는 데다가 이들만으로 자족도시를 조성할 수가 없었다. 서울시가 이 같은 근본문제를 뒤로 미룬 채 서울 도심 정비를 앞세워 철거·이주를 추진했기 때문에, 광주대단지는 태생적으로 기형적 도시 건설과 주민 희생의 문제를 안고 있었다.

실제로 서울시는 택지 조성을 위한 정지整地작업이 시작된 지 2개월 만인 1969년 5월부터 연말까지 용두동, 마장동, 청계천 변, 숭인동, 창신동, 역촌동, 상왕십리, 하왕십리 등지의 철거민 2,213세대 1만 1,133명을 시 청소차와 군용차를 이용해서 대단지로 실어 날랐다.[*] 광주로 이주하면 살 곳을 마련해주겠다는 서울시의 말만 믿고 실려 온 이들 철거민은 24인용 천막 하나에서 네댓 가구가 장롱, 찬장 등으로 칸막이를 한 채 생활해야 했다. 또 상하수도나 전기시설이 없어 냇물을 길어다 쌀을 씻고 뒷산의 생나무를 베어 밥을 짓고 호롱불로 불을 밝혀야 했다. 또한 수천 가구에 공동화장실이 12개에 불과해서 인근 야산은 순식간에 온통 인분으로 뒤덮였다. 그 결과 이질, 설사, 콜레라 등의 전염병이 창궐했고, 특히 수인성전염병이 심했던 1970년 초여름에는 하루에 3~4구의 시신이 실려 나오기도 했다. 이처럼 철거이주민이 생활의 불편을 넘어 생존의 위협을 느낄 지경

---

[*] 1969년 2만 2,833세대 13만 3,930명을 입주시키려 한 서울시 계획에 비춰보면, 이는 그 10분의 1에도 못 미치는 저조한 실적이었다.(권기홍 편, 1982, 251쪽)

이었지만, 1971년 6월까지도, 학교, 상하수도, 전기시설 등 생활편익시설
은 재정 부족을 이유로 계속 공급을 늦춰, 불량한 주거환경이 거의 개선되
지 못했다. 결국 이들은 철거 이주 과정을 거치면서 서울'특별'시민에서 졸
지에 보통 시민도 아닌 '농촌 속 도시민' 신세로 전락했던 것이다.

또한 광주대단지는 애초부터 철거민 위주의 신도시로 계획되었기 때
문에, 자족적인 지역경제를 기대할 수 없었고, 이주민들은 일거리를 잃은
채 기아 상태에 놓이게 되었다. 실제로 1971년 6월 현재 취업 대상자의 5%
만이 단지 내에서 일자리를 얻을 수 있었다. 그나마도 단순조립공정이나
섬유업종의 여공들만 취업되어, 청·장년층 남성 노동자는 단지 내에서 취
업 기회를 찾을 수 없었다. 따라서 도심의 취업 기반으로부터 강제 추방당
한 대다수 철거이주민들은 노점상, 행상이나 날품팔이 노동으로 근근이
생계를 이어갔다.(권기홍 편, 1982, 326쪽) 또 분양증('딱지')을 구입하고
들어온 전매입주자들도 이농민이나 중하층의 무주택 서민, 또는 기지촌
출신 주민들이어서 일거리 없이 한두 달 지낸 뒤에는 이들과 같은 처지에
처했다. 그 결과 1971년 5월 이후부터는 굶어 죽는 사람이 생겨날 정도로
생활이 악화되었고, 죽은 지 3일이 된 시체가 그대로 방치되기도 했다.(전
성천 목사의 증언〔『디지털성남일보』 2001년 8월 2일자〕) 이는 '인구 10만 명
만 모아놓으면 어떻게든 서로 뜯어먹고 산다'는 정책 입안자들의 주먹구구
식 발상의 산물이었다.

이처럼 처참한 상황에서도 개발 비용의 회수가 시급했던 서울시는 대
단지 내 개발용지 처분을 서둘렀다. 당시에 일반택지는 철거이주민에게
개발 원가에 가까운 염가로 분양하기로 했기 때문에, 투자 재원의 조속한
환수는 단지 내 중심가 및 가로변에 위치한 유보지留保地의 매각 가격 및
시기에 달려 있었다. 따라서 서울시는 개발 붐을 조성할 목적으로 광주대
단지가 '신천지'나 되는 양 각종 언론매체를 동원해서 대대적으로 홍보하

고 나섰다. 그러자 부동산투기 이득을 노린 유휴자본들이 대거 쇄도하는 한편, 이농민 및 무주택 서민들이 '내 집 마련'의 꿈을 안고 철거이주민들이 팔고 떠나는 택지분양증을 매입했다. 이처럼 분양증 전매轉賣가 활발해지자, 부동산업자들이 대거 몰려와 1969년 겨울부터 복덕방촌이 형성되어 천막 복덕방이 대단지 입구 대로변을 하얗게 뒤덮었다.

여기에 1971년 봄 대통령, 국회의원 선거가 겹쳐져 대단지 개발의 장밋빛 청사진이 선거공약으로 남발되었고, 마구 뿌려진 선거자금은 광주대단지로 몰려들었다. 그 결과 개발 열기가 극에 달해 서울시가 평당 400원에 매입한 토지 중 대로변 요지要地의 경우, 웬만한 서울 도심 공유지 매각 가격을 뛰어넘는 2~6만 원에 매각되었다. 이러한 유보지 지가를 기준으로 대단지 전역의 지가가 치솟아, 단대리 종합시장 부지는 당시 서울 종로의 상업지 땅값에 맞먹는 평당 20만원을 호가했다. 또 각종 건설사업으로 일자리가 늘고 투기꾼이 홀린 '떡고물'로 지역경기가 활기를 띠어 갈 곳 없는 이농민과 도시빈곤층이 대거 몰려들었다.

그러나 초기 이주한 철거민의 3분의 1가량은 택지분양증을 전매하고 서울로 돌아갔고, 남은 철거민의 약 3분의 2도 택지분양증을 전매한 후 단지 주변 하급지를 매입해서 무허가 판잣집을 지어 생활했다.(성남시 편, 1971, 73쪽; 이태일 외, 1983, 23쪽; IUSD, 1978, 57쪽) 따라서 철거민 이주를 통해 판자촌을 해체하고 서울의 과밀을 해소한다는 애초의 정책 의도는 실현될 수 없었다. 여기에 더해 선거 직후의 유휴자본이 바닥나고 이미 들어온 투기자본도 빠져나가자, 땅값은 순식간에 내려앉았다. 그러자 개발 비용 환수가 어려우리라고 판단한 서울시가 1971년 7월 높은 분양 가격으로 택지를 서둘러 강제 매각하고자 했다. 이는 이미 생계가 막막한 대단지 주민들에게 생존을 위협하는 결정타로 여겨졌고, 이들은 조직적인 대응을 심각하게 고민하게 되었다.

## 광주대단지 주민의 집단적 저항 •

### 제1기: 서울시의 개발용지 염가 매입 조치에 대한 원주민의 저항

광주대단지 개발을 둘러싼 집단적 저항은 개발 예정지 매입이 이루어지는 개발 초기 단계에서 토지수용 가격을 둘러싼 광주군 원주민의 반발에서 시작되었다. 경영행정 방식을 채택한 서울시는 '땅장사'를 통해 개발 비용을 메워야 했기 때문에, '토지 매입 비용 삭감'이 1차적 과제였다. 당시 원주민들의 주장에 따르면, 논밭의 경우에는 평당 400~1,000원, 그리고 산지의 경우에는 평당 200원이 시세였다. 그러나 서울시는 시세대로 구입할 경우 도저히 재정적자를 보전할 수 없다고 판단했다. 따라서 시에서 정한 가격으로 팔지 않을 경우 토지를 강제 수용하겠다고 으름장을 놓는 등, 강력한 행정력을 배경으로 '협박 반, 공갈 반'으로 개발 예정지의 매입 가격을 최저 100원, 최고 500원으로 책정하고 이를 관철시켰다.

매입 가격을 둘러싼 다툼에서 승산이 없음을 깨닫고, 원주민들은 '현지 거주의 기득권'을 내세워 소유 토지 중 일정 부분에 대한 환지換地를 요구하는 투쟁을 펼쳤다. 이 같은 반발로 개발 초기 단계에 자칫 개발사업이 좌초될지도 모른다고 판단되자, 서울시는 지가는 동결한 채, 임야를 제외한 논밭의 경우에만 가구당 소유 토지의 20%를 환지로 정해서 택지 정리 후 원주민들에게 되돌려준다는 타협안을 제시해서 이들의 저항을 무마시켰다. 그러나 서울시는 지가 상승이 예상되는 중심지나 대로변, 또는 모퉁

---

• 광주대단지사건은 서울시의 과잉대응으로 인해 1971년 8월 10일에 벌어진 대규모 주민 항거를 가리키지만, 이미 그 이전부터 주민들은 몇 차례 집단적 시위를 벌였다. 이러한 집단적 저항은 그 시기, 주체 및 쟁점을 기준으로 크게 보아 ① 개발 초기 서울시의 개발용지 염가매입 조치에 대항한 원주민의 반발 ② 개발 과정에서 생계 위협에 직면한 철거이주민의 생계대책 요구투쟁 ③ 개발 후기 정부의 강압적 행정조치에 대한 전체 입주민의 집단적 항거로 나눠볼 수 있다.

이 땅을 유보지로 지정해서 별도로 매각할 수 있도록 남겨둔 채 구릉지나 산비탈의 후미진 곳을 골라 주민용 환지로 지정했다. 이러한 차별적 환지 방침은 두고두고 주민들의 원성을 사게 되어, 심지어 1970년대 말에도 일부 주민의 경우 환지분양을 거부한 채 법정다툼을 벌이곤 했다.(권기홍 편, 1982, 246~248쪽)

이들 원주민 투쟁은 이후의 주민 대응과 다소 그 성격을 달리하지만, 경영행정 방식을 무리하게 펼친 서울시의 개발 방식이 주민의 집단적 저항을 불러일으켰다는 점에서, 그 연속선상에 놓여 있다고 볼 수 있다.


### 제2기: 철거이주민의 생계대책요구투쟁

서울시의 '선이주 후개발' 원칙은 광주대단지로 쫓겨 온 철거이주민들의 주거 생활의 불안을 심화시켰을 뿐 아니라 생계 자체를 위협했다. 따라서 이들 이주민은 생존을 위해 철거 당국에 진정서 등을 통해 호소도 하고 집단적 시위 등의 실력행사를 하기도 했다.

1969년 8월에는 아직 택지도 조성되지 않은 개발 예정지에 쫓기듯 실려 와 가수용지假收容地에 거주하던 철거민 300여 명이 성남출장소에 몰려와 택지분양, 구호양곡 지급 등을 요구하며 농성을 하고 사무실 기물을 부수는 등 난동을 벌였다. 이들은 여름 장마철에 가수용지 천막에 물이 스며드는 등 생활이 어려워 집단 항거에 나섰다면서, "① 대지분양의 조속한 시행 ② 위생시설 확보 ③ 취로 사업장 마련 ④ 구호양곡 지급 ⑤ 시내버스 연장 운행" 등을 요구했다. 그러나 이러한 주민 요구는 거의 반영되지 않아 1년 뒤에 이들은 동일한 요구투쟁을 되풀이해야만 했다.(권기홍 편, 1982, 288쪽)

또 요구호要救護 영세민들이 유입되면서, 이들의 가수용지에서는 온갖 참상이 벌어졌다. 따라서 각종 기반시설 부족으로 인한 일상생활의 불편을 호소하는 항의가 빗발쳤고, 이들 중 일부는 걸핏하면 경기도 측 성남출장소에 몰려와 항의 소동을 벌이곤 했다. 한번은 위로차 방문한 광주군수에게 일부 주민이 벌레가 우글거리는 냇물을 떠 와 들이밀며 마셔보라고 시위하기도 했다.(권기홍 편, 1982, 290쪽)

그러나 재정수지 보전을 위해 '땅장사'에만 몰두한 서울시나 어쩔 수 없이 철거이주민을 떠맡게 된 경기도 모두 주민들의 생활고나 생계난에 대해 '나 몰라라' 하는 입장이었다. 이처럼 정부의 대책은 거북이걸음이었고, 주민 불만은 급격히 고조되었다. 투기로 인한 지가 폭등과 지역경제 활성화가 지속되지 않는 한 주민들의 불만은 폭발할 수밖에 없었다.


### 제3기: 정부의 강압적 행정조치와 주민의 집단적 항거

**서울시의 택지 강제매각 방침과 주민의 반응**
이 같은 주민 불만에 불을 붙인 것이 서울시의 택지 강제 매각 및 과도한 분양가 책정 조치였다. 토지투기가 심각한 상황에 이르자, 서울시는 1970년 7월 14일 분양증 전매를 금지하고, 전매입자에게는 계약 당시 시가로, 철거이주민에게는 분양 가격으로 분양지를 매입하도록 강제하는 방침을 발표했다. 그러나 투기 규제로 개발이 지체되면, 서울의 도시 재정비도 지연되고, 대선과 총선을 앞두고 민심의 이반이 우려되었기 때문에, 서울시는 그 시행을 계속 미루었다. 그러다가 철거민 이주가 일단락되고 양대 선거도 끝난 1971년 초여름부터 서울시는 전매행위 금지 및 분양지 매각 조치를 본격적으로 단행했다.(손정목, 2005, 97~99쪽; 권기홍 편, 1982, 292~296쪽)

여기에는 대단지의 재정수지 악화가 크게 영향을 미쳤다. 서울시가 경영행정 방식을 공언했지만, 1971년 7월 현재 대단지 재정수지를 살펴보면 유보지 매각으로 약 12억 5,000만 원의 수입을 얻은 반면에 총투자액은 31억 5,000만 원을 넘어서는 등 적자를 면치 못했다. 또 재원 환수를 위해 유보지 가격을 지나치게 높게 설정한 데다가 선거 이후 투기성 유휴자금의 유입마저 줄어들면서, 유보지 매각을 통한 재정 수입도 한계에 다다랐다.(박태순, 1971, 270~271쪽) 따라서 서울시가 겉으로는 전매행위 금지 조치를 통한 토지투기 규제를 앞세웠지만, 실제로는 부동산투기로 치솟은 기형적인 고지가高地價를 투기꾼에게 지불하고 택지분양증을 구입한 전매 입주자를 투기꾼으로 몰아세워 이들에게 투기로 부풀려진 땅값을 '이중지불'하도록 강요함으로써, 서울시의 재정 결손을 충당하는 분양지 매각 조치에 더 주목했던 것이다.*

서울시의 전매 금지 및 분양지 매각 조치에 뒤질세라 경기도는 1971년 8월 1일자로 등기도 나지 않은 주택들에 대해 10평당 평균 3,000원씩의 취득세를 납부하도록 하는 납세고지서를 발부했다. 여기에 모든 입주 예정자는 분양지에 1개월 내에 주택을 짓고 입주하지 않을 경우 분양을 취소한다는 조치까지 더해져, 주민들은 자칫 그나마 장만한 택지마저 잃을 처지에 놓았다. 지역경제의 침체로 당장의 끼니를 걱정하는 대다수 철거이주민들과 전매입주민들로서는 이에 대처할 방안이 전무한 까닭에, 생존권 확보 차원에서 집단적 저항에 나서지 않을 수 없었다.

1971년 당시 대단지에는 다양한 계층의 주민들이 혼재되어 있었는데, 행정 당국의 이 같은 강경 조치는 이들 모두의 공분을 자아냈다. 여기에는

* 당시 서울시는 전매입주자에게 평당 8,000원에서 1만 6,000원에 이르는 매각대금 지불을 요구했는데, 이는 인근 서울 시내의 집단 이주 정착지인 거여동의 불하대금인 평당 500~2,500원에 비할 바가 아니었다.(권기홍 편, 1982, 296쪽)

먼저 서울에서 철거당한 후 쫓겨온 철거이주민 집단이 있다. 이들 중 상당수가 서울로 되돌아가고, 잔류한 주민 일부는 분양증 전매 후 단지 주변에 정착했기 때문에, 분양 예정지에 거주하는 철거이주민은 소수였다. 이들은 애초 분양가로 분양받을 수는 있었지만, 당장의 생계가 곤란한 극빈층이어서 분양가 납부가 어려운 데다가, 경기도의 '세금 폭탄'까지 더해졌기 때문에, 이들의 반발도 적지 않았다.

다음으로 분양증을 전매 받아 '내 집 마련'을 꿈꾸며 전입한 무주택 서민층 출신의 전매입주자 집단이 있다. 이들은 택지를 시가로 매각하려는 서울시 조치의 실질적인 대상자로, 넉넉하지 않은 살림에 과도한 분양 가격을 추가로 지불할 여력이 없어 고가로 매입한 택지마저 잃을 절박한 처지에 놓였다. 더구나 부동산투기세력의 전매차익 취득은 못 본 체하던 행정 당국이 투기로 폭등한 땅값을 실수요자인 자신들에게 강요하는 것은 부당하다며 강력하게 반발했다.

그리고 마지막으로 광주대단지가 개발 열기와 부동산투기 붐에 휩싸여 지역경제가 활기를 띠자, 새로운 일자리와 경제적 기회를 찾아 무작정 흘러 들어온 극빈층 집단이 있다. 이들은 대단지 외곽 토지 무단 점유 및 불법 주택 건축을 통해 주거 문제를 해결하면서,* 건설 현장의 날품팔이 노동이나 행상·노점상 등의 일자리를 얻어 생계를 이어나갔다. 그런데 투기 광풍이 지나가고 지역경제가 급격히 침체되자,** 그나마 생계기반도 잃게 되었다. 이에 더해 서울시가 1971년 7월을 광주대단지 정비 및 질서 확립의 달로 정하고 대단지 외곽 무허가 건물의 철거·정비에 나서면서(『서울신문』 1971년 7월 5일자), 이들은 주거공간마저 잃을 절박한 처지에 놓였다.

---

* 그 결과 대단지 내 수진리 110단지 수진국교 뒤 언덕바지 양편과 남한산성 밑 상대원 골짜기에는 가구당 4~5평 규모의 협소한 천막집과 판잣집 1,000여 채가 빽빽이 들어섰다.
** 그 결과 수진리 15만 1,152단지 등에서는 뼈대만 세운 채 짓다 만 주택들이 그대로 방치되었다.

## 전매입주자 중심의 조직적 대응

이에 가장 먼저 대응에 나선 집단은 강경한 행정조치의 최대 피해자였던 전매입주자 집단이었다. 이들은 서울시의 조치가 발표되자, 7월 19일 '분양지불하가격시정위원회'로 명명한 주민대책위원회를 결성했다. 이 위원회는 1950년대 말 공보처장을 지낸 뒤 대단지에 들어와 철거이주민 지원 활동을 펼쳐온 전성천 목사를 중심으로 결성되었는데, 전성천 목사가 속한 제일교회(현 성남교회) 교인들이 주도했다. 교인들 중 전매입주자들이 중심이 되어 전 목사를 고문으로 추대하고 교회 장로였던 박진하를 위원장으로 선출한 뒤, "① 대지 불하 가격을 평당 1,500원 이하로 인하할 것•② 불하 가격을 10년간 분할상환토록 할 것 ③ 향후 5년간 각종 세금을 면제해줄 것 ④ 영세민 취로사업 알선과 구호대책을 세울 것" 등의 네 가지 요구조건을 담은 진정서를 당국에 제출했다. 이처럼 위원회를 중심으로 자신들의 요구를 대변할 조직적 구심점이 생기자, 다른 전매입주자들도 일제히 호응하며 지구별 대표를 정해 하부조직을 꾸렸고, 일부에서는 산발적인 시위를 벌이기도 했다.

이들은 특히 1971년 6월 말 서울의 시민아파트 전매입주자들이 시청 앞 집단시위를 통해 서울시의 융자금 일시불 상환 요구를 백지화시키고 부실 아파트 수리 요구를 조건 없이 수락한다는 서울시의 약속을 받아낸 데 크게 고무되었다.(신명호 외, 1999, 56쪽; 한국기독교사회문제연구원, 1987, 33~40쪽) 따라서 조직적 역량만 과시하면 자신들의 요구도 능히 관철시킬 수 있으리라고 낙관했다. 그러나 서울시를 위시해서 내무부, 경기도 등 행정 당국에서는 이들의 요구에 냉담한 반응을 보였다. 또 전성

---

• 평당 대지 불하 가격에 대해 손정목(2005, 102쪽)은 2,000원으로, 권기홍(1982, 297쪽)은 1,500원으로 기록하고 있다.

천 목사의 인맥을 동원해서 김종필 국무총리에게 도움을 요청했지만, 총리 자신도 힘이 없다며 청와대가 아니면 요구사항 수용이 어렵다고 응답했다.

이처럼 행정 당국이 주민 요구를 무시하자, 시정위원회 측은 그 명칭을 '투쟁위원회'로 바꾸고 강경 대응하기로 했다. 투쟁위원회는 시정위원회조직을 바탕으로 각 지구별 대표, 반별 대표 350여 명을 뽑아 "100원에 매수한 땅 만 원에 팔지 마라" "살인적인 불하 가격 결사반대한다" 등의 과격한 문구의 전단을 단지 내에 살포하며, 요구조건이 관철될 때까지 결사 투쟁할 것을 선포했다.(김준기, 2001) 이 같은 강경 대응에 마침내 서울시 측도 감정원 사정가격인 평당 8,000원에서 1만 6,000원인 당초 땅값을 절반 수준으로 낮추겠다고 통보했다. 그러나 투쟁위원회 측은 "전매입주자의 불하 가격을 철거민과 동일하게 하라"는 요구를 내세우며 서울시의 타협안을 물리쳤고, 면세 요구도 꺾지 않았다.* 이에 당황한 서울시 측은 8월 9일 최종완 제2부시장을 현지에 파견해서 최종 타결을 모색했지만 협상에 실패했다. 이에 8월 10일 양택식 서울시장이 직접 현지를 방문해서 재교섭에 나서기로 약속했다.

그러자 분양지불하가격시정투쟁위원회 측은 서울시장에게 주민의 역량을 과시해서 협상을 유리하게 이끌 요량으로 주민궐기대회 개최를 결의했다. 특히 8월 10일이 미국 상원의원의 한국 방문 시기여서 대단지의 참상을 대내외적으로 알리고 당국의 강경 대응을 완화시킬 수 있다고 판단해서, 대회 개최에 더욱 총력을 기울였다. 이는 집단적 시위 방안이 제2부시장과의 회담 결렬 뒤 갑작스럽게 결정된 즉흥적 발상이라기보다는, 주

---

* 그 직전인 총선 과정에서 공화당 차지철 후보가 주민들에게 주택취득세 면세 공약을 제시한 바 있어, 주민들은 취득세 과세를 강행하려는 정부 측 주장에 귀를 기울이지 않았다.(『동아일보』 1971년 8월 11일자)

민 조직화 과정에서 전매입주자 집단이 지속적으로 고민한 끝에 내린 신중한 정치적 판단의 산물이었음을 보여준다.*

투쟁위원회에서는 각 동·통에 이 사실을 통보해서 주민 참여를 독려하는 한편, 피켓, 플래카드, 벽보, 전단 3만 장 등을 준비했다. 당시 "모이자, 뭉치자, 궐기하자, 시정 대열에!"라는 제목의 전단에는 "① 100원에 매수한 땅 만 원으로 폭리 마라 ② 살인적 불하 가격 결사반대 ③ 공약사업 약속 말고 사업하고 공약하라 ④ 배고파 우는 시민, 세금으로 자극 마라 ⑤ 이간정책 쓰지 마라, 단지 시민 안 속는다"는 내용을 담고 있었다. 이는 철거이주민 집단과 전매입주자 집단을 나눠놓아 주민의 투쟁 전열을 흩뜨리려는 서울시의 분할지배전략에 대응할 목적에서 전매입주자들의 요구사항을 전면에 내걸되, 여타 주민들의 요구도 아우르려는 의도를 반영한 것이었다.

### 극빈층 중심의 '아래로부터의' 집단적 항거

1971년 8월 10일 오전 11시경 가랑비가 오락가락하는 중에도 경기도 광주군 중부면 성남출장소 뒷산에 3만여 명의 군중들이 벌거벗은 산자락을 가득 메웠다. 이들은 가슴에 "살인적 불하 가격 결사반대"라는 리본을 달고, 손에는 "배가 고파 못 살겠다" "일자리를 달라" "영세민을 착취하지 말라" "토지 불하 가격을 내려달라" "100원에 산 땅, 만 원에 파는 폭리를 중단하

---

* 실제로 대단지 주민의 생존 위기를 해소할 목적으로 주민 중 일부 세력은 '시정위원회'가 결성되기 전인 1971년 5월경부터 이미 청와대·국무총리실 등에 대한 정치적 진정, 집단적 시위 등의 다양한 대응 방안을 고민해왔다.(전성천 목사의 증언『디지털성남일보』 2001년 8월 2일자) 이러한 맥락에서 광주대단지사건 수일 전부터 1만여 장 이상의 전단을 인쇄하며 대규모 시위를 준비해왔고, 서울시 당국이나 현지 경찰은 이에 관한 정보를 알면서도 행정력과 치안력이 모자라 손을 쓸 수 없었다는 사실(『한국일보』 1971년 8월 11일자) 또한 집단시위의 '사전 기획'설을 뒷받침해 준다. 손정목(2005, 104쪽)에 따르면, 8월 3일 긴급 소집된 투쟁위원회에서 8월 10일 주민궐기대회를 개최하기로 이미 합의한 바 있다고 한다.

1971년 당시 경찰과 대치 중인 광주대단지 주민들

라"는 내용의 피켓을 치켜든 채 양택식 서울시장을 기다리고 있었다.

그러나 약속시간을 훨씬 넘긴 11시 30분경에도 시장은 보이지 않고 빗줄기만 굵어지자, 군중들 여기저기서 "시장이 우리를 사람 취급 안 한다" "더 이상 속지 말자" "이 자리에서 주저앉아 당하고만 있을 수 없다"는 등의 불만에 가득 찬 고함과 욕설이 터져 나왔다. 이러한 고함과 욕설은 '빈곤의 사슬' 이외에는 더 이상 잃을 것이 없는 이들의 끓어오르는 분노와 좌절감을 그대로 반영하고 있었다. 이제 협상이 물 건너갔다는 생각에 피켓과 플래카드의 버팀목들은 어느새 각목으로 바뀌었고 좌절과 실의에 찌든 이들의 표정은 흥분과 격정으로 벌겋게 물들었다.

오전 11시 45분경 청년 몇몇이 서울시 대단지사업소로 뛰어 내려가자, 그 뒤를 이어 성난 군중이 우르르 몰려갔다. 이들이 사업소 본관에 들어가 기물을 부수고 서류에 불을 지르자, 삽시간에 출장소는 아수라장이 되었고, 곧이어 건물 전체가 불길에 휩싸였다. 흥분한 군중들은 "죽여라" "부숴라" "밟아버려라" 등의 격렬한 구호를 외치며, 도처에서 관공서 기물과 관용 차량을 파괴·방화하였다. 12시 20분경에는 경기도 성남 출장소에 몰려가 방화하려다 비 때문에 실패하자, 출장소 옆 반트럭을 불태워 탄리천에 밀어 넣었다. 이때 소방차가 달려왔지만 흥분한 군중 탓에 접근도 못했고, 긴급 출동한 100여 명의 경찰도 지켜보고만 있었다. 또 이들 중 일부는 지나가는 차량 10여 대를 탈취해서 플래카드를 높이 치켜든 채 허름한 가건물과 천막 들이 빽빽이 들어찬 광주대단지 거리를 질주하였다.

오후 들어 서울시경과 경기도경의 기동경찰 700여 명이 나타나자 군중들의 흥분은 오히려 가열되어, 2,000여 명의 주민들은 10여 대의 시영버스에 분승해서 서울로 진출하려 했다. 이들은 주민들을 만나 의견을 들어준다고 약속해놓고 이를 어긴 서울시장에 울화통을 터뜨리며, 대통령을 만나 배고프고 어려운 현실을 하소연하겠다는 소박한 생각에서 서울로 향했던 것이다.(김철 인터뷰〔『디지털성남일보』 2001년 8월 7일자〕) 그러나 이들은 수진리 고개를 넘어 서울시 경계에 이르렀을 때 출동한 경찰과 맞부딪쳤다. 기동경찰의 최루탄 세례에 투석전으로 맞섰지만, 결국 서울 진출에 실패하고 말았다. 한편 대단지 내에서는 데모 열기가 더욱 고조되어 오후 2시 30분경 격분한 데모대가 광주경찰서 성남지서를 부수고 순찰차 1대에 불을 질렀고, 이들 주위에 5,000여 명의 주민이 고함을 지르며 성원했다.


## 정치적 협상을 통한 '위로부터의' 수습

예상치 못했던 주민들의 폭력적 집단행동에 대해 투쟁위원회 측도 한동안 어찌할 바를 몰랐고, 주민과의 약속을 지키지 못한 서울시 측도 마찬가지였다. 그렇지만 폭력사태를 조속히 수습할 필요성을 느낀 양자는 서둘러 협상에 나섰다. 이에 뒤늦게 대단지 인근에 나타난 양택식 서울시장이 투쟁위원회 대표들과 직접 협의에 나섰다.* 이 과정에서 주민 대표들은 "① 주민 생계를 위한 쌀 2만 가마 제공 ② 현금 20억 원 제공 ③ 도로 4차선 확장 ④ 공장 50개 소 건립 ⑤ 세금 5년간 면제" 등의 요구조건을 제시했다.(전성천 목사의 증언(『디지털성남일보』 2001년 8월 2일자)) 이에 대해 양택식 서울시장은 "① 전매입한 토지 가격도 철거이주자에게 원래 불하한 가격과 같게 하고 ② 주민들의 생계를 위해 구호양곡을 방출하고 ③ 주택취득세 면제에 적극 노력하며 ④ 공장을 빨리 가동시켜 실업자를 구제하겠다"라고 약속함으로써, 주민 요구를 사실상 전면 수용했다. 오후 5시경 이 소식이 단지 내 주민들에게 알려지자, '시장의 약속이 지켜질 것인지 당분간 관망'하기로 하고 시위대는 뿔뿔이 흩어졌다.(장세훈, 1991; 김동춘, 2001)

8월 10일 밤 10시 무렵 주민 200여 명은 대단지 내 제일교회에 모여 서울시 간부들과 사태 수습책을 최종 협의하고 양택식 시장이 약속한 4개 항을 주민들이 수용한다는 뜻을 전했다. 그리고 다음날 정부로부터 쌀과 21억 원의 현금이 전달되는 등 협상 타결의 가시적 성과가 나타났다. 이를 계기로 현대판 '민란'이라고 할 광주대단지사건은 사실상 종결되었다.**

이 같은 전개 과정을 되짚어보면, 광주대단지사건이 전매입주자로 구성된 중하층 주민의 조직적 대응과 최하위 빈곤층의 즉흥적 대응의 두 단계로 나뉘어 전개되었다고 할 수 있다. 전자의 조직적 동원이 후자의 집단행동을 가능케 한 필요조건이라는 점에서, 이들 두 단계는 긴밀히 연계되

* 이에 대해 손정목(2005, 105~107쪽)은 약속시간인 11시 전에 양택식 시장이 대단지에 도착했지만, 흥분한 군중들과의 충돌을 우려한 투쟁위원회 측이 면담 장소 변경을 결정하고 시장 일행을 피신시킨 것이지, 양택식 시장이 약속을 어긴 것은 아니었다고 주장한다.
** 그렇다고 해서 주민 50여 명과 경찰 10여 명이 부상하고 2,000여 만 원의 재산 피해가 발생한 대규모 폭력시위가 유야무야된 것은 아니었다. 행정 당국과 경찰은 북한의 사주를 받은 불순세력이 배후조종했을 것으로 예단하고, 시위 주동자 22명을 연행해서 강압 수사를 펼쳤고, 그중 20명을 방화 및 폭력 혐의로 구속했다.(당시 구속된 바 있는 김철의 인터뷰(『디지털성남일보』 2001년 8월 7일자))

어 있다. 그러나 전자는 후자의 과격한 집단행동을 원치 않았다는 점에서, 이들 두 단계가 별개의 흐름으로 전개되었다고 할 수 있다. 실제로 투쟁위원회 측은 광주대단지사건 직후 성명을 통해 광주대단지사건은 자신들과 무관한 불순분자들의 소행이라고 주장하기까지 했다. 또한 광주대단지사건 이후 성남시를 복구하는 과정에서 전매입주자층은 주도적 역할을 담당하며 각종 이권사업에 개입해서 이득을 챙겼지만, 철거이주민이나 극빈층은 여전히 개발 과정에서 소외되었다.[*] 따라서 광주대단지사건은 전매입주자층을 대표하는 투쟁위원회가 처음부터 끝까지 주도해서 계획적으로 추진된 도시빈곤층의 조직적 저항이라기보다는, 초기에 이들이 주민의 실력행사를 주관했지만 그 전개 과정에서 극빈층의 생존권투쟁이 우발적으로 결합하면서 대규모의 주민 항거로 전화되었다고 할 수 있다.[**]

---

[*] 사건 당시 투쟁위원회 간부였던 박진화를 면담한 성남 제일교회 이해학 목사의 증언.(김원, 2005, 216쪽) 실제로 당시 시위를 주도했던 김철은 6개월 수감 생활 끝에 성남에 돌아와 보니, 먹을 것도 없고 일자리도 없는 상태로, 광주대단지사건 이전이나 크게 다를 바 없었다고 증언하고 있다.(『디지털성남일보』 2001년 8월 7일자)

[**] 8·10 광주대단지사건의 성격을 둘러싸고 '항쟁'(抗爭)과 '항거'(抗拒)로 보는 두 가지 시각이 대립하고 있다. 전자는 전매입주자 중심의 조직적 동원과 대응을 강조하는 시각이고, 후자는 생활고에 지친 극빈층의 갑작스런 욕구 분출에 주목하는 시각이다.

# 4

## 민주화운동으로서 생존권투쟁의 위상

### 전태일 분신의 사회적 파장

전태일의 분신은 최소한의 인간다운 삶조차 부정당한 채 그 어디에도 자신들의 처지를 호소할 길 없는 절박한 상황에서 스스로의 목숨을 내던져 이를 사회에 고발하려 한 극단적인 저항이었다. 그렇기 때문에 그의 죽음은 단순히 평화시장 일대의 노동여건을 개선시키는 데 그치지 않고, 고도성장의 신화에 현혹된 당대의 한국 사회를 되짚어보는 커다란 울림으로 다가왔다.

그의 분신은 한국 노동운동사에서 극적인 사건이었지만, 그가 분신을 통해 현존 사회체제의 급진적 변혁을 주장했던 것은 아니다. 오히려 '주어진' 법규에 따라 근로기준이 준수되도록 철저히 감시해서 노동자를 보호해 줄 것을 국가에 '호소'했던 것이다. 그 결과 그의 분신은 1차적으로 평화시장 내 영세사업장의 노동조건에 커다란 영향을 미쳤다. 전태일의 사망 직후 어머니 이소선 여사는 시신인수거부투쟁을 벌여가면서까지 그의 뜻을 평화시장 대표와 노동청 관리에게 강력하게 전달했고, 노동청도 이를 일정 정도 받아들임으로써 이 지역 노동자들의 노동조건이 크게 개선될 수 있었다.

먼저 그의 뜻을 잇기 위해 전태일 사후 그의 동료와 어머니 이소선 여사가 평화시장 건물 옥상에서 경찰 진압에 분신의 각오로 저항하며 노조 설립을 위한 농성에 들어갔다. 이에 1970년 11월 22일 마침내 청계피복노조가 결성되었고, 노동청도 평화시장과 동화시장에 노조 사무실 개설을 허가하지 않을 수 없었다. 노조 설립 당시 조합원이 2만 7,000여 명, 관련 공장도 800여 개 이상이었지만, 노동자에 대한 법적 보호장치가 전혀 없었기 때문에, 청계피복노조는 이들 영세사업장노동자를 지켜주는 유일한 보루로 작용했다. 실제로 1981년 노조가 해체될 때까지 10년 동안 이들의 잇따른 강경 투쟁으로 기업주들은 협상테이블에 마주 앉지 않을 수 없었고, 그 결과 1975년 이들 조합원의 평균임금이 다른 섬유수출산업부문 노동자 임금의 약 80%에 달했고, 1977년에는 견직·모직·봉제 부문의 평균임금을 능가하기도 했다. 또 작업시간도 10시간으로 단축되어 저녁 8시면 작업장의 불이 꺼졌고, 주일 휴무도 철저히 시행되고, 악명 높던 '다락방'도 철거되었다.(청계피복노조, 1975, 81쪽; 청계피복노조, 1978, 21쪽; 전국섬유노동조합, 1977, 140쪽; 최장집, 1988, 135~136쪽; 안승천, 2002, 29~30쪽)

이 같은 평화시장 내의 노동조건 개선이 비록 광범위한 사회적 파급력을 갖지는 못했지만, 산업화의 그늘에 가려졌던 영세사업장의 노동문제에 대한 언론의 감시가 뒤따랐다. 이러한 감시의 눈길과 노동자의 저항으로 기업주들은 비인간적인 처우를 더 이상 무차별적으로 강요할 수 없었다. 따라서 전태일의 분신은 청계피복노조를 통해 영세사업장의 노동조건을 점진적으로 개선시켜가는 '노동현장의 민주화'의 싹이었다.

노동 현실에 대한 사회적 각성을 촉구한 전태일의 문제제기는 노동운동 내부를 민주화할 뿐 아니라 노동운동이 더 넓은 사회운동으로 발돋움

하는 하나의 발판이 되었다.

　이러한 양상은 먼저 전태일의 분신 직후 노동현장에 대한 지속적인 관심과 적극적인 지원에 나선 대학생이나 지식인 집단의 움직임에서 찾아볼 수 있다. 고려대 노동문제연구소, 서강대 산업문제연구소 등의 설립에서 보듯이, 이미 1960년대 중반부터 지식인들이 노동문제에 관심을 갖기 시작했지만, 이는 연구나 교육 활동을 통한 학문적 관심과 간접적인 지원의 수준을 크게 넘어서지 못했다. 그런데 1970년 11월 전태일의 분신과 관련해서 서울대에서는 법대, 문리대, 상대 등이 앞다투어 '전태일 추도식'을 갖고 데모에 나섰고, 고려대, 연세대, 숙명여대, 외국어대 등으로 추도항의 시위가 이어져 갔다. 이를 계기로 노동 현실에 대해 새로운 인식을 갖게 된 대학생들은 이후 야학 등을 통해 노동자 대중과 접촉하면서 노동문제를 체감하게 되고, 노동자를 직접적으로 후원할 뿐 아니라, 노동현장에 직접 투신하거나 노동조합의 실무자로 참여하면서 노동운동의 주역으로 활동하며, 1980년대 이후 노학연대의 발판을 마련했다.

　이와 함께 종교계도 보다 적극적이고 활발하게 움직였다. 1950년대 말부터 종교인들은 산업선교의 형태로 노동문제에 관심을 갖기 시작했는데, 개신교의 '도시산업선교회'와 천주교의 '가톨릭노동청년회'JOC가 대표적이다. 그러다가 1960년대 후반 남미의 해방신학이 유입되고 노동문제가 심각한 사회문제로 부각되면서, 종교적 구원을 사회정의와 연관 지어 생각하며, 노동자의 의식화·조직화·지도자 등에 주목했다.(조승혁, 1978; 최장집, 1988, 86~87쪽) 특히 전태일 분신사건을 계기로 노동조합운동의 어용화·무력화에 실망한 종교계는 한국노총과의 관계를 끊고 독자적인 노동자 의식화교육을 시작해서, 노조민주화의 밑거름이 되었다.

　이처럼 학계·종교계·학생운동권 등이 노동현장에 대한 간접적 후원에서 벗어나 직접적 개입 및 참여로 돌아서면서, 노동운동은 단순히 노동자들의 집단적인 권익투쟁의 수준에서 벗어나 사회 전체의 민주적 변혁이라는 과제에 한 걸음 성큼 더 다가설 수 있었고, 1980년대 이후에는 당당히 민주화운동의 한 축을 담당할 수 있었다. 이러한 점에서 전태일의 죽음은 노동운동과 진보적 사회세력과의 연대의 접점을 마련해서 '노동운동의 사회화'를 가능케 한 중요한 분기점이라고 할 수 있다.

## 광주대단지사건의 의미와 영향

광주대단지사건은 사전에 주도면밀하게 계획된 조직적인 민중항쟁이 아니었고, 또한 정부의 즉각적인 물리적 보상으로 투쟁의 추동력이 사라져 일회성 주민운동으로 끝을 맺었다. 그러나 이는 급속한 산업화 과정에서 대도시에 엄청난 도시빈곤층이 생성되면서 이들의 생존 자체가 위협받는 상황을 적나라하게 보여주었다. 또한 신도시 개발이라는 명목하에 사회적으로 격리시킬 경우, 이들이 격렬한 생존권수호투쟁을 벌일 수 있음을 여실히 보여주었다. 따라서 비록 그 전후의 사회운동과 단절되고 일시적으로 분출하는 형태를 취하기는 했지만, 1970년대 초반의 암울한 시대적 상황에서 그 사회적 파장이 적지 않았다.

　광주대단지사건은 우선 판자촌 철거민들의 삶이 끊임없이 추방당하고 버림받은 삶이긴 하지만, 자신들의 미약한 힘도 하나로 뭉치기만 하면 최소한의 생존권을 확보할 수 있음을 확인시켜주었다. 따라서 투쟁을 통해 스스로의 권익을 수호해야 한다는 자신감과 의욕을 이들에게 심어주는 계기가 되었다. 이를 시발로 1974년 청계천 변 및 송정동 주민 시위, 1977년 영동철거민사건, 1979년 해방촌주민농성사건 등과 같은 철거반대투쟁이 잇따랐다.(정동익, 1985 ; 한국도시연구소 편, 1998) 또 종교계 등과 결합해서 국공유지의 염가 불하나 불량주택 양성화, 동절기 철거 연기 및 보상비 현실화 등과 같은 요구투쟁도 끊이지 않고 이어졌다.(김수현, 1998, 99쪽) 그리고 더 나아가 1980년대 목동, 상계동, 사당동 등지에서 전개된 도시빈민들의 대규모 철거반대투쟁과 조직적인 지역수호투쟁에서 광주대단지사건은 하나의 선례가 되었다.(김형국, 1998; 장세훈, 1990; 홍경선, 1990)

다음으로 이러한 도시빈곤층의 적극적인 생존권투쟁에 자극받아 진보적 지식인들과 종교인들이 빈민 문제에 관심을 갖고 빈민지역 주민을 조직화하는 현장활동에 적극 나서게 되었다. 예컨대 연세대 도시빈민연구소 산하의 도시선교위원회가 대학 산하 연구소의 틀을 벗어나 '수도권 도시선교위원회'SMCO를 결성해서 1979년 조직이 해체될 때까지 빈민지역운동의 중추기지 역할을 담당했다.(신명호 외, 1999, 58~67쪽; 한국기독교사회문제연구원, 1987, 46~47쪽) 또 판자촌지역 철거에 대비해서 주민조직을 결성하고 자조적인 집단 이주를 추진하는 대안공동체사업에도 적극 나섰다. 양평동·시흥 지역 철거민들이 집단 이주해서 결성한 복음자리 마을이 대표적이다. 또한 대학생들도 '판자촌 봉사 대학생 협의체' 등을 통해 빈민지역 문제를 이해하고 체험하면서, 빈민운동에 간접적으로 참여하기도 했다.(김수현, 1998, 95~99·105쪽)

그리고 정부가 판자촌 주민으로 지칭되는 도시빈곤층을 정치적·경제적 억압의 대상으로만 바라보던 '위로부터'의 시각을 교정하고, 이들의 잠재적 역량을 공인하는 계기가 되었다. 그 결과 행정 당국은 행정적 강제력을 동원한 판자촌 철거가 더 이상 불가능하다는 사실을 깨닫고, 이들을 부분적으로나마 제도권 안으로 끌어들여 순치시키는 방안을 모색했다. 이는 '묻지마 철거'에 따른 정치적 비용은 최소화하면서, 무단 점유된 국공유지는 국가가 환수하거나 점유한 주민들에게 불하함으로써 경제적 수익을 얻으려는 1970년대 '(불량)주택재개발정책'으로 귀결되었다. 그리고 반드시 철거가 필요한 무허가 정착지에서는 정치적 저항을 촉발하는 철거민의 집단이주방안 대신에 개별 가구별로 이주보조금이나 시영아파트 입주권을 지급하는 방안을 시행했다.(장세훈, 1998, 246~265쪽)* 이는 광주대단지 사건이 1970년대 철거정책의 방향을 전환시키는 중요한 계기가 되었음을 다시 한 번 일깨워준다.

## 생존권투쟁에서 민주화운동으로

이상에서 본 바와 같이, 전태일의 분신과 광주대단지사건은 노동현장의 저임금과 열악한 노동조건으로 인해, 또 생활 현장의 철거와 시 외곽 이주·격리로 인해 도시 노동빈곤층의 생존이 심각하게 위협받는 상황에서 발생한 일종의 생존권투쟁이었다. 1980년대 이후 노동자와 도시빈곤층의 조직적 저항에 비추어본다면, 이는 우발적으로 일어난 일과성 사건들에 가깝다. 그러나 "보릿고개를 넘고 가난의 굴레를 벗어나기 위해 허리띠를 더 졸라매자"는 성장 일변도의 정부 구호에 매몰되어 자신의 인권이나 권익을 돌아볼 여력이 없었던 당시의 노동빈곤층에게는 사고의 일대 전환을 일으킨 사건들이었다.

　　우선 이들은 경제성장만으로 자신들의 생존 위기가 타개될 여지가 보이지 않으며, 자신들의 생존 위기가 소수에게 부와 권력을 몰아주는 사회체제의 문제와 직결되어 있음을 깨달았다. 전태일은 성장 이데올로기에

---

* 이는 '채찍과 당근'을 함께 사용하여 철거민의 조직적 저항을 미연에 방지하려는 세련된 전술로 정책 기법이 변모했음을 보여준다. 그러나 이농민이나 도시경제의 탈락집단의 형태로 도시빈곤층이 끊임없이 재생산되는 한, 기법의 세련화와 대증요법적(對症療法的) 정책만으로는 무허가 불량주택의 문제가 근본적으로 해결될 수 없다. 단지 그 형태만을 달리한 채 재생산될 뿐이다. 그런 의미에서 도시빈곤층의 주거를 둘러싼 사회적 갈등은 과거의 문제가 아니라 여전히 현재의 과제로 남아 있다.

사로잡혀 근로기준법을 단지 완상용玩賞用 법전으로 여기는 노동 당국의 태도에 분노했고, 광주대단지의 철거이주민들은 '인구 10만 명만 모아놓으면 서로 뜯어먹고 산다'는 막연한 발상에서 철거민을 황무지에 내동댕이치면서 대단지 개발 비용마저 철거민에게 떠넘기려는 서울시의 처사에 격분했다. 따라서 이들은 자신들의 생존권을 확보하기 위해서는 사회체제를 문제 삼아야 한다는 생각에 이르게 되었다.

다음으로 이들은 조직적 저항이야말로 "몸뚱이 외에 아무것도 가진 게 없는" 자신들의 권익을 보장할 수 있는 유일한 수단이라는 사실을 체감했다. 전태일은 바보회, 삼동친목회 등을 통해 평화시장의 노동실태를 조사해서 언론에 홍보하고 행정 당국에 시정을 요구함으로써 근로조건 개선의 싹을 찾고자 했다. 또 광주대단지 주민들은 집단적 시위가 주민 생활에 무관심했던 정부의 관심과 지원을 이끌어내는 원동력임을 확인했다.

그리고 이들은 자신들의 문제를 국지적으로, 또 개별적으로 제기해서는 해결되지 않는다는 사실도 확인했다. 분신, 주민 항거 등과 같은 극한투쟁을 통해 사회적 관심을 환기시켜야만 비로소 문제 해결의 실마리를 찾을 수 있다는 사실을 체득했다. 자신들의 생존권확보투쟁은 노동빈곤층 문제의 사회화가 전제되어야만 성공할 수 있음을 알게 된 것이다. 따라서 이후에 노동빈곤층은 자신들의 생존권투쟁을 보다 광범위한 민주화운동에 합류하려는 시도에 적극 나서게 되었다.

이렇게 본다면, 전태일의 분신과 광주대단지사건은 국지적인 일과성 사안으로 돌출한 도시빈곤층의 생존권투쟁이 거대한 민주화운동의 흐름으로 나아가는 디딤돌이 되었다고 할 수 있다.

# 참고문헌

## 1. 자료

『경향신문』『고대신문』『대학신문』『동아일보』『대구매일신문』『디지탈성남일보』『민국일보』『민족일보』『사상계』『산 지성』『서울신문』『신동아』『연세춘추』『영남일보』『자유의 종』『제주신보』『조선일보』『한국일보』『현대경제신문』『형성』

고려대학교·서강대학교·서울대학교·성균관대학교·연세대학교 총학생회, "우리의 외침, 5개 대학교 총학생회 공동선언문"(1970. 11. 3)

고려대학교·성균관대학교·연세대학교·전남대학교·동아대학교·경북대학교·부산대학교·영남대학교·중앙대학교·우석대학교·서울대학교 총학생회 및 서강대학교 학생회·서울대학교 법대 학생회·서울대학교 상대 학생회, "전국대학 공동선언문" (1971. 3. 23)

고려대학교·서강대학교·서울대학교·성균관대학교 총학생회장, "4개 대학 공동선언문" (1971. 9. 15)

고려대학교 총학생회, "시국선언문"(1970. 9. 29)

_____, "군사훈련 강화에 대한 우리의 주장"(1970. 12. 7)

_____, "여론조사 결과 및 6천 고대인의 주장"(1971. 3. 23)

서울대학교 법과대학 학생회, "우리는 오늘 이렇게 말한다"(1970. 9. 13)

서울대학교 문리과대학 학생회, "문리대생에게 고함"(1971. 3. 4)

연세대학교 총학생회, "왜 교련 강화를 반대하는가?"(날짜미상)

"연세인이여 총 궐기하라!"(작자미상, 1970. 12)

전국학생연맹, "민주·민족·통일의 깃발을 높이 들자!"(1971. 9. 7)

천주교 원주교구, "부정부패 규탄문"(1971. 10. 5)


『대한민국국회속기록』

김기석 외, 1968「서울대 재학생 의식조사」『학생연구』제5권 1호, 서울대학교 학생지도연구소

김대중(일본 NHK 취재반 구성, 김용운 편역), 1999『역사와 함께 시대와 함께: 김대중 자

　　　　서전』, 인동

김도연, 1967 『나의 인생백서』, 강우출판사

김삼웅, 2001 『민족·민주·민중선언』(민주화운동 관련 자료집), 한국학술정보(주)

경제기획원, 1961 『한국통계연감』

_____, 1965 『한국통계연감』, 광명인쇄공사

_____, 1971 『한국통계연감』

고려대학교 총학생회, 1971 『교련백서』

고정훈 등, 1966 『명인옥중기』, 희망출판사

국가재건최고회의한국군사혁명사편찬위원회 편, 1963 『한국군사혁명사』 제1집 상·하

국회사무처, 1971 『국회사-자료편』

_____, 1994 『의정자료집』, 정문사

「김성주사건 조사보고서」(제21회 국회 임시회의 속기록), 1955

노동청, 1970 『노동통계연감』

_____, 1974 『한국노동통계연감』.

대한민국 정부, 1965 『한일회담 백서』

문교부, 1963 『연간교육조사』, 홍원출판사

민주수호국민협의회 편, 1971 『자료집』

보건사회부, 1962 『보건사회통계연보』

서울특별시 편, 1971 『광주대단지 건설 사업』, 서울특별시

성남시 편, 1971 『광주단지 행정 기초자료 조사』, 성남시

심융택 편, 1972 『자립에의 의지: 박정희 대통령어록』, 한림출판사

이강현 편, 1960 『민주혁명의 발자취: 전국 각급 학교 학생대표의 수기』, 정음사

이맹희, 1993 『묻어둔 이야기: 이맹희 회고록』, 청산

이종률 증언, 「6·3사태는 '젊은 민족정신'의 발화였다」 『신동아』 1994년 6월호

예춘호, 1987, 『예춘호 정치회고록, 그 어두움의 증인이 되어』

전국금속노동조합, 1969 『사업보고서』

전국섬유노동조합, 각년도 『사업보고서』

전국외국기관노동조합, 1966 『사업보고서』

청계피복노조, 각년도 『사업보고』

학민사 편집부 편, 1985 『혁명재판』, 학민사

한국기독교교회협의회 인권위원회 편, 1987 『1970년대 민주화운동』 1

한국노총, 각년도 『사업보고서』

한국산업은행, 1968 『1968년 광공업센서스 보고서』

한국신문협회, 1968 『한국신문연감』

한국은행, 1968 『경제통계연보』

_____, 1971 『경제통계연보』

_____, 1975 『한국의 국민소득』

한국정신문화연구원 편, 2001 『내가 겪은 민주와 독재』, 선인

한국혁명재판사편찬위원회 편, 1962 『한국혁명재판사』 1~4

행정조사연구소, 1970 「서울시 시민아파트 사업」 『한국행정사례집』(서울대학교 행정대학
　　　원 편)

황건 증언(이근성 정리), 「민통련은 4 · 19 통일 '논의'를 '운동'으로 끌어 올려」 『월간중앙』
　　　1990년 4월호

허정, 1979 『내일을 위한 증언』, 샘터

허정 · 곽상훈 · 윤보선 · 장면 · 장건상 · 송요찬 외, 1966 『사실의 전부를 기술한다』, 희망출판사


김도현 증언(오제연, 강서구청 구청장실, 2007. 6. 19)

김시현, 정순택, 홍갑기, 이홍길, 박석무, 전홍준, 정동년 증언(김정길, 광주그랜드호텔,
　　　2003. 9. 13)

박정훈 증언(오제연, 코리아나호텔 3층 아리랑, 2007. 5. 23)

안성혁 증언(오제연, 안성혁 자택, 2007. 5. 28)

오소백, 1965 『해방20년』(기록편), 세문사

이영일 증언(오제연, 한중문화협회, 2003. 8. 29~9. 8)

현승일 증언(오제연, 현승일 자택, 2007. 5. 26)

황건 증언(한찬욱, 4월혁명회 사무실, 2003. 8. 20)

## 2. 연구성과

6 · 3동지회, 2001 『6 · 3학생운동사』, 역사비평사

7 · 1동지회, 2001 『나의 청춘 나의 조국』, 나남출판

강광식, 1989 『중립화 정치론』, 인간사랑

_____, 1999「1960년대 남북관계와 통일정책」『1960년대 대외관계와 남북문제』(한국정신문화연구원 편), 백산서당

강대민, 2003『부산지역 학생운동사』, 국학자료원

강만길, 1984「4월혁명의 민족사적 맥락」『4월혁명론』(강만길 편), 한길사

강인섭, 1984『4·19 그 이후 군·정계·미국의 내막』, 동아일보사

강준만, 2004『한국현대사산책-1960년대편』1, 인물과사상사

경대삼십년사편찬위원회, 1977『경북대학교삼십년사』

고려대학교100년사편찬위원회 편, 2005『고려대학교 학생운동사』, 고려대출판부

고려대학교 노동문제연구소 편, 2004『한국노동운동사』4, 지식마당

고명균, 1990「국민계몽대의 전개과정」『한국사회변혁운동과 4월혁명』2(사월혁명연구소 편), 한길사

고영복, 1983「4월혁명의 의식구조」『4월혁명론』(강만길 편), 한길사

공제욱 등, 1999『1960년대의 정치사회변동』, 백산서당

구해근, 2003『한국 노동계급의 형성』, 창작과비평사

국사편찬위원회, 1984『대한민국사연표』상

권기흥 편, 1982『성남시지』, 성남시

권대복, 1985『진보당』, 지양사

권영기, 1984「신진회에서 민통련까지」『월간조선』4월호, 월간조선사

권이구·최협, 1970「서울 판자촌의 인류학적 조사(하)」『형성』제4권 1호, 서울대학교 문리과대학

김기, 1978「경제성장의 논리와 저임금 구조」『한국 노동문제의 구조』(김윤환·조용범 외 편), 광민사

김기진, 2002『끝나지 않은 전쟁, 국민보도연맹』, 역사비평사

김낙중, 1982『한국노동운동사-해방후편』, 청사

김대영, 2005「반유신 재야 운동」『유신과 반유신』(안병욱 외), 민주화운동기념사업회

김동춘, 1990「4월혁명에 관한 기존 연구와 그 문제점」『한국사회변혁운동과 4월혁명』1(사월혁명연구소 편), 한길사

_____, 2001「71년 광주대단지 8·10항거의 재조명」『8·10사건 30주년 기념 심포지엄 자료집』(8·10사건30주년기념사업추진위원회 편)

김말룡, 1973『현대적 노사관계』, 동아출판사

김민환, 2002『한국언론사』, 나남출판

김병익 외(좌담), 2002 「4월혁명과 60년대를 다시 생각한다」『4월혁명과 한국문학』, 창작
　　과비평사

김보현, 2006 「박정희 정권기 저항엘리트들의 이중성과 역설」『근대를 다시 읽는다』 1, 역
　　사비평사

김보형, 2001 「4월민중항쟁 시기의 남북협상론」『4·19와 남북관계』(한국역사연구회 4월
　　민중항쟁연구반 편), 민연

김삼웅, 1987『한국필화사』, 동광출판사

_____, 1994『해방 후 정치사 100장면』, 가람기획

김성식, 1960 「학생과 자유민권운동」『사상계』 1960년 6월호

김성태, 1983 「4·19학생봉기의 동인」『4·19혁명론』1(한완상 외), 일월서각

김성환 외, 1984『1960년대』, 거름

김세진, 1984 「한국 군부의 성장과정과 5·16」『1960년대』(김성환 외), 거름

김수현, 1998 「서울지역 주거권 운동의 전개과정」『철거민이 본 철거: 서울시 철거민 운동
　　사』(한국도시연구소 편)

김영명, 1992『한국 현대 정치사』, 을유문화사

김운태, 1976『해방30년사』 제2권, 성문각

김원, 2005 「공장을 들여다보니−여성들은 어떻게 공장에 들어갔나?」『그녀들의 반역사:
　　여공 1970』, 이매진

김원기, 「YTP(靑思會)」『신동아』 1964년 10월호, 동아일보사

김윤환, 1972 「한국 경제의 근대화와 노동운동」『노동문제논집』 제3집(고려대학교 노동문
　　제연구소 편)

김일영, 1999 「1960년대 정치지형 변화−수출지향형 지배연합과 발전국가의 형성」『1960
　　년대 정치사회 변동』(정신문화연구원 편), 백산서당

김재호, 2001 「1970년대의 한국정치와 민주화운동」『나의 청춘, 나의 조국』(71동지회 편),
　　나남출판

김정남, 2004『4·19 혁명』, 민주화운동기념사업회

김정원, 1985『분단한국사』, 동녘

김종민, 1999 「4·3 이후 50년」『제주 4·3 연구』(역사문제연구소 편), 역사비평사

김준기, 2001 「8·10 민중항쟁과 성남의 정체」『8·10사건 30주년 기념 심포지엄 자료집』
　　(8·10사건30주년기념사업추진위원회 편)

김지하 외, 1989『한국문학 필화작품집』, 황토

김지형, 1996 「4·19 직후 민족자주통일협의회의 조직화과정」『역사와 현실』 21호, 역사비 평사

_____, 2001 「4월민중항쟁 직후 민족자주통일협의회의 노선과 활동」『4·19와 남북관계』 (한국역사연구회 4월민중항쟁연구반 편), 민연

김진배, 1983 『가인 김병로』, 가인기념회

김춘봉, 1958 『인물계』 9월호

김충식, 1992 『정치공작사령부 남산의 부장들』 1, 동아일보사

김현우, 2000 『한국정당통합운동사』, 을유문화사

김형국, 1998 「상계동 사태의 전말: 상계동 세입자에서 명동성당 천막민까지」『불량주택 재개발론』(김형국·하성규 편), 나남출판사

김형욱, 1987 『김형욱 회고록』 2, 문화광장

노중선, 1985 『민족과 통일』 1, 사계절

노중선 엮음, 1996 『연표 남북한통일정책과 통일운동 50년』, 사계절

대한민국국회사무처, 1971 『국회사-제4대~제6대 국회』

도널드 스턴 맥도널드(한국역사연구회 역), 2001 『한미관계 20년사(1945~1965년)』, 한 울아카데미

도진순·노영기, 2004 「군부엘리트의 등장과 지배양식의 변화」『1960년대 한국의 근대화 와 지식인』(노영기 외), 선인

류근일, 1997 『권위주의 체제 하의 민주화운동 연구-1960~70년대 제도외적 반대세력의 형성과정』, 나남출판

류영렬, 1995 「육·삼 학생운동의 전개와 역사적 의의」『한국사연구』 제88호, 한국사연구회

마상윤, 2002 「근대화 이데올로기와 미국의 대한정책: 케네디 행정부와 5·16쿠데타」『국 제정치논총』 제42집 3호, 한국국제정치학회

민석홍, 「4월혁명의 사관」『세계』 1960년 6월호

_____, 「현대사와 자유민주주의」『사상계』 1960년 6월호

민주한국혁명청사편찬위원회 편, 1962 『혁명청사』

민주화운동기념사업회 연구소 편, 2006 『한국민주운동사 연표』

민주화운동기념사업회 편, 2002 『시대의 불꽃(1): 전태일』, 민주화운동기념사업회

_____, 2004a 『민주화운동관련 사건·단체 사전 편찬을 위한 기초조사 연구 보고서』(한국전쟁 이후~1969년)

_____, 2004b 『민주화운동관련 사건·단체 사전 편찬을 위한 기초조사

연구 보고서』(1970년대 I)

_____, 2005 『지역민주화운동사 편찬을 위한 기초조사 최종보고서(광주·전남 지역)』

_____, 2006a 『지역민주화운동사 편찬을 위한 기초조사 최종보고서(대구·경북 지역)』

_____, 2006b 『지역민주화운동사 편찬을 위한 기초조사 최종보고서(부산·경남 지역)』

민청학련운동계승사업회, 2003 『실록 민청학련—1974년 4월』, 학민사

박기정, 「광주대단지」 『월간동아』 1971년 10월호

박기출, 2004 『한국정치사』, 이화

박동철, 1991 「5·16정권과 1960년대 자본축적과정」 『한국자본주의 분석』(양우진 외), 일빛

박명림, 1999 「한국민주주의와 제3의 길」 『죽산조봉암전집』 6(정태영·오유석·권대복 엮음), 세명서관

박원순, 1989 『국가보안법연구』 1, 역사비평사

_____, 1992 『국가보안법연구』 2, 역사비평사

박진희, 2003 「한·일협정 체결과 '지역통합전략'의 현실화」 『역사와 현실』 제50호, 한국역사연구회

_____, 2007 「한일 양국의 한일협정 반대운동 논리」 『기억과 전망』 제16호, 민주화운동기념사업회

박찬승, 2008 「6·3학생운동의 이념」 『6·3민주화운동의 역사적 조명』(학술회의 자료집, 한국민족운동사학회·6·3동지회 편)

박태균, 1995 『조봉암 연구』, 창비

_____, 2001 「5·16쿠데타와 미국」 『역사비평』 55호, 역사비평사

_____, 2002 「군사정부 시기 미국의 개입과 정치변동, 1961~1963」 『박정희시대 연구』(정신문화연구원 편), 백산서당

_____, 「1960년대 중반 안보위기와 제2경제론」 『역사비평』 2005년 가을호

_____, 2006 『우방과 제국, 한미관계의 두 신화』, 창비

_____, 2007 「한국군의 베트남전 참전」 『역사비평』 80호, 역사비평사

박태순, 「광주단지 4박 5일」 『월간중앙』 1971년 10월호

_____, 1983 「4·19의 민중과 문학」 『4월혁명론』(강만길 편), 한길사

박태순·김동춘, 1991 『1960년대의 사회운동』, 까치

박해광, 2005 「한국 산업노동자의 도시 경험」『1960~70년대 노동자의 생활세계와 정체성』(이종구 외 편), 한울아카데미

박현채, 1983 「4월민주혁명과 민족사의 방향」『4월혁명론』(강만길 편), 한길사

_____, 1988 「4·19 시기 노동운동의 전개와 양상」『역사비평』 1988년 봄호

백낙청, 1984 「4·19의 역사적 의의와 한계점」『4월혁명론』(강만길 편), 한길사

백영철, 1995 『제1공화국과 한국민주주의』, 나남출판

백영철 편, 1996 『제2공화국과 한국민주주의』, 나남출판

부산민주화운동사편찬위원회 편, 1998 『부산민주운동사』

부산일보사 기획연구실, 1983 『임시수도 천일』 상, 부산일보사

사월혁명연구소 편, 1990 『한국사회변혁운동과 4월혁명』 2, 한길사

사월혁명청사편찬회, 1960 『한국민주사월혁명청사』, 성공사

사월혁명청사편찬회 편, 1963 『사월혁명청사』, 성공사

서울대학교60년사편찬위원회 편, 2006 『서울대학교 60년사』, 서울대학교

서울특별시, 1983 『서울 육백년사』 제5권

서중석, 「6·3사태~64년 봄의 한일회담 반대시위」『신동아』 1985년 6월호, 동아일보사

_____, 1988 「3선개헌 반대, 민청학련투쟁, 반유신투쟁」『역사비평』 3호

_____, 1991a 「미군정·이승만정권·4월혁명기의 지방자치제」『역사비평』 13호

_____, 1991b 「4월혁명운동기의 반미·통일운동과 민족해방론」『역사비평』 14호

_____, 1994 「민주당·민주당정부의 정치이념」『한국정치의 지배이데올로기와 대항이데올로기』(역사문제연구소 편), 역사비평사

_____, 1995 「한국전쟁 후 통일사상의 전개와 민족공동체의 모색」『분단 50년과 통일 시대의 과제』(역사문제연구소 편), 역사비평사

_____, 1997a 「1960년 이후 학생운동의 특징과 역사적 공과」『역사비평』 41

_____, 1997b, 「1960년 4월혁명 개념 소고」『성대사림』 12·13합집

_____, 1999 『조봉암과 1950년대』 하, 역사비평사

_____, 2005a 『사진과 그림으로 보는 한국현대사』, 역사비평사

_____, 2005b 『이승만의 정치이데올로기』, 역사비평사

_____, 2007a 『한국현대사 60년』, 역사비평사

_____, 2007b 『이승만과 제1공화국』, 역사비평사

_____, 2007c 「과거사 진상규명의 점검과 향후 과제」『역사비평』 80호, 역사문제연구소

_____, 2008 『대한민국 선거이야기』, 역사비평사

손병선, 1990 「2대악법 반대운동」 『한국사회변혁운동과 4월혁명』 2 (사월혁명연구소 편), 한길사

손봉숙, 1985 『한국지방자치연구』, 삼영사

손정목, 2005 「광주대단지 사건」 『한국 도시 60년의 이야기』 2, 한울

손호철, 1995 『해방 50년의 한국정치』, 새길

_____, 2003 『현대 한국정치 1945~2003』, 사회평론

송원영, 1990 『제2공화국』, 샘터

신광영, 1994 『계급과 노동운동의 사회학』, 나남출판

신동호, 1996 『오늘의 한국정치와 6·3세대』, 예문

_____, 2007 『70년대 캠퍼스』 1, 환경재단 도요새

신명호 외, 1999 『지역주민운동 리포트』, 한국도시연구소

심지연, 2004 『한국정당정치사－위기와 통합의 정치』, 백산서당

안동일·홍기범, 1960 『기적과 환상』 영신문화사

안병욱 외, 2005 『유신과 반유신』, 민주화운동기념사업회

안승천, 2002 『한국 노동자 운동, 투쟁의 기록: 전태일에서 민주노총까지』, 박종철출판사

역사문제연구소 편, 1994 『한국정치의 지배이데올로기와 대항이데올로기』, 역사비평사

연정은, 2004 「감시에서 동원으로, 동원에서 규율로－1950년대 학도호국단을 중심으로」 『역사연구』 제14호

_____, 2007 「감시에서 동원으로, 동원에서 규율로」 『죽음으로써 나라를 지키자－1950년 대, 반공·동원·감시의 시대』 (김득령 외), 선인

오오타 오사무, 2001 「한국에서의 한일조약 반대운동의 논리」 『역사연구』 제9호, 역사학 연구소

오유석, 1990 「진보당사건 분석을 통한 1950년대 사회운동연구」 『경제와사회』 제6호, 이 론과실천

_____, 2006 「4·19혁명의 상황, 배경: 2·28－4·19혁명사이의 상황분석」 (민주화운동기 념사업회 '현장 민주화운동' 제1회 월례발표회 발표문)

오제연, 2005 「평화선과 한일협정」 『역사문제연구』 제14호, 역사비평사

_____, 2007 「1960년대 초 박정희 정권과 학생들의 민족주의 분화」 『기억과 전망』 제16 호, 민주화운동기념사업회

오창헌, 2001 『유신체제와 현대한국정치』, 오름

유의영, 1978 「인구이동과 도시화」『한국사회: 인구와 발전(1)』(이해영 외), 서울대학교 인구및발전문제연구소

유진산, 1972 『해뜨는 지평선』, 한얼문고

윤병해, 「사법부 파동」『기독교 사상』1971년 11월호

윤보선, 1967 『구국의 가시밭길』, 한국정경사

_____, 1991 『외로운 선택의 나날』, 동아일보사

윤종주, 1991 「근세 한국의 민족이동에 관한 연구」『한국의 인구변동과 사회발전』(서울여자대학교 사회학과동창회·사회사업학과동창회 공편), 서울여자대학교

윤천주, 1987 『한국정치체계』, 서울대학교출판부

이광일, 1995 「한일회담 반대운동의 전개와 성격」『한일협정을 다시 본다』, 아세아문화사

이기백, 1999 『한국사신론』, 일조각

이기택, 1987 『한국야당사』, 백산서당

이기하, 1960 『한국정당발살사』, 의회정치사

이기훈, 2005 「1970년대 학생 반유신 운동」『유신과 반유신』, 민주화운동기념사업회

이도성, 1995 『박정희와 한일회담』, 한송

이목, 1989 『한국교원노동조합운동사』, 푸른나무

이병천, 2003 「개발독재의 정치경제학과 한국의 경험」『개발독재와 박정희시대』(이병천 편), 창비

이상우, 1986 『박정권 18년: 그 권력의 내막』, 동아일보사

이수병선생 기념사업회 편, 1992 『암장』, 지리산

이완범, 2000 「박정희 군사정부 '5차헌법개정' 과정의 권력구조 논의와 그 성격」『한국정치학회보』제34집 2호, 한국정치학회

_____, 2002 「박정희와 미국: 쿠데타와 민정이양 문제를 중심으로, 1961~1963」『박정희시대 연구』(정신문화연구원 편), 백산서당

이우재, 1983 「자립을 위한 서전」『4·19혁명론』I(한완상 외), 일월서각

이원덕, 1995 「한일협정의 경과」『한일협정을 다시 본다』(민족문제연구소 편), 아세아문화사

_____, 1996 『한일 과거사 처리의 원점: 일본의 전후처리 외교와 한일회담』, 서울대출판부

이원보, 2004 『한국노동운동사』(5), 지식마당

이일구, 1960 『현순간 정치문제 소사전』, 부산 국제신문사

이재오, 1984『해방 후 한국학생운동사』, 형성사

이정식, 1976『해방30년사 제3권, 제2공화국』, 성문각

이종오, 1988「반제반일민족주의와 6·3운동」『역사비평』계간 제1호, 역사문제연구소

_____, 1990「5·16의 본질과 한국자본주의 문제」『한국사회변혁운동과 4월혁명』1(사월혁명연구소 편), 한길사

이종원, 1995「한일회담의 국제정치적 배경」『한일협정을 다시 본다』(민족문제연구소 편), 아세아문화사

이종하, 1991「한국 노동입법의 파행성」『한국의 노동문제』(노동문제연구소 편), 비봉출판사

이철국,「4·19 시기의 교원노동조합운동」『역사비평』1988년 봄호

이태일 외, 1983『한국 주택정책의 발전 방향에 관한 연구(5): 주택 철거 및 재개발 정책 효과에 관한 연구』, 대한주택공사

이태호, 2001「71동지회, 그 정의의 발자취」『나의 청춘, 나의 조국』(71동지회 편), 나남출판

이한빈, 1968『사회변동과 행정』, 박영사

이호철, 2002「재야〈민주화 투쟁〉과정의 문단과 천관우」『예술논문집』41

이화수, 1985『4월혁명』, 평민서당

임대식, 1996「반민법과 4·19, 5·16 이후 특별법」『역사비평』32호

_____, 2003「1960년대 초반 지식인들의 현실인식」『역사비평』제65호, 역사비평사

임송자, 2007『대한민국 노동운동의 보수적 기원』, 선인

임홍빈, 1983「죽산 조봉암은 왜 죽어야 했나?」『신동아』8월호

장면, 1967『한 알의 밀이 죽지 않고는』, 가톨릭출판사

장상환, 1985「80년대 한국 자본주의와 농업문제」『한국의 사회구성』(1)(전철환 외), 도서출판 화다

장세훈,「광주대단지 사건과 3공 도시정책의 파행」『월간중앙』1991년 3월호

_____, 1987「도시 무허가정착지 철거 정비 정책에 관한 일 연구」, 서울대 석사학위논문

_____, 1990「80년대 도시개발 정책에 관한 사례 연구: 목동 지역의 '공영개발' 정책을 중심으로」『현대 한국의 노동문제와 도시정책』(한국사회사연구회 편), 문학과 지성사

_____, 1998「도시화, 국가 그리고 도시빈민」『불량주택재개발론』(김형국·하성규 편), 나남출판

_____, 2003 「도시화」『한국의 인구』(2)(김두섭·박상태·은기수 편), 통계청

전국광산노동조합, 1974 『광노 25년사』

전기호, 1990 「4월혁명과 노동운동」『한국사회변혁운동과 4월혁명』2(사월혁명연구소 편), 한길사

전순옥, 2004 『끝나지 않은 시다의 노래』, 한겨레신문사

전인권, 2006 『박정희 평전』, 이학사

전재호, 2000 『반동적 근대주의자 박정희』, 책세상

정계정, 1995 「4월혁명기 학생운동의 배경과 전개」, 성균관대 석사학위논문

정기영, 1990 『한국사회변혁운동과 4월혁명』(사월혁명연구소 편), 한길사

정동익, 1985 『도시빈민 연구』, 도서출판 아침

정영일, 「대학의 자주화 선언」『기독교 사상』1971년 11월호

정용욱, 2004 「5·16쿠데타 이후 지식인의 분화와 재편」『1960년대 한국의 근대화와 지식인』(노영기 외), 선인

정일형, 1970 『오직 한길로』, 신진문화사

정창현, 1993 「5·16쿠데타는 미국이 주도했다」『월간 말』제82호(4월호)

정태영, 1992 「5·16쿠데타 이후 혁신세력은 어떻게 존재하였나」『역사비평』제20호(가을호), 역사문제연구소

_____, 2006 『조봉암과 진보당』, 후마니타스

정태영·오유석·권대복 엮음, 1999 『죽산조봉암전집』1~6, 세명서관

제주4·3사건진상규명 및 희생자명예회복위원회, 2003 『제주4·3사건진상조사보고서』, 선인

조승혁, 1978 「산업선교와 노동자의 인권」『씨올의 소리』1978년 11월호

조영래, 1991 『전태일 평전』, 돌베개

조화영 편, 1960 『사월혁명투쟁사』, 국제출판사

조희연 편, 2002 『국가폭력, 민주주의 투쟁, 그리고 희생』, 함께 읽는 책

조희연, 2007 『박정희와 개발독재시대』, 역사비평사

진덕규, 1983 「4월혁명의 정치적 갈등구조」『4월혁명론』(강만길 편), 한길사

차기벽, 1983 「4·19 과도정부 장면정권의 의의」『4월혁명론』(강만길 편), 한길사

차일석, 「도시 안의 판자촌 문제: 도시행정적 입장에서」『월간 대화』1970년 6월호

최상천, 2001 『알몸 박정희』, 사람나라

최장집, 1988 『한국의 노동운동과 국가』, 열음사

태윤기, 1960「어용학자군의 숙정」『사상계』1960년 6월호

한국경영자협의회 편, 1971『한국의 노동쟁의 동향 분석』

한국기독교사회문제연구원, 1987『민중의 힘, 민중의 교회-도시빈민의 인간다운 삶을 위하여』, 민중사

한국노총 편, 1979『한국노동조합운동사』

한국도시연구소 편, 1998『철거민이 본 철거: 서울시 철거민 운동사』

한국역사연구회 현대사연구반 편, 1991『한국현대사』2, 풀빛

한국정신문화연구원 편, 1999『1960년대 대외관계와 남북문제』, 백산서당

_____, 2002『박정희 시대 연구』, 백산서당

한국정신문화연구원 현대사연구소 편, 1999『격동기 지식인의 세가지 삶의 모습』

한국정치사연구소 편, 1987『대명2: 깡패정치와 정치깡패』, 동광출판사

한모니까, 2001「4월민중항쟁 시기 북한의 남한정세 분석과 통일정책의 변화」『4·19와 남북관계』(한국역사연구회 4월민중항쟁연구반 편), 민연

_____, 2003「1960년대 북한의 경제·국방경진노선의 채택과 대남정책」『역사와 현실』50호

한상구, 1990「피학살자 유가족문제」『한국사회변혁운동과 4월혁명』2(사월혁명연구소 편), 한길사

한승주, 1983『제2공화국과 한국의 민주주의』, 종로서적

한승헌 편, 1985『유신체제와 민주화운동』, 삼민사

한용원, 1993『한국의 군부정치』, 대왕사

한홍구, 2003「박정희 정권의 베트남 파병과 병영국가화」『역사비평』62호

허버트 P. 빅스(거름 편집부 역), 1984「지역통합전략-미국의 아시아정책에서의 한국과 일본」『1960년대』(김성환 외), 거름

허은, 2007「1960년대 후반 '조국근대화' 이데올로기 주조와 담당 지식인의 인식」『사학연구』86호

현영학, 「자율성이 없는 대학」『기독교 사상』1971년 11월호

홍경선, 1990「도시재개발과 세입자운동에 관한 연구: 서울시 사당 2동 사례연구」『현대 한국의 노동문제와 도시정책』(한국사회사연구회 편), 문학과 지성사

홍경희, 1979『한국도시연구』, 중화당

홍규덕, 1999「베트남전 참전 결정과정과 그 영향」『1960년대의 대외관계와 남북문제』(정신문화연구원 편), 백산서당

홍석률, 1993 「4월민주항쟁기 중립화통일론」『역사와 현실』 10호

_____, 1994 「이승만 정권의 북진통일론과 냉전외교정책」, 『한국사 연구』 85호, 한국사연구회

_____, 1995 「굴욕외교 반대투쟁과 6·3운동」『근현대사강좌』 제6호, 한국현대사연구회

_____, 2000 「5·16쿠데타의 원인과 한미관계」『역사학보』 제168집, 역사학회

_____, 2001a 『통일문제와 정치·사회적 갈등: 1953~1961』, 서울대출판부

_____, 2001b 「1968년 푸에블로 사건과 남한-북한-미국의 삼각관계」『한국사연구』 113호

_____, 2002 「5·16쿠데타의 발발 배경과 원인」『박정희시대 연구』(정신문화연구원 편), 백산서당

_____, 2004 「1960년대 한국 민족주의의 분화」『1960년대 한국의 근대화와 지식인』(노영기 외), 선인

_____, 2005a 「1960년대 한미관계와 박정희 군사정권」『역사와 현실』 제56호, 한국역사연구회

_____, 2005b 「유신체제의 형성」『유신과 반유신』(안병욱 외), 민주화운동기념사업회

홍윤기, 2001 「한국 도덕·윤리 교육의 이념적 혼돈과 정체성 위기」『한국 '도덕·윤리' 교육백서』(전국철학교육자연대회의 편), 한울

홍중조, 1992 『3·15의거』, 4·19의거 부상자회 경남지부

황건, 2000 「민통련과 민족 통일운동」『한국사회변혁운동과 4월혁명』 2(사월혁명연구소 편), 한길사

Bruce Cumings, The origins of the Korean War v.2. : The roaring of the cataract 1947-1950, Princeton University Press, 1990

IUSD(Institute of Urban Studies and Development), 1978 Rural-Urban Migrants, Squatter Settlement and Low-inome Housing Policy in Seoul.

Samuel D. Berger, "The Transformation of Korea, 1961-1965", RG59 Department of State, Bureau of Far East Affairs Files, 1966

隅谷三喜男, 1976 『韓國の經濟』(東京), 岩波書店

李鍾元, 1996 『東アジア冷戰と韓米日關係』, 東京大學出版會

## 3. 기타

박광수, 1995 〈아름다운 청년, 전태일〉(영화)
윤흥길, 1977 『아홉 켤레의 구두로 남은 사나이』, 문학과지성사
조세희, 1978 『난장이가 쏘아올린 작은 공』

# 인명 찾아보기